D1727036

Edward Gibbon
Verfall und Untergang des römischen Reiches

Edward Gibbon

Verfall und Untergang des römischen Reiches

Aus dem Englischen von Johann Sporschil

Anaconda

Titel der englischen Originalausgabe: *The History of the Decline and Fall of the Roman Empire*, London 1776–1788. Die deutsche Übersetzung von Johann Sporschil erschien erstmals 1837 unter dem Titel *Gibbons Geschichte des Verfalles und Untergangs des römischen Weltreiches nebst einer biographischen Skizze über den Verfasser* bei Wigand in Leipzig. Die Auswahl der Textpassagen folgt der englischen Ausgabe, die Dero A. Saunders 1952 für The Viking Press, New York, zusammengestellt hat.

Die Deutsche Nationalbibliothek verzeichnet diese Publikation in der Deutschen Nationalbibliographie; detaillierte bibliographische Daten sind im Internet unter http://dnb.d-nb.de abrufbar.

© 2006 Anaconda Verlag GmbH, Köln
Alle Rechte vorbehalten.
Umschlagmotiv: David Roberts (1796–1864), »Baalbec – Ruins of the Temple of Bacchus« (1840), © Walker Art Gallery, National Museums Liverpool / bridgemanart.com
Umschlaggestaltung: pecher und soiron, Köln
Satz und Layout: GEM mbH, Ratingen
Printed in Czech Republic 2013
ISBN 978-3-7306-0014-6
www.anacondaverlag.de
info@anacondaverlag.de

Inhaltsverzeichnis

Erstes Kapitel

Umfang und Kriegsmacht des Reiches im
Zeitalter der Antonine

Im zweiten Jahrhundert der christlichen Zeitrechnung umfaßte das römische Reich die schönsten Länder der Erde und
den zivilisiertesten Teil des Menschengeschlechtes. Alter
Ruhm und disziplinierte Tapferkeit bewachten die Grenzen
dieser ausgedehnten Monarchie. Der gelinde aber mächtige
Einfluß der Gesetze und Sitten hatte die Vereinigung der
Provinzen allmählich festgekittet. Ihre friedfertigen Einwohner genossen und mißbrauchten die Vorteile des Reichtums
und Luxus. Das Scheinbild einer freien Verfassung wurde mit
anständiger Verehrung beibehalten und es hatte das Ansehen,
als ob der römische Senat die souveräne Macht besäße, und
den Kaisern die ganze vollziehende Gewalt nur übertrüge.
Während einer glücklichen Periode von mehr als 80 Jahren
wurde die öffentliche Verwaltung durch die Tugenden und
Talente eines Nerva, Trajan, Hadrian und der beiden Antonine geleitet. Zweck dieses wie der beiden nachfolgenden
Kapitel ist, die glückliche Lage ihres Reiches zu beschreiben,
dann aber, vom Tod des Markus Antoninus an, die wichtigsten Umstände seines Sinkens und Niederfalles zu schildern:
eine Umwälzung, deren Andenken nie erlöschen wird, und
welche noch immer von den Nationen der Erde gefühlt wird!

Die vorzüglichsten Eroberungen der Römer waren unter
der Republik gemacht worden, und die Kaiser begnügten
sich größtenteils mit der Bewahrung jener Gebiete, welche
durch die Politik des Senates, den tätigen Wetteifer der Konsuln, und durch den kriegerischen Enthusiasmus des Volkes
erworben worden waren. Eine schnelle Aufeinanderfolge von
Triumphen füllte die sieben ersten Jahrhunderte aus; dem
Augustus aber blieb es vorbehalten, den ehrgeizigen Plan der
Unterjochung der ganzen Erde aufzugeben und in den
öffentlichen Rat den Geist der Mäßigung einzuführen. Ohnehin zum Frieden durch Temperament wie durch Stellung
geneigt, sah er unschwer ein, daß Rom in seiner gegenwär-

tigen erhabenen Lage vom Wechselglück der Waffen viel weniger zu hoffen als zu fürchten habe, besonders da bei Führung entfernter Kriege das Unternehmen jeden Tag schwieriger, der Ausgang zweifelhafter, der Besitz unsicherer und minder wohltätig werden mußte. Die Erfahrung des Augustus erhöhte das Gewicht dieser heilsamen Ansichten, und überzeugte ihn vollständig, daß es der kraftvollen Klugheit seiner Politik leicht fallen würde, selbst von den furchtbarsten Barbaren jedes für die Sicherheit und Würde Roms notwendige Zugeständnis zu erwirken. Statt daher seine Person und seine Legionen den Pfeilen der Parther auszusetzen, vermittelte er durch einen ehrenvollen Vertrag die Rückgabe der bei der Niederlage des Crassus erbeuteten Standarten und Kriegsgefangenen.

In der frühern Periode seiner Regierung hatten seine Heerführer die Unterjochung von Äthiopien und dem glücklichen Arabien versucht. Sie zogen an 1000 Meilen südlich vom Wendekreis, aber die Glut des Klimas scheuchte die Eindringlinge bald zurück und beschützte die unkriegerischen Eingebornen jener abgeschiedenen Gegenden. Europas nördliche Länder verlohnten kaum der Kosten und Mühen einer Eroberung. Die sumpfigen Wälder Deutschlands waren von einem Volk kühner Barbaren bewohnt, welche ein Leben ohne Freiheit verachteten, und wenn sie auch beim ersten Angriff der Wucht der römischen Macht zu weichen schienen, errangen sie doch bald durch eine verzweifelte Heldentat ihre Unabhängigkeit wieder, und mahnten Augustus an die Unbeständigkeit des Glückes.* Nach dem Verscheiden dieses Kaisers wurde sein Testament im Senat öffentlich vorgelesen. Er hinterließ seinem Nachfolger als wertvolles Vermächtnis den Rat, das Reich nicht über die Grenzen zu erweitern, welche die Natur als bleibende Marken und Bollwerke desselben errichtet zu haben schien: im Westen der atlantische Ozean, gegen Norden Rhein und Donau, im

---

* Durch das Niedermetzeln des Varus und seiner drei Legionen. Augustus empfing die traurige Nachricht nicht mit jener Fassung und Festigkeit, die man von seinem Charakter hätte erwarten sollen.

Osten der Euphrat und gegen Süden die Sandwüsten von Arabien und Afrika.

Zum Glück für die Ruhe des Menschengeschlechtes wurde das gemäßigte System, welches der weise August empfohlen hatte, von den Besorgnissen und Lastern seiner unmittelbaren Nachfolger angenommen. In Wollüste versunken, oder mit der Ausübung der Tyrannei beschäftigt, zeigten sich die ersten Cäsaren selten bei den Heeren oder in den Provinzen; auch waren sie keineswegs geneigt, die Triumphe, welche ihre Lässigkeit verschmähte, durch die Geschicklichkeit und Tapferkeit ihrer Nachfolger usurpieren zu lassen. Der Kriegsruhm eines Untertans wurde als hochmütige Schmälerung des kaiserlichen Vorrechtes betrachtet, und so gebot denn jedem römischen Heerführer ebensowohl die Pflicht als sein Interesse, die seinen Sorgen anvertrauten Grenzen zu bewachen, ohne nach Eroberungen zu streben, die ihm selbst nicht minder verderblich werden mochten, als den unterjochten Barbaren.

Der einzige Zuwachs, welchen das römische Reich während des ersten Jahrhunderts der von christlichen Zeitrechnung erhielt, war die Provinz Britannien. In diesem einzigen Fall ließen sich die Nachfolger des Cäsar und Augustus vermögen, lieber jenen als diesen nachzuahmen. Die Nähe an den Küsten Galliens lud gleichsam ihre Waffen ein; die angenehme, obschon zweifelhafte Nachricht von einer Perlenfischerei erregte ihre Habsucht*; und da man Britannien im Licht einer abgeschlossenen Inselwelt betrachtete, schien dessen Eroberung kaum eine Ausnahme von dem allgemeinen System der Kontinentalmaßregeln zu bilden. Nach beinahe 40jährigem Krieg, begonnen von dem geistesschwächsten**, fortgesetzt unter dem ausschweifendsten und beendet unter dem furchtsamsten aller Kaiser, unterwarf sich der bei weitem größere Teil der Insel dem römischen Joch. Die ver-

---

* Cäsar selbst verhehlt diesen unedlen Beweggrund, er wird aber von Suetonius erwähnt. Die britischen Perlen waren inzwischen wegen ihrer dunkeln, schwarzgelben Farbe von geringem Wert.
** Claudius, Nero und Domitian.

schiedenen britischen Stämme besaßen Tapferkeit ohne Kriegsklugheit, und Freiheitsliebe ohne Einigkeitsgeist. Sie griffen mit wütiger Wildheit zu den Waffen, legten sie nieder oder kehrten sie gegen einander mit toller Unbeständigkeit, und während sie einzeln fochten, wurden sie sämtlich unterjocht. Weder Caractacus' Standhaftigkeit, noch Boadiceas Verzweiflung, noch der Fanatismus der Druiden, vermochten von ihrem Vaterland Sklaverei abzuwenden, oder die anhaltenden Fortschritte jener kaiserlichen Heerführer zu hemmen, welche den Römerruhm behaupteten, während die schwächsten oder lasterhaftesten aller Sterblichen den Thron schändeten. Zur selben Zeit, wo Domitian, in seinem Palast eingeschlossen, von derselben Furcht, die er einflößte, gefoltert wurde, schlugen seine Legionen, unter dem Oberbefehl des tugendhaften Agrikola, die gesamte Macht der Kaledonier am Fuß der grampian'schen Berge, und bestanden seine Flotten das Wagnis einer unbekannten und gefährlichen Fahrt, und trugen den Ruhm der römischen Waffen rund um die Insel. Schon betrachtete man die Eroberung von Britannien als vollendet, schon beabsichtigte Agrikola, durch die leichte Unterjochung von Irland, wozu seiner Meinung nach eine Legion und wenige Hilfsvölker hingereicht hätten, seinen Sieg zu vervollständigen und dessen Folgen sicherzustellen. Diese westliche Insel konnte in eine wertvolle Besitzung umgewandelt werden, und die Britten mochten ihre Ketten mit geringerem Widerstreben tragen, wenn Anblick und Beispiel der Freiheit allenthalben ihren Augen entrückt würden.

Allein die hohen Verdienste Agrikolas veranlaßten bald seine Entfernung von der Statthalterschaft in Britannien, und dadurch wurde dieser vernünftige, wiewohl ausgedehnte Eroberungsplan für immer vereitelt. Vor seinem Weggang hatte der weise Feldherr für Sicherheit ebensowohl als für Herrschaft Sorge getragen. Er hatte bemerkt, daß die Insel durch einander gegenüber liegende Meerbusen, oder wie man sie jetzt nennt, die Meerengen von Schottland, in zwei ungleiche Hälften geteilt sei. Quer über den schmalen Zwischenraum von vierzig Meilen stellte er

12

demnach eine Kette von militärischen Posten auf, welche unter der Regierung des Antoninus Pius durch einen auf Grundlagen von Stein aufgeführten Erdwall befestigt wurde. Dieser Wall des Antoninus, in geringer Entfernung von den jetzigen Städten Edinburgh und Glasgow, ward als Grenze der römischen Provinz festgesetzt. Die eingebornen Kaledonier bewahrten im äußersten Nordende der Insel ihre wilde Unabhängigkeit, welche sie jedoch ihrer Armut nicht minder verdankten als ihrer Tapferkeit. Ihre Einfälle wurden häufig zurückgewiesen und bestraft, aber ihr Vaterland blieb ununterjocht. Die Herren der schönsten und reichsten Himmelstriche der Erde wendeten sich mit Verachtung von diesen düsteren, den Winterstürmen preisgegebenen Bergen, diesen in blaue Nebel gehüllten Seen, diesen kalten, öden Heiden ab, auf welchen nackte Barbaren das Wild des Waldes jagten.

Das war der Zustand der römischen Grenzen, und solche Maximen leiteten die kaiserliche Politik von Augustus' Tod bis zu Trajans Thronbesteigung. Dieser tugendhafte und tätige Fürst hatte die Bildung eines Soldaten empfangen, und besaß die Talente eines Feldherrn. Das friedliche System seiner Vorgänger ward durch Kriege und Eroberungen unterbrochen, und die Legionen erblickten nach langer Zeit wieder einen kriegerischen Kaiser an ihrer Spitze. Die ersten Taten Trajans waren gegen die Dakier, die kriegerischsten aller Menschen, gerichtet, welche jenseits der Donau wohnten und unter der Regierung Domitians ungestraft die Majestät Roms beleidigt hatten. Mit der Kraft und Wildheit von Barbaren verbanden sie eine Todesverachtung, welche in fester Überzeugung von Unsterblichkeit und Seelenwanderung begründet war. Decebalus, der König der Dakier, zeigte sich als einen Trajans nicht unwürdigen Gegner, und verzweifelte erst dann an seinem eigenen und dem öffentlichen Heil, als er, nach dem Geständnis seiner Feinde selbst, jede Hilfsquelle sowohl der Tapferkeit wie der Politik erschöpft hatte. Dieser merkwürdige Krieg dauerte, mit einer nur sehr kurzen Einstellung der Feindseligkeiten, fünf Jahre, und endete, da der Kaiser ohne Einschränkung alle Kräfte des Staates verwenden konnte, mit völliger Unterwerfung der Barbaren. Die neue Provinz Dakien, welche die zweite Ausnahme von der durch August empfohlenen Regel bildete, hatte an dreizehnhundert Meilen im Umfang. Ihre natürlichen Grenzen waren der Dniester, die Theiß oder Tibiskus, die untere Donau und das schwarze Meer. Noch kann man die Spuren einer militärischen Straße von den Ufern der Donau bis in die Nachbarschaft von Bender sehen, einer in der neuern Geschichte berühmten Stadt und jetzigem Grenzort zwischen Rußland und der Türkei.

Trajan liebte den Ruhm, und solange das Menschengeschlecht seinen Zerstörern größere Bewunderung zollen wird als seinen Wohltätern, muß auch der Durst nach Kriegsruhm stets der Fehler der erhabensten Charaktere bleiben. Die Lobpreisungen, welche eine lange Reihe von Dichtern und Geschichtsschreibern Alexander gespendet hatten, erregten einen gefährlichen Wetteifer in Trajans Seele. Gleich ihm unternahm dieser römische Kaiser einen Zug gegen die Nationen des Orients, beklagte es aber seufzend, daß sein vorgerücktes Alter ihm kaum Hoffnung lasse, es dem Sohn Philipps gleich zu tun. Dennoch war der Erfolg Trajans glänzend, wenngleich vorübergehend. Die entarteten Parther, durch innere Zwietracht zerrissen, flohen vor seinen Waffen. Er folgte dem Lauf des Tigris im Triumph von den armenischen Bergen bis nieder zum persischen Meerbusen. Es ward ihm die Ehre zuteil, der erste und zugleich der letzte der römischen Imperatoren zu sein, welche je diese ferne See beschifften. Seine Flotten verwüsteten die Küsten von Arabien, und mit Stolz wähnte Trajan sich den Grenzen von Indien zu nähern. Jeden Tag empfing der erstaunte Senat Kunde von neuen Namen und neuen Völkern, welche seine Oberherrschaft anerkannten. Er erfuhr, daß die Könige von Bosporus, Kolchis, Iberien, Albanien, Osrhoene, ja selbst der persische Monarch ihre Diademe aus den Händen des Kaisers empfangen, daß die unabhängigen Stämme der medischen und cardukischen Berge um seinen Schutz gefleht hätten, und daß die reichen Länder Armenien, Mesopotamien und Assyrien in Provinzen verwandelt worden wären. Aber der Tod Trajans bewölkte bald diese glänzende Fernsicht, und man besorgte mit Recht, daß so viele entlegene Nationen in dem Augenblick das ungewohnte Joch abwerfen würden, als sie daran durch die mächtige Hand, die es ihnen aufgezwungen, nicht länger gehindert wären.

Einer alten Überlieferung zufolge soll bei der Gründung des Kapitols durch einen der römischen Könige, Terminus (der Gott der Grenzen, nach Sitte jenes Zeitalters durch einen großen Stein vorgestellt) von allen unteren Gottheiten sich allein geweigert haben, dem Jupiter seinen Platz abzutreten. Diese Hartnäckigkeit wurde von den römischen Auguren als sichere Zukunftsgewähr gedeutet, daß die Grenzen der römischen Macht nie zurückweichen würden. Viele Jahrhunderte hindurch trug die Weissagung, wie dies gewöhnlich geht, zu ihrer Erfüllung bei. Wiewohl aber Gott Terminus der Majestät Jupiters widerstanden hatte, fügte er sich doch der Macht des Kaiser Hadrian. Die Aufgebung aller Eroberungen Trajans im Orient war die erste Maßregel seiner Regierung. Er gab den Parthern die Freiheit der Wahl eines unabhängigen Souveräns zurück, ließ die römischen Besatzungen aus den Provinzen Armenien, Mesopotamien und Assyrien abziehen, und der Euphrat wurde, wie es Augustus vorgeschrieben, abermals Reichsgrenze. Der Tadel, welcher die öffentlichen Handlungen der Fürsten ebensogut wie ihre geheimen Beweggründe anklagt, hat dem Neid ein Verfahren zugeschrieben, welches der Klugheit und Mäßigung Hadrians zum Verdienst angerechnet werden durfte. Der veränderliche Charakter des Kaisers, welcher abwechselnd der niedrigsten wie der erhabensten Gesinnungen fähig war, möchte diesem Argwohn allerdings zu einiger Entschuldigung dienen. Inzwischen gab es von allen Mitteln, die in seiner Macht standen, gewiß kein zweckmäßigeres, um die Überlegenheit seines Vorgängers in hellerem Licht zu zeigen, als das Geständnis, daß er sich der Aufgabe, die Eroberungen Trajans zu verteidigen, nicht gewachsen fühle.

Der kriegerische Ehrgeiz Trajans bildete einen seltsamen Gegensatz zur Mäßigung seines Nachfolgers. Nicht minder merkwürdig war die rastlose Tätigkeit Hadrians, wenn man sie mit der sanften Ruhe des Antoninus Pius vergleicht. Das Leben des ersteren war fast eine beständige Reise, und da er in sich des Kriegers, Staatsmannes und Gelehrten verschiedenartige Talente vereinigte, befriedigte er seine Wißbegierde, indem er seine Berufspflicht erfüllte. Unbekümmert um die Verschiedenheit der Jahreszeiten und des Klima, zog er zu Fuß und barhaupt über die Schneegefilde von Kaledonien wie über die schwülen Ebenen von Oberägypten, und es gab keine Provinz im Reich, welche im Laufe seiner Regierung nicht mit der Anwesenheit des Monarchen beehrt worden wäre. Das ruhige Leben des Antoninus Pius dagegen verfloß im Schoß Italiens, und während einer 23jährigen Leitung der öffentlichen Angelegenheiten durch diesen liebenswürdigen Fürsten erstreckten sich die längsten Reisen desselben nicht weiter als von seinem Palast in Rom bis zu seinem lanuvischen Ruhesitz.

Trotz diesem Unterschied in der persönlichen Lebensweise wurde doch das allgemeine System des August von Hadrian ebenso wie von den beiden Antoninen angenommen und gleichmäßig befolgt. Sie beharrten auf dem Grundsatz, die Würde des Reiches zu bewahren, ohne dessen Grenzen zu erweitern. Sie suchten durch jedes ehrenvolle Mittel die Freundschaft der Barbaren zu gewinnen, und bemühten sich, das Menschengeschlecht zu überzeugen, daß die römische Macht erhaben über die Versuchung der Eroberung wäre und nur unter dem Einfluß der Ordnungs- und Gerechtigkeitsliebe stände. Während der langen Periode von 43 Jahren wurden diese preiswürdigen Bestrebungen vom Erfolg gekrönt; und wenn man einige unerhebliche Feindseligkeiten, welche fast nur zur Übung der Grenzlegionen dienten, ausnimmt, so bieten die Regierungen Hadrians und Antoninus' Pius' das schöne Schauspiel eines allgemeinen Friedens dar. Der römische Name flößte den fernsten Nationen der Erde Ehrfurcht ein. Die wildesten Barbaren stellten oft ihre Zwistigkeiten der schiedsrichterlichen Entscheidung des Kaisers anheim, ja ein gleichzeitiger Geschichtsschreiber meldet, er habe Gesandte gesehen, welche gekommen waren, um zu bitten, in die Zahl der Untertanen aufgenommen zu werden, und denen diese Ehre verweigert wurde.

Die Furcht vor den römischen Waffen erhöhte den Einfluß der würdevollen Mäßigung der Kaiser. Sie bewahrten den Frieden durch beständiges gerüstet sein zum Krieg; und während Gerechtigkeit ihr Verfahren leitete, kündeten sie den Grenzvölkern an, daß sie ebensowenig geneigt wären, Unbilden zu dulden als zuzufügen. Die Kriegsmacht, deren bloße Schaustellung zu Hadrians und des älteren Antoninus Zeiten genügt hatte, mußte von dem Kaiser Markus gegen die Parther und Deutschen gebraucht werden. Die feindlichen Einfälle der Barbaren nötigten diesen philosophischen Monarchen, sie zu bestrafen, und im Laufe gerechter Verteidigungskriege erfochten Markus und seine Feldherren manchen großen Sieg, sowohl am Euphrat wie an der Donau. Das Kriegswesen des römischen Reiches, welches Ungestörtheit oder Sieg sicherte, sei nun der angemessene und wichtige Gegenstand unserer Aufmerksamkeit.

In der reinem Zeit der Republik war der Gebrauch der Waffen ein Vorrecht jener Klassen von Bürgern, welche ein Vaterland zu lieben, ein Eigentum zu verteidigen, und einigen Teil an Erlassung jener Gesetze hatten, deren Aufrechterhaltung ihnen gleich stark durch ihre Pflicht wie durch ihr Interesse geboten wurde. Aber im Verhältnis, als die öffentliche Freiheit im Umfang der Eroberungen verloren ging, wurde der Krieg allmählich zur Kunst erhoben und zum Handwerk erniedrigt. Was die Legionen betrifft, nahm man selbst zur Zeit, wo sie aus den fernsten Provinzen rekrutiert wurden, an, daß sie aus römischen Bürgern beständen. Diese Auszeichnung wurde im allgemeinen als gesetzliche Befähigung oder geeignete Belohnung des Soldaten angesehen; ein ernsteres Augenmerk hatte man jedoch auf die wesentlicheren Eigenschaften des Alters, der Kraft und des Wuchses. Bei allen Aushebungen gab man mit Recht den nordischen Klimaten vor den südlichen den Vorzug: Man suchte die zu den Waffen tauglichen Männer lieber auf dem Land als in den Städten, und setzte mit gutem Grund voraus, daß die rührigen Beschäftigungen der Schmiede, Zimmerleute und Jäger mehr

Kraft und Entschlossenheit erzielen, als jene stillsitzenden Gewerbe, welche im Dienst des Luxus stehen. Aber auch nachdem jede Einteilung nach dem Eigentum aufgehoben worden war, wurden die Heere der römischen Kaiser noch immer meistens durch Offiziere von guter Geburt und Erziehung befehligt; die gemeinen Krieger aber waren gleich den Söldnern des neuern Europa größtenteils dem niedrigsten, sehr häufig dem ausschweifendsten Teil der menschlichen Gesellschaft entnommen.

Jene öffentliche Tugend, welche bei den Alten Patriotismus hieß, wurzelt in dem mächtigen Gefühl des eigenen Interesse an Bewahrung und Gedeihen der freien Regierung, deren Mitglied man ist. Dieses Gefühl, welches die Legionen der Republik fast unüberwindlich gemacht hatte, konnte nur einen äußerst geringen Einfluß auf die Söldner eines despotischen Fürsten äußern: es war daher unerläßlich, diesen Mangel durch andere Motive von verschiedener, aber nicht minder mächtiger Natur zu ersetzen: diese waren Ehre und Eidesheiligkeit. Der Bauer oder Handwerker sog das ersprießliche Vorurteil ein, daß er zu dem würdevolleren Waffendienst, worin sein Rang und Ruf nur von ihm abhänge, befördert worden sei, und daß, obgleich die Tapferkeit eines gemeinen Soldaten dem Auge der Fama oft entgehen müsse, doch sein Betragen zuweilen über die Rotte, die Legion, ja selbst das Heer, dessen Ehre er beigesellt war, Ruhm oder Schmach bringen könne. Bei seinem ersten Eintritt in den Dienst wurde ihm ein Eid mit allen nur erdenklichen Feierlichkeiten abgenommen. Er schwur, seine Fahne nie zu verlassen, seinen eigenen Willen den Befehlen seiner Anführer zu unterwerfen, und sein Leben für die Sicherheit des Kaisers und des Reiches zu opfern. Die Anhänglichkeit der römischen Truppen an ihre Standarten war das Ergebnis des vereinten Einflusses der Ehre und Religion; der goldne Adler, der vor der Front der Legion glänzte, bildete den Gegenstand ihrer tiefsten Verehrung, und es galt für ebenso gottlos als feige, das heilige Zeichen in der Stunde der Gefahr zu verlassen. Diese Motive, deren Macht der Phantasie entquoll, wurden durch Besorgnisse und Hoffnungen materieller Art unterstützt. Regelmäßiger Sold, gelegentliche Schenkungen und festbestimmte Belohnung nach gewissen Dienstjahren milderten die Beschwerden des Kriegerlebens*: Der Feigheit oder dem Ungehorsam dagegen war es unmöglich gemacht, strengster Strafe zu entgehen. Die Zenturionen durften Züchtigung durch Hiebe verhängen, die Feldherren hatten das Recht, auf Tod zu erkennen, und es galt als unverbrüchliche Maxime der römischen Disziplin, daß ein guter Soldat seine Offiziere weit mehr fürchten müsse als den Feind. Durch solche löbliche Künste erlangte die Tapferkeit der kaiserlichen Truppen einen Grad von Festigkeit und Gelehrigkeit, welcher den ungestümen und unregelmäßigen Leidenschaften der Barbaren unerreichbar blieb.

Die Römer waren jedoch von der Ungenügsamkeit der Tapferkeit ohne Geschicklichkeit und Übung so sehr überzeugt, daß in ihrer Sprache der Name für Heer von dem Wort stammte, welches Übung bedeutet.

Kriegerische Übungen waren der wichtige und unablässige Gegenstand ihrer Disziplin. Die Neulinge und jüngeren Soldaten wurden Tag für Tag sowohl des Morgens als des Abends geübt; und weder Alter noch Erfahrung enthoben die Veteranen von täglich einmaliger Wiederholung dessen, was sie längst vollkommen erlernt hatten. Große Hütten wurden in den Winterquartieren der Truppen errichtet, damit selbst das außerordentlichste Unwetter ihre nützlichen Arbeiten nicht unterbreche; auch wurde streng darüber gewacht, daß die zu dieser Nachahmung des Krieges bestimmten Waffen doppelt so schwer waren, als diejenigen, deren man sich im wirklichen Kampf bediente. Es liegt nicht im Zweck dieses Werkes, eine in das Einzelne gehende Beschreibung der römischen Kriegsübungen zu geben. Wir bemerken nur, daß

---

* Der Kaiser erhöhte den jährlichen Sold der Legionssoldaten auf zwölf Goldstücke, welche damals etwa zehn unserer Guineen gleichkamen. Diese Besoldung, etwas höher als die unsrige, wurde später nach und nach, je nach dem Fortschritt des Reichtums und der militärischen Regierung, erhöht. Nach 20 Dienstjahren erhielt der Veteran 3000 Denarien (ungefähr 100 Pfund Sterling), oder im Verhältnis Land. Sold und Emolumente der Leibwachen waren ungefähr das Doppelte von jenen der Legionen.

sie alles umfaßten, was dem Körper Kraft, den Gliedmaßen Gewandtheit, den Bewegungen Anmut geben konnte. Die Soldaten wurden im Marschieren, Laufen, Springen, Schwimmen, Tragen schwerer Lasten, Handhabung jeder Art von Verteidigungs- oder Angriffswaffen, sowohl zum Gefecht aus der Ferne, als zum nahen Kampf, im Ausführen einer Menge von Bewegungen, und im pyrrhischen oder kriegerischen Tanz nach dem Klang der Flöten fleißigst unterrichtet. Mitten im Frieden machten sich die römischen Truppen mit dem Krieg vertraut, und ein alter Schriftsteller, der gegen sie gefochten hat, bemerkt sehr richtig, das Blutvergießen wäre der einzige Umstand gewesen, woran sich ein Schlachtfeld von einem Übungsfeld unterschied. Es war die Politik der geschicktesten Heerführer, ja der Kaiser selbst, diese kriegerischen Studien durch ihre Anwesenheit und ihr Beispiel zu ermuntern; ja wir lesen, daß sowohl Hadrian als Trajan öfter in Person die unerfahrenen Soldaten belehrt, zuweilen sogar mit ihnen um den Preis höherer Stärke oder Gewandtheit gekämpft haben. Unter der Regierung dieser Fürsten trieb man die Wissenschaft der Taktik mit Erfolg; und solange dem Reich noch einige Energie blieb, wurden ihre militärischen Instruktionen als das vollkommenste Modell der römischen Disziplin verehrt.

Wir haben es versucht, den Geist, welcher die Macht Hadrians und der Antonine mäßigte, und die Kraft, worauf sie sich stützten, zu erklären. Nun werden wir uns bestreben, mit Klarheit und Bestimmtheit die Provinzen zu beschreiben, welche einst unter ihrer Herrschaft vereint waren, jetzt aber so viele unabhängige und feindliche Staaten bilden.

Spanien, das westliche Ende des Reiches, Europas und der alten Welt, hat in allen Jahrhunderten unwandelbar dieselben natürlichen Grenzen beibehalten: Pyrenäen, Mittelmeer, atlantischer Ozean. Diese große Halbinsel, jetzt so ungleich unter zwei Souveräne geteilt, war von Augustus in drei Provinzen geschieden worden: Lusitania, Baetica, Tarraconensis. Königreich Portugal heißt nun das kriegerische Land der Lusitanier, und der Verlust des Gebiets im Osten ist durch Zuwachs im Norden aufgewogen worden. Die

Grenzen von Granada und Andalusien entsprechen jenen des alten Baetica. Der Überrest von Spanien: Gallicien und Asturien, Biskaya und Navarra, Leon und die beiden Kastilien, Murcia, Valencia, Katalonien und Aragonien, waren sämtlich Bestandteile der dritten und beträchtlichsten der römischen Provinzen, welche nach dem Namen der Hauptstadt die Provinz von Tarragona hieß. Von den eingebornen Barbaren waren die Keltiberen die mächtigsten, die Kantabrier und Asturier die hartnäckigsten. Auf die Stärke ihrer Berge vertrauend, unterwarfen sie sich den römischen Waffen zuletzt, schüttelten sie das Joch der Araber zuerst ab.

Das alte Gallien, welches das ganze Land zwischen Pyrenäen, Alpen, Rhein und Ozean begriff, war größer als das heutige Frankreich. Zu den Besitzungen dieser mächtigen Monarchie aber, samt ihren neuerlichen Eroberungen im Elsaß und Lothringen, muß man das Herzogtum Savoyen, die schweizerischen Kantone, die vier Kurfürstentümer am Rhein, die Gebiete von Lüttich, Luxemburg, Hennegau, Flandern und Brabant fügen. Als Augustus den Eroberungen seines Vaters Gesetze gab, führte er in Gallien eine Einteilung ein, welche ebensowohl dem Marsch der Legionen, als dem Lauf der Flüsse, wie den Hauptnationalunterschieden eines Landes entsprach, das früher 100 unabhängige Staaten umfaßte. Die Küsten des Mittelmeeres, Languedoc, die Provence und die Dauphiné, empfingen ihren Provinznamen von der Kolonie Narbonne. Die Statthalterschaft Aquitanien erstreckte sich von den Pyrenäen bis zur Loire. Das Land zwischen der Loire und Seine hieß das keltische Gallien, nahm aber bald von der berühmten Kolonie Lugdunum oder Lyons einen neuen Namen an. Belgien lag jenseits der Seine und hatte in noch älteren Zeiten nur den Rhein zur Grenze gehabt; aber etwas vor Cäsar hatten die Deutschen, ihre überlegene Tapferkeit mißbrauchend, einen beträchtlichen Teil des belgischen Gebiets in Besitz genommen. Die römischen Eroberer ergriffen gierig eine so schmeichelhafte Gelegenheit und erteilten der gallischen Rheingrenze von Basel bis Leyden den tönenden Namen Ober- und Niederdeutschland. Mithin gab es unter den Antoninen sechs Provinzen Galliens: Narbonnensis,

Aquitanien, das keltische Gallien oder Lugdunensis, Belgien und die beiden Germanien.

Wir haben bereits Gelegenheit gehabt, der Eroberung von Britannien zu erwähnen und die Grenzen der römischen Provinz auf dieser Insel zu bestimmen. Sie begriff ganz England, Wales und das schottische Niederland, bis zu den Meerengen von Dunbarton und Edinburg. Vor dem Verlust seiner Freiheit war Britannien unregelmäßig unter 30 Barbarenstämme verteilt, wovon die Belgen im Westen, die Brigantes im Norden, die Silures in Südwales und die Icenii in Norfolk und Suffolk die beträchtlichsten waren. So weit man die Ähnlichkeit der Sitten und Sprachen nachweisen kann oder ihr trauen darf, waren Spanien, Gallien und Britannien von einer und derselben kühnen Rasse von Barbaren bevölkert. Bevor sie den römischen Waffen wichen, machten sie ihnen oft das Feld streitig, erneuerten sie den Kampf häufig. Nach ihrer Unterjochung bildeten sie die westliche Abteilung der europäischen Provinzen, welche sich von den Säulen des Herkules bis zu Antonins Mauer, und von der Mündung des Tajo bis zu den Quellen des Rheins und der Donau ausdehnte.

Vor der Eroberung durch die Römer wurde jenes Land, welches jetzt die Lombardei heißt, nicht als Teil Italiens angesehen. Es war von einer mächtigen Kolonie der Gallier besetzt worden, welche sich längs den Ufern des Po, von Piemont bis nach der Romagna niederließen, und ihre Waffen wie ihren Namen von den Alpen bis zu den Apenninen trugen. Die Ligurer bewohnten die felsige Küste, welche jetzt die Republik Genua bildet. Venedig war noch ungeboren, aber das Gebiet dieses Staates, östlich von der Etsch, war von Venetern bewohnt. Mittelitalien, jetzt Großherzogtum Toskana und Kirchenstaat, war der Sitz der alten Etrusker und Umbrer, von denen Italien jenen die ersten Anfangsgründe des zivilisierten Lebens verdankt. Die Tiber rollte am Fuß der sieben Hügel von Rom, und das Land der Sabiner, Lateiner und Volsker, von diesem Fluß an bis zu den Grenzen von Neapel, war der Schauplatz seiner frühesten Siege. Auf diesem klassischen Boden erfochten sich die ersten Konsuln ihre Triumphe, schmückten ihre Nachfolger Villen aus, errichteten ihre späten Enkel Klöster. Kapua und Kampanien begriffen das unmittelbare Gebiet von Neapel in sich; der Rest dieses Königreichs wurde von mehreren kriegerischen Völkern, den Marsen, Samnitern, Apuliern und Lukaniern bewohnt; und die Küste war mit den blühenden Kolonien der Griechen bedeckt. Bemerkt mag noch werden, daß August, als er Italien in elf Distrikte teilte, diesem Sitz der römischen Herrschaft die kleine Provinz Istrien beifügte.

Die europäischen Provinzen Roms waren durch den Rhein und die Donau gedeckt. Dieser große Strom, der nur 30 Meilen weit von jenem weg entspringt, sammelt auf seinem 1300 Meilen langen, größtenteils südöstlichen Lauf den Tribut von 60 schiffbaren Flüssen, und ergießt sich zuletzt durch sechs Mündungen in das schwarze Meer, welches für einen solchen Zuwachs von Wasser kaum groß genug zu sein scheint. Die Donauprovinzen erhielten bald die allgemeine Benennung Illyrikum, oder die illyrische Grenze, und galten für die kriegerischsten des Reiches; sie verdienen jedoch unter dem Namen Rätien, Noricum, Pannonien, Dalmatien, Dakien, Moesien, Thrakien, Makedonien, Griechenland, besondere Betrachtung.

Die Provinz Rätien, welche bald den Namen der Vindelizier verdrängte, dehnte sich von dem Gipfel der Alpen bis an die Ufer der Donau, und vom Ursprung dieses Stromes bis zu seiner Vereinigung mit dem Inn aus. Der größte Teil des flachen Landes ist jetzt dem Kurfürsten von Bayern untertan; die Stadt Augsburg wird von der deutschen Reichsverfassung geschützt, die Bündner sind sicher in ihren Bergen, und Tirol bildet eine der zahlreichen Provinzen des Hauses Österreich.

Die große Länderstrecke, welche zwischen dem Inn, der Donau und Save eingeschlossen ist und Österreich, Steiermark, Kärnten, Krain, Niederungarn und Slawonien in sich begreift, war den Alten unter den Namen Noricum und Pannonien bekannt. Die wilden Einwohner waren in ihrem ursprünglichen Zustand der Unabhängigkeit enge mit einander verbunden. Unter der römischen Regierung waren sie häufig vereint, und sind auch jetzt das Erbgut einer einzigen

Familie. Diese Provinzen enthalten nun die Residenz eines deutschen Fürsten, der sich den römischen Kaiser nennt, und bilden den Mittelpunkt wie den Kern der österreichischen Macht. Wenn man Böhmen, Mähren, die nördliche Hälfte von Österreich und einen Teil Ungarns zwischen der Theiß und Donau ausnimmt, waren alle anderen Länder des Hauses Österreich in die Grenzen des römischen Reiches eingeschlossen.

Dalmatien, welchem Land eigentlicher der Name Illyrien gebührt, war ein langer aber schmaler Landstrich zwischen der Save und dem adriatischen Meer. Der beste Teil der Küste, der noch jetzt den alten Namen führt, ist eine Provinz des venezianischen Staates und der Sitz der kleinen Republik Ragusa. Das Binnenland hat die slawischen Namen Kroatien und Bosnien angenommen; jenes gehorcht einem österreichischen Statthalter, dieses einem türkischen Pascha; aber noch immer machen Barbarenstämme das ganze Land unsicher und ihre wilde Unabhängigkeit bezeichnet regellos die zweifelhafte Grenze zwischen christlicher und mahometanischer Macht.

Nach Aufnahme der Gewässer der Theiß und Save erhielt die Donau, wenigstens bei den Griechen, den Namen Ister. Einst trennte sie Mösien von Dakien, welches letztere, wie bereits bemerkt worden, eine Eroberung Trajans und die einzige Provinz jenseits der Donau war. Wenn man nach dem gegenwärtigen Zustand dieser Provinzen fragt, so findet man, daß Temesvar und Siebenbürgen nach mancherlei Umwälzungen mit der ungarischen Krone vereinigt sind, während die Fürstentümer Moldau und Walachei die Oberherrschaft der ottomanischen Pforte anerkennen. Auch Mösien, auf dem rechten Ufer der Donau, ist, nachdem es während des Mittelalters in die barbarischen Königreiche Bulgarien und Serbien zerstückelt worden war, in türkische Sklavenbande geschmiedet.

Der Name Rumelien, welcher von den Türken noch immer den ausgedehnten Ländern Thrakien, Makedonien und Griechenland gegeben wird, bewahrt das Andenken an den Zustand derselben unter dem römischen Reich. Zur

Zeit der Antonine hatten die kriegerischen Gegenden Thrakiens, von den Bergen Hämus und Rhodope bis zum Bosporus und dem Hellespont, die Form einer Provinz angenommen. Trotz dem Wechsel der Herren und der Religion ist das neue Rom, welches Konstantin an den Gestaden des Bosporus gegründet hat, seitdem stets die Hauptstadt einer großen Monarchie geblieben. Das Königreich Makedonien, das unter Alexander Asien Gesetze gab, zog wesentlichere Vorteile aus der Politik der beiden Philippe, und dehnte sich mit den von ihm abhängigen Ländern Epirus und Thessalien von dem ägäischen bis an das jonische Meer aus. Denkt man über den Ruhm von Theben und Argos, von Sparta und Athen nach, so kann man sich kaum überreden, daß die unsterblichen Republiken des alten Griechenlands sich in eine einzige Provinz des römischen Reiches verloren haben sollten, welche wegen des überwiegenden Einflusses des achäischen Bundes gewöhnlich die Provinz Achaja genannt wurde.

Das war der Zustand Europas unter den römischen Kaisern. Die asiatischen Provinzen, die vorübergehenden Eroberungen Trajans nicht ausgenommen, sind jetzt sämtlich in die Grenzen des türkischen Reiches eingeschlossen. Statt jedoch den willkürlichen Einteilungen des Despotismus und der Unwissenheit zu folgen, wird es für uns sicherer und zugleich angenehmer sein, bei den unauslöschlichen Charakteren der Natur zu verweilen. Den Namen Kleinasien erhielt nicht mit Unrecht die Halbinsel, welche, zwischen das schwarze und Mittelmeer eingeengt, sich vom Euphrat gegen Europa vorstreckt. Der ausgedehnteste und blühendste Distrikt westlich vom Berg Taurus und dem Fluß Halys wurde von den Römern ausschließlich mit dem Namen Asien beehrt. Der Machtsprengel dieser Provinz erstreckte sich über die alten Monarchien Troja, Lydien und Phrygien, über die Küstenländer der Pamphylier, Lykier und Karier, und über die griechischen Kolonien von Jonien, welche dem Ruhm ihres Mutterlandes in den Künsten, wenngleich nicht in den Waffen, gleichkamen. Die Königreiche Bithynien und Pontus umfaßten den nördlichen Teil der Halbinsel von

Konstantinopel bis Trapezunt, und auf ihrer anderen Seite erstreckte sich die Provinz Cilicien bis zu den syrischen Gebirgen. Das Innere, durch den Fluß Halys vom Asien der Römer und durch den Euphrat von Armenien geschieden, hatte einst das unabhängige Königreich Kappadokien gebildet. Hierher gehört auch, daß die nördlichen Ufer des schwarzen Meeres, jenseits Trapezunt in Asien und jenseits der Donau in Europa, die Oberherrschaft der Kaiser anerkannten, und von ihnen entweder zinspflichtige Fürsten oder Besatzungen annahmen. Budzak, die krimmische Tartarei, Circassien und Mingrelien sind die jetzigen Benennungen jener unzivilisierten Länder.

Unter den Nachfolgern Alexanders war Syrien der Sitz der Seleuciden, welche über Oberasien herrschten, bis die gelungene Empörung der Parther ihre Gebiete auf die Länder zwischen dem Euphrat und Mittelmeer beschränkte. Als Syrien den Römern untertan wurde, bildete es die östliche Grenzprovinz des Reiches und kannte in ihrer größten Breite keine andern Schranken als die Gebirge von Kappadokien im Norden und gegen Süden die Grenzen Ägyptens und das rote Meer. Phönizien und Palästina standen bald unter der Hoheit von Syrien, bald waren sie davon getrennt. Jenes bildete eine schmale, felsige Küste, dieses übertraf kaum Wales an Ausdehnung und Fruchtbarkeit. Dennoch werden Phönizien und Palästina ewig im Gedächtnis der Menschen leben; denn Amerika wie Europa erhielten von jenem die Buchstabenschrift, von diesem die Religion. Eine baum- und wasserlose Sandwüste besäumt die zweifelhaften Grenzen Syriens vom Euphrat bis an das rote Meer. Das Wanderleben der Araber war die unzertrennliche Bedingung ihrer Unabhängigkeit: so wie sie es wagten, an irgendeinem minder unwohnlichen Punkt eine feste Niederlassung zu gründen, wurden sie in Kurzem Untertanen des römischen Reiches.

Die Geographen des Altertums waren oft im Zweifel, zu welchem Erdteil sie Ägypten zählen sollten. Seiner Lage nach bildet dieses berühmte Königreich einen Teil der unermeßlichen Halbinsel Afrika: dagegen ist es nur von Asien aus zugänglich, und hat den Umwälzungen dieses Weltteils fast in jeder Periode der Geschichte demütigen Gehorsam geleistet. Ein römischer Präfekt saß auf dem glänzenden Thron der Ptolemäer, und das eiserne Szepter der Mamelucken wird nun von den Händen eines türkischen Pascha geschwungen. Der Nil strömt abwärts durch das Land, über fünfhundert Meilen vom Wendekreis des Krebses bis zum mittelländischen Meer, und bezeichnet auf jeder Seite den Umfang der Fruchtbarkeit durch das Maß seiner Überschwemmungen. Cyrene, das gegen Westen längs der Küste lag, war ursprünglich eine Kolonie der Griechen, wurde dann eine Provinz Ägyptens und ist jetzt in der Wüste von Barka verloren.

Von Cyrene bis zum Ozean dehnt sich über 1500 Meilen lang die Küste von Afrika aus, ist aber so sehr zwischen dem Mittelmeer und der Sahara oder Sandwüste eingeengt, daß ihre Breite selten mehr als 80 bis 100 Meilen beträgt. Die östliche Abteilung wurde von den Römern als die besondere und eigentliche Provinz Afrika betrachtet. Bis zur Ankunft der phönizischen Kolonien war dieses fruchtbare Land von den Libyern, den rohesten aller Menschen, bewohnt. Unter der unmittelbaren Oberherrschaft Karthagos wurde es der Mittelpunkt seines Handels und Reiches; jetzt ist die Republik Karthago in die schwachen und ordnungslosen Staaten Tripolis und Tunis ausgeartet. Die Militärregierung von Algier unterdrückt das weite Numidien, wie es einst unter Massinissa und Jugurtha vereinigt gewesen. Zur Zeit des Augustus jedoch waren die Grenzen von Numidien enggezogen, und wenigstens zwei Dritteile dieses Landes mußten sich den Namen Mauretanien mit dem Epitheton Cäsariensis gefallen lassen. Das echte Mauretanien, oder Land der Mohren, welches, von der alten Stadt Tingi oder Tanger die Benennung Tingitana erhielt, wird durch das moderne Königreich Fez vorgestellt. Salle am Ozean, jetzt seiner Seeräuberei wegen so berüchtigt, wurde von den Römern als der äußerste Endpunkt ihrer Macht und fast ihrer Geographie bezeichnet. Noch kann man eine von ihnen gegründete Stadt in der Nähe von Mequinez finden, der Residenz des Barbaren, welchen wir uns herablassen Kaiser von Marokko zu nennen; es scheint aber nicht, als ob seine südlicheren Provinzen, Marokko selbst und Segelmessa je in die römische Provinz mit eingeschlossen gewesen wären. Die westlichen Teile von Afrika sind durch Zweige des Gebirges Atlas durchschnitten, ein von der Phantasie der Poeten so grundlos gefeierter Name, der jedoch jetzt über dem unermeßlichen Ozean schwebt, welcher seine Fluten zwischen dem alten und neuen Kontinente rollt.[*]

Nachdem wir die Rundschau des römischen Reiches beendet haben, ist es am Platz, zu bemerken, daß Afrika von Spanien durch eine nur zwölf Meilen breite Meerenge, durch die der atlantische Ozean mit dem Mittelmeer in Verbindung steht, geschieden ist. Die bei den Alten so berühmten Säulen des Herkules waren zwei Berge, welche durch irgendeinen Wutkampf der Elemente von einander gerissen zu sein schienen: Am Fuß des auf der europäischen Seite liegenden Berges dräut jetzt die Festung Gibraltar. Der ganze Umfang des Mittelmeeres, alle seine Küsten und Inseln, waren in das römische Gebiet eingeschlossen. Von den größeren Inseln sind jetzt die beiden Balearen, deren Namen Majorka und Minorka ihrem gegenseitigen Flächeninhalt entsprechen, jenes Spanien, dieses Großbritannien unterworfen. Es ist leichter, Korsikas Schicksal zu beklagen, als seinen gegenwärtigen Zustand zu beschreiben. Zwei italienische Souveräne entlehnten Sardinien und Sizilien den königlichen Titel. Kreta oder Kandia, Zypern und die meisten kleinen Inseln sind von den türkischen Waffen unterjocht worden, während das kleine Malta ihrer Macht trotzt und sich unter der Regierung seines kriegerischen Ordens zur Macht und Wohlhabenheit emporgeschwungen hat.

Diese lange Aufzählung von Provinzen, aus deren zersplitterten Trümmern so viele mächtige Königreiche entstanden sind, könnte uns fast vermögen, den Alten ihre Eitelkeit oder Unwissenheit zu verzeihen.

Geblendet von der ausgebreiteten Herrschaft der unwiderstehlichen Macht und der wirklichen oder erkünstelten Mäßi-

---

[*] Voltaire, weder durch Tatsachen noch durch Wahrscheinlichkeit gerechtfertigt, hat dem römischen Reich großmütig auch die kanarischen Inseln einverleibt.

gung der Kaiser, erlaubten sie sich, die im Genuß einer barbarischen Unabhängigkeit gelassenen Außenländer zu verachten und zuweilen zu vergessen; ja sie maßten sich allmählich das Recht an, die römische Monarchie mit dem Erdkreis zu verwechseln. Aber Gemütsstimmung und Wissen eines neueren Historikers machen ihm eine nüchternere und genauere Sprache zur Pflicht. Er wird einen richtigeren Begriff von der Größe Roms geben, wenn er anführt: Daß das Reich von Antonins Wall und der nördlichen Grenze Dakiens bis zum Berg Atlas und dem Wendekreis des Krebses eine Breite von 2000 Meilen hatte; daß es sich vom westlichen Ozean bis zum Euphrat in eine Länge von mehr als 3000 Meilen ausdehnte; daß es in dem schönsten Teil der gemäßigten Zone zwischen dem 24 und 56 Grad nördlicher Breite lag; und daß man seinen Flächeninhalt zu 1 600 000 Quadratmeilen, meist fruchtbaren und wohlbebauten Landes, veranschlagte.

Zweites Kapitel

Einheit und innerer Wohlstand des
römischen Reiches im Zeitalter der Antonine

Man darf weder die Schnelligkeit noch den Umfang der Eroberungen Roms zum alleinigen Maßstab seiner Größe nehmen. Der Souverän der russischen Steppen gebietet über
einen größeren Teil der Erde. Alexander errichtete im sieb-
ten Sommer nach seinem Übergang über den Hellespont die
makedonischen Siegeszeichen an den Ufern des Hyphasis.
Binnen weniger als einem Jahrhundert verbreiteten der unwiderstehliche Dschingis Khan und die mongolischen Fürsten
seines Geschlechtes ihre grausamen Verwüstungen und ihr
vorübergehendes Reich von dem Meer Chinas bis an die
Grenzen von Ägypten und Deutschland. Das feste Gebäude
der römischen Macht aber wurde durch die Weisheit von
Jahrhunderten aufgeführt und bewahrt. Die gehorsamen Provinzen Trajans und der Antonine waren durch Gesetze vereint und durch Künste verschönert. Wohl mochten sie zuweilen unter dem teilweisen Mißbrauch delegierter Gewalt
seufzen: der allgemeine Grundsatz der Regierung aber war
weise, einfach und wohltätig. Sie übten die Religion ihrer
Väter, während sie, was bürgerliche Ehren und Vorteile betraf, nach gerechten Abstufungen, bis zur Gleichheit mit
ihren Besiegern erhoben wurden.

Insofern die Politik der Kaiser und des Senates die Religion betraf, wurde sie glücklicherweise durch die Denkweise
des aufgeklärten wie durch die Gewohnheiten des abergläubischen Teiles ihrer Untertanen unterstützt. Die verschiedenen Religionen, welche in der römischen Welt herrschten,
wurden sämtlich von dem Volk als gleich wahr, von den Philosophen als gleich falsch, von der Staatsgewalt als gleich
nützlich angesehen. So bewirkte die Duldung nicht nur gegenseitige Nachsicht, sondern sogar religiöse Eintracht.

Der Aberglaube des Volkes war weder durch Beimischung theologischen Hasses vergiftet, noch durch die
Fesseln eines dogmatischen Systems eingeengt. Der fromme

Polytheist, obschon dem Nationalkultus mit Innigkeit ergeben, ließ doch mit unbedingtem Glauben die verschiedenen Religionen der Erde zu. Furcht, Dankbarkeit und Neugierde, ein Traum oder ein Omen, eine besondere Krankheit, oder eine ferne Reise, erhielten fortwährend seine Geneigtheit, die Artikel seines Glaubens zu vermehren und die Liste seiner Beschützer zu erweitern. Das dünne Gewebe der heidnischen Theologie war mit verschiedenartigen, doch mit keinen sich gegenseitig aufhebenden Materialien durchwoben. Sobald man annahm, daß Weise und Helden, welche für das Heil ihres Vaterlandes gelebt hatten oder gestorben waren, zur Macht und Unsterblichkeit erhoben würden, war auch allgemein zugestanden, daß sie, wenn nicht die Anbetung, doch die Verehrung des ganzen Menschengeschlechts verdienten. Die Gottheiten von tausend Hainen und tausend Strömen besaßen friedlich ihren örtlichen und beziehlichen Einfluß! Wie hätte auch der Römer, der die Tiber um Milderung ihrer Wut anflehte, den Ägypter verlachen können, welcher dem guten Genius des Nils opferte? Die sichtbaren Naturmächte, Planeten und Elemente waren auf der ganzen Erde dieselben. Die unsichtbaren Lenker der moralischen Welt wurden unausweichlich in die gleiche Form der Allegorie und Dichtung gegossen. Jede Tugend, ja jedes Laster erlangte seinen göttlichen Repräsentanten; jede Kunst, jedes Gewerbe seinen Beschützer, dessen Attribute in den fernsten Jahrhunderten und Ländern gleichförmig aus dem Charakter seiner besonderen Verehrer abgeleitet waren. Eine Götterrepublik von so verschiedenen Sinnesarten und Interessen bedurfte in jedem System die vermittelnde Hand eines obersten Vorstandes, welchen die Fortschritte in Kenntnis und Schmeichelei allmählich mit den erhabenen Vollkommenheiten eines ewigen Vaters und allmächtigen Herrschers begabten. Der milde Geist des Altertums war so geartet, daß die Nationen minder aufmerksam auf die Verschiedenheit, als auf die Ähnlichkeit ihres Kultus waren. Wenn sich Griechen, Römer und Barbaren vor ihren gegenseitigen Altären trafen, überredeten sie sich leicht, daß sie dieselben Gottheiten anbeteten, wenngleich unter verschiedenen Namen und Zeremonien.* Die geschmackvolle Mythologie Homers gab dem Polytheismus der alten Welt ihre schöne, fast regelmäßige Form.

Die griechischen Philosophen leiteten ihre Moral mehr aus der Natur des Menschen, als aus jener Gottes ab. Sie dachten jedoch über die göttliche Wesenheit als einen sehr interessanten und wichtigen Gegenstand der spekulativen Philosophie nach und entfalteten in ihren tiefen Forschungen ebenso die Schwäche wie die Stärke des menschlichen Verstandes. Von den vier berühmtesten Schulen suchten die Stoiker und Platoniker die widerstreitenden Interessen der Vernunft und Frömmigkeit zu vermitteln. Sie haben uns die erhabensten Beweisgründe für das Dasein und die Vollkommenheiten der Grundursache hinterlassen: da sie sich aber die Erschaffung der Materie nicht zu denken vermochten, war in der stoischen Philosophie der Werkmeister nicht hinreichend vom Werk unterschieden, glich der intellektuelle Gott Platos und seiner Schüler mehr einer Idee, als einem Wesen. Die Ansichten der Akademiker und Epikuräer trugen ein minder religiöses Gepräge, aber während bescheidenes Wissen jene zum Zweifel verleitete, verführte positive Unwissenheit diese zum Leugnen der Vorsehung eines obersten Herrschers. Zwar hatte der Geist der Forschung, durch Wetteifer gereizt und durch Freiheit unterstützt, die Lehrer der Philosophie in eine Menge streitender Sekten zersplittert; aber die fähige Jugend, welche von allen Seiten nach Athen und den übrigen Sitzen der Gelehrsamkeit im römischen Reich strömte, lernte nichts desto weniger in jeder Schule gleichmäßig die Religion des großen Haufens verwerfen und verachten. Wie wäre es auch einem Philosophen möglich gewesen, die eitlen Dichtungen der Poeten und die ungereimten Sagen des Altertums als göttliche Wahrheiten zu glauben, und jene unvollkommenen Wesen, welche er, wenn sie Menschen gewesen wären, hätte verachten müssen, als Götter anzubeten! Cicero ließ sich herab, so unwürdige Gegner durch Vernunft

---

* Binnen eines Jahrhunderts gaben die Gallier selbst ihren Göttern die Namen Merkur, Mars, Apollo usw.

und Beredsamkeit zu bekämpfen; Lucians Satiren dagegen waren angemessenere und wirksamere Angriffswaffen. Wir können uns für überzeugt halten, daß ein mit der Welt so vertrauter Schriftsteller, wie der letztere es gewesen, nie gewagt haben würde, die Götter seines Vaterlandes dem öffentlichen Gelächter preiszugeben, wenn sie nicht bereits Gegenstände der geheimen Verachtung unter den gebildeten und aufgeklärten Klassen der Gesellschaft gewesen wären.

Trotz der modischen Irreligiosität, welche im Zeitalter der Antonine herrschte, blieb das Interesse der Priesterschaft und die Leichtgläubigkeit des Volkes hinreichend geachtet. Die Philosophen des Altertums behaupten in ihren Schriften und Gesprächen die unabhängige Würde der Vernunft, aber ihre Handlungen unterwarfen sie dem Gebot des Gesetzes und Herkommens. Mit welchem Lächeln des Mitleids und der Nachsicht sie die verschiedenen Irrtümer der Menge auch betrachten mochten, vollbrachten sie doch emsig die Zeremonien ihrer Väter, besuchten sie andächtig die Tempel der Götter, und indem sie sich zuweilen herabließen, eine Rolle auf dem Theater des Aberglaubens zu spielen, verbargen sie die Ansichten des Atheisten unter dem Gewand des Priesters. Denker dieses Schlages waren schwerlich geneigt, über die Gegenstände des Glaubens oder des Kultus zu rechten. Es galt ihnen gleich, welches Gewand der Torheit die Menge vorzog, und mit derselben inneren Verachtung, aber gleicher äußerlicher Ehrfurcht nahten sie den Altären des lybischen, wie des olympischen, oder kapitolinischen Jupiters.

Es wäre schwer einzusehen, aus welchen Beweggründen sich in die römischen Ratsversammlungen hätte ein Geist der Verfolgung einschleichen sollen. Die Machthaber konnten nicht unter dem Einfluß eines blinden, wenn auch aufrichtigen Bigottismus stehen; denn sie waren ja selbst Philosophen, und die Schule von Athen hatte dem Senat Gesetze gegeben. Ebensowenig konnten sie durch Ehrgeiz oder Habsucht dazu angetrieben werden; denn sie vereinten in sich die weltliche wie die geistliche Macht. Die Pontifizes wurden aus den erlauchtesten Senatoren gewählt, und das Amt eines Pontifex Maximus versahen die Kaiser stets selbst. Sie kannten und schätzten den Wert der Religion, insofern sie mit der weltlichen Regierung im Zusammenhang steht. Sie handhaben die Künste der Weissagung als ein zuträgliches Werkzeug der Politik, und ehrten die ersprießliche Furcht, daß das Verbrechen des Meineides von den rächenden Göttern zuverlässig in diesem oder jenem Leben bestraft werden würde, als das festeste Band der Gesellschaft. Indem sie aber die allgemeinen Vorteile der Religion anerkannten, waren sie überzeugt, daß die verschiedenen Arten der Gottesverehrung sämtlich auf gleiche Weise zu denselben heilsamen Zwecken führten, und daß in jedem Lande *die* Form des Aberglaubens, welche durch Zeit und Erfahrung geheiligt worden, für das Klima und die Bewohner die angemessenste sei. Habsucht und Schönheitssinn beraubten die überwundenen Nationen häufig der herrlichsten Bildsäulen ihrer Götter und des reichen Schmuckes ihrer Tempel, aber was die Ausübung der von ihren Altvordern überkommenen Religion betraf, hatten sie sich gleichmäßig der Nachsicht, ja selbst des Schutzes der römischen Eroberer zu erfreuen. Die Provinz Gallien scheint die einzige Ausnahme von dieser allgemeinen Religionsduldung zu bilden: sie scheint es aber auch nur. Unter dem schönen Vorwand, Menschenopfer abzuschaffen, unterdrückten die Kaiser Tiberius und Claudius die gefährliche Macht der Druiden: aber die Priester selbst, ihre Götter und Altäre bestanden bis zur endlichen Vertilgung des Heidentums in ungestörter Dunkelheit.

Rom, die Hauptstadt einer so großen Monarchie, war beständig mit Untertanen und Fremden aus jedem Teil der Welt gefüllt, und alle führten den Lieblingskultus ihres Vaterlandes ein und übten ihn aus. Jede Stadt im Reich besaß das Recht, die Reinheit ihres alten Ritus aufrecht zu halten, und der Senat bediente sich nur dieses allgemeinen Befugnisses, indem er sich zuweilen in das Mittel legte, dieser Überschwemmung mit fremden Religionsausübungen Einhalt zu tun. Der ägyptische Aberglaube, von allen der verächtlichste und verworfenste, wurde häufig verboten, die Tempel des Serapis und der Isis wurden zerstört und ihre Anbeter aus Rom und Italien verbannt. Aber der Eifer des Fanatismus trug über die lauen und ungenügenden Maßregeln der Politik den Sieg davon. Die Verbannten kehrten zurück, die Proselyten mehrten sich, und die Tempel wurden in höherem Glanz wiederhergestellt, bis endlich Isis und Serapis ihre Sitze unter den römischen Gottheiten einnahmen. Diese Nachsicht war keineswegs eine Abweichung von den alten Maximen der Regierung. In den reinsten Zeiten der Republik waren Cybele und Äskulap durch feierliche Gesandtschaften eingeladen worden, und es war herkömmlich, die Schutzgottheiten einer belagerten Stadt in Versuchung zu führen, indem man ihnen größere Ehren versprach, als sie in ihrer Heimat genossen. Rom wurde allmählich der gemeinsame Tempel seiner Untertanen, und das römische Bürgerrecht allen Göttern des Menschengeschlechtes erteilt.

Die beschränkte Politik, das reine Blut der alten Bürger ohne fremde Beimischung bewahren zu wollen, hat das Glück von Athen und Sparta gehemmt und ihren Untergang beschleunigt. Der aufstrebende Genius Roms dagegen opferte die Eitelkeit dem Ehrgeiz, und hielt es nicht nur für klüger, sondern auch für ehrenvoller, Tugend und Verdienst, wo es immer zu finden war, unter Sklaven oder Fremden, unter Feinden oder Barbaren, als sein eigenes zu adoptieren. Während der blühendsten Periode der athenischen Republik war die Anzahl der Bürger nach und nach von 30 000 auf 21 000 geschmolzen. Wenn man dagegen das Wachstum der römischen Republik studiert, so findet man, daß, trotz den unaufhörlichen Anforderungen der Krieg und Kolonien, die Bürger, deren es bei dem ersten Zensus des Servius Tullius nicht mehr als 83 000 gab, sich vor dem Anfang des Bundesgenossenkrieges auf die Zahl von vier mal 163 000, sämtlich fähig im Dienst des Vaterlandes die Waffen zu führen, vermehrt hatten. Als Roms Bundesgenossen gleichen Anteil an Ehren und Rechten forderten, da allerdings zog der Senat die Entscheidung durch die Waffen einem schimpflichen Zugeständnis vor. Die Samniter und Lukanier mußten ihre Tollkühnheit schwer büßen, aber alle übrigen italienischen Staaten wurden, wie sie nach und nach zu ihrer Pflicht zurückkehrten, in den Schoß der Republik aufgenommen und trugen bald zum Sturz der öffentlichen Freiheit bei. Unter einer demokratischen Regierangsform üben die Bürger eine Souveränität aus, welche, wenn sie einer schwerfälligen Menge anvertraut ist, zuerst mißbraucht werden und dann verloren gehen wird. Nachdem jedoch die Volksversammlungen durch die kaiserliche Regierung unterdrückt worden waren, unterschieden sich die Eroberer von den überwundenen Nationen nur als die erste und ehrenvollste Untertanklasse, deren Erweiterung, so schnell sie auch vor sich ging, nicht mehr mit denselben Gefahren verbunden war. Nichts desto weniger wachten die weisesten Fürsten, den Maximen des Augustus treu, mit strenger Sorgfalt über die Würde des römischen Namens, und verbreiteten das römische Bürgerrecht nur mit besonnener Freigebigkeit.

Bis zur Zeit, wo die Privilegien der Römer nach und nach allen Einwohnern des Reiches zuteil geworden waren, waltete zwischen Italien und den Provinzen stets ein wichtiger Unterschied ob. Italien galt für den Mittelpunkt der Staatseinheit, für die feste Grundsäule der Verfassung. Es forderte als sein Recht die Geburt oder wenigstens die Residenz der Kaiser und des Senates. Die Ländereien der Italiener waren von Abgaben, ihre Personen von der willkürlichen Gerichtsbarkeit der Statthalter frei. Ihre vollkommen nach dem Modell der Hauptstadt gebildeten Munizipalkorporationen waren unter der unmittelbaren Aufsicht der höchsten Gewalt mit der Vollziehung der Gesetze beauftragt. Alle Italiener vom Fuß der Alpen bis zum äußersten Ende von Kalabrien waren geborne römische Bürger. Ihre partiellen Unterschiede verwischten sich und sie verschmolzen bald zu einer einzigen, durch Sprachen, Sitten und bürgerliche Einrichtungen verbundenen großen Nation, welche so schwer wog wie ein mächtiges Reich. Die Republik konnte sich ihrer hochherzigen Politik rühmen, und empfing dafür oft in den Tugenden und Diensten ihrer Adoptivsöhne den wohlverdienten Lohn. Wenn sie das Bürgerrecht von Rom auf die alten Geschlechter innerhalb der Mauern der Stadt beschränkt hätte, so wäre dieser unsterbliche Name einiger seiner edelsten Zierden beraubt worden. Virgil war ein Mantuaner. Horaz zweifelte, ob er sich einen Apulier oder Lukanier nennen solle, und Padua brachte jenen Historiker hervor, welcher würdig erfunden wurde, die majestätische Reihe der römischen Siege für die Nachwelt aufzuzeichnen. Die patriotische Familie der Catone stammte aus Tuskulum; die kleine Stadt Arpinum hatte auf die Doppelehre Anspruch, Marius und Cicero hervorgebracht zu haben, von denen der eine nach Romulus und Camillus der dritte Gründer Roms genannt zu werden verdiente, und der andere, nachdem er sein Vaterland vor den Anschlägen Catilinas gerettet hatte, es in den Stand setzte, mit Athen um die Palme der Beredsamkeit in die Schranken zu treten.

Die Provinzen des Reiches (wie sie in dem vorigen Kapitel beschrieben worden sind), besaßen weder öffentliche Macht noch verfassungsmäßige Freiheit. Es war die erste Sorge des Senates, in Etrurien, Griechenland und Gallien jene gefährlichen Bünde aufzulösen, welche der Menschheit lehrten, daß man den römischen Waffen, die selbst durch Parteiung gesiegt hatten, durch Einheit Widerstand leisten könne. Wenn Rom ja mit Dankbarkeit oder Großmut prunkte und einigen Fürsten gestattete, den wandelbaren Szepter für eine Weile fortzutragen, wurden sie sogleich vom Thron gestoßen, wie sie die auferlegte Aufgabe gelöst und die besiegte Nation an das Joch gekirrt hatten. Die freien Staaten und Gemeinden, welche sich der Sache Roms anschlossen, wurden mit einem nominellen Bündnis belehnt, sanken aber allmählich in reelle Sklaverei. Die öffentliche Macht wurde allenthalben durch die Diener des Senates und der Kaiser ausgeübt, und diese Macht war unumschränkt und ohne Kontrolle. Aber dieselben heilsamen Regierungsmaximen, welche in Italien Friede und Gehorsam sicherten, wurden auch auf die fernsten Eroberungen ausgedehnt. Allmählich bildete sich, durch das doppelte Mittel der Anlegung von Kolonien und der Zulassung der treuesten und verdienstvollsten Landeseingebornen zum römischen Bürgerrecht, eine Nation von Römern in den Provinzen.

»Wo immer der Römer erobert, dort wohnt er ein«, ist eine sehr richtige, durch die Geschichte und Erfahrung bestätigte Bemerkung Senekas. Die Bewohner von Italien, durch Vergnügen oder Interesse angezogen, beeilten sich, die Vorteile des Sieges zu genießen, und es ist eine merkwürdige Tatsache, daß 40 Jahre nach der Bezwingung von Asien auf Mithridates' grausamen Befehl 80 000 Römer an *einem* Tag erschlagen wurden. Diese freiwilligen Verbannten beschäftigten sich größtenteils mit Handel, Ackerbau oder Pachtung der Staatseinkünfte. Nachdem aber den Legionen von den Kaisern bleibende Standquartiere angewiesen worden waren, bevölkerten sich die Provinzen bald mit einem Geschlecht römischer Krieger, weil die Veteranen, welche den Lohn für ihre Dienste an Geld oder in Ländereien erhielten, sich mit ihren Familien gewöhnlich in dem Land ansiedelten, wo sie ihre Jugend ehrenvoll zugebracht hatten. Durch das ganze Reich, besonders aber in den westlichen Teilen, blieben die fruchtbarsten Distrikte und die besten Lagen für die Anlegung von Kolonien, teils bürgerlicher, teils kriegerischer Natur, vorbehalten.

Was Sitte und innere Politik betraf, waren die Kolonien das getreue Ebenbild ihrer großen Mutter. Den Eingebornen wurden sie durch Freundschafts- und Verwandtschaftsbande bald teuer, und verbreiteten nicht nur Ehrfurcht vor dem römischen Namen, sondern auch das selten getäuschte Verlangen, in der gehörigen Zeit derselben Ehre und Vorteile teilhaftig zu werden. Die Munizipalstädte kamen an Rang und Glanz den Kolonien allmählich gleich, ja unter der Regierung Hadrians wurde darüber gestritten, wem der Vorzug gebühre, ob den Roms Schoß entquollenen oder den in denselben aufgenommenen Gemeinden. Das sogenannte Recht Latiums gewährte den Städten, welchen es verliehen wurde, eine besondere Gunst. Zwar erlangten nur die obrigkeitlichen Personen nach Erlöschung ihres Amtes die Eigenschaft römischer Bürger, da die Ämter aber jährlich wechselten, wurden sie in wenig Jahren den vorzüglichsten Familien zuteil. Diejenigen Provinzangehörigen, welche in die Legionen aufgenommen wurden; diejenigen, welche ein bürgerliches Amt bekleideten, mit einem Wort alle, die einen öffentlichen Dienst verrichteten, oder persönliche Talente entfalteten, erhielten ein Geschenk zum Lohn, dessen Wert sich fortwährend durch die zunehmende Freigebigkeit der Kaiser verminderte. Aber selbst in dem Zeitalter der Antonine, wo das römische Bürgerrecht bereits dem größeren Teil ihrer Untertanen erteilt war, blieb es noch immer mit sehr wesentlichen Vorteilen verknüpft. Die Masse des Volkes erlangte damit die Wohltat der römischen Gesetze, besonders in bezug der tiefeingreifenden Punkte der Ehe, der Testamente und des Erbrechtes, abgesehen davon, daß nun die Bahn des Glückes allen denjenigen offen stand, deren Ansprüche durch Gunst oder Verdienste unterstützt wurden. Die Enkel jener Gallier, welche Julius Cäsar in Alesia belagert hatte, befehligten Legionen, regierten Provinzen, saßen im Senat zu Rom. Ihr Ehrgeiz, statt die Ruhe des Staates zu stören, war auf das innigste mit seiner Sicherheit und Größe verknüpft.

Die Römer kannten den Einfluß der Sprache auf die Nationalsitten so genau, daß sie sich auf das ernstlichste bestrebten, mit den Fortschritten ihrer Waffen auch den Gebrauch der lateinischen Sprache auszudehnen. Die alten Dialekte von Italien, der sabinische, etrurische und venetische, gerieten in Vergessenheit; aber was die Provinzen betraf, so zeigte sich der Osten auf die Stimme seiner siegreichen Lehrmeister minder gelehrig als der Westen. Dieser einleuchtende Unterschied trennte die zwei Hauptabteilungen des Reiches mit einer Bestimmtheit der Farben, welche zwar während des Mittagsglanzes des Glückes in einem gewissen Grad verborgen blieb, aber allmählich, so wie die Schatten der Nacht auf die römische Welt niedersanken, immer sichtbarer wurde. Die westlichen Länder erhielten Joch und Zivilisation von denselben Händen. Sobald die Barbaren sich mit dem Gehorchen ausgesöhnt hatten, wurden auch ihre Seelen für jeden neuen Eindruck des Wissens und der Verfeinerung empfänglich. Die Sprache Virgils und Ciceros herrschte zuletzt, freilich nicht ohne unvermeidliche Beimischung von Verstümmelung, in Afrika, Spanien, Gallien, Britannien und Pannonien so allgemein, daß nur in den Gebirgen oder unter den Bauern schwache Spuren des punischen oder keltischen Idioms bewahrt wurden. Erziehung und Studien flößten den

Eingebornen dieser Länder unmerklich die Denkweise der Römer ein, und Italien gab seinen lateinischen Provinzbewohnern ebensowohl Moden als Gesetze. Sie bewarben sich mit mehr Eifer um Bürgerrecht und Ehrenstellen, und diese wurden ihnen auch leichter zuteil; sie hielten die Nationalwürde ebensowohl durch die Wissenschaften* wie durch die Waffen aufrecht, und brachten endlich in der Person Trajans einen Kaiser hervor, den die Scipionen nicht als Landsmann anzuerkennen verschmäht hätten.

Die Lage der Griechen unterschied sich dagegen wesentlich von jener der Barbaren. Jene waren seit langer Zeit zivilisiert und verderbt, und besaßen zu viel Geschmack, als daß sie ihre Sprache aufgegeben, und zu viel Eitelkeit, als daß sie fremde Einrichtungen angenommen hätten. Noch immer von den Vorurteilen ihrer Ahnen, deren Tugenden sie verloren hatten, erfüllt, affektierten sie Verachtung der ungeglätteten Sitten ihrer Eroberer, wenn ihnen gleich höhere Klugheit und Macht derselben Achtung einflößten.** Der Einfluß der griechischen Sprache und Sinnesweise war aber keineswegs auf die Grenzen dieses einst so berühmten Landes beschränkt. Ihre Herrschaft hatte sich durch Kolonien und Eroberungen von dem adriatischen Meere bis zu dem Euphrat und Nil verbreitet. Asien war mit griechischen Städten überdeckt, und die lange Regierung makedonischer Könige hatte in Syrien und Ägypten eine stille Umwandelung eingeführt. Diese Fürsten vereinigten an ihren glänzenden Höfen die Eleganz von Athen mit dem Luxus des Orients, ein Beispiel, welches, wenngleich in weiter Entfernung, von den höheren Klassen ihrer Untertanen nachgeahmt wurde. Das war die große Abteilung des römischen Reiches in die griechische und lateinische Zunge. Hierzu kann man noch einen dritten Unter-

---

* Spanien allein brachte Columella, die Senekas, Lukan, Martial und Quintilian hervor.
** Es gibt, wenn ich nicht irre, von Dionysius bis Libanius keinen einzigen griechischen Kritiker, welcher Virgils oder Horazens Erwähnung täte. Sie scheinen gar nicht zu wissen, daß die Römer irgendeinen guten Schriftsteller gehabt haben.

schied in betreff der Masse der Eingebornen in Syrien, insbesondere in Ägypten rechnen. Der Gebrauch der alten Dialekte schloß diese Barbaren von dem Verkehr mit der übrigen Menschheit aus und hinderte zugleich ihre Zivilisation. Ersteren zog träge Weichlichkeit die Verachtung, den letzteren tückische Wildheit den Abscheu der Eroberer zu. Diese Völker hatten sich der römischen Macht unterworfen, aber verlangten und verdienten selten das Bürgerrecht, und 230 Jahre verflossen nach dem Sturz der Ptolemäer, bis endlich ein Ägypter in den römischen Senat aufgenommen wurde.

Es ist eine richtige obschon abgenutzte Bemerkung, daß das siegreiche Rom durch die Künste Griechenlands unterjocht wurde. Jene unsterblichen Schriftsteller, welche noch immer dem neueren Europa Bewunderung einflößen, wurden bald der Lieblingsgegenstand des Studiums und der Nachahmung in Italien wie in den westlichen Provinzen. Aber die Römer gestatteten eleganten Mußebeschäftigungen keinen Einfluß auf die gesunden Maximen der Politik. Während sie die Schönheit der griechischen Sprache anerkannten, behaupteten sie die Würde der lateinischen, und der ausschließliche Gebrauch der letzteren wurde mit unbeugsamer Strenge sowohl bei der Zivil- als Militärverwaltung aufrecht erhalten.* Beide Sprachen übten zu gleicher Zeit ihre gesonderte Herrschaft im ganzen Reich aus, die eine als das geborne Idiom der Wissenschaft, die andere als der gesetzliche Dialekt der öffentlichen Verhandlungen. Wer Bildung und amtliche Stellung vereinigte, war mit beiden gleich vertraut, und es grenzte an Unmöglichkeit, in welcher Provinz immer, einen römischen Untertan von guter Erziehung zu finden, der weder der lateinischen noch der griechischen Sprache mächtig gewesen wäre.

Infolge solcher Einrichtungen geschah es, daß die Nationen des Reiches allmählich in das römische Volk und seinen Namen verschmolzen. Aber noch immer blieb in der Mitte

---

* Der Kaiser Claudius nahm einem ausgezeichneten Griechen das Bürgerrecht, weil er nicht lateinisch verstand.

jeder Provinz und jeder Familie eine unglückliche Klasse von Menschen, welche die Lasten der Gesellschaft trug, ohne an ihren Wohltaten teilzunehmen. In den freien Staaten des Altertums standen die häuslichen Sklaven unter der mutwilligen Strenge des Despotismus. Jahrhunderte der Gewalttat und des Raubes waren der vollständigen Feststellung des römischen Reiches vorausgegangen. Die Sklaven bestanden größtenteils aus Barbaren, zu Tausenden infolge der Wechselfälle des Krieges gefangen, um niedrigen Preis verkauft*, an ein Leben voll Unabhängigkeit gewöhnt, und nur darnach dürstend, ihre Fesseln zu sprengen und sich zu rächen. Gegen solche innere Feinde, deren verzweifelte Aufstände die Republik mehr als einmal an den Rand des Abgrundes gebracht hatten, schienen die strengsten Maßregeln und die grausamste Behandlung durch das große Gesetz der Selbsterhaltung fast gerechtfertigt zu sein. Nachdem aber die vorzüglichsten Nationen von Europa, Asien und Afrika unter dem Gesetze eines Souveräns vereint waren, strömte die Quelle der Ergänzung vom Ausland minder reichlich, und die Römer sahen sich auf die mildere aber langsamere Methode der Fortpflanzung beschränkt, und sie begünstigten in ihrem zahlreichen Haushalt, besonders auf ihren Ländereien, die Verheiratung der Sklaven. Die Gefühle der Natur, die Angewöhnung durch Erziehung und der Besitz einer Art abhängigen Eigentums, trugen zur Erleichterung der Beschwerlichkeiten der Sklaverei bei. Das Leben eines Sklaven wurde ein Gegenstand von größerem Wert, und obschon sein Schicksal fortwährend von dem Charakter und den Verhältnissen seines Herrn abhing, wurde doch die Menschlichkeit des letzteren, statt durch Furcht zurückgehalten zu werden, durch die Wahrnehmung seines eigenen Interesses ermuntert. Die Tugenden und die Politik der Kaiser beschleunigten diese Fortschritte der Humanität, und die Edikte Hadrians und der beiden Antonine dehnten den

---

* Im Lager des Lukullus wurde ein Rind für eine und ein Sklave für vier Drachmen oder ungefähr drei Schilling verkauft.

Schutz der Gesetze auf den verachtetsten Teil des Menschengeschlechtes aus. Das Recht der Römer über Leben und Tod ihrer Sklaven, eine lang geübte und oft mißbrauchte Macht, wurde den Privatpersonen entnommen, und den Obrigkeiten allein übertragen. Die unterirdischen Kerker wurden abgeschafft, und bei gerechter Beschwerde über unerträgliche Behandlung erhielt der mißhandelte Sklave entweder seine Freiheit oder einen minder grausamen Herren. Die Hoffnung, diese beste Trösterin in unserem unvollkommenen Zustand, war dem römischen Sklaven keineswegs genommen, und wenn er Gelegenheit hatte, sich nützlich oder angenehm zu machen, konnte er mit Zuversicht erwarten, den Fleiß und die Treue weniger Jahre mit dem unschätzbaren Geschenke der Freiheit belohnt zu sehen. Die Humanität der Herren wurde durch die niedrigeren Eingebungen der Eitelkeit und Habsucht so häufig ersetzt, daß die Gesetze es notwendig fanden, eine verschwenderische und rücksichtslose Freigebigkeit, welche in gefährlichen Mißbrauch ausarten konnte, eher einzuschränken als zu begünstigen. Es war eine Maxime der alten Jurisprudenz, daß ein Sklave kein Vaterland habe; mit seiner Freiheit erlangte er daher zu gleicher Zeit Eintritt in die politische Gesellschaft, deren Mitglied sein Patron war. Infolge dieses Grundsatzes wäre das römische Bürgerrecht zuletzt an eine niedrige und gemischte Menge weggeworfen worden. Es wurden daher einige zeitgemäße Ausnahmen gemacht und jene ehrenvolle Auszeichnung auf solche Sklaven beschränkt, welche aus triftigen Gründen und mit Billigung der Obrigkeit eine feierliche und gesetzmäßige Freilassung erhielten. Ja selbst diese auserlesenen Freigelassenen erwarben nur die Privatrechte der Bürger, und blieben von allen bürgerlichen und militärischen Ehrenstellen streng ausgeschlossen. Was ihre Söhne auch immer für Verdienste oder Glücksgüter besitzen mochten, auch sie wurden eines Sitzes im Senat für unwürdig gehalten, und die Spuren der Abkunft von Sklaven erloschen nicht eher gänzlich, als in der dritten oder vierten Generation. Ohne den Unterschied der Stände zu vernichten, blieb so auch denjenigen, für welche Stolz und Vorurteil kaum den

Namen Menschen gelten ließen, in der Ferne die Aussicht auf Freiheit und Ehrenstellen.

Es wurde der Vorschlag gemacht, die Sklaven durch eine eigene Tracht auszuzeichnen; aber man besorgte mit Grund, daß es mit Gefahr verbunden sein möchte, sie mit ihrer eigenen Anzahl bekannt zu machen. Ohne die überschwenglichen Ausdrücke Legionen und Myriaden im buchstäblichen Verstand zu nehmen, kann man doch mit Fug behaupten, daß das Verhältnis der Sklaven, welche als Eigentum Wert hatten, beträchtlicher war als das der Diener, welche man nur als Ausgabe in Anschlag bringen konnte. Jünglinge mit hoffnungsvollen Geistesgaben erhielten Unterricht in den Künsten und Wissenschaften, und ihr Preis wurde nach dem Grad ihrer Geschicklichkeit und Ausbildung berechnet. In dem Haushalt eines reichen Senators fand man fast jede Kunst[*] und jedes Handwerk. Die Diener der Pracht und des Sinnengenusses mehrten sich weit über alle Vorstellung jetziger Üppigkeit. Dem Interesse eines Kaufmanns oder Fabrikanten sagte es besser zu, seine Arbeiter zu kaufen, als sie zu mieten, und auf dem Land waren Sklaven die wohlfeilsten und fleißigsten Ackerwerkzeuge. Um obige allgemeine Bemerkung über die Zahl der Sklaven zu bekräftigen, könnte man eine Menge einzelner Fälle anführen. So ergab sich bei einem sehr tragischen Anlaß, daß in einem einzigen Palast zu Rom 400 Sklaven unterhalten wurden.[**] Dieselbe Zahl von 400 gehörte zu einem Landgut, welches eine afrikanische Witwe von sehr geringem Rang ihrem Sohn abtrat, während sie für sich selbst einen viel größeren Teil ihres Eigentums behielt. Unter der Regierung des Augustus hinterließ ein Freigelassener, obschon er an seinem Vermögen während der Bürgerkriege große Verluste erlitten hatte, 3600 Joch Ochsen, zwei mal 150 000 Stück kleineres Vieh, und was sich bei einem solchen Besitztum beinahe von selbst versteht, 4116 Sklaven.

---

[*] Viele römische Ärzte waren Sklaven.
[**] Sie wurden sämtlich hingerichtet, weil sie den Mord ihres Herrn nicht verhindert hatten.

Die Anzahl von Untertanen, welche den römischen Gesetzen gehorchten, Bürger, Provinzbewohner und Sklaven,
kann jetzt nicht mit jenem Grad von Genauigkeit bestimmt
werden, welchen die Wichtigkeit dieses Gegenstandes verdienen mag. Wir lesen jedoch, daß der Kaiser Claudius, als er
das Amt eines Zensors bekleidete, 6 Millionen neun mal
145 000 römische Bürger zählte, eine Zahl, die sich mit
Frauen und Kindern wohl auf 20 Millionen Seelen erheben
mochte. Die Anzahl der Untertanen von geringerem Rang
war ungewiß und schwankend. Wenn man jedoch mit Aufmerksamkeit jeden Umstand wägt, welcher hierin Einfluß
haben konnte, so stellt sich die Wahrscheinlichkeit heraus,
daß es zu Claudius' Zeiten doppelt so viel Provinzbewohner
jedes Geschlechtes und Alters gab, als römische Bürger, und
daß die Sklaven an Zahl den freien Einwohnern der römischen Welt wenigstens gleich kamen. Die Gesamtsumme
dieser unvollkommenen Berechnung würde auf 120 Millionen Menschen steigen: ein Grad von Bevölkerung, welche
möglicherweise die des neueren Europa übersteigt, und die
zahlreichste Gesellschaft bildet, welche je unter demselben
Regierungssystem vereinigt gewesen ist.

Friede und Einheit im Innern waren die natürlichen Folgen der von den Römern befolgten gemäßigten und umfassenden Politik. Wendet man die Blicke nach den asiatischen
Monarchien, so gewahrt man den Despotismus im Mittelpunkt und Schwäche an den Enden; Einsammlung der Steuern und die Verwaltung der Gerechtigkeit müssen durch die
Gegenwart eines Heeres durchgesetzt werden; feindliche Barbaren nisten im Herzen des Landes; erbliche Satrapen maßen
sich die Herrschaft über die Provinzen an, und die Untertanen sind zum Aufruhr geneigt, ohne deswegen zur Freiheit
Befähigung zu haben. Der Gehorsam der römischen Welt dagegen war gleichförmig, freiwillig und stetig. Die überwundenen Nationen, zu einem großen Volk vereinigt, gaben die
Hoffnung, zuletzt sogar den Wunsch auf, ihre Unabhängigkeit wieder zu erringen, und betrachteten ihr eigenes Dasein
kaum als gesondert von jenem Roms. Die festbegründete
Macht der Kaiser durchdrang ohne Mühe den weiten Um-

fang ihrer Gebiete, und wurde mit derselben Leichtigkeit an den Ufern der Themse und des Nils, wie an jenen der Tiber geübt. Die Legionen waren zur Bekämpfung der Feinde des Staates bestimmt, und die bürgerliche Obrigkeit bedurfte nur selten die Hilfe militärischer Gewalt. Bei einem solchen Zustand allgemeiner Sicherheit waren die Muße und der Reichtum des Fürsten und Volkes der Vervollkommnung und Verschönerung des römischen Reiches gewidmet.

Wie viele von den unzähligen Baudenkmälern, welche die Römer errichtet haben, sind dem Griffel der Geschichte entgangen! Wie wenige haben den Verwüstungen der Zeit und der Barbaren widerstanden! Aber selbst die majestätischen Ruinen, welche noch immer über Rom und Italien zerstreut sind, würden zum Beweis hinreichen, daß diese Länder einst der Sitz eines ausgebildeten und mächtigen Reiches gewesen sind. Ihre Großartigkeit und Schönheit müßten, jede allein, schon unsere Aufmerksamkeit fesseln; ein höheres Interesse erhalten sie jedoch durch zwei wichtige Umstände, welche die angenehme Geschichte der Künste mit der nützlicheren der Sitten in Verbindung bringen. Viele dieser Werke wurden nämlich auf Kosten von Privatpersonen ausgeführt, und fast alle waren zum öffentlichen Nutzen bestimmt.

Es ist eine natürliche Voraussetzung, daß die meisten und größten römischen Bauwerke von den Kaisern herrühren, weil sie unumschränkte Gewalt über Menschen und Geld besaßen. Augustus pflegte zu rühmen, daß er seine Hauptstadt aus Ziegeln gefunden habe und aus Marmor hinterlasse. Die strenge Sparsamkeit Vespasians war die Quelle seiner Munificenz. Trajans Werke tragen das Gepräge seines Geistes. Die öffentlichen Denkmäler, womit Hadrian jede Provinz des Reiches schmückte, wurden nicht bloß auf seinen Befehl, sondern auch unter seiner unmittelbaren Aufsicht ausgeführt. Er war selbst Kunstverständiger und liebte die Künste, weil sie zum Ruhm des Monarchen mitwirkten, wogegen die Antonine sie begünstigten, weil sie zur Wohlfahrt des Volkes beitrugen. Aber wenn auch die ersten Architekten des Reiches, waren die Kaiser doch nicht die einzigen. Ihr Beispiel wurde von ihren vorzüglichsten Untertanen allgemein nachgeahmt, und diese trugen kein Bedenken, der Welt kund zu tun, daß sie Geist zum Entwerfen und Reichtum zum Ausführen der großartigsten Unternehmungen besäßen. Kaum war zu Rom der stolze Bau des Kolosseums eingeweiht, so wurden auch in kleinerem Maßstab zwar, aber nach demselben Plan und aus denselben Materialien, ähnliche Gebäude zum Gebrauch und auf Unkosten von Kapua und Verona aufgeführt. Die Inschrift an der staunenswerten Brücke bei Alkantara bezeugt, daß sie durch die Beiträge einiger wenigen lusitanischen Gemeinden über den Tajo geschlagen worden ist. Als Plinius die Statthalterschaft über Bithynien und den Pontus – keine der wohlhabendsten und beträchtlichsten Provinzen des Reiches – anvertraut wurde, fand er, daß die Städte in seinem Machtsprengel in Aufführung jedes zum Nutzen und zur Zierde dienenden Bauwerkes wetteiferten, welches die Neugierde der Fremden anziehen oder den Dank der Mitbürger verdienen mochte. Es war die Pflicht des Prokonsul, ihnen bei Mangel Unterstützung zu gewähren, ihren Geschmack zu leiten, und zuweilen auch ihren Wetteifer zu mäßigen. Die reichen Senatoren Roms und der Provinzen rechneten es sich zur Ehre, ja achteten es fast für Pflicht, den Glanz ihres Zeitalters und Vaterlandes zu erhöhen, und sehr oft ersetzte der Einfluß der Mode den Mangel an Geschmack oder Großmut. Unter der großen Menge dieser Wohltäter aus dem Privatstand wollen wir den athenischen Bürger Herodes Attikus wählen, welcher im Zeitalter der Antonine lebte. Was seiner Handlungsweise auch immer für ein Motiv zugrunde gelegen haben mag, so ist doch in jedem Fall seine großartige Freigebigkeit des mächtigsten Königs würdig gewesen.

Das Geschlecht des Herodes, wenigstens nachdem es vom Glück begünstigt worden war, leitete seine Abkunft in gerader Linie von Cimon und Miltiades, Theseus und Cecrops, Aeneas und Jupiter ab. Die Nachkommen so vieler Götter und Helden waren aber in die erbärmlichste Lage geraten. Sein Großvater war hingerichtet worden und sein Vater würde sein Leben haben in Armut und Verachtung beschließen müssen, wenn er nicht unter einem alten Haus, dem letzten Überrest seines Erbe, einen unermeßlichen Schatz gefunden hätte. Nach der Strenge des Gesetzes konnte der Kaiser sein Recht darauf geltend machen, der kluge Attikus kam indessen durch ein offenes Geständnis der Geschäftigkeit der Angeber zuvor. Der billig denkende Nerva, welcher damals auf dem Thron saß, weigerte sich, einen Teil davon anzunehmen, und gebot ihm, von dem Geschenk des Glükkes ohne Bedenken Gebrauch zu machen. Der vorsichtige Athener blieb jedoch beharrlich und wandte ein, daß der Schatz zu beträchtlich für einen Untertan sei, und daß er nicht wisse, welchen *Gebrauch* er davon machen solle. *Mißbrauche ihn also,* rief der Monarch in gutlaunigem Eigensinn, denn er ist dein Eigentum. Viele werden der Meinung sein, daß Attikus der letzten Anweisung des Kaisers buchstäblich nachkam, weil er den größten Teil seines Vermögens, das noch durch eine vorteilhafte Heirat vermehrt wurde, zum öffentlichen Besten verwendete. Er hatte für seinen Sohn Herodes die Präfektur der freien Städte von Asien ausgewirkt, und da der junge Präfekt wahrnahm, daß die Stadt Troas schlecht mit Wasser versehen war, so erhielt er durch die Freigebigkeit Hadrians 300 Myriaden Drachmen (ungefähr 100 000 Pfund) zum Bau eines neuen Aquädukts. Aber bei der Ausführung zeigte es sich, daß es doppelt so viel, als die Schätzung betrug, kosten würde, und die Beamten des öffentlichen Schatzes begannen zu murren; da brachte der großmütige Attikus ihre Klagen zum Schweigen, indem er bat, man möge ihm erlauben, die ganze Mehrausgabe aus eigenen Mitteln zu bestreiten.

Die geschicktesten Lehrer Griechenlands und Asiens waren durch glänzende Belohnungen angezogen worden, die Erziehung des jungen Herodes zu leiten. Ihr Schüler wurde bald ein berühmter Redner, wenigstens nach dem Maßstab der nutzlosen Rhetorik jener Zeit, welche sich auf die Schulen beschränkte und es verschmähte, das Forum oder den Senat zu besuchen. Er erhielt die Ehre des Konsulats zu Rom, aber den größten Teil des Lebens verbrachte er zu Athen und auf seinen nahegelegenen Villen in philosophischer Zurückgezogenheit, stets von Sophisten umgeben, welche ohne Widerstreben die Überlegenheit eines so reichen und großmütigen

Nebenbuhlers anerkannten. Die Denkmäler seines Geistes sind untergegangen, aber mehrere beträchtliche Ruinen bewahren noch immer den Ruhm seines Geschmacks und seiner Freigebigkeit. Neuere Reisende haben das Stadium gemessen, welches er zu Athen hatte bauen lassen, und gefunden, daß es 600 Fuß lang und ganz aus weißem Marmor gebaut war. Es konnte das große Volk aufnehmen, und war in den vier Jahren fertig geworden, während welcher Herodes den öffentlichen Spielen vorstand. Dem Andenken seiner Gattin Regilla widmete er ein Theater, dessen Gleichen es kaum im Reich gab: Kein Holz, außer das von Zedern, kunstvoll geschnitzt, hatte in irgendeinem Teil des Gebäudes verwendet werden dürfen. Das Odeum, welches Perikles für musikalische Aufführungen und Proben neuer Tragödien bestimmt hatte, war eine Siegstrophäe der Künste über barbarische Größe; denn alles zum Bau verwendete Holz bestand hauptsächlich aus den Masten persischer Schiffe. Es lag trotz der Ausbesserungen, die ein König von Kappadokien diesem alten Gebäude hatte angedeihen lassen, in Trümmern, und Herodes stellte dessen sonstige Pracht und Schönheit wieder her. Die Freigebigkeit dieses erlauchten Bürgers blieb aber keineswegs auf die Mauern von Athen beschränkt. Die herrlichste Ausschmückung des Tempels des Neptun auf dem Isthmus, ein Theater zu Korinth, ein Stadium zu Delphi, ein Bad zu Thermopylä und ein Aquädukt zu Kanusium in Italien reichten nicht hin, um seine Schätze zu erschöpfen. Die Bewohner von Epirus, Thessalien, Euböa, Böotien und dem Peloponnes erfuhren sein Wohlwollen, und die Inschriften vieler Städte in Griechenland und Asien nennen den Herodes Attikus dankbar ihren Patron und Wohltäter.

In den Republiken Rom und Athen verkündete die bescheidene Einfachheit der Privathäuser den gleichen Zustand der Freiheit, während die Souveränität des Volkes durch die majestätischen Gebäude repräsentiert wurde, die dem öffentlichen Gebrauch gewidmet waren.

Dieser republikanische Geist erlosch mit der Zunahme der Reichtümer und Einführung der Monarchie keineswegs gänzlich, vielmehr suchten die tugendhaftesten Kaiser ihre

Freigebigkeit in Werken der Nationalehre und Wohlfahrt zu entfalten. Der goldene Palast des Nero hatte gerechte Entrüstung erregt, aber unter den folgenden Regierungen wurde der ungeheure Umfang dieses durch diese selbstsüchtigste Üppigkeit befleckten Bodens bald auf eine würdigere Weise mit dem Kolosseum, den Bädern des Titus, dem claudischen Portikus und den Tempeln der Göttin des Friedens und des Genius Roms bedeckt. Diese Monumente der Architektur, das Eigentum des römischen Volkes, waren mit den schönsten Werken griechischer Malerei und Bildhauerei geschmückt, und in dem Tempel des Friedens für die Gebildeten eine äußerst anziehende Bibliothek aufgestellt. Nicht weit davon stand das Forum des Trajan. Es war von einem hohen Portikus in Form eines Vierecks umgeben, durch welches vier Triumphbögen einen edlen und geräumigen Zugang bildeten; in der Mitte erhob sich eine marmorne Säule, deren Höhe, 110 Fuß, jene des Berges anzeigte, welcher abgegraben worden war. Auf dieser Säule, welche noch jetzt in ihrer ganzen vorigen Schönheit vorhanden ist, befand sich eine genaue Abbildung der dakischen Siege ihres Schöpfers. Der Veteran betrachtete die Geschichte seiner eigenen Feldzüge, und der friedliche Bürger identifizierte sich durch eine leichte Selbsttäuschung der Nationaleitelkeit mit der Ehre des Triumphes.

Alle übrigen Viertel der Hauptstadt und alle Provinzen des Reiches waren in demselben edlen Geiste öffentlicher Herrlichkeit verschönert und mit Amphitheatern, Theatern, Tempeln, Säulengängen, Triumphbögen und Aquädukten angefüllt, welche alle auf ihre Weise zur Gesundheit, zur Andacht, zum Vergnügen des geringsten Bürgers beitrugen. Die letzterwähnten Bauwerke verdienen unsere besondere Aufmerksamkeit. Die Kühnheit der Unternehmung, die Festigkeit der Ausführung, und das Bedürfnis, dem sie abhalfen, reihen die Wasserleitungen unter die edelsten Denkmäler des Genius und der Macht Roms. Die Aquädukte verdienen mit Recht den Vorrang, und ein wißbegieriger Reisender, welcher ohne Beistand des Lichtes der Geschichte diejenigen von Spoleto, Metz oder Segovia besuchte, würde sehr natürlich den Schluß ziehen, daß diese Provinzstädte vormals der Sitz eines mächtigen Monarchen gewesen sein müssen. Die Einöden von Asien und Afrika waren einst mit blühenden Städten bedeckt, deren Volksreichtum, ja deren Dasein von solchen künstlichen Zuleitungen eines immerwährenden Stromes frischen Wassers abhing.

Wir haben die Volksmenge des römischen Reiches berechnet und dessen öffentliche Bauwerke betrachtet. Ein Blick auf Zahl und Größe seiner Städte wird jene bestätigen und uns diese vervielfältigen. Es wird nicht unangenehm sein, einige zerstreute Angaben über diesen Gegenstand zu sammeln, wobei man übrigens nicht vergessen mag, daß infolge der Nationaleitelkeit und der Armut der Sprache die unbestimmte Benennung Stadt ohne Unterschied Rom wie Laurentum erteilt wurde.

Das alte Italien soll 1179 Städte enthalten haben, und für welche Periode des Altertums auch diese Angabe gelten soll, hat man doch keinen Grund zu glauben, daß das Land im Jahrhundert der Antonine weniger bevölkert gewesen wäre als zu Romulus' Zeit. Die kleinen Staaten Latiums waren in die Metropolis des Reiches eingeschlossen, durch deren überwiegenden Einfluß sie angezogen worden waren. Diejenigen Teile von Italien, welche so lange unter dem schläfrigen Joch von Priestern und Vizekönigen schmachteten, wurden damals nur von dem erträglicheren Unheil des Krieges heimgesucht, und die ersten Anzeichen ihres Verfalls wurden durch das schnelle Aufblühen des zisalpinischen Galliens reichlich ersetzt. Veronas Glanz kann man in seinen Überresten beurteilen, und doch war es minder berühmt als Aquileja und Padua, als Mailand oder Ravenna.

Der Geist der Kultur drang über die Alpen, und machte sich selbst in den Wäldern Britanniens fühlbar, welche allmählich ausgerodet wurden, um freien Raum für bequeme und elegante Wohnungen zu gewinnen. York war der Sitz der Regierung, London bereits durch Handel bereichert, Bath wegen der Heilkraft seiner Mineralquellen berühmt. Gallien konnte sich seiner 1200 Städte rühmen, und wenn auch in den nördlichen Teilen viele, Paris selbst nicht ausgenommen, wenig mehr waren als die unvollkommenen Ortschaften eines zum gesitteten Leben erst erwachenden Volkes, wetteiferten doch die südlichen Provinzen mit dem Reichtum und der Eleganz Italiens. Es gab in Gallien viele Städte, wie Marseille, Arles, Nismes, Narbonne, Toulouse, Bordeaux, Autun, Vienne, Lyon, Langres, Trier, deren damaliger Zustand ihren jetzigen wenn nicht übertraf, doch gar wohl mit demselben den Vergleich aushalten kann. Was Spanien betrifft, blühte dieses Land als Provinz und welkt als Königreich. Erschöpft wie es ist, durch den Mißbrauch seiner Kraft, durch Amerika und den Aberglauben, dürfte sein Stolz etwas gedemütigt werden, wenn man von ihm eine Liste von 360 Städten verlangen wollte, wie sie Plinius unter der Regierung Vespasians aufgeführt hat.

Dreihundert afrikanische Städte hatten einst die Oberherrschaft von Karthago anerkannt und es ist nicht wahrscheinlich, daß ihre Zahl sich unter der Verwaltung der Kaiser vermindert hätte: Karthago selbst erhob sich mit frischem Glanz aus seiner Asche, und bald erlangte diese Hauptstadt gleich Kapua und Korinth, mit Ausnahme souveräner Unabhängigkeit, ihre alte Größe wieder.

Die Provinzen des Orients bieten den Gegensatz römischer Großartigkeit und türkischer Barbarei dar. Die über unbebaute Gefilde zerstreuten Ruinen des Altertums, welche von der Unwissenheit der Macht der Zauberei zugeschrieben werden, gewähren dem unterdrückten Bauer oder dem wandernden Araber kaum ein Obdach. Unter der Regierung der Kaiser enthielt das eigentliche Asien allein 500 dicht bevölkerte Städte, reich durch alle Gaben der Natur und schön durch jede Verfeinerung der Kunst. Elf Städte in Asien stritten sich um die Ehre, dem Tiberius einen Tempel weihen zu dürfen, und der Senat prüfte ihre Verdienste. Vier davon wurden sogleich, als der Ausgabe nicht gewachsen, verworfen, darunter Laodicäa, dessen sonstiger Glanz noch jetzt in seinen Ruinen sichtbar ist. Laodicäa zog von seinen durch Wollfeinheit berühmten Schafherden beträchtliche Einkünfte, und hatte kurz vor jenem Streit durch das Testament eines großmütigen Bürgers viermal 100 000 Pfund Sterling erworben. Wenn das die Armut von Laodicäa war, was muß der Reichtum jener Städte, die den Vorzug zu verdienen schienen, gewesen sein, insbesondere von Pergamus, Smyrna und Ephesus, welche so lange um den Titularprimat von Asien stritten? Die Hauptstädte von Syrien und Ägypten nahmen einen noch höheren Rang im Reich ein: Antiochien und Alexandrien blickten mit Stolz auf eine Menge abhängiger Städte nieder und wichen selbst der Majestät Roms nur mit Widerstreben. Alle diese Städte waren untereinander und mit der Hauptstadt durch öffentliche Straßen verbunden, welche von dem Forum zu Rom ausliefen, Italien durchkreuzten, die Provinzen durchzogen und nur mit den Grenzen des Reiches endigten. Wenn man die Entfernung vom Walle Antoninus bis Rom und von da nach Jerusalem berechnet, so wird man finden, daß die große Verbindungsstraße von der nordwestlichen bis zur südöstlichen Spitze des Reiches eine Länge von viertausend und achtzig römischer Meilen betrug. Die öffentlichen Straßen waren durch Meilensteine genau eingeteilt, und liefen mit sehr geringer Achtung vor den Hindernissen der Natur und des Privateigentums in gerader Linie von einer Stadt zur andern. Berge wurden durchbohrt und kühne Bogen über die breitesten und reißendsten Ströme gespannt. Der mittlere Teil der Straße war zu einer Art, das umliegende Land beherrschenden Terrasse erhoben, bestand aus mehreren Lagen Sand, Kies und Kitt, und war mit großen Steinen und an einigen Stellen und in der Nähe der Hauptstadt mit Granit gepflastert.

Das war jene dauerhafte Bauart der römischen Straßen, deren Festigkeit selbst der Einwirkung von 15 Jahrhunderten nicht ganz erlegen ist. Sie verbanden die Untertanen der fernsten Provinzen durch bequemen und häufigen Verkehr; ihr ursprünglicher Zweck aber war die Erleichterung des Marsches der Legionen gewesen; denn Rom hielt ein Land erst dann für gänzlich unterworfen, wenn dasselbe nach allen Richtungen den Waffen und Gesetzen des Siegers zugänglich war. Der Vorteil früher Nachrichten und schneller Beförderung ihrer Befehle vermochte die Kaiser, durch das ganze große Reich regelmäßige Posten einzuführen. In einer Entfernung von nur fünf, höchstens sechs Meilen wurden allenthalben Häuser errichtet, von denen jedes beständig mit 40 Pferden versehen war, so daß man infolge des regelmäßigen Wechsels derselben mit Leichtigkeit 100 Meilen des Tages auf den römischen Straßen zurücklegen konnte. Der Gebrauch der Posten war nur denjenigen vorbehalten, welche kraft kaiserlichen Befehls ein Recht darauf hatten; obgleich sie aber ursprünglich nur für den öffentlichen Dienst berechnet waren, gestattete man doch zuweilen, daß sich ihrer Privatpersonen zu Geschäften oder zur Bequemlichkeit bedienten. Zur See war die Kommunikation im römischen Reich nicht minder frei und offen, als zu Land. Die Provinzen umschlossen das Mittelmeer, und Italien ragte wie ein ungeheures Vorgebirge mitten in diesen großen See hinaus. Den italienischen Küsten fehlt es im allgemeinen an sichern Häfen, aber menschliche Industrie ersetzte den Mangel der Natur, und der künstliche Hafen von Ostia an der Mündung der Tiber, welchen Kaiser Claudius hatte ausgraben lassen, ist insbesondere ein wohltätiges Denkmal römischer Größe. Von diesem Hafen, der nur 16 Meilen von der Hauptstadt entfernt war, führte ein günstiger Wind die Schiffe häufig in sieben Tagen bis zu den Säulen des Herkules, und in neun oder zehn bis Alexandrien in Ägypten.

Was für Übel man auch mit Recht oder aus Deklamation mit einem übergroßen Reich in Verbindung gesetzt hat, kann doch nicht geleugnet werden, daß die Macht Roms von manchen wohltätigen Folgen für das Menschengeschlecht begleitet gewesen ist; denn dieselbe Freiheit des Verkehrs, welche die Laster ausbreitete, dehnte auch die Verbesserungen des geselligen Zustandes aus. In den fernern Jahrhunderten des Altertums war die Welt ungleich geteilt, und der Orient seit undenklichen Zeiten im Besitz der Künste und des Luxus, während den Westen rohe und kriegerische Barbaren bewohnten, welche den Ackerbau entweder verachteten oder nicht kannten. Unter dem Schutz einer festbegründeten Regierung aber wurden die Erzeugnisse glücklicherer Zonen und die Industrie zivilisierter Völker allmählich in die westlichen Länder von Europa eingeführt, deren Bewohner durch einen offenen und gewinnbringenden Handel ermuntert wurden, jene zu vervielfachen und diese zu verbessern. Es grenzt an Unmöglichkeit, hier alle Produkte des Tier- und Pflanzenreiches aufzuzählen, welche nach und nach aus Asien und Ägypten nach Europa überbracht worden sind; aber einige Hauptartikel leicht berühren, wird weder der Würde und noch weniger der Nützlichkeit eines historischen Werkes Eintrag tun.

1. Fast alle Blumen, Kräuter und Früchte, die in unsern europäischen Gärten wachsen, sind von fremder, in vielen Fällen schon durch den Namen verratener Abkunft. Der Apfel ist in Italien einheimisch, und als die Römer den feinen Geschmack der Aprikose, Pfirsiche, des Granatapfels, der Zitrone und Orange kennen gelernt hatten, legten sie allen diesen neuen Früchten den gemeinsamen Namen Apfel mit dem Epitheton von dem Land bei, woher sie stammten.

2. Zu Homers Zeit wuchs der Weinstock in Sizilien und wahrscheinlich auch auf dem angrenzenden Festland wild, aber er wurde durch die Kunst noch nicht verbessert und gab kein Getränk, das dem Geschmack der wilden Einwohner angenehm gewesen wäre. 1000 Jahre später konnte sich Italien rühmen, daß es von 80 Sorten der edelsten und gepriesensten Weine mehr als zwei Dritteile auf eigenem Boden erziele. Dieser Segen wurde bald der narbonnensischen Provinz von Gallien mitgeteilt, aber im Norden der Cevennen war die Kälte so heftig, daß man es zu Strabos Zeit für unmöglich hielt, in diesem Teile Galliens Trauben zur Reife zu bringen. Dieses Hindernis verschwand jedoch nach und nach, und man hat einigen Grund zu glauben, daß die Weinberge Burgunds bis auf das Zeitalter der Antonine hinaufreichen.

3. Der Ölbaum folgte in der westlichen Welt den Fortschritten des Friedens, als dessen Symbol er geehrt wurde. Zwei Jahrhunderte nach der Gründung Roms war sowohl Italien als Afrika diesem nützlichen Gewächs fremd; es wurde jedoch in diesen Ländern akklimatisiert und endlich bis in das Herz von Spanien und Gallien verpflanzt. Die irrtümliche Besorgnis der Alten, daß der Ölbaum einen gewissen

Grad von Wärme erfordere und nur in der Nachbarschaft des Meeres gedeihen könne, ist nach und nach durch Industrie und Erfahrung ausgemerzt worden.

4. Die Kultur des Flachses wurde von Ägypten nach Gallien überbracht und bereicherte das ganze Land, wie sehr auch die Ländereien, auf welchen er gesät wurde, dadurch ausgesaugt wurden.

5. Nach und nach lernten die Landwirte von Italien und den Provinzen die künstlichen Futterkräuter, insbesondere den Luzerner Klee schätzen, welcher aus Medien stammte und auch daher seinen Namen führte. Die gesicherte Erzielung gesunden und reichlichen Futters für das Vieh während des Winters vervielfachte die Anzahl der Herden, welche wieder ihrerseits zur Fruchtbarkeit des Bodens beitrugen. Außer dieser allseitigen Entwickelung des Landbaues wurde auch auf Minen und Fischereien eine Sorgfalt verwendet, welche eine Menge fleißiger Hände beschäftigte und ebensowohl zur Vermehrung der Freuden der Reichen als zum Unterhalt der Armen beitrug. Die elegante Abhandlung Kolumellas beschreibt den vorgerückten Zustand der spanischen Landwirtschaft unter der Regierung des Kaiser Tiberius, und es verdient bemerkt zu werden, daß Hungersnot, womit die junge Republik so häufig heimgesucht worden, nie oder doch nur sehr selten auf dem großen römischen Reich lastete. Dem zufälligen Mangel der einen Provinz wurde sogleich durch den Überfluß ihrer begünstigteren Nachbarn abgeholfen. Der Ackerbau ist die Grundlage der Manufakturen, weil die Naturprodukte die Stoffe sind, welche die Kunst verarbeitet. Unter den römischen Kaisern wurde die Arbeit einer fleißigen und erfindsamen Bevölkerung ohne Unterlaß im Dienst der Reichen verwendet. Was Kleidung, Tafel, Wohnung und Hausgeräte betraf, vereinigten die Günstlinge des Glücks jede Verfeinerung der Bequemlichkeit, Eleganz und Pracht, alles was nur immer ihrem Stolz schmeicheln und ihre Sinnlichkeit befriedigen konnte. Solche Verfeinerungen sind unter den gehässigen Namen Üppigkeit und Luxus von den Sittenpredigern jedes Zeitalters hart getadelt worden, und es würde

vielleicht der Tugend und dem Glück des Menschengeschlechts wirklich förderlicher sein, wenn jeder das Notwendige, keiner das Überflüssige des Lebens besäße. Aber
in unserem unvollkommenen Zustand der Gesellschaft
scheint der Luxus, mag er gleich aus Laster und Torheit
entsprießen, das einzige Mittel zu sein, wodurch der ungleichen Verteilung des Eigentums gesteuert wird. Die fleißigen Handwerker und geschickten Künstler, welche bei
der Verteilung der Erde leer ausgegangen sind, empfangen
eine freiwillige Steuer von den Grundbesitzern, welche
hinwieder eigenes Interesse antreibt, jene Ländereien zu
verbessern, durch deren Ertrag sie sich anderweitige Annehmlichkeiten verschaffen können. Diese Operationen,
deren eigentümliche Folgen in jeder Gesellschaft gefühlt
werden, wirkten mit weit umfassenderer Kraft in der
römischen Welt. Der Reichtum der Provinzen würde bald
erschöpft worden sein, wenn der Luxus durch die Manufakturen und den Handel den schwerbesteuerten Provinzen
nicht unmerklich jene Summen zurückgegeben hätte,
welche ihnen durch die Waffen und die Ausschreibungen
Roms abgenommen worden waren. Solange dieser Umlauf
innerhalb der Grenzen des Reiches beschränkt blieb, teilte
er der politischen Maschine einen neuen Grad von Tätigkeit mit, und seine Folgen, zuweilen wohltätig, konnten
nie verderblich werden.

Aber es ist keine leichte Aufgabe, den Luxus innerhalb der
Grenzen eines Reiches einzuschränken. Die fernsten Länder
der alten Welt mußten zur Pracht und Weichlichkeit Roms
beisteuern. Die skythischen Wälder lieferten wertvolles Pelz-
werk. Bernstein wurde zu Land von den fernsten Küsten des
baltischen Meeres bis an die Donau gebracht, und die Barbaren staunten über den Preis, welchen sie für eine so nutzlose
Ware erhielten. Babylonische Teppiche und andere Manufakturwaren des Orients wurden stark begehrt; der wichtigste
und unpopulärste Zweig des Handels aber ward mit Arabien
und Indien getrieben. Jedes Jahr segelte zur Zeit der Sommer-
sonnenwende eine Flotte von 120 Schiffen aus dem ägyp-

tischen Hafen von Myoshormos am roten Meer ab, welche mit Hilfe der Passatwinde in ungefähr vierzig Tagen den Ozean durchschnitt. Die Küsten von Malabar, oder die Insel Ceylon waren das gewöhnliche Ziel ihrer Fahrt, und auf diesen Märkten erwarteten auch die Kaufleute aus den noch ferneren Gegenden Asiens ihre Ankunft. Die Rückkehr der Flotten nach Ägypten war für den Dezember oder Januar festgesetzt, und sobald ihre reiche Ladung auf dem Rücken der Kamele von dem roten Meer nach dem Nil geschafft und auf diesem bis Alexandrien verschifft worden war, wurde sie ohne Verzug nach der Hauptstadt des Reiches gesendet.

Die Gegenstände des orientalischen Handels waren zugleich glänzend und geringfügig: Seide, wovon das Pfund im Wert nicht geringer geachtet wurde als das Pfund Gold, Edelsteine, worunter die Perle den ersten Rang nach dem Diamant einnahm, und eine Menge Wohlgerüche, welche sowohl in den Tempeln als bei den Leichenbegängnissen verbraucht wurden. Ein fast unglaublicher Gewinn belohnte die Mühen und Gefahren der Seereise; aber dieser Gewinn wurde von römischen Untertanen erhoben und einige wenige bereicherten sich auf Kosten des Ganzen. Da die Bewohner von Arabien und Indien sich mit den Produkten und Manufakturwaren ihrer eigenen Länder begnügten, so war von Seite der Römer Silber wenn nicht das einzige, doch das vorzüglichste Tauschmittel. Der Senat stimmte die seines Ernstes würdige Klage an, daß für den Putz der Frauen der Reichtum des Staates unwiederbringlich an fremde und feindliche Nationen vergeudet würde. Ein Schriftsteller von Forschgeist aber tadelsüchtigem Charakter schlug den jährlichen Verlust über 800 000 Pfund Sterling an. So ließ sich die über die düstere Aussicht annahender Armut brütende Unzufriedenheit vernehmen. Wenn man aber das Verhältnis zwischen Gold und Silber vergleicht, wie es zur Zeit des Plinius stand und wie es unter der Regierung Konstantins festgesetzt wurde, so ergibt sich, daß das letztere während dieser Periode sich nicht nur nicht vermindert, sondern sogar beträchtlich vermehrt habe. Es ist nicht der geringste Grund vorhanden, anzunehmen, daß das Gold seltener geworden war; offenbar gab es daher mehr Silber als sonst, und zu welchem Betrag auch edle Metalle nach Indien und Arabien ausgeführt werden mochten, erschöpfte derselbe doch den Reichtum der römischen Welt lange nicht, vielmehr sorgte die Ausbeute des Bergbaues reichlich für die Bedürfnisse des Handels.

So geneigt der Mensch auch ist, die Vergangenheit zu erheben und die Gegenwart herabzusetzen, wurde doch der ruhige und glückliche Zustand des Reiches von den Provinzbewohnern wie von den Römern lebhaft gefühlt und offen eingestanden. Sie erkannten an, »daß die wahren Grundlagen des geselligen Lebens, Gesetze, Ackerbau und Wissenschaft, welche die Weisheit von Athen zuerst erfunden hatte, jetzt durch die römische Macht, deren glücklicher Einfluß die wildesten Barbaren durch gleiche Regierung und gemeinsame Sprache verbunden habe, fest begründet worden wären. Sie behaupteten, daß sich mit der Vervollkommnung der Künste und Gewerbe das Menschengeschlecht sichtlich vermehrt habe. Sie priesen den zunehmenden Glanz der Städte, das schöne Ansehen des wie ein unermeßlicher Garten bebauten und geschmückten Landes; und den langen Feiertag des Friedens, dessen sich so viele Nationen freuten, ihrer alten Feindschaften vergaßen, und frei waren von Besorgnis künftiger Gefahren.« Welchen Zweifel auch der etwas deklamatorische Ton in diesen Stellen erregen mag, so stimmt doch ihr wesentlicher Inhalt vollkommen mit der historischen Wahrheit überein.

Es war für die Augen der Zeitgenossen kaum möglich, unter dieser öffentlichen Glückseligkeit die verborgenen Ursachen des Verfalls und Verderbens zu entdecken. Der lange Friede und die gleichförmige Regierung der Römer hatten den Lebensteilen des Reiches ein langsames und geheimes Gift eingeträufelt. Es trat eine allmähliche Verflachung der Gemüter ein, das Feuer des Genius erlosch, ja selbst der militärische Geist verflog. Die Eingebornen von Europa waren ursprünglich tapfer und kräftig. Spanien, Gallien, Britannien und Illyrikum versahen die Legionen mit vortrefflichen Soldaten und bildeten die eigentliche Stärke der Monarchie. Ihre persönliche Tapferkeit blieb, aber sie besaßen jenen öffentlichen Mut nicht mehr, welcher durch Liebe zur Unabhän-

gigkeit Nationalehrgefühl, Nähe der Gefahr und die Gewohnheit zu gebieten, genährt wird. Der Wille des Souveräns
gab ihnen Gesetze und Statthalter, und in bezug auf ihre Verteidigung vertrauten sie einem Söldnerheer. Selbst die Nachkommen ihrer kühnsten Anführer waren mit dem Rang von
Bürgern und Untertanen zufrieden. Die aufstrebendsten Geister begaben sich an den Hof oder reihten sich unter die Stan-
darte der Kaiser, und die verlassenen Provinzen, aller politischen Kraft und Einigkeit beraubt, sanken unmerklich zur
matten Gleichgültigkeit des Privatlebens herunter.

Die Liebe zu den Wissenschaften, welche von Friede und
Verfeinerung fast unzertrennlich ist, war unter den Untertanen
Hadrians und der Antonine, selbst Männer von Gelehrsamkeit
und Wißbegierde, Mode. Sie verbreitete sich über den ganzen
Umfang des Reiches; die nördlichsten Stämme Britanniens
gewannen Geschmack für Rhetorik; Homer und Virgil wurden an den Ufern des Rheins und der Donau abgeschrieben
und studiert, und freigebige Belohnungen suchten auch das
schwächste Licht von literarischem Verdienste auf.[*] Physik
und Astronomie wurden von den Griechen mit Erfolg getrieben und die Schriften des Ptolemäus und Galenus werden
noch jetzt von denjenigen studiert, welche ihre Entdeckungen
verbessert und ihre Irrtümer berichtigt haben: aber wenn man
den unnachahmlichen Lucian ausnimmt, so schwand dieses
träge Zeitalter hinweg, ohne einen einzigen Schriftsteller von
originellem Geist oder natürlichem und zugleich elegantem
Stil hervorgebracht zu haben. Die Autorität Platos und Aristoteles', Zenos und Epikurs herrschte fortwährend in den Schulen, und ihre mit blinder Unterwerfung von einer Generation
Schüler zur andern fortgepflanzten Systeme schlossen jeden
hochherzigen Versuch aus, die Kraft des menschlichen Geistes

---

[*] Herodes Attikus gab dem Sophisten Polemo über 8000 Pfund Sterling für
drei Deklamationen. Die Antonine errichteten eine Schule in Athen, in
welcher Lehrer der Grammatik, Rhetorik und Politik und der vier großen
Sekten der Philosophie für den Unterricht der Jugend angestellt waren. Die
Besoldung eines Philosophen betrug 10 000 Drachmen, ungefähr 300 bis
400 Pfund Sterling, des Jahrs. Ähnliche Anstalten wurden in anderen großen
Städten des Reiches errichtet.

zu üben, oder seine Grenzen zu erweitern. Statt daß die Schönheiten der Dichter und Redner ein dem ihrigen ähnliches Feuer entzündeten, flößten sie nur kalte und knechtische Nachahmungen ein; oder wenn es ja ein Schriftsteller wagte, von diesen Mustern abzuweichen, so entfernte er sich zu gleicher Zeit von Schicklichkeit und gesundem Verstand. Bei dem Wiederaufleben der Wissenschaften wurde der Genius von Europa durch die nach langem Schlummer mit jugendlicher Kraft erwachte Phantasie, durch den Nationalwetteifer, durch eine neue Religion, Sprache und Welt geweckt. Die durch eine gleichförmige erkünstelte und fremdartige Erziehung gebildeten Bewohner der Provinzen Roms waren dagegen in einem ungleichen Wettstreit mit jenen kühnen Alten begriffen, welche, indem sie ihre natürlichen Gefühle in ihrer Muttersprache ausdrückten, bereits jeden Ehrenplatz besetzt hatten. Der Name Dichter war fast vergessen, den des Redners hatten sich die Sophisten angemaßt. Eine Wolke von Kritikern, Kompilatoren und Kommentatoren verdunkelte das Antlitz der Wissenschaft, und auf den Verfall des Genius folgte bald die Verderbtheit des Geschmacks.

Der erhabene Longinus, welcher in einer etwas spätem Periode und an dem Hof einer syrischen Königin den Geist des alten Athen bewahrte, fühlte und beklagte diese Entartung seiner Zeitgenossen, deren Gesinnung sie herabzog, deren Mut sie entnervte, deren Talente sie erdrückte. »Gleichwie Kinder«, sagte er, »deren zarte Glieder zu sehr eingeengt worden sind, Pygmäen bleiben; so ist unser zärtlicher, durch Vorurteile und die Gewohnheiten einer verdienten Sklaverei gefesselter Geist unfähig, sich auszubreiten und jene Größe zu erreichen, die wir an den Alten bewundern, welche unter einer Volksregierung lebten, und mit derselben Freiheit schrieben als sie handelten.«[*] Diese verkleinerte Natur des

---

[*] Auch hier kann man vom Longin sagen: »Sein eigenes Beispiel bekräftigt seine Satzung.« Statt seine Gesinnungen mit männlicher Kühnheit auszusprechen, deutet er sie mit der umsichtigsten Scheu an, legt sie in den Mund eines Freundes, und soweit man aus dem korrumpierten Text ersehen kann, prunkt er förmlich mit ihrer Widerlegung.

Menschengeschlechtes, um die Metapher fortzusetzen, sank täglich immer mehr unter ihr altes Maß, und die römische Welt war in der Tat von einer Rasse Pygmäen bevölkert, als die gewaltigen Hünen des Nordens einbrachen, und das winzige Geschlecht verbesserten. Sie stellten einen männlichen Geist der Freiheit wieder her, und diese Freiheit wurde nach Verlauf von zehn Jahrhunderten die glückliche Mutter der Künste und der Wissenschaften.

Drittes Kapitel

Verfassung des römischen Reiches
im Zeitalter der Antonine

Die natürlichste Begriffsbestimmung einer Monarchie scheint die eines Staates zu sein, worin eine einzelne Person, sie werde durch was immer für einen Namen ausgezeichnet, mit der Vollziehung der Gesetze, mit der Verwaltung der öffentlichen Einkünfte und mit dem Oberbefehl des Heeres betraut ist. Aber wenn die öffentliche Freiheit nicht durch unerschrockene und wachsame Hüter beschützt wird, artet bald die Macht einer so furchtbaren Magistratur in Despotismus aus. In einem Zeitalter des Aberglaubens mag der Einfluß des Klerus zur Verteidigung der Menschenrechte beitragen; aber so innig ist die Verbindung zwischen Thron und Altar, daß man die Banner der Kirche selten auf seiten des Volkes erblickt hat. Ein kriegerischer Adel und unbeugsame Gemeinen, die mit Waffen versehen, auf ihr Eigentum eifersüchtig, und in konstitutionellen Versammlungen vereint sind, bilden das einzige Gegengewicht, welches imstande ist, eine freie Verfassung gegen die Unternehmungen eines ehrgeizigen Fürsten zu bewahren.

Jede Schranke der römischen Verfassung war durch den riesigen Ehrgeiz des Diktators der Erde gleich gemacht, jede Einfriedung durch die grausame Hand des Triumvirs ausgerottet worden. Nach dem Sieg bei Aktium hing das Schicksal der römischen Welt von dem Willen des Oktavianus ab, der durch die Adoption seines Oheims Cäsar, und später durch die Schmeichelei des Senates Augustus hieß. Der Sieger stand an der Spitze von 44 Legionen alter Krieger, welche sich ihrer Stärke und der Schwäche der Staatsverfassung bewußt, seit 20 Jahren bürgerlicher Kriege an jede Tat des Blutes und der Gewalt gewöhnt, und dem Haus Cäsars, von welchem allein sie die außerordentlichsten Belohnungen erhalten hatten und erwarteten, leidenschaftlich ergeben waren. Die Provinzen, seit langer Zeit durch die Statthalter der Republik unterdrückt, seufzten nach der Regierung eines einzigen, welcher der Herr, nicht der Mitschuldige dieser kleinen Tyrannen wäre. Das Volk zu Rom, welches mit geheimer Freude die Demütigung der Aristokratie sah, verlangte nur Brot und Schauspiele, und mit beiden wurde es durch Augustus' freigebige Hand reichlich versehen. Die reichen und gebildeten Bewohner Italiens, welche fast allgemein die Philosophie des Epikur zu der ihrigen gemacht hatten, genossen die gegenwärtigen Segnungen des Friedens und der Ruhe, und ließen sich in ihren angenehmen Träumen nicht durch das Andenken an die vormalige stürmische Freiheit stören. Der Senat hatte mit seiner Macht zugleich sein Ansehen verloren; auch waren viele der edelsten Familien gänzlich ausgestorben. Die Republikaner von Mut und Fähigkeit waren entweder auf dem Schlachtfeld geblieben, oder durch die Proskription ausgerottet worden. Man hatte die Tore des Senates geflissentlich für eine gemischte Menge von mehr als 1000 Personen aufgetan, welche ihren Rang verunehrten, statt Ehre von ihm zu erhalten.

Die Reform des Senates war eine der ersten Handlungen, worin Augustus den Tyrannen beiseite legte, und sich als den Vater des Vaterlandes kund gab. Zum Zensor erwählt, prüfte er im Einverständnis mit seinem getreuen Agrippa die Listen der Senatoren, vertrieb einige wenige, deren Schandtaten oder Hartnäckigkeit ein öffentliches Beispiel forderten, überredete nahe an 200, der Schmach der Ausstoßung durch freiwilligen Rücktritt zuvorzukommen, erhob den Zensus eines Senators auf ungefähr 10 000 Pfund Sterling, schuf eine hinreichende Anzahl patrizischer Geschlechter, und nahm für sich selbst den ehrenvollen Titel Fürst des Senates an, welcher von den Zensoren stets dem durch Ehrenstellen und Dienst ausgezeichnetsten Bürger verliehen wurde. Aber indem Augustus so die Würde des Senates wiederherstellte, vernichtete er dessen Unabhängigkeit. Die Prinzipien einer freien Verfassung sind unwiederbringlich verloren, sobald die gesetzgebende Macht durch die vollziehende Gewalt ernannt wird. Vor einer so zugeschnittenen und vorbereiteten Versammlung hielt August eine wohlausgekünstelte Rede, worin er seinen Patriotismus entfaltete, und seinen Ehrgeiz verschleierte. »Er beklagte, aber entschuldigte sein vergangenes Benehmen. Kindliche Liebe habe ihm die Pflicht auferlegt, den Mord seines Vaters zu rächen, und die Milde seines Charakters wäre zuweilen den unerbittlichen Gesetzen der Notwendigkeit und der Verbindung mit zwei unwürdigen Kollegen gewichen: solange Antonius lebte, habe die Republik ihm verwehrt, sie einem entarteten Römer und einer barbarischen Königin preiszugeben. Jetzt habe er volle Freiheit, seiner Pflicht und Neigung zu folgen. Er gebe dem Senat und Volk feierlich alle alten Rechte zurück, und wünsche weiter nichts, als sich unter die Schar seiner Mitbürger zu mengen, und an den Segnungen Teil zu nehmen, welche er seinem Vaterland bereitet habe.«

Die Feder eines Tacitus (wenn Tacitus dieser Versammlung beigewohnt hätte) wäre notwendig, um die verschiedenen Gefühle des Senates zu schildern, sowohl die, welche unterdrückt, als jene, welche erheuchelt wurden. Der Aufrichtigkeit des Augustus zu trauen, war gefährlich, ihr Mißtrauen zu scheinen, noch viel gefährlicher. Die Theoretiker haben von jeher gestritten, ob die Monarchie, oder ob die Republik den Vorzug verdiene: diesmal aber gab die Größe des römischen Reiches, die Verderbtheit der Sitten und die Zügellosigkeit der Soldaten den Verteidigern der Monarchie neue Gründe an die Hand, und diese allgemeinen Ansichten über Regierung wurden je nach den Besorgnissen und Hoffnungen jedes einzelnen gewendet. Trotz der Verwirrung der Gefühle und Gesinnungen war die Antwort des Senates einmütig und entscheidend. Er weigerte sich, die Amtsniederlegung des Augustus anzunehmen, und beschwor ihn, die Republik, welche er gerettet habe, nicht zu verlassen. Nach schicklichem Widerstand unterwarf sich der schlaue Tyrann den Befehlen des Senates, und willigte ein, die Verwaltung der Provinzen und den Oberbefehl über das Heer unter dem wohlbekannten Titel *Prokonsul* und *Imperator* zu übernehmen, jedoch nur für zehn Jahre. Er hoffe, daß noch vor Ablauf dieser Periode die Wunden der bürgerlichen Zwietracht vollkommen geheilt sein, und die zur ursprünglichen Kraft und Gesundheit hergestellte Republik der gefährlichen Dazwischenkunft einer so außerordentlichen Magistratur nicht länger bedürfen würde. Das Andenken dieser während Augustus' Lebzeiten mehrmals aufgeführten Komödie wurde bis auf die letzten Zeiten des Reiches in dem besondern Pomp bewahrt, womit die lebenslänglichen Monarchen Roms stets das zehnte Jahr ihrer Regierung zu feiern pflegten. Der römische Feldherr konnte ohne Verletzung der Grundsätze der Verfassung eine fast despotische Gewalt über die Soldaten, die Feinde, die Untertanen der Republik ausüben. In betreff der Soldaten hatte die eifersüchtige Bewahrung der Freiheit schon in den frühesten Zeiten Roms der Hoffnung auf Eroberung und dem richtigen Sinn für militärische Disziplin Platz gemacht. Der Diktator oder Konsul hatte das Recht, die Dienste der römischen Jugend zu fordern, und eigensinnigen oder feigen Ungehorsam durch die schwersten Strafen zu ahnden: er konnte den Verbrecher aus der Liste der Bürger streichen, sein Eigentum konfiszieren, ja ihn sogar in die Sklaverei verkaufen. Die heiligsten, durch die porcischen und sempronischen Gesetze bestätigten Rechte der Freiheit waren für die Dauer der militärischen Verpflichtung außer Kraft gesetzt. Der Feldherr besaß in seinem Lager unumschränkte Gewalt über Leben und Tod; seine Macht war durch keine Gerichts- oder Prozeßform beschränkt, seinem Urteil folgte sogleich und ohne weitere Berufung die Vollstreckung. Die Wahl der Feinde Roms geschah regelmäßig durch die gesetzgebende Gewalt, und die wichtigsten Entscheidungen über Krieg und Frieden wurden im Senat ernstlich erörtert, und von dem Volk feierlich gutgeheißen. Als aber die Legionen in großer Entfernung von Italien kämpften, maßten sich die Feldherren das Recht an, sie gegen was immer für ein Volk, und auf jede Weise zu verwenden, welche ihnen für den öffentlichen Dienst die angemessenste schien. Vom glücklichen Erfolg, nicht von der Gerechtigkeit ihrer Unternehmungen erwarteten sie die Ehre des Triumphes. Im Gebrauch des Sieges, besonders wenn sie durch Bevollmächtigte des Senates nicht mehr in Schranken gehalten wurden, übten sie unbegrenzten Despotismus. Als Pompejus im Orient befehligte, belohnte dieser Feldherr seine Soldaten und Bundesgenossen, entthronte Fürsten, teilte Königreiche, gründete Kolonien, verteilte die Schätze des Mithridates. Nach seiner Rückkehr nach Rom erhielt er durch einen einzigen Beschluß des Senates und Volkes allgemeine Gutheißung alles Geschehenen. Dies war die den Feldherren der Republik entweder übertragene, oder angemaßte Macht über die Soldaten und über die Feinde Roms. Zu gleicher Zeit waren sie die Statthalter, oder vielmehr Monarchen der eroberten Provinzen, vereinigten in sich den Zivil- und Militärcharakter, verwalteten die Gerechtigkeitspflege wie die Finanzen, und übten sowohl die vollstreckende als die gesetzgebende Gewalt des Staates aus.

Aus dem im ersten Kapitel dieses Werkes Gesagten lassen sich Begriffe über Heere und Provinzen entnehmen, welche dergestalt dem herrschenden Willen des Augustus überantwortet wurden. Da es unmöglich war, die Legionen so vieler ferner Grenzen in Person zu befehligen, so ermächtigte ihn der Senat, wie dies schon früher bei Pompejus der Fall gewesen, sein großes Amt durch eine hinreichende Anzahl von Stellvertretern auszuüben. An Rang und Macht schienen diese Gewalthaber nicht unter den ehemaligen Prokonsuln zu stehen, aber ihre Stellung war abhängig und schwankend. Sie verdankten Ernennung und Amtsdauer dem Willen eines Höhern, ja dem Einfluß der *Auspizien* desselben wurde das Verdienst ihrer Handlungen gesetzlich zugeschrieben. Sie waren die Repräsentanten des Kaisers. Dieser allein war der Feldherr der Republik, und seine Zivil- und Militärgerichtsbarkeit erstreckte sich über alle Eroberungen Roms. Indessen gewährte es dem Senat einige Genugtuung, daß er seine Macht stets an Mitglieder desselben delegierte. Die kaiserlichen Statthalter waren von konsularischem oder prätorianischem Rang; die Legionen von Senatoren befehligt, und die Präfektur von Ägypten das einzige wichtige einem römischen Ritter anvertraute Amt.

Sechs Tage nachdem Augustus sich hatte zwingen lassen, ein so unermeßliches Geschenk anzunehmen, beschloß er, dem Stolz des Senates ein leichtes Opfer zu bringen. Er stellte den Senatoren vor, daß sie seine Macht selbst über jenen Grad hinaus erweitert hätten, welcher durch die beklagenswerten Zeitumstände geboten würde. Zwar hätten sie ihm nicht gestattet, den schwierigen Oberbefehl über die Heere und Grenzen auszuschlagen: er müsse jedoch darauf bestehen, daß man ihm erlaube, die friedlichen und gesicherten Provinzen der milden Verwaltung der bürgerlichen Obergewalt wieder zurückzustellen. In der Teilung der Provinzen sorgte Augustus für seine eigene Macht wie für die Würde der Republik. Die Prokonsuln des Senates, besonders die von Asien, Griechenland und Afrika, genossen ein größeres Ansehen, als die Statthalter des Kaisers in Gallien oder Syrien. Jene waren von Liktoren, diese von Soldaten begleitet. Ein Gesetz bestimmte, daß allenthalben, wo der Kaiser persönlich anwesend war, seine außerordentliche Vollmacht die gewöhnliche Jurisdiktion des Statthalters lähme; auch wurde eingeführt, daß alle neuen Eroberungen dem kaiserlichen Anteil zufielen; und man entdeckte bald, daß die Macht des *Fürsten,* Augustus' Lieblingstitel, in jedem Teil des Reiches dieselbe war.

Als Erwiderung dieses eingebildeten Zugeständnisses erhielt Augustus vom Senat jenes wichtige Vorrecht, welches ihn zum Herrn in Rom und Italien machte. Durch eine gefährliche Abweichung von der alten Maxime ermächtigte man ihn, den militärischen Oberbefehl und zahlreiche Leibwachen selbst in Friedenszeiten und im Herzen der Hauptstadt beizubehalten. Zwar erstreckte sich seine Obergewalt nur auf diejenigen Bürger, welche durch den militärischen Eid dienstverpflichtet waren: aber so groß war der Hang der Römer zur Knechtschaft, daß dieser Eid freiwillig von den höchsten Obrigkeiten, dem Senat, und dem Ritterstand geleistet wurde; eine Huldigung der Schmeichelei, welche unmerklich in eine jährliche und feierliche Verpflichtung zur Treue überging.

Obschon Augustus das Heer als die festeste Grundlage seiner Macht betrachtete, verwarf er es doch weislich als ein sehr gehässiges Werkzeug der Regierung; denn seiner Gemütsart und Politik sagte es besser zu, unter dem ehrwürdigen Namen der alten Magistratur zu herrschen, und in seiner Person alle die zerstreuten Strahlen der Zivilgewalt zu vereinigen. In dieser Absicht erlaubte er dem Senat, ihm auf Lebenszeit die konsularische und tribunirische Gewalt zu erteilen, welche in derselben Ausdehnung von allen seinen Nachfolgern beibehalten wurde. Die Konsuln waren den Königen von Rom nachgefolgt, und repräsentierten die Würde des Staates. Sie führten die Aufsicht über die religiösen Zeremonien, hoben Legionen aus und befehligten sie, erteilten fremden Gesandten Audienz, und führten in den Versammlungen des Senates wie des Volkes den Vorsitz. Die allgemeine Kontrolle der Finanzen war ihrer Obsorge anvertraut, und obgleich sie selten Muße hatten, in Person die Gerechtigkeit zu verwalten, wurden sie doch als die obersten Hüter des Rechtes, der Billigkeit und des öffentlichen Friedens betrachtet. So war ihr gewöhnlicher Machtsprengel beschaffen; wenn aber der Senat die erste obrigkeitliche Person des Staates bevollmächtigte, sie möge für die Sicherheit der Republik sorgen, wurde sie dadurch über die Gesetz erhaben, und übte zum Schutz der Freiheit für einige Zeit despotische Gewalt.

Das Amt der Tribune war in jeder Rücksicht von jenem der Konsuln verschieden. Einfach und bescheiden in ihrem äußeren Erscheinen, waren doch ihre Personen heilig und unverletzlich. Ihre Stärke lag aber mehr im Widerstand als im Handeln. Sie waren eingesetzt, um die Unterdrückten zu verteidigen, Vergehen zu verzeihen, die Feinde des Volkes anzuklagen, und wenn sie es für nötig erachteten, die ganze Regierungsmaschine durch ein einziges Wort zum Stillstand zu bringen. Solange die Republik bestand, war der gefährliche Einfluß, zu welchem der Konsul oder Tribun seine Gewalt mißbrauchen konnte, durch verschiedene wichtige Einschränkungen gemindert. Ihre Vollmacht erlosch mit dem Jahr, für welches sie gewählt worden; das Amt des Ersteren war unter zwei, das des Letzteren unter zehn Personen geteilt; und da sie einander sowohl in besonderem wie öffentlichem Interesse gegenüber standen, trugen ihre Reibungen eher bei, das Gleichgewicht der Verfassung zu erhalten, als es zu vernichten. Nach der Vereinigung der konsularischen und tribunirischen Gewalt aber in einer einzigen Person auf Lebenszeit, während der Oberbefehlshaber des römischen Heeres zugleich der Minister des Senates und der Stellvertreter des römischen Volkes war, hielt es ebenso schwer, die Grenzen seiner kaiserlichen Macht zu bestimmen, als es unmöglich war, ihrer Ausübung zu widerstehen.

Bald fügte die Politik des Augustus zu diesen gehäuften Ehren auch noch die glänzenden und wichtigen Würden eines Pontifex Maximus und Zensor. Durch jene erwarb er die Handhabung der Religion, durch diese die gesetzliche Aufsicht über Sitten und Vermögen des römischen Volkes. Wenn so viele eigentümliche und von einander unabhängige Gewalten auch nicht sonderlich miteinander harmonierten, so war doch die Gefälligkeit des Senates bereit, allen Mängeln durch die umfassendsten und außerordentlichsten Zugeständnisse abzuhelfen. Die Kaiser wurden, als die ersten Beamten der Republik, von den Verpflichtungen und Strafen vieler unbequemen Gesetze entbunden: sie wurden ermächtigt den Senat zu berufen, mehrere Gesetzesvorschläge an einem und demselben Tag zu machen, Kandidaten für die Staatswürden zu empfehlen, das römische Bürgerrecht zu erteilen, Krieg und Frieden zu schließen und Verträge zu ratifizieren; endlich wurden sie durch eine höchst umfassende Klausel bevollmächtigt, alles vorzukehren, was nach ihrem Ermessen dem Reich vorteilhaft und der Majestät der Dinge, der besondern sowohl als öffentlichen, der menschlichen wie der göttlichen, zuträglich wäre.

Während der *kaiserlichen Magistratur* sämtliche Zweige der vollziehenden Gewalt übertragen waren, schmachteten die ordentlichen Obrigkeiten der Republik in Dunkelheit, ohne Macht, ja fast ohne Geschäfte. Augustus hatte die Namen und Formen der alten Verwaltung mit der ängstlichsten Sorgfalt beibehalten. Die gewöhnliche Anzahl von Konsuln, Prätoren und Tribunen wurden jährlich mit dem Zeichen ihres Amtes bekleidet, und fuhren fort, einige ihrer mindest wichtigen Funktionen zu verrichten. Dennoch lockten diese Ehrenstellen den eitlen Ehrgeiz der Römer, ja die Kaiser selbst, obschon für ihre Lebenszeit mit der konsularischen Gewalt bekleidet, bewarben sich häufig um diese jährliche Titularwürde und ließen sich herab, sie mit ihren erlauchtesten Mitbürgern zu teilen. Bei der Wahl dieser obrigkeitlichen Personen blieb dem Volk während der Regierung des Augustus gestattet, alle Ungezogenheiten einer tumultuarischen Demokratie an den Tag zu legen. Weit entfernt die geringste Ungeduld zu zeigen, warb vielmehr dieser schlaue Fürst demütig um Stimmen für sich selbst und seine Freunde und vollzog mit der größten Genauigkeit alle Obliegenheiten eines gewöhnlichen Kandidaten. Man darf jedoch dreist wagen, seinen Ratschlägen die erste Maßregel der nächsten Regierung zuzuschreiben, durch welche die Wahlen dem Senat übertragen wurden. Die Volksversammlungen blieben für immer abgeschafft und die Kaiser dadurch von einer gefährlichen Menge befreit, welche, ohne die Freiheit herzustellen, die bestehende Regierung stören, ja vielleicht stürzen konnte.

Marius und Cäsar untergruben die Verfassung ihres Vaterlandes, indem sie sich zu Beschützern des Volkes erklärten. Nach Demütigung und Entwaffnung des Senates sah man jedoch bald ein, daß eine Versammlung von 500 bis 600 Personen ein viel lenksameres und nützlicheres Werkzeug der Herrschaft sei als jenes. Auf die Würde des Senats gründeten Augustus und seine Nachfolger ihr neues Reich, und gaben sich bei jeder Gelegenheit den Schein, sich Sprache und Grundsätze der Patrizier anzueignen. Bei Ausübung ihrer eigenen Gewalt befragten sie häufig diesen hohen Nationalrat und *schienen* seiner Entscheidung die wichtigsten Friedens- und Kriegsangelegenheiten anheimzustellen. Rom, Italien und die innern Provinzen waren der unmittelbaren Jurisdiktion des Senats unterworfen. In Zivilsachen war er der oberste Appellationshof und in Kriminalsachen ein Tribunal, das über alle Verbrechen erkannte, welche entweder von Männern, die ein öffentliches Amt bekleideten, begangen, oder gegen den Frieden und die Majestät des römischen Volkes gerichtet waren. Die Ausübung der richterlichen Gewalt war die häufigste und ernsteste Beschäftigung des Senates, und die wichtigen Rechtsfälle, welche vor demselben verhandelt wurden, öffneten dem Geist der alten Beredsamkeit eine letzte Freistätte. Als Staatsrat und Gerichtshof besaß der Senat sehr beträchtliche Vorrechte; was aber seine gesetzgebende Eigenschaft betraf, in welcher er als wirklicher Stellvertreter des römischen Volkes angesehen wurde, erkannte man an, daß dem Senat die Rechte der Souveränität innewohnten. Jede Gewalt ging von ihm aus, jedes Gesetz unterlag seiner Sanktion. Die regelmäßigen Versammlungen des Senates fanden an drei bestimmten Tagen jedes Monats statt, den Calendä, Nonä und Idus. Die Debatten wurden mit anständiger Freiheit geführt, und die Kaiser selbst, stolz auf den Titel Senatoren, saßen und stimmten mit ihresgleichen.

Um das System der kaiserlichen Regierung, so wie Augustus es einführte und wie es von jenen Fürsten, welche ihr eigenes und das Interesse des Volkes verstanden, beibehalten wurde, mit wenig Worten zu wiederholen: kann man sagen, es sei eine durch republikanische Formen verschleierte absolute Monarchie gewesen. Die Herren der römischen Welt umgaben ihren Thron mit Macht, verbargen ihre unwiderstehliche Macht und bekannten sich bescheiden als die verantwortlichen Diener jenes Senates, dessen souveräne Beschlüsse sie diktierten und befolgten.

Das Antlitz des Hofes stimmte mit den Formen der Verwaltung überein. Wenn man jene Tyrannen ausnimmt, deren launenhafter Wahnsinn alle Gesetze der Natur und des Anstandes verletzte, so verschmähten die Kaiser alles Gepränge und Zeremoniell, das wohl ihre Mitbürger verletzen, aber ihre wirkliche Macht nicht mehren konnte. Im gewöhnlichen Leben gaben sie sich den Schein, sich mit ihren Untertanen zu vermengen, und lebten mit ihnen in bezug auf Besuche und gegenseitige Feste auf gleichem Fuß. Ihr Anzug, ihr Palast, ihre Tafel unterschied sich nicht von jener eines reichen Senators, und wie zahlreich und glänzend auch ihr Haushalt sein mochte, bestand er doch gänzlich aus ihren eigentümlichen Sklaven und Freigelassenen.* Augustus oder Trajan

---

* Ein schwacher Fürst wird sich stets durch seine Domestiken leiten lassen. Die Macht der Sklaven erhöhte die Schmach der Römer, und der Senat machte einem Pallas und einem Narcissus den Hof. Jetzt ist wenigstens die Möglichkeit vorhanden, daß ein Favorit unserer Zeit ein Mann von guter Herkunft (gentleman) ist.

würden errötet sein, den geringsten Römer zu jenen Diensten des Haushaltes und Schlafgemaches zu gebrauchen, wonach unter einer beschränkten Monarchie die stolzesten Edlen Großbritanniens mit solcher Gier streben.

Die Vergötterung der Kaiser ist der einzige Fall, wo sie von ihrer gewohnten Klugheit und Bescheidenheit abwichen. Die asiatischen Griechen waren die ersten Erfinder, und die Nachfolger Alexanders die ersten Gegenstände dieser knechtischen und gottlosen Schmeichelei. Leicht wurden sie von den Königen auf die Statthalter in Asien übertragen, und die römischen Machthaber häufig als Provinzialgottheiten mit dem Pomp von Tempeln und Altären, Festen und Opfern verehrt. Es war natürlich, daß die Kaiser nicht ablehnten, was die Prokonsuln angenommen hatten, und die göttlichen Ehren, welche jenen wie diesen in den Provinzen erwiesen wurden, bezeugten eher den Despotismus als die Knechtschaft Roms. Bald taten es aber die Überwinder den besiegten Nationen in den Künsten der Schmeichelei gleich, und nur zu leicht willigte der herrische Geist des ersten Cäsar ein, während seiner Lebenszeit einen Platz unter den Schutzgottheiten Roms anzunehmen.

Der schüchterne Charakter seines Nachfolgers lehnte eine so gefährliche Ehre ab, welche nie wieder erneuert wurde, außer durch Kaligulas und Domitians Wahnsinn. Zwar erlaubte Augustus einigen Provinzialstädten, Tempel zu seiner Ehre unter der Bedingung zu errichten, daß sie die Verehrung Roms mit jener des Souveräns vereinigten; auch duldete er den Privataberglauben, dessen Gegenstand er sein mochte: aber er begnügte sich, von dem Volk und Senat in seiner menschlichen Eigenschaft verehrt zu werden, und überließ weislich seinem Nachfolger die Sorge für seine öffentliche Erhebung zum Gott. Es wurde regelmäßiges Herkommen, daß nach dem Tod jedes Kaisers, welcher wie ein Tyrann weder gelebt hatte, noch als solcher gestorben war, der Senat ihn durch ein feierliches Dekret in die Zahl der Götter versetzte; und die Zeremonien seiner Apotheose wurden mit der Feier seines Leichenbegängnisses vereinigt. Diese gesetzliche, dem Schein nach unweise, unseren strengeren Grundsätzen so verabscheuungswürdige Entweihung wurde von der gefügigen Natur des Polytheismus mit einem schwachen Gemurre aufgenommen, und galt mehr für eine politische als für eine religiöse Einrichtung, Wir würden den Tugenden der Antonine Schmach antun, wenn wir sie mit den Lastern des Herkules oder Jupiter vergleichen wollten. Selbst die Charaktere Cäsars und Augustus' standen weit höher als die der beliebtesten Götter. Aber es war das Unglück jener, daß sie in einem aufgeklärten Zeitalter und ihre Taten zu treu im Gedächtnis der Menschen lebten, um die Mischung von Fabel und Geheimnis zu gestatten, wie sie die Menge zur Andacht braucht. Sobald ihre Göttlichkeit durch das Gesetz festgestellt war, sank sie in Vergessenheit und trug weder zu ihrem eigenen Ruhm, noch zur Würde ihrer Nachfolger bei.

Während der Betrachtung der kaiserlichen Regierung haben wir ihren schlauen Gründer häufig unter seinem wohlbekannten Titel Augustus erwähnt, welcher ihm jedoch erst dann erteilt wurde, als das Gebäude beinahe vollendet war. Sein dunkler Name Oktavianus stammte von einer geringen Familie in der kleinen Stadt Aricia und war mit dem Blut der Proskription befleckt, welchen Umstand so wie das Andenken an sein ganzes voriges Leben Augustus, wenn möglich, auslöschen wollte. Den berühmten Nahmen Cäsar führte er als Adoptivsohn des Diktator, besaß aber einen zu gesunden Verstand, um zu hoffen, mit diesem außerordentlichen Mann verwechselt, oder zu wünschen, mit ihm verglichen zu werden. Es wurde im Senat vorgeschlagen, den Vollmachtsträger desselben durch einen neuen Namen zu erhöhen, und nach sehr ernster Erörterung wählte man den Titel Augustus, weil dieser den Charakter des Friedens und der Heiligkeit, welchen Oktavian stets affektierte, am besten ausdrücke. *Augustus* war daher eine persönliche, *Cäsar* eine Familienauszeichnung. Jene hätte der Ordnung nach mit dem Fürsten erlöschen sollen, welchem sie erteilt worden war; und wie sehr auch die letztere durch Adoption und weibliche Verwandtschaft verbreitet wurde, war Nero doch der letzte Fürst, welcher auf die Ehren des julischen Geschlechts erblichen Anspruch hatte. Zur Zeit seines Todes hatte aber die Gewohnheit eines Jahrhunderts jene Namen mit der kaiserlichen Würde unzertrennlich verbunden, und sie sind von einer langen Reihe Kaiser, Römer, Griechen, Franken und Deutschen vom Sturz der Republik bis auf den heutigen Tag geführt worden. Damals indessen kam bald ein Unterschied auf. Der heilige Titel Augustus blieb stets dem Monarchen vorbehalten, während der Name Cäsar ohne Bedenken seinen Verwandten gegeben, seit Hadrian aber nur der zweiten Person und mutmaßlichem Nachfolger im Reich gegeben wurde. Die zarte Ehrfurcht des Augustus vor der freien Verfassung, welche er vernichtet hatte, läßt sich nur aus aufmerksamer Zergliederung des Charakters dieses schlauen Tyrannen erklären. Ein kühler Kopf, ein gefühlloses Herz und eine feige Gemütsart bestimmten den neunzehnjährigen jungen Mann, jene Maske der Heuchelei vorzunehmen, die er von da an nie wieder ablegte. Mit derselben Hand und wahrscheinlich auch in derselben Stimmung unterschrieb er die Proskription Ciceros und die Begnadigung Cinnas. Seine Tugenden, ja selbst seine Laster waren erkünstelt, und je nach dem Gebot seines Eigennutzes war er anfangs der Feind, zuletzt der Vater der römischen Welt. Als er das künstliche System der kaiserlichen Macht gründete, flößte Furcht ihm Mäßigung ein. Das Volk suchte er durch das Scheinbild bürgerlicher Freiheit und das Heer durch das Scheinbild bürgerlicher Regierung zu täuschen.

Der Tod Cäsars schwebte stets seinem Geist vor. Er hatte Geld und Ehrenstellen an seine Anhänger verschwendet; aber gerade die vertrautesten Freunde seines Oheims waren unter der Zahl der Verschwornen. Die Treue der Legionen konnte seine Macht gegen offene Empörung verteidigen; aber ihre Wachsamkeit vermochte seine Person nicht vor dem Dolch eines entschlossenen Republikaners zu bewahren, ja die Römer, welche das Andenken des Brutus* verehrten, würden die Nachahmung seiner Tugend mit Beifall aufgenommen haben.

---

* Zwei Jahrhunderte nach Einführung der Monarchie empfiehlt der Kaiser Markus Antoninus den Charakter des Brutus als das vollkommenste Modell römischer Tugend.

Cäsar hatte sein Schicksal ebenso sehr durch Prunken mit Macht, als durch die Macht selbst herausgefordert. Der Konsul oder Tribun hätte in Frieden herrschen können, der Königstitel aber hatte die Römer gegen sein Leben gewaffnet. Augustus wußte, daß die Menschen durch Namen regiert werden, und täuschte sich keineswegs in der Erwartung, daß Senat und Volk sich der Sklaverei unterwerfen würden, wenn sie anders zuerst die ehrerbietige Versicherung erhielten, daß sie noch immer ihre alte Freiheit besäßen. Ein schwacher Senat und ein entnervtes Volk ließ sich gerne die angenehme Täuschung gefallen, solange sie durch die Tugend oder nur durch die Klugheit der Nachfolger des Augustus genährt wurde. Selbsterhaltung, nicht Freiheitsliebe waffnete die Verschwornen gegen Kaligula, Nero und Domitian. Sie griffen die Person des Tyrannen, keineswegs die kaiserliche Gewalt selbst an.

Einen merkwürdigen Anlaß indessen gab es, wo der Senat nach siebzigjähriger Geduld den erfolglosen Versuch wagte, seine längst in Vergessenheit geratenen Rechte zurückzunehmen. Als der Thron durch die Ermordung Kaligulas erledigt wurde, beriefen die Konsuln jene Versammlung auf das Kapitol, verdammten das Andenken der Cäsaren, gaben den wenigen Kohorten, auf deren zweifelhafte Anhänglichkeit sie rechneten, das Losungswort *Freiheit* und gebärdeten sich während 48 Stunden als die unabhängigen Oberhäupter einer freien Republik. Aber während sie beratschlagten, hatten die prätorianischen Leibwachen ihren Beschluß gefaßt. Der schwachsinnige Claudius, Bruder des Germanikus, war bereits im Lager, mit dem kaiserlichen Purpur bekleidet, und im Begriff, seine Wahl durch die Gewalt der Waffen zu unterstützen. Der Traum der Freiheit war zu Ende und der Senat erwachte unter allen Schrecknissen einer unvermeidlichen Knechtschaft. Von dem Volk verlassen und der Militärgewalt bedroht, sah sich diese schwache Versammlung gezwungen, die Wahl der Prätorianer gut zu heißen und die Wohltat einer Amnestie anzunehmen, welche Claudius anzubieten klug und zu halten edelmütig genug war.

Der Übermut der Armee erfüllte Augustus mit Besorgnissen viel ernsterer Natur. Die Verzweiflung der Bürger konnte das nur versuchen, was die Soldaten in jedem Augenblick zu vollbringen imstande waren. Wie schwankend war nicht seine eigene Macht über Menschen, welche er jede Pflicht der bürgerlichen Gesellschaft zu verletzen gelehrt hatte! Er hatte ihr aufrührerisches Geschrei gehört, er fürchtete ihre ruhigeren Augenblicke des Nachdenkens. Eine Revolution war durch unermeßliche Belohnungen erkauft worden, eine zweite ließ Verdoppelung derselben hoffen. Zwar bekannten die Truppen die heißeste Anhänglichkeit an das Haus Cäsars; aber die Anhänglichkeit der Menge ist launenhaft und unbeständig. Augustus rief alles, was noch in diesen ungestümen Geistern von römischem Vorurteil lebte, zu Hilfe, erzwang die Strenge der Disziplin durch die Sanktion des Gesetzes, und indem er die Majestät des Senates zwischen Kaiser und Armee stellte, forderte er kühn als erster Beamter der Republik ihre Treue.*

Während der langen Periode von 200 Jahren, von Gründung dieses künstlichen Systems bis zu Commodus' Tod, blieben die mit einer Militärregierung unzertrennlich verknüpften Gefahren zu einem großen Teil aufgeschoben. Die Soldaten erwachten selten zu jenem verderblichen Gefühl ihrer eigenen Stärke und der Schwäche der Zivilgewalt, welches vorher und nachher so großes Unglück über die Welt brachte. Kaligula und Domitian wurden in ihren Palästen durch die eigenen Hausgenossen ermordet, und die Zukkungen Roms nach dem Tod des ersteren waren auf die Mauern der Stadt beschränkt. Nero dagegen verwickelte das ganze Reich in seinen Sturz. Während 18 Monaten kamen vier Fürsten durch das Schwert um und die römische Welt wurde durch die Wut kämpfender Heere erschüttert. Mit einziger Ausnahme dieses kurzen, wiewohl heftigen Ausbruches militärischer Zügellosigkeit vergingen die zwei Jahrhunderte von Augustus bis Kommodus, ohne durch Bürgerblut

---

* Augustus stellte die alte Strenge der Disziplin wieder her. Nach dem Bürgerkrieg ließ er den Namen Kamerad weg und nannte sie bloß Soldaten. S. auch den Gebrauch, welchen Tiberius vom Senat heim Aufstand der pannonischen Legionen machte.

befleckt oder durch Revolutionen gestört zu werden. Der Kaiser *wurde durch die gesetzmäßige Gewalt des Senats* und *mit Beistimmung der Soldaten* gewählt. Die Legionen ehrten den geleisteten Eid der Treue, und es bedarf eines genauen Durchgehens der römischen Annalen, um drei unbeträchtliche Aufstände zu entdecken, welche sämtlich in wenigen Monaten und ohne das Wagnis einer Schlacht unterdrückt wurden.

In Wahlreichen ist die Thronerledigung ein mit Gefahr und Unheil schwangerer Moment. Um den Legionen diesen Zwischenraum der Spannung und die Versuchung einer unregelmäßigen Wahl zu ersparen, pflegten die römischen Kaiser ihren designierten Nachfolger mit einem so beträchtlichen Teil ihrer Macht zu begaben, daß er nach ihrem Tod imstande war, den Überrest an sich zu nehmen, ohne zu gestatten, daß das Reich den Wechsel des Gebieters gewahre. So beruhte die letzte Hoffnung des Augustus, nachdem ein unzeitiger Tod alle seine schöneren Aussichten zerstört hatte, auf Tiberius; er wirkte für diesen seinen adoptierten Sohn die zensorische und tribunirische Gewalt aus, und diktierte ein Gesetz, durch welches dem künftigen Fürsten dieselbe Gewalt über die Provinzen und Heere verliehen wurde, wie er selbst sie besessen hatte. Durch ein ähnliches Verfahren fesselte Vespasian den hochherzigen Geist seines ältesten Sohnes Titus, welcher von den östlichen Legionen, die unter seiner Anführung eben die Bezwingung von Judäa vollendet hatten, angebetet wurde. Man fürchtete seine Macht, und da Unbesonnenheiten der Jugend seine edlen Eigenschaften umwölkten, fing man an, seine Absichten zu beargwohnen. Aber der kluge Monarch, statt unwürdigen Einflüsterungen Gehör zu geben, gesellte Titus der vollen Gewalt der kaiserlichen Würde bei, und der dankbare Sohn bewährte sich stets als der demütige und treue Diener eines so nachsichtigen Vaters.

Der einsichtsvolle Vespasian ergriff jede Maßregel, welche seiner neuerlichen und unsichern Erhebung Dauer verleihen konnte. Der Eid der Soldaten und die Treue der Truppen war durch die Gewohnheit von 100 Jahren dem Namen und dem Geschlecht der Cäsaren geweiht, und obschon dasselbe nur noch durch den allegorischen Ritus der Adoption bestand, verehrten die Römer doch in der Person des Nero den Enkel des Germanikus und den Nachfolger des Augustus in gerader Linie. Man hatte die Prätorianer nur unter Widerstreben und Bedauern vermocht, die Sache des Tyrannen zu verlassen, und der schnelle Sturz Galbas, Othos und Vitellius' lehrte die Armeen, die Kaiser als die Geschöpfe *ihres* Willens und die Werkzeuge *ihrer* Zügellosigkeit zu betrachten. Die Herkunft Vespasians war gering: sein Großvater war ein gemeiner Soldat, sein Vater ein geringer Beamter im Finanzfach gewesen, und er hatte sich nur durch eigenes Verdienst im bereits vorgerückten Alter zur kaiserlichen Würde emporgeschwungen; aber sein Verdienst war mehr nützlich als glänzend, und seine Tugenden wurden durch eine strenge, ja sogar schmutzige Sparsamkeit befleckt. Ein solcher Fürst zog sein wahrhaftes Interesse zu Rate, indem er sich einen Sohn beigesellte, dessen glänzender und liebenswürdiger Charakter die öffentliche Aufmerksamkeit von der dunkeln Abkunft des flavischen Hauses auf die künftige Größe desselben zu leiten vermochte. Unter der milden Regierung des Kaisers Titus erfreute sich die römische Welt eines vorübergehenden Glückes, und sein geliebtes Andenken diente während 15 Jahren den Lastern seines Bruders Domitian zum Schild.

Nerva hatte kaum von den Mördern des Domitian den Purpur angenommen, als er auch einsah, wie unzulänglich sein hohes Alter wäre, um dem Strom öffentlicher Unordnungen, welche sich während der langen Tyrannei seines Vorgängers vervielfältigt hatten, Einhalt zu tun. Seine milde Gemütsart wurde von allen Gutgesinnten verehrt; aber die entarteten Römer bedurften einen kräftigen Charakter, dessen unbeugsame Gerechtigkeit den Schuldigen Schreck einflöße. Obschon Nerva mehrere Verwandte hatte, fiel seine Wahl doch auf einen Fremden. Er adoptierte den damals 40 Jahre alten und mit dem Oberbefehl über ein mächtiges Heer in Niederdeutschland beauftragten Trajan, und ließ ihn durch ein Dekret des Senates ohne Verzug zu seinem Kollegen und Nachfolger im Reich erklären. Es ist aufrichtig zu beklagen, daß, während uns die widerwärtige Erzählung von

Neros Verbrechen und Torheiten ermüdet, wir die Taten Trajans nur bei dem schwachen Schimmer eines Abrisses und dem zweifelhaften Licht eines Panegyrikus zu erkennen vermögen. *Ein* Panegyrikus dagegen ist weit über allen Verdacht der Schmeichelei erhaben. 250 Jahre nach dem Tod Trajans wünschte der Senat, indem er bei einem Thronwechsel die gewöhnlichen Akklamationen erschallen ließ, der neue Kaiser möge Augustus an Glück, Trajan an Tugend übertreffen.

Es fällt nicht schwer zu glauben, daß der Vater des Vaterlandes Anstand nahm, dem zweifelhaften und veränderlichen Charakter seines Verwandten Hadrian die souveräne Gewalt anzuvertrauen. Entweder überwand die Kaiserin Plotina in den letzten Augenblicken seine Unentschlossenheit, oder sie schützte eine erdichtete Adoption vor, an deren Wirklichkeit zu zweifeln mit Gefahr verbunden war, so daß Hadrian ruhig als rechtmäßiger Nachfolger anerkannt wurde. Unter seiner Regierung blühte das Reich, wie bereits bemerkt worden, in Frieden und Wohlstand. Er ermutigte die Künste, reformierte die Gesetze, hielt die militärische Disziplin aufrecht und besuchte alle seine Provinzen in Person. Sein umfassender Geist war ebensowohl den erhabensten Ansichten, als den geringsten Einzelheiten der Verwaltung gewachsen. Neugierde und Eitelkeit aber bildeten die leitenden Leidenschaften seiner Seele. Wenn diese vorherrschten, und je nachdem sie von verschiedenen Gegenständen angezogen wurden, war Hadrian abwechselnd ein vortrefflicher Fürst, ein lächerlicher Sophist und ein eifersüchtiger Tyrann. Die allgemeine Beschaffenheit seines Benehmens verdiente das Lob der Billigkeit und Mäßigung. Nichtsdestoweniger ließ er in den ersten Tagen seiner Regierung vier Senatoren, welche Konsuln gewesen, seine persönlichen Feinde und Männer, die man des Thrones für würdig geachtet hatte, hinrichten, und gegen das Ende seines Lebens machte ihn eine langsame und schmerzliche Krankheit eigensinnig und grausam. Der Senat zweifelte, ob er ihn zum Gott erklären oder als Tyrannen ächten solle, und nur auf die Bitten des dankbaren Antonin wurden seinem Andenken die gewöhnlichen Ehren zuerkannt.

Die Launen Hadrians hatten auch auf die Wahl seines Nachfolgers Einfluß. Nachdem er im Geist mehrere Männer von ausgezeichnetem Verdienst, welche er achtete aber haßte, geprüft hatte, adoptierte er Aelius Verus, einen prachtliebenden und üppigen Patrizier, welcher sich dem Liebhaber des Antinous durch ungewöhnliche Schönheit empfahl.* Während sich aber Hadrian seines eigenen Beifalls und der Akklamationen der Soldaten, deren Zustimmung er sich mit einem unermeßlichen Geschenk erkauft hatte, freute, wurde der neue Cäsar seinen Umarmungen durch einen frühzeitigen Tod entrissen. Er hinterließ einen einzigen Sohn. Hadrian empfahl der Dankbarkeit der Antonine den Knaben, welcher von Pius adoptiert und bei der Thronbesteigung des Markus mit gleichem Anteil an der souveränen Gewalt bekleidet wurde. Der jüngere Verus besaß unter seinen vielen Fehlern eine Tugend, und diese war dankbare Ehrfurcht vor seinem weiseren Throngenossen, dem er mit Freuden die schweren Sorgen der Regierung überließ. Der philosophische Kaiser deckte seine Torheiten zu, beklagte seinen frühen Tod, und warf einen anständigen Schleier über sein Andenken.

Sobald Hadrians Leidenschaft gesättigt oder ihres Gegenstandes beraubt war, beschloß er, den Dank der Nachwelt zu verdienen, indem er das ausgezeichnetste Verdienst auf den römischen Thron setzte. Sein scharfer Blick entdeckte bald einen Senator, an 50 Jahre alt und tadellos in allen Geschäften des Lebens, und einen Jüngling von ungefähr 17 Jahren, dessen reifere Jahre die schöne Aussicht auf jede Tugend eröffneten: Der Ältere wurde zu Hadrians Sohn und Nachfolger unter der Bedingung erklärt, daß er sogleich den Jüngeren adoptiere. Die beiden Antonine (denn von ihnen ist die Rede) regierten die römische Welt während 42 Jahren in demselben unwandelbaren Geist der Weisheit und Tugend.

---

* Die Vergötterung des Antinous, die Medaillen, Statuen, Tempel, Städte, Orakel und das Sternbild zu seiner Ehre sind wohlbekannt und schänden noch immer das Andenken Hadrians. Indessen mag bemerkt werden, daß von den 15 ersten Kaisern Claudius der einzige war, dessen Geschmack in der Liebe naturgemäß war.

Obschon Pius zwei Söhne hatte, zog er doch die Wohlfahrt des Reiches dem Interesse seiner Familie vor, gab dem jungen Markus seine Tochter Faustina zur Gemahlin, erwirkte für ihn vom Senat die tribunizische und prokonsularische Gewalt und gesellte ihn mit edler Verachtung, oder vielmehr völliger Unkenntnis jeder Eifersucht allen Arbeiten der Regierung bei. Andrerseits verehrte Markus den Charakter seines Wohltäters, liebte ihn wie einen Vater, gehorchte ihm als seinem Souverän, und regelte nach dessen Hinscheiden seine eigene Verwaltung nach dem Beispiel und den Maximen des Vorgängers. Ihre beiden Regierungen bilden vielleicht die einzige Periode der Geschichte, wo das Glück eines großen Volks alleiniger Zweck der Regenten war.

Titus Antoninus Pius ist mit Recht ein zweiter Numa genannt worden. Gleiche Liebe der Religion, Gerechtigkeit und des Friedens charakterisierte beide Fürsten. Aber die Stellung des einen öffnete der Ausübung dieser Tugend ein viel weiteres Feld. Numa konnte nur einige wenige Nachbarstädte vermögen, sich gegenseitig die Ernte nicht zu rauben. Antoninus aber verbreitete Ordnung und Ruhe über den größten Teil der Erde. Seine Regierung zeichnet sich durch den seltnen Vorzug aus, daß sie der Geschichte, welche in der Tat wenig mehr ist als das Register der Verbrechen, der Torheit und des Unglücks des Menschengeschlechts, fast keine Materialien darbietet. Im Privatleben war er ein ebenso liebenswürdiger als guter Mann, und die angeborne Einfachheit seiner Tugend blieb jeder Eitelkeit und Affektation fremd. Er genoß mit Mäßigung die Vorteile seines Glücksstandes und die unschuldigen Freuden der Gesellschaft*, und das Wohlwollen seiner Seele gab sich in der freudigen Heiterkeit seines ganzen Wesens kund.

Die Tugend des Markus Aurelius Antoninus war strengerer und schwierigerer Art, war die wohlverdiente Frucht mancher wissenschaftlichen Unterredung, mancher beharrlichen Lektüre, manches mitternächtlichen Sinnens. Im Alter

---

* Er liebte das Theater und war gegen die Reize des schönen Geschlechts nicht gleichgültig.

von zwölf Jahren bekannte er sich zu dem strengen System der Stoiker, welches lehrte, dem Geist den Körper und der Vernunft die Leidenschaften zu unterwerfen, die Tugend als das einzige Gut, das Laster als das einzige Übel und alle Außendinge als gleichgültig zu betrachten. Seine im Geräusch des Lagers verfaßten Meditationen sind noch vorhanden, ja er ließ sich sogar herab, Unterricht in der Philosophie auf eine öffentlichere Art zu erteilen, als es sich vielleicht mit der Bescheidenheit eines Weisen und der Würde eines Kaisers vertrug. Sein Leben jedoch bildete den edelsten Kommentar zu den Vorschriften Zenos. Er war streng gegen sich selbst, nachsichtig gegen die Unvollkommenheiten anderer, gerecht und gütig gegen alle. Er bedauerte, daß Avidius Cassius, welcher in Syrien die Fahne der Empörung geschwungen hatte, ihn durch einen freiwilligen Tod um die Freude gebracht habe, einen Feind in einen Freund zu verwandeln; auch betätigte er die Aufrichtigkeit dieser Gesinnung, indem er den Eifer des Senats gegen die Anhänger des Verräters mäßigte. Den Krieg verabscheute er als die Schmach und das Unglück des Menschengeschlechtes; als aber die Notwendigkeit einer gerechten Verteidigung ihn zu den Waffen rief, setzte er willig seine Person an den gefrorenen Ufern der Donau in acht Winterfeldzügen aus, deren Strenge zuletzt seiner schwachen Konstitution verderblich wurde. Die dankbare Nachwelt ehrte sein Andenken und nach seinem Tod bewahrten viele Menschen, obschon bereits mehr als ein Jahrhundert verflossen war, noch immer die Bildsäule Antonins unter ihren Hausgöttern.

Wenn jemand aufgefordert werden sollte, die Periode in der Weltgeschichte anzugeben, während welcher die Lage des Menschengeschlechtes die beste und glücklichste war, so würde er ohne Zögern diejenige nennen, welche zwischen dem Tod des Domitian und der Thronbesteigung des Commodus verfloß. Der unermeßliche Umfang des römischen Reiches wurde durch unbeschränkte Macht unter der Leitung der Tugend und Weisheit regiert, und das Heer von der festen, aber milden Hand vier aufeinanderfolgender Kaiser, deren Charakter und gesetzliche Macht unwillkürliche Achtung gebot, in Schranken gehalten. Die Formen der Zivilverwaltung wurden von Nerva, Trajan, Hadrian und den Antoninen, welche an dem Bild der Freiheit Gefallen fanden, und sich gerne als die verantwortlichen Diener der Gesetze betrachteten, treu beobachtet. Solche Fürsten hätten die Ehre der Wiederherstellung der Republik verdient, wenn anders die Römer ihrer Zeit des Genusses einer vernünftigen Freiheit fähig gewesen wären.

Die Bestrebungen dieser Monarchen wurden durch den von ihrem Erfolg unzertrennlichen Lohn, den ehrenhaften Stolz der Tugend, und die ausgesuchte Wonne, das allgemeine Glück zu schauen, dessen Schöpfer sie waren, mehr als vergolten. *Ein* Gedanke, ein nur zu wahrer und schmerzlicher Gedanke aber verbitterte den edelsten aller menschlichen Genüsse. Die Unstetigkeit eines Glückes, welches von dem Charakter eines einzigen Menschen abhing, mußte ihrem Geist häufig gegenwärtig sein. Vielleicht war bereits der unheilvolle Augenblick nahe, wo irgendein ausschweifender Jüngling oder eifersüchtiger Tyrann die unumschränkte Gewalt, welche sie zum Wohl ihres Volkes geübt hatten, zu dessen Verderben anwenden würde. Die ideellen Schranken des Senates und der Gesetze mochten wohl gut zur Entfaltung der Tugenden der Kaiser sein, konnten aber in ihren Lastern nichts bessern. Die militärische Gewalt war ein blindes und unwiderstehliches Unterdrückungswerkzeug, und die Verderbtheit der römischen Sitten lieferte stets Schmeichler und Sklaven, welche bereit waren, der Furcht oder dem Geiz, der Wollust oder der Grausamkeit ihrer Gebieter Beifall zu jubeln, oder hilfreiche Hand zu leisten.

Diese schwarzen Besorgnisse waren durch die vorgängige Erfahrung der Römer gerechtfertigt. Die Annalen der Kaiser bieten ein so ergreifendes und wechselvolles Gemälde der menschlichen Natur dar, wie man es unter den gemischten und zweifelhaften Charakteren der neuern Geschichte vergeblich suchen würde. In dem Leben dieser Monarchen kann man die äußersten Grenzen des Lasters und der Tugend, die erhabenste Vollendung, wie die tiefste Entartung unseres Geschlechtes erblicken. Dem goldenen Zeitalter des Trajan und der Antonine war ein eisernes vorausgegangen. Die unwürdigen Nachfolger des Augustus aufzuzählen, ist fast überflüssig. Ihre beispiellosen Laster und der glänzende Schauplatz, auf welchem dieselben verübt wurden, haben sie der Vergessenheit entrissen. Der finstere, unbeugsame Tiberius, der wütende Kaligula, der schwache Claudius, der ausschweifende und grausame Nero, der tierische Vitellius* und der furchtsame, unmenschliche Domitian sind ewiger Schande überantwortet. Während 50 Jahren, mit Ausnahme der kurzen und zweifelhaften Frist unter der Regierung Vespasians, seufzte Rom unter unablässiger Tyrannei, welche die alten Geschlechter der Republik ausrottete, und jeder Tugend, jedem Talent, das sich in dieser unglücklichen Periode erhob, Verderben brachte.

Unter der Regierung dieser Ungeheuer war die Knechtschaft der Römer von zwei Umständen, wovon der eine in ihrer frühem Freiheit, der andere in ihren ausgedehnten Eroberungen seinen Grund hatte, begleitet, welche ihre Lage unendlich elender machten, als es die Schlachtopfer der Tyrannei zu jeder anderen Zeit, und in jedem anderen Land gewesen sind. Aus jenen Ursachen folgten: 1. die außerordentliche Empfindsamkeit der Dulder; 2. die Unmöglichkeit ihren Unterdrückern zu entgehen.

I. Aus der Zeit, wo Persien von den Nachkommen Sefis, einem Stamm von Fürsten, regiert wurde, deren mutwillige Grausamkeit oft ihren Diwan, ihre Tafel, ihr Bett mit dem Blut ihrer Lieblinge befleckte, sind die Worte eines jungen Mannes von Stande auf uns gekommen, welcher zu sagen pflegte: daß er aus der Gegenwart des Sultans nie scheide, ohne sich auch zu vergewissern, ob sein Kopf noch wirklich auf seinen Schultern sitze. Die Erfahrung jedes Tages rechtfertigte beinahe den Skeptizismus Rustans. Dennoch scheint das tödliche Schwert, welches stets über dem Perser an

---

* Vitellius vergeudete für das bloße Essen wenigstens sechs Millionen Pfund Sterling. Es würde schwer halten, seine Laster mit Würde, oder auch nur mit Anständigkeit zu beschreiben. Tacitus nennt ihn ein Schwein, aber indem er einem rohen Wort ein sehr schönes Bild substituiert.

einem Faden hing, weder seinen Schlaf, noch seine Gemüts-
ruhe gestört zu haben. Zwar wußte er wohl, daß ihn ein
finstrer Blick des Monarchen dem Staub gleich machen
konnte; aber dasselbe konnte in jeder Minute der Blitz oder
ein Schlagfluß, und es geziemte einem weisen Mann, das unvermeidliche Unglück des menschlichen Lebens im Genuß
der flüchtigen Stunden zu vergessen. Er war mit der Benennung Sklave des Königs gewürdigt, vielleicht geringen Eltern
in einem Land abgekauft, das er nicht einmal kannte, und
von Kindheit auf in der strengen Disziplin des Serails erzogen. Sein Name, seine Reichtümer, seine Ehrenstellen waren
ein Geschenk seines Gebieters, der ohne Ungerechtigkeit
wieder zurücknehmen mochte, was er gegeben hatte. Und
wenn Rustan irgend Kenntnisse besaß, konnten sie nur dazu
dienen, seine Gewohnheiten durch Vorurteile zu stärken. Es
gab in seiner Sprache kein Wort für eine andere Regierungsform, als für absolute Monarchie, und die Geschichte des
Orients belehrte ihn, daß die Lage des Menschengeschlechtes immer so beschaffen gewesen war. Der Koran und die
Ausleger dieses heiligen Buches schärften ihm ein, daß der
Sultan der Abkömmling des Propheten und der Statthalter
des Himmels sei; daß Geduld die erste Tugend eines Musel-
mannes und unbedingter Gehorsam die höchste Pflicht eines
Untertans wäre.

Die Seelen der Römer aber waren auf eine ganz verschiedene Art für Sklaverei vorbereitet. Niedergedrückt von der
Wucht ihrer eigenen Verderbtheit und von militärischer Gewalt, behielten sie lange Zeit die Gesinnungen, oder wenigstens die Ideen ihrer freigebornen Altvordern bei. Die Erziehung des Helvidius und Thrasea, des Tacitus und Plinius
war dieselbe, wie jene Katos und Ciceros. Aus der griechischen Philosophie hatten sie die richtigsten und freisinnig-
sten Ansichten von der Würde der menschlichen Natur und
dem Ursprung der bürgerlichen Gesellschaft eingesogen. Die
Geschichte ihres eigenen Vaterlandes hatte sie gelehrt, eine
freie, tugendhafte und siegreiche Republik zu verehren, Cäsars und Augustus' vom Erfolg gekrönte Verbrechen zu verabscheuen, und jene Tyrannen, welche sie äußerlich mit allen

Zeichen der verworfensten Schmeichelei anbeteten, innerlich zu verachten. Als obrigkeitliche Personen und Senatoren behielten sie Zutritt zu jenem großen Rat, welcher einst der Erde Gesetze vorschrieb, dessen Name den Handlungen des Monarchen noch immer die Sanktion gab, und dessen gesetzliche Macht so oft zu den schändlichsten Zwecken der Tyrannei mißbraucht wurde. Tiberius und die Kaiser, welche seine Maximen befolgten, suchten ihre Mordtaten durch die Formalitäten der Justiz zu verschleiern, und empfanden wahrscheinlich ein geheimes Vergnügen, indem sie den Senat sowohl zu ihrem Mitschuldigen, als zu ihrem Opfer machten. Durch diese Versammlung wurden die letzten Römer wegen erdichteter Verbrechen und wirklicher Tugenden verdammt. Ihre ehrlosen Angeber führten die Sprache unabhängiger Patrioten, welche einen gefährlichen Bürger vor dem Tribunal seines Vaterlandes anklagten, und dieser öffentliche Dienst wurde ihnen mit Reichtümern und Ehrenstellen belohnt. Die knechtischen Richter gaben vor, die in der Person ihres Oberhauptes verletzte Majestät der Republik zu rächen, und zollten seinem Mord dann den größten Beifall, wenn sie am meisten vor seiner unerbittlich obschwebenden Grausamkeit zitterten.* Der Tyrann sah ihre Niederträchtigkeit mit verdienter Verachtung, und vergalt ihre geheimen Gefühle des Abscheus mit aufrichtigem und unverhehltem Haß gegen die ganze Körperschaft des Senates.

II. Die Teilung Europas in eine Anzahl unabhängiger Staaten, welche jedoch miteinander durch die allgemeine Ähnlichkeit der Religion, Sprache und Sitten zusammenhängen, hat sehr wohltätige Folgen für die Freiheit des Menschengeschlechtes. Ein Tyrann unserer Tage, der weder in seiner Brust, noch in seinem Volk Widerstand fände, würde bald durch das Beispiel seines Gleichen, durch die Furcht vor dem

---

* Nachdem die tugendhafte und unglückliche Witwe des Germanikus hingerichtet worden war, empfing Tiberius den Dank des Senates für seine Milde. Sie war nicht öffentlich erdrosselt, auch ihre Leiche nicht an einem Haken nach den *Gemoniae* geschleppt worden, wo man die der gemeinen Übeltäter aussetzte.

Tadel der Mitwelt, durch den Rat seiner Bundesgenossen und die Besorgnisse vor seinen Feinden sachte zurückgehalten werden. Der Gegenstand seines Mißfallens braucht nur den engen Grenzen seines Gebietes zu entfliehen, und er findet in einem glücklichen Land leicht sichere Freistätte, ein seinen Verdiensten angemessenes Auskommen, das Recht der Beschwerde, vielleicht sogar die Mittel der Rache. Aber das Reich der Römer füllte die Welt, und nachdem es in die Hände eines einzigen übergegangen war, verwandelte sich die Erde in einen ebenso zuverlässigen als traurigen Kerker für dessen Feinde. Der Sklave des kaiserlichen Despotismus mochte zu Rom und im Senat goldene Ketten tragen, oder auf dem öden Fels Seriphus, oder an den eisigen Ufern der Donau das Leben eines Verbannten hinschleppen, überall mußte er seines Schicksals in stiller Verzweiflung harren. Widerstand brachte Untergang, Flucht war unmöglich. Rings um ihn her dehnten sich große Landstrecken und Meeresstriche aus, über welche er nicht zu kommen hoffen konnte, ohne entdeckt, ergriffen und seinem zürnenden Gebieter wieder überliefert zu werden. Jenseits der Grenzen vermochte sein Sehnsuchtsblick nichts zu erspähen, als den Ozean, unwirtliche Wüsteneien, feindliche Barbarenstämme von wilden Sitten und unbekannter Sprache, oder abhängige Könige, welche mit Freuden die Gelegenheit ergriffen, um den Schutz des Kaiser durch das leichte Opfer eines verrufenen Flüchtlings zu erkaufen. »Wo du immer sein magst«, schrieb Cicero dem verbannten Marcellus, »so bedenke, daß du dich auf gleiche Weise in der Gewalt des Siegers befindest.«

Viertes Kapitel

Grausamkeit, Torheiten und Ermordung des Commodus

Die Milde des Kaiser Markus, welche selbst das strenge System der Stoiker nicht auszurotten vermochte, bildete zugleich den liebenswürdigsten und den einzigen mangelhaften Zug seines Charakters. Sein vortrefflicher Verstand wurde häufig durch die arglose Güte seines Herzens getäuscht. Verschmitzte Männer, welche die Leidenschaften der Fürsten studierten, und ihre eigenen verbargen, näherten sich seiner Person im Gewand philosophischer Heiligkeit, und erlangten Reichtümer und Ehrenstellen, indem sie Verachtung dagegen heuchelten. Seine außerordentliche Nachsicht gegen Bruder, Gattin und Sohn überschritt die Grenzen der Tugend des Privatlebens, und ward durch Beispiel und Folgen ihrer Laster ein öffentliches Unglück.

Faustina, Pius' Tochter und Markus' Gemahlin, wurde durch ihre Liebschaften ebenso verrufen, wie sie wegen ihrer Schönheit gefeiert war. Der einfache Ernst des Philosophen war schlecht geeignet, ihre mutwillige Leichtfertigkeit zu beschäftigen, oder jene schrankenlose Leidenschaftlichkeit für Veränderungen zu fesseln, welche oft in dem Untersten aller Sterblichen persönliche Vorzüge entdeckte. Der Cupido der Alten war überhaupt eine sehr sinnliche Gottheit; und da die Liebschaften einer Kaiserin von ihrer Seite das vollste Entgegenkommen bedingen, können sie selten sentimentaler Natur sein. Markus war der einzige Mensch im Reich, welcher um die Unregelmäßigkeiten der Faustina, die nach den Begriffen aller Zeiten dem beleidigten Gemahl Unehre machten, entweder nichts zu wissen oder dagegen gleichgültig zu sein schien. Er beförderte mehrere ihrer Liebhaber zu einträglichen Ehrenstellen, und gab ihr, während einer Verbindung von 30 Jahren, unwandelbar Beweise des zartesten Vertrauens, und einer Achtung, welche auch mit ihrem Leben nicht erlosch. In seinen Meditationen dankt er den Göttern, daß sie ihm eine so treue, so sanfte, in ihren Sitten so wunderbar einfache Gattin geschenkt haben, und der gehorsame Senat erklärte sie auf sein Andringen zur Göttin. Sie wurde in ihren Tempeln mit den Attributen der Juno, Venus und Ceres verehrt; auch ward beschlossen, daß an ihrem Vermählungstag die Jugend beiderlei Geschlechtes vor dem Altar ihrer keuschen Schutzgottheit opfern solle.

Die ungeheueren Laster des Sohnes haben einen Schatten über die Reinheit der Tugenden des Vaters gebreitet. Es ist Markus zum Vorwurf gemacht worden, daß er das Glück von Millionen der parteiischen Zärtlichkeit für einen unwürdigen Knaben geopfert, und den Thronfolger in seiner eigenen Familie, statt in der Republik gewählt habe. Indessen war von dem besorgten Vater und den tugendhaften und kenntnisreichen Männern, deren Beistand er dazu in Anspruch genommen hatte, nichts vernachlässigt worden, um die kleindenkende Seele des jungen Commodus zu erheben, seine aufkeimende Neigung zu Lastern zurückzudrängen, und ihn des Thrones würdig zu machen, für welchen er bestimmt war. Aber die Macht des Unterrichts übt selten einen großen Einfluß aus, außer auf jene glücklich begabten Gemüter, bei denen er fast überflüssig ist. Die herbe Lehre eines ernsten Philosophen ward sogleich durch die Einflüsterung eines nichtswürdigen Günstlings ausgelöscht, ja Markus selbst verdarb die Früchte einer durchdachten Erziehung, indem er seinen Sohn, im Alter von 14 oder 15 Jahren, zur vollen Teilnahme an der kaiserlichen Gewalt zuließ. Er lebte nachher nur noch vier Jahre, aber lange genug, um die unbesonnene Maßregel, welche den ungestümen und unbesonnenen Jüngling außer alle Zügel der Vernunft und des Gehorsams stellte, zu bereuen.

Die meisten Verbrechen, welche den inneren Frieden der Gesellschaft stören, haben ihren Grund in dem Zwang, den die notwendigen aber ungleichen Gesetze des Eigentums den Begierden der Menschen auflegen, indem sie den Besitz der Gegenstände, wonach viele sich sehnen, auf wenige beschränken. Von allen Leidenschaften und Begierden ist die Liebe zur Macht die gebieterischste und ungeselligste, weil der Stolz eines einzigen die Unterwerfung aller fordert. Im Tumult der bürgerlichen Zwietracht verlieren die Gesetze des

Staates ihre Kraft, und nur selten treten an ihre Stelle jene der Menschlichkeit. Die Hitze des Kampfes, der Stolz des Siegers, die Verzweiflung am Erfolg, das Andenken an vergangene Unbilden, die Furcht vor künftigen Gefahren, alles trägt bei, das Gemüt zu entflammen und die Stimme des Mitleids zum Schweigen zu bringen. Beweggründe der Art haben fast jede Seite der Geschichte mit Bürgerblut befleckt, sind es aber keineswegs, aus welchen sich die unherausgeforderte Grausamkeit des Kaiser Commodus erklären ließe, der nichts zu wünschen, alles zu genießen hatte. Der geliebte Sohn des Markus folgte seinem Vater unter dem Jubelruf des Senates und der Heere, und der glückliche Jüngling brauchte, als er den Thron bestieg, weder Mitbewerber zu besiegen, noch Feinde zu bestrafen. In einer so ruhigen und erhabenen Stellung wäre es gewiß nur natürlich gewesen, wenn er die Liebe der Menschen ihrem Abscheu, und den milden Ruhm seiner fünf unmittelbaren Vorgänger dem schmachvollen Schicksal Neros und Domitians vorgezogen hätte.

Indessen war Commodus nicht, wie man ihn geschildert hat, als Tiger mit unersättlichem Durst nach Menschenblut geboren, nicht schon von Kindheit auf der unmenschlichsten Handlungen fähig. Die Natur hatte ihn mehr schwach als ruchlos geschaffen. Verstandesblödigkeit und Schüchternheit machten ihn zum Sklaven seiner Umgebungen, und diese verdarben allmählich sein Herz. Seine Grausamkeit, zuerst den Geboten anderer gehorchend, artete in Gewohnheit aus und wurde zuletzt die herrschende Leidenschaft seiner Seele.

Nach seines Vaters Tod sah sich Commodus mit dem Oberbefehl über ein großes Heer und der Leitung eines schwierigen Krieges gegen die Quaden und Markomannen bebürdet. Die speichelleckerischen und ausschweifenden Jünglinge, welche Markus verbannt hatte, gewannen bald wieder ihre vorige Stellung und ihren alten Einfluß auf den neuen Kaiser. Sie übertrieben die Beschwerlichkeiten und Gefahren eines Feldzugs in den wilden Ländern jenseits der Donau; und überredeten den trägen Fürsten, daß der Schrecken seines Namens und die Waffen seiner Unterfeldherren hinreichen würden, um die Überwindung der entmutigten

Barbaren zu vollenden, oder ihnen vorteilhaftere Bedingungen, als jede Eroberung sein könne, aufzulegen. Mit Schlauheit benutzten sie seinen Hang zu sinnlichen Freuden, und verglichen die Ruhe, den Glanz und die verfeinerten Vergnügungen Roms mit dem Tumult eines pannonischen Lagers, welches weder Muße noch Stoff für ein üppiges Leben gäbe. Commodus schenkte diesem willkommenen Rat Gehör; aber während er zwischen seiner Neigung und der Ehrfurcht, welche er den Räten seines Vaters noch immer bewahrte, schwankte, verging allmählich der Sommer, und sein Triumphzug in Rom wurde bis zum Herbst verschoben. Seine anmutige Gestalt, sein einnehmendes Betragen und die Tugenden, die man bei ihm voraussetzte, gewannen ihm die öffentliche Gunst; der ehrenvolle Friede, welchen er kürzlich den Barbaren bewilligt hatte, verbreitete allgemeine Freude; seine Ungeduld, Rom wiederzusehen, schrieb man der Sehnsucht nach dem Vaterland zu; und die Ausschweifungen, denen er sich überließ, wurden an einem Fürsten, der erst 19 Jahre zählte, nur schwach verdammt.

Während der drei ersten Jahre seiner Regierung wurden die Formen, ja selbst der Geist der vorigen Regierung von jenen treuen Räten aufrecht gehalten, denen Markus seinen Sohn empfohlen hatte, und vor deren Weisheit und Redlichkeit Commodus noch immer wider seinen Willen Achtung empfand. Der junge Fürst und seine ausschweifenden Günstlinge schwelgten in aller Ungebundenheit der souveränen Macht; aber seine Hände waren noch von keinem Blut befleckt, ja er hatte sogar einen Edelmut der Gesinnung bewiesen, welcher zur festen Tugend hätte reifen können. Ein unglückseliges Ereignis entschied seinen schwankenden Charakter.

Als der Kaiser eines Abends durch einen finstern und engen Portikus des Amphitheaters nach dem Palast zurückkehrte, stürzte ein Meuchelmörder, der seiner lauerte, mit gezogenem Schwert gegen ihn und rief laut: »Dies sendet dir der Senat!« Die Drohung hinderte die Tat; der Meuchelmörder wurde von den Leibwachen ergriffen und entdeckte ohne Verzug die Urheber der Verschwörung. Dieselbe war nicht im Staat, sondern innerhalb der Mauern des Palastes angezettelt worden. Lucilla, des Kaisers Schwester und Lucius' Verus' Witwe, des zweiten Ranges überdrüssig und auf die regierende Kaiserin eifersüchtig, hatte den Mörder gegen das Leben ihres Bruders bewaffnet. Ihrem zweiten Gemahl, Claudius Pompejanus, einem Senator von ausgezeichnetem Verdienst und unerschütterlicher Treue, hatte sie zwar nicht gewagt, diesen schwarzen Anschlag mitzuteilen: Aber unter der Schar ihrer Liebhaber (denn sie ahmte die Lebensweise der Faustina nach) fand sie Menschen von zerrüttetem Vermögen und wildem Ehrgeiz, welche bereit waren, sowohl ihren gewaltsamen, als ihren zärtlichen Leidenschaften zu frönen. Die Strenge der Gerechtigkeit traf die Verschwornen, und die ruchlose Fürstin wurde zuerst mit der Verbannung und dann mit dem Tod bestraft.

Aber die Worte des Meuchelmörders sanken tief in Commodus' Seele und hinterließen einen unauslöschlichen Eindruck der Furcht und des Hasses gegen den ganzen Körper des Senates. Diejenigen, welche er bisher als zudringliche Minister gescheut hatte, beargwöhnte er nun als geheime Feinde. Die Angeber, eine Brut von Menschen, welche unter den vorigen Regierungen keine Aufmunterung fand, ja beinahe erloschen war, wurden in dem Augenblick wieder furchtbar, als sie entdeckten, der Kaiser wünsche im Senat Abfall und Verrat zu finden. Diese Versammlung, welche Markus stets als den hohen Rat der Nation betrachtet hatte, bestand aus den ausgezeichnetsten Römern, und Auszeichnung jeder Art wurde bald als Verbrechen ausgelegt. Der Besitz von Reichtum spornte den Fleiß der Angeber, strenge Tugend galt als stiller Tadel der Ausschweifungen des Kaiser, wichtige Leistungen deuteten auf gefährliche Überlegenheit des Verdienstes, und die Freundschaft des Vaters sicherte den Haß des Sohnes. Verdacht kam der Überführung, Stellung vor Gericht der Verdammung gleich. Die Hinrichtung eines einflußreichen Senators brachte allen denjenigen, welche ihn beklagen oder rächen mochten, den Tod; und nachdem Commodus einmal Menschenblut gekostet hatte, wurde er gleich unzugänglich für Mitleid wie für Reue.

Keines dieser unschuldigen Opfer der Tyrannei starb tiefer beklagt, als die beiden Brüder aus dem Hause Quintilian, Maximus und Condianus, deren brüderliche Liebe ihre Namen der Vergessenheit entrissen und ihr Andenken der Nachwelt teuer gemacht hat. Stets waren ihre Studien und Beschäftigungen, ihre Bestrebungen und Vergnügungen gemeinsam. Im Genuß eines großen Vermögens ließen sie nie den Gedanken eines gesonderten Interesses aufkommen; es sind noch Bruchstücke einer Abhandlung vorhanden, welche sie miteinander verfaßt haben, und man pflegte zu sagen, daß in allen Handlungen des Lebens ihre beiden Leiber nur von einer einzigen Seele belebt wären. Die beiden Antonine, welche ihre Tugenden schätzten und sich ihrer Eintracht freuten, erhoben beide in demselben Jahre zu Konsuln, und Markus vertraute später ihrer vereinten Obsorge die Zivilverwaltung von Griechenland und ein großes militärisches Kommando, in welchem sie einen entscheidenden Sieg über die Deutschen erfochten. Commodus' Grausamkeit war insofern mit Milde gepaart, als er sie auch im Tod vereinte.

Nachdem der Tyrann das edelste Blut des Senates vergossen hatte, kehrte sich endlich seine Wut gegen das Hauptwerkzeug seiner Grausamkeit. Während Commodus in Blut und Üppigkeit versunken war, überließ er das Detail der öffentlichen Verwaltung Perennis, einem knechtischen und ehrgeizigen Minister, welcher seinen Posten durch den Mord seines Vorgängers erhalten hatte, aber beträchtliche Energie und Fähigkeit besaß. Durch Erpressungen und die verwirkten Glücksgüter der seiner Habsucht geopferten Großen hatte er einen unermeßlichen Schatz aufgehäuft. Die prätorianische Leibwache war seinem unmittelbaren Befehl untergeben, und sein Sohn, der bereits Beweise von militärischen Talenten geliefert hatte, stand an der Spitze der illyrischen Legionen. Perennis strebte nach der obersten Gewalt, oder was in den Augen Commodus' diesem Verbrechen gleichkam, er würde fähig gewesen sein, darnach zu streben, wenn man ihm nicht zuvorgekommen wäre, ihn nicht überrascht und hingerichtet hätte. Der Sturz eines Ministers ist ein sehr geringfügiges Ereignis in der allgemeinen Geschichte des Reiches: aber dieser wurde durch einen außerordentlichen Umstand beschleunigt, welcher bewies, wie sehr die Strenge der Disziplin bereits nachgelassen hatte. Die Legionen von Britannien, unzufrieden mit der Verwaltung Perennis', wählten eine Deputation von 1500 auserlesenen Kriegern und trugen ihnen auf, nach Rom zu marschieren und ihre Beschwerden dem Kaiser vorzulegen. Diese militärischen Bittsteller forderten und erhielten durch ihr entschlossenes Benehmen, durch Aufhetzung der verschiedenen Abteilungen der Leibwachen, durch übertriebene Schilderung der Stärke des Heeres in Britannien, und indem sie auf die Furcht Commodus' wirkten, den Tod dieses Ministers als einzige Abhilfe ihrer Beschwerden. Diese Anmaßung eines fernen Heeres und die Aufdeckung der Schwäche der Regierung, waren ein sicheres Vorzeichen der schrecklichsten Erschütterungen.

Die Vernachlässigung der öffentlichen Verwaltung verriet sich bald nachher durch eine Unordnung, welche aus den geringfügigsten Ursachen entstand. Unter den Truppen begann ein Geist der Entweichung zu herrschen, und die Ausreißer, statt ihr Heil in Flucht und Verborgenheit zu suchen, machten die Straßen unsicher. Maternus, ein gemeiner Soldat, aber im Besitz eines weit über seinen Stand gehenden Unternehmungsgeistes, sammelte diese Räuberbande in ein kleines Heer, erbrach die Gefängnisse, forderte die Sklaven auf, ihre Freiheit zu erringen, und plünderte ungestraft die reichen und wehrlosen Städte von Gallien und Spanien. Die Statthalter der Provinzen, welche lange diesen Räubereien zugesehen, vielleicht auch ihren Ertrag geteilt hatten, wurden endlich aus ihrer sorglosen Ruhe durch die drohenden Befehle des Kaiser aufgescheucht. Von allen Seiten eingeschlossen, sah Maternus ein, daß er überwältigt werden müsse und daß nur in einem großen und verzweifelten Streich noch Hilfe liege. Er gebot seinen Anhängern, sich zu zerstreuen, in kleinen Abteilungen und unter verschiedenen Verkleidungen über die Alpen zu gehen, und sich zu Rom während der ausgelassenen Feier des Festes der Cybele zu sammeln. Commodus ermorden und den erledigten Thron besteigen, war nicht der Ehrgeiz eines gewöhnlichen Räubers. Der Neid eines

Mitschuldigen entdeckte und verdarb dieses in seiner Art einzige Unternehmen in dem Augenblick, als es zur Ausführung reif war.

Argwöhnische Fürsten befördern in dem eitlen Wahn, daß diejenigen, welche nur von ihrer Gunst abhängen, auch keine andere Anhänglichkeit kennen würden, als an die Person ihres Wohltäters, oft die untersten aller Sterblichen. Cleander, der Nachfolger des Perennis, war von Geburt ein Phrygier, und gehörte mithin einem Volk an, über dessen eigensinnige und knechtische Gemütsart nur Schläge Macht haben. Er war aus seinem Vaterland als Sklave nach Rom gesendet worden. Als Sklave auch trat er in den kaiserlichen Palast, machte sich den Leidenschaften seines Gebieters nützlich, und stieg bald zur erhabensten Stellung empor, die ein Untertan erreichen kann. Sein Einfluß auf Commodus war viel größer als jener seines Vorgängers; denn es fehlte Cleander jede Fähigkeit oder Tugend, welche dem Kaiser Neid oder Mißtrauen einflößen konnte. Habsucht war die herrschende Leidenschaft seiner Seele und der große Grundsatz seiner Verwaltung. Der Rang eines Konsuls, Patriziers, oder Senators wurde öffentlich verkauft, und *der* würde als ein Mißvergnügter betrachtet worden sein, der sich geweigert hätte, diese leeren, fast schimpflichen Würden mit dem größten Teil seines Vermögens zu erkaufen.* Was die einträglichen Ämter in den Provinzen betraf, teilte der Minister mit dem Statthalter den am Volk begangenen Raub. Ein reicher Verbrecher konnte nicht nur den Umsturz des gegen ihn ergangenen gerechten Urteils erlangen, sondern auch gegen seinen Ankläger, die Zeugen wider ihn, und die Richter jede beliebige Strafe erwirken.

Durch diese Mittel häufte Cleander in einem Zeitraum von drei Jahren größere Reichtümer auf, als je ein Freigelassener besessen hatte. Commodus zeigte sich mit den prachtvollen Geschenken, welche der schlaue Höfling in den günstigsten Augenblicken zu seinen Füßen niederlegte, voll-

---

* Eine dieser teuer erkauften Beförderungen brachte das Witzwort in Umlauf, daß Julius Solon in den Senat *verbannt* worden sei.

kommen zufrieden. Um den öffentlichen Haß abzulenken, baute Cleander unter dem Namen des Kaisers Bäder, Säulengänge und Gymnasien zum Gebrauch des Volkes. Er schmeichelte sich, daß die Römer, durch diese anscheinende Freigebigkeit geblendet und hingehalten, von den blutigen Schauspielen, welche täglich stattfanden, weniger ergriffen werden; daß sie dann den Tod Byrrhus', eines Senators, dessen große Verdienste der verstorbene Kaiser durch die Hand einer seiner Töchter geehrt hatte, vergessen; und die Hinrichtung des Arrius Antoninus, des letzten Repräsentanten des Namens und der Tugenden der Antonine, verzeihen würden. Jener hatte es mit größerer Redlichkeit als Klugheit versucht, seinem Schwager über den Charakter Cleanders die Augen zu öffnen. Diesem brachte eine gerechte Sentenz, welche er, als Prokonsul von Asien, gegen eine nichtswürdige Kreatur des Günstlings hatte ergehen lassen, den Tod. Nach Perennis' Falle hatte der schreckliche Commodus für eine Zeit den Anschein der Rückkehr zur Tugend angenommen. Er widerrief die verhaßtesten Maßregeln dieses ruchlosen Ministers, belastete sein Andenken mit dem öffentlichen Fluch, und gab seinen verderblichen Ratschlägen alle Irrtümer seiner unerfahrenen Jugend Schuld. Aber diese Reue währte nur 30 Tage, und unter Cleanders Tyrannei wünschte man sich oft Perennis' Verwaltung zurück.

Pest und Hungersnot vollendeten das Maß des Unglücks der Römer. Jene konnte nur dem gerechten Zorn der Götter zugeschrieben werden; diese jedoch wurde als unmittelbare Wirkung eines durch die Reichtümer und die Macht des Ministers unterstützten Kornmonopols betrachtet. Nachdem das allgemeine Mißvergnügen geraume Zeit auf gegenseitiges Ohrenraunen beschränkt gewesen war, brach es endlich im vollen Zirkus los. Das Volk verließ seinen Lieblingszeitvertreib, um das süßere Vergnügen der Rache zu kosten, strömte scharenweise nach einem Palast in den Vorstädten, einem der abgelegeneren Lustsitze des Kaiser, und verlangte mit tobendem Geschrei das Haupt des öffentlichen Feindes. Cleander, welcher die prätorianische Leibwache befehligte, gebot einer Abteilung Reiterei, aufzusitzen und die aufrührerische Menge zu vertreiben. Das Volk floh in wilder Unordnung nach der Stadt; Viele wurden getötet, und noch mehr von den Hufen der Pferde zertreten: als aber die Reiterei in die Straßen eindrang, tat ein Regen von Steinen und Pfeilen von den Dächern und aus den Fenstern der Häuser jeder weitern Verfolgung Einhalt. Die Leibwache zu Fuß, längst auf die Vorrechte und den Übermut der prätorianischen Reiterei eifersüchtig, trat auf die Seite des Volkes. Der Tumult verwandelte sich in ein regelmäßiges Gefecht, und es stand ein allgemeines Gemetzel zu befürchten. Die Prätorianer mußten zuletzt der überlegenen Anzahl weichen, und der Strom der Volkswut kehrte mit verdoppelter Gewalt gegen die Tore des Palastes zurück, worin Commodus aufgelöst in Üppigkeit lag, und allein von dem Bürgerkrieg nichts wußte. Es war Tod, seiner Person sich mit dieser unwillkommenen Nachricht zu nähern. Er würde in dieser trägen Sicherheit umgekommen sein, wenn nicht zwei Frauen, seine ältere Schwester Fadilla, und Marcia, die geliebteste seiner Beischläferinnen, es gewagt hätten, ihn in seiner Ruhe zu stören. In Tränen gebadet, und mit aufgelösten Haaren warfen sie sich ihm zu Füßen, und enthüllten mit der ganzen eindringlichen Beredsamkeit der Furcht, dem erschreckenden Kaiser die Verbrechen seines Ministers, die Wut des Volkes, und das Verderben, welches in wenig Minuten seinen Palast und ihn selbst zu vernichten drohte. Commodus fuhr empor aus seinen Wonneträumen, und befahl, dem Volk das Haupt Cleanders hinaus zu werfen. Dies ersehnte Schauspiel stillte sogleich den Tumult, und Mark Aurels Sohn hätte noch jetzt die Liebe und das Vertrauen seiner Untertanen wiedergewinnen können.

Aber jedes Gefühl der Tugend und Menschlichkeit war in Commodus' Seele erloschen. Während er die Zügel des Reiches unwürdigen Günstlingen überließ, hatte die souveräne Gewalt für ihn nur insofern Wert, als sie ihn in den Stand setzte, seine sinnlichen Begierden mit unbegrenzter Zügellosigkeit zu befriedigen. Er brachte seine Zeit in einem Serail von 300 schönen Frauen und ebenso vielen Jünglingen, von jedem Rang, und aus jeder Provinz zu, und wo die Künste der Verführung nicht ausreichten, da nahm der brutale Liebhaber Zuflucht zur Gewalt. Die alten Geschichtsschreiber haben sich über diese ruchlosen Szenen der Schändung, welche jeder Schranke der Natur und Scham spotteten, weitläufig verbreitet: Aber es wäre keine leichte Aufgabe, ihre nur zu getreuen Beschreibungen in die Dezenz einer neueren Sprache zu übersetzen. Die Zwischenräume der Wollust waren mit dem niedrigsten Zeitvertreib ausgefüllt. Der Einfluß eines verfeinerten Zeitalters und die Mühwaltung der sorgfältigsten Erziehung waren nie imstande gewesen, seiner rohen und tierischen Seele auch nur den geringsten Anstrich von Wissen zu geben, und er war der erste aller römischen Kaiser, welchem es gänzlich an jedem Sinn für intellektuelle Vergnügungen fehlte. Selbst Nero zeichnete sich in den elegantesten Künsten der Musik und Poesie aus, oder gab es wenigstens vor; auch würden wir seine Bestrebungen keineswegs verachten, wenn er den angenehmen Zeitvertreib der Mußestunden nicht in die ernste Beschäftigung und den Ehrgeiz seines Lebens verwandelt hätte. Aber Commodus zeigte von Kindheit an Abscheu gegen alles Geistige und Edle, und liebte nur die Unterhaltungen des Pöbels: die Spiele des Zirkus, die Kämpfe der Gladiatoren, die Jagd wilder Tiere. Die Meister in jedem Fach des Wissens, welche Mark Aurel für seinen Sohn berufen hatte, wurden mit Unaufmerksamkeit und Widerwillen angehört: während die Mohren und Parther, welche ihn mit dem Bogen schießen und den Wurfspieß schleudern lehrten, einen Schüler fanden, dem sein eigner Fleiß Wonne verursachte, und der an Sicherheit des Auges und Gewandtheit der Hand bald seinen geschicktesten Lehrern gleichkam.

Die knechtische Schar, deren Glück von den Lastern ihres Gebieters abhing, zollte diesem unedlen Treiben ungemessenen Beifall. Stimme der Schmeichelei erinnerte ihn, daß durch Taten ähnlicher Art, durch das Überwältigen des nemäischen Löwen und das Fällen des erymanthischen Ebers der griechische Herkules einen Platz unter den Göttern, und unsterblichen Ruhm unter den Menschen erworben habe. Man vergaß nur, ihn darauf aufmerksam zu machen, daß in den ersten Jahrhunderten der Gesellschaft, wo die wilden Tiere dem

Menschen oft den Besitz des unkultivierten Landes streitig machen, glückliche Kriege gegen dieselben, ebenso unschuldige als nützliche Heldentaten sind. Aber in dem zivilisierten Zustand des römischen Reiches hatten sich die reißenden Tiere längst vor dem Antlitz des Menschen und aus der Nachbarschaft volkreicher Städte zurückgezogen. Sie in ihren einsamen Schlupfwinkeln aufgreifen und nach Rom schaffen, um dort in Pomp von der Hand des Kaiser getötet zu werden, war ein für den Fürsten ebenso lächerliches, als für das Volk lästiges Treiben. Mit diesem Unterschied nicht bekannt, erfaßte Commodus gierig die glorreiche Ähnlichkeit, und nannte sich (wie wir noch auf seinen Münzen lesen) den *römischen Herkules*. Die Keule und Löwenhaut prangten zur Seite des Thrones neben den Insignien der souveränen Würde, und es wurden Standbilder errichtet, in welchen Commodus in dem Charakter und mit den Attributen jenes Gottes vorgestellt wurde, mit dessen Stärke und Gewandtheit er im täglichen Lauf seiner grausamen Erlustigungen zu wetteifern strebte.

Durch diese Schmeicheleien, welche in ihm allmählich jedes angeborene Gefühl der Scham erstickten, geblendet, beschloß er, vor den Augen des römischen Volkes jene Kunst zu zeigen, welche er bis jetzt bescheiden auf die Mauern seiner Paläste und die Anwesenheit einiger weniger Günstlinge beschränkt hatte. Am festgesetzten Tag zogen die verschiedenen Motive der Schmeichelei, Furcht und Neugierde eine unzählbare Menschenmenge in das Amphitheater, und einiger Beifall wurde verdientermaßen der ungewöhnlichen Geschicklichkeit des kaiserlichen Schützen gespendet. Er mochte auf Kopf oder Herz eines Tieres zielen, war die Wunde gleich sicher und tödlich. Mit Pfeilen, deren Ende wie ein Halbmond gestaltet war, hemmte er oft den schnellen Lauf und zerschnitt den langen, beinigen Hals des Straußes. Ein Panther wurde losgelassen, und der Bogenschütze wartete, bis er auf den zitternden Übeltäter losstürzte. In demselben Augenblick flog der Pfeil, und der Mann blieb unverletzt. Die Käfige des Amphitheaters spieen hundert Löwen auf einmal aus: 100 Pfeile von Commodus' unfehlbarer Hand streckten sie tot nieder, während sie durch die Arena rasten. Weder der ungeheure Umfang des Elefanten, noch die schuppige Haut des Rhinozeros konnte sie gegen seinen Schuß schützen. Äthiopien und Indien hatten ihre seltensten Produkte geliefert, und Tiere wurden im Amphitheater getötet, welche bis jetzt bloß in den Darstellungen der Kunst, vielleicht nur der Phantasie, gesehen worden waren. Aber trotz allen diesen Großtaten waren die sichersten Vorsichtsmaßregeln getroffen, um den römischen Herkules von dem verzweifelten Sprung irgendeiner Bestie zu retten, welche möglicherweise weder auf die Würde des Kaiser, noch auf die Heiligkeit des Gottes Rücksicht genommen hätte.

Aber auch der unterste Pöbel fühlte Scham und Entrüstung, als er seinen Kaiser als Gladiator in die Schranken treten, und Ruhm in einem Gewerbe suchen sah, welches die römischen Gesetze und Sitten mit dem verdientesten Makel der Ehrlosigkeit gebrandmarkt hatten. Er wählte Tracht und Waffen des *Secutor,* dessen Kampf mit dem *Retiarius* eine der lebhaftesten Szenen der blutigen Spiele des Amphitheaters bildete. Der *Secutor* war mit Helm, Schwert und Schild bewaffnet; sein nackter Gegner hatte bloß ein großes Netz und einen Dreizack, wovon er mit jenem seinen Feind zu umstricken, mit diesem zu töten suchte. Fehlte er beim ersten Wurf, so mußte er vor dem verfolgenden *Secutor* fliehen, bis er sein Netz zu einem zweiten Wurf in Bereitschaft gesetzt hatte. Der Kaiser focht in dieser Rolle 735mal. Diese glorreichen Taten wurden in den Urkunden des Reiches sorgfältig aufgezeichnet, und damit ja zur vollsten Schmach auch kein einziger Umstand fehle, bezog er aus dem Fond der Gladiatoren einen so ausschweifenden Sold, daß dadurch eine neue und höchst schmachvolle Besteuerung des römischen Volkes aufkam. Wie leicht zu vermuten, blieb der Herr der Welt in diesen Gefechten stets glücklich: im Amphitheater zwar waren seine Siege selten blutig; aber wenn er seine Kunst in der Schule der Gladiatoren oder in seinem Palast übte, wurden seine unglücklichen Gegner oft mit einer tödlichen Wunde von Commodus' Hand beehrt, und mußten ihre Schmeichelei mit ihrem Blut besiegeln.* Nun verschmähte er den Titel Herkules, und der Name Paulus', eines berühmten *Secutor,* war der einzige, der seinem Ohr schmeichelte. Er wurde auf seine Standbilder geschrieben und in zahlreichen Akklamationen von dem trauernden aber Beifall zollenden Senate wiederholt. Claudius Pompejanus, Lucillas tugendhafter Gemahl, war der einzige, welcher die Würde seines Ranges behauptete. Als Vater gestattete er seinen Söhnen, für ihre Sicherheit zu sorgen, indem sie das Amphitheater besuchten. Als Römer erklärte er, daß sein Leben in den Händen des Kaiser stehe, daß er aber nie ansehen werde, wie der Sohn Mark Aurels seine Person und Würde öffentlicher Schmach preisgäbe. Trotz dieser männlichen Entschlossenheit entging Pompejanus dem Grimm des Tyrannen, und war so glücklich, mit seiner Ehre zugleich sein Leben zu retten.

Commodus hatte nun den Gipfel der Ruchlosigkeit und Schande erreicht. Trotz dem Beifalljubel eines schmeichlerischen Hofes war er doch nicht imstande, sich zu verbergen, daß er die Verachtung und den Haß jedes einsichtsvollen und tugendhaften Mannes im Reich verdient habe. Sein wildes Gemüt wurde durch das Bewußtsein dieses Hasses, Neid gegen jede Art von Verdienst, gerechte Furcht vor Gefahr, und durch die Gewohnheit des Mordens, die Folge seiner täglichen Vergnügungen, immer mehr gereizt und erbittert. Die Geschichte hat eine lange Liste der Senatoren von konsularischem Rang aufbewahrt, die seinem mutwilligen Argwohn geopfert wurden, welcher mit besonderer Sorgfalt jene Personen, die das Unglück hatten, mit dem Haus der Antonine auch noch so entfernt verwandt zu sein, heraussuchte, ja selbst der Werkzeuge seiner Verbrechen und Vergnügungen nicht schonte. Seine Grausamkeit wurde zuletzt ihm selbst verderblich. Ungestraft hatte er das edelste Blut Roms vergossen: aber er ging unter, so wie ihn seine eigenen Hausgenossen zu fürchten begannen. Seine Lieblingskonkubine Marcia, sein Kämmerer Eklektus, und Laetus, der Präfekt der

---

* Viktor erzählt, daß Commodus seinen Gegnern nur eine bleierne Waffe gestattete, wahrscheinlich aus Furcht vor den Folgen ihrer Verzweiflung.

prätorianischen Leibwache, durch das Schicksal ihrer Gefährten und Vorgänger aufgeschreckt, beschlossen, der Vernichtung durch die tolle Laune des Tyrannen oder die plötzliche Entrüstung des Volkes, welche stündlich über ihren Häuptern hing, zuvorzukommen. Marcia ergriff die Gelegenheit, ihrem Liebhaber einen Trunk Wein zu kredenzen, nachdem er sich mit der Jagd wilder Tiere ermüdet hatte. Commodus begab sich zur Ruhe; während er aber unter den Wirkungen von Gift und Trunkenheit besinnungslos dalag, trat ein starker junger Mann, seines Gewerbes ein Ringer, in das Gemach, und erdrosselte ihn ohne Widerstand. Die Leiche wurde, bevor man noch in der Stadt, ja selbst bei Hof, die geringste Ahnung von dem Tod des Kaiser hatte, insgeheim aus dem Palast geschafft. Das war das Schicksal des Sohnes Mark Aurels, und so leicht war es, einen gehaßten Tyrannen zu vernichten, welcher durch das künstliche Räderwerk der Regierung während 13 Jahren so viele Millionen Untertanen, von denen jeder an körperlicher Stärke und persönlichen Talenten ihm, seinem Gebieter, gleichkam, unterdrückt hatte.

Fünftes Kapitel

Zustand Deutschlands bis zum Einbruch der
Barbaren unter dem Kaiser Decius

Regierung und Religion Persiens haben wegen ihres Zusammenhanges mit dem Sinken und dem Sturz des römischen Reiches Beachtung verdient. Wir werden gelegentlich der scythischen oder sarmatischen Stämme erwähnen, welche mit ihren Waffen und Pferden, ihren Herden großen und kleinen Viehes, ihren Weibern und Kindern über die unermeßlichen Ebenen zwischen dem kaspischen Meer und der Weichsel wanderten, von den Grenzen Persiens bis zu jenen Deutschlands. Aber die kriegerischen Deutschen, welche der weströmischen Monarchie zuerst widerstanden, dann sie mit Krieg überzogen und endlich stürzten, nehmen einen wichtigeren Platz in dieser Geschichte ein und besitzen ein stärkeres, sozusagen, heimischeres Recht auf unsere Beachtung und Teilnahme. Die zivilisiertesten Nationen des neueren Europa sind aus den Wäldern Deutschlands hervorgegangen, und in den rohen Einrichtungen dieser Barbaren können wir noch immer die Uranfänge unserer jetzigen Gesetze und Sitten entdecken. Die Deutschen wurden in ihrem uranfänglichen Zustand der Einfachheit und Unabhängigkeit von dem scharfen Auge des Tacitus, welcher der erste Historiker war, der die Wissenschaft der Philosophie auf das Studium der Tatsachen anwandte, beobachtet und von seiner meisterhaften Feder beschrieben. Die ausdrucksvolle Kürze seiner Beschreibungen hat verdient, den Fleiß zahlloser Altertumsforscher in Bewegung zu setzen und den Geist und den Scharfsinn der philosophischen Geschichtsschreiber unserer eigenen Tage zu erregen. Wie vielfältig und wichtig auch der Gegenstand sein mag, wurde er doch bereits so oft, mit so vielem Talent und solchem Erfolg erörtert, daß er für den Leser vertraut und für den Schriftsteller schwierig geworden ist. Wir werden uns daher begnügen, einige der wichtigsten Umstände des Klimas, der Sitten und der Einrichtungen, welche die wilden Barbaren Deutschlands zu so furchtbaren

Feinden der römischen Macht machten, zu bemerken, oder vielmehr zu wiederholen.

Das alte Deutschland, welches von seinen unabhängigen Grenzen die Provinz westlich vom Rhein, die sich dem römischen Joch unterworfen hatte, ausschloß, dehnte sich über den dritten Teil von Europa aus. Fast das ganze neuere Deutschland, Dänemark, Norwegen, Schweden, Finnland, Liefland, Preußen und der größere Teil von Polen waren von den verschiedenen Stämmen eines großen Volkes bewohnt, deren Äußeres, Sitten und Sprache auf einen gemeinsamen Ursprung deuteten und eine auffallende Ähnlichkeit bewahrten. Im Westen war das alte Deutschland durch den Rhein von den gallischen und im Süden durch die Donau von den illyrischen Provinzen des römischen Reiches geschieden. Eine Bergkette, welche sich unfern der Donau erhob und die Karpaten hieß, deckte Deutschland auf seiten Dakiens und Ungarns. Die östliche Grenze war durch die gegenseitigen Besorgnisse der Deutschen und Sarmaten schwach angedeutet und wurde durch die Vermengung kriegführender und verbündeter Stämme beider Nationen oft verwischt. In der fernen Dunkelheit des Nordens beschrieben die Alten unvollständig ein Eismeer, welches jenseits der Ostsee und der Halbinsel oder Insel von Skandinavien lag.

Einige scharfsinnige Schriftsteller haben angenommen, daß Europa einst viel kälter war als jetzt, und die ältesten Beschreibungen des Klimas von Deutschland zielen außerordentlich auf Bestätigung ihrer Theorie. Die allgemeinen Klagen über intensive Kälte und ewigen Winter verdienen vielleicht wenig Berücksichtigung, weil es uns an einer Methode fehlt, die Gefühle oder Ausdrücke eines in den glücklicheren Gegenden von Griechenland oder Asien geborenen Redners nach dem Thermometer zu bestimmen. Inzwischen werde ich zwei merkwürdige Umstände von minder zweifelhafter Natur auswählen. 1. Die großen Ströme, welche die römischen Provinzen deckten, waren häufig zugefroren und imstande, die außerordentlichsten Lasten zu tragen. Die Barbaren, welche zu ihren Einbrüchen oft diese strenge Jahreszeit wählten, verpflanzten ohne Besorgnis oder

Gefahr ihre zahlreichen Heere, ihre Reiterei und ihre schweren Wagen über eine feste Brücke von Eis. Die neueren Zeiten haben kein Beispiel ähnlicher Art aufgewiesen. 2. Das Renntier, dieses nützliche Geschöpf, welchem der Wilde des Nordens die besten Bequemlichkeiten seines traurigen Daseins verdankt, besitzt eine Körperbeschaffenheit, welche die intensivste Kälte nicht bloß verträgt, sondern sogar fordert. Man findet es auf den Felsen von Spitzbergen, zehn Grad vom Pol entfernt; es scheint sich in den Schneewüsten von Lappland und Sibirien zu gefallen; aber es vermag jetzt südlich von der Ostsee nicht zu existieren, viel weniger sich zu vermehren. Zur Zeit Cäsars waren das Renntier, das Elentier, so wie der Auerochs Eingeborne des herzynischen Waldes, welcher damals einen großen Teil von Deutschland und Polen beschattete. Die neueren Kulturfortschritte erklären hinreichend, weswegen sich die Kälte vermindert hat. Diese unermeßlichen Wälder, welche der Erde die Sonnenstrahlen entzogen, sind größtenteils ausgerodet worden. Die Moräste wurden trocken gelegt, und im Verhältnis als der Boden kultiviert wurde, ist auch die Luft gemäßigter geworden. Kanada ist heutigen Tages ein getreues Bild von Deutschland. Obschon es ziemlich in demselben Breitengrad mit den schönsten Provinzen von Frankreich und England liegt, herrscht doch in diesem Land die allerstrengste Kälte. Die Renntiere sind daselbst sehr zahlreich, der Boden ist mit tiefem und dauerndem Schnee bedeckt, und der große St. Lorenzstrom zu einer Zeit gefroren, wo in der Regel die Themse und Seine vom Eis frei sind.

Der Einfluß des Klimas des alten Deutschlands auf Seele und Körper der Eingebornen ist schwer zu ermitteln und sehr leicht zu übertreiben. Viele Schriftsteller haben angenommen und die meisten zugestanden, wenngleich, wie es scheint, ohne hinreichenden Beweis, daß die strenge Kälte des Nordens dem langen Leben und der zeugenden Kraft günstig, daß die Weiber da fruchtbarer wären und das Menschengeschlecht sich reichlicher fortpflanze als unter den wärmeren und gemäßigteren Himmelsstrichen. Mit größerem Recht kann man behaupten, daß die scharfe Luft Deutschlands die großen und mannhaften Gliedmaßen der Eingebornen bildete, welche in der Regel höheren Wuchses waren, als das Volk des Südens, und ihnen eine Art von Kraft erteilte, die besser zu heftigen Anstrengungen als zu geduldiger Arbeit paßte, und den Deutschen jene angeborne Tapferkeit gab, welche von den Nerven und Lebensgeistern abhängt. Diese abgehärteten Kinder des Nordens fühlten kaum die Strenge eines Winterfeldzuges, welcher den Mut der römischen Truppen dämpfte, waren aber hinwieder unfähig, den Sommersonnenstrahlen Italiens zu widerstehen, und ermatteten und siechten unter ihren Wirkungen hin.

Es gibt auf der ganzen Erde keinen großen Landstrich, welchen man entblößt von Einwohnern gefunden hätte, oder dessen erste Bevölkerung man mit irgendeinem Grad von Gewißheit angeben könnte. Da aber selbst die philosophischsten Geister sich selten enthalten können, der Kindheit großer Nationen nachzuforschen, verzehrt sich oft unsere Wißbegierde in mühsamen und unersprießlichen Nachforschungen. Tacitus, die Reinheit des germanischen Blutes und den abschreckenden Zustand des Landes erwägend, war geneigt, diese Barbaren für *Indigenae* oder vom Boden selbst Erzeugte zu erklären. Ohne Gefährdung und vielleicht mit Wahrheit kann man behaupten, daß das alte Deutschland nicht ursprünglich durch fremde, bereits in einer politischen Gesellschaft geformte Kolonien bevölkert war, sondern daß Name und Nation ihr Dasein durch die allmähliche Vereinigung der wandernden Wilden der herzynischen Wälder erhielten. Behaupten, daß diese Wilden das freiwillige Produkt des Bodens waren, welchen sie bewohnten, würde eine vorschnelle, von der Religion verdammte und durch die Vernunft nicht gerechtfertigte Annahme sein.

Ein gegründeter Zweifel paßt indessen wenig zum Geist der Nationaleitelkeit. Den Völkern, welche die mosaische Erdgeschichte angenommen haben, hat die Arche Noahs dieselben Dienste geleistet als früher den Griechen und Römern die Belagerung von Troja. Auf einer engen Grundlage anerkannter Wahrheit ist ein unermeßlicher aber roher Fabelbau errichtet worden, und der wilde Irländer konnte ebensogut als der wilde Tartar den Sohn Japhets nennen, aus dessen Lenden seine Vorfahren in gerader Linie stammten. Es gab im verflossenen Jahrhunderte Altertumsforscher von ebenso großer Gelehrsamkeit als Leichtgläubigkeit, welche bei dem düstern Lichte von Legenden und Sagen, von Vermutungen und Etymologien, die Urenkel Noahs vom Turm Babels bis an das Ende der Welt führten. Einer der unterhaltendsten dieser einsichtsvollen Kritiker ist Olaus Rudbeck, Professor an der Universität von Uppsala. Was immer in Geschichte oder Fabel berühmt ist, das schreibt dieser eifrige Patriot seinem Vaterland zu. Von Schweden (welches einen so beträchtlichen Teil des alten Deutschland bildete) erhielten selbst die Griechen ihr Alphabet, ihre Astronomie, ihre Religion. Gegen dieses wonnevolle Land (denn so erscheint es dem Auge des Eingebornen) waren die Atlantis des Plato, das Land der Hyperboräer, die Gärten der Hesperiden, die glücklichen Inseln, ja sogar die elysäischen Felder schwache und unvollkommene Beschreibungen. Ein von der Natur so verschwenderisch begünstigtes Klima konnte nach der Sintflut nicht lange unbewohnt bleiben. Der gelehrte Rudbeck gestattet der Familie Noahs in der Tat einige wenige Jahre, um sich von acht auf zwanzigtausend Personen zu vervielfältigen. Er zerstreut sie dann in kleine Kolonien, um die Erde zu bevölkern und das Menschengeschlecht fortzupflanzen. Die deutsche, oder schwedische Heeresabteilung (welche, wenn ich nicht irre, unter dem Befehl Askenaz', Sohn Gomers, Sohn Japhets, marschierte) zeichnete sich bei der Verfolgung des großen Werkes durch mehr als gewöhnlichen Fleiß aus. Der nördliche Bienenstock goß seine Schwärme über den größten Teil von Europa, Afrika und Asien aus, und das Blut floß (um des Autors Metapher zu gebrauchen) von den Extremitäten zu dem Herzen zurück.

Aber dieses ganze wohlausgebaute System der deutschen Altertümer wird durch eine einzige Tatsache, welche zu wohl bezeugt, um Zweifel zuzulassen, und von zu entscheidender Natur ist, um einer Entgegnung Raum zu geben, über den Haufen geworfen. Die Deutschen waren im Zeitalter des Tacitus mit dem Gebrauche der Buchstabenschrift unbekannt, und doch ist die Bekanntschaft damit der Hauptpunkt, wodurch sich ein zivilisiertes Volk von einer Horde, des Wissens und Nachdenkens unfähiger Wilder, unterscheidet. Ohne diese künstliche Hilfe vergißt oder verdirbt das menschliche Gedächtnis die ihm zur Bewahrung anvertrauten Ideen, verlieren die edleren Fähigkeiten der Seele, weil es ihnen an Mustern und Materialien fehlt, allmählich ihre Macht, die Urteilskraft wird schwach und träge, die Phantasie matt und ungeregelt. Um diese wichtige Wahrheit vollkommen einzusehen, wollen wir es versuchen, in einem zivilisierten Staat die unermeßliche Entfernung zu berechnen, welche den Mann wissenschaftlicher Bildung von dem Bauer scheidet, der weder lesen noch schreiben kann. Jener vervielfacht durch Lektüre und Nachdenken seine eigene Erfahrung und lebt in fernen Jahrhunderten und entlegenen Ländern, während der Letztere, an einen Fleck festgebannt und auf wenige Jahre der Existenz beschränkt, seinen Mitarbeiter, den Ochsen, in der Übung seiner geistigen Fähigkeiten nur um ein sehr Geringes übertrifft. Denselben, ja sogar einen noch größeren Unterschied wird man zwischen Nationen wie zwischen Individuen finden, und man kann mit voller Sicherheit behaupten, daß ohne irgendeine Art von Schrift kein Volk die Annalen seiner Geschichte je treu bewahrt, je einen beträchtlichen Fortschritt in den abstrakten Wissenschaften gemacht, oder die nützlichen und angenehmen Künste des Lebens auch nur im erträglichen Grade besessen hat.

In diesen Künsten fehlte es den alten Deutschen auf eine klägliche Weise. Sie brachten ihr Leben in einem Zustand der Unwissenheit und Armut hin, welchen einige Schönredner mit dem Namen tugendhafte Einfachheit beehrt haben. Das neuere Deutschland soll 2300 mit Mauern umgebene Städte enthalten. Auf einer viel größeren Länderstrecke konnte der Geograph Ptolemäus nicht mehr als neunzig Plätze entdekken, welche er mit dem Titel Städte schmückte, obschon sie nach unsern Begriffen diesen glänzenden Namen nur in einem sehr geringen Grad verdienten. Wir können sie nur als rohe Befestigungen ansehen, inmitten der Wälder zu dem Zweck errichtet, die Weiber, Kinder und die Herden sicherzustellen, während die Krieger des Stammes auszogen, um einen plötzlichen Feindeseinfall abzuwehren. Tacitus führt es als eine wohlbekannte Tatsache an, daß die Deutschen zu seiner Zeit *keine* Städte hatten und daß sie die römischen Bauten mehr als Plätze der Einkerkerung als der Sicherheit verachteten. Ihre Gebäude grenzten weder aneinander, noch bildeten sie regelmäßige Dörfer; jeder Barbar schlug seine unabhängige Wohnung dort auf, wo es ihm wegen einer Ebene, eines Waldes oder einer Quelle am besten gefiel. Weder Steine, noch Backsteine, noch Ziegel wurden bei diesen leichten Wohnungen verwendet. Sie waren nichts mehr als niedrige Hütten von runder Gestalt, aus rohem Holz gebaut, mit Stroh bedeckt und oben mit einem Loch versehen, um dem Rauch freien Ausgang zu lassen. In dem strengsten Winter begnügte sich der abgehärtete Deutsche mit einem dürftigen Gewand, welches aus der Haut irgendeines Tieres gefertigt war. Die Völker, welche mehr nordwärts wohnten, kleideten sich in Felle, und die Weiber bereiteten zu ihrem eigenen Gebrauch eine rohe Art Leinwand. Das Wild verschiedener Art, welches in den deutschen Wäldern im Überfluß hauste, verschaffte deren Bewohnern Nahrung und Leibesübung. Ihre großen Herden, weniger durch Schönheit als Nützlichkeit ausgezeichnet, bildeten ihren Hauptreichtum. Eine geringe Quantität Korn war das einzige Produkt, welches sie der Erde abgewannen; Gärten und künstliche Wiesen kannten die Deutschen nicht; auch können wir nicht erwarten, daß ein Volk, dessen Eigentum jedes Jahr eine allgemeine Veränderung durch eine neue Verteilung der urbaren Ländereien erlitt, und welches bei dieser seltsamen Operation Zänkereien vermied, indem es den größten Teil seines Gebietes wüst und unbebaut liegen ließ, Fortschritte im Ackerbau gemacht haben solle.

Gold, Silber und Eisen waren in Deutschland außerordentlich selten. Seinen barbarischen Bewohnern fehlte es ebensowohl an Geschicklichkeit als an Geduld, jene reichen Silberminen auszubeuten, welche die Sorge der Fürsten von Braunschweig und Sachsen so reich belohnt haben. Schweden, welches Europa jetzt mit Eisen versieht, war ebenfalls mit seinem eigenen Reichtum unbekannt, und das Aussehen der Waffen der Deutschen lieferte hinreichenden Beweis, wie wenig Eisen sie auf das verwenden konnten, was sie für den edelsten Gebrauch dieses Metalls hielten. Die verschiedenen Ereignisse des Krieges und Friedens hatten einige römische Münzen (hauptsächlich von Silber) unter die Grenzbewohner des Rheins und der Donau gebracht: aber die ferneren Stämme waren mit dem Gebrauch des Geldes durchaus unbekannt, trieben ihren beschränkten Handel mittelst Austausches der Waren, und schätzten ihre rohen irdenen Geschirre den silbernen Vasen gleich, welche Rom ihren Fürsten und Gesandten zum Geschenk gemacht hatte. Wer des Nachdenkens fähig ist, erfährt durch diese leitenden Tatsachen mehr, als durch eine langwierige Aufzählung untergeordneter Umstände. Der Wert des Geldes ist durch allgemeine Übereinstimmung angenommen worden, um unsere Bedürfnisse und unser Eigentum vorzustellen, gleichwie die Buchstaben erfunden wurden, um unsere Ideen auszudrücken; und indem diese beiden Einrichtungen den Fähigkeiten und Leidenschaften eine regere Tätigkeit gaben, trugen sie zur Vervielfachung der Gegenstände bei, welche sie vorzustellen bestimmt sind. Der Gebrauch des Goldes und Silbers ist in hohem Grad künstlich; aber unmöglich wäre es, alle die wichtigen und verschiedenartigen Dienste aufzuzählen, welche das Eisen, nachdem es durch die Operation des Feuers und die kundige Hand des Menschen gehärtet und verarbeitet worden ist, dem Ackerbau, allen Gewerben und Künsten geleistet hat. Kurz, das Geld ist die allgemeinste Ermunterung, das Eisen das mächtigste Werkzeug des menschlichen Fleißes; und es ist sehr schwer zu begreifen, durch welche Mittel ein Volk, auf welches weder jenes Einfluß hat, noch das durch dieses unterstützt wird, sich über die gröbste Barbarei sollte erheben können.

Wenn man in was immer für einem Teil der Welt ein wildes Volk betrachtet, so wird man finden, daß sorglose Trägheit und Unbekümmertheit um die Zukunft dessen Hauptcharakter ausmache. In einem zivilisierten Staat wird jede menschliche Fähigkeit erweitert und geübt: das große Band der gegenseitigen Abhängigkeit vereinigt und umschlingt die verschiedenen Mitglieder der Gesellschaft. Der zahlreichste Teil derselben ist mit beständigen und nützlichen Arbeiten beschäftigt. Jene wenigen Auserwählten, welche das Glück über die Dürftigkeit erhoben hat, vermögen ihre Zeit durch die Bestrebungen des Interesses oder Ruhmes, durch Vervollkommnung ihrer Ländereien oder ihres Geistes, sowie durch die Pflichten, Freuden, ja selbst Torheiten des geselligen Lebens auszufüllen. Die Deutschen aber besaßen diese vielfachen Hilfsmittel nicht. Die Sorge für Haus und Familie, für Ackerbau und Viehzucht blieb den Alten und Schwachen, den Weibern und Sklaven überlassen. Der müßige Krieger, welchem es an jeder Kunst fehlte, womit er seine unbeschäftigten Stunden ausfüllen konnte, verbrachte seine Tage und Nächte in den tierischen Befriedigungen des Schlafens und Essens. Und doch sind infolge eines mächtigen Gegensatzes der Natur (wie ein Schriftsteller bemerkt, der in ihre dunkelsten Geheimnisse eingedrungen ist) dieselben Barbaren abwechselnd die trägsten und die tätigsten aller Menschen. Obschon sie Faulheit lieben, verabscheuen sie doch Ruhe. Ihre matte, von der eigenen Schwerfälligkeit gedrückte Seele strebt gierig nach irgendeiner neuen und mächtigen Aufregung, und Krieg und Gefahr sind die einzigen, ihrem wilden Temperament angemessenen Vergnügungen. Das Schmettern der Trompete, welches den Deutschen zu den Waffen rief, klang seinem Ohr angenehm. Es weckte ihn aus drückender Lethargie, gab ihm eine tätige Richtung und stellte in ihm durch starke Körperanstrengung und heftige Gemütsbewegungen ein lebhafteres Gefühl seines Daseins her. In den dumpfen Zwischenräumen des Friedens waren diese Barbaren leidenschaftlich hohem Spiel und unmäßigem Trunk ergeben, was beides sie, jenes durch Entflammung ihrer Leidenschaften, dieses durch Betäubung ihrer Vernunft, auf gleiche Weise der Mühe des Denkens überhob. Sie setzten einen Ruhm darein, ganze Tage und Nächte bei Tafel zu bleiben, und nicht selten befleckte Blut von Verwandten und Freunden diese zahlreichen Trinkgelage. Ihre Ehrenschulden (denn als solche sahen sie die im Spiel gemachten an) bezahlten sie mit der romantischsten Treue. Der verzweifelte Spieler, welcher seine Person und seine Freiheit auf den letzten Würfelwurf gesetzt hatte, unterwarf sich geduldig der Entscheidung des Glücks und ließ sich durch seinen schwächeren aber glücklichen Gegner binden, züchtigen und in ferne Sklaverei verkaufen.

Ein starkes Bier, das ohne Kunst aus Weizen oder Gerste gezogen und (wie Tacitus' kräftiger Ausdruck lautet) zu einer Ähnlichkeit von Wein *verderbt* wurde, reichte für die groben Zwecke deutscher Völlerei hin. Diejenigen aber, welche die reichen Weine Italiens und später die Galliens gekostet hatten, seufzten nach dieser angenehmeren Art der Trunkenheit. Sie versuchten jedoch nicht (wie dies später mit so vielem Erfolg geschehen ist), den Weinbau an den Ufern des Rheins und der Donau zu naturalisieren; noch weniger strebten sie, sich durch Fleiß die Materialien eines vorteilhaften Handels zu verschaffen. Durch Arbeit erwerben, was durch die Waffen geraubt werden konnte, hielt der Deutsche seiner unwürdig. Der unmäßige Hang nach starken Getränken trieb diese Barbaren oft zu Einfällen in die Provinzen, welche die Kunst oder die Natur mit diesen so beneideten Erzeugnissen beschenkt hatte. Jener Toskaner, welcher sein Vaterland den keltischen Nationen verriet, lockte sie durch die Hoffnung auf reiche Früchte und köstliche Weine, die Produkte eines glücklicheren Klimas, nach Italien. Und auf dieselbe Weise verführte das Versprechen reicher Quartiere in der Champagne und in Burgund die deutschen Hilfstruppen, welche während der bürgerlichen Kriege des 16. Jahrhunderts nach Frankreich eingeladen wurden. Völlerei, das unterste, wenn auch nicht gefährlichste *unserer* Laster, vermochte in einem minder zivilisierten Zustand des Menschengeschlechts zuweilen eine Schlacht, einen Krieg oder eine Revolution zu veranlassen.

Das Klima des alten Deutschlands ist durch die Arbeit von zehn Jahrhunderten seit der Zeit Karls des Großen milder und sein Boden fruchtbarer gemacht worden. Dieselbe Landstrecke, welche jetzt eine Million von Landwirten und Handwerkern in Gemächlichkeit und Überfluß nährt, reichte nicht hin, um hunderttausend müßige Krieger mit den ersten Lebensbedürfnissen zu versorgen. Die Deutschen widmeten ihre unermeßlichen Wälder der Jagd, verwandten den beträchtlichsten Teil ihrer Ländereien zur Weide, ließen dem kleinen Überrest eine rohe und sorglose Kultur angedeihen, und klagten dann die Kargheit und Unfruchtbarkeit eines Landes an, welches die Menge seiner Einwohner nicht zu erhalten vermöge. Wenn die Wiederkehr der Hungersnot sie ernstlich an die Wichtigkeit der Gewerbe mahnt, wurde das Elend des Volkes zuweilen durch die Auswanderung eines Viertels, vielleicht sogar eines Dritteiles seiner Jugend erleichtert. Besitz und Genuß des Eigentums sind die Pfänder, welche ein zivilisiertes Volk an ein wohlkultiviertes Land binden. Aber die Deutschen, welche ihre wertvollsten Güter, ihre Waffen, Herden und Frauen mit sich führten, vertauschten freudig das Schweigen ihrer unermeßlichen Wälder für die unbegrenzte Hoffnung auf Beute und Eroberung. Die unzählbaren Schwärme, welche aus dem großen Vorratshaus der Nationen hervorgingen, oder hervorzugehen schienen, wurden durch die Furcht der Besiegten und die Leichtgläubigkeit der folgenden Jahrhunderte vervielfältigt. Und aus so übertriebenen Tatsachen bildete sich allmählich die Meinung, ja ist sogar von Schriftstellern von ausgezeichnetem Ruf wiederholt worden, daß zur Zeit des Cäsars und Tacitus die Bewohner des Nordens viel zahlreicher gewesen wären, als in unsern Tagen. Eine gründlichere Untersuchung der Ursachen der Bevölkerung hat die neueren Philosophen von der Falschheit, ja Unmöglichkeit dieser Voraussetzung überzeugt. Den Namen Mariana und Macchiavel können wir die gleichen Namen Robertson und Hume entgegensetzen.

Eine kriegerische Nation wie die Deutschen, ohne Städte, Schrift, Gewerbe und Geld, fand für diesen rohen Zustand wenigstens einigen Ersatz im Genuß der Freiheit. Armut sicherte ihnen Unabhängigkeit, denn die Begierden und Besitzungen der Menschen sind die stärksten Fesseln des Despotismus. »Unter den Suiones (sagt Tacitus) werden Reichtümer in Ehren gehalten. Sie sind *daher* einem unumschränkten Monarchen untertänig, welcher, statt dem Volk den freien Gebrauch der Waffen zu gestatten, wie dies im übrigen Deutschland der Fall ist, sie der höheren Obhut nicht eines Bürgers, ja nicht einmal eines Freigelassenen, sondern eines Sklaven anvertraut. Die Nachbarn der Suiones, die Sitones, sind selbst noch unter diese Knechtschaft gesunken; sie gehorchen einem Weib.« Durch die Erwähnung dieser Ausnahmen erkennt der große Geschichtsschreiber die allgemeine Theorie der Regierung genügend an. Wir vermögen nur nicht zu fassen, durch welche Mittel Reichtümer und Despotismus in jenen fernen Winkel der Erde zu dringen und die hochherzige Flamme auszulöschen vermochten, welche mit solcher Macht an den Grenzen der römischen Provinz brannte; oder wie die Ahnen jener Dänen und Norweger, die sich in späteren Zeiten durch ihren unbezwinglichen Mut so sehr auszeichneten, den großen Charakter der deutschen Freiheit mit solcher Zahmheit aufgeben konnten. Einige Stämme an der Küste der Ostsee erkannten allerdings die Autorität von Königen an, ohne jedoch ihre Rechte als Menschen aufzugeben; aber in dem bei weitem größeren Teil von Deutschland war die Regierungsform eine demokratische, welche weniger durch allgemeine und positive Gesetze, als vielmehr durch das gelegentliche Übergewicht der Geburt und Tapferkeit, der Beredsamkeit und des Aberglaubens gemildert und kontrolliert wurde.

Jeder Staat in seinem Uranfang ist eine freiwillige Vereinigung zu gegenseitiger Verteidigung. Um den gewünschten Zweck zu erreichen, ist es durchaus notwendig, daß jedes Individuum seine besondern Meinungen und Handlungen dem Urteil der Mehrzahl seiner Genossen unterordne. Mit diesem rohen aber liberalen Umrisse der politischen Gesellschaft waren die deutschen Stämme zufrieden. Sobald ein von freien Eltern geborner Jüngling das Alter der Männlichkeit erreicht hatte, wurde er in die allgemeine Versammlung seiner Stammesgenossen eingeführt, feierlich mit Schild und Schwert umgürtet und als ein gleiches und würdiges Mitglied der militärischen Republik aufgenommen. Die Versammlung der Krieger eines Stammes wurde zu festgesetzten Zeiten, sowie bei dringenden und plötzlichen Ereignissen zusammenberufen. Durch ihre unabhängige Stimme wurde das Urteil über öffentliche Verbrechen, die Wahl der Obrigkeiten und die große Frage über Krieg und Frieden entschieden. Zuweilen wurden allerdings diese wichtigen Angelegenheiten vorläufig in Erwägung gezogen und in einem auserwählteren Rat der vorzüglichsten Häuptlinge vorbereitet. Die Obrigkeiten mochten beraten und überreden, nur das Volk konnte beschließen und vollstrecken, und die Beschlüsse der Deutschen waren größtenteils hastig und gewalttätig. Die Barbaren, gewohnt, ihre Freiheit in Befriedigung gegenwärtiger Leidenschaft und ihren Mut in Unberücksichtigung aller Folgen zu setzen, wandten sich mit Entrüstung von Ratschlägen der Gerechtigkeit und Politik ab, und es war Sitte, ihr Mißvergnügen über solche schüchterne Reden durch dumpfes Gemurmel zu äußern. So oft aber ein beliebter Redner vorschlug, ein dem geringsten Genossen daheim oder im Ausland widerfahrenes Unrecht zu rächen, so oft er seine Vaterlandsgenossen aufrief, die Nationalehre zu behaupten, oder irgendein Unternehmen voll Gefahr und Ruhm zu beginnen, drückte lautes Geklirre mit Schwertern und Schildern den feurigen Beifall der Versammlung aus. Denn die Deutschen versammelten sich nie anders als bewaffnet, und es war stets zu befürchten, daß die ungeregelte, durch Parteisucht und starke Getränke entflammte Menge diese Waffen ebensowohl gebrauche, ihre wütenden Beschlüsse durchzusetzen, als sie auszuführen. Wir dürfen uns nur erinnern, wie oft die polnischen Reichstage mit Blut befleckt und die zahlreichere Partei gezwungen worden ist, der gewaltthätigern und aufrührerischen zu weichen.

Ein Feldherr des Stammes wurde in Fällen der Gefahr gewählt, war aber letztere dringend und ausgedehnt, wirkten mehrere Stämme zur Wahl desselben zusammen. Der tapferste Krieger wurde ernannt, um seine Vaterlandsgenossen im Felde mehr durch Beispiel als durch Befehle anzuführen. So beschränkt aber auch seine Macht war, erregte sie doch Eifersucht. Daher hörte sie mit dem Kriege auf, und die deutschen Stämme erkannten zur Zeit des Friedens kein Oberhaupt. Fürsten wurden jedoch in der allgemeinen Versammlung ernannt, um in ihren verschiedenen Bezirken die Gerechtigkeit zu verwalten, oder vielmehr die Streitigkeiten auszugleichen. In der Wahl dieser Obrigkeiten wurde der Geburt ebensoviele Rücksicht gezollt wie dem Verdienst. Jedem war vom Volk eine Leibwache und ein Rat von 100 Personen beigegeben; und der erste dieser Fürsten muß wohl an Würde und Ehre einen Vorrang vor den übrigen gehabt haben, weil sich die Römer zuweilen verleiten ließen, ihn mit dem königlichen Titel zu begrüßen.

Die Vergleichung der Macht der Obrigkeiten in zwei merkwürdigen Fällen reicht allein hin, um das ganze System des deutschen Wesens kennenzulernen. Die Verfügung über das Grundeigentum in ihren Distrikten stand ihnen unumschränkt zu, und sie verteilten es jedes Jahr nach einer neuen Einteilung. Zu gleicher Zeit hatten sie aber kein Recht, einen Bürger mit dem Tod zu bestrafen, einzukerkern oder zu schlagen. Ein auf die Person so eifersüchtiges und um den Besitz so unbekümmertes Volk muß aller Industrie und Gewerbe gänzlich bar aber von hohem Ehr- und Unabhängigkeitsgefühl belebt gewesen sein.

Die Deutschen achteten nur diejenigen Verpflichtungen, welche sie sich selbst auferlegt hatten. Der geringste Krieger widerstand den Obrigkeiten voll Verachtung. »Die edelsten Jünglinge aber erröten nicht, zu den treuen Gefährten irgendeines berühmten Häuptlings zu gehören, welchem sie ihre Waffen und ihre Dienste widmeten. Diese Genossen beseelte der edle Wetteifer, den ersten Platz in der Achtung ihres Anführers zu erringen, die Häuptlinge, die größte Anzahl tapferer Gefährten zu bekommen. Stets von einer Schar treuer Jünglinge umgeben sein, war ihr Stolz und ihre Macht, ihr Schmuck im Frieden, ihre Wehr im Kriege. Der Ruhm solcher ausgezeichneten Helden verbreitete sich über die engen Grenzen ihres eigenen Stammes. Geschenke und Botschaften warben um ihre Freundschaft, und der Ruf ihrer Waffen sicherte häufig der Partei, auf deren Seite sie traten, den Sieg. Es war für den Häuptling schmachvoll, in der Stunde der Gefahr von seinen Genossen an Tapferkeit übertroffen zu werden, und schmachvoll für die Letzteren, ihm es nicht gleichzutun. Seinen Fall in der Schlacht überleben war unauslöschliche Schande. Seine Person schützen und seinen Ruhm mit den Trophäen ihrer eigenen Taten schmücken, galt für die heiligste ihrer Pflichten. Die Häuptlinge kämpften für den Sieg, die Genossen für den Häuptling. So oft ihr Vaterland in der Trägheit des Friedens versunken war, hielten die edelsten Krieger ihre zahlreichen Scharen auf irgendeinem fernen Schauplatze des Krieges, um ihren rastlosen Geist zu beschäftigen und durch freiwillige Gefahren Ruhm zu erwerben. Geschenke, eines Kriegers würdig, das Schlachtroß, die blutige, stets siegreiche Lanze, waren die Belohnungen, welche die Genossen von der Freigebigkeit ihres Anführers erwarteten. Der rohe Überfluß seines gastfreien Tisches war der einzige Sold, den er geben konnte, sie annehmen mochten. Krieg, Raub und freiwillige Gaben seiner Freunde verschafften ihm die Mittel zu dieser Freigebigkeit.« Wie sehr auch diese Einrichtung gelegentlich die einzelnen Republiken schwächen mochte, kräftigte sie doch den allgemeinen Charakter der Deutschen und brachte unter ihnen alle Tugenden zur Reife, deren Barbaren fähig sind, Treue und Tapferkeit, Gastfreundschaft und Courtoisie, welche noch lange nachher in den Jahrhunderten des Rittertums glänzten. Die Ehrengeschenke, welche der Häuptling seinen tapferen Gefährten gab, sind von einem scharfsinnigen Schriftsteller so angesehen worden, als enthielten sie die ersten Anfangsgründe der Lehen, wie sie später nach der Eroberung der römischen Provinzen von den Fürsten der Barbaren unter ihre Vasallen verteilt wurden, und mit einer ähnlichen Pflicht der Treue und des Kriegsdienstes. Bedingungen der Art widersprechen jedoch den Grundsätzen der alten Deutschen wesentlich; denn sie fanden Freude an gegenseitigen Geschenken, ohne damit die Last einer Verpflichtung anzunehmen oder aufzulegen.

»In den Zeiten des Rittertums oder eigentlicher der Abenteuer waren alle Männer tapfer und alle Frauen keusch«, und obschon die letztere dieser Tugenden viel schwerer erworben und bewahrt wird als die erstere, wird sie doch fast ohne Ausnahme den Frauen der alten Deutschen zugeschrieben. Vielweiberei war nicht üblich außer bei den Fürsten und auch da nur, um ihre Bündnisse zu vervielfältigen. Ehescheidungen waren mehr durch die Sitten als durch Gesetze verboten. Dagegen wurden Ehebrüche als seltene und unsühnbare Verbrechen bestraft und die Verführung war weder durch Beispiel noch Mode gerechtfertigt. Man merkt leicht, daß Tacitus im Gegensatz der barbarischen Tugend zur ausschweifenden Aufführung der römischen Frauen ein ehrenhaftes Vergnügen fand: indessen gibt es doch mehrere entscheidende Umstände, welche der ehelichen Treue und der deutschen Keuschheit den Anstrich der Wahrheit oder wenigstens Wahrscheinlichkeit verleihen.

Obschon die Fortschritte der Zivilisation unbezweifelbar beigetragen haben, die wilderen Leidenschaften der menschlichen Natur zu bändigen, scheint sie doch der Tugend der Keuschheit, deren gefährlichster Feind Weichheit des Gemütes ist, weniger günstig gewesen zu sein. Die Verfeinerung des Lebens verdirbt den Verkehr zwischen beiden Geschlechtern, indem sie ihn glättet. Die sinnliche Gier der Liebe wird umso gefährlicher, wenn sie zur sentimentalen Leidenschaft erhoben oder vielmehr darunter verschleiert wird. Die Eleganz der Kleidung, Bewegungen und des Benehmens verleiht der Schönheit Glanz und entflammt die Sinne durch die Phantasie. Üppige Gastmahle, mitternächtige Tänze und zweideutige Schauspiele führen die weibliche Gebrechlichkeit zugleich in Versuchung und geben ihr Gelegenheit. Vor solchen Gefahren waren die ungebildeten Frauen der Barbaren durch Armut, Einsamkeit und die schweren Sorgen eines häuslichen Lebens gesichert. Die deutschen Hütten, welche den Blicken der Neugier und Eifersucht von allen Seiten offen standen, waren eine bessere Schutzwehr der ehelichen Treue als Mauern, Riegel und Eunuchen eines persischen Harems. Zu diesem Grund kommt noch ein zweiter von ehrenhafterer Natur. Die Deutschen behandelten ihre Frauen mit Hochachtung und Vertrauen, zogen sie bei jeder wichtigen Angelegenheit zu Rate, und glaubten ernstlich, daß in ihrer Brust mehr als menschliche Heiligkeit und Weisheit wohne. Einige dieser Dolmetscher des Schicksals, wie Velleda im batavischen Krieg, regierten im Namen der Gottheit die grimmigsten Nationen Deutschlands. Die übrigen Frauen wurden zwar nicht als Göttinnen angebetet, aber als freie und gleiche Gefährten der Krieger geachtet, ihnen durch das eheliche Bündnis zu einem Leben voll Mühe, Gefahr und Ruhm beigesellt. Bei den großen kriegerischen Einfällen der Barbaren waren ihre Lager mit einer Schar von Frauen angefüllt, welche standhaft und unerschrocken blieben inmitten des Getöses der Waffen, aller Arten der Zerstörung und der ehrenvollen Wunden ihrer Söhne und Gatten. Mehr als einmal wurden weichende Heere der Deutschen durch die hochherzige Verzweiflung der Weiber, welche die Sklaverei mehr fürchteten als den Tod, wieder gegen den Feind getrieben. War der Tag unwiederbringlich verloren, dann verstanden sie es gar wohl, sich und ihre Kinder mit eigenen Händen vor Schmachantuung des Siegers zu retten. Heldinnen solcher Art mögen unsere Bewunderung in Anspruch nehmen, waren aber ganz gewiß weder liebenswürdig, noch für Liebe sehr empfänglich. Indem sie sich den strengen Charakter des *Mannes* anzueignen suchten, mußten sie auf jene anziehende Sanftmut Verzicht leisten, worin hauptsächlich der Reiz und die Schwäche des *Weibes* bestehen. Selbstbewußter Stolz lehrte die deutschen Frauen jede zarte Regung unterdrücken welche mit der Ehre im Widerspruche stand, und die höchste Ehre des weiblichen Geschlechts ist stets die der Keuschheit gewesen. Die Gesinnungen und Taten dieser hochherzigen Matronen können zu gleicher Zeit als Ursache, als Wirkung und als Beweis des allgemeinen Charakters der Nation angesehen werden. Weiblicher Mut, wie sehr auch durch Fanatismus erhöht oder durch Gewohnheit gekräftigt, kann immer nur eine schwache und unvollkommene Nachahmung der männlichen Tapferkeit sein, welche das Jahrhundert oder Land auszeichnet, wo jener gefunden wird.

Das religiöse System der Deutschen (wenn man den abenteuerlichen Meinungen Wilder diesen Namen beilegen darf) war die Folge ihrer Bedürfnisse, Besorgnisse und Unwissenheit. Sie beteten die großen sichtbaren Gegenstände und Kräfte der Natur an, Mond und Sonne, Feuer und Erde, samt jenen eingebildeten Gottheiten, von denen man wähnte, daß sie den wichtigsten Beschäftigungen des menschlichen Lebens vorstünden. Sie glaubten, daß sie durch einige lächerliche Divinationsarten den Willen der überirdischen Wesen zu entdecken vermochten und daß Menschenopfer die köstlichsten und willkommensten Gaben auf deren Altären wären. Man hat den erhabenen Begriff dieses Volkes von der Gottheit, welche es allerdings weder auf die Mauern eines Tempels beschränkte, noch unter einem menschlichen Bild darstellte, voreilig gerühmt; wenn man jedoch bedenkt, daß die Deutschen in der Architektur unerfahren und mit der Skulptur gänzlich unbekannt waren, kann man leicht den eigentlichen Grund eines Skrupels angeben, welcher nicht sowohl aus Überlegenheit der Vernunft als aus Mangel an Geschicklichkeit entstand. Die einzigen Tempel in Deutschland waren finstere und alte Haine, heilig durch die Ehrfurcht einer langen Reihe von Geschlechtern. Ihr geheimnisvolles Dunkel, der erträumte Wohnsitz einer überirdischen Gewalt, erfüllte, indem es keinen bestimmten Gegenstand der Furcht oder Anbetung darbot, das Gemüt mit einem nur umso tieferen Gefühl religiösen Schauders; und die Priester, wie roh und ungebildet sie auch waren, hatten doch durch Erfahrung den Gebrauch jeder List erlernt, welche diese, ihrem Interesse so sehr zusagenden Eindrucke bewahren und kräftigen konnte.

Dieselbe Unwissenheit, welche die Barbaren unfähig macht, den nützlichen Zwang der Gesetze zu begreifen oder anzunehmen, setzt sie nackt und wehrlos den blinden Schrecken des Aberglaubens aus. Die deutschen Priester hatten diesen günstigen Hang ihrer Landsleute benutzt und sich sogar in weltlichen Angelegenheiten eine Gerichtsbarkeit angemaßt, welche die eigentliche Obrigkeit nicht auszuüben wagen durfte. Der stolze Krieger unterwarf sich geduldig der Züchtigung der Geißel, wenn sie ihm nicht durch menschliche Gewalt, sondern auf unmittelbaren Befehl des Kriegsgottes zuerkannt wurde. Die Mängel der bürgerlichen Gewalt erhielten zuweilen durch Dazwischenkunft der kirchlichen Macht Ersatz. Letztere wurde beständig ausgeübt, um Stille und Anstand in den Volksversammlungen zu erhalten, zuweilen aber auch auf größere Zwecke der Nationalwohlfahrt ausgedehnt. Ein feierlicher Zug erregte von Zeit zu Zeit im heutigen Mecklenburg und Pommern Andacht. Das unbekannte Symbol der Erde, mit einem dichten Schleier verhüllt, stand auf einem von Kühen gezogenen Wagen, auf welche Weise die Gottheit, deren gewöhnliche Residenz die Insel Rügen war, verschiedene angrenzende Stämme ihrer Verehrer besuchte. Während ihres Zuges schwieg der Lärm des Krieges, die Kämpfe wurden eingestellt, die Waffen beiseite gelegt und die rastlosen Deutschen hatten eine Gelegenheit, die Segnungen des Friedens und der Eintracht zu kosten. Der *Gottesfriede,* so oft und so unwirksam von dem Klerus des 11. Jahrhunderts verkündet, mag ohne Zweifel eine Nachahmung dieses alten Gebrauches gewesen sein.

Der Einfluß der Religion war jedoch weit mächtiger, um die wilden Leidenschaften der Deutschen zu entflammen, als um sie zu mäßigen. Interesse und Fanatismus gaben oft ihren Priestern ein, die verwegensten und unrechtesten Unternehmungen durch Beistimmung des Himmels und dreiste Versicherung des Sieges zu heiligen. Die geweihten, in den Hainen des Aberglaubens seit uralter Zeit verehrten Standarten wurden vor die Schlachtordnung gestellt und das feindliche Heer durch schreckliche Verschwörungen den Göttern des Krieges und Donners geweiht. Nach dem Glauben der Krieger (und das waren die Deutschen) ist Feigheit die unverzeihlichste aller Sünden. Nur ein tapferer Mann war der würdige Günstling ihrer kriegerischen Gottheiten, und der Unglückliche, der sein Schild verloren hatte, blieb ebenso wohl von den religiösen als den politischen Versammlungen seiner Vaterlandsgenossen verbannt. Einige der nordischen Stämme schienen der Lehre der Seelenwanderung anzuhängen, andere ersannen ein grobsinniges Paradies unsterblicher Betrunkenheit. Alle aber stimmten darin überein, daß ein unter den Waffen verbrachtes Leben und ein glorreicher Tod in der Schlacht die besten Zubereitungen für eine glückliche Zukunft, entweder in dieser oder in einer andern Welt wären.

Die durch die Priester so eitel versprochene Unsterblichkeit wurde in gewissem Grade von den Barden erteilt. Diese
seltsame Menschenklasse hat verdienter Weise die Aufmerksamkeit aller derjenigen auf sich gezogen, welche es versucht
haben, die Altertümer der Kelten, Skandinavier und Deutschen zu erforschen. Ihr Geist und Charakter, so wie die Ehrfurcht, welche ihrem wichtigen Amt gezollt wurde, ist hinlänglich erläutert worden. Aber nicht so leicht kann man den
kriegerischen und ruhmgierigen Enthusiasmus ausdrücken
oder auch nur denken, welchen sie in der Brust ihrer Zuhörer
zu entzünden verstanden. Unter einem gebildeten Volk ist
Geschmack an Poesie mehr Vergnügen der Phantasie, als
Leidenschaft der Seele. Und doch werden wir, wenn wir in
ruhiger Einsamkeit die Kämpfe lesen, welche Homer und
Tasso beschreiben, unmerklich durch die Dichtung verführt
und empfinden eine augenblickliche Glut kriegerischer Lust.
Aber wie schwach, wie kalt ist das Gefühl, welches ein fried-
fertiges Gemüt aus einer einsamen Lektüre der Art schöpfen
kann! In der Stunde der Schlacht oder beim Schmaus des Sieges war es, wo die Barden den Ruhm der Helden der alten
Tage, der Vorfahren jener kriegerischen Häuptlinge feierten,
welche mit Entzücken ihren kunstlosen aber leidenschaftlichen Hymnen horchten. Der Anblick der Waffen und Gefahr erhöhte die Wirkung des kriegerischen Gesanges, und
die Leidenschaften, welche er zu entflammen strebte, Ruhm-
durst und Todesverachtung, waren die gewöhnlichen Empfindungen eines deutschen Herzens.

Das war die Lage, das waren die Sitten der alten Deutschen. Klima, Mangel an Kenntnissen, Künsten und Gesetzen, ihre Begriffe von Ehre, Galanterie und Religion, ihr
Freiheitssinn, Friedenshaß und Unternehmungsdurst, alles
trug dazu bei, um ein Volk kriegerischer Helden zu bilden.
Und doch finden wir, daß diese furchtbaren Barbaren in den
250 Jahren, welche von der Niederlage des Varus bis zur Regierung des Decius verflossen, nur wenige beträchtliche Versuche und nicht einen wesentlichen Eindruck auf die üppigen
und in Fesseln geschmiedeten Provinzen des Reiches hervor-
brachten. Ihre Fortschritte wurden durch Mangel an Waffen

und Disziplin gehemmt, ihre Wut durch die inneren Zwiste des alten Deutschlands abgelenkt.

Es ist mit Scharfsinn und nicht ohne Grund behauptet worden, daß eine Nation, welche über Eisen gebietet, bald auch Gold zu ihrem Gebot hat. Aber die rohen Stämme Deutschlands, welchen es an beiden dieser wertvollen Metalle gleich stark fehlte, waren darauf beschränkt, durch ununterstützte Stärke langsam das Eine wie das Andere zu erwerben. Das Aussehen eines deutschen Heeres verriet sogleich dessen Mangel an Eisen. Schwerter und die längeren Arten von Lanzen konnten sie selten gebrauchen. Ihre Frameae (wie sie dieselben in ihrer eigenen Sprache nannten) waren lange, mit einer scharfen, oben schmalen Eisenspitze versehene Speere, welche sie, so wie es die Gelegenheit erforderte, entweder aus der Ferne schleuderten oder mit ihnen zum geschlossenen Angriff daherstürmten. Mit diesem Speer und einem Schild begnügte sich die Reiterei. Eine unzählige Menge von Pfeilen, mit unglaublicher Kraft verstreut, gaben der Infanterie ein Streitmittel mehr. Ihr Kriegsgewand, wenn sie ja ein solches trugen, bestand bloß aus einem weiten Mantel. Verschiedene Färbung war die einzige Verzierung ihrer Schilde aus Holz oder Weidengeflecht. Nur wenige der Anführer zeichneten sich durch Panzer, kaum Einer durch einen Helm aus. Obschon die deutschen Pferde weder schön, noch schnell, noch in den künstlichen Evolutionen der römischen Reitkunst geübt waren, erwarben doch mehrere Stämme durch ihre Reiterei Ruhm: die Hauptstärke der Deutschen bestand aber gewöhnlich in ihrer Infanterie, in mehreren tiefen Kolonnen, je nach den Stämmen und Familien, aufgestellt. Feind alles Zwanges und Verzuges, stürzten diese halbbewaffneten Krieger mit furchtbarem Geschrei und ohne Ordnung in die Schlacht, und trugen oft durch ihre angeborene Tapferkeit den Sieg über die zusammengehaltene und künstliche Bravour der römischen Söldlinge davon. Da aber die Barbaren bis auf den letzten Mann anstürmten, verstanden sie sich nachher weder auf Sammlung noch auf Rückzug. Wurde der Angriff abgeschlagen, so war die Niederlage gewiß, und diese kam in der

Regel der völligen Vernichtung gleich. Wenn wir die vollständige Bewaffnung der römischen Soldaten, ihre Disziplin, Übungen, Manöver, befestigten Lager und Kriegsmaschinen bedenken, staunen wir mit Recht, wie es die nackte und ununterstützte Tapferkeit der Barbaren wagen konnte, im Feld der Stärke der Legionen zu begegnen und den verschiedenen Scharen von Hilfsvölkern, welche ihre Bewegungen unterstützten. Der Kampf war nur allzu ungleich, bis das Einreißen der Üppigkeit die Kraft der römischen Heere geschwächt und der Geist des Ungehorsams und Aufruhrs ihre Disziplin gebrochen hatte. Die Aufnahme barbarischer Hilfstruppen in diese Heere war eine mit augenfälliger Gefahr verbundene Maßregel, indem sie die Deutschen allmählich in die Künste des Krieges und der Politik einweihen mochte. Obschon sie nur in kleiner Anzahl und mit der strengsten Vorsicht aufgenommen wurden, mußte doch das Beispiel des Civilis die Römer überzeugen, daß die Gefahr weder in der Einbildung bestand, noch daß ihre Vorsichtsmaßregeln stets genügten. Während der Bürgerkriege, die auf den Tod Neros folgten, faßte jener listige und unerschrockene Bataver, den seine Feinde sich herabließen mit Hannibal und Sertorius zu vergleichen, einen großen Plan der Freiheit und des Ehrgeizes. Acht batavische Kohorten, in den Kriegen von Britannien und Italien berühmt geworden, reihten sich unter seine Fahnen. Er führte ein Heer Deutscher nach Gallien, vermochte die mächtigen Städte Trier und Langres seine Partei zu ergreifen, schlug die Legionen, zerstörte ihre befestigten Lager und gebrauchte gegen die Römer jene Kriegskunst, welche er in ihrem Dienst erlernt hatte. Als Civilis endlich nach einem hartnäckigen Kampf der Macht des Reiches weichen mußte, sicherte er sich und sein Vaterland durch einen ehrenvollen Vertrag. Die Bataver bewohnten fortwährend die vom Rhein gebildeten Inseln, aber als Bundesgenossen, nicht als Untertanen der römischen Monarchie.

Die Macht des alten Deutschlands erscheint furchtbar, wenn man die Wirkungen bedenkt, welche durch ihre Vereinigung hervorgebracht werden konnten. Der weite Umfang des Landes enthielt aller Wahrscheinlichkeit nach eine

Million Krieger, in dem Alter Waffen zu tragen, und in der Stimmung, von ihnen Gebrauch zu machen. Aber diese rohe Menge, weder fähig einen Plan für nationale Größe zu ersinnen, noch ihn auszuführen, wurde durch entgegengesetzte und oft feindliche Gesinnungen zerrissen. Deutschland war in mehr als 40 unabhängige Staaten geteilt und in jedem derselben blieb die Vereinigung der verschiedenen Stämme äußerst locker und unsicher. Die Barbaren waren leicht zu reizen; sie verstanden es nicht, ein Unrecht, viel weniger eine Beschimpfung zu verzeihen. Die zufälligen Zänkereien, welche so häufig bei ihren tumultuarischen Trinkgelagen oder Jagdpartien entstanden, reichten hin, um ganze Völker zu entflammen, und die Privatfehden einiger angesehener Häuptlinge verbreiteten sich auf ihre Anhänger und Verbündeten. Übermütige züchtigen und Unverteidigte berauben, galten auf gleiche Weise als Gründe zum Krieg. Die furchtbarsten Staaten Deutschlands strebten darnach, ihr Gebiet mit einer weiten Grenze von Öde und Wüstenei zu umgeben. Die schüchterne Entfernung, in welcher sich ihre Nachbarn hielten, bewiesen den Schrecken ihrer Waffen und schützten sie gewissermaßen vor unvermuteten Einfällen.

»Die Brukterer (Tacitus spricht) wurden gänzlich von den benachbarten Stämmen ausgerottet, welche durch ihren Übermut herausgefordert, durch Hoffnung auf Beute angelockt und vielleicht durch die Schutzgötter des Reiches inspiriert worden waren. Über sechzigtausend Barbaren wurden vernichtet, nicht durch die römischen Waffen, aber vor unseren Augen, zu unserer Freude. Möchten die Nationen, welche Roms Feinde sind, stets untereinander eine gleiche Feindschaft bewahren! Wir haben den höchsten Gipfel des Glückes erreicht und nichts bleibt uns übrig vom Glück zu erbitten als die Fortdauer der Zwietracht unter diesen Barbaren.« Diese Gesinnungen, welche weniger der Menschlichkeit als dem Patriotismus des Tacitus zur Ehre gereichen, drücken die unabänderlichen Maximen der Politik seiner Landsleute aus. Sie hielten es für besser, diese Barbaren, durch deren Niederlage sie weder Ehre noch Vorteil gewinnen konnten, zu entzweien als zu bekämpfen. Das Geld und die

Umtriebe Roms nisteten sich im Herzen von Deutschland ein, und jede Verführungskunst wurde mit Würde angewendet, um jene Nationen, deren Nähe am Rhein oder an der Donau sie zu den nützlichsten Freunden wie zu den lästigsten Feinden machen konnte, sich geneigt zu erhalten. Häuptlingen von Ruhm und Macht schmeichelte man durch die geringfügigsten Geschenke, welche sie entweder als Beweise der Auszeichnung oder zu Werkzeugen der Üppigkeit erhielten. Bei inneren Streitigkeiten suchte der schwächere Teil sein Interesse zu stärken, indem er sich in geheime Verbindungen mit den Statthaltern der Grenzprovinzen einließ. Jeder Zwist der Deutschen wurde durch die Intrigen Roms genährt und jeder Plan, der auf Einigkeit und Nationalwohlfahrt hinarbeitete, durch die stärkeren Leidenschaften der Privateifersucht und des Sonderinteresses vereitelt.

Die allgemeine Verschwörung, welche die Römer unter der Regierung des Markus Antoninus erschreckte, umfaßte fast alle Nationen Deutschlands, ja selbst Sarmatiens, von der Mündung des Rheins bis zu jener der Donau. Es ist für uns unmöglich zu entscheiden, ob dieser plötzliche Bund aus Notwendigkeit, Einsicht oder Leidenschaft geschlossen wurde; gewiß ist nur, daß die Barbaren weder durch die Untätigkeit des römischen Monarchen angelockt, noch durch seinen Ehrgeiz herausgefordert wurden. Dieser gefährliche Krieg nahm die ganze Festigkeit und Wachsamkeit Mark Aurels in Anspruch. Er vertraute geschickten Feldherren den Befehl an den verschiedenen Angriffspunkten und übernahm in Person die Führung des Krieges in der wichtigsten Provinz der oberen Donau. Nach einem langen und zweifelhaften Kampf wurde endlich die Kraft der Barbaren gebrochen und die Quaden und Markomannen, welche den Krieg begonnen hatten, in seiner Katastrophe am härtesten gezüchtigt. Sie mußten sich bis auf fünf Meilen von ihrem eigenen Donauufer zurückziehen und die Blüte ihrer Jugend ausliefern, welche sogleich nach dem fernen Britannien gesendet wurde, wo sie als Geißel blieb und als Krieger Dienste leistete. Infolge der wiederholten Empörungen der Quaden und Markomannen beschloß der erbitterte Kaiser, ihr Land als Provinz zu unterwerfen. Der Tod vereitelte seine Absicht. Dieser furchtbare Bund, der einzige, welcher in den zwei ersten Jahrhunderten der Kaisergeschichte erscheint, löste sich jedoch gänzlich auf und hinterließ in Deutschland keine Spuren.

Im Laufe dieses einleitenden Kapitels haben wir uns auf die allgemeinen Umrisse der Sitten Deutschlands beschränkt, ohne es zu versuchen, die verschiedenen Stämme, welche dieses große Land zur Zeit Cäsars, Tacitus' oder Ptolemaeus' bewohnten, zu unterscheiden oder zu beschreiben. Je nachdem die alten oder neuen Stämme in der Reihenfolge dieser Geschichte auftauchen, werden wir ihres Ursprungs, ihrer Lage und ihres besonderen Charakters in Kürze erwähnen. Die neueren Nationen sind feste und bleibende Gesellschaften, unter sich durch Gesetze und Regierung und an ihren heimatlichen Boden durch Gewerbe und Ackerbau gebunden. Die deutschen Stämme waren freiwillige und schwankende Vereinigungen von Kriegern, fast von Wilden. Ein und dasselbe Gebiet wechselte im Laufe der Eroberungen und Auswanderungen häufig seine Bewohner. Indem sich dieselben Gemeinden nach einem neuen Plan zu Verteidigung oder Angriff vereinigten, gaben sie ihrem neuen Bund auch einen neuen Namen. Die Auflösung eines alten Bundes stellte den unabhängigen Stämmen ihren eigentümlichen und längst vergessenen Namen zurück. Ein siegreicher Staat legte dem überwundenen Volke häufig seinen Namen bei. Zuweilen strömten aus allen Gegenden Scharen von Freiwilligen unter die Fahnen eines beliebten Anführers; sein Lager wurde ihr Vaterland und irgendein oder der andere Umstand der Unternehmung lieh bald der gemischten Menge einen gemeinsamen Namen. Die Unterscheidungen der wilden Eindringlinge wechselten häufig unter sich selbst und verwirrten daher die erstaunten Untertanen des römischen Reiches.

Kriege und die Verwaltung der öffentlichen Angelegenheiten bilden den Hauptgegenstand der Geschichte; aber die Zahl der Personen, welche in diesen geschäftigen Szenen beteiligt sind, ist sehr verschieden, je nach den verschiedenen Zuständen des Menschengeschlechtes. In großen Monarchien treiben Millionen gehorsamer Untertanen ihre nützlichen Beschäftigungen in Friede und Dunkelheit. Die Aufmerksamkeit des Schriftstellers wie des Lesers ist lediglich auf den Hof, die Hauptstadt, das Heer und auf jene Distrikte gerichtet, welche gelegentlich der Schauplatz militärischer Operationen waren. Aber ein Zustand der Freiheit und Barbarei, eine Zeit bürgerlicher Erschütterungen oder die Lage kleiner Republiken bringt fast jedes Mitglied der Gemeinde in Tätigkeit, folglich zur Bemerklichkeit. Die regellosen Abteilungen und die rastlosen Bewegungen des deutschen Volkes blenden unsere Phantasie und scheinen ihre Zahl zu vergrößern. Die verschwenderische Aufzählung von Königen und Helden, Herren und Nationen, macht uns leicht geneigt, zu vergessen, daß dieselben Dinge beständig unter einer Menge verschiedener Benennungen wiederholt werden, und daß die glänzendsten Namen häufig an die unbedeutendsten Gegenstände vergeudet worden sind.

Sechstes Kapitel

Die Kaiser Decius, Gallus Aemilian, Valerian
und Gallienus • Allgemeiner Einbruch der Barbaren •
Die dreißig Tyrannen

Von den großen Sekularspielen, welche Philipp feierte, bis
zum Tod des Kaisers Gallienus vergingen zwanzig Jahre der
Schmach und des Unglücks. Während dieser unheilvollen
Periode wurde durch eindringende Barbaren und militärische
Tyrannen jeder Augenblick bezeichnet, jede Provinz der
römischen Welt in Verwirrung gestürzt, und das zerfallende
Reich schien der letzten und verderblichen Stunde seiner
Auflösung entgegen zu eilen. Die Verwirrung der Zeiten und
der Mangel an authentischen Nachrichten setzen ein gleiches
Hindernis dem Geschichtsschreiber entgegen, welcher es versucht, einen klaren und ununterbrochenen Faden der Erzählung zu bewahren. Von vollständigen, stets kurzen, oft dunklen und sich nicht selten widersprechenden Fragmenten
umgeben, ist er auf Sammeln, Vergleichen und Vermuten beschränkt; und wenn er auch seine Vermutungen nie zur
Reihe der Tatsachen erheben darf, so mag doch die Kenntnis
der menschlichen Natur und die sichere Wirkung ihrer wilden und ungezähmten Leidenschaften zu Zeiten den Mangel
an historischen Materialien ergänzen.

So läßt sich zum Beispiel ohne Schwierigkeit begreifen,
daß die aufeinander folgenden Ermordungen so vieler Kaiser
alle Bande der Treue zwischen Fürst und Volk gelöst haben
müssen; daß alle Feldherren Philipps geneigt waren, das Beispiel ihres Gebieters nachzuahmen; und daß der Eigensinn der
seit langer Zeit an häufige und gewaltsame Revolutionen ge-
wöhnten Heere jeden Tag den untersten Soldaten auf den
Thron erheben konnte. Die Geschichte kann nur hinzufügen,
daß die Empörung gegen Philipp im Sommer des Jahres 249
unter den Legionen von Mösien ausbrach, und daß ein untergeordneter Offizier, Namens Marinus, der Gegenstand ihrer
aufrührerischen Wahl war. Philipp geriet in Bestürzung. Er
besorgte, daß der Verrat des Heeres in Mösien der Funke zu

einem allgemeinen Brand werden möchte. Von dem Bewußtsein seiner Schuld und Gefahr gequält, teilte er die Nachricht dem Senat mit. Ein dumpfes Schweigen, die Wirkung der Furcht, vielleicht der Abneigung, herrschte, bis endlich Decius, eines der Mitglieder, den seiner edlen Abkunft würdigen Mut faßte, und es wagte, mehr Unerschrokkenheit an den Tag zu legen als der Kaiser selbst besaß. Er behandelte die ganze Sache mit Verachtung als einen übereilten und unüberlegten Tumult und Philipps Nebenbuhler als ein Phantom der Macht, welches binnen weniger Tage durch dieselbe Unbeständigkeit, die es geschaffen hatte, auch wieder vernichtet werden würde.

Die schleunige Erfüllung dieser Prophezeiung erfüllte Philipp mit gerechter Achtung vor einem so geschickten Ratgeber, und Decius allein schien ihm die Fähigkeit zu besitzen, in einem Heer, dessen aufrührerischer Geist sich nach der Ermordung des Marinus nicht gelegt hatte, Ruhe und Disziplin herzustellen. Decius widerstand seiner Ernennung lange und scheint auf die Gefahr aufmerksam gemacht zu haben, welche damit verbunden sei, den argwöhnischen und mißtrauischen Soldaten einen verdienstvollen Heerführer zu geben; wirklich bestätigte der Erfolg abermals seine Voraussicht. Die Legionen von Mösien zwangen ihren Richter, ihr Mitschuldiger zu werden. Sie ließen ihm die Wahl zwischen dem Tod und dem Purpur. Sein Benehmen nach diesem entscheidenden Schritt war unvermeidlich. Er führte sein Heer, oder folgte demselben nach den Grenzen von Italien, wohin Philipp mit allen Streitkräften gezogen war, die er seinem furchtbaren Nebenbuhler, den er selbst erhoben hatte, entgegensetzen konnte. Die kaiserlichen Truppen waren an Zahl überlegen, aber die Rebellen bildeten ein Heer von Veteranen und hatten einen geschickten und erfahrenen Feldherrn. Philipp wurde entweder in der Schlacht getötet, oder einige Tage nachher zu Verona hingerichtet. Seinen Sohn und Teilhaber an der Regierung ermordeten zu Rom die Prätorianer, und der siegreiche Decius wurde unter günstigeren Umständen, als der Ehrgeiz jenes Zeitalters gewöhnlich in Anspruch nehmen konnte, vom Senat und den Provinzen allgemein anerkannt. Es heißt, daß er gleich nach seiner Annahme des Titels Augustus Philipp durch eine vertraute Botschaft seiner Unschuld und Treue versichert und feierlich erklärt habe, daß er nach seiner Rückkehr nach Italien die kaiserlichen Insignien ablegen und in den Stand eines gehobenen Untertans zurückkehren würde. Seine Beteuerungen mochten aufrichtig gemeint gewesen sein. Aber in der Lage, in welche ihn das Glück versetzt hatte, war es kaum möglich, daß er Verzeihung geben oder erhalten konnte.

Der Kaiser Decius hatte nur wenige Monate in Werken des Friedens und mit Verwaltung der Gerechtigkeit zugebracht, als er durch den Einbruch der *Goten* an die Ufer der Donau gefordert wurde. Das ist die erste namhafte Veranlassung, wo die Geschichte dieses großen Volkes erwähnt, welches nachher die römische Macht brach, die Hauptstadt plünderte und in Gallien, Spanien und Italien herrschte. So merkwürdig war die Rolle, die es im Sturze des weströmischen Reiches spielte, daß der Name der Goten häufig aber uneigentlich als allgemeine Benennung für rohe und kriegerische Barbaren gebraucht wird.

Im Anfang des 6. Jahrhunderts und nach der Eroberung von Italien war es natürlich, daß die Goten im Besitz ihrer gegenwärtigen Größe sich an ihrem vergangenen und zukünftigen Ruhm weideten. Sie wünschten das Andenken ihrer Ahnen zu bewahren und ihre eigenen Taten auf die Nachwelt zu bringen. Der erste Minister am Hofe zu Ravenna, Kassiodorus, erfüllte den Wunsch der Eroberer durch eine Geschichte der Goten in zwölf Büchern, von welchen wir jetzt nur noch den unvollständigen Abriß des Jornandes besitzen. Diese Schriftsteller gingen mit der größten Kürze über die Unglücksfälle der Nation weg, feierten ihre Tapferkeit und schmückten ihren Triumph mit vielen asiatischen Trophäen, welche eigentlicher den Skythen gebührten. Auf Versicherung alter Gesänge, die Ungewissen aber einzigen geschichtlichen Materialien der Barbaren, leiteten sie den ersten Ursprung der Goten von der großen Insel oder Halbinsel Skandinavien her. Dieses äußerste Land des Nordens war den Eroberern von Italien nicht unbekannt; die Bande alter Verwandtschaft waren durch neuere Freundschaftsdienste gestärkt worden und ein skandinavischer König hatte freudig auf seine barbarische Größe Verzicht geleistet, um den Überrest seiner Tage an dem friedlichen und verfeinerten Hof von Ravenna zuzubringen. Viele Spuren, welche nicht bloß der Eitelkeit des Volkes zugeschrieben werden können, beweisen den sonstigen Aufenthalt der Goten in den Ländern jenseits des baltischen Meeres. Seit den Zeiten des Geographen Ptolemäus scheint der südliche Teil von Schweden in dem Besitz des minder unternehmenden Überrestes der Nation geblieben zu sein und ein großes Gebiet wird da noch immer in Ost- und Westgotland geteilt. Im Mittelalter (vom 19. bis zum 12. Jahrhundert), während das Christentum langsame Fortschritte im Norden machte, bildeten die Goten und Schweden zwei gesonderte und häufig feindliche Teile derselben Monarchie. Der letztere beider Namen ist geblieben, ohne den ersteren zu verdrängen. Die Schweden, welche mit ihrer eigenen Kriegsehre wohl zufrieden sein dürfen, haben in allen Jahrhunderten auf den verwandten Ruhm der Goten Anspruch gemacht. In einem Augenblick der Unzufriedenheit mit dem römischen Hofe ließ Karl XII. fallen, daß seine siegreichen Truppen von ihren tapferen Vorfahren, welche die Gebieterin der Welt schon einmal unterjocht hätten, nicht aus der Art geschlagen wären.

Wenn so viele aufeinander folgende Generationen von Goten auch im Stande waren, eine schwache Sage von ihrem skandinavischen Ursprung zu bewahren, dürfen wir von solchen schriftunkundigen Barbaren doch nicht erwarten, daß sie bestimmte Nachrichten in Betreff der Zeit und Umstände ihrer Auswanderung hatten. Über die Ostsee zu setzen, war ein leichtes und natürliches Unternehmen. Die Bewohner von Schweden besaßen eine hinlängliche Menge Ruderschiffe, und die Entfernung beträgt kaum hundert Meilen von Karlskrona bis zu den nächsten Häfen von Pommern oder Preußen. Hier endlich fußen wir auf festem historischen Boden. Mindestens so früh als die christliche Zeitrechnung und höchstens bis zum Jahrhundert der Antonine saßen die Goten an der Mündung der Weichsel in jener fruchtbaren

Provinz, wo lange nachher die Handelsstädte Thorn, Elbing, Königsberg und Danzig gegründet worden sind. Westlich von den Goten breiteten sich die zahlreichen Stämme der Vandalen an den Ufern der Oder und an der Seeküste von Pommern und Mecklenburg aus. Die auffallende Ähnlichkeit der Sitten, Körperbildung, Religion und Sprache deuten an, daß die Vandalen und Goten ursprünglich *ein* großes Volk bildeten. Die Letzteren scheinen in Ostgoten, Westgoten und Gepiden unterteilt gewesen zu sein. Die Einteilung der Vandalen war stärker durch die verwandtschaftslosen Namen Heruler, Burgunder, Lombarden und die einer Menge anderer kleiner Völker bezeichnet, welche sich später zu mächtigen Monarchien ausbreiteten.

In dem Zeitalter der Antonine saßen die Goten noch in Preußen. Gegen die Zeit der Regierung des Alexanders Severus hatte die römische Provinz Dakien bereits ihre Nachbarschaft durch zahlreiche und verheerende Einfälle verspürt. In diesen Zwischenraum von siebzig Jahren müssen wir daher die zweite Wanderung der Goten, oder jene von der Ostsee nach dem schwarzen Meer setzen; die Ursache jedoch, welche sie veranlaßte, liegt unter den mancherlei Beweggründen verborgen, welche auf das Benehmen unsteter Barbaren Einfluß haben. Pest oder Hungersnot, ein Sieg oder eine Niederlage, ein Orakel der Götter oder die Beredsamkeit eines kühnen Anführers reichten hin, um die Waffen der Goten nach den mildern Himmelstrichen des Südens zu wenden. Außer dem Einfluß einer kriegerischen Religion waren Zahl und Mut der Goten den gefährlichsten Unternehmungen gewachsen. Der Gebrauch runder Schilder und kurzer Schwerter machte sie in gedrängtem Gefechte furchtbar, und der männliche Gehorsam, welchen sie erblichen Königen leisteten, gab ihren Unternehmungen eine ungewöhnliche Einigkeit und Stätigkeit. Der berühmte Amala, der Held jenes Jahrhunderts und zehnter Ahnherr des Königs Theoderich von Italien, erzwang durch das Übergewicht seiner persönlichen Eigenschaften das Vorrecht seiner Abstammung, welche er von den Ansen oder Halbgöttern der gotischen Nation herleitete.

Der Ruf eines großen Unternehmens rüttelte die tapfersten Krieger aller vandalischen Stämme Deutschlands auf, welche man wenige Jahre später unter der gemeinsamen Fahne der Goten kämpfen sieht. Die ersten Bewegungen der Auswanderer brachten sie an die Ufer des Prypec, eines Flusses, welchen die Alten allgemein als einen südlichen Arm des Borysthenes ansahen. Die Windungen dieses großen Stromes durch die Ebenen von Polen und Rußland dienten ihrem Zuge zur Richtschnur und gaben ihren zahlreichen Herden stets eine hinreichende Menge frischen Wassers und guter Weide. Sie folgten dem unbekannten Lauf des Flusses im Vertrauen auf ihre Stärke und unbekümmert um jede Macht, die sich ihrem Weiterzug etwa widersetzen mochte. Die Bastarnae und Venedi waren die Ersten, welche ihnen aufstießen, und die Blüte ihrer Jugend vergrößerte entweder aus Zwang oder freiwillig das Heer der Goten. Die Bastarnae wohnten auf der nördlichen Seite der Karpaten; der unermeßliche Landstrich, welcher sie von den Wilden Finnlands trennte, wurde von den Venedi besessen, oder vielmehr verwüstet; und man hat einigen Grund zu glauben, daß die erste dieser Nationen, welche sich in dem mazedonischen Krieg auszeichnete und sich später in die furchtbaren Stämme der Peucini, Borani, Carpi etc. teilte, von den Deutschen ihren Ursprung ableitete. Mit besserem Grund wird den Venedi, welche sich im Mittelalter so berühmt machten, sarmatische Herkunft zugeschrieben. Aber die Vermengung des Blutes und der Sitten auf dieser zweifelhaften Grenze verwirrte oft die genauesten Beobachter. Als die Goten dem schwarzen Meer näher kamen, trafen sie auf reinere Stämme der Sarmaten, die Jazyges, Alani, und Roxolani, und waren wahrscheinlich die ersten Deutschen, welche die Mündungen des Borysthenes und des Tanais sahen. Wenn man nach den charakteristischen Eigentümlichkeiten des deutschen und sarmatischen Volkes forscht, so findet man, daß sich diese zwei großen Abteilungen des menschlichen Geschlechts hauptsächlich durch feststehende Hütten oder bewegliche Zelte, durch enganliegende oder weite Tracht, durch Monogamie oder Polygamie, durch eine militärische Macht, die zum größten Teile entweder aus Reiterei oder aus Fußvolk bestand, und vor allem durch den Gebrauch der deutschen oder slavischen Sprache unterschieden, welche letztere sich infolge von Eroberungen von den Grenzen Italiens bis in die Nachbarschaft von Japan verbreitet hatte.

Die Goten waren nun im Besitze der Ukraine, eines Landes von beträchtlicher Ausdehnung und ungewöhnlicher Fruchtbarkeit, von Flüssen durchschnitten, welche sich auf beiden Seiten in den Borysthenes ergossen, und mit großen und hohen Eichenwäldern bewachsen. Der Überfluß an Wild und Fischen, die unzähligen Bienenschwärme in den Höhlungen alter Bäume und in den Felsenspalten, selbst in diesem rohen Zeitalter einen wertvollen Handelszweig bildend, die Größe des Hornviehs, die Temperatur der Luft, die Tauglichkeit des Bodens zur Hervorbringung jeder Kornart und die Üppigkeit der Vegetation, alles verkündete die Freigebigkeit der Natur und lockte den Menschen zum Fleiß. Aber die Goten widerstanden allen solchen Lockungen und beharrten bei einem Leben des Müßiggangs, der Armut und des Raubes.

Die skythischen Horden, welche im Osten an den neuen Wohnplatz der Goten grenzten, boten ihren Waffen nichts dar als den zweifelhaften Fall eines unersprießlichen Sieges. Weit mehr lockte der Zustand der römischen Provinzen, und die Fluren Dakiens waren mit reichen Ernten bedeckt, gesät von der Hand eines fleißigen Volkes und bestimmt, die Beute eines kriegerischen zu werden. Es ist wahrscheinlich, daß die Eroberungen Trajans, welche von seinen Nachfolgern weniger wegen eines wirklichen Vorteils, als um der Würde des römischen Namens willen beibehalten worden waren, beigetragen haben, das Reich auf dieser Seite zu schwächen. Die neue und schwankende Provinz Dakien war weder stark genug, um der Raubgier der Barbaren zu widerstehen, noch so reich, um sie zu befriedigen. Solange man die fernen Ufer des Dniester als die Grenzen der römischen Macht betrachtete, wurden die Festungen an der unteren Donau weniger sorgfältig bewacht, und die Bewohner von Mösien lebten in nachlässiger Sicherheit, weil sie sich in unerreichbarer Ferne von allen Einfällen der Barbaren glaubten. Die Einbrüche der Goten unter der Regierung Philipps überzeugten sie auf eine schmerzliche Weise von ihrem Irrtum. Der König oder Anführer dieses kriegerischen Volkes durchzog mit Verachtung die Provinz Dakien und ging sowohl über den Dniester als die Donau, ohne auf einen Widerstand zu stoßen, der seinen Weiterzug hätte hemmen können. Die erschlaffte Disziplin der römischen Truppen verriet die wichtigsten ihnen anvertrauten Posten, und die Furcht vor verdienter Strafe verleitete eine große Anzahl, unter die Fahnen der Goten zu treten. Die gemischte Menge der gotischen Barbaren erschien endlich vor den Mauern von Marcianopolis, welches Trajan zu Ehren seiner Schwester Marcia gebaut hatte und das damals die Hauptstadt von Mösia secunda war. Die Einwohner willigten ein, ihr Leben und ihr Eigentum durch die Zahlung einer großen Geldsumme zu retten, und die Feinde zogen sich zurück, waren jedoch durch diesen ersten Erfolg ihrer Waffen gegen ein reiches aber schwaches Land mehr angefeuert als befriedigt. Bald kam dem Kaiser Decius die Nachricht zu, daß Kniva, König der Goten, zum zweiten Male und mit beträchtlichen Streitkräften über die Donau gegangen sei, daß zahlreiche Abteilungen derselben Verwüstung über die Provinz Mösien verbreiteten, während das Hauptheer, welches aus siebzigtausend Deutschen und Sarmaten bestehe, mithin eine Macht darbot, die den kühnsten Unternehmungen gewachsen war, die Anwesenheit des Kaisers und die Entfaltung seiner Kriegsmacht erfordere.

Decius fand die Goten vor Nikopolis am Jatrus, einem der vielen Monumente von Trajans Siegen, beschäftigt. Bei seiner Herannäherung hoben sie die Belagerung auf, aber nur in der Absicht, eine Eroberung von größerer Wichtigkeit zu unternehmen, jene von Philippopolis, einer Stadt Thrakiens, welche der Vater Alexanders am Fuße des Berges Hämus gegründet hatte. Decius folgte ihnen durch ein schwieriges Terrain und in Eilmärschen; während er sich aber in einer beträchtlichen Entfernung von der Nachhut der Goten glaubte, wandte sich Kniva plötzlich mit voller Wut gegen seine Verfolger. Das Lager der Römer wurde überrumpelt, geplündert, und zum ersten Male floh ein Kaiser in Unordnung vor einer Schar halbnackter Barbaren. Nach langem Widerstand wurde Philippopolis, dem von nirgends her Hilfe erschien, mit Sturm genommen. Hunderttausend Menschen sollen bei der Plünderung dieser großen Stadt niedergemetzelt worden sein. Viele Gefangene von Bedeutung waren ein wertvoller Zuwachs zur Beute, und Priskus, ein Bruder des getöteten Kaisers Philipp, errötete nicht, den Purpur unter dem Schutz der barbarischen Feinde Roms anzunehmen. Die Zeit jedoch, welche mit jener langwierigen Belagerung verging, setzte Decius in den Stand, den Mut seiner Truppen wiederzubeleben, die Disziplin herzustellen und ihre Zahl zu vermehren. Er verlegte mehrere Abteilungen der Carpi und anderer Deutschen, welche zur Teilung des Sieges ihrer Landsleute eilten, den Weg, vertraute die wichtigsten Gebirgspässe Befehlshabern von erprobter Tapferkeit und Treue, besserte die Befestigungen an der Donau aus und verstärkte sie, und bot die äußerste Wachsamkeit auf, um sowohl die Fortschritte als den Rückzug der Goten zu hindern. Von der Wiederkehr des Glückes ermutigt, harrte er mit Begierde der Gelegenheit, durch einen großen und entscheidenden Schlag seine Ehre und jene der römischen Waffen herzustellen.

Während Decius gegen die Gewalt des Sturmes kämpfte, forschte sein inmitten des Kriegslärmes ruhiger und besonnener Geist den allgemeineren Ursachen nach, welche seit dem Zeitalter der Antonine das Sinken des römischen Reiches so gewaltig beschleunigt hatten. Er entdeckte bald, wie unmöglich es sei, dieser Größe wieder eine feste Grundlage zu geben, ohne die öffentliche Tugend, die alten Grundsätze und Sitten, und die unterdrückte Majestät der Gesetze herzustellen. Um dieses edle aber schwierige Werk auszuführen, erneuerte er zuerst das veraltete Amt eines Zensors, ein Amt, welches, solange es in seiner ursprünglichen Reinheit bestand, sehr zur Stetigkeit des Staates beigetragen hatte, bis es von den Kaisern usurpiert und allmählich vernachlässigt worden war. Im Bewußtsein, daß die Gunst des Monarchen Macht verleihe, aber nur die Achtung des Volkes Ansehen gewähren könne, überließ er die Wahl des Zensors dem freien Willen des Senates. Durch einhellige Abstimmung oder vielmehr Akklamation wurde der nachherige Kaiser Valerian, welcher mit Auszeichnung im Heere des Decius diente, zum Würdigsten für dieses hohe Amt erklärt. Gleich nachdem das Dekret des Senates dem Kaiser zugekommen war, versammelte er einen großen Rat in seinem Lager und erinnerte den erwählten Zensor vor seiner Einsetzung an die Schwierigkeit und Wichtigkeit seines großen Berufes.

»Glücklicher Valerian«, sprach der Kaiser zu seinem so hochgehobenen Diener, »glücklich durch die allgemeine Hochachtung des Senates und der römischen Republik! Empfange das Zensoramt des Menschengeschlechtes und sei Richter über unsere Sitten. Du wirst diejenigen auswählen, welche es verdienen, Mitglieder des Senates zu bleiben; wirst dem Ritterstand seinen alten Glanz wiedergeben; wirst das Staatseinkommen verbessern und doch die öffentlichen Lasten erleichtern. Du wirst die vielfache und zahllose Menge der Bürger in regelmäßige Klassen teilen; wirst genaue Aufsicht über die Heeresmacht, den Reichtum, die Tugend und die Hilfsquellen von Rom führen. Deine Entscheidungen werden Gesetzeskraft haben. Das Heer, der Palast, die Richter, die hohen Beamten des Reiches, alle sind Deinem Tribunale unterworfen. Niemand ist ausgenommen, nur die ordentlichen Konsuln, der Präfekt der Stadt, der König der Opfer und (solange sie ihre Keuschheit unverletzt bewahrt) die älteste der vestalischen Jungfrauen. Selbst diese Wenigen, welche deine Strenge nicht zu fürchten haben, werden sich eifrig bewerben um die Achtung des römischen Zensors!«

Eine mit so ausgedehnten Vollmachten versehene Obrigkeit wäre weniger Diener als Kollege des Souveräns gewesen. Valerian fürchtete mit Recht eine Erhebung, welche mit so viel Neid und Argwohn verbunden war. Er schützte mit Bescheidenheit die beunruhigende Größe des Amtes, seine eigene Unzulänglichkeit und die unheilbare Verderbtheit der Zeiten vor. Er deutete geschickt an, daß das Amt eines Zensors von der kaiserlichen Würde unzertrennlich sei, daß die schwachen Hände eines Untertans unfähig waren, ein so unermeßliches Gewicht von Sorgen und Macht zu tragen. Die herannahenden Kriegsereignisse machten bald der Verwirklichung dieses so schönen aber unausführbaren Plans ein Ende, und während sie Valerian vor der Gefahr desselben bewahrten, entging der Kaiser dem Verdruß des Fehlschlagens, welches höchst wahrscheinlich die Folge gewesen wäre. Ein Zensor kann die Sitten eines Staates bewahren, aber in keinem Falle herstellen. Es ist für eine solche Obrigkeit unmöglich, ihre Macht mit Nutzen, ja auch nur mit Wirksamkeit auszuüben, wenn sie nicht durch ein lebendiges Gefühl für Ehre und Tugend in den Herzen des Volkes, durch Ehrfurcht vor der öffentlichen Meinung und durch ein System nützlicher Vorurteile zugunsten der Nationalsitten unterstützt wird. Aber in einer Periode, wo diese Prinzipien vernichtet sind, muß diese zensorische Gerichtsbarkeit entweder zu einem leeren Phantom herabsinken, oder in ein parteiisches Werkzeug gehässiger Bedrückung ausarten. Es war leichter, die Goten zu besiegen, als die öffentlichen Laster auszurotten, und doch verlor Decius bei der ersten dieser Unternehmungen Heer und Leben.

Die Goten waren nun auf jeder Seite von den römischen Waffen eingeschlossen und in die Enge getrieben. Die Blüte ihrer Truppen war in der langen Belagerung von Philippopolis gefallen, und das erschöpfte Land konnte für die übriggebliebene Menge zügelloser Barbaren nicht länger die erforderlichen Lebensmittel aufbringen. In dieser Not hätten die Goten gern um den Preis der Herausgabe aller Beute und Gefangenen die Erlaubnis zu einem ungestörten Rückzug erkauft. Aber der Kaiser, voll Hoffnung auf den Sieg und von dem Entschluß beseelt, durch Züchtigung dieser Eindringlinge den Nationen des Nordens einen heilsamen Schreck einzuprägen, wollte von keinem Vergleiche hören.

Da zogen die hochherzigen Barbaren der Sklaverei den Tod vor. Der Wahlplatz war in der Nähe einer kleinen Stadt Mösiens, Namens Forum Terebronii. Das gotische Heer war in drei Linien aufgestellt, wovon die Fronte der dritten entweder aus Zufall oder mit Vorbedacht durch einen Morast gedeckt war. Im Anfang der Schlacht wurde Decius' Sohn, ein Jüngling, der zu den schönsten Hoffnungen berechtigte und bereits der Ehre des Purpurs beigesellt war, durch einen Pfeil im Angesichte des erschütterten Vaters getötet; aber er raffte seine ganze Standhaftigkeit zusammen und rief den erschrockenen Truppen zu, daß der Verlust eines einzelnen Soldaten für die Republik von geringer Wichtigkeit sei. Der Kampf war schrecklich, war jener der Verzweiflung gegen Schmerz und Wut. Die erste Linie der Goten wich endlich in Unordnung; die zweite, welche vorrückte, um sie zu unterstützen, teilte das gleiche Schicksal; und nur die dritte blieb unversehrt und schickte sich an, den Übergang über den Morast zu verteidigen, welchen der Feind in seiner Tollkühnheit erzwingen wollte. »Hier wandte sich das Schicksal des Tages, alle Dinge waren von nun an den Römern entgegen: der Schlammboden sank unter den Stehenden und hemmte die Vordringenden durch Schlüpfrigkeit; die Waffen waren schwer, das Wasser tief, auch konnten die Krieger in dieser peinlichen Stellung ihre gewichtigen Wurfspieße nicht werfen. Die Barbaren dagegen waren an Kämpfe in Morästen gewöhnt, ihre Personen schlank, ihre Speere lang, so daß sie aus der Ferne verwunden konnten.« In diesem Morast war das römische Heer nach einem unwirksamen Kampf bald unwiederbringlich verloren, ja man konnte nicht einmal die Leiche des Kaisers auffinden. Das war das Schicksal des Decius im fünfzigsten Jahr seines Alters, eines vollendeten Fürsten, tätig im Krieg und leutselig im Frieden, samt seinem Sohn im Leben wie im Tod den herrlichsten Mustern alter Tugend vergleichbar.

Dieser schreckliche Schlag demütigte für eine kurze Zeit den Übermut der Legionen. Sie scheinen den Beschluß des Senates, welcher über die Thronfolge verfügte, geduldig erwartet und ihm unterwürfig Folge geleistet zu haben. Aus gerechter Rücksicht für das Andenken des Decius wurde seinem noch allein übrigen Sohn Hostilianus der kaiserliche Titel beigelegt, aber ein gleicher Rang mit wirksamerer Macht Gallus übertragen, dessen Erfahrung und Geschicklichkeit dem großen Amt eines Vormundes des jungen Fürsten, so wie der gefährlichen Lage des Reiches gewachsen zu sein schien. Die erste Sorge des neuen Kaisers war, die illyrischen Provinzen von dem unerträglichen Joch der siegreichen Goten zu befreien. Er willigte ein, die reichen Früchte ihres Einfalls, unermeßliche Beute, und was noch schimpflicher war, eine große Anzahl Gefangener von hohem Rang und großen Verdiensten in ihren Händen zu lassen. Er versorgte ihr Lager reichlich mit allen Dingen, welche ihre Wut mildern oder ihren sehnlichst gewünschten Abzug beschleunigen konnten, ja er versprach sogar, ihnen jährlich eine große Summe Geld unter der Bedingung zu zahlen, wenn sie künftig das römische Gebiet nie wieder durch ihre Einfälle verheeren würden.

Im Zeitalter der Scipione waren die reichsten Könige der Erde, welche sich um den Schutz der siegreichen Republik bewarben, über Geschenke erfreut, welche ihren Wert nur durch die Hand erhielten, welche sie gab: etwa einen elfenbeinernen Armstuhl, ein grobes Purpurgewand, unbeträchtliche Silbergeräte, eine Quantität Kupfermünzen. Nachdem sich der Reichtum der Nationen in Rom vereinigt hatte, zeigten die Kaiser ihre Größe so wie ihre Politik durch stetige und mäßige Freigebigkeit gegen die Bundesgenossen des Staates. Sie unterstützten die Armut der Barbaren, ehrten ihr Verdienst und belohnten ihre Treue. Diese freiwilligen Beweise von Güte wurden nicht als Ergebnis der Furcht, sondern des Edelmuts und der Dankbarkeit der Römer angesehen; während sie aber mit freigebiger Hand unter Freunde und Bittende Geschenke und Unterstützungen verteilten, wurden sie streng denjenigen verweigert, welche sie als Schuldigkeit forderten. Diese Festsetzung jedoch einer jährlichen Zahlung an einen siegreichen Feind erschien in dem unverschleierten Licht eines schmachvollen Tributs; solche Gesetze von Barbarenstämmen anzunehmen, waren die Römer noch nicht gewohnt, und der Fürst, welcher wahrscheinlich durch ein notwendiges Zugeständnis sein Vaterland gerettet hatte, wurde der Gegenstand der allgemeinen Verachtung und Verabscheuung. Der Tod des Hostilianus, obschon er sich inmitten des Wütens einer Pest ereignete, wurde Gallus als persönliches Verbrechen zur Last gelegt; ja selbst die Niederlage des gefallenen Kaisers schrieb der Argwohn den treulosen Ratschlägen seines verhaßten Nachfolgers zu. Die Ruhe, welche das Reich während des ersten Jahres seiner Verwaltung genoß, diente mehr zum Entflammen als zur Beruhigung des öffentlichen Mißvergnügens, und sowie die Furcht vor dem Krieg entfernt war, fühlte man umso schmerzlicher und tiefer die Schimpflichkeit des Friedens.

Aber in noch höherem Grad stieg die Erbitterung der Römer, als sie erfuhren, daß sie mit ihrer Ehre nicht einmal Ruhe erkauft hatten. Das gefährliche Geheimnis des Reichtums und der Schwäche des Staates war der Welt offenbar geworden. Neue Schwärme von Barbaren, welche durch den Erfolg ihrer Brüder gelockt wurden und sich durch die von ihnen eingegangenen Verbindlichkeiten nicht für gebunden erachteten, verbreiteten Verwüstung in den illyrischen Provinzen und Schreck bis an die Tore von Rom. Die Verteidigung der Monarchie, die von dem kleinmütigen Kaiser aufgegeben worden zu sein schien, wurde von Aemilian, dem Statthalter von Pannonien und Mösien, aufgenommen, welcher die zerstreuten Streitkräfte sammelte und den gesunkenen Mut der Truppen neu belebte. Die Barbaren wurden unversehens angegriffen, geschlagen, verjagt und bis über die Donau verfolgt. Der siegreiche Feldherr verteilte unter die Truppen als Geschenk das zum Tribut gesammelte Geld und die Soldaten riefen ihn jubelnd auf dem Schlachtfeld zum Kaiser aus. Gallus, welcher unbekümmert um das öffentliche Wohl, den Freuden Italiens huldigte, erfuhr fast zu gleicher Zeit den Sieg, die Empörung und den schnellen Heranzug seines ehrgeizigen Statthalters. Er rückte ihm bis zu der Ebene von Spoleto entgegen. Als sich die Heere in das Gesicht gekommen waren, verglichen die Soldaten des Gallus das schimpfliche Benehmen dieses Souveräns mit dem Ruhm seines Nebenbuhlers. Sie bewunderten die Tapferkeit Aemilians und wurden durch seine Freigebigkeit angelockt, denn er versprach allen, die zu ihm übergehen würden, bedeutende Solderhöhung.

Die Ermordung des Gallus und seines Sohnes Volusianus machten dem Bürgerkrieg ein Ende und der Senat gab dem Recht des Sieges die gesetzliche Sanktion. Das Schreiben des

Aemilianus an diese Versammlung war eine Mischung von Mäßigung und Ruhmredigkeit. Er versicherte den Senat, daß er seiner Weisheit die Zivilverwaltung überlassen, sich selbst aber mit der Eigenschaft seines Feldherrn begnügen, den Ruhm Roms binnen kurzer Zeit herstellen und das Reich von allen Barbaren sowohl des Nordens als des Orientes befreien würde. Der Senat zollte diesem stolzen Selbstgefühl Beifall und es sind noch Münzen vorhanden, auf denen er unter dem Namen und mit den Attributen Herkules' des Siegers und Mars' des Rächers dargestellt ist.

Wenn der neue Monarch auch alle nötigen Fähigkeiten besessen hätte, fehlte ihm doch die Zeit zur Erfüllung seiner glänzenden Verheißungen. Kaum vier Monate vergingen zwischen seinem Triumph und Sturz. Er hatte Gallus besiegt, erlag aber dem Gewicht eines furchtbareren Gegners als dieser gewesen. Der unglückliche Gallus hatte Valerian, welchen bereits der Titel Zensor auszeichnete, entsendet, um die Legionen von Gallien und Deutschland zu seiner Hilfe herbeizuführen. Valerian vollzog diesen Auftrag mit Eifer und Treue, und da er zu spät kam, um seinen Souverän zu retten, beschloß er, ihn zu rächen. Die Truppen des Aemilianus, welche noch in der Ebene von Spoleto lagerten, wurden durch die Unbescholtenheit seines Charakters und noch mehr durch die überlegene Stärke seines Heeres eingeschüchtert; und da sie ebensowenig einer persönlichen Anhänglichkeit fähig geworden waren, als sie es stets der Achtung vor der Verfassung gewesen, zögerten sie nicht, sich mit dem Blut eines Fürsten zu beflecken, welcher noch vor Kurzem der Gegenstand ihrer parteiischen Wahl gewesen. Die Schuld lastete auf ihnen, aber der Vorteil blieb Valerian, der zu dem Besitz des Thrones zwar mittelst eines Bürgerkrieges, aber mit einem in jenem Zeitalter der Revolution seltenen Grad von Unschuld gelangte; denn er war dem Vorgänger, welchen er entthronte, weder Dankbarkeit noch Treue schuldig.

Valerian war 60 Jahre alt, als er nicht durch die Laune der Menge, nicht durch das Geschrei des Heeres, sondern durch die einhellige Stimme der römischen Welt mit dem Purpur bekleidet wurde. Bei seinem allmählichen Aufsteigen durch die Würden des Staates hatte er die Gunst der tugendhaften Fürsten erworben und sich zum Feind der Tyrannen erklärt. Seine edle Geburt, seine milden aber tadellosen Sitten, seine Kenntnisse, Klugheit und Erfahrung wurden vom Senate und Volke verehrt, und wenn man dem Menschengeschlechte (wie sich ein alter Schriftsteller ausdrückt) die Freiheit gelassen hätte, sich einen Herrn zu wählen, so würde die Wahl gewiß auf Valerian gefallen sein. Entweder war der Ruf dieses Kaisers größer als sein Verdienst, oder Kraftlosigkeit und Kälte des Alters hatten auf seine Fähigkeiten oder wenigstens auf seinen Mut einen verderblichen Einfluß gewonnen. Das Bewußtsein der Abnahme seiner Kräfte forderte ihn auf, den Thron mit einem jüngeren und tätigeren Kollegen zu teilen: die Schwierigkeit der Zeitumstände erheischte mehr einen Feldherrn als einen Fürsten und die Erfahrung hätte dem römischen Zensor den Mann bezeichnen können, dessen militärische Verdienste ein Recht auf den Purpur begründeten. Statt aber eine weise Wahl zu treffen, welche seine Regierung befestigt und sein Andenken hochgestellt hätte, gehorchte Valerian den Eingebungen entweder der väterlichen Liebe oder der Eitelkeit und bekleidete unverzüglich mit der höchsten Würde seinen Sohn Gallienus, einen Jüngling, dessen weichliche Laster bis jetzt von der Dunkelheit des Privatlebens verhüllt worden waren. Die vereinte Regierung des Vaters und Sohnes währte ungefähr sieben und die alleinige Verwaltung des Gallienus gegen acht Jahre. Aber diese ganze Periode war eine ununterbrochene Reihe von Verwirrungen und Unglücksfällen. Da das römische Reich zu gleicher Zeit und auf allen Seiten von der blinden Wut auswärtiger Feinde und dem wilden Ehrgeiz innerer Usurpatoren bestürmt wurde, werden wir für Ordnung und Deutlichkeit am besten sorgen, indem wir nicht sowohl der zweifelhaften Zeitangabe als vielmehr der natürlicheren Einteilung der Gegenstände folgen. Die gefährlichsten Feinde Roms während der Regierung Valerians und Gallienus' waren: I. die Franken; II. die Alemannen; III. die Goten; IV. die Perser. Unter dieser allgemeinen Benennung können wir auch die Abenteuer weniger beträchtlicher Stämme begreifen, deren dunkle und widerwärtige Namen bloß zur Belastung des Gedächtnisses und zur Verwirrung des Lesers dienen würden.

I. Die Franken. Da die Nachkommen der Franken eine der größten und aufgeklärtesten Nationen von Europa bilden, so haben sich Gelehrsamkeit und Scharfsinn in der Entdeckung ihrer rohen Voreltern erschöpft. Den Sagen, welche der Leichtgläubigkeit zusagten, folgten Systeme der Phantasie. Jede Stelle ist erwogen, jeder Platz untersucht worden, welcher möglicherweise auf eine Spur ihres Ursprungs leiten konnte. Man nahm an, daß Pannonien, daß Gallien, daß die nördlichen Teile Deutschlands die Wiege dieser berühmten Kolonie von Kriegern wären. Endlich stimmten die vernünftigsten Kritiker, indem sie die erdichteten Wanderungen erträumter Eroberer verwarfen, in einer Ansicht überein, deren Einfachheit für ihre Richtigkeit bürgt. Sie nahmen nämlich an, daß um das Jahr 240 von den alten Bewohnern des Niederrheins und der Weser ein neuer Bund unter dem Namen der Franken geschlossen worden sei. Der heutige westfälische Kreis, das Landgraftum Hessen und die Herzogtümer Braunschweig und Lüneburg waren der alte Sitz der Chaucer, welche in ihren unzugänglichen Morästen den römischen Waffen trotzten, der auf den Ruhm des Ariminius stolzen Cherusker, der durch ihr festes und unerschrockenes Fußvolk furchtbaren Katten und anderer Stämme, an Macht und Ruhm geringer. Freiheitsliebe war die herrschende Leidenschaft der Deutschen, der Genuß derselben ihr höchster Schatz und das Wort, das diesen Genuß ausdrückte, ihren Ohren der angenehmste Klang. Sie verdienten, nahmen an und bewahrten den ehrenvollen Beinamen der Franken oder Freien, welcher die besonderen Benennungen der verschiedenen Völker des Bundes verbarg, aber nicht vernichtete. Stillschweigende Übereinkunft und gegenseitiger Vorteil gaben die ersten Gesetze des Bundes, welchen allmählich Gewohnheit und Erfahrung fest kitteten. Der Bund der Franken läßt sich einigermaßen mit der schweizerischen Eidgenossenschaft vergleichen, wo jeder Kanton seine unabhängige Souveränität beibehält, mit seinen Brüdern in gemeinsamen Angelegenheiten ratschlägt, ohne jedoch die Autorität eines Oberhauptes oder einer repräsentativen Versammlung anzuerkennen. Aber das Prinzip der beiden Bünde war wesentlich verschieden. Zweihundertjähriger Friede hat die weise und ehrenhafte Politik der Schweizer belohnt. Ein Geist der Unstetigkeit, Raubsucht und Nichtachtung der feierlichsten Verträge schändete den Charakter der Franken.

Die Römer hatten seit lange her die kühne Tapferkeit der Völker von Niederdeutschland erfahren. Die Vereinigung ihrer Macht bedrohte Gallien mit einem furchtbaren Einbruch und erforderte die Anwesenheit Gallienus', des Erben und Kollegen der kaiserlichen Würde. Während dieser Fürst mit seinem unmündigen Sohn Saloninus am Hof zu Trier die Majestät des Reiches zur Schau stellte, wurden seine Heere von ihrem Feldherrn Posthumus, welcher zwar später die Familie Valerians verriet, aber der großen Sache der Monarchie stets treu blieb, mit Geschicklichkeit angeführt. Die trügerische Sprache der Lobredner und Münzen deutet dunkel auf eine lange Reihe von Siegen. Trophäen und Ehrentitel bezeugen (wenn solche Dinge als Beweise gelten können) den Ruhm des Posthumus, welcher wiederholt Besieger der Deutschen und Retter Galliens genannt wird.

Aber eine einzige Tatsache, die einzige allerdings, wovon wir genauere Kenntnis haben, vernichtet größtenteils diese Denkmäler der Eitelkeit und Schmeichelei. Obschon der Rhein den Namen Schutzwehr der Provinzen führte, war er eine ungenügende Schranke gegen den kühnen Unternehmungsgeist, welcher die Franken beseelte. Ihre schnellen Verheerungen erstreckten sich von diesem Fluss bis an den Fuß der Pyrenäen, aber auch diese Gebirge konnten ihnen keinen Einhalt tun. Spanien, welches nie einen Einfall der Deutschen gefürchtet hatte, war unfähig, ihnen zu widerstehen. Während zwölf Jahren, dem größten Teil von Gallienus' Regierung, blieb dieses reiche Land der Schauplatz ihrer überlegenen und verheerenden Feindseligkeiten. Tarragona, die blühende Hauptstadt einer friedfertigen Provinz, wurde geplündert und fast zerstört, und noch in den Tagen des Orosius, welcher im fünften Jahrhundert schrieb, mahnten elende Hütten, die unter den Ruinen prachtvoller Städte zerstreut waren, an die Wut der Barbaren. Als das erschöpfte Land keine weitere Beute liefern konnte, bemächtigten sich die Franken einiger Schiffe in den Seehäfen von Spanien und schifften nach Mauritanien über. Die ferne Provinz staunte über die Wut dieser Barbaren, welche wie aus einer neuen Welt zu fallen schienen, so gänzlich waren ihr Name, Sitten und Farbe an den Küsten von Afrika unbekannt.

II. Die Alemannen. In jenem Teil von Obersachsen, jenseits der Elbe, welcher jetzt das Markgraftum Lausitz heißt, gab es in alten Zeiten einen heiligen Wald, den feierlichen Sitz des Aberglaubens der Sueven. Niemand durfte seinen heiligen Umkreis betreten, ohne durch knechtische Bande und flehende Stellung die unmittelbare Gegenwart der obersten Gottheit anzuerkennen. Patriotismus trug ebensowohl wie Andacht dazu bei, den Sonnenwald oder Wald der Semnonen zu heiligen. Es wurde allgemein geglaubt, daß die Nation an diesem geweihten Ort ihr erstes Dasein erhalten habe. Zu festgesetzten Perioden erschienen die zahlreichen Stämme, welche sich suevischen Blutes zu sein rühmten, hier durch Abgesandte, und das Andenken an ihren gemeinsamen Ursprung wurde durch barbarische Zeremonien und Menschenopfer gefeiert. Der weitverbreitete Name der Sueven füllte die inneren Länder Deutschlands von den Ufern der Oder bis zu jenen der Donau. Sie zeichneten sich von den andern Deutschen durch die Art aus, wie sie ihr langes Haar trugen, welches sie in einen kunstlosen Knoten auf der Krone des Scheitels zusammenbanden, und sie freuten sich einer Zierde, welche ihre Reihen den Augen des Feindes höher und schrecklicher erscheinen ließ. So eifersüchtig auch die Deutschen auf kriegerischen Ruhm waren, räumten doch alle die höhere Tapferkeit der Sueven ein und die Usipeter und Teukterer, welche mit einem großen Heer den Diktator Cäsar bekämpften, erklärten, daß sie es für keine Schande hielten, vor einem Volk geflohen zu sein, dessen Waffen selbst die unsterblichen Götter nicht gewachsen wären.

Unter der Regierung des Kaisers Caracalla erschien ein unzählbarer Schwarm Sueven an den Ufern des Mains und in der Nachbarschaft der römischen Provinzen, suchend entweder Nahrung, oder Beute, oder Ruhm. Dieses zusammengeströmte Heer von Freiwilligen verschmolz allmählich in ein großes und bleibendes Volk, und da es aus so vielen verschiedenen Stämmen bestand, nahm es den Namen Alemannen, »Alle Männer«, an, um zugleich ihre verschiedene Abstammung und ihre gemeinsame Tapferkeit anzudeuten. Bald fühlten die Römer die letztere in manchem feindlichen Einbruch. Die Alemannen fochten hauptsächlich zu Pferde, aber die Furchtbarkeit ihrer Reiterei wurde erhöht durch eine Zugabe leichten Fußvolkes, aus den tapfersten und behendesten Jünglingen gewählt, welche es durch häufige Übung dahin gebracht hatten, daß sie die Reiter auf dem längsten Marsch, dem schnellsten Angriff und dem schleunigsten Rückzug begleiteten.

Dieses kriegerische Volk der Deutschen wurde durch die unermeßlichen Vorbereitungen des Alexander Severus in Erstaunen und durch die Waffen seines Nachfolgers, eines ihnen an Tapferkeit und Wildheit gleichen Barbaren, in Schrecken gesetzt. Aber sie hingen fortwährend an den Grenzen des Reiches und vermehrten die allgemeine Unordnung, welche auf den Tod des Decius folgte. Den reichen Provinzen Galliens versetzten sie schwere Wunden und waren die Ersten, welche den Schleier wegrissen, der die schwache Majestät Italiens verbarg. Ein zahlreiches Heer von Alemannen drang über die Donau und die rätischen Alpen in die Ebenen der Lombardei, rückte bis Ravenna vor und entfaltete die siegreichen Banner der Barbaren fast im Angesichte Roms. Schimpf und Gefahr entzündeten im Senat einige Funken seines alten Heldenmutes. Beide Kaiser waren in ferne Kriege, Valerian im Orient, Gallienus in Gallien, verwickelt. Alle Hoffnungen und Hilfsmittel der Römer waren auf sie selbst beschränkt. In dieser dringenden Gefahr übernahm der Senat die Verteidigung der Republik, ließ die Prätorianer, welche als Besatzung Roms zurückgelassen worden waren, ausrücken und vermehrte ihre Reihen durch Anwerbung der kräftigsten und mutigsten Plebejer. Die Alemannen, über das plötzliche Erscheinen eines zahlreicheren Heeres, als ihr eigenes war, staunend, kehrten mit Beute beladen nach Deutschland heim und ihr Rückzug wurde von den unkriegerischen Römern ein von ihnen errungener Sieg genannt.

Als Gallienus die Nachricht erhielt, daß die Hauptstadt von den Barbaren befreit worden wäre, fühlte er über den Mut des Senates weniger Freude als vielmehr Beunruhigung, weil er die Senatoren eines Tages anreizen könnte, sich ebensowohl von der Tyrannei daheim als von den auswärtigen Feinden zu befreien. Sein feiger Undank wurde seinen Untertanen durch ein Edikt kundgemacht, worin den Senatoren nicht nur verboten wurde, ein militärisches Amt auszuüben, sondern sogar, sich den Lagern der Legionen zu nähern. Aber seine Besorgnisse waren grundlos. Die reichen und üppigen Großen nahmen, indem sie wieder in ihren natürlichen Charakter zurücksanken, diese schmachvolle Befreiung von Kriegsdiensten als eine Gunst an, und solange sie nur im Genuß ihrer Bäder, Theater und Villen blieben, überließen sie freudig die gefährlicheren Sorgen des Reiches den rauhen Händen der Bauern und Soldaten.

Ein zweiter Einfall der Alemannen von furchtbarerem Aussehen aber glorreicherem Ende wird von einem Schriftsteller der letzten Zeiten des römischen Reiches erwähnt. 300 000 Mann dieses kriegerischen Volkes sollen in der Nähe von Mailand durch Gallienus in Person und an der Spitze von nur zehntausend Römern besiegt worden sein. Mit größerer Wahrscheinlichkeit mögen wir diesen unglaublichen Sieg entweder der Leichtgläubigkeit des Geschichtsschreibers oder den vergrößerten Taten eines Unterfeldherrn des Kaisers zuschreiben. Es waren Waffen ganz verschiedener Art, wodurch Gallienus Italien vor der Wut der Deutschen zu schützen suchte. Er vermählte sich mit Pipa, der Tochter eines Königs der Markomannen, ein suevischer Stamm, der oft mit den Alemannen in ihren Kriegen und Eroberungen verwechselt wird. Dem Vater gewährte er als Preis des Bündnisses eine große Niederlassung in Pannonien. Die angeborenen Reize ungeschminkter Schönheit schienen die Neigung des unbeständigen Kaisers festgehalten zu haben, und die Bande der Politik wurden durch jene der Liebe fester geknüpft. Aber Roms hochmütiges Vorurteil verweigerte den Namen Ehe noch immer der profanen Vermischung eines Bürgers mit einer Barbarentochter und brandmarkte die deutsche Fürstin mit dem schmähenden Titel Konkubine des Gallienus.

III. Die Goten. Wir haben bereits die Wanderung der Goten aus Skandinavien, oder wenigstens aus Preußen nach der Mündung des Borysthenes, und ihre Waffentaten von dem Borysthenes an die Donau verfolgt. Unter den Regierungen Valerians und Gallienus' wurde der letztgenannte Fluß beständig durch die Deutschen und Sarmaten bedroht, aber die Römer verteidigten ihn mit größerer Festigkeit und mehr Erfolg als gewöhnlich. Die Provinzen, welche der Schauplatz des Krieges waren, ergänzten die Heere Roms aus einer unerschöpflichen Quelle kühner Krieger, und mehr als einer derselben erhielt den Rang und entfaltete die Talente eines Feldherrn. Wenn auch Streifparteien der Barbaren, welche unaufhörlich an den Ufern der Donau hingen, zuweilen bis an die Grenzen von Mazedonien und Italien vordrangen, wurden ihre Fortschritte durch die kaiserlichen Unterfeldherrn gewöhnlich entweder gehemmt, oder ihnen der Rückzug abgeschnitten. Aber der große Strom der gotischen Feindseligkeiten lenkte in einen ganz andern Kanal ein. Die Goten wurden in ihrer neuen Niederlassung in der Ukraine bald die Herren der Nordküste des schwarzen Meeres, an dessen südlicher die verweichlichten und reichen Provinzen von Kleinasien lagen, welche alles enthielten, um barbarische Eroberer anzulocken, und nichts, um ihnen Widerstand zu leisten.

Die Ufer des Borysthenes sind von der schmalen Landenge, welche zur Halbinsel der krimmischen Tartarei führt, die den Alten unter dem Namen des taurischen Chersoneses bekannt war, nur sechzig Meilen entfernt. An dieses unwirtbare Gestade hat Euripides, welcher mit vollendeter Kunst die Sagen des Altertums verschönerte, den Schauplatz einer seiner ergreifendsten Tragödien verlegt. Die blutigen Opfer der

Diana, die Ankunft des Orestes und Pylades, und der Triumph der Tugend und Religion über Wildheit und Barbarei scheint die historische Wahrheit zu verbergen, daß die ursprünglichen Bewohner dieser Halbinsel durch allmählichen Verkehr mit den griechischen Kolonien, welche sich längst der Seeküste niederließen, bis zu einem gewissen Grade vermocht wurden, ihre rohen Sitten abzulegen. Das kleine Königreich Bosporus, dessen Hauptstadt an der Meerenge stand, welche das asowsche Meer mit dem schwarzen Meere verbindet, bestand aus ausgearteten Griechen und halbzivilisierten Barbaren. Es wurde nach dem peloponnesischen Krieg ein unabhängiger Staat, wurde dann durch den Ehrgeiz des Mithridates verschlungen und geriet mit dessen übrigen Besitzungen unter die Herrschaft der Römer. Seit der Regierung des Augustus waren die Könige von Bosporus die demütigen aber keineswegs nutzlosen Verbündeten des Reiches. Durch Geschenke, Waffen und eine geringe Befestigung, welche sie quer über die Landenge errichteten, hüteten sie gegen die wandernden Räuber Sarmatiens wirksam den Zugang eines Landes, welches wegen seiner besondern Lage und bequemen Häfen das schwarze Meer und Kleinasien beherrschte. Solange Könige in gerader Erbfolge das Zepter besaßen, entledigten sie sich ihrer wichtigen Pflicht mit Wachsamkeit und Erfolg. Innere Parteiungen aber und Furcht oder Privatinteresse obskurer Usurpatoren, welche sich des erledigten Thrones bemächtigten, ließen die Goten in das Herz des Bosporus ein. Außer der Erwerbung eines großen Striches fruchtbaren Bodens erhielten die Eroberer auch eine Seemacht, welche hinreichte, um ihre Heere nach den Küsten von Asien überzusetzen.

Die Schiffe, deren man sich bei der Fahrt auf dem schwarzen Meer zu bedienen pflegte, hatten eine besondere Bauart. Es waren leichte, flachbodige Boote, bloß aus Holz, ohne die geringste Beigabe von Eisen gefertigt und bei dem Herannahen eines Sturmes durch ein schräges Dach geschützt. In diesen schwimmenden Häusern vertrauten sich die Goten sorglos der Willkür eines unbekannten Meeres an, und zwar unter der Führung von Matrosen, die zum Dienst gezwungen worden und deren Treue und Geschicklichkeit gleich verdächtig war. Aber die Hoffnung auf Beute verbannte jede Vorstellung von Gefahr, und angeborene Furchtlosigkeit des Charakters ersetzte in ihrem Gemüt jenes vernünftige Vertrauen, welches die natürliche Folge der Kenntnis und Erfahrung ist. Krieger von so verwegenem Mut mußten oft gegen die Feigheit ihrer Führer murren, welche nur durch die stärksten Anzeichen auf dauerndes gutes Wetter vermocht werden konnten, in die See zu stechen, und sich kaum bewegen ließen, das Land aus den Augen zu verlieren. So ist es wenigstens Brauch der heutigen Türken, und wahrscheinlich standen sie in der Nautik nicht unter den alten Einwohnern des Bosporus.

Die Flotte der Goten erschien, die Küste von Cirkassien links lassend, zuerst vor Pityus, an der äußersten Grenze der römischen Provinzen, einer mit einem bequemen Hafen versehenen und durch eine starke Mauer verteidigten Stadt. Hier stießen sie auf einen hartnäckigeren Widerstand, als sie von der schwachen Besatzung einer fernen Festung erwarten konnten. Sie wurden zurückgeschlagen, und dieses Mißlingen schien den Schrecken des gotischen Namens zu vermindern. Solange Successianus, ein Krieger von hohem Rang und großen Verdiensten, diese Grenze verteidigte, waren alle ihre Anstrengungen vergeblich; nachdem er aber von Valerian zu einem ehrenvolleren obgleich unwichtigeren Posten befördert worden war, schritten sie wieder zum Angriff von Pityus und löschten durch die Zerstörung dieser Stadt ihre frühere Schmach aus.

Wenn man das östliche Ende des schwarzen Meeres umschifft, dauert die Fahrt von Pityus nach Trapezunt 300 Meilen. Der Lauf der Goten führte sie in das Angesicht des durch den Argonautenzug so berühmten Landes Kolchis, und sie versuchten, aber ohne Erfolg, einen reichen Tempel an der Mündung des Flusses Phasis zu plündern. Trapezunt, im Rückzug der Zehntausend als eine alte Kolonie der Griechen berühmt, verdankte seinen Reichtum und Glanz der Freigebigkeit des Kaisers Hadrian, welcher an einer Küste, wo es die Natur an sichern Häfen hat ermangeln lassen, einen künstlichen baute. Die Stadt war groß und volkreich, eine doppelte Mauerumgebung schien der Wut der Goten zu trotzen, und die gewöhnliche Besatzung war um 10 000 Mann verstärkt worden. Aber es gibt nichts, was die Abwesenheit der Disziplin und Wachsamkeit ersetzen könnte. Die zahlreiche Besatzung von Trapezunt, in Schwelgerei und Üppigkeit aufgelöst, verschmähte es, die uneinnehmbaren Befestigungen zu bewachen. Die Goten gewahrten bald die träge Nachlässigkeit der Belagerten, errichteten mittelst Faschinen eine Art Anhöhe, erstiegen die Mauern in der Stille der Nacht und drangen mit dem Schwert in der Faust in die unverteidigte Stadt. Ein allgemeines Würgen der Einwohner folgte, während die erschrockenen Soldaten durch die entgegengesetzten Tore der Stadt entkamen. Die heiligsten Tempel und die herrlichsten Gebäude wurden in gemeinsame Zerstörung verwickelt. Die Beute, welche in die Hände der Goten fiel, war unermeßlich, denn die Bewohner der umliegenden Gegend hatten ihre Reichtümer in Trapezunt, als einem festen Zufluchtsort, niedergelegt. Die Zahl der Gefangenen war unglaublich, da die siegreichen Barbaren ohne Widerstand die ausgedehnte Provinz Pontus durchstreiften. Mit der reichen Beute von Trapezunt wurde eine große Flotte gefüllt, welche eben im Hafen lag. Die kräftige Jugend der Seeküste wurde an die Ruder geschmiedet, und die Goten, mit dem Erfolg ihres ersten Seezuges zufrieden, kehrten im Triumph nach ihren neuen Wohnsitzen im Königreich Bosporus heim.

Der zweite Seezug der Goten wurde mit größeren Streitkräften an Menschen und Schiffen unternommen, aber sie steuerten diesmal, die erschöpften Provinzen des Pontus verschmähend, in einer verschiedenen Richtung, folgten der Westküste des schwarzen Meeres, segelten an den weiten Mündungen des Borysthenes, des Dniester und der Donau vorüber, und indem sie ihre Flotte durch Wegnahme einer beträchtlichen Anzahl von Fischerbarken vermehrten, näherten sie sich der engen Öffnung, durch welche das schwarze Meer seine Gewässer in das mittelländische ergießt und Europa von Asien scheidet. Die Besatzung von Chalcedon lagerte in der Nähe des Tempels des Jupiters Urius auf einem

Vorgebirge, welches den Eingang der Meerenge beherrschte; und so unbeträchtlich waren diese gefürchteten Einfälle der Barbaren, daß selbst diese Streitkräfte das gotische Heer an Zahl übertrafen. Aber es war auch nur die Zahl, worin sie ihm überlegen waren. Sie verließen in Hast den ihnen anvertrauten Posten und gaben die Stadt Chalcedon, welche mit Vorrat von Waffen und Geld überreich versehen war, der Willkür der Eroberer Preis. Während diese noch unschlüssig waren, ob sie das Land oder das Meer, Europa oder Asien als Schauplatz ihrer Feindseligkeiten vorziehen sollten, schilderte ihnen ein treuloser Überläufer Nikomedien, einst die Hauptstadt der Könige von Bithynien, als reiche und leichte Beute. Er machte auf ihrem Marsch, der nur sechzig Meilen von dem Lager von Chalcedon entfernt war, den Führer, leitete den Angriff, welchem kein Widerstand entgegengesetzt wurde, und teilte die Beute; denn die Goten hatten bereits so viel Politik erlernt, um den Verräter zu belohnen, wenn sie ihn gleich verabscheuten. Nicäa, Prusa, Apamäa, Cius, Städte, welche mit dem Glanz von Nikomedien wetteiferten, oder ihn wenigstens nachahmten, wurden in dasselbe Unglück verwickelt, welches im Lauf von wenigen Wochen ohne Hindernis die ganze Provinz Bithynien verheerte. 300 Friedensjahre, deren die weichlichen Einwohner von Kleinasien genossen, hatte jede Übung in Waffen abgeschafft, jede Besorgnis vor Gefahr entfernt. Man ließ die alten Mauern verfallen, und das ganze Einkommen der reichsten Städte wurde zum Bau von Bädern, Tempeln und Theatern verwendet.

Als die Stadt Cyzikus den äußersten Anstrengungen des Mithridates widerstand, zeichnete sie sich durch weise Gesetze, eine Seemacht von 200 Galeeren und drei große Magazine für Waffen, Kriegsmaschinen und Getreide aus. Sie war noch immer der Sitz des Reichtums und der Üppigkeit, allein von ihrer alten Stärke nichts geblieben, als ihre Lage auf einer kleinen Insel des Propontis, welcher mit dem Festland von Asien nur durch zwei Brücken zusammenhing. Nach der Plünderung von Prusa rückten die Goten bis auf achtzehn Meilen gegen die Stadt vor, welche sie der Zerstörung geweiht hatten, als der Untergang von Cyzikus durch einen günstigen Zufall verschoben wurde. Die Jahreszeit war regnerisch, und der See Apolloniates, der Sammelplatz aller Gewässer des Olympus, stieg zu einer außerordentlichen Höhe. Der kleine Fluß Rhyndakus, welcher aus dem See kommt, schwoll zu einem breiten und mächtigen Strom an und hemmte die Fortschritte der Goten. Ihrem Rückzug nach der Seestadt Heraklea, wo wahrscheinlich ihre Flotte lag, folgte ein langer Zug von Wagen, die mit der Beute von Bithynien beladen waren, und wurde durch die Flammen von Nicäa und Nikmedien, welche Städte sie mutwilliger Weise in Brand steckten, bezeichnet. Einige undeutliche Winke in Betreff eines zweifelhaften Kampfes, welcher ihren Rückzug sicherte, kommen in einem alten Schriftsteller vor. Aber selbst ein vollständiger Sieg hätte wenig geholfen, da die herannahenden Äquinoktialstürme des Herbstes sie ohnehin mahnten, ihre Rückkehr zu beschleunigen. Auf dem schwarzen Meer vor dem Monat Mai oder nach dem September zu schiffen, wird noch von den heutigen Türken für den Gipfel der Verwegenheit und Torheit gehalten.

Wenn wir lesen, daß die dritte von den Goten in den Häfen des Bosporus ausgerüstete Flotte, dreihundert Segel stark war, so vervielfacht unsere Phantasie sogleich ihre Streitkräfte; da aber der einsichtsvolle Strabo versichert, daß die Seeräuberschiffe des Pontus und des kleineren Scythien nicht mehr als fünfundzwanzig bis dreißig Mann fassen konnten, so dürfen wir getrost behaupten, daß sich bei dieser großen Expedition höchstens 15 000 Mann einschifften. Überdrüssig der Grenzen des schwarzen Meeres richteten sie ihre zerstörende Streifbahn von dem cimmerischen nach dem thracischen Bosporus. Nachdem sie fast die Mitte der Meerenge gewonnen hatten, wurden sie plötzlich zum Eingang zurück getrieben, bis sich den folgenden Tag ein günstiger Wind erhob und sie binnen wenig Stunden in das ruhige Meer, vielmehr den See Propontis trug. Ihrer Landung auf der Insel Cyzykus folgte die Verwüstung dieser alten und schönen Stadt. Von da schifften sie durch die Meerenge des Hellespont, und setzten ihre sich hinwindende Fahrt zwischen den zahlreichen Inseln fort, welche über den Archipelagus oder das ägäische Meer zerstreut sind. Der Beistand von Gefangenen und Überläufern war ihnen in jedem Fall äußerst notwendig, um ihre Schiffe zu steuern und ihre verschiedenen Einfälle sowohl an der Küste von Griechenland als von Asien zu leiten. Endlich ankerte die gotische Flotte im Hafen von Piräus, fünf Meilen von Athen, welches einige Anstalten zu einer kräftigen Verteidigung getroffen hatte. Kleodamus, einer der Kriegsbaukundigen, welche auf Befehl des Kaisers die Seestädte gegen die Goten befestigten, hatte bereits angefangen, die alten Mauern, welche seit Sulla in Verfall geraten waren, auszubessern. Die Anstrengungen seiner Kunst blieben ohne Wirkung, und die Barbaren wurden Herren des alten Sitzes der Musen und der Künste. Aber während sich die Eroberer jeder Ausgelassenheit des Plünderns und der Unmäßigkeit überließen, wurde ihre Flotte, welche mit einer schwachen Besatzung im Piräus lag, unerwartet von dem tapferen Dexippus angegriffen, welcher mit Kleodamus der Plünderung von Athen entflohen war, eilig eine Schar freiwilliger Bauern wie Soldaten zusammenraffte und gewissermaßen das Unglück seines Vaterlandes rächte.

Aber diese Tat, welchen Glanz sie auch über das sinkende Alter Athens verbreiten mochte, diente mehr zur Erbitterung als zur Zähmung des unerschrockenen Sinnes der nordischen Barbaren. Ein allgemeiner Brand erhob sich zu gleicher Zeit in jedem Bezirk von Griechenland. Theben und Argos, Korinth und Sparta, welche sonst denkwürdige Kriege gegen einander geführt hatten, waren nicht im Stande, ein Heer in das Feld zu bringen, oder ihre verfallenen Befestigungen zu verteidigen. Die Wut des Krieges verbreitete sich sowohl zu Land als zur See von der östlichen Spitze von Sunium bis zur Westküste von Epirus. Die Goten waren bereits bis nahe an die Grenzen von Italien vorgerückt, als das Herdrohen einer so unmittelbaren Gefahr den trägen Gallienus aus seinem Freudentraum rüttelte. Er erschien in Waffen, und seine Anwesenheit scheint der Wut der Feinde Einhalt getan, oder ihre Kraft zersplittert zu haben. Naulobatus, ein Häuptling der Heruler, nahm eine ehrenvolle Kapitulation an, trat mit einer großen Schar seiner Landsleute in römische Dienste, und wurde mit den Insignien der konsularischen Würde bekleidet, welche bisher noch nie von den Händen eines Barbaren entweiht worden waren. Große Scharen von Goten, der Gefahren und Beschwerlichkeiten einer langen Seefahrt überdrüssig, brachen in Mösien mit der Absicht ein, ihren Weg über die Donau nach ihrer Heimat in der Ukraine zu erzwingen. Dieses kühne Wagnis hätte zu ihrem unabwendbaren Verderben ausschlagen müssen, wenn die Uneinigkeit der römischen Feldherren den Barbaren nicht Mittel des Entkommens geliefert hätten. Der kleine Überrest dieser zerstörenden Scharen kehrte zu Schiffe zurück, segelte langsam durch den Hellespont und Bosporus, und verwüstete auf der Vorüberfahrt die Küste von Troja, dessen Ruhm, durch Homer der Unsterblichkeit geweiht, wahrscheinlich das Andenken der gotischen Siege überleben wird. So wie sich die Barbaren in dem Becken des schwarzen Meeres in voller Sicherheit wußten, landeten sie bei Anchialus in Thrakien, am Fuße des Hämus, und gebrauchten, nach allen ihren Mühen, die dortigen angenehmen und heilsamen warmen Bäder. Was von dem Heimzug noch zurückgelegt werden mußte, war eine kurze und leichte Fahrt. Das war das wechselnde Geschick der dritten und größten ihrer Unternehmungen zur See.

Es scheint schwer zu begreifen, wie die ursprüngliche Heeresmacht von 15 000 Kriegern die Verluste und Teilungen eines so kühnen Zuges aushalten konnte. Aber wenn auch ihre Anzahl durch das Schwert, Schiffbrüche und den Einfluß eines warmen Klimas sich verringerte, wurde sie doch beständig durch Scharen von Räubern und Ausreißern, welche zu ihren Fahnen strömten, insbesondere durch eine große Menge Sklaven ergänzt, häufig deutscher oder sarmatischer Herkunft, welche mit Begierde die glorreiche Gelegenheit zu Freiheit und Rache ergriffen. Bei diesen Zügen machte die gotische Nation auf einen überlegenen Anteil an Ruhm und Gefahr Anspruch; aber die Stämme, welche unter den gotischen Fahnen fochten, werden in den unvollständigen Geschichtsbüchern jener Zeit bald unterschieden und bald vermengt, und da die Flotten der Barbaren aus der Mündung des Tanais zu kommen schienen, wurde der allbekannte Name Skythen häufig der gemischten Menge beigelegt.

Bei weitverbreitetem Unglück des Menschengeschlechtes wird der Tod eines Einzelnen, er wäre auch noch so hochgestellt, der Ruin eines Gebäudes, wie berühmt es auch sein mag, mit sorgloser Unbekümmertheit übergangen. Dennoch kann man nicht vergessen, daß der Tempel der Diana zu Ephesus, nachdem er aus sieben wiederholten Unglücksfällen sich mit stets erneutem Glanz erhoben hatte, endlich von den Goten auf diesem ihrem dritten Seezug verbrannt wurde. Die Künste von Griechenland und die Reichtümer von Asien hatten gewetteifert, diesen heiligen und prachtvollen Bau zu errichten. Er wurde von hundertsiebenundzwanzig Marmorsäulen jonischer Ordnung getragen, welche Geschenke frommer Monarchen und jede sechzig Fuß hoch waren. Der Altar war von Praxiteles' Meisterhand geschmückt, welcher vielleicht aus den Lieblingslegenden der Geburtsstätte der göttlichen Kinder der Latona, das Verbergen des Apollo nach dem Gemetzel der Cyklopen, und die Milde des Bacchus gegen die besiegten Amazonen gewählt hatte. Doch betrug die Länge des Tempels von Ephesus nur 425 Fuß, ungefähr zwei Drittel des Maßes der Peterskirche zu Rom. In den anderen Dimensionen stand er noch tiefer unter diesem erhabenen Werke der neueren Architektur. Die ausgebreiteten Arme eines christlichen Kreuzes erfordern weit mehr Raum als die länglichen Tempel der Heiden, und die kühnsten Künstler des Altertums würden bei der Zumutung gestutzt haben, einen Dom von der Größe und den Verhältnissen des Pantheons in die hohe Luft emporzutürmen. Der Tempel der Diana wurde indessen als eines der Wunder der Welt angestaunt. Aufeinanderfolgende Weltreiche, das persische, das makedonische und das römische hatten seine Heiligkeit in Ehrfurcht gehalten und seinen Glanz vermehrt. Aber den rohen Wilden der Ostsee fehlte es an Geschmack für die schönen Künste, und die ideellen Schrecknisse eines fremden Aberglaubens wurden von ihnen verachtet.

Ein anderer Umstand wird von diesen Einfällen erzählt, welcher unsere Aufmerksamkeit verdienen würde, müßte man nicht argwöhnen, er sei das angenehme Erzeugnis der Phantasie eines neueren Sophisten. Es heißt, daß bei der Plünderung von Athen die Goten alle Bibliotheken zusammengeschleppt und diesen Leichenhügel griechischer Gelehrsamkeit in Brand gesteckt hätten, wenn nicht einer der Häuptlinge, ein schärferer Politiker als seine Brüder, sie davon durch die tiefe Bemerkung abhielt, daß die Griechen, solange sie sich dem Studium der Bücher hingäben, sich nie zum Gebrauch der Waffen wenden würden. Der scharfsinnige Ratgeber (angenommen die Tatsache wäre wahr) schloß wie ein unwissender Barbar. Bei den gebildetsten und mächtigsten Nationen hat sich Genie jeder Art ziemlich zur selben Zeit entfaltet, und das Zeitalter der Wissenschaften ist gewöhnlich auch jenes der kriegerischen Tugenden und des Sieges gewesen.

IV. Die Perser. Die neuen Souveräne von Persien, Artaxerxes und sein Sohn hatten über das Haus der Arsaciden triumphiert. Von vielen Fürsten dieses alten Geschlechtes hatte der König Chosroes von Armenien allein sein Leben und seine Unabhängigkeit bewahrt. Er verteidigte sich durch die natürliche Stärke seines Landes, das beständige Zuströmen von Flüchtlingen und Unzufriedenen, das Bündnis mit den Römern und vor allem durch seinen eigenen Mut. Unbesiegbar durch die Waffen während eines dreißigjährigen Krieges wurde er endlich durch Sendlinge des Königs Sapor von Persien ermordet. Die patriotischen Satrapen von Armenien, welche die Freiheit und die Würde der Krone verteidigten, suchten um den Schutz Roms zugunsten des rechtmäßigen Erben des Tiridates nach. Aber der Sohn des Chosroes war ein Kind, die Bundesgenossen fern, und der König von Persien rückte an der Spitze eines unwiderstehlichen Heeres gegen die Grenze. Der junge Tiridates, die künftige Hoffnung des Landes, wurde durch die Treue eines Dieners gerettet, und Armenien blieb 27 Jahre lang wider seinen Willen eine Provinz des großen persischen Reiches. Durch diese leichte Eroberung stolz gemacht und es auf die Unglücksfälle oder die Entartung der Römer wagend, zwang Sapor die starken Besatzungen von Karrhä und Nisibis zur Übergabe, und verbreitete Verwüstung und Schrecken auf beiden Seiten des Euphrat.

Der Verlust einer wichtigen Grenze, die Vernichtung eines treuen und natürlichen Bundesgenossen und das schnelle Glück des herrschsüchtigen Sapor erfüllte Rom mit einem tiefen Gefühl sowohl beleidigter Würde als drohender Gefahr. Valerian schmeichelte sich, daß die Wachsamkeit seiner Unterfeldherren hinreichen würde, um für die Sicherheit des Rheins und der Donau zu sorgen, und beschloß trotz seines vorgerückten Alters in Person zur Verteidigung des Euphrat zu ziehen. Während seines Zuges durch Kleinasien stellten die Goten ihre Einfälle ein, und die heimgesuchte Provinz genoß einer vorübergehenden und trügerischen Ruhe. Er ging über den Euphrat, begegnete dem persischen Monarchen unter den Mauern von Edessa, wurde besiegt und von Sapor gefangen genommen.

Die Einzelheiten dieses großen Ereignisses sind nur dunkel und unvollkommen dargestellt; bei dem schwachen Schein jedoch, der uns leitet, vermögen wir nur eine lange Reihe von Unklugheiten, Fehlern und verdientem Unglück von seiten des römischen Kaisers zu entdecken. Er setzte ein unbedingtes Vertrauen in Makrianus, seinen prätorianischen Präfekt. Dieser unwürdige Minister machte seinen Gebieter nur den unterdrückten Untertanen furchtbar aber verächtlich für die Feinde Roms. Infolge seiner ungeschickten oder ruchlosen Ratschläge verriet er die kaiserliche Armee in einer Stellung, wo kriegerische Tapferkeit und Geschicklichkeit gleichwenig helfen konnten. Der kräftige Versuch der Römer, sich mit dem Schwert einen Weg durch die Schar der Perser zu bahnen, wurde unter großem Gemetzel zurückgeworfen, und Sapor, welcher das Lager mit überlegenen Streitkräften umzingelt hatte, wartete geduldig, bis die steigende Wut des Hungers und der Pest seinen Sieg gesichert haben würde. Das ungezügelte Murren der Legionen beschuldigte bald Valerian als die Ursache ihrer Unglücksfälle, und ihr aufrührerisches Geschrei verlangte unverzügliche Kapitulation. Eine unermeßliche Summe Goldes wurde für die Erlaubnis eines schmachvollen Rückzugs geboten. Aber der Perser, sich seiner Überlegenheit bewußt, verschmähte das Geld mit Verachtung, nahm die Abgesandten fest, rückte in Schlachtordnung bis an den Fuß des römischen Walles und verlangte eine persönliche Unterredung mit dem Kaiser. Valerian sah sich gezwungen, sein Leben und seine Würde dem guten Glauben eines Barbaren anzuvertrauen. Die Unterredung endete, wie es vorauszusehen war. Der Kaiser wurde zum Gefangenen gemacht, und seine bestürzten Truppen streckten die Waffen. In dem Moment eines solchen Triumphes gaben Stolz und Politik dem persischen Monarchen die Maßregel ein, den erledigten Thron mit einem von seinem Willen durchaus abhängigen Nachfolger zu besetzen. Cyriades, ein obskurer Flüchtling von Antiochien, mit jedem Laster befleckt, wurde gewählt, um den römischen Purpur zu schänden, und der Wille des Siegers erhielt durch den, obgleich mit Widerstreben erschallenden Beifallsruf des gefangenen Heeres Genehmigung.

Der kaiserliche Sklave beeilte sich, die Gunst seines Gebieters durch Hochverrat gegen sein Vaterland zu sichern. Er führte Sapor über den Euphrat und durch Chalcis nach der Hauptstadt des Orientes. So schnell waren die Bewegungen der persischen Reiterei, daß Antiochien, wenn wir einem einsichtsvollen Historiker glauben, überrumpelt wurde, während die müßige Menge sich den Vergnügungen des Theaters überließ. Die herrlichen Gebäude von Antiochien, sowohl öffentliche wie der Privatpersonen, wurden teils geplündert teils zerstört, und die zahlreichen Einwohner entweder niedergemetzelt oder in Gefangenschaft abgeführt. Der Strom der Verwüstung ward für einen Augenblick durch die Entschlossenheit des Hochpriesters von Emessa aufgehalten. In priesterlichem Schmuck erschien er an der Spitze einer großen Schar fanatischer, nur mit Schleudern bewaffneter Bauern, und verteidigte seinen Gott und sein Eigentum gegen die frevelhaften Hände der Verehrer Zoroasters. Aber die Zerstörung von Tarsus und so vieler anderer Städte liefert den traurigen Beweis, daß mit dieser einzigen Ausnahme die

Eroberung von Syrien und Cilicien den persischen Waffen keine Hindernisse in den Weg legte. Die Engpässe des Taurus wo ein Feind, dessen Hauptmacht in Reiterei bestand, in sehr ungleichen Kampf verwickelt worden wäre, wurden verlassen, und man ließ Sapor ungehindert zur Belagerung von Cäsarea, der Hauptstadt von Kappadozien, schreiten, einer Stadt, die zwar nur vom zweiten Rang war, aber 400 000 Einwohner enthalten haben soll. Demosthenes befehligte in diesem Platz, nicht sowohl in Auftrag des Kaisers, als in freiwilliger Verteidigung seiner Vaterstadt. Eine lange Zeit verzögerte er ihr Schicksal, und als sie endlich durch die Treulosigkeit eines Arztes verraten wurde, schlug er sich durch die Perser, welche den Befehl erhalten hatten, Alles aufzubieten, um ihn lebend gefangen zu nehmen. Dieser heldenmütige Anführer entging der Macht eines Feindes, welcher seine hartnäckige Tapferkeit entweder belohnt oder bestraft hätte; aber viele Tausende seiner Mitbürger fielen als Opfer eines allgemeinen Gemetzels, denn Sapor wird beschuldigt, seine Gefangenen mit mutwilliger und unerbittlicher Grausamkeit behandelt zu haben. Viel mag allerdings auf Rechnung der Nationalfeindschaft, gedemütigten Stolzes und ohnmächtiger Rache kommen: im ganzen aber ist es gewiß, daß derselbe Fürst, welcher in Armenien im Licht eines milden Gesetzgebers erschien, sich gegen die Römer in dem strengen Charakter eines grausamen Eroberers zeigte. Er verzweifelte daran, sich im römischen Reich bleibend festsetzen zu können, und beschloß daher, hinter sich nur eine weite Wüste zurückzulassen, während er die Bevölkerung und die Reichtümer der Provinzen nach Persien verpflanzte.

Zur Zeit als der Orient vor dem Namen Sapor zitterte, erhielt er ein Geschenk, nicht unwürdig des größten der Könige, einen langen Zug mit den seltensten und wertvollsten Waren beladener Kamele. Die glänzende Gabe war von einem zwar ehrfurchtsvollen aber nicht kriechenden Schreiben Odenaths, eines der edelsten und reichsten Senatoren von Palmyra begleitet. »Wer ist dieser Odenath«, sagte der hochmütige Sieger und gebot, die Geschenke in den Euphrat zu werfen, »daß er die schamlose Dreistigkeit hat, an seinen

Herrn zu schreiben! Wenn er Hoffnung auf Milderung seiner Strafe hegt, so möge er sich vor den Füßen unsers Throns mit auf dem Rücken gebundenen Händen niederwerfen. Zögert er dagegen, soll schnelle Vernichtung auf sein Haupt, sein ganzes Geschlecht, sein Land fallen.« Die äußerste verzweiflungsvolle Lage, in welche sich der Palmyraner gebracht sah, rief alle schlummernde Kräfte seiner Seele zur Tätigkeit. Er ging Sapor entgegen, aber bewaffnet. Indem er seinen eignen Mut einem kleinen Heer, das er aus den Dörfern Syriens und den Zelten der Wüste gesammelt hatte, einflößte, hing er an der Seite der persischen Heeresmasse, neckte ihren Rückzug und bemächtigte sich eines Teils der Schätze, und was noch teurer war als jeder Schatz, einiger der Frauen des großen Königs, welcher zuletzt mit einigen Merkmalen der Eile und Verwirrung über den Euphrat zurückgehen mußte. Durch diese Tat legte Odenath den Grund zu seinem künftigen Ruhm und Glück. Die von einem Perser mißhandelte Majestät Roms wurde durch einen Syrier oder Araber von Palmyra beschützt.

Die Stimme der Geschichte, welche oft wenig mehr als das Organ des Hasses oder der Schmeichelei ist, beschuldigt Sapor des übermütigsten Mißbrauchs der Rechte des Sieges. Es wird berichtet, daß Valerian in Ketten aber mit dem kaiserlichen Purpur bekleidet, als beständiges Schauspiel der gefallenen Größe den Blicken der Menge preisgegeben wurde, und daß der persische Monarch, so oft er zu Pferde stieg, seinen Fuß auf den Nacken eines römischen Kaisers setzte. Trotz aller Vorstellungen seiner Verbündeten, welche ihn wiederholt mahnten, der Unbeständigkeit des Glückes zu gedenken, die Wiederkehr der römischen Macht zu scheuen und seinen erlauchten Gefangenen zu einem Pfand des Friedens nicht zu einem Gegenstand des Schimpfes zu machen, blieb Sapor unerbittlich. Nachdem Valerian den Wirkungen der Schande und des Schmerzes erlegen war, wurde seine Haut mit Stroh ausgestopft, ihr Ähnlichkeit mit einer menschlichen Gestalt gegeben und Jahrhunderte lang in dem berühmtesten Tempel Persiens aufbewahrt, ein wesentlicheres Denkmal des Triumphes als die künstlichen Trophäen aus

Erz und Marmor, welche die römische Eitelkeit so oft errichtet hat. Die Sage ist pathetisch und enthält Moral; ihre Richtigkeit kann jedoch mit Recht in Zweifel gezogen werden. Die noch vorhandenen Schreiben der orientalischen Fürsten an Sapor sind offenbar Fälschungen; auch ist es nicht sehr wahrscheinlich, daß ein auf seine Herrschaft eifersüchtiger Monarch selbst in der Person eines Nebenbuhlers die Majestät der Könige so öffentlich erniedrigt haben soll. Welche Behandlung der unglückliche Valerian aber in Persien immer erduldet haben mag, ist doch wenigstens das gewiß, daß der einzige römische Kaiser, welcher je in die Gewalt des Feindes fiel, sein Leben in hoffnungsloser Gefangenschaft verbrachte.

Der Kaiser Gallienus, welcher lange mit Ungeduld die zensorische Strenge seines Vaters und Kollegen ertragen hatte, empfing die Nachricht von seinem Unglück mit geheimer Freude und offenkundiger Gleichgültigkeit. »Ich wußte, daß mein Vater ein Sterblicher war«, sagte er, »und da er gehandelt hat, wie es einem tapferen Manne geziemt, so bin ich zufrieden.« Während Rom das Schicksal seines Souveräns beklagte, wurde die unmenschliche Kälte seines Sohnes von knechtischen Höflingen als die vollendete Festigkeit eines Helden und Stoikers gepriesen.

Es ist schwer, den leichtsinnigen, verschiedengestaltigen und unbeständigen Charakter des Gallienus zu schildern, welchen er ohne Rückhalt entfaltete, nachdem er alleiniger Besitzer des Reiches geworden war. In jeder Kunst, in welcher er sich übte, brachte er es, kraft seines lebendigen Geistes, weit: da es ihm aber an Urteil fehlte, versuchte er jede Kunst mit Ausnahme der wichtigen des Krieges und der Regierung. Er war Meister in mehreren interessanten aber nutzlosen Wissenschaften, ein schnellfertiger Redner, ein eleganter Dichter, ein geschickter Gärtner, ein trefflicher Koch aber ein höchst verächtlicher Fürst. Wenn dringende Staatsvorfälle seine Anwesenheit und Aufmerksamkeit erheischten, vertiefte er sich in Unterredungen mit dem Philosophen Plotinus, verschwendete er seine Zeit in kleinlichen oder ausschweifenden Vergnügungen, bereitete er sich zur Einweihung in die griechischen Geheimnisse vor, oder bewarb sich um einen Platz im Areopag zu Athen. Seine verschwenderische Prachtliebe beleidigte die allgemeine Armut, und die lächerliche Feier seiner Triumphe erregte ein noch tieferes Gefühl der öffentlichen Schmach. Die wiederholten Nachrichten von Einfällen, Niederlagen und Empörungen empfing er mit sorglosem Lächeln, und indem er mit affektierter Verachtung eines der Produkte der verlorenen Provinz auswählte, fragte er leichthin: »Ob denn Rom verloren wäre, wenn es nicht mit Leinwand aus Ägypten und mit gewebten Teppichen aus Gallien versehen würde?« Indessen gab es einige kurze Momente im Leben des Gallienus, wo er durch irgendeine frische Unbill erbittert, plötzlich als unerschrockner Soldat und grausamer Tyrann erschien, bis er mit Blut gesättigt oder durch den Widerstand ermüdet, unmerklich wieder in die angeborene Weichlichkeit und Trägheit seines Charakters versank.

Es kann nicht überraschen, daß zu einer Zeit, wo die Zügel der Regierung mit so lockeren Händen gehalten wurden, in jeder Provinz des Reiches eine Menge Usurpatoren sich gegen den Sohn des Valerian auflehnten. Wahrscheinlich war es irgendeine phantastische Laune, die dreißig Tyrannen von Rom mit den dreißig Tyrannen von Athen zu vergleichen, welche die Verfasser der Kaisergeschichte antrieb, diese berühmte Zahl, welche nach und nach allgemein üblich geworden ist, zu wählen. Aber die Parallele ist in jeder Rücksicht müßig und mangelhaft. Welche Ähnlichkeit kann man zwischen einem Rat von 30 Personen, den vereinten Unterdrückern einer einzigen Stadt, und einer zweifelhaften Liste unabhängiger Nebenbuhler entdecken, welche in unregelmäßiger Aufeinanderfolge in dem Umfang des ungeheuren Reiches auftauchten und stürzten? Auch wird die Zahl 30 nicht voll, außer man schließt in sie auch die Frauen und Kinder ein, welche mit dem kaiserlichen Titel beehrt wurden. So zerrüttet auch die Regierung des Gallienus war, brachte sie doch nur 19 Thronprätendenten hervor: Cyriades, Makrianus, Balista, Odenath und Zenobia im Orient; Posthumus, Lollianus, Viktorinus und seine Mutter Viktoria, Marius und Tetrikus in Gallien und den westlichen Provinzen; Ingenuus, Regillianus und Aureolus in Illyrien und an der Donaugrenze; Saturnius im Pontus; Trebellianus in Isaurien; Piso in Thessalien; Valens in Achaja; Aemilian in Ägypten und Celsus in Afrika. Die dunklen Momente des Lebens und Todes jedes Einzelnen zu schildern, würde eine ebenso schwierige als uninteressante und unbelehrende Unternehmung sein. Wir werden uns daher begnügen, einige allgemeine Züge aufzufassen, welche die Zeitumstände und die Sitten dieser Menschen, ihre Ansprüche, Beweggründe, Schicksale und die zerstörenden Folgen ihrer Usurpation am besten erläutern.

Es ist hinreichend bekannt, daß der gehässige Name *Tyrann* von den Alten häufig gebraucht wurde, um zu bezeichnen, daß sich jemand auf eine ungesetzliche Weise der obersten Gewalt bemächtigt habe, ohne irgendeine Bezugnahme auf ihren Mißbrauch. Mehrere der Prätendenten, welche die Fahne der Empörung gegen Gallienus erhoben, waren leuchtende Muster der Tugend, und fast alle besaßen einen beträchtlichen Teil Energie und Geschicklichkeit. Ihre Verdienste hatten sie der Gunst des Valerian empfohlen und sie nach und nach zu den wichtigsten Befehlshaberstellen des Reiches erhoben. Die Feldherren, welche den Titel Augustus annahmen, wurden von ihren Truppen entweder wegen geschickter Anführung und strenger Disziplin geachtet, oder wegen ihrer Tapferkeit und Erfolge im Krieg bewundert, oder wegen ihres Freimutes und ihrer Hochherzigkeit geliebt. Das Feld des Sieges war häufig der Schauplatz ihrer Erwählung, und selbst der Waffenschmied Marius, der verächtlichste aller Thronkandidaten, zeichnete sich wenigstens durch unerschrockenen Mut, eine Stärke ohne Gleichen und die aufrichtigste Redlichkeit aus. Sein geringes Gewerbe, das er erst kürzlich verlassen, verbreitete allerdings den Anschein der Lächerlichkeit über seine Erhebung, aber seine Herkunft konnte nicht dunkler sein als jene der Mehrzahl seiner Mitbewerber, welche geborene Bauern und als gemeine Soldaten in das Heer getreten waren. In Zeiten der Verwirrung findet jedes tatkräftige Talent den ihm von der Natur angewiesenen Posten und in einem Zustand allgemeinen Krieges ist militärischer Verdienst der einzige Weg zu Ruhm und Größe. Von den 19 Tyrannen war nur Tetrikus ein Senator, nur Piso ein

Patrizier. Das Blut Numas rann nach 28 Generationen in den Adern des Kalpurnius Piso, welcher durch weibliche Abstammung das Recht in Anspruch nahm, die Ahnenbilder des Krassus und Pompejus des Großen in seinem Haus aufzustellen. Seine Vorfahren waren wiederholt durch alle Ehren, welche die Republik erteilen konnte, ausgezeichnet worden, und von allen alten Geschlechtern Roms hatte das kalpurnische allein die Tyrannei der Cäsaren überlebt. Pisos persönliche Eigenschaften verliehen seinem Haus neuen Glanz. Der Usurpator Valens, auf dessen Befehl er hingerichtet wurde, gestand mit tiefer Reue, daß selbst ein Feind die Sittenreinheit Pisos hätte achten sollen, und obschon er im Zustand der Empörung gegen Gallienus starb, erkannte der Senat mit edelmütiger Zustimmung des Kaisers dem Andenken eines so tugendhaften Rebellen noch im Tod die Ehren des Triumphes zu.

Die Statthalter Valerians waren dankbar gegen den Vater, welchen sie hoch schätzten. Sie verschmähten es, unter der üppigen Trägheit seines unwürdigen Sohnes zu dienen. Der Thron der römischen Welt stützte sich auf kein Prinzip der Legalität, und Verrat gegen einen solchen Fürsten mochte leicht als Patriotismus betrachtet werden. Wenn man jedoch die Beweggründe dieser Usurpatoren mit Unbefangenheit prüft, so ergibt sich, daß sie viel öfter durch Furcht zur Empörung gezwungen, als durch Ehrgeiz dazu angetrieben wurden. Sie fürchteten den grausamen Verdacht des Gallienus, sie fürchteten ebensosehr die eigensinnige Gewalttätigkeit ihrer Truppen. Sobald die gefährliche Liebe des Heeres sie unkluger Weise des Thrones für würdig erklärte, waren sie zu sicherem Untergang bezeichnet, und selbst die Klugheit riet, einen kurzen Genuß der Herrschaft vorzuziehen und lieber das Kriegsglück zu versuchen, als die Hand des Henkers zu erwarten. Wenn das Geschrei der Soldaten die sträubenden Opfer mit den Insignien der höchsten Gewalt bekleidete, betrauerten sie zuweilen insgeheim ihr herannahendes Schicksal. »Ihr habt«, sagte Saturninus am Tag seiner Erhebung, »einen nützlichen Anführer verloren und einen sehr unglücklichen Kaiser geschaffen.«

Die Besorgnisse des Saturninus wurden durch die wiederholte Erfahrung dieser Revolutionen gerechtfertigt. Unter den 19 Tyrannen, welche unter der Regierung des Gallienus emporgeschossen, gab es keinen einzigen, der im Frieden lebte oder eines natürlichen Todes starb. So wie sie mit dem blutigen Purpur bekleidet waren, flößten sie ihren Anhängern dieselben Besorgnisse und den gleichen Ehrgeiz ein, welcher ihre eigene Empörung veranlaßt hatte. Von inneren Verschwörungen, Soldatenaufruhr und Bürgerkrieg umringt, zitterten sie am Rande eines Abgrundes, in welchen sie nach längerer oder kürzerer Frist der Angst unvermeidlich stürzten. Diese vorübergehenden Monarchen empfingen zwar solche Ehren, als die Schmeichelei ihres Heeres oder ihrer Provinzen ihnen erweisen konnte: aber ihre auf Empörung sich stützenden Ansprüche haben weder die Sanktion des Gesetzes noch die der Geschichte erhalten können. Italien, Rom und der Senat blieben der Sache des Gallienus stets treu und er allein wurde als der Souverän des Reiches angesehen. Indessen ließ sich dieser Fürst doch herbei, die siegreichen Waffen Odenaths anzuerkennen, welcher diese ehrende Auszeichnung durch das achtungsvolle Benehmen verdiente, das er stets gegen den Sohn des Valerian beobachtete. Unter dem allgemeinen Beifall der Römer und mit Zustimmung des Gallienus verlieh der Senat dem tapferen Palmyraner den Titel Augustus und schien ihm die Regierung des Orients anzuvertrauen, welche er bereits und zwar auf eine so unabhängige Weise besaß, daß er sie gleich einem Privaterbgut seiner berühmten Witwe Zenobia hinterließ.

Der schnelle Wechsel von der Hütte zum Thron, und vom Thron in das Grab, hätte einem gleichgültigen Philosophen Vergnügen gewähren können, wenn es für einen Philosophen möglich wäre, bei dem allgemeinen Unglück des Menschengeschlechts gleichgültig zu bleiben. Die Wahl dieser vorübergehenden Kaiser, ihre Macht wie ihr Tod, waren ihren Untertanen und Anhängern gleich verderblich. Der Preis ihrer unheilvollen Erhebung wurde den Truppen sogleich durch ein unermeßliches Geschenk bezahlt, welches dem Herzblut des erschöpften Volkes abgezapft wurde. Wie tugendhaft auch ihr Charakter, wie rein ihre Absichten sein mochten, sahen sie sich doch zu der harten Notwendigkeit verdammt, ihre Usurpation durch häufige Taten des Raubes und der Grausamkeit aufrecht zu halten. Wenn sie stürzten, verwickelten sie in ihren Fall die Heere und Provinzen. Noch ist ein äußerst blutdürstiges Mandat vorhanden, welches Gallienus nach der Unterdrückung des Ingenuus, der in Illyrien den Purpur angenommen hatte, an einen seiner Minister erließ. »Es ist nicht genug«, schrieb dieser weichliche aber unmenschliche Fürst, »daß Du diejenigen ausrottest, welche gegen mich in Waffen erschienen sind: eine Schlacht hätte mir ebenso wirksam dienen können. Das männliche Geschlecht jedes Alters muß weggetilgt werden, vorausgesetzt, daß Du bei Hinrichtung der Kinder und Greise es so anstellen kannst, daß unser Ruf gerettet bleibt. Laß Jeden töten, der gegen mich, gegen *mich,* den Sohn des Valerian, den Vater und Bruder so vieler Fürsten, ein Wort hat fallen lassen, oder einen Gedanken gehegt. Gedenke, daß Ingenuus zum Kaiser gemacht worden ist: zerfleische, töte, haue in Stücke. Ich schreibe mit eigner Hand, und wünsche dir meine Gefühle einzuflößen.« Während die Staatskräfte in Privatkämpfen vergeudet wurden, blieben die verteidigungslosen Provinzen jedem feindlichen Einfall preisgegeben. Die tapfersten Usurpatoren sahen sich durch ihre verwickelte Lage genötigt, mit dem gemeinsamen Feind schimpfliche Verträge zu schließen, die Neutralität oder die Dienste der Barbaren durch drückende Tribute zu erkaufen, und feindliche und unabhängige Nationen in das Herz des römischen Reiches einzuführen.

Unsere Denkweise verknüpft so innig die Ordnung des Universums mit dem Schicksal des Menschengeschlechts, daß diese düstere Periode mit Überschwemmungen, Erdbeben, ungewöhnlichen Meteoren, übernatürlichen Finsternissen und einer Menge von erdichteten oder übertriebenen Wundererscheinungen dekoriert worden ist. Eine lange und allgemeine Hungersnot bildete jedoch ein Übel ernsterer Natur. Sie war die unvermeidliche Folge des Raubes und der Unterdrückung, welche sowohl die Produkte der Gegenwart, als die Hoffnung künftiger Ernten zerstörte. Auf Hungersnot folgen fast stets epidemische Krankheiten, die Wirkung spärlicher und ungesunder Nahrung. Andere Ursachen müssen aber auch zu der schrecklichen Pest beigetragen haben, welche von dem Jahre 250 bis zum Jahre 265 in jeder Provinz, jeder Stadt und fast in jeder Familie des römischen Reiches wütete. Während einiger Zeit starben zu Rom täglich fünftausend Menschen, und mehrere Städte, welche den Händen der Barbaren entgangen waren, wurden gänzlich entvölkert.

Ein sehr merkwürdiger Umstand ist bis auf uns gelangt, welcher in dieser traurigen Berechnung des menschlichen Unglücks wohl von Nutzen sein mag. Es wurde nämlich zu Alexandrien ein genaues Register über alle Bürger gehalten, welche auf Kornverteilung Anspruch hatten. Dadurch fand man, daß die vormalige Zahl derjenigen, welche zwischen dem Alter von 40 und 70 Jahren standen, der ganzen Summe der Verteilungsberechtigten in einem Alter zwischen 14 und 80 Jahren gleichkamen, welche nach der Regierung des Gallienus am Leben waren. Wenn man diese authentische Tatsache mit den genauesten Sterblichkeitstabellen vergleicht, so beweist sie offenbar, daß die Hälfte der Bevölkerung von Alexandrien umgekommen ist, und wenn man es unternimmt, die Analogie auf die übrigen Provinzen auszudehnen, so kann man die Vermutung aufstellen, daß Krieg, Pest und Hungersnot binnen wenig Jahren die Hälfte des gesamten Menschengeschlechts hingerafft haben.

Siebtes Kapitel

*Die Regierung Diokletians und seiner drei Kollegen
Maximian, Galerius und Konstantius • Allgemeine
Wiederherstellung der Ordnung und Ruhe • Der persische
Krieg, Sieg und Triumph • Neue Form der Verwaltung •
Abdankung und Abtritt Diokletians und
Maximians vom Schauplatz*

Gleichwie die Regierung Diokletians ruhmreicher war als irgendeine seiner Vorgänger, war auch seine Herkunft verächtlicher und dunkler. Die mächtigen Ansprüche des Verdienstes und der Gewalt hatten zwar häufig die ideellen Vorrechte hoher Abstammung beiseite geschoben; aber zwischen den Freien und Sklaven war bisher der strengste Unterschied beibehalten worden. Die älteren Diokletians waren Sklaven im Hause des römischen Senators Anulinus gewesen, und er selbst führte keinen anderen Namen als von einer kleinen Stadt in Dalmatien, dem Geburtsort seiner Mutter. Es ist indessen wahrscheinlich, daß sein Vater die Freilassung und bald darauf das Amt eines Schreibers erhielt, welches gewöhnlich von Personen in seiner Lage ausgeübt wurde. Günstige Orakel oder das Bewußtsein der Überlegenheit bewog seinen aufstrebenden Sohn, das Gewerbe der Waffen und die Wechselfälle des Glückes zu versuchen, und es wäre im höchsten Grade interessant, die Stufenfolge von Kunstgriffen und Zufällen zu verfolgen, welche ihn zuletzt in den Stand setzte, diese Orakel zu erfüllen und seine Überlegenheit vor den Augen der Welt zu entfalten. Diokletian wurde nach und nach zur Statthalterschaft von Mösien, zur Ehre des Konsulates und zu dem wichtigen Befehl über die Palastleibwache befördert. Er zeichnete sich besonders im persischen Krieg aus, und nach dem Tod Numerians wurde der Sklave durch Geständnis und Urteil seiner Nebenbuhler des kaiserlichen Thrones am würdigsten erklärt.

Während die Böswilligkeit des religiösen Eifers die wilde Grausamkeit seines Kollegen Maximian anklagte, suchte sie über den persönlichen Mut des Kaisers Diokletian Zweifel zu verbreiten. Es ist aber kaum möglich, uns die Feigheit eines Soldaten des Glückes einzureden, welcher sowohl die Achtung der Legionen als die Gunst so vieler kriegerischen Fürsten erwarb und bewahrte. Aber die Verleumdung ist scharfsichtig genug, um die verwundbarste Stelle zu entdecken und anzugreifen. Die Tapferkeit Diokletians blieb nie hinter seiner Pflicht oder der Gelegenheit zurück; aber den kühnen und hochherzigen Geist eines Helden, welcher Gefahr und Ruhm aufsucht, List verschmäht und Huldigung von seines Gleichen offen fordert, scheint er nicht besessen zu haben. Seine Eigenschaften waren mehr nützlich als glänzend: ein, kräftiger durch Erfahrung und Studium der Menschen, gereifter Verstand, Geschäftsfleiß und Gewandtheit; eine kluge Mischung von Freigebigkeit und Sparsamkeit, von Milde und Strenge; tiefe Verstellung unter dem Deckmantel militärischer Geradheit, Stetigkeit in Verfolgung seiner Zwecke, Biegsamkeit in Anwendung der Mittel, und vor allem die große Kunst, seine eigenen so wie die Leidenschaften anderer dem Interesse seiner Herrschsucht unterzuordnen und dieser Herrschsucht den blendendsten Anstrich der Gerechtigkeit und des Gemeinwohls zu geben. Gleich Augustus, kann man Diokletian als den Gründer eines neuen Reiches ansehen. Gleich dem Adoptivsohne Cäsars, zeichnete er sich mehr als Staatsmann denn als Krieger aus, und keiner dieser beiden Fürsten schritt je zur Gewalt, wenn ihr Zweck durch Politik erreicht werden konnte.

Der Sieg Diokletians war wegen seltener Milde merkwürdig. Ein Volk, das die Großmut des Siegers zu preisen geneigt war, wenn die gewöhnlichen Strafen des Todes, der Verbannung und Konfiskation mit einigem Grade von Mäßigung und Billigkeit zuerkannt wurden, sah mit dem freudigsten Staunen einen Bürgerkrieg, dessen Flamme auf dem Schlachtfeld völlig erlosch. Diokletian würdigte Aristobulus, den ersten Minister des Hauses Karus', seines Vertrauens, achtete Leben, Vermögen und Würden seiner Gegner, ja ließ sogar dem größeren Teil der Diener des Karinus ihre Stellen. Es ist nicht unwahrscheinlich, daß Gründe der Klugheit der Menschlichkeit des schlauen Dalmatiers beistanden: von diesen Dienern hatten viele seine Gunst durch Verrat erkauft, an anderen schätzte er die dankbare Treue gegen einen unglücklichen Gebieter. Der richtige Scharfblick Aurelians, Probus' und Karus' hatte die verschiedenen Stellen im Staat und Heer mit Männern von anerkanntem Verdienst besetzt, deren Entfernung dem öffentlichen Dienst geschadet hätte, ohne das Interesse des Thronfolgers zu fördern. Ein solches Benehmen erfüllte indes die römische Welt mit den schönsten Hoffnungen in Betreff der neuen Regierung, und der Kaiser bestrebte sich, dieses günstige Vorurteil durch die Erklärung zu bekräftigen, daß es sein höchster Ehrgeiz sei, von allen Tugenden seiner Vorgänger besonders die Menschlichkeit des philosophischen Markus Antoninus nachzuahmen.

Die erste merkwürdige Handlung seiner Regierung schien einen Beweis sowohl von seiner Aufrichtigkeit als Mäßigung zu liefern. Nach dem Beispiel Mark Aurels gesellte er sich selbst einen Kollegen bei und gab ihm zuerst den Titel Cäsar und später jenen des Augustus. Aber die Beweggründe dieser Handlung, so wie der Gegenstand seiner Wahl, unterschieden sich mächtig von jenen seines bewunderten Vorfahren. Indem Markus einen üppigen Jüngling mit dem Purpur bekleidete, erfüllte er eine Pflicht der Dankbarkeit, aber allerdings auf Kosten des Staatswohles. Indem sich Diokletian einen Freund und Kriegsgefährten zu den Arbeiten der Regierung beigesellte, sorgte er in einer Zeit der öffentlichen Gefahr für die Verteidigung sowohl des Ostens als des Westens.

Maximian war der Sohn eines Bauers, und stammte, gleich Aurelian, aus dem Gebiet von Sirmium. Mit den Wissenschaften unbekannt und sich um die Gesetze nicht kümmernd, verriet sein bäuerisches Äußere und Wesen selbst noch auf dem Gipfel der Größe die Niedrigkeit seiner Herkunft. Krieg war das einzige Gewerbe, welches er trieb. Während einer langen Dienstlaufbahn hatte er sich auf jeder Grenze des Reiches ausgezeichnet, und obschon seine militärischen Talente mehr zum Gehorsam als zum Oberbefehl geeignet waren, obschon er vielleicht nie die Geschicklichkeit eines vollendeten Feldherrn erreichte, befähigten ihn doch Tapferkeit und Erfahrung, die schwierigsten Unternehmungen auszuführen. Ja selbst die Fehler Maximians waren seinem Wohltäter nützlich. Unzugänglich für das Mitleid und ohne Besorgnis um die Folgen, war er das bereitwillige Werkzeug für jede Grausamkeit, welche die Politik diesem listigen Fürsten riet, aber zugleich wünschenswert machte, sie zu verleugnen. Sobald der Klugheit oder Rache das blutige Opfer gebracht war, rettete Diokletian durch zeitige Dazwischenkunft die wenigen Übrigbleibenden, die er nie zu strafen beabsichtigt hatte, tadelte sanft die Strenge seines grausamen Kollegen und genoß der Vergleichung des goldenen mit dem eisernen Zeitalter, welche allgemein auf ihre entgegengesetzten Regierungsmaximen angewendet wurde. Trotz der Verschiedenartigkeit des Charakters bewahrten die Kaiser auf dem Thron jene Freundschaft, die sie im Privatstand geschlossen hatten. Der hochmütige und unruhige Geist Maximians, welcher später ihm selbst und dem öffentlichen Frieden so verderblich wurde, war gewohnt, das Genie Diokletians zu ehren, und bekannte das Übergewicht des Verstandes über rohe Gewalt. Aus einem Beweggrund des Stolzes oder Aberglaubens nahmen die beiden Kaiser, der eine den Namen Jovius, der andere den Namen Herkulius an. Während die Bewegung der Welt (so drückten sich ihre käuflichen Lobredner aus) durch die allsehende Weisheit Jupiters bewahrt wurde, reinigte der unbezwingliche Arm des Herkules die Erde von Ungeheuern und Tyrannen.

Aber selbst die Allmacht des Jovius und Herkulius reichte nicht hin, das Gewicht der Regierung zu tragen. Der kluge Diokletian sah ein, daß das auf allen Seiten von den Barbaren angegriffene Reich auf jeder Seite die Anwesenheit eines großen Heeres und eines Kaisers erfordere. In dieser Absicht beschloß er, die schwerfällige Macht abermals zu teilen und mit dem untergeordneten Titel *Cäsar* zwei Feldherren von anerkanntem Verdienst mit einem gleichen Anteil an der souveränen Gewalt zu bekleiden. Galerius, welcher ursprünglich Hiret gewesen und daher den Beinamen Armentarius erhalten hatte, und Konstantius wegen seiner bleichen Gesichtsfarbe Chlorus genannt, waren die zwei Männer, welche den zweiten Rang des Purpurs erhielten. Indem wir Vaterland, Herkunft und Sitten des Herkulius beschrieben, haben wir zugleich jene des Galerius geschildert, welcher oft und nicht mit Unrecht der jüngere Maximian genannt wurde, obschon er in vielen Beziehungen sowohl der Tugend als Fähigkeit ein entschiedenes Übergewicht über den älteren besessen zu haben scheint. Die Herkunft des Konstantius war minder dunkel als die seiner Kollegen. Sein Vater Eutropius war einer der angesehensten Edlen von Dardanien und seine Mutter die Nichte des Kaisers Klaudius. Obschon Konstantius seine Jugend unter den Waffen verlebt hatte, besaß er doch ein mildes und liebenswürdiges Gemüt, und war von der öffentlichen Stimme längst des Ranges für würdig erklärt worden, den er nun endlich erreicht hatte. Um die Bande der Politik durch jene der Verwandtschaft zu stärken, nahm jeder der beiden Kaiser gegen jeden der beiden Cäsaren den Charakter eines Vaters an, Diokletian gegen Galerius und Maximian gegen Konstantius, und jeder nötigte seinen Adoptivsohn, seine bisherige Gattin zu verstoßen, und gab ihm seine Tochter zur Ehe.

Diese vier Fürsten teilten den weiten Umfang des römischen Reiches unter sich. Die Verteidigung von Gallien, Spanien und Britannien wurde dem Konstantius anvertraut; Galerius nahm seinen Standpunkt an den Ufern der Donau, als Schutzwehr der illyrischen Provinzen. Italien und Afrika wurde als der Wirkungssprengel Maximians betrachtet, und Diokletian behielt Thrakien, Ägypten und die reichen Länder von Asien für seinen besondern Anteil. Jeder war in seinem eigenen Sprengel Souverän, aber ihre vereinte Macht erstreckte sich über die ganze Monarchie, und jeder war bereit, seinen Kollegen durch Rat oder persönliche Anwesenheit zu unterstützen. Die Cäsaren verehrten in ihrer erhabenen Stellung die Majestät der Kaiser, und die drei jüngeren Fürsten erkannten durch Dankbarkeit und Gehorsam unwandelbar den gemeinsamen Vater ihres Glückes an. Argwöhnische Eifersucht fand zwischen ihnen nicht statt, und das merkwürdige Glück ihrer Einheit wurde einem Musikchor verglichen, dessen Harmonie durch die geschickte Hand des ersten Künstlers reguliert und bewahrt wird.

Trotz der Politik Diokletians war es doch unmöglich, während einer Regierung von zwanzig Jahren und längs einer Grenze von mehreren hundert Meilen eine gleiche und ungestörte Ruhe zu bewahren. Zuweilen stellten die Barbaren ihre gegenseitigen Feindseligkeiten ein und die erschlaffende Wachsamkeit der Besatzungen ließ manchmal ihrer Tapferkeit oder List einen Durchweg. So oft sich Einfälle in die Provinzen ereigneten, benahm sich Diokletian mit jener würdevollen Ruhe, welche er besaß oder erheuchelte, bewahrte seine Gegenwart für solche Fälle, die seiner Dazwischenkunft würdig waren, setzte seine Person oder seinen Ruf nie einer unnötigen Gefahr aus, sicherte den günstigen Erfolg durch jedes Mittel, welches die Klugheit an die Hand geben konnte, und entfaltete mit Ostentation die Folgen seines Sieges. In Kriegen schwierigerer Natur und zweifelhafteren Ausgangs verwendete er die rohe Tapferkeit Maximians, und dieser treue Krieger begnügte sich, seine eigenen Siege dem weisen Rat und dem segensreichen Einfluß seines Wohltäters zuzuschreiben. Aber nach der Adoption der beiden Cäsaren zogen sich die Kaiser nach einem minder schwierigen Schauplatze zurück und übertrugen ihren adoptierten Söhnen die Verteidigung des Rheins und der Donau.

Der wachsame Galerius sah sich nie in die Notwendigkeit versetzt, ein Barbarenheer auf römischem Boden zu besiegen. Der tapfere und tätige Konstantius befreite Gallien von einem wütenden Einfall der Alemannen, und seine Siege von Langres und Vindonissa scheinen Kriegstaten voll Gefahr und Verdienst gewesen zu sein. Als er einst das offene Land mit schwacher Bedeckung durchzog, wurde er plötzlich von einer überlegenen Schar Feinde umzingelt. Er zog sich mit Schwierigkeit auf Langres zurück, aber in der allgemeinen Bestürzung weigerten sich die Bürger, die Tore zu öffnen, und der verwundete Fürst mußte mittelst eines Seiles über die Mauer gezogen werden. Auf die Kunde seiner Not eilten jedoch die römischen Truppen von allen Seiten zu seinem Entsatz herbei, und noch vor Abend hatte er seiner Ehre und

Rache durch die Niedermetzelung von 6000 Alemannen Genüge geleistet. Aus den Denkmälern jener Zeit könnten dunkle Spuren von mehreren anderen Siegen über die Barbaren gesammelt werden, aber diese ermüdende Forschung würde weder durch Vergnügen noch durch Belehrung belohnt werden.

Diokletian und seine Throngenossen amten das Benehmen des Kaisers Probus in der Verfügung über die Besiegten nach. Die gefangenen Barbaren, statt des Todes Sklaverei eintauschend, wurden unter die Provinzbewohner verteilt und besonders jenen Distrikten (in Gallien werden die Gebiete von Amiens, Beauvais, Cambray, Trier, Langres und Troyes genannt) überwiesen, welche durch die Unglücksfälle des Krieges entvölkert worden waren. Nützlich verwendet als Hirten und Ackersleute, verweigerte man ihnen Übung in den Waffen, außer wenn es für zweckdienlich erachtet wurde, sie unter das Heer zu reihen. Auch versagten die Kaiser denjenigen Barbaren, welche um Roms Schutz baten, keineswegs Ländereien unter minder knechtischen Bedingungen. Sie gewährten mehreren Kolonien der Karpi, Bastarnae und Sarmaten Ansiedlung, und gestatteten ihnen mit gefahrvoller Nachsicht, in einem gewissen Grade ihre Nationalsitten und Unabhängigkeit beizubehalten. Für die Provinzbewohner war es ein Gegenstand des Triumphes, daß die Barbaren, noch vor so kurzer Zeit ein Gegenstand des Schreckens, jetzt ihre Ländereien bebauten, ihr Vieh nach den benachbarten Märkten trieben und durch ihre Arbeit zum öffentlichen Wohlstand beitrugen. Sie wünschten ihren Gebietern zu diesem Zuwachs an Untertanen und Kriegern Glück, vergaßen aber beizusetzen, daß Scharen von geheimen Feinden, entweder übermütig durch Gunst, oder durch Unterdrückung zur Verzweiflung gebracht, in das Herz des Reiches eingeführt worden waren.

Wir haben unter der Regierung Valerians bemerkt, daß Armenien durch die Treulosigkeit und die Waffen der Perser unterworfen wurde, und daß nach der Ermordung Chosroes' sein Sohn Tiridates, der unmündige Erbe der Monarchie, durch die Treue seiner Freunde gerettet und unter dem

Schutz der Kaiser erzogen worden war. Tiridates zog aus der Verbannung solche Vorteile, wie er sie auf dem Throne von Armenien sich hätte nimmermehr zu eigen machen können: frühe Kenntnis des Unglücks, des Menschengeschlechtes und der römischen Disziplin. Er zeichnete seine Jugend durch tapfere Taten aus und entwickelte in jeder kriegerischen Übung, sogar in den minder ehrenvollen Wettkämpfen der olympischen Spiele unvergleichliche Kraft und Gewandtheit. Auf eine edlere Weise gebrauchte er diese Eigenschaften zur Verteidigung seines Wohltäters Licinius. Dieser Anführer war in dem Aufruhr, welcher den Tod des Kaisers Probus herbeiführte, der unmittelbaren Gefahr ausgesetzt, und die wütenden Soldaten bahnten sich schon einen Weg in sein Zelt, als sie durch den mächtigen Arm des armenischen Fürsten aufgehalten wurden. Die Dankbarkeit des Tiridates trug zu seiner baldigen Wiedereinsetzung bei. Licinius war in jeder Lage der Freund und Gefährte des Galerius, und das Verdienst des letzteren war lange vor seiner Erhebung zur Würde eines Cäsars von Diokletian erkannt und geachtet worden. Im dritten Jahr der Regierung dieses Kaisers wurde dem Tiridates das Königreich Armenien verliehen. Die Gerechtigkeit dieser Maßregel war ebenso einleuchtend als ihre Zweckmäßigkeit. Es war Zeit, der Usurpation des persischen Monarchen ein wichtiges Gebiet zu entreißen, welches seit der Regierung Neros stets einem jüngeren Zweig des Hauses der Arsaciden unter römischem Schutz verliehen worden war.

Als Tiridates an den Grenzen von Armenien erschien, wurde er mit ungeheucheltem Entzücken der Freude und Anhänglichkeit empfangen. Während 26 Jahren hatte das Land die wirklichen und eingebildeten Drangsale eines fremden Jochs erfahren. Die persischen Monarchen hatten ihre neue Eroberung mit herrlichen Gebäuden geschmückt; aber diese Denkmäler waren auf Unkosten des Volkes errichtet worden und wurden als Beweise der Knechtschaft verabscheut. Besorgnis vor Empörung hatte die strengsten Vorsichtsanordnungen eingegeben, Schmach hatte die Tyrannei erschwert, und das Bewußtsein des öffentlichen Hasses jede Maßregel erzeugt, welche ihn noch unversöhnlicher machen konnte. Wir haben bereits von dem Geist der Intoleranz gesprochen, welcher die Religion der Magier charakterisierte. Die Standbilder der zu Göttern erhobenen Könige von Armenien und die geheiligten Symbole der Sonne und des Mondes wurden von dem Fanatismus des Eroberers zerbrochen, und das ewige Feuer des Ormuzd auf einem Altar, der auf dem Gipfel des Berges Bagavan errichtet war, angezündet und erhalten.

Es war natürlich, daß ein durch so viele Unbilden erbittertes Volk sich mit Enthusiasmus für die Sache ihrer Unabhängigkeit, Religion und ihres erblichen Souveräns waffnen würde. Der reißende Strom stürzte jedes Hindernis, und die persischen Besatzungen wichen seiner Wut. Die Edlen Armeniens scharten sich unter Tiridates' Fahne, beriefen sich auf ihre früheren Dienste, boten sie für die Zukunft an und erbaten sich von dem neuen König jene Ehren und Belohnungen, von denen sie unter der fremden Herrschaft verachtungsvoll ausgeschlossen worden waren. Der Befehl über das Heer wurde Artavasdes, dessen Vater Tiridates als Kind gerettet hatte und dessen Angehörige wegen dieser edlen Tat niedergemetzelt worden waren, übertragen. Der Bruder des Artavasdes empfing die Statthalterschaft einer Provinz. So erhielt auch der Satrap Otas eine der ersten Befehlshaberstellen, ein Mann von außergewöhnlicher Mäßigung und Standhaftigkeit, welcher dem König dessen Schwester und einen beträchtlichen Schatz zurückgab; beide hatte er in einer abgelegenen Festung vor Verletzung bewahrt.

Unter den armenischen Edlen erschien ein Bundesgenosse, dessen Schicksale zu merkwürdig sind, als daß wir sie mit Stillschweigen übergehen dürften. Sein Name war Mamgo, seine Abkunft scythisch, und die Horde, welche ihn als Oberhaupt anerkannte, war noch vor wenigen Jahren an den Grenzen des chinesischen Reiches gelagert, welches sich damals bis in die Nähe von Sogdiana erstreckte. Da Mamgo sich das Mißfallen seines Gebieters zugezogen hatte, verließ er mit seinen Anhängern die Ufer des Oxus und flehte Sapor um Schutz an. Der Kaiser von China forderte den Flüchtling zurück und berief sich auf die Rechte der Souveränität. Der persische Monarch schützte die Rechte der Gastfreundschaft vor und vermied nicht ohne Mühe einen Krieg durch das Versprechen, Mamgo nach den äußersten Gegenden des Westens zu verbannen, eine Strafe, welche er nicht minder schrecklich als den Tod beschrieb. Armenien wurde zum Platz der Verbannung gewählt und der szythischen Horde ein großer Distrikt angewiesen, worauf sie ihre Herden weiden und von einem Ort zum anderen, so wie es die Verschiedenheit der Jahreszeiten mit sich brachte, wandern konnte. Man wollte sie zur Abwehr des Einfalls des Tiridates verwenden; ihr Anführer aber beschloß, nachdem er Wohltaten und Unbilden, die er von dem persischen König empfangen, abgewogen hatte, seine Partei zu verlassen. Der armenische Fürst, welcher die Fähigkeiten und Macht Mamgos wohl kannte, empfing ihn mit ausgezeichneter Hochachtung und erwarb, indem er ihm sein Vertrauen schenkte, einen tapferen und treuen Diener, der zu seiner Wiedereinsetzung kräftig beitrug.

Eine Zeit hindurch schien das Glück der unternehmenden Tapferkeit des Tiridates hold bleiben zu wollen. Er vertrieb die Feinde seines Hauses und Landes nicht nur aus dem ganzen Umfang von Armenien, sondern verbreitete in Verfolgung seiner Rache seine Waffen oder wenigstens seine Einfälle bis in das Herz von Assyrien. Der Historiker, welcher den Namen Tiridates vor der Vergessenheit bewahrt hat, feiert mit einem hohen Grad von Nationalenthusiasmus seine persönliche Tapferkeit, und sagt im echten Geist orientalischer Romantik, daß Riesen und Elefanten vor seinem unbezwinglichen Arm gefallen wären. Andere Quellen sind es, woraus wir den zerrütteten Zustand der persischen Monarchie erfahren, welchem der König von Armenien einen Teil seiner Vorteile verdankte. Um den Thron stritten zwei herrschsüchtige Brüder, und nachdem Hormuz ohne günstigen Erfolg die Stärke seiner Partei versucht hatte, nahm er zu dem gefährlichen Beistand der Barbaren, welche die Küste des kaspischen Meeres bewohnten, seine Zuflucht. Der Bürgerkrieg wurde inzwischen bald, entweder durch Sieg oder Versöhnung, beendet, und Narses, von Persien allgemein als

König anerkannt, richtete seine gesamten Streitkräfte gegen den auswärtigen Feind. Der Streit wurde nun zu ungleich, und die Tapferkeit des Helden war nicht im Stande, der Macht des Monarchen Widerstand zu leisten. Tiridates, zum zweiten Mal von dem Thron Armeniens vertrieben, nahm abermals zu dem Hofe der Kaiser Zuflucht. Narses stellte bald seine Herrschaft über die empörte Provinz wieder her, beklagte sich laut über den Schutz, welchen die Römer Rebellen und Flüchtlingen angedeihen ließen, und strebte nach der Eroberung des Ostens.

Weder Klugheit noch Ehrgefühl gestattete den Kaisern, die Sache des armenischen Königs zu verlassen, und so wurde der persische Krieg beschlossen. Diokletian nahm mit jener würdevollen Ruhe, die er stets an den Tag legte, seinen Standort zu Antiochia, bereitete von da die militärischen Operationen vor und leitete sie. Die Führung der Legionen wurde der unerschrockenen Tapferkeit des Galerius anvertraut, welcher zu diesem Behuf von den Ufern der Donau nach jenen des Euphrat berufen wurde. Die Heere trafen bald in den Ebenen von Mesopotamien aufeinander, und es wurden zwei Schlachten mit wechselndem und zweifelhaftem Erfolg geschlagen. Die dritte jedoch war von entscheidender Beschaffenheit und die römische Armee erlitt eine völlige Niederlage, welche man der verwegenen Voreiligkeit des Galerius zuschrieb, weil er mit zu unbeträchtlicher Truppenmacht die unzähligen Scharen der Perser angegriffen hatte.

Aber ein Blick auf das Land, wo Galerius geschlagen wurde, zeigt eine zweite Ursache seiner Niederlage. Derselbe Boden, wo Galerius besiegt wurde, war schon durch den Tod des Krassus und die Aufreibung von zehn Legionen berühmt geworden. Es war eine Ebene von mehr als 60 Meilen, die sich von den Bergen von Karrhä bis zum Euphrat erstreckte; eine flache, unfruchtbare Sandwüste ohne Berg, Baum und frische Wasserquelle. Das schwere Fußvolk der Römer, unter Hitze und Durst schmachtend, konnte nicht auf Sieg hoffen, wenn es seine Reihen bewahrte, und sie auch nicht trennen, ohne sich der unmittelbarsten Gefahr auszusetzen. In dieser Lage wurde es allmählich von zahlreicheren Streitkräften um-

ringt, durch schnelle Evolutionen gequält und von den Pfeilen der Reiterei der Barbaren aufgerieben. Der König von
Armenien hatte sich in der Schlacht durch Tapferkeit ausgezeichnet und erwarb während des öffentlichen Unglücks persönlichen Ruhm. Er wurde bis zum Euphrat verfolgt, sein
Pferd war verwundet und es schien unmöglich, daß er dem
siegreichen Feind entkomme. In dieser äußersten Gefahr ergriff Tiridates den einzigen Ausweg, welchen er vor sich sah;
er stieg vom Pferd und stürzte sich in den Strom. Seine Rüstung war schwer, der Fluß sehr tief und hier wenigstens eine
halbe Meile breit; aber eine solche Kraft und Gewandtheit
zeichnete ihn aus, daß er unversehrt das jenseitige Ufer erreichte. Was den römischen Feldherrn betrifft, kennt man die
Umstände seines Entkommens nicht; als er jedoch zu Antiochia anlangte, empfing ihn Diokletian nicht mit der Zärtlichkeit eines Freundes und Kollegen, sondern mit der Entrüstung eines beleidigten Souveräns. Der stolzeste der
Menschen mußte in Purpur gekleidet aber durch das Gefühl
seines Fehlers und Unglücks gedemütigt, dem Wagen des
Kaisers über eine Meile zu Fuß folgen und so vor dem ganzen Hofe das Schauspiel seiner Ungnade zeigen.

Nachdem Diokletian seinem Zorn nachgegeben und die
Majestät der obersten Gewalt bewiesen hatte, gab er dem
demütigen Bitten des Cäsars nach und gestattete ihm, seine
eigene Ehre und die der römischen Waffen wiederherzustellen. Statt der unkriegerischen Truppen Asiens, welche wahrscheinlich im ersten Feldzug gedient hatten, wurde ein zweites Heer, das aus Veteranen und frisch ausgehobenen
Truppen von der illyrischen Grenze bestand, herbeigezogen
und eine beträchtliche Anzahl gotischer Hilfstruppen in
kaiserlichen Sold genommen. An der Spitze einer auserlesenen Armee von 25 000 Mann ging Galerius abermals über
den Euphrat; statt aber seine Legionen in den offenen Ebenen
von Mesopotamien bloß zu stellen, rückte er durch die Gebirge von Armenien vor, wo er die Einwohner seiner Sache
ergeben und das Terrain ebenso günstig für die Operationen
des Fußvolkes fand, als es hinderlich für die Bewegungen der
Reiterei war. Das Unglück hatte die römische Disziplin befe-

stigt, während die Barbaren, durch den Sieg aufgeblasen, so nachlässig und schlaff wurden, daß der tätige Galerius, welcher in Begleitung von bloß zwei Reitern insgeheim mit eigenen Augen den Zustand und die Lage ihres Lagers ausgekundschaftet hatte, sie in einem Augenblick überfiel, wo sie es sich am Wenigsten versahen.

Eine Überrumpelung, besonders in der Nacht, wurde einem persischen Heer fast immer verderblich. »Ihre Pferde waren gebunden und gewöhnlich gefesselt, um ihr Fortlaufen zu verhindern; und wenn ein Alarm entstand, mußte ein Perser sein Pferd erst satteln und zäumen, und seinen Panzer anlegen, bevor er aufsitzen konnte.« Der ungestüme Angriff des Galerius verbreitete Unordnung und Bestürzung im Lager der Barbaren. Auf schwachen Widerstand folgte schreckliches Gemetzel, und in der allgemeinen Bestürzung floh der verwundete Monarch (denn Narses befehligte sein Heer in Person) nach den Wüsten von Medien. Seine kostbaren Zelte und die seiner Satrapen gaben dem Sieger eine unermeßliche Beute, und ein Umstand wird erwähnt, welcher die bäuerliche aber kriegerische Unwissenheit der Legionen in der eleganten Überflüssigkeit des Lebens beweist. Eine Tasche von glänzendem Leder, mit Perlen angefüllt, fiel in die Hände eines gemeinen Soldaten; er hob die Tasche sorgfältig auf, warf aber ihren Inhalt weg, in der Meinung, daß ein Ding, welches zu nichts zu gebrauchen wäre, auch keinen Wert haben könne. Der Hauptverlust des Narses war aber von weit schmerzlicherer Natur. Mehrere seiner Frauen, Schwestern und Kinder, welche sich im Gefolge des Heeres befanden, waren während der Niederlage zu Gefangenen gemacht worden. Obschon der Charakter des Galerius im allgemeinen wenig Ähnlichkeit mit jenem Alexanders hatte, amte er doch das liebenswürdige Benehmen des Mazedoniers gegen die Familie des Darius nach. Die Frauen und Kinder des Narses wurden gegen Gewalttat und Raub beschützt, an einen sichern Ort gebracht und mit aller der Achtung und Zartheit behandelt, welche ihrem Alter, Geschlecht und königlichen Rang von einem edelmütigen Feind gebührte.

Während der Osten mit Bangigkeit der Entscheidung dieses großen Kampfes entgegensah, entwickelte der Kaiser Diokletian, nachdem er in Syrien ein starkes Beobachtungsheer zusammengezogen hatte, aus der Ferne die Hilfsquellen der römischen Macht und behielt sich seine Mitwirkung bei etwa eintretender Kriegsnotwendigkeit vor. Auf die Nachricht von dem Sieg ließ er sich herab, nach der Grenze vorzugehen, in der Absicht, durch seine Anwesenheit und seinen Rat den Stolz des Galerius zu mäßigen. Die Zusammenkunft der römischen Fürsten zu Nisibis zeichnete sich durch jeden Beweis der Ehrfurcht vor dem einen und der Achtung vor dem anderen Teil aus. In dieser Stadt war es, wo sie bald nachher dem Gesandten des großen Königs Audienz erteilten. Durch die letzte Niederlage war die Macht, oder wenigstens der Mut des Narses gebrochen worden, und er betrachtete unverzüglichen Frieden als das einzige Mittel, den Fortschritten der römischen Waffen Einhalt zu tun. Er entsandte Apharban, einen Diener, der seine Gunst und sein Vertrauen besaß, mit dem Auftrag, wegen eines Friedens zu unterhandeln, oder vielmehr alle Bedingungen anzunehmen, welche der Sieger auflegen würde. Apharban eröffnete die Unterredung, indem er den Dank seines Gebieters für die edelmütige Behandlung seiner Familie erlauchten Gefangenen bat. Er pries die Tapferkeit des Galerius, ohne dem Ruf des Narses nahe zu treten, und hielt es für keine Unehre, die Überlegenheit des siegreichen Cäsars über einen Monarchen einzugestehen, welcher bisher an Ruhm alle Fürsten seines Hauses verdunkelt hatte. Er sagte, daß er Vollmacht habe, trotz der Gerechtigkeit der persischen Sache, die gegenwärtige Zwistigkeit der Entscheidung der Kaiser selbst zu unterwerfen, überzeugt wie er wäre, daß sie auf dem Gipfel der Größe der Wandelbarkeit des Glückes nicht uneingedenk sein würden. Apharban schloß seine Rede im Stil orientalischer Allegorie, mit der Vergleichung der römischen und persischen Monarchie mit den zwei Augen der Welt, welche unvollkommen und verstümmelt wäre, wenn eines derselben ausgerissen würde.

»Es steht den Persern wohl an«, erwiderte Galerius wie in einem Anfall der Wut, die seinen ganzen Körper zu verzerren schien, »es steht den Persern wohl an, sich auf die Wechselfälle des Glückes zu berufen und uns ruhige Vorlesungen über die Tugend der Mäßigung zu halten. Mögen sie sich doch ihrer eigenen Mäßigung gegen den unglücklichen Valerian erinnern. Sie besiegten ihn durch Betrug und behandelten ihn mit Unwürdigkeit. Bis zum letzten Augenblicke seines Lebens hielten sie ihn in schimpflicher Gefangenschaft, und nach seinem Tode gaben sie seine Leiche ewiger Schmach Preis.« Galerius milderte jedoch hierauf seinen Ton und bedeutete dem persischen Gesandten, daß es nicht Brauch der Römer wäre, einen zu Boden liegenden Feind zu zertreten, und daß sie bei dieser Gelegenheit mehr ihre eigene Würde als das Verdienst der Perser zu Rat ziehen würden. Er entließ Apharban mit der Hoffnung, daß Narses bald in Kenntnis gesetzt werden würde, unter welcher Bedingung er von der Milde der Kaiser einen dauernden Frieden und die Zurückgabe seiner Frauen und Kinder erhalten könne. Bei dieser Unterredung gewahrt man ebensowohl die wilden Leidenschaften des Galerius, als seine Unterordnung unter die höhere Weisheit und Macht Diokletians. Der Ehrgeiz des Ersteren dürstete nach der Eroberung des Orients, und er hatte vorgeschlagen, Persien in eine Provinz zu verwandeln. Die Klugheit des Letzteren, welcher der gemäßigten Politik des Augustus und der Antonine den Vorzug gab, ergriff die günstige Gelegenheit, einen glücklichen Krieg durch einen ehrenvollen und vorteilhaften Frieden zu beendigen.

In Gemäßheit ihres Versprechens beauftragten die Kaiser bald nachher Sikorius Probus, einen ihrer Geheimschreiber, den persischen Hof mit ihrem Endbeschluß bekannt zu machen. Als Friedensbringer wurde er mit allen Beweisen der Artigkeit und Freundschaft empfangen, aber seine Audienz unter dem Vorwand, ihm die nötige Ruhe nach einer so langen Reise zu gönnen, von Tag zu Tag verschoben, und er folgte den langsamen Bewegungen des Königs, bis er endlich in der Nähe des Flusses Asprudus in Medien vor Letzteren gelassen wurde. Der geheime Beweggrund Narses' bei diesem Verzug war, so aufrichtig er auch den Frieden wünschte, eine solche Streitmacht zu sammeln, die ihn in den Stand setzte, mit größerem Einfluß und mehr Würde zu unterhandeln. Nur drei Personen wohnten dieser wichtigen Unterredung bei: der Minister Apharban, der Präfekt der Leibwache und ein Heerführer, der an der armenischen Grenze befehligt hatte. Die erste Bedingung, welche der Abgesandte vorschlug, ist jetzt nicht recht verständlich: die Stadt Nisibis sollte nämlich als Platz des gegenseitigen Tausches, oder wie man es sonst genannt haben würde, als Stapelplatz zwischen beiden Reichen dienen. Es ist leicht einzusehen, daß die römischen Fürsten ihre Einkünfte durch einigen dem Handel auferlegten Zwang zu vermehren wünschten; aber da Nisibis innerhalb ihres eigenen Gebietes lag, und sie sowohl Herren der Einfuhr als der Ausfuhr waren, sollte man meinen, daß ein solcher Zwang mehr Gegenstand eines inneren Gesetzes, als eines Vertrages mit dem Ausland sein mußte. Um diesen Zwang wirksamer zu machen, wurden wahrscheinlich von dem König von Persien mehrere Zugeständnisse gefordert, die ihm sowohl sein Interesse wie seine Ehre so sehr zu verletzen schienen, daß Narses durchaus nicht zu bewegen war, dieselben zu bewilligen. Da dies der einzige Artikel war, dem er seine Zustimmung versagte, wurde nicht länger darauf bestanden, und die Kaiser ließen den Handel entweder in seinem natürlichen Kanal fließen, oder sie begnügten sich mit solchen Zwangsmaßregeln, welche sie kraft eigener Vollgewalt durchsetzen konnten.

Sobald diese Schwierigkeit beseitigt worden war, wurde ein feierlicher Friedensvertrag zwischen den beiden Nationen geschlossen und ratifiziert. Der Osten genoß 40 Jahre hindurch eines tiefen Friedens, und der Vertrag zwischen den nebenbuhlerischen Monarchien wurde bis zum Tod des Tiridates streng beobachtet; dann aber folgte ein neues von verschiedenen Ansichten und verschiedenen Leidenschaften beherrschtes Geschlecht in der Regierung der Welt, und der Enkel des Narses führte einen langen und merkwürdigen Krieg gegen die Fürsten aus dem Hause Konstantins.

Das schwierige Werk, das bedrängte Reich von Tyrannen und Barbaren zu befreien, war durch die Aufeinanderfolge illyrischer Bauern auf dem Thron vollständig erreicht worden.

So wie Diokletian in das 20. Jahr seiner Regierung trat, feierte er diese merkwürdige Epoche, so wie den Erfolg seiner Waffen durch den Pomp eines römischen Triumphes. Maximian, der gleiche Teilnehmer an seiner Macht, war sein einziger Genosse im Ruhm dieses Tages. Die beiden Cäsaren hatten gefochten und gesiegt, aber das Verdienst ihrer Taten wurde nach der Strenge der Maximen der Alten dem segensreichen Einfluß ihrer Väter und Kaiser zugeschrieben. Der Triumph Diokletians und Maximians war vielleicht minder prachtvoll als die Triumphe Aurelians und Probus'; aber er zeichnete sich durch mehrere Umstände höheren Ruhmes und Glückes aus. Afrika und Britannien, Rhein, Donau und Nil lieferten Trophäen; aber der merkwürdigste Schmuck war ein persischer Sieg, verbunden mit einer wichtigen Eroberung. Die Symbole der Flüsse, Berge und Provinzen wurden vor dem kaiserlichen Wagen hergetragen, und die Standbilder der gefangenen Frauen, Schwestern und Kinder des großen Königs boten der Eitelkeit des Volkes ein neues und angenehmes Schauspiel dar. In den Augen der Nachwelt ist dieser Triumph wegen einer Auszeichnung minder ehrenvoller Art merkwürdig. Es war der letzte Triumph, welchen Rom sah. Bald nach dieser Epoche hörten die Kaiser auf, zu siegen, und Rom hörte auf, die Hauptstadt des Reiches zu sein.

Der Platz, auf welchem Rom erbaut wurde, war durch alte Zeremonien und erträumte Wunder geheiligt worden. Die Gegenwart eines Gottes oder das Andenken eines Heros schien jeden Teil der Stadt zu beleben, und die Herrschaft der Welt war dem Kapitol verheißen worden. Die eingeborenen Römer fühlten und bekannten die Macht dieser angenehmen Täuschung. Sie war ihnen von ihren Voreltern überkommen, war mit ihren frühesten Lebensangewöhnungen groß gewachsen und wurde durch die Meinung politischer Nützlichkeit unterstützt. Form und Sitz der Regierung waren innig miteinander verbunden, und man hielt es für unmöglich, diese zu verlegen, ohne jene zu vernichten. Die Souveränität der Hauptstadt ging aber allmählich in dem Umfang der Eroberungen unter; die Provinzen tauchten zu gleicher Höhe empor, und die besiegten Völker erwarben denselben Namen und dieselben Vorrechte, ohne damit die parteiischen Neigungen der Römer zu verknüpfen.

Eine lange Zeit bewahrten jedoch die Überreste der alten Verfassung und der Einfluß der Gewohnheit die Würde Roms. Die Kaiser, obschon vielleicht von afrikanischer oder illyrischer Herkunft, achteten ihre adoptierte Vaterstadt als den Sitz ihrer Macht und als den Mittelpunkt ihres ausgedehnten Gebietes. Die Notfälle des Krieges forderten sehr oft ihre Anwesenheit an den Grenzen; Diokletian und Maximian aber waren die ersten römischen Fürsten, welche selbst in Friedenszeiten ihre gewöhnliche Residenz in den Provinzen aufschlugen; und wie auch dieses Benehmen durch Gründe des Privatinteresses eingegeben worden sein mag, wurde es doch durch sehr speziöse Rücksichten der Politik gerechtfertigt. Der Hof des Kaisers des Westens befand sich größtenteils zu Mailand, dessen Lage am Fuß zu Mailand der Alpen für den wichtigen Zweck, die Bewegungen der Barbaren Deutschlands zu bewachen, offenbar viel günstiger schien als jene Roms. Mailand gewann bald den Glanz einer Kaiserstadt. Die Häuser werden als zahlreich und wohlgebaut, die Sitten des Volkes als fein und gebildet geschildert. Ein Zirkus, ein Theater, eine Münze, ein Palast, Bäder, welche den Namen Maximians führten, mit Statuen geschmückte Säulengänge und ein doppelter Umkreis der Mauern trugen zur Schönheit der neuen Hauptstadt bei, welche durch die Nachbarschaft von Rom keineswegs verdunkelt zu werden schien.

Mit der Majestät Roms zu wetteifern, war auch Diokletians Ehrgeiz, welcher seine Muße und den Reichtum des Ostens auf die Verschönerung von Nikomedia verwandte; eine Stadt, die am Rand von Europa und Asien, in fast gleich weiter Entfernung von der Donau wie vom Euphrat lag. Durch den Geschmack des Monarchen und auf Unkosten des Volkes erlangte Nikomedia binnen wenigen Jahren eine Großartigkeit, wozu die Arbeit von Jahrhunderten erforderlich gewesen zu sein schien, und stand an Umfang und Volksmenge nur Rom, Alexandria und Antiochia nach. Das Leben Diokletians und Maximians war ein Leben der Tätigkeit, und ein beträchtlicher Teil desselben verging im Lager oder auf ihren langen und häufigen Zügen; so oft aber die öffentlichen Geschäfte ihnen einige Erholung gönnten, scheinen sie sich mit Vergnügen nach ihren Lieblingsresidenzen Nikomedia und Mailand begeben zu haben. Es ist äußerst zweifelhaft, ob Diokletian, bevor er im 20. Jahr seiner Regierung seinen römischen Triumph feierte, je die alte Hauptstadt des Reiches besucht habe. Selbst bei dieser merkwürdigen Veranlassung überstieg die Zeit seines Aufenthaltes nicht zwei Monate. Der ausgelassenen Vertraulichkeit des Volkes überdrüssig, verließ er in aller Eile Rom 13 Tage früher, als man gehofft hatte, er würde im Senat mit den Zeichen der konsularischen Würde erscheinen.

Der Widerwille, welchen Diokletian gegen Rom und römische Freiheit äußerte, war nicht die Wirkung einer augenblicklichen Laune, sondern das Ergebnis der tiefsten Politik. Dieser schlaue Fürst hatte ein neues System der kaiserlichen Regierung begründet, welches nachher durch das Haus des Konstantin vollendet wurde; und da das Bild der alten Verfassung im Senat mit religiöser Treue bewahrt wurde, beschloß er, diesen Stand der geringen Überreste seiner Macht und seines Ansehens zu berauben. Man wird sich der vorübergehenden Größe und der herrschsüchtigen Hoffnungen des römischen Senates, ungefähr acht Jahre vor der Erhebung des Diokletian, erinnern. Solange dieser Enthusiasmus dauerte, legten viele der Edlen ihren Eifer für die Sache der Freiheit unklug an den Tag; und nachdem die Nachfolger des Probus der republikanischen Partei ihre Unterstützung entzogen hatten, vermochten die Senatoren ihren ohnmächtigen Grimm nicht zu verbergen. Die erlauchtesten Mitglieder des Senates, gegen welche Diokletian stets Achtung geheuchelt hatte, wurden von seinem Kollegen in die Anklage erdichteter Verschwörungen verwickelt, und der Besitz einer eleganten Villa oder wohlbebauter Ländereien wurde als überzeugender Beweis der Schuld betrachtet. Das Lager der Prätorianer, welches die Majestät Roms so lange unterdrückt hatte, begann sie zu beschützen; und da diese stolzen Truppen des Sinkens ihrer Macht sich bewußt waren, fühlten sie sich natürlich geneigt, ihre Stärke mit dem Ansehen des Senates zu vereinigen. Durch die klugen Maßregeln Diokletians wurde ihre Zahl allmählich vermindert, ihre Vorrechte abgeschafft, und an ihre Stelle kamen zwei treue illyrische Legionen, welche unter dem neuen Namen der Jovianer und Herkulianer die Bestimmung erhielten, den Dienst der kaiserlichen Leibwache zu versehen.

Die verderblichste jedoch geheime Wunde, welche der Senat von den Händen Diokletians und Maximians empfing, wurde ihm durch die unvermeidlichen Folgen ihrer Abwesenheit zugefügt. Solange die Kaiser zu Rom residierten, mochte diese Versammlung unterdrückt, aber sie konnte kaum vernachlässigt werden. Die Nachfolger des Augustus übten die Gewalt, was immer für Gesetze ihnen Laune oder Weisheit eingab, zu diktieren; aber diese Gesetze wurden durch die Sanktion des Senates ratifiziert. Die Form der alten Freiheit wurde in seinen Beratungen und Beschlüssen beibehalten, und weise Fürsten, welche die Vorurteile des römischen Volkes achteten, sahen sich bis zu einem gewissen Grade genötigt, das Benehmen und die Sprache anzunehmen, welche dem ersten Feldherrn und Beamten der Republik zukamen. Bei dem Heer und in den Provinzen entfalteten sie die Würde von Monarchen, und als sie endlich ihre Residenz fern von der Hauptstadt aufschlugen, legten sie für immer jene Verstellung ab, welche Augustus seinen Nachfolgern empfohlen hatte. Bei der Ausübung sowohl der gesetzgebenden als vollziehenden Gewalt beriet sich der Souverän mit seinen Ministern, statt, wie sonst, mit dem großen Rat der Nation. Der Name des Senates wurde mit Ehre bis auf den letzten Zeitpunkt des Reiches erwähnt, der Eitelkeit seiner Mitglieder noch immer durch Ehrenauszeichnungen geschmeichelt; aber man ließ diese Versammlung, welche so lange die Quelle, so lange das Werkzeug der Macht gewesen, achtungsvoll in Vergessenheit sinken. Indem der römische Senat allen Zusammenhang mit dem kaiserlichen Hofe verlor, wurde er ein ehrwürdiger aber nutzloser Überrest des Altertums auf dem kapitolinischen Berg.

Nachdem die römischen Fürsten den Senat und ihre alte Hauptstadt aus den Augen verloren hatten, vergaßen sie schnell Ursprung und Natur ihrer gesetzlichen Gewalt. Die Zivilämter eines Konsuls, eines Prokonsuls, eines Zensors, eines Tribuns, verrieten trotz ihrer Vereinigung die republikanische Abstammung. Diese bescheidenen Titel wurden abgelegt, und wenn die hohe Stellung der Fürsten noch immer durch den Namen Kaiser oder *Imperator* ausgezeichnet wurde, so verstand man dieses Wort in einem erhabenen Sinn und es bedeutete nicht mehr den Feldherrn der römischen Heere, sondern den Souverän der römischen Welt. Der Name *Imperator,* anfangs rein kriegerischer Natur, wurde mit einem andern von knechtischerer Natur vereinigt. Der Beiname *Dominus* oder Herr in seiner ursprünglichen Bedeutung drückte nicht die Macht des Fürsten über seine Untertanen oder eines Feldherrn über seine Soldaten, sondern die despotische Gewalt eines Gebieters über die ihm gehörigen Sklaven aus. Indem die ersten Cäsaren ihn in diesem gehässigen Licht betrachteten, verwarfen sie ihn mit Abscheu. Ihr Widerstand wurde allmählich schwächer und der Name minder gehässig, bis endlich der Stil: *unser Herr und Kaiser,* nicht bloß von der Schmeichelei gebraucht, sondern regelmäßig in die Gesetze und auf die öffentlichen Monumente überging.

Solche hohe Titel reichten hin, um die ausschweifendste Eitelkeit zu befriedigen, und wenn die Nachfolger Diokletians fortwährend den königlichen Titel verschmähten, scheint dies weniger die Wirkung ihrer Mäßigung als vielmehr ihres Taktes gewesen zu sein. Wo die lateinische Sprache im Gebrauch war (und sie war die Geschäftssprache der Regierung im ganzen Umfang des Reiches), schloß der kaiserliche Titel, als den römischen Fürsten eigentümlich, einen achtbareren Begriff in sich als der Name König, den sie mit hundert barbarischen Häuptlingen hätten teilen müssen oder im besten Fall nur von Romulus und Tarquinius ableiten konnten. Ganz verschieden aber waren die Ansichten des Ostens von jenen des Westens. Von der frühesten Periode der Geschichte an waren die asiatischen Könige in der griechischen Sprache mit dem Titel βασιλεύς, König, beehrt worden, und da man denselben als die höchste menschliche Auszeichnung betrachtete, wurde er bald von den knechtischen Provinzbewohnern des Ostens in ihren demütigen Eingaben an den römischen Thron gebraucht. Selbst die Attribute oder wenigstens die Titel der *Gottheit* wurden von Diokletian und Maximian usurpiert, welche sie einer Reihe christlicher Kaiser hinterließen. Solche außerordentliche Schmeicheleien verlieren aber bald mit ihrem ursprünglichen Sinn auch ihre Gottlosigkeit, und wenn das Ohr einmal daran gewöhnt ist, hört man sie mit Gleichgültigkeit als unbestimmte obschon ausschweifende Beteuerungen der Ehrfurcht.

Von der Zeit des Augustus bis zu jener des Diokletian gingen die römischen Fürsten auf vertrauliche Weise mit ihren Mitbürgern um und wurden bloß mit der Hochachtung begrüßt, welche man gewöhnlich den Senatoren und Staatsobrigkeiten zollte. Ihre Hauptauszeichnung bestand in dem kaiserlichen oder kriegerischen Purpurgewand, während die Toga der Senatoren bloß mit einem breiten, die der Ritter mit einem schmalen Streifen derselben ehrenvollen Farbe geschmückt war. Der Stolz oder vielmehr die Politik Diokletians vermochte diesen schlauen Fürsten, die zeremoniöse Großartigkeit des persischen Hofes einzuführen. Er wagte es, das Diadem anzunehmen, einen Schmuck, welchen die Römer als das Symbol des Königtums verabscheuten und dessen Gebrauch als die wahnsinnigste Handlung des tollen Kaligula betrachtet wurde. Es bestand bloß in einer breiten, weißen, mit Perlen besetzten Binde, welche das Haupt des Kaisers umgab. Die kostbaren Gewänder Diokletians und seiner Nachfolger waren von Seide und Gold, und man bemerkte mit Entrüstung, daß selbst ihre Schuhe mit Edelsteinen besetzt waren. Der Zutritt zu ihrer geheiligten Person wurde durch die Einführung neuer Formen und Zeremonien jeden Tag mehr erschwert. Die Zugänge zum Palast wurden durch die verschiedenen *Schulen,* wie sie genannt zu werden anfingen, der Hausbeamten strenge bewacht. Die inneren Gemächer vertraute man der eifersüchtigen Wachsamkeit der Eunuchen an, und Zunahme ihrer Zahl und ihres Einflusses bildete das untrüglichste Zeichen der Fortschritte des Despotismus. Wenn ein Untertan endlich zur Audienz gelangte, mußte er, sein Rang mochte welcher immer sein, vor dem Kaiser auf das Antlitz niederfallen und nach orientalischer Sitte die Gottheit seines Herrn und Gebieters anbeten.

Diokletian war ein Mann von Verstand, der in seinem öffentlichen wie in seinem Privatleben sowohl sich selbst als die Menschen richtig hatte schätzen lernen; es ist daher nicht leicht zu begreifen, wie er bei der Einführung der persischen Sitten an die Stelle der römischen ernstlich durch ein so niedriges Prinzip, als das der Eitelkeit, hätte geleitet werden sollen. Er schmeichelte sich, daß das Gepränge des Glanzes und des Luxus die Phantasie der Menge unterjochen, daß der Monarch, sobald seine Person der Öffentlichkeit entzogen war, der rohen Zügellosigkeit der Soldaten und des Volkes weniger ausgesetzt sein, und daß die Gewohnheit der Unterwürfigkeit unmerklich Gefühle der Verehrung erzeugen würde. Der Prunk, welchen Diokletian entfaltete, war gleich der Bescheidenheit, welche Augustus heuchelte, ein theatralisches Schauspiel; aber man muß gestehen, daß von den beiden Komödien die erstere einen viel edleren und männlicheren Charakter hatte als die letztere. Der Zweck des einen war Verheimlichung, der des anderen Schaustellung der unbegrenzten Gewalt, welche die Kaiser über die römische Welt besaßen.

Ostentation war das erste Prinzip des neuen von Diokletian eingeführten Systems. Das zweite war Teilung. Er teilte das Reich, die Provinzen, jeden Zweig der Zivil- wie der Militärverwaltung. Er vervielfältigte die Räder der Regierungsmaschine und machte ihre Wirkungen weniger schnell aber sicherer. Welche Vorteile und Nachteile mit diesen Neuerungen immer verknüpft sein mochten, müssen sie in hohem Grade dem ersten Erfinder zugeschrieben werden; da aber das neue Gerüst der Politik von den nachfolgenden Fürsten allmählich verbessert und vervollständigt wurde, wird die Betrachtung desselben am besten bis zur Zeit seiner völligen Reife und Vollkommenheit verschoben. Indem wir uns daher ein genaueres Gemälde des neuen Reiches für die Regierung Konstantins vorbehalten, wollen wir uns mit Beschreibung des entscheidenden Hauptumrisses begnügen, wie derselbe durch die Hand Diokletians gezogen worden ist. Er hatte sich zur Ausübung der höchsten Gewalt drei Kollegen beigesellt, und da er überzeugt war, daß die Fähigkeiten eines einzigen Mannes zur Verteidigung des Staates nicht hinreichten, betrachtete er die vereinte Regierung von vier Fürsten nicht als ein temporäres Auskunftsmittel, sondern als Grundgesetz der Verfassung. Es war sein Plan, daß die zwei älteren Fürsten durch den Gebrauch des Diadems und den Titel Augustus ausgezeichnet werden, daß sie, je nachdem Liebe oder Achtung ihre Wahl leitete, zu ihrem Beistand zwei untergeordnete Kollegen berufen, und daß die Cäsares, indem sie ihrer Reihe nach zum höchsten Rang emporstiegen, dem Reich eine ununterbrochene Folge von Kaisern liefern sollten. Das Reich wurde in vier Teile geschieden. Der Osten und Italien waren die ehrenvollsten, der Rhein und die Donau die mühevollsten Posten. Jene forderten die Anwesenheit der Augusti, die letzteren waren der Verwaltung der Cäsares anvertraut. Die Stärke der Legionen befand sich in den Händen der vier Teilnehmer an der Souveränität, und die Verzweiflung, nacheinander vier furchtbare Nebenbuhler zu besiegen, mochte den Ehrgeiz jedes herrschsüchtigen Heerführers in Schranken halten. In Bezug auf ihre Zivilverwaltung wurde angenommen, daß die Kaiser die ungeteilte Macht des Monarchen besaßen, und ihre mit den Namen aller unterzeichneten Edikte wurden als gesetzlicher Ausfluß ihrer vereinten Weisheit und Macht in allen Provinzen angenommen. Trotz dieser Vorsichtsmaßregeln löste sich die politische Einheit der römischen Welt allmählich auf und es drängte sich ein Prinzip der Teilung ein, welches im Laufe weniger Jahre die beständige Trennung der östlichen und westlichen Provinzen veranlaßte.

Das System Diokletians war mit einem anderen sehr wesentlichen Nachteil verknüpft, welcher selbst jetzt noch nicht gänzlich verwunden werden kann, nämlich mit einem kostspieligeren Staatshaushalt, folglich mit Zunahme der Abgaben und Bedrückung des Volkes. Statt eines bescheidenen Haushaltes von Sklaven und Freigelassenen, wie er der einfachen Größe des Augustus oder Trajan genügt hatte, wurden in den verschiedenen Teilen des Reiches drei oder vier glänzende Höfe aufgeschlagen, und ebensoviele römische *Könige* wetteiferten miteinander und mit dem persischen Monarchen in der eitlen Überlegenheit an Pomp und Luxus. Die Zahl der Minister, Obrigkeiten, Unterbeamten und Diener, welche die verschiedenen Fächer der öffentlichen Verwaltung füllten, wurde jenseits alles Beispiels früherer Zeiten vervielfältigt, und »als das Verhältnis derjenigen«, um die kräftige Ausdrucksweise eines Zeitgenossen zu entlehnen, »welche empfingen, das Verhältnis derjenigen überstieg, welche zahlten, wurden die Provinzen durch das Gewicht der Steuern erdrückt.« Es würde leicht sein, von dieser Periode an bis zum Untergang des Reiches eine ununterbrochene Reihe von Klagen und Beschwerden nachzuweisen. Je nach seiner Religion oder Stellung wählte jeder Schriftsteller entweder Diokletian, oder Konstantin, oder Valens, oder Theodosius zum Gegenstand seiner Schmähungen: sämtlich aber kommen sie darin überein, daß sie einstimmig die Last der öffentlichen Abgaben und besonders der Grund- und Kopfsteuer als das unerträgliche, in stetem Zunehmen begriffene Übel ihrer eigenen Zeit schildern. Wegen dieser Übereinstimmung wird ein unparteiischer Schriftsteller, welcher verpflichtet ist, aus Schmähungen ebensowohl wie aus Panegyriken die Wahrheit zu sichten, geneigt sein, den Tadel unter die Fürsten zu verteilen, welche jene anschuldigen, und ihre Erpressungen weit weniger ihren persönlichen Lastern als ihren gleichförmigen Verwaltungssystemen zuzuschreiben. Der Kaiser Diokletian war in der Tat der Urheber dieses Systems: aber während seiner Regierung blieb das wachsende Übel innerhalb der Grenzen der Mäßigung und Klugheit, und er verdient mehr den Vorwurf, gefährliche Präsedenzien eingeführt als wirkliche Bedrückung geübt zu haben. Hierzu kommt, daß seine Einkünfte mit weiser Sparsamkeit verwaltet wurden, und daß nach Bestreitung aller laufenden Ausgaben im kaiserlichen Schatz ein hinreichender Vorrat für kluge Freigebigkeit oder dringende Staatsnotfälle übrig blieb.

Im 21. Jahr seiner Regierung setzte Diokletian den merk-würdigen Entschluß, der Herrschaft zu entsagen, in Vollzug: eine Handlung, welche man viel natürlicher von dem älteren oder jüngeren Antoninus erwarten konnte, als von einem Fürsten, welcher den Geboten der Philosophie weder bei Ge-langung zur höchsten Gewalt, noch in Ausübung derselben je gefolgt hatte. Diokletian erwarb den Ruhm, der Welt das erste Beispiel einer Abdankung zu geben, welches von späte-ren Monarchen sehr häufig nachgeahmt worden ist. Die Par-allele Karls des Fünften bietet sich unserem Geist von selbst dar, nicht nur, weil die Beredsamkeit eines neueren Histo-rikers den englischen Leser mit diesem Namen so vertraut ge-macht hat, sondern wegen der auffallenden Ähnlichkeit zwi-schen den Charakteren der beiden Kaiser, deren politische Fähigkeiten ihre militärischen Talente überragten, und deren prangende Tugenden weit weniger die Wirkung der Natur als der Kunst waren. Die Abdankung Karls scheint durch die Wechselfälle des Glücks beschleunigt worden zu sein, und das Fehlschlagen seiner Lieblingspläne trieb ihn, einer Macht zu entsagen, welche er als unzulänglich für seinen Ehrgeiz gefun-den hatte. Die Regierung des Diokletian war aber eine Flut ununterbrochener glücklicher Erfolge gewesen, und er scheint erst, nachdem er alle seine Feinde besiegt, alle seine Pläne ausgeführt hatte, ernstlich mit dem Gedanken an eine Thronentsagung umgegangen zu sein. Weder Karl noch Dio-kletian standen zur Zeit ihrer Thronentsagung in einem weit-vorgerückten Alter; denn der eine zählte nur 55, der andere nicht mehr als 59 Jahre: aber das tätige Leben dieser Fürsten, ihre Kriege und Reisen, Regentensorgen und ihr Geschäfts-fleiß hatten ihre Gesundheit untergraben und die Schwächen eines vorzeitigen Alters über sie gebracht.

Trotz der Strenge eines sehr kalten und regnerischen Win-ters verließ Diokletian Italien bald nach der Feier seines Tri-umphes und trat seine Rückkehr nach dem Orient rund um die illyrischen Provinzen an. Das schlechte Wetter und die Beschwerlichkeiten der Reise zogen ihm bald Unwohlsein zu, und obschon er kleine Tagereisen machte und gewöhn-lich in einer verschlossenen Sänfte getragen wurde, war seine

Krankheit, bevor er gegen Ende des Sommers in Nikomedia anlangte, sehr ernstlich und beunruhigend geworden. Während des ganzen Winters blieb er auf seinen Palast beschränkt, seine Gefahr flößte allgemeine und ungeheuchelte Betrübnis ein; aber das Volk konnte die verschiedenen Veränderungen in seinem Gesundheitszustand nur aus der Freude oder Bestürzung entnehmen, welche es im Antlitz und Benehmen seiner Diener gewahrte. Eine Zeit hindurch wurde das Gerücht von seinem Tod allgemein geglaubt, und man vermutete, derselbe werde in der Absicht verheimlicht, den Unruhen vorzubeugen, welche während der Abwesenheit des Cäsar Galerius entstehen könnten. Endlich aber, am ersten März, erschien er wieder öffentlich, aber so blaß und abgemagert, daß er kaum von jenen erkannt werden konnte, die sonst an das Äußere seiner Person gewöhnt waren. Es war Zeit, dem peinlichen Kampf ein Ende zu machen, den er seit mehr als einem Jahr zwischen der Sorge für seine Gesundheit und jener für seine Würde ausgehalten hatte. Jene forderte Muße und Erholung, diese zwang ihn, vom Krankenbett aus die Verwaltung eines großen Reiches zu leiten. Er beschloß, den Rest seiner Tage in ehrenvoller Ruhe zuzubringen, seinen Ruhm dem Bereich des Glücks zu entrücken und den Schauplatz der Welt seinen jüngeren und tätigeren Throngenossen zu überlassen.

Die Zeremonie der Abdankung wurde in einer weiten Ebene, ungefähr drei Meilen von Nikomedia, vollbracht. Der Kaiser bestieg einen hohen Thron und erklärte in einer Rede voll Weisheit und Würde seine Absicht dem Volk und den Soldaten, welche bei dieser außerordentlichen Veranlassung versammelt worden waren. Sowie er den Purpur abgelegt hatte, entzog er sich der staunenden Menge, durchfuhr die Stadt in einem bedeckten Wagen und brach ohne Verzug nach dem Lieblingsruhesitz auf, welchen er für sich in seinem Vaterland Dalmatien ausersehen hatte. An demselben Tag, dem ersten Mai, verzichtete Maximian zu Mailand, wie früher verabredet worden war, auf die kaiserliche Würde. Selbst während des Prunkes des römischen Triumphes war Diokletian mit dem Plan, die Regierung nieder zu legen, umgegangen. Da er sich des Gehorsams Maximians zu versichern wünschte, scheint er ihm entweder die allgemeine Zusicherung, daß er seine Handlungen nach der Obmacht seines Wohltäters bequeme, oder das besondere Versprechen abgenommen zu haben, daß er vom Throne steige, sobald ihm dies geraten oder das Beispiel davon gegeben werden würde. Diese Verbindlichkeit, obschon sie durch die Feierlichkeit eines Eides vor dem Altar des kapitolinischen Jupiter eingegangen worden war, würde an sich ein schwacher Zaum für das heftige Temperament Maximians gewesen sein, dessen Leidenschaft Herrschsucht war, und welcher sich weder nach Ruhe in der Gegenwart, noch nach Ruhm für die Zukunft sehnte. Er wich jedoch, obschon mit Widerstreben, dem Übergewicht, welches sein klügerer Kollege über ihn gewonnen hatte, und zog sich unmittelbar nach seiner Abdankung auf eine Villa in Lukanien zurück, wo es für einen so rastlosen Geist fast unmöglich war, dauernden Frieden zu finden.

Diokletian, der sich, obschon von unfreier Herkunft, auf den Thron geschwungen hatte, brachte die neun letzten Jahre seines Lebens im Privatstand zu. Die Vernunft scheint seine Zurückziehung, in welche ihm für lange Zeit die Ehrfurcht jener Fürsten folgte, denen er den Besitz der Welt überlassen hatte, geboten, und Zufriedenheit dieselbe begleitet zu haben. Es geschieht selten, daß Geister, welche lange Zeit ihre Aufmerksamkeit ausschließlich den öffentlichen Angelegenheiten widmeten, die Kunst mit sich selbst zu verkehren, gelernt haben, und bei dem Verlust der Macht bedauern sie den Mangel an Beschäftigung am meisten. Unterhaltung mit den Wissenschaften und Andacht, in der Einsamkeit die Mütter so vieler Freuden, konnten die Aufmerksamkeit Diokletians nicht fesseln; aber er hatte den Geschmack für die unschuldigsten wie für die natürlichsten Vergnügungen bewahrt oder bald wiedererlangt und brachte seine Mußestunden mit Bauen, Pflanzen und Gärtnerei zu. Seine Antwort an Maximian ist mit Recht berühmt. Er war von diesem unruhigen alten Mann angegangen worden, die Zügel der Regierung und den kaiserlichen Purpur wieder zu übernehmen. Er wies die Versuchung mit einem mitleidigen Lächeln von sich und bemerkte ruhig, wenn er Maximian das Gemüse zeigen könnte, welches er mit eigener Hand zu Salona gepflanzt habe, so würde er nicht länger in ihn dringen, den Genuß des Glücks gegen die Jagd nach Macht zu vertauschen. Im Umgang mit seinen Freunden gestand er oft, daß das Regieren die schwierigste aller Künste wäre, und er drückte sich über diesen Lieblingsgegenstand mit einem Grade von Wärme aus, welche nur das Ergebnis der Erfahrung sein konnte. »Wie oft«, pflegte er zu sagen, »ist es das Interesse von vier oder fünf Ministern, sich zur Täuschung ihres Souveräns zu verbünden! Durch seine erhabene Würde von den Menschen geschieden, bleibt ihm die Wahrheit verborgen; er kann nur mit ihren Augen sehen, hört nichts als ihre falschen Darstellungen. Er verleiht dem Laster und der Schwäche die wichtigsten Ämter und verungnadet die tugendhaftesten und würdigsten seiner Untertanen. Durch solche schändliche Künste«, setzt Diokletian zu, »werden die besten und weisesten Fürsten das Opfer der käuflichen Verderbtheit ihrer Höflinge.« Richtige Schätzung der Größe und das Bewußtsein unsterblichen Ruhmes erhöhen den Geschmack an den Freuden der Zurückgezogenheit; der römische Kaiser aber hatte eine zu wichtige Rolle in der Welt gespielt, um ohne bitteren Zusatz die Annehmlichkeiten und die Sicherheit des Privatstandes genießen zu können. Es war unmöglich, daß ihm die Unruhen, welche das Reich nach seiner Abdankung zerrissen, unbekannt blieben. Unmöglich konnte er gegen ihre Folgen gleichgültig sein. Besorgnisse, Schmerz, Unzufriedenheit verfolgten ihn zuweilen in seine Einsamkeit von Salona. Die Zärtlichkeit, oder wenigstens der Stolz Diokletians wurde durch das Unglück seiner Gattin und Tochter tief verwundet, und seine letzten Augenblicke waren durch einige Kränkungen verbittert worden, welche Licinius und Konstantin dem Vater so vieler Kaiser und ersten Urheber ihres eigenen Glücks wohl hätten ersparen können. Ein Gerücht, jedoch sehr zweifelhafter Natur, ist bis auf uns gekommen, daß er sich durch einen freiwilligen Tod klüglicher Weise ihrer Macht entzogen habe.

Es ist fast überflüssig, zu bemerken, daß die bürgerlichen Unruhen des Reiches, die Zügellosigkeit der Soldaten, die Einfälle der Barbaren und das Fortschreiten des Despotismus dem Genie, ja sogar der Gelehrsamkeit sehr ungünstig waren. Die aufeinander folgenden illyrischen Fürsten stellten das Reich wieder her, aber ohne die Wissenschaften wieder aufzurichten. Ihre kriegerische Erziehung war nicht geeignet, ihnen Liebe zu denselben einzuflößen, und selbst dem Geist Diokletians, wie tätig und fähig auch in Geschäften, fehlte es gänzlich an Unterricht durch Studium und Philosophie. Rechtsgelehrsamkeit und Medizin sind von so täglichem Nutzen und bringen so sicheren Gewinn, daß sie stets eine hinreichende Anzahl von Praktikern sichern werden, denen es an einem erträglichen Grad von Geschicklichkeit und Kenntnissen nicht fehlt; aber es scheint nicht, daß die Anhänger dieser beiden Wissenschaften sich auf irgendeinen berühmten Meister berufen, der in dieser Periode geblüht hätte. Die Stimme der Poesie schwieg. Die Geschichte war auf trockene und verworrene Abrisse beschränkt, welche ebenso wenig Unterhaltung als Belehrung gewähren. Eine matte und affektierte Beredsamkeit blieb noch im Sold und Dienst der Kaiser, die keine anderen Künste ermunterten, als welche zur Befriedigung ihres Stolzes, oder zur Verteidigung ihrer Macht beitrugen.

Das Zeitalter des Sinkens der Wissenschaften und des Menschengeschlechtes zeichnete sich jedoch durch die Erhebung und die schnellen Fortschritte der Neuplatoniker aus. Die Schule von Alexandrien brachte die von Athen zum Schweigen, und die alten Sekten reihten sich unter die Fahne modischer Lehrer, welche ihr System durch Neuheit ihrer Methode und Strenge ihrer Sitten empfahlen. Mehrere dieser Meister, Ammonius, Plotinus, Amelius und Porphyrius waren Männer voll tiefer Gedanken und anhaltender Studien: aber indem sie den wahren Zweck der Philosophie verkannten, trugen ihre Arbeiten weniger zur Ausbildung als zur Verkehrtheit des menschlichen Verstandes bei. Diejenige Kenntnis, welche unserer Natur und unseren Fähigkeiten angemessen ist, der ganze Umfang der Moral-, Natur- und

mathematischen Wissenschaften, wurde von den Neuplato-
nikern vernachlässigt: während sie ihre Kraft in metaphysischen Wortstreitigkeiten erschöpften, die Geheimnisse der
unsichtbaren Welt zu erforschen suchten, und Aristoteles und
Plato über Gegenstände zu vereinigen strebten, wovon diese
beiden Philosophen ebensowenig wußten als der Rest des
Menschengeschlechtes. Indem sie ihren Verstand in diesen
tiefen aber wesenlosen Forschungen erschöpften, wurde ihr
Geist eine Beute der Täuschungen der Phantasie. Sie schmei-
chelten sich mit dem Besitz des Geheimnisses, die Seele von
ihrem körperlichen Gefängnis zu befreien, machten auf vertrauten Verkehr mit Dämonen und Geistern Anspruch und
verwandelten durch eine seltsame Umwälzung das Studium
der Philosophie in das der Magie. Die alten Weisen verlachten den Volksaberglauben: aber indem die Schüler des
Plotinus und Porphyrius dessen Ausschweifungen unter dem
dünnen Schleier der Allegorie bargen, wurden sie seine aufrichtigsten Verteidiger. Obschon sie mit den Christen in
einigen wenigen mysteriösen Glaubenspunkten überein-
stimmten, griffen sie den Rest ihres theologischen Systems
mit der ganzen Wut eines Bürgerkrieges an. Die Neuplatoniker dürften in der Geschichte der Philosophie kaum einen
Platz verdienen, in jener der Kirche aber werden sie sehr häufig vorkommen.

Achtes Kapitel

Unruhen nach der Abdankung Diokletians •
Tod des Konstantins • Erhebung Konstantins und
des Maxentius • Sechs Kaiser zu gleicher Zeit •
Tod des Maximian und Galerius • Siege Konstantins
über Maxentius und Licinius • Wiedervereinigung
des Reiches unter der Obmacht Konstantins

Das von Diokletian begründete Gleichgewicht der Macht bestand nur solange, als es durch die feste und gewandte Hand seines Gründers erhalten wurde. Es erforderte eine solche glückliche Mischung verschiedener Charaktere und Fähigkeiten, wie man sie kaum zum zweiten Mal finden oder erwarten konnte: zwei Kaiser ohne Eifersucht, zwei Cäsaren ohne Herrschsucht, und die unwandelbare Verfolgung desselben allgemeinen Interesses durch vier unabhängige Fürsten. Auf die Abdankung Diokletians und Maximians folgten 18 Jahre der Zwietracht und Verwirrung. Das Reich wurde von fünf Bürgerkriegen heimgesucht, und der Überrest dieser Zeit war nicht sowohl ein Zustand der Ruhe, als vielmehr eine Aufschiebung der Waffenhändel zwischen mehreren feindlichen Monarchen, welche sich gegenseitig mit den Blicken der Furcht und des Hasses betrachteten und ihre Streitkräfte auf Unkosten ihrer Untertanen zu vermehren Purpur abgelegt hatten, wurden ihre Stellen nach den Regeln der neuen Verfassung von den zwei Cäsaren Konstantius und Galerius erfüllt, welche ohne Verzug den Titel Augustus annahmen. Die Ehre des Seniorates und Vorranges blieb dem erstgenannten dieser beiden Fürsten, und er fuhr fort, unter einem neuen Namen, sein altes Gebiet Gallien, Spanien und Britannien zu verwalten. Die Regierung dieser großen Provinzen reichte zur Beschäftigung seiner Talente und zur Befriedigung seines Ehrgeizes hin. Milde, Mäßigkeit und Mäßigung zeichneten den liebenswürdigen Charakter dieses Fürsten aus, und seine glücklichen Untertanen hatten häufige Gelegenheit, die Tugenden ihres Souveräns mit den Leidenschaften Maximians und mit der List Diokletians zu vergleichen. Statt ihren orientalischen Hochmut und Prunk nachzuahmen, bewahrte er die bescheidene Einfachheit eines römischen Fürsten. Er erklärte mit ungeheuchelter Aufrichtigkeit, daß seine besten Schätze sich im Herzen seiner Untertanen befänden, und daß er sich, so oft die Würde des Thrones oder die Gefahr des Staates außerordentliche Ausgaben fordere, völlig auf ihre Dankbarkeit und Freigebigkeit verlassen könne. Die Provinzbewohner von Gallien, Spanien und Britannien, seines Werts und ihres eigenen Glücks sich bewußt, dachten mit Bangigkeit an die abnehmende Gesundheit des Kaisers Konstantius und das zarte Alter seiner zahlreichen Familie, der Kinder aus seiner zweiten Ehe mit der Tochter Maximians.

Der finstere Charakter des Galerius trug; ein anderes Gepräge, und während er seinen Untertanen Achtung einflößte, ließ er sich selten herab, sich um ihre Zuneigung zu bewerben. Sein Waffenruhm, insbesondere sein Erfolg im persischen Krieg, hatte sein stolzes Gemüt aufgeblasen, welches von Natur aus nicht gerne einen Höheren, ja nicht einmal einen Gleichen duldete. Wenn es möglich wäre, dem parteiischen Zeugnis eines einsichtslosen Schriftstellers zu trauen, müßten wir die Abdankung Diokletians den Drohungen des Galerius zuschreiben, und die Einzelheiten einer *geheimen* Unterredung zwischen den beiden Fürsten erzählen, worin der erstere ebensoviel Kleinmut als der letztere Undankbarkeit und Anmaßung entwickelt hätte. Aber diese erbärmlichen Anekdoten werden hinreichend durch eine unparteiische Prüfung des Charakters und Benehmens Diokletians widerlegt. Was immer seine anderweitigen Absichten sein mochten, würde seine Klugheit, im Falle er irgendeine Gefahr von Galerius besorgt hätte, ihm Mittel an die Hand gegeben haben, den schimpflichen Streit zu vermeiden; und wie er den Zepter mit Ruhm geführt hatte, würde er ihn auch ohne Schmach niedergelegt haben.

Nach Erhebung des Konstantius und Galerius zum Rang der Augusti, waren zwei neue Cäsares erforderlich, um ihren Platz einzunehmen und das System der kaiserlichen Regierung zu vervollständigen. Diokletian wünschte aufrichtig, sich zurückzuziehen; er betrachtete Galerius, welcher sich mit seiner Tochter vermählt hatte, als die festeste Stütze seiner Familie und des Reiches, und willigte daher ohne Widerstreben ein, daß sein Nachfolger sowohl das Verdienst als die Gehässigkeit dieser wichtigen Ernennung auf sich nehme. Sie ging vor sich, ohne das Interesse oder die Neigung der Fürsten des Westens zu Rate zu ziehen. Jeder dieser beiden hatte einen Sohn, welcher das Alter der Mannheit erreicht hatte, und daher als der natürlichste Kandidat zur erledigten Würde angesehen werden konnte. Aber die ohnmächtige Rache Maximians war nicht länger zu fürchten, und wenn auch der gemäßigte Konstantius die Gefahren eines Bürgerkrieges verachten mochte, scheute er doch humaner Weise dessen Drangsale. Die beiden Personen, welche Galerius zum Cäsarsrang beförderte, paßten besser zu seinen ehrgeizigen Absichten, und ihre Hauptempfehlung scheint im Mangel persönlichen Verdienstes und Einflusses bestanden zu haben. Die erste derselben war Daza, oder wie er später genannt wurde, Maximin, ein Schwestersohn des Galerius. Der unerfahrene Jüngling verriet noch immer durch seine Sitten und Sprache seine bäuerische Erziehung, als er zu seinem eigenen Erstaunen wie zu dem der Welt, von Diokletian mit dem Purpur bekleidet, zur Würde eines Cäsar erhoben und mit dem souveränen Befehl über Ägypten und Syrien betraut wurde. Zu gleicher Zeit ward Severus, ein treuer, dem Vergnügen ergebener aber zu den Geschäften nicht unfähiger Diener nach Mailand gesendet, um aus den widerstrebenden Händen Maximians den Schmuck eines Cäsar und den Besitz von Italien und Afrika zu empfangen. Nach den Formen der Verfassung erkannte Severus die Oberhoheit des westlichen Kaisers; aber er gehorchte überdies den Befehlen seines Wohltäters Galerius, welcher sich die Zwischenländer von den Grenzen Italiens bis zu jenen von Syrien vorbehielt und seine Macht über drei Vierteile der Monarchie fest begründete. Im vollen Vertrauen, daß der herannahende Tod des Konstantius ihn als alleinigen Herr der römischen Welt lassen würde, soll er, wie berichtet wird, bereits eine lange Reihe künftiger Fürsten geträumt und den Entschluß gefaßt haben, sich von dem öffentlichen Leben zurück zu ziehen, sobald er eine glorreiche Regierung von 20 Jahren beendet haben würde.

Aber binnen weniger als 18 Monaten stürzten zwei Revolutionen die herrschsüchtigen Pläne des Galerius. Die Hoffnung, die westlichen Provinzen mit seinem Reich zu vereinigen, scheiterte an der Erhebung des Konstantin, während Italien und Afrika durch die geglückte Empörung des Maxentius verloren gingen.

I. Die Erhebung Konstantins. Der Ruhm Konstantins hat die Aufmerksamkeit der Nachwelt auf die geringsten Umstände seines Lebens und seiner Taten gelenkt. Der Ort seiner Geburt, der Stand seiner Mutter Helena, sind Gegenstand nicht bloß eines literarischen, sondern eines Nationalgezänks gewesen. Trotz der neueren Sage, welche ihr einen britischen König zum Vater gibt, sind wir doch zu dem Geständnis gezwungen, daß Helena die Tochter eines Schenkwirts war; zu gleicher Zeit dürfen wir aber die Gesetzlichkeit ihrer Ehe gegen diejenigen verteidigen, welche sie als eine Konkubine des Konstantius dargestellt haben. Konstantin der Große war höchst wahrscheinlich zu Naissus in Dakien geboren, und es ist nicht überraschend, daß in einer Familie und Provinz, die sich nur durch das Waffenhandwerk auszeichnete, der Jüngling wenig Neigung zeigte, seinen Geist durch Erwerbung von Kenntnissen zu bilden. Er war ungefähr 18 Jahre alt, als sein Vater zum Rang eines Cäsars erhoben wurde; aber dieses glückliche Ereignis war von der Verstoßung seiner Mutter begleitet, und der Glanz einer kaiserlichen Verbindung verurteilte den Sohn der Helena zu Ungnade und Dunkelheit. Statt Konstantius nach dem Westen zu folgen, blieb er im Dienst Diokletians, zeichnete sich durch Tapferkeit in den Kriegen von Ägypten und Persien aus, und stieg allmählich zu dem ehrenvollen Rang eines Tribuns erster Klasse empor.

Die Gestalt Konstantins war hoch und majestätisch; er war gewandt in allen Leibesübungen, unerschrocken im Krieg, leutselig im Frieden; in seinem ganzen Benehmen wurde der tätige Geist der Wahrheit durch unwandelbare Klugheit gemildert, und während Ehrgeiz seine Seele füllte, schien er kalt und unempfindlich gegen die Lockungen des Vergnügens.

Die Gunst des Volkes und der Soldaten, welche ihn einen würdigen Kandidaten zum Rang eines Cäsars nannten, diente nur zur Erbitterung der Eifersucht des Galerius, und wenngleich die Klugheit ihn von offener Gewalttat zurückhalten mochte, ist ein absoluter Monarch über die Ausübung einer sicheren und geheimen Rache doch selten verlegen. Jede Stunde vermehrte die Gefahr Konstantins und die Besorgnisse eines Vaters, der in wiederholten Schreiben den feurigen Wunsch ausdrückte, seinen Sohn zu umarmen. Eine Zeit lang fehlte es der Politik des Galerius nicht an Verzögerungen und Entschuldigungen; aber es war unmöglich, seinem Kollegen die Gewährung einer so natürlichen Bitte zu versagen, ohne die Weigerung durch die Waffen zu unterstützen. Die Erlaubnis zur Reise wurde endlich mit Widerstreben gegeben, und was der Kaiser immer für Vorsichtsmaßregeln getroffen haben mochte, um eine Rückkehr zu hindern, deren Folgen er mit so vielem Grunde fürchtete, wurden sie in jedem Fall durch die unglaubliche Geschwindigkeit Konstantins vereitelt. Er verließ in der Nacht den Palast von Nikomedia, reiste mit Post durch Bithynien, Thrakien, Dakien, Pannonien, Italien und Gallien und langte unter freudigem Zuruf des Volkes in dem Augenblick zu Boulogne an, als sein Vater sich nach Britannien einzuschiffen im Begriff stand.

Der britische Heerzug und ein leichter Sieg über die Barbaren von Kaledonien waren die letzten Taten der Regierung des Konstantius. Er endete sein Leben in dem kaiserlichen Palast zu York, 15 Monate, nachdem er den Titel Augustus empfangen hatte, und beinahe 14 und ein halbes Jahr, nachdem er zum Rang eines Cäsars befördert worden war. Unmittelbar auf seinen Tod folgte die Erhebung Konstantins. Die Ideen von Erbschaft und Nachfolge sind so allverbreitet, daß der größte Teil des Menschengeschlechtes sie als nicht nur in der Vernunft, sondern in der Natur selbst begründet ansieht. Unsere Phantasie trägt dieselben Grundsätze vom Privateigentum leicht auf die öffentliche Herrschaft über, und so oft ein tugendhafter Vater einen Sohn hinterläßt, dessen Eigenschaften die Achtung oder wenigstens die Hoffnungen des Volkes zu rechtfertigen scheinen, wirkt der vereinte Einfluß des Vorurteils und der Zuneigung mit unwiderstehlicher Gewalt. Die Blüte der westlichen Heere war Konstantius nach Britannien gefolgt und die Nationaltruppen durch eine Schar Allemannen verstärkt, welche den Befehlen des Krokus, eines ihrer eingebornen Häuptlinge, gehorchte.[*]

Die Überzeugung von ihrer eigenen Wichtigkeit, und die Gewißheit, daß Britannien, Gallien und Spanien ihre Wahl gutheißen würden, wurde den Legionen von den Anhängern Konstantins eingeredet. Die Soldaten wurden gefragt, ob sie einen Augenblick zwischen der Ehre, den würdigen Sohn eines geliebten Monarchen an ihre Spitze zu stellen, und der Schmach zögern könnten, mit aller Zahmheit die Ankunft irgendeines unbekannten Fremdlings zu erwarten, den es dem Souverän von Asien gefallen würde, dem Heer und den Provinzen des Westens vorzusetzen? Es wurde ihnen gesagt, daß Dankbarkeit und Freigebigkeit einen ausgezeichneten Platz unter den Tugenden Konstantins einnähmen; auch zeigte sich dieser kluge Fürst den Truppen nicht eher, als bis sie bereit waren, ihn mit den Namen Augustus und Kaiser zu begrüßen. Der Thron war das Ziel seiner Wünsche, und wenn auch Ehrgeiz auf ihn weniger Einfluß gehabt hätte, würde jener doch das einzige Mittel seiner Rettung gewesen sein. Er kannte den Charakter und die Gesinnungen des Galerius zu genau und sah zu gut ein, daß er sich zu herrschen entschließen müsse, wenn er leben wolle. Der bescheidene ja selbst hartnäckige Widerstand, den er affektierte, war darauf angelegt, zu seiner Rechtfertigung zu dienen, und nicht eher gab er dem Zuruf des Heeres nach, als bis die geeigneten Materialien zu Abfassung eines Schreibens herbeigeschafft waren, welches er sogleich an den Kaiser des Ostens abfertigte. Konstantin benachrichtigte ihn von dem traurigen Ereignisse des Todes seines Vaters, machte bescheiden sein natürliches Recht auf Nachfolge geltend und beklagte ehrerbietig, daß die liebevolle Gewalttätigkeit der Truppen ihm nicht gestat-

---

[*] Dies war vielleicht das erste Beispiel, daß ein barbarischer König dem römischen Heer mit einer unabhängigen Schar seiner eigenen Untertanen beistand. Dieser Gebrauch wurde allmählich häufiger und zuletzt verderblich.

tet habe, den kaiserlichen Purpur in regelmäßiger und verfassungsmäßiger Weise nachzusuchen.

Die ersten Empfindungen des Galerius waren die des Erstaunens, getäuschter Hoffnung und Wut, und da er seine Leidenschaften nur selten zügeln konnte, drohte er laut, sowohl das Schreiben als den Überbringer in die Flammen werfen zu lassen. Sein Zorn legte sich aber allmählich, und nachdem er den zweifelhaften Erfolg eines Krieges bedacht und den Charakter und die Macht seines Gegners erwogen hatte, ließ er sich zu dem ehrenvollen Auskunftsmittel, welches der kluge Konstantin ihm offen gelassen hatte, willig finden. Ohne die Wahl eines britischen Heeres zu verdammen oder zu genehmigen, empfing Galerius den Sohn seines verstorbenen Kollegen als den Souverän der Provinzen jenseits der Alpen; aber erteilte ihm nur den Titel Cäsar und den vierten Rang unter den römischen Fürsten, während er die leere Stelle eines Augustus seinem Liebling Severus verlieh. Die scheinbare Harmonie des Reiches wurde noch immer bewahrt, und Konstantin, der bereits die Wesenheit der obersten Macht besaß, harrte ohne Ungeduld der Gelegenheit, auch die Ehre derselben zu erhalten.

Konstantius hinterließ aus seiner zweiten Ehe sechs Kinder, drei von jedem Geschlecht, deren kaiserliche Abstammung den Vorzug vor der geringeren Herkunft des Sohnes der Helena in Anspruch nehmen konnte. Aber Konstantin war im 32. Jahr seines Alters, in voller Kraft sowohl des Geistes als Körpers, zu einer Zeit, wo der älteste seiner Brüder nicht mehr als 13 Jahre alt sein konnte. Seine hohen Verdienste waren von dem sterbenden Kaiser anerkannt und bestätigt worden. Konstantius beauftragte in seinen letzten Augenblicken seinen ältesten Sohn mit der Sorge sowohl für die Sicherheit als für die Größe seiner Familie, und beschwor ihn, nicht nur die Macht, sondern auch die Gefühle eines Vaters gegen die Kinder der Theodora anzunehmen. Ihre glänzende Erziehung, vorteilhaften Ehebündnisse, die gesicherte Würde ihrer Lebensverhältnisse und die ersten Ehren des Staats, womit sie bekleidet wurden, beweisen die brüderliche Liebe Konstantins; und da diese Fürsten eine milde und dankbare Gemütsart besaßen, beugten sie sich ohne Widerstreben unter sein höheres Genie und Glück.

II. Die Empörung des Maxentius. Kaum hatte der herrschsüchtige Galerius die Vereitelung seiner Absichten auf die gallischen Provinzen verschmerzt, so verwundete schon der unerwartete Verlust von Italien sowohl seinen Stolz wie seine Macht in einem noch viel empfindlicheren Teil. Die lange Abwesenheit der Kaiser hatte Rom mit Unzufriedenheit und Entrüstung erfüllt, und das Volk entdeckte allmählich, daß der Vorzug, welcher Nikomedia und Mailand gegeben wurde, nicht sowohl der besondern Zuneigung Diokletians, als vielmehr der bleibenden Regierungsform, die er begründet hatte, zugeschrieben werden müsse. Umsonst weihten seine Nachfolger wenige Tage nach seiner Abdankung unter seinem Namen jene großartigen Bäder ein, deren Ruinen noch immer so vielen Kirchen und Klöstern Grund und Materialien bieten. Die Ruhe dieser eleganten Wohnsitze der Gemächlichkeit und Üppigkeit widerhallte bald von dem heftigen Gemurre der Römer, und es kam allmählich ein Gerücht in Umlauf, dem zu Folge die zur Aufführung dieser Gebäude verwendeten Summen binnen Kurzem von ihnen gefordert werden sollten. Zur selben Zeit war Galerius durch Habsucht oder vielleicht durch die Staatsbedürfnisse bewogen worden, eine genaue und strenge Ermittelung des Vermögens seiner Untertanen, zum Behuf einer allgemeinen Steuer sowohl auf Grund und Boden als auf die Personen vornehmen zu lassen. Es scheint eine sehr genaue Schätzung ihrer liegenden Güter stattgefunden zu haben, und wo man nur den geringsten Verdacht einer Verheimlichung hegte, wurde die Folter sehr freigebig angewendet, um eine wahrhafte Angabe des persönlichen Reichtums zu erpressen. Die Privilegien, welche Italien über die Provinzen erhoben hatte, wurden nicht länger berücksichtigt, und die Beamten begannen bereits das römische Volk zu zählen und die Verteilung der neuen Abgaben zu bestimmen.

Selbst bei gänzlicher Erlöschung des Geistes der Freiheit haben auch die zahmsten Untertanen es zuweilen gewagt, einem beispiellosen Eingriff in ihr Eigentum Widerstand ent-

gegen zu setzen; aber dieser Eingriff wurde durch Beleidigung erschwert, und der Sinn für das Privatinteresse durch
Nationalehrgefühl verstärkt. Die Eroberung von Makedonien
hatte, wie schon erwähnt worden ist, das römische Volk von
dem Druck der persönlichen Steuern befreit. Obschon die
Römer alle Arten von Despotismus erduldet hatten, blieben
sie doch seit 500 Jahren im Genuß dieser Befreiung, und sie
vermochten es nicht, geduldig den Hochmut eines illyrischen
Bauers zu ertragen, welcher sich erdreistete, von seiner fernen
Residenz in Asien Rom zu den tributären Städten des Reiches zu rechnen. Die aufwogende Wut des Volks wurde
durch die Autorität oder wenigstens die Duldung des Senats
ermutigt, und die schwachen Überreste der prätorianischen
Leibwache, welche Ursache hatte, ihre völlige Auflösung zu
befürchten, ergriffen einen so ehrenvollen Vorwand und erklärten ihre Bereitwilligkeit, das Schwert im Dienst ihres unterdrückten Vaterlandes zu ziehen. Es war der Wunsch und
wurde bald die Hoffnung jedes Bürgers, daß nach Vertrei-
bung der fremden Tyrannen aus Italien ein Fürst gewählt
werde, welcher kraft seiner Residenz und durch die Maximen seiner Regierung wieder einmal den Titel eines
römischen Kaisers wirklich verdiene. Sowohl Name als Lage
des Maxentius entschieden für ihn den Enthusiasmus des
Volks.

Maxentius war der Sohn des Kaisers Maximian und mit der
Tochter des Galerius vermählt. Seine Geburt und Verwandtschaft schienen ihn zu den sichersten Hoffnungen auf die
Herrschaft zu berechtigen; aber Laster und Unfähigkeit
brachten ihm dieselbe Ausschließung von der Würde eines
Cäsars, welche Konstantin durch die gefährliche Überlegenheit seiner Eigenschaften verdient hatte. Die Politik des Galerius zog solche Throngenossen vor, welche seiner Wahl nie
Unehre machen, aber auch den Befehlen ihres Wohltäters nie
ungehorsam werden würden. Ein unbekannter Fremder
wurde daher zum Thron von Italien erhoben, während man
den Sohn des grausamen Kaisers des Westens im üppigen
Genuß seines Privatvermögens in einer von der Hauptstadt
nur wenige Meilen entfernten Villa ließ. Die düsteren Lei-

denschaften seiner Seele, Scham, Ärger und Wut wurden durch Neid über den glücklichen Erfolg Konstantins entflammt: aber die Hoffnungen des Maxentius lebten bei der öffentlichen Unzufriedenheit wieder auf, und man überredete ihn leicht, das ihm persönlich widerfahrene Unrecht und seine Ansprüche mit der Sache des römischen Volks zu vereinigen. Zwei prätorianische Tribunen und ein Lebensmittelkommissar unternahmen die Leitung der Verschwörung, und da jeder Stand von demselben Geist beseelt war, konnte das unmittelbar folgende Ereignis weder schwierig noch zweifelhaft sein. Der Präfekt der Stadt und einige wenige Obrigkeiten, welche ihre Treue gegen Severus bewahrten, wurden von der Leibwache niedergemacht, und Maxentius, mit dem kaiserlichen Purpur bekleidet, von dem Beifall rufenden Senat und Volk als Beschützer der Freiheit und Würde Roms anerkannt. Es ist ungewiß, ob Maximian vor dem Ausbruch der Verschwörung um sie wußte; sobald aber die Fahne der Empörung zu Rom aufgepflanzt war, verließ der alte Kaiser den Ruhesitz, wohin ihn die Autorität Diokletians verurteilt hatte, ein Leben trauriger Einsamkeit zu führen, und verbarg seine wiederkehrende Herrschsucht unter dem Deckmantel der väterlichen Liebe. Auf die Bitte seines Sohns und des Senats ließ er sich herab, den Purpur wieder anzunehmen. Seine alte Würde, seine Erfahrung und sein Waffenruhm gaben der Partei des Maxentius sowohl Stärke als Ansehen.

Nach dem Rat oder vielmehr auf den Befehl seines Kollegen eilte der Kaiser Severus ohne Verzug und in dem vollen Vertrauen nach Rom, daß er durch seine unerwartete Schnelligkeit ohne Mühe eine unkriegerische von einem ausschweifenden Jüngling angeführte Menge werde unterdrücken können. Bei seiner Ankunft fand er aber die Stadttore gegen sich geschlossen, die Mauern mit Kriegern und Waffen gefüllt, einen erfahrenen Feldherrn an der Spitze der Rebellen und seine eigenen Truppen ohne Mut und Zuneigung. Eine große Schar Mauren, durch das Versprechen eines beträchtlichen Geschenks angelockt, ging zu dem Feind über, und wenn es wahr ist, daß sie von Maximian in seinem afrikanischen Krieg ausgehoben wurden, zogen sie die natürlichen Gefühle der Dankbarkeit den künstlichen Banden der Treue vor. Der prätorianische Präfekt Anulinus erklärte sich zugunsten des Maxentius und riß mit sich den beträchtlichsten Teil der Truppen fort, welche gewohnt waren, seinen Befehlen zu gehorchen. Rom rief, nach dem Ausdruck eines Redners, seine Heere zurück, und der unglückliche Severus, dem es sowohl an Macht als Rat fehlte, zog sich oder floh vielmehr mit aller Hast nach Ravenna.

Hier hätte er für eine Zeit lang sicher sein können. Die Befestigungen von Ravenna waren im Stande, den Versuchen des italienischen Heeres zu widerstehen, und die Sümpfe, welche die Stadt umgaben, reichten hin, um dessen Herandringen zu hindern. Das Meer, welches Severus mit einer mächtigen Flotte beherrschte, sicherte ihm eine unerschöpfliche Zufuhr von Lebensmitteln und gab den Legionen, welche mit Wiederkehr des Frühlings von Ulyrien und aus dem Osten anlangen würden, freien Zutritt. Maximian, welcher die Belagerung in Person befehligte, überzeugte sich bald, daß er nur seine Zeit und sein Heer bei dem fruchtlosen Unternehmen verschwenden würde und weder von Gewalt noch vom Hunger etwas zu hoffen habe. Mit einer Schlauheit, die man mehr dem Charakter Diokletians als seinem eigenen hätte zutrauen sollen, richtete er seine Angriffe nicht sowohl gegen die Mauern von Ravenna, als gegen das Gemüt des Severus. Der Verrat, welchen dieser unglückliche Fürst schon erfahren hatte, machte ihn geneigt, seinen aufrichtigsten Freunden und Anhängern zu mißtrauen. Die Sendlinge Maximians überzeugten den Leichtgläubigen ohne Mühe, daß eine Verschwörung im Gang sei, um die Stadt zu verraten, und beredeten den Furchtsamen, sich nicht der Willkür eines erbitterten Siegers bloß zu stellen, sondern eine gewissenhaft beobachtete und ehrenvolle Kapitulation anzunehmen. Er wurde zuerst mit Humanität empfangen und mit Achtung behandelt. Maximian führte den gefangenen Kaiser nach Rom und gab ihm die feierlichsten Zusicherungen, daß er durch die Niederlegung des Purpurs sein Leben bewahrt habe. Aber Severus konnte nur eine leichte Todesart und ein kaiserliches Begräbnis erlangen. Man verkündete ihm die Sentenz, stellte ihm aber die Art der Vollstreckung frei. Er zog den Lieblingstod der Alten, das Öffnen der Adern vor, und so wie er verschieden war, wurde seine Leiche nach dem Grabmal gebracht, welches für die Familie des Galienus errichtet worden war.

Obschon die Charaktere Konstantins und Maxentius miteinander wenig Ähnlichkeit hatten, war doch ihre Lage und ihr Interesse gleich, und die Klugheit schien ihnen die Vereinigung ihrer Streitkräfte gegen den gemeinsamen Feind zu gebieten. Trotz der Überlegenheit des Alters und der Würde ging der unermüdliche Maximian über die Alpen, suchte um eine persönliche Zusammenkunft mit dem Souverän von Gallien nach und brachte seine Tochter Fausta als Unterpfand des neuen Bündnisses mit. Die Vermählung wurde zu Arles mit der größten Pracht gefeiert, und der alte Kollege Diokletians, sein Recht über das westliche Reich geltend machend, verlieh seinem Schwiegersohn und Bundesgenossen den Titel Augustus. Indem Konstantin einwilligte, diesen Titel von Maximian zu empfangen, schien er die Partei Roms und des Senats zu ergreifen: aber seine Verheißungen waren zweideutig, sein Beistand langsam und unwirksam. Er bewachte mit Aufmerksamkeit den herannahenden Kampf zwischen dem Herrn von Italien und dem Kaiser des Ostens, und war bereit, bei dem Ereignisse des Krieges je nach den Geboten der eigenen Sicherheit oder des Ehrgeizes zu handeln.

Die Wichtigkeit des Ganges der Ereignisse erforderte Galerius' persönliche Gegenwart und Talente. An der Spitze eines mächtigen in Illyrien und dem Osten gesammelten Heeres betrat er Italien, entschlossen, den Tod des Severus zu rächen und die aufrührerischen Römer zu züchtigen, oder wie er seine Absichten in der wütenden Sprache eines Barbaren ausdrückte, den Senat auszurotten und das Volk durch das Schwert zu vernichten. Aber die Geschicklichkeit Maximians hatte ein kluges Verteidigungssystem gewählt. Der Eindringende fand jeden Platz feindlich, befestigt, unzugänglich; und obschon er bis Narni, 60 Meilen von Rom, vordrang, war doch seine Herrschaft in Italien auf die engen

Grenzen seines Lagers beschränkt. Von den stets wachsenden Schwierigkeiten seines Unternehmens überzeugt, tat der stolze Galerius die ersten Schritte zu einer Versöhnung und sandte zwei seiner angesehensten Offiziere ab, um die römischen Fürsten durch das Anerbieten einer Unterredung und durch die Versicherung seiner väterlichen Rücksicht für Maxentius zu versuchen, welcher von seiner Freigebigkeit bei weitem mehr erhalten dürfte, als er von den zweifelhaften Wechselfällen des Krieges hoffen könnte. Die Anträge des Galerius wurden jedoch mit Festigkeit zurückgewiesen, seine treulose Freundschaft mit Verachtung verworfen, und er entdeckte bald, daß er, wenn er nicht durch einen zeitigen Rückzug für seine Sicherheit sorge, einigen Grund habe, das Schicksal des Severus zu besorgen. Den Reichtum, welchen die Römer gegen seine räuberische Tyrannei verteidigten, gaben sie freiwillig her, um seine Vernichtung zu bewirken. Der Name Maximians, die populären Kunstgriffe seines Sohns, die geheime Verteilung großer Summen und das Versprechen noch viel reicherer Geschenke lähmten den Eifer und bestachen die Treue der illyrischen Legionen; und als Galerius endlich das Zeichen zum Rückzug gab, konnte er diese Veteranen nur mit Schwierigkeit bewegen, eine Fahne nicht zu verlassen, unter welcher er sie so oft zu Sieg und Ruhm geführt hatte.

Die Legionen legten einen sehr betrübenden Beweis, daß dieses ihre Stimmung sei, durch die Verwüstungen ab, welche sie sich auf ihrem Rückzug zu Schulden kommen ließen. Sie mordeten, verheerten, plünderten, trieben das Vieh und die Herden der Italiener mit fort; sie verbrannten die Dörfer, durch welche sie zogen, und bemühten sich, ein Land zu zerstören, das sie nicht zu erobern im Stande gewesen waren. Während des ganzen Marsches hing Maxentius in ihrem Rücken, vermied aber weislich eine allgemeine Schlacht mit diesen tapfern und zur Verzweiflung gebrachten Veteranen. Sein Vater hatte eine zweite Reise nach Gallien in der Hoffnung unternommen, Konstantin, welcher an den Grenzen ein Heer versammelt hatte, zu bewegen, zur Verfolgung und zur Vollendung des Sieges mitzuwirken. Aber die Handlungen Konstantins wurden durch Verstand nicht durch Rache geleitet. Er beharrte auf dem weisen Entschluß, ein Gleichgewicht der Macht in dem geteilten Reich zu erhalten, und er haßte Galerius nicht mehr, seitdem dieser ehrgeizige Fürst aufgehört hatte, ein Gegenstand des Schreckens zu sein.

Das Gemüt des Galerius war zwar für die wilderen Leidenschaften am empfänglichsten, aber keineswegs einer aufrichtigen und dauernden Freundschaft unfähig. Licinius, dessen Sitten und Charakter seinen eigenen nicht unähnlich waren, scheint sowohl seine Zuneigung als seine Hochachtung erworben zu haben. Ihre vertraute Freundschaft hatte in der vielleicht glücklichen Zeit ihrer Jugend und Dunkelheit begonnen. Sie war durch den Freimut und die Gefahren des Kriegerlebens festgekittet worden; beide waren fast mit gleichem Schritt durch alle Ehrenstellen des Dienstes gegangen, und gleich nachdem Galerius mit der kaiserlichen Würde bekleidet war, scheint er den Plan gefaßt zu haben, seinen Kriegsgefährten zu demselben Rang, den er einnahm, zu erheben. Während der kurzen Periode seines Glücks hielt er den Rang eines Cäsars für zu gering für das Alter und die Verdienste des Licinius, und zog es vor, ihm den Platz Konstantins', des Kaisers des Westens, aufzubewahren. Während Galerius mit dem italienischen Krieg beschäftigt war, vertraute er seinem Freund die Verteidigung der Donau an, und unmittelbar nach seiner Rückkehr von diesem unglücklichen Zug bekleidete er Licinius mit dem erledigten Purpur des Severus und überließ ihm die Herrschaft über die Provinzen von Illyrien.

Kaum war die Nachricht von dieser Erhebung im Orient bekannt geworden, als auch Maximin, welcher die Provinzen Syrien und Ägypten regierte oder vielmehr unterdrückte, seine Mißgunst und Unzufriedenheit verriet, den untergeordneten Titel Cäsar verschmähte und, trotz der Bitten und Vorstellungen Galerius' ihm fast durch Gewalt den gleichen Titel Augustus abnötigte. Zum ersten und auch zum letzten Mal wurde die römische Welt von sechs Kaisern regiert. Im Westen heuchelten Konstantin und Maxentius Ehrfurcht gegen ihren Vater Maximian. Im Osten ehrten Licinius und Maximin mit wesentlicherer Achtung ihren Wohltäter Galerius. Der Gegensatz der Interessen und das Andenken des jüngstvergangenen Krieges teilten das Reich in zwei große, feindliche Mächte: aber ihre gegenseitigen Besorgnisse erzeugten eine scheinbare Ruhe, ja selbst eine verstellte Aussöhnung, bis der Tod der älteren Fürsten, Maximians und insbesondere des Galerius, den Ansichten und Leidenschaften ihrer sie überlebenden Kollegen eine neue Richtung gab.

Als Maximian mit Widerstreben die Herrschaft niedergelegt hatte, priesen die käuflichen Redner jener Zeiten seine philosophische Mäßigung. Als seine Herrschsucht einen Bürgerkrieg erregte oder wenigstens ermutigte, zollten sie seinem hochherzigen Patriotismus Dank und tadelten gelinde jene Liebe zur Ruhe und Zurückgezogenheit, welche ihn von dem öffentlichen Dienst fern gehalten hatte. Aber es war unmöglich, daß Charaktere wie die Maximians und seines Sohnes lange in Eintracht eine ungeteilte Macht besitzen konnten. Maxentius betrachtete sich als den gesetzmäßigen, durch den römischen Senat und das Volk gewählten Souverän von Italien, und wollte die Zügel des Vaters nicht dulden, welcher hochmutsvoll erklärte, daß durch *seinen* Namen und *seine* Geschicklichkeit der vorlaute Jüngling auf den Thron gesetzt worden sei. Die Sache wurde feierlich vor der prätorianischen Leibwache verhandelt, und diese Truppen, welche die Strenge des alten Kaisers fürchteten, ergriffen für Maxentius Partei. Leben und Freiheit Maximians wurden indessen geachtet, und er zog sich von Italien nach Illyrien zurück und stellte sich, als ob er sein vergangenes Benehmen beklage, arbeitete aber insgeheim an neuem Unheil. Galerius aber, welcher seinen Charakter genau kannte, nötigte ihn bald, sein Gebiet zu verlassen, und die letzte Zuflucht des gedemütigten Maximian war der Hof seines Schwiegersohnes Konstantin. Er wurde von diesem schlauen Fürsten mit Hochachtung und von der Kaiserin Fausta mit allem Schein kindlicher Liebe empfangen. Um jeden Verdacht zu entfernen, legte er den kaiserlichen Purpur zum zweiten Mal nieder und gab vor, er sei endlich von der Nichtigkeit der Größe und Herrschaft überzeugt.

Wenn er bei diesem Entschluß beharrt hätte, würde er sein Leben allerdings mit weniger Würde, als nach seiner ersten Entsagung, aber doch in Frieden und mit Ruhm geendet haben. Aber die nahe Aussicht auf einen Thron weckte in ihm alle Erinnerung an die Höhe, von welcher er gestürzt, und er beschloß durch eine verzweifelte Anstrengung entweder Herrschaft oder Untergang zu finden. Ein Einfall der Franken hatte Konstantin mit einem Teil des Heeres nach dem Rhein gerufen; der Rest der Truppen stand in den südlichen, den Unternehmungen des italienischen Kaisers bloßgestellten Provinzen von Gallien, und ein beträchtlicher Schatz war zu Arles niedergelegt. Maximian erfand entweder listig oder glaubte voreilig das eitle Gerücht von dem Tod Konstantins. Ohne Verzug bestieg er den Thron, bemächtigte sich des Schatzes, verteilte ihn mit seiner gewohnten Verschwendung unter die Truppen und suchte in ihren Herzen das Andenken an seine alte Würde und seine vorigen Taten zu erwecken. Bevor er jedoch seine Macht festbegründen oder die Unterhandlung beenden konnte, die er mit seinem Sohn Maxentius angeknüpft zu haben scheint, vernichtete die Schnelligkeit Konstantins alle seine Hoffnungen. Auf die erste Nachricht seiner Treulosigkeit und Undankbarkeit rückte dieser Fürst in Eilmärschen vom Rhein an die Saone, schiffte sich zu Chalons auf dem letzterwähnten Fluß ein, vertraute sich dem reißenden Strom der Rhone und langte vor den Toren von Arles mit Streitkräften an, denen Maximian unmöglich widerstehen konnte, und die ihm kaum gestatteten, sich in die benachbarte Stadt Marseille zu flüchten. Die schmale Landzunge, welche diese Stadt mit dem Festland verbindet, war gegen die Belagerer befestigt, während die See entweder zur Flucht Maximians oder für die Hilfstruppen des Maxentius offen blieb, wenn der letztere sich entschlossen hätte, einen Einfall in Gallien mit dem ehrenvollen Vorwand der Verteidigung eines unglücklichen, oder wie er anführen konnte, eines beleidigten Vaters, zu beschönigen.

Die verderblichen Folgen jedes Aufschubes fürchtend, erteilte Konstantin Befehl zu unverzüglichem Sturm; aber die Leitern hatten eine zu geringe Höhe für die Mauern, und

Marseille würde eine so lange Belagerung haben aushalten können, als einst gegen Cäsar, wenn nicht die Besatzung entweder im Bewußtsein ihres Fehlers oder ihrer Gefahr sich durch die Übergabe der Stadt sowie der Person Maximians Verzeihung erkauft hätte. Ein geheimes aber unwiderrufliches Todesurteil wurde gegen den Usurpator ausgesprochen, wobei ihm nur die einzige Gunst zuteil ward, welche er selbst dem Severus hatte angedeihen lassen: die Welt erfuhr, daß er sich in verzweiflungsvoller Reue über seine wiederholten Verbrechen mit eigenen Händen erwürgt habe. Nachdem er den Beistand Diokletians verloren und dessen weisen Rat verschmäht hatte, war die zweite Periode seines tätigen Lebens eine Reihe öffentlicher Drangsale und persönlicher Kränkungen, welche nach ungefähr drei Jahren mit einem schmählichen Tod endete. Er verdiente sein Schicksal, aber wir würden mehr Grund haben, der Menschlichkeit Konstantins Beifall zu schenken, wenn er einen Greis, den Wohltäter seines Erzeugers und den Vater seiner Gemahlin verschont hätte. Während dieser ganzen traurigen Ereignisse scheint Fausta die Gefühle der Natur ihren Gattenpflichten zum Opfer gebracht zu haben.

Die letzten Jahre des Galerius waren minder schmachvoll und unglücklich, und obschon er mit mehr Ruhm die untergeordnete Stellung eines Cäsars als den höheren Rang eines Augustus ausfüllte, behauptete er doch bis zum Augenblicke seines Todes den ersten Platz unter den Fürsten der römischen Welt. Er überlebte seinen Rückzug aus Italien vier Jahre, und indem er weislich seine Absichten auf Universalherrschaft aufgab, widmete er den Überrest seines Lebens dem Genuß des Vergnügens und der Ausführung einiger Bauten von öffentlichem Nutzen. Darunter zeichnete sich die Ableitung der überflüssigen Gewässer des Sees Pelso in die Donau und die Ausrodung der unermeßlichen Wälder aus, welche denselben umgaben: gewiß ein Bau, der einem großen Monarchen Ehre brachte, weil er dadurch dem Ackerbau seiner pannonischen Untertanen eine ausgedehnte Landstrecke gab. Sein Tod wurde durch eine sehr schmerzliche und langsame Krankheit herbeigeführt. Sein

Körper, welcher infolge eines unmäßigen Lebens zu einer schwerfälligen Korpulenz angewachsen war, bedeckte sich mit Geschwüren und wurde durch Schwärme jener Insekten verzehrt, welche einer sehr ekelhaften Krankheit ihren Namen gegeben haben; da aber Galerius eine sehr bigotte und mächtige Partei seiner Untertanen beleidigt hatte, wurden seine Leiden, statt das Mitleid seiner Untertanen zu erregen, als die sichtlichen Wirkungen der göttlichen Gerechtigkeit gepriesen.[*]

Kaum war er in seinem Palast zu Nikomedia verschieden, als die beiden Kaiser, welche seiner Gunst den Purpur verdankten, ihre Streitkräfte in der Absicht zu sammeln begannen, die Gebiete, welche er herrenlos hinterlassen hatte, einander entweder streitig zu machen oder sie zu teilen. Sie ließen sich jedoch überreden, von dem ersteren Entschluß abzustehen und den letzteren zu ergreifen. Die asiatischen Provinzen fielen dem Anteil Maximins zu, und die europäischen vergrößerten das Gebiet des Licinius. Der Hellespont und der thrakische Bosporus bildeten ihre gegenseitigen Grenzen, und die Gestade dieser engen Meere, welche mitten durch die römische Welt strömten, waren mit Soldaten, Waffen und Befestigungen bedeckt. Die Todesfälle Maximians und Galerius' hatten die Zahl der Kaiser auf vier vermindert. Das Gefühl ihres wahren Interesses vereinte bald Licinius und Konstantin; ein geheimes Bündnis wurde zwischen Maximin und Maxentius geschlossen, und ihre unglücklichen Untertanen erwarteten mit Schrecken die blutigen Folgen ihrer Uneinigkeit, welche nun nicht mehr durch die Furcht oder Achtung, welche ihnen Galerius eingeflößt hatte, in Schranken gehalten wurde.

Die Tugenden Konstantins wurden noch mehr durch die Laster des Maxentius hervorgehoben. Während die gallischen Provinzen so vielen Glücks genossen, als die Lage der Zeiten

---

[*] Wenn (gleich dem verstorbenen Dr. Jortin) jemand wünschen sollte, die wunderbaren Todesarten der Verfolger zu lesen, empfehle ich ihm eine bewunderungswürdige Stelle im Grotius in Betreff der letzten Krankheit Philipps II. von Spanien.

irgend gestattete, seufzten Italien und Afrika unter der Herrschaft eines ebenso verächtlichen als hassenswerten Tyrannen. Der Eifer der Schmeichelei und Parteiung hat allerdings nur zu oft den Ruf der Besiegten dem Ruhm ihrer glücklichen Nebenbuhler zum Opfer gebracht; aber selbst diejenigen Schriftsteller, welche mit größter Freiheit und Freude die Fehler Konstantins aufgedeckt haben, bekennen einstimmig, daß Maxentius grausam, räuberisch und ausschweifend war. Es glückte ihm, eine geringe Empörung in Afrika zu dämpfen. Der Statthalter und einige wenige seiner Anhänger waren die Schuldigen; die Provinz aber litt für ihr Verbrechen. Die blühenden Städte Cirtha und Karthago und der ganze Umfang dieses fruchtbaren Landes wurden durch Feuer und Schwert verwüstet. Dem Mißbrauch des Sieges folgte der Mißbrauch der Gerechtigkeitspflege. Ein furchtbares Heer von Sykophanten und Angebern überschwemmte Afrika; wer reich und von hoher Geburt war, wurde leicht des Einverständnisses mit den Rebellen überwiesen, und diejenigen, welche die Milde des Kaisers erfuhren, wurden nur mit der Konfiskation ihrer Ländereien bestraft. Ein so entscheidender Sieg wurde durch einen prachtvollen Triumph gefeiert, und Maxentius zeigte dem Volk die Spolien und Gefangenen einer römischen Provinz.

Die Lage der Hauptstadt verdiente kein geringeres Mitleid als jene von Afrika. Der Reichtum Roms versah ihn mit einer unerschöpflichen Quelle für seine eitlen und verschwenderischen Ausgaben, und seine Finanzbeamten waren wohlerfahren in den Künsten des Raubes. Unter seiner Regierung wurde die Methode, ein *freiwilliges Geschenk* von den Senatoren zu erpressen, zuerst erfunden, und da der Betrag desselben sich allmählich vermehrte, wurden auch die Vorwände zu dessen Erhebung, ein Sieg, eine Geburt, eine Vermählung oder ein vom Kaiser selbst bekleidetes Konsulat, verhältnismäßig vervielfacht. Maxentius hatte denselben unversöhnlichen Abscheu gegen den Senat eingesogen, welcher die meisten der früheren Tyrannen Roms charakterisiert hatte; auch war es seinem undankbaren Gemüt unmöglich, die edle Treue zu verzeihen, welche ihn auf den Thron erhoben und gegen alle seine Feinde beschützt hatte. Das Leben der Senatoren war seinem eifersüchtigen Argwohn preisgegeben, und die Entbehrung ihrer Gattinnen und Töchter erhöhte die Befriedigung seiner sinnlichen Gelüste. Es läßt sich vermuten, daß ein kaiserlicher Liebhaber selten dahin gebracht war, umsonst seufzen zu müssen; so oft aber Überredung nicht ausreichte, nahm er zur Gewalt Zuflucht, und nur ein Beispiel ist aufgezeichnet, daß eine edle Römerin ihre Keuschheit durch einen freiwilligen Tod bewahrte.*

Die Soldaten waren die einzige Menschengattung, welche er zu achten schien, oder denen er gefällig zu sein sich mühte. Er füllte Rom und Italien mit bewaffneten Truppen, sah bei ihren Tumulten durch die Finger und duldete, daß sie ungestraft die verteidigungslosen Einwohner ausplündern, ja sogar ermorden durften; und indem sie sich denselben Ausschweifungen überließen, welche ihr Kaiser genoß, schenkte Maxentius oft seinen militärischen Lieblingen die herrliche Villa oder die schöne Gattin eines Senators. Ein Fürst von einem solchen Charakter und zur Herrschaft gleich unfähig im Frieden wie im Krieg, mochte die Unterstützung des Heeres kaufen, aber konnte sich dessen Achtung nicht erwerben. Und doch kam sein Stolz seinen übrigen Lastern gleich. Während er sein träges Leben entweder innerhalb der Mauern seines Palastes oder in den anstoßenden Gärten des Sallust zubrachte, hörte man ihn oft erklären, daß er *allein* Kaiser und die übrigen Fürsten nur seine Stellvertreter wären, denen er die Verteidigung der Grenzprovinzen übertragen habe, damit er ohne Unterbrechung die elegante Üppigkeit der Hauptstadt genießen könne. Rom, welches so lange die Abwesenheit seines Souveräns betrauert hatte, beklagte nun während sechs Jahren dessen Anwesenheit.

Obschon Konstantin das Benehmen des Maxentius mit Abscheu und die Lage der Römer mit Mitleid betrachten

---

* Die tugendhafte Frau, welche sich erdolchte, um sich nicht von Maxentius Gewalt antun zu lassen, war eine Christin, Gattin des Präfekten der Stadt, und hieß Sophronia. Die Kasuisten streiten noch immer darüber, ob in solchen Fällen der Selbstmord erlaubt sei.

mochte, haben wir doch keine Ursache anzunehmen, daß er die Waffen ergriffen habe, um den einen zu bestrafen und die anderen zu erlösen. Aber der Tyrann von Italien wagte es unbesonnen, einen furchtbaren Feind heraus zu fordern, dessen Herrschsucht bisher mehr durch Rücksichten der Klugheit als durch Grundsätze der Gerechtigkeit im Zaum gehalten worden war. Nach dem Tod Maximians hatte man, wie es das Herkommen mit sich brachte, seine Titel ausgelöscht und seine Standbilder schmachvoll umgestürzt. Sein Sohn, der ihn im Leben verfolgt und verlassen hatte, gab sich nun den Schein der frömmsten Rücksicht auf sein Andenken und erteilte Befehle, daß ein ähnliches Verfahren unverzüglich mit allen Statuen, die in Italien und Afrika zu Ehren Konstantins errichtet worden waren, vorgenommen werden solle. Dieser kluge Fürst, welcher einen Krieg, mit dessen Schwierigkeit und Wichtigkeit er vollkommen vertraut war, aufrichtig zu vermeiden wünschte, berücksichtigte anfangs die Beleidigung nicht und suchte durch den milderen Weg der Unterhandlungen Abhilfe, bis er sich endlich überzeugte, daß die feindlichen und herrschsüchtigen Absichten des italienischen Kaisers es für ihn nötig machten, sich zu seiner Verteidigung zu rüsten. Maxentius, welcher seine Ansprüche auf die ganze Monarchie des Westens offen bekannte, hatte bereits bedeutende Streitkräfte gesammelt, um von der Seite von Rätien in die gallischen Provinzen einzufallen; und obschon er von Licinius keinen Beistand erwarten konnte, schmeichelte er sich doch mit der Hoffnung, daß die Legionen von Illyrien, durch seine Geschenke und Verheißungen verführt, die Fahne dieses Fürsten verlassen und sich einstimmig zu seinen Kriegern und Untertanen erklären würden. Konstantin zögerte nicht länger. Er hatte mit Vorsicht überlegt und handelte nun mit Kraft. Den Gesandten, welche ihn im Namen des Senates und Volkes beschworen, Rom von einem verabscheuten Tyrannen zu erlösen, erteilte er geheime Audienz, und ohne die schüchternen Gegenvorstellungen seines Rats zu beachten, beschloß er, dem Feind zuvor zu kommen und seine Waffen in das Herz von Italien zu tragen.

Das Unternehmen war ebenso gefahrvoll als ruhmreich, und der unglückliche Ausgang der zwei früheren Einfälle genügte, die ernstesten Besorgnisse einzuflößen. Die alten Truppen, welche den Namen Maximians verehrten, hatten in diesen beiden Kriegen die Partei seines Sohnes ergriffen und wurden ebensowohl durch Ehrgefühl als durch Eigennutz zurückgehalten, den Gedanken eines zweiten Übergangs aufkommen zu lassen. Maxentius, die Prätorianer als die sicherste Schutzwehr seines Thrones betrachtend, hatte ihre alte Zahl und ihre Vorrechte wiederhergestellt, und sie bildeten mit den übrigen Italienern, welche in seinen Dienst traten, ein furchtbares Heer von 80 000 Mann. 40 000 Mauren und Karthaginienser waren seit der Bezwingung von Afrika ausgehoben worden. Selbst Sizilien lieferte seinen Truppenteil, und die Heere des Maxentius bestanden aus 170 000 Mann Fußvolk und 18 000 Pferden. Der Reichtum Italiens sorgte für die Kriegsausgaben, und die anliegenden Provinzen wurden erschöpft, um unermeßliche Magazine für Korn und Vorräte aller Art zu bilden.

Die ganze Macht Konstantins bestand nur aus 90 000 Mann zu Fuß und 8000 zu Pferd; und da die Verteidigung des Rheins eine außerordentliche Aufmerksamkeit während der Abwesenheit des Kaisers verlangte, stand es nicht in seiner Gewalt, mehr als die Hälfte dieser Truppen im italienischen Feldzug zu verwenden, außer er hätte die öffentliche Sicherheit seinem Privatstreit geopfert. An der Spitze von 40 000 Soldaten brach er auf, um einem Feind entgegen zu ziehen, welcher ihm an Zahl mehr als vierfach überlegen war. Aber die Heere Roms, welche sich in sicherer Entfernung von der Gefahr befanden, waren durch Nachsicht und Üppigkeit entnervt. An die Bäder und Theater Roms gewöhnt, rückten sie mit Widerwillen in das Feld und bestanden hauptsächlich aus Veteranen, welche den Gebrauch der Waffen und die Kunst des Kriegführens fast vergessen, oder aus neu Ausgehobenen, welche sie nie erlernt hatten. Die kühnen Legionen Galliens dagegen hatten lange die Grenzen des Reiches gegen die Barbaren des Nordens verteidigt, und in der Verrichtung dieses beschwerlichen Dienstes war ihre Tapferkeit geübt und ihre Disziplin gekräftigt worden.

Dieselbe Verschiedenheit wie zwischen den Heeren herrschte offenbar auch zwischen den Anführern. Laune oder Schmeichelei hatten Maxentius in Eroberungsträume gewiegt; aber diese ehrgeizigen Hoffnungen wichen bald der Gewohnheit des Vergnügens und dem Bewußtsein seiner Unerfahrenheit. Die unerschrockene Seele Konstantins war dagegen von seiner frühesten Jugend an zum Krieg, zur Tätigkeit, zur Heeresführung gebildet worden.

Als Hannibal von Gallien nach Italien zog, mußte er einen Weg über die Gebirge und durch jene wilden Nationen, welche nie einem regelmäßigen Heer den Durchzug gestattet hatten, zuerst entdecken und ihn dann sich bahnen. Die Alpen waren damals durch die Natur fest, jetzt sind sie es auch durch die Kunst. Zitadellen, welche mit ebensogroßer Geschicklichkeit als Beschwerlichkeit und Aufwand erbaut wurden, beherrschen jeden Zugang nach der Ebene und machen Italien auf dieser Seite für die Feinde des Königs von Sardinien fast unzugänglich. Aber im Laufe der dazwischenliegenden Periode haben die Feldherren, welche den Übergang versuchten, selten Schwierigkeiten oder Widerstand erfahren. Im Jahrhundert Konstantins waren die Gebirgsbauern zivilisierte und gehorsame Untertanen; das Land war mit Vorräten von Lebensmitteln reich versehen, und die staunenswerten Straßen, welche die Römer über die Alpen geführt hatten, öffneten mehrere Verbindungswege zwischen Gallien und Italien. Konstantin zog die Straße über die kottischen Alpen oder den Mont Cenis, wie sie jetzt heißen, vor, und führte seine Truppen mit solcher Schnelligkeit, daß sie in die Ebenen von Piemont eher niederrückten, als der Hof des Maxentius auch nur gewisse Nachrichten von ihrem Aufbruch von den Ufern des Rheins erhalten hatte. Die Stadt Susa, welche am Fuß des Mont Cenis lag, war mit Mauern umgeben und mit einer hinreichenden Besatzung versehen, um dem Vordringen eines Feindes Einhalt zu tun; aber die Ungeduld der Truppen Konstantins verschmähte die Formen einer langwierigen Belagerung. Noch den Tag ihres Erscheinens vor Susa legten sie Feuer an die Tore und Leitern an die Mauern, schritten unter einem Regen von Steinen, Wurfspießen und Pfeilen zum Sturm, drangen mit dem Schwert in der Faust ein und hieben den größten Teil der Besatzung in Stücke. Die Flammen wurden durch Konstantins Obsorge gelöscht und die Überreste von Susa vor gänzlicher Zerstörung bewahrt.

Ungefähr 40 Meilen von diesem Platz harrte seiner ein ernsterer Kampf. Ein zahlreiches Heer von Italienern war in den Ebenen von Turin unter den Feldherren des Maxentius versammelt. Die Hauptstärke desselben bestand in einer Art schwerer Reiterei, welche die Römer seit dem Verfall ihrer Disziplin den Völkern des Orients abgeborgt hatten. Pferde wie Menschen waren in völlige Rüstungen gekleidet, deren Gelenke so kunstvoll gearbeitet waren, daß sie sich den Bewegungen des Körpers fügten. Der Anblick dieser Reiterei war furchtbar, ihre Wucht fast unwiderstehlich; und da ihre Befehlshaber sie bei dieser Gelegenheit in eine dichte Säule oder einen Keil mit scharfer Spitze und ausgebreiteten Flanken aufgestellt hatten, hofften sie das Heer Konstantins leicht zu durchbrechen und nieder zu reiten. Ihre Absicht wäre ihnen vielleicht gelungen, wenn ihr erfahrener Gegner nicht zu derselben Verteidigungsmethode gegriffen hätte, deren sich Aurelian bei ähnlichen Anlässen zu bedienen pflegte. Die geschickten Evolutionen Konstantins teilten und vernichteten diese schwere Reitersäule. Die Truppen des Maxentius flohen in wilder Verwirrung nach Turin, und da die Tore dieser Stadt gegen sie geschlossen wurden, entkamen nur wenige dem Schwert ihrer siegreichen Verfolger. Durch diesen wichtigen Dienst verdiente Turin, die Milde, ja selbst die Gunst des Siegers zu erfahren. Er zog in den kaiserlichen Palast von Mailand ein, und fast alle Städte Italiens von den Alpen bis zum Po erkannten nicht nur die Obmacht Konstantins an, sondern ergriffen mit Eifer für ihn Partei.

Von Mailand bis Rom boten die ämilianische und die flaminianische Straße einen leichten Marsch von ungefähr 400 Meilen an; obschon aber Konstantin vor Ungeduld brannte, sich mit dem Tyrannen zu messen, richtete er doch weislich seine Operationen gegen ein anderes Heer Italiener, welches durch Stärke und Stellung sich seinem Vordringen entweder widersetzen oder im Fall eines Unglücks den Rückzug abschneiden konnte. Ruricius Pompejanus, ein durch Tapferkeit und Geschicklichkeit ausgezeichneter Feldherr, befehligte in der Stadt Verona und über alle Truppen, welche in der Provinz Venetia standen. Sobald er erfuhr, daß Konstantin gegen ihn vorrücke, entsendete er eine starke Abteilung Reiterei gegen ihn, welche in einem Gefecht bei Brescia geschlagen und von den gallischen Legionen bis vor die Tore von Verona verfolgt wurde.

Notwendigkeit, Wichtigkeit und Schwierigkeit der Belagerung von Verona leuchteten sogleich dem scharfblickenden Geiste Konstantins ein. Die Stadt war nur mittelst einer kleinen Halbinsel auf der westlichen Seite zugänglich, da die drei übrigen Seiten von der Etsch, einem reißenden Strom der Provinz Venetia, umgeben waren, aus welcher die Belagerten eine unerschöpfliche Verstärkung an Mannschaft und Lebensmitteln bezogen. Nur mit großer Schwierigkeit und nach mehreren fruchtlosen Versuchen gelang es Konstantin, etwas oberhalb der Stadt, wo die Strömung weniger heftig war, über den Fluß zu setzen. Hierauf umgab er Verona mit starken Linien, betrieb seine Angriffe mit vorsichtiger Tapferkeit und wies einen verzweifelten Ausfall des Pompejanus zurück. Dieser unerschrockene Feldherr verließ, nachdem er alle Mittel verbraucht hatte, welche die Stärke des Platzes oder der Besatzung darbot, heimlich Verona; aber nicht aus Besorgnis um sich, sondern für das öffentliche Wohl. Mit unermüdlicher Beharrlichkeit hatte er bald ein Heer gesammelt, welches stark genug war, um Konstantin im Feld zu begegnen oder in seinen Linien anzugreifen, wenn er hartnäckig hinter denselben bleiben würde. Der Kaiser, aufmerksam auf die Bewegungen eines so furchtbaren Feindes und über dessen Heranzug benachrichtigt, ließ einen Teil seiner Legionen die Operationen der Belagerung fortsetzen, während er an der Spitze derjenigen Truppen, in deren Tapferkeit und Treue er das meiste Vertrauen setzte, in Person dem Feldherrn des Maxentius entgegen zog.

Das gallische Heer war nach dem gewöhnlichen Kriegsbrauch in zwei Linien aufgestellt; aber ihr erfahrener Anführer gewahrte, daß die Zahl der Italiener die seiner eigenen Truppen weit übersteige, veränderte plötzlich seinen Schlachtplan, verminderte die zweite Linie und verlängerte die Fronte der ersten bis zu einem richtigen Verhältnis mit jener des Feindes. Solche Evolutionen, welche nur versuchte Truppen im Augenblick der Gefahr ohne Verwirrung auszuführen im Stande sind, erweisen sich größtenteils als entscheidend; da aber dieses Gefecht gegen den Schluß des Tages begann und mit großer Hartnäckigkeit während der ganzen Nacht fortgesetzt wurde, gestattete es der Kunst der Feldherren weniger Raum als der Tapferkeit der Krieger. Die Wiederkehr des Morgens beleuchtete den Sieg Konstantins und ein Schlachtfeld, das mit mehreren tausenden der besiegten Italiener bedeckt war. Ihr Feldherr Pompejanus wurde unter den Getöteten gefunden, Verona ergab sich sogleich auf Gnade und Ungnade, und die Besatzung wurde kriegsgefangen gemacht. Als die Unteranführer des siegreichen Heeres ihrem Gebieter zu diesem wichtigen Erfolg Glück wünschten, wagten sie es, einige ehrfurchtsvolle Klagen laut werden zu lassen, jedoch von solcher Beschaffenheit, wie selbst die eifersüchtigsten Monarchen ihnen nicht mit Mißvergnügen zuhören könnten. Sie stellten Konstantin vor, daß er, nicht zufrieden mit der Erfüllung aller Pflichten eines Feldherrn, seine eigene Person mit einem Übermaß an Tapferkeit ausgesetzt habe, die fast in Tollkühnheit ausgeartet wäre, und beschworen ihn, mehr Rücksicht auf die Bewahrung eines Lebens zu nehmen, von welchem das Heil Roms und des Reiches abhänge.

Während Konstantin sich durch Geschicklichkeit und Tapferkeit im Feld auszeichnete, schien der Souverän von Italien gegen die Drangsale und Gefahren eines Bürgerkrieges, der im Herzen seiner Besitzungen wütete, ganz unempfindlich zu sein. Vergnügen war noch immer die einzige Beschäftigung des Maxentius. Indem er vor der öffentlichen Meinung die Kunde des Unglücks seiner Waffen verheimlichte oder zu verheimlichen strebte, überließ er sich einem eitlen Vertrauen, welches die Hilfsmittel gegen das herandrohende Übel aufschob, ohne dieses selbst aufzuschieben. Die raschen Fortschritte Konstantins genügten kaum, um ihn seiner verderblichen Sicherheit zu entreißen; er schmeichelte sich, daß seine wohlbekannte Freigebigkeit und die Majestät des römischen Namens, welche ihn bereits von zwei Einfällen befreit hatte, mit gleicher Leichtigkeit das rebellische Heer Galliens zerstreuen würde. Die erfahrenen und talentvollen Offiziere, welche unter den Fahnen Maximians gedient hatten, sahen sich endlich gezwungen, seinen verweichlichten Sohn von der Gefahr, die ihn so nahe bedrohe, in Kenntnis zu setzen, und mit einer Freiheit, welche ihn zugleich überraschte und überzeugte, auf die Notwendigkeit zu dringen, durch einen kräftigen Gebrauch seiner noch übrigen Macht seinem Untergang vorzubeugen.

Die Hilfsmittel des Maxentius, sowohl an Mannschaft als an Geld, waren noch immer beträchtlich. Die prätorianischen Leibwachen fühlten, wie innig ihr eigenes Interesse und ihre Sicherheit mit seiner Sache zusammenhänge, und ein drittes Heer war bald gesammelt, noch zahlreicher als die Truppen, welche in den Schlachten von Turin und Verona verloren gegangen waren. Aber es lag der Absicht des Kaisers sehr fern, seine Streitkräfte in Person anzuführen. Den Kriegsübungen fremd, zitterte er bei der Besorgnis eines so gefährlichen Kampfes, und da die Furcht gewöhnlich abergläubisch ist, horchte er mit trauervoller Aufmerksamkeit den Gerüchten von Zeichen und Wundern, welche sein Leben und das Reich zu bedrohen schienen. Scham ersetzte endlich die Stelle des Mutes und zwang ihn, in das Feld zu rücken. Er war nicht im Stande, die Verachtung des römischen Volks zu ertragen. Der Zirkus erscholl von entrüstetem Geschrei, und man umstürmte die Tore des Palastes, schmähte den Kleinmut des trägen Herrschers und rühmte den heldenmütigen Geist Konstantins. Bevor Maxentius Rom verließ, zog er die sybillinischen Bücher zu Rate. Die Hüter dieser alten Orakel waren ebenso vertraut mit den Künsten dieser Welt als unbekannt mit den Geheimnissen des Fatums, und erteilten ihm eine kluge Antwort, die sich dem Ereignis anpassen und ihren Ruf schirmen mochte, der Erfolg konnte welcher immer sein.

Die Schnelligkeit des Zuges Konstantins ist mit der reißenden Eroberung Italiens durch den ersten der Cäsaren verglichen worden, ja diese schmeichelhafte Parallele widerspricht nicht einmal der historischen Wahrheit, da zwischen der Übergabe von Verona und der endlichen Entscheidung des Krieges nicht mehr als 58 Tage vergingen. Konstantin hatte stets besorgt, der Tyrann würde den Eingebungen der Furcht, vielleicht der Klugheit Gehorsam schenken, und statt seine letzten Hoffnungen in einer allgemeinen Schlacht auf das Spiel zu setzen, sich innen der Mauern Roms einschließen. Seine großen Magazine schützten ihn vor der Gefahr der Hungersnot, und da die Lage Konstantins keinen Aufschub gestattete, konnte dieser zu der traurigen Notwendigkeit gezwungen werden, durch Feuer und Schwert jene kaiserliche Stadt zu zerstören, die der edelste Lohn seines Sieges, und deren Befreiung der Beweggrund oder vielmehr der Vorwand des Bürgerkrieges gewesen war. Mit ebenso großem Staunen als hoher Freude gewahrte er bei seiner Ankunft zu Saxa Rubra, etwa neun Meilen von Rom, die Armee des Maxentius in Schlachtordnung aufgestellt. Die lange Fronte füllte eine sehr geräumige Ebene, und die tiefe Reihe reichte bis an die Ufer der Tiber, welche ihren Rücken deckte, aber auch ihren Rückzug hemmte.

Wir sind berichtet und mögen es auch glauben, daß Konstantin seine Truppen mit vollendeter Geschicklichkeit aufstellte und für sich selbst den Posten der Ehre und der Gefahr wählte. Ausgezeichnet durch den Glanz seiner Rüstung, griff er in Person die Reiterei seines Gegners an, und sein unwiderstehlicher Ungestüm entschied das Schicksal dieses Tages. Die Reiterei des Maxentius bestand hauptsächlich aus schwerfälligen Kürassieren oder leichten Mauren und Numidiern. Sie wichen der Kraft der gallischen Reiterei, welche mehr Schnelligkeit als jene, mehr Kraft als diese besaß. Die Niederlage der beiden Flügel ließ das Fußvolk ohne Schutz auf den Flanken, und die undisziplinierten Italiener verließen ohne Widerstreben die Fahne eines Tyrannen, den sie stets gehaßt hatten und den sie nicht länger fürchteten. Die Prätorianer, welche wohl wußten und fühlten, daß ihr Vergehen keine Verzeihung erlangen könnte, waren von Rache und Verzweiflung beseelt. Trotz wiederholter Anstrengungen waren diese tapferen Veteranen nicht im Stande, den Sieg zu erringen; sie fanden jedoch einen ehrenvollen Tod, und ihre Leichen deckten denselben Boden, welchen ihre Reihen eingenommen hatten. Da wurde die Verwirrung allgemein, und die vom Schreck ergriffenen Truppen des Maxentius, von einem unversöhnlichen Feind verfolgt, stürzten zu Tausenden in den tiefen und reißenden Tiberstrom. Der Kaiser selbst versuchte, über die milvische Brücke in die Stadt zurück zu flüchten; aber die Scharen, welche sich über die enge Passage drängten, warfen ihn in den Fluß, wo er sogleich durch das Gewicht seiner Waffen ertrank. Sein Körper, welcher sehr tief in den Schlamm versunken war, wurde den nächsten Tag nach manchem Nachsuchen gefunden. Der Anblick seines Hauptes, welches den Blicken der Menge ausgesetzt wurde, überzeugte sie von ihrer Befreiung und ermahnte sie, mit dem Zuruf der Untertanentreue und Dankbarkeit den glücklichen Konstantin zu empfangen, dessen Tapferkeit und Geschicklichkeit die glänzendste Unternehmung seines Lebens vollbracht hatte.

Bevor Konstantin nach Italien zog, hatte er sich die Freundschaft oder wenigstens die Neutralität Licinius' des illyrischen Kaisers, versichert. Er hatte diesem Fürsten seine Schwester Konstantia zur Ehe versprochen; aber die Feier der Verbindung wurde bis nach dem Schlüsse des Krieges verschoben, und die Unterredung der beiden Herrscher zu Mailand, welche zu diesem Zwecke veranstaltet worden, schien eine Vereinigung ihrer Familien und Interessen fest zu kitten. Aber inmitten der öffentlichen Festlichkeiten waren sie genötigt, von einander zu scheiden. Ein Einbruch der Franken rief Konstantin nach dem Rhein, und der feindliche Heranzug des Souveräns von Asien erforderte die unverzügliche Gegenwart des Licinius. Maximin war Maxentius' geheimer Verbündeter gewesen und beschloß, ohne sich durch dessen Schicksal abschrecken zu lassen, das Glück eines Bürgerkrieges zu versuchen. Er rückte aus Syrien in Mitte des Winters nach den Grenzen von Bithynien. Die Jahreszeit war streng und stürmisch, viele Menschen und Pferde kamen im Schnee um, und da die Straßen durch den unaufhörlichen Regen verdorben worden waren, mußte er einen großen Teil seines schweren Gepäckes zurücklassen, welches seinen forcierten Märschen nicht zu folgen vermochte. Durch solche außergewöhnliche Anstrengungen langte er mit einem ermatteten aber furchtbaren Heer an dem thrakischen Bosporus an, bevor die Unterfeldherren des Licinius von seinen feindlichen Absichten auch nur unterrichtet waren. Byzanz ergab sich nach einer Belagerung von elf Tagen der Heeresmacht Maximins. Die Mauern von Heraklea hielten ihn einige Tage auf; kaum hatte er aber von dieser Stadt Besitz genommen, so wurde er auch durch die Nachricht in Bestürzung versetzt, daß Licinius in einer Entfernung von nur 18 Meilen sein Lager aufgeschlagen habe. Nach einer fruchtlosen Unterhandlung, während welcher die beiden Fürsten gegenseitig die Treue ihrer Anhänger zu verführen strebten, griffen sie zu den Waffen.

Der Kaiser des Ostens befehligte ein Heer von mehr als 70 000 Mann alter und versuchter Truppen, und Licinius, der nur gegen 30 000 Illyrier aufgebracht hatte, wurde zuerst durch die überlegene Anzahl gedrängt. Seine militärische Erfahrung jedoch und die Festigkeit der Truppen stellten das Glück des Tages wieder her und er errang einen entscheidenden Sieg. Die unglaubliche Schnelligkeit der Flucht Maximins ist weit berühmter als seine Tapferkeit im Feld. 24 Stunden nachher sah man ihn blaß, zitternd und ohne seinen kaiserlichen Schmuck zu Nikomedia, 160 Meilen von dem Ort seiner Niederlage. Der Reichtum Asiens war noch unerschöpft, und obschon die Blüte seiner Veteranen in der letzten Schlacht gefallen war, hatte er noch immer die Macht, wenn er nur Zeit gewinnen konnte, zahlreiche Verstärkungen aus Syrien und Ägypten an sich zu ziehen. Aber er überlebte sein Unglück nur drei oder vier Monate. Sein Tod, welcher zu Tarsus erfolgte, wird verschiedentlich der Verzweiflung, dem Gift und der göttlichen Gerechtigkeit zugeschrieben. Da es Maximin ebensosehr an Fähigkeiten als an Tugenden fehlte, wurde er weder vom Volk noch von den

Soldaten beklagt. Die Provinzen des Ostens, nun vom Bürgerkrieg erlöst, erkannten mit Freudigkeit die Obmacht des Licinius an.

Die römische Welt war nun zwischen Konstantin und Licinius geteilt, jener der Herr des Westens, dieser der Gebieter des Ostens. Man durfte vielleicht erwarten, daß die Sieger, des Bürgerkrieges müde und sowohl durch Verwandtschaft als Staatsbündnis miteinander vereinigt, fernere Pläne der Herrschsucht entweder aufgeben oder wenigstens verschieben würden. Und doch verging kaum ein Jahr nach dem Tod Maximins, bevor die siegreichen Kaiser ihre Waffen gegen einander kehrten. Das Genie, der Erfolg und der Ehrgeiz Konstantins scheinen ihn als den angreifenden Teil zu bezeichnen; aber der treulose Charakter des Licinius rechtfertigt den ungünstigsten Argwohn, und bei dem schwachen Licht, welches die Geschichte auf diesen Vorgang wirft, mögen wir eine Verschwörung entdecken, welche durch seine Künste gegen die Obmacht seines Kollegen angezettelt wurde. Konstantin hatte kürzlich dem Bassianus, einem Mann von ansehnlicher Familie und großem Vermögen, seine Schwester Anastasia zur Ehe gegeben und seinen neuen Verwandten zum Rang eines Cäsars erhoben. Nach dem Regierungssystem, welches Diokletian eingeführt hatte, waren Italien und vielleicht Afrika die zu seiner Regierung bestimmten Provinzen. Aber die Verwirklichung der verheißenen Gunst war entweder mit so viel Verzögerung verbunden oder mit so ungleichen Bedingungen verknüpft, daß die Treue des Bassianus durch die ehrenvolle Auszeichnung, welche er erhalten hatte, eher entfremdet als gesichert wurde. Seine Ernennung war durch die Zustimmung des Licinius ratifiziert worden, und es gelang diesem listigen Fürsten bald, durch Sendlinge in ein geheimes Einverständnis mit dem neuen Cäsar zu treten, seine Unzufriedenheit zu steigern und ihn zu dem unbesonnenen Unternehmen aufzustacheln, durch Gewalt zu erpressen, was er umsonst von der Gerechtigkeit Konstantins zu erlangen gehofft hatte. Aber der wachsame Kaiser entdeckte die Verschwörung, bevor sie zur Ausführung reif war, zerriß feierlich die Verwandtschaftsbande mit

Bassianus, entkleidete ihn des Purpurs und suchte ihn mit der verdienten Strafe für seine Verräterei und Undankbarkeit heim. Die stolze Weigerung des Licinius, dem Begehren der Auslieferung der Flüchtlinge, welche sich in sein Gebiet geflüchtet hatten, zu willfahren, bestätigte den Argwohn, den man bereits über seine Treulosigkeit geschöpft hatte; und die zu Aemona, an den Grenzen von Italien, den Standbildern Konstantins zugefügten Unwürdigkeiten gaben das Signal zum Krieg zwischen den beiden Fürsten.

Die erste Schlacht wurde bei Cibalis, eine Stadt Pannoniens an dem Ufer der Save, etwa 50 Meilen von Sirmium, gefochten. Aus den unbeträchtlichen Streitkräften, welche zwei so mächtige Monarchen in diesem wichtigen Kampf in das Feld brachten, läßt sich schließen, daß der eine plötzlich herausgefordert, und der andere unerwartet angegriffen wurde. Der Kaiser des Westens hatte nur 20 000, jener des Ostens, nur 35 000 Mann. Die Minderzahl wurde jedoch durch den Vorteil des Terrains ersetzt. Konstantin hatte in einem, etwa eine halbe Stunde breiten Defilee, zwischen einem starken Hügel und einem tiefen Moraste Posto gefaßt, erwartete in dieser Stellung mit Festigkeit den ersten Angriff des Feindes und schlug denselben ab. Er verfolgte seinen Vorteil und rückte in die Ebene vor. Aber die Veteranlegionen Illyriens scharten sich unter die Fahnen eines Anführers, der den Krieg in der Schule eines Probus und Diokletian erlernt hatte. Die Wurfwaffen waren von beiden Seiten bald erschöpft; die beiden Armeen schritten mit gleicher Tapferkeit zum Näherkampf mit Schwert und Speer, und das zweifelhafte Gefecht hatte bereits von Tagesanbruch bis zu einer späten Abendstunde gedauert, als der rechte Flügel, welchen Konstantin in Person anführte, einen kräftigen und entscheidenden Angriff machte. Der geschickte Rückzug des Licinius rettete den Überrest seiner Truppen von gänzlicher Niederlage; aber als er seinen Verlust zählte, welcher mehr als 20 000 Mann betrug, hielt er es für zu gewagt, die Nacht in der Nähe eines tätigen und kraftvollen Feindes zuzubringen. Er gab sein Lager und seine Magazine Preis, zog geheim und schnell an der Spitze des größten Teiles seiner Reiterei ab, und befand sich bald außer Gefahr einer Verfolgung. Seine Schnelligkeit rettete seine Gattin, seinen Sohn und seine Schätze, welche sich zu Sirmium befanden. Licinius zog durch diese Stadt, brach hinter sich die Brücke über die Save ab und eilte, ein neues Heer in Dakien und Thrakien zu sammeln. Auf seiner Flucht erteilte er Valens, seinem Feldherrn an der illyrischen Grenze, den prekären Titel eines Cäsars.

Die Ebene von Mardia in Thrakien war der Schauplatz einer zweiten nicht minder hartnäckigen und blutigen Schlacht, als es die erste gewesen. Die Truppen legten auf beiden Seiten gleiche Tapferkeit und Disziplin an den Tag, und der Sieg wurde abermals durch die höhere Geschicklichkeit Konstantins entschieden, welcher einer Abteilung von 5000 Mann befahl, eine vorteilhafte Anhöhe zu besetzen, von wo sie während der Hitze des Gefechtes den Feind im Rükken angriffen und ein bedeutendes Gemetzel anrichteten. Die Truppen des Licinius bildeten indessen doppelte Fronte und behaupteten fortwährend ihr Terrain, bis der Anbruch der Nacht dem Kampf ein Ende machte und ihren Rückzug nach den Gebirgen von Makedonien sicherte. Der Verlust von zwei Schlachten und seiner tapfersten Veteranen beugte den wilden Sinn des Licinius, und er suchte um Frieden nach. Sein Abgesandter Mistrianus wurde bei Konstantin zur Audienz gelassen: er verbreitete sich über die gewöhnlichen Gemeinplätze der Mäßigung und Menschlichkeit, welche der Beredsamkeit der Besiegten so geläufig zu sein pflegen; stellte in der einschmeichelndsten Sprache vor, daß der Ausgang des Krieges noch immer zweifelhaft sei, während dessen unvermeidliche Drangsale beiden streitenden Teilen verderblich wären; und erklärte, daß er ermächtigt wäre, einen dauerhaften und ehrenvollen Frieden im Namen der *zwei* Kaiser, seiner Gebieter, vorzuschlagen. Konstantin nahm die Erwähnung des Valens mit Entrüstung und Verachtung auf. »Nicht zu solchem Zwecke«, erwiderte er in strengem Ton, »sind wir von den Gestaden des westlichen Meeres in einem ununterbrochenen Laufe von Gefechten und Siegen hergeeilt, daß wir, nachdem wir einen undankbaren Verwandten verworfen, einen verächtlichen Sklaven zu unserem Kollegen annehmen sollten. Die Abdankung des Valens ist der erste Artikel des Vertrages.«

Es war notwendig, diese demütigende Bedingung anzunehmen, und der unglückliche Valens wurde nach einer Regierung von wenigen Tagen des Purpurs und Lebens beraubt. Nach Entfernung dieses Hindernisses wurde die Ruhe der römischen Welt leicht hergestellt. Die aufeinander folgenden Niederlagen des Licinius hatten seine Streitkräfte aufgerieben, aber seinen Mut und seine Geschicklichkeit bewiesen. Seine Lage war fast verzweifelt; aber die Wirkungen der Verzweiflung sind zuweilen furchtbar, und der gesunde Verstand Konstantins zog einen großen und gewissen Vorteil einer dritten Entscheidung durch die Waffen vor. Er willigte ein, seinen Nebenbuhler, oder wie er Licinius jetzt wieder nannte, seinen Freund und Bruder, im Besitz von Thrakien, Kleinasien, Syrien und Ägypten zu lassen; aber die Provinzen Pannonien, Dalmatien, Dakien, Makedonien und Griechenland wurden dem westlichen Reich abgetreten, und das Gebiet Konstantins erstreckte sich jetzt von den Grenzen Kaledoniens bis zum äußersten Ende des Peloponneses. In dem Vertrag war ferner festgesetzt, daß drei fürstliche Jünglinge, die Söhne der Kaiser, Anwartschaft auf die Nachfolge haben sollten. Krispus und der junge Konstantin wurden bald nachher zu Cäsaren im Westen erklärt, während der jüngere Licinius mit derselben Würde im Orient bekleidet wurde. In diesem doppelten Verhältnis der Ehrenstellen behauptete der Sieger die Überlegenheit seiner Waffen und Macht.

Die Versöhnung des Konstantin und Licinius, obschon sie durch Groll und Eifersucht, durch das Andenken frischer Unbilden und die Besorgnis künftiger Gefahren verbittert war, erhielt doch über acht Jahre die Ruhe der römischen Welt aufrecht. Die Zivilverwaltung wurde zuweilen durch die kriegerische Verteidigung des Reiches unterbrochen. Krispus, ein Jüngling von dem liebenswürdigsten Charakter, welcher mit dem Titel Cäsar die Verteidigung des Rheins erhalten hatte, zeichnete seine Anführung so wie seine Tapferkeit in mehreren Siegen über die Franken und Allemannen aus, und lehrte die Barbaren dieser Grenze den ältesten Sohn Konstantins und den Enkel des Konstantius fürchten. Der Kaiser selbst hatte den Befehl in der schwierigeren und wichtigeren Provinz an der Donau übernommen. Die Goten, welche zur Zeit Klaudius' und Aurelians die Wucht der römischen Waffen gefühlt hatten, achteten die Macht des Reiches selbst mitten in seiner inneren Zerrüttung. Aber die Kraft dieser kriegerischen Nation war jetzt durch einen fünfzigjährigen Frieden wiederhergestellt worden, und das neuaufgewachsene Geschlecht hatte das Unglück früherer Tage vergessen: die Sarmaten am Lakus Mäotis folgten den gotischen Fahnen entweder als Untertanen oder als Bundesgenossen, und ihre vereinte Macht stürmte gegen die Länder Illyriens an. Kampona, Margus und Bononia scheinen die Schauplätze mehrerer merkwürdigen Belagerungen und Schlachten gewesen zu sein; und obschon Konstantin auf einen sehr hartnäckigen Widerstand stieß, scheint er doch zuletzt im Kampf die Obhand gewonnen zu haben und die Goten wieder gezwungen, durch Rückgabe der gemachten Beute und Gefangenen einen schimpflichen Rückzug zu erkaufen. Aber auch dieser Vorteil reichte zur Befriedigung des entrüsteten Kaisers nicht hin. Er beschloß die übermütigen Barbaren, welche es gewagt hatten, in das römische Gebiet einzufallen, nicht bloß zurück zu treiben, sondern auch zu züchtigen. An der Spitze seiner Legionen ging er über die Donau, stellte die von Trajan gebaute Brücke wieder her, drang in die stärksten Punkte Dakiens vor, und nachdem er strenge Rache geübt hatte, ließ er sich herab, den flehenden Goten Friede unter der Bedingung zu gewähren, daß sie, so oft es verlangt würde, seine Heere mit einer Schar von 40 000 Kriegern verstärken sollten. Solche Taten mögen Konstantin ohne Zweifel Ehre und dem Staat Vorteil gebracht haben; aber ganz gewiß kann man fragen, ob sie die übertriebene Behauptung des Eusebius rechtfertigen können, daß ganz Skythien bis zum äußersten Norden, das doch in so viele Namen und Nationen von den verschiedenartigsten und wildesten Sitten geteilt war, durch seine siegreichen Waffen dem römischen Reich beigefügt worden sei!

Auf diesem erhabenen Standpunkt des Ruhmes war es unmöglich, daß Konstantin länger einen Teilnehmer am Reich duldete. In die Überlegenheit seiner Talente und Kriegsmacht Vertrauen setzend, beschloß er, sie ohne irgendeine vorgängige Beleidigung zur Zerstörung des Licinius zu gebrauchen, dessen vorgerücktes Alter und vom Volk gehaßten Laster einen leichten Sieg darzubieten schienen. Aber der alte Kaiser, durch die herdrohende Gefahr aufgeweckt, täuschte die Erwartungen so wohl seiner Freunde als Feinde. Indem er jenen Mut und jene Fähigkeiten aufrief, durch welche er die Freundschaft des Galerius und den kaiserlichen Purpur erworben hatte, rüstete er sich zum Kampf, sammelte die Streitkräfte des Orients und füllte bald die Ebene von Adrianopel mit seinen Truppen und die Meerenge des Hellespont mit seiner Flotte. Das Heer bestand aus 150 000 Mann zu Fuß und 15 000 Pferden; da aber die Reiterei größtenteils aus Phrygien und Kappadozien gezogen war, dürfen wir eine günstigere Meinung von der Schönheit der Pferde als von dem Mut und der Gewandtheit der Reiter hegen. Die Flotte bestand aus 350 Galeeren zu drei Ruderbänken. 130 derselben waren von Ägypten und der angrenzenden Küste von Afrika geliefert worden. 110 segelten aus den Häfen von Phönizien und der Insel Zypern, so wie auch die Seeprovinzen von Bithynien, Jonien und Karien für 110 Galeeren hatten sorgen müssen.

Der Sammelplatz der Truppen Konstantins war Thessalonika; sie betrugen 120 000 Mann zu Fuß und zu Pferde. Der Kaiser war mit dem kriegerischen Aussehen der Truppen zufrieden, und sein Heer zählte mehr Krieger, wenn auch weniger Menschen als das seines östlichen Nebenbuhlers. Die Legionen Konstantins waren in den kriegerischen Provinzen von Europa ausgehoben; Tätigkeit hatte ihre Disziplin gekräftigt, der Sieg ihre Hoffnungen gesteigert, und es gab darunter eine große Anzahl Veteranen, welche nach 15 glorreichen Feldzügen unter demselben Anführer sich rüsteten, durch eine letzte Anstrengung ihrer Tapferkeit eine ehrenvolle Entlassung zu verdienen. Aber die Rüstungen Konstantins zur See standen in jeder Rücksicht denen des Licinius nach. Die Seestädte Griechenlands schickten ihre bezüglichen Kontingente an Mannschaft und Schiffen nach dem berühmten Hafen Piräus, aber ihre vereinten Streitkräfte bestanden aus nicht mehr als 200 kleinen Schiffen: ein sehr schwaches Geschwader, wenn man es mit den furchtbaren Flotten vergleicht, welche von der Republik Athen während des peloponnesischen Krieges ausgerüstet und erhalten worden waren. Seitdem sich Italien nicht mehr des Sitzes der Regierung erfreute, waren die Seeplätze von Misenum und Ravenna allmählich vernachlässigt worden; und da die Schiffe und die Seeleute des Reiches mehr durch den Handel als den Krieg erhalten wurden, war es natürlich, daß es deren am meisten in den industriösen Provinzen von Ägypten und Asien gab. Zu verwundern jedoch ist, daß der östliche Kaiser, welcher eine so große Überlegenheit zur See besaß, dieses Mittel vernachlässigte, um einen Angriffskrieg in das Herz der Gebiete seines Gegners zu spielen.

Statt diesen kräftigen Entschluß, der die ganze Gestalt des Krieges verändert haben mochte, zu ergreifen, erwartete der vorsichtige Licinius den Heranzug seines Nebenbuhlers in einem Lager in der Nähe von Adrianopel, welches er mit jener ängstlichen Sorgfalt, welche Furcht vor dem Ausgang verrät, hatte befestigen lassen. Konstantin richtete seinen Zug gegen diesen Teil von Thrakien, bis er sich durch den breiten und reißenden Strom Hebrus gehemmt sah und das zahlreiche Heer des Licinius erblickte, welches die steile Höhe des Berges vom Fluß bis zur Stadt Adrianopel besetzt hielt. Viele Tage vergingen in zweifelhaften und fernen Scharmützeln, bis endlich durch die Unerschrockenheit Konstantins alle Schwierigkeiten des Übergangs und Angriffes beseitigt waren.

Hier könnten wir eine wundervolle Tat Konstantins erzählen, welche, obschon sie weder in der Romantik noch Poesie ihres Gleichen hat, nicht von einem käuflichen, seinem Glück ergebenen Redner, sondern von einem parteiisch gegen seinen Ruhm eingenommenen Geschichtsschreiber gefeiert wird. Wir werden berichtet, daß der tapfere Kaiser, bloß von *zwölf* Reitern begleitet, sich in den Fluß Hebrus warf und durch die Anstrengungen oder den Schrecken seines unbezwinglichen Armes ein Heer von 150 000 Mann durchbrach, niedermetzelte, in die Flucht schlug. Die Leichtgläubigkeit des Zosimus hat seine Leidenschaft so stark beherrscht, daß er von dem Ereignis der merkwürdigen Schlacht von Adrianopel offenbar nicht das Wichtigste, sondern das Wundervollste gewählt und verschönert hat. Die Tapferkeit und Gefahr Konstantins werden durch eine leichte Wunde bestätigt, welche er im Schenkel erhielt; aber selbst aus einer unvollständigen Erzählung, ja vielleicht einem entstellten Text läßt sich so viel entnehmen, daß der Sieg nicht weniger durch die Geschicklichkeit des Feldherrn als den Mut des Helden errungen wurde: daß ein Korps von 5000 Bogenschützen sich hinzog, um einen dichten Wald im Rücken des Feindes zu besetzen, dessen Aufmerksamkeit durch den Bau einer Brücke abgelenkt wurde, und daß Licinius, durch so viele geschickte Evolutionen in Verwirrung gebracht, mit Widerstreben eine vorteilhafte Stellung verließ, um in der Ebene auf gleichem Grund zu fechten. Der Kampf war aber nicht länger gleich. Seine verworrenen Scharen neuer Truppen wurden durch die erfahrenen Veteranen des Westens leicht besiegt. 30 000 Mann sollen erschlagen worden sein. Das befestigte Lager des Licinius wurde am Abend des Schlachttages mit Sturm genommen; der größere Teil der Flüchtlinge, welche sich in die Berge gerettet hatten, übergab sich am folgenden Tag dem Sieger auf Gnade und Ungnade, und sein Nebenbuhler, der das Feld nicht länger mehr halten konnte, schloß sich in den Mauern von Byzanz ein.

Die Belagerung von Byzanz, zu welcher Konstantin unverzüglich schritt, war mit großer Beschwerde und Ungewißheit verbunden. In den letzten Bürgerkriegen waren die Festungswerke dieses Platzes, den man mit solchem Recht als den Schlüssel von Europa und Asien betrachtet, ausgebessert und verstärkt worden, und solange Licinius Herr der See blieb, war die Besatzung der Gefahr der Hungersnot weit weniger ausgesetzt als das Heer der Belagerer. Die Befehlshaber Konstantins zur See wurden in sein Lager gefordert und erhielten den gemessensten Befehl, die Durchfahrt des Hellespont zu erzwingen, da die Flotte des Licinius, statt den schwachen Feind aufzusuchen und zu vernichten, in diesen engen Straßen untätig blieb, wo die Überlegenheit der Anzahl ihnen nur von geringem Nutzen oder Vorteil sein konnte. Krispus, der älteste Sohn des Kaisers wurde mit dieser kühnen Unternehmung beauftragt, welche er mit solchem Mut und Erfolg ausführte, daß er die Achtung seines Vaters verdiente und wahrscheinlich dessen Eifersucht erregte. Das Gefecht dauerte zwei Tage, und am Abend des ersten kehrten die beiden Flotten, nachdem sie sich gegenseitig einen beträchtlichen Verlust zugefügt hatten, in ihre bezüglichen Häfen von Europa und Asien zurück. Am zweiten Tag gegen Mittag erhob sich ein starker Wind, welcher die Schiffe des Krispus gegen den Feind führte, und da er diesen zufälligen Vorteil mit Geschicklichkeit und Kühnheit zu benutzen verstand, so erfocht er einen vollständigen Sieg. 130 Schiffe wurden zerstört, 5000 Mann getötet, und Amandus, der Befehlshaber der asiatischen Flotte, entkam mit genauer Not nach dem Gestade von Chalcedon.

So wie der Hellespont offen stand, lief ein reiches Konvoi mit Lebensmitteln ein und versah das Lager Konstantins, der inzwischen mit den Operationen der Belagerung vorgeschritten war. Er baute künstliche Erdhügel von gleicher Höhe mit den Wällen von Byzanz. Die hohen Türme, welche er auf der so gewonnenen Grundlage errichtete, belästigten die Belagerten mit großen Steinen und Wurfspießen aus den Kriegsmaschinen, und die Sturmwidder hatten die Mauern an mehreren Plätzen erschüttert. Wenn Licinius noch länger auf der Verteidigung beharrte, setzte er sich der Gefahr aus, in den Ruin des Platzes verwickelt zu werden. Bevor dieser ganz eingeschlossen war, versetzte er glücklich seine Person und Schätze nach Chalcedon in Asien, und da er sich stets Genossen der Hoffnungen und Gefahren seines Glücks beizugesellen strebte, erteilte er nun dem Martinianus, welcher eines der wichtigsten Ämter des Reiches bekleidete, den Titel Cäsar.

So groß waren noch immer die Hilfsquellen und Fähigkeiten des Licinius, daß er nach so vielen aufeinander folgenden Niederlagen doch wieder in Bithynien ein neues Heer von 50 000 bis 60 000 Mann zusammenzog, während die Tätigkeit Konstantins mit der Belagerung von Byzanz beschäftigt war. Der wachsame Kaiser vernachlässigte jedoch die letzten Anstrengungen seines Gegners keineswegs. Ein beträchtlicher Teil seiner siegreichen Truppen wurde in kleinen Schiffen über den Bosporus gesetzt, und die entscheidende Schlacht wurde nach ihrer Landung auf den Höhen von Chrysopolis, jetzt Skutari, gefochten. Die Truppen des Licinius, obschon erst kürzlich ausgehoben, schlecht bewaffnet und noch schlechter diszipliniert, leisteten den Siegern mit fruchtloser aber verzweifelter Tapferkeit Widerstand, bis eine gänzliche Niederlage und die Niedermetzelung von 25 000 Mann das Schicksal ihres Anführers unwiderruflich entschied. Er zog sich nach Nikomedia, mehr in der Absicht Zeit zu Unterhandlungen zu gewinnen, als in der Hoffnung einer wirksamen Verteidigung zurück. Konstantia, seine Gattin und Schwester Konstantins, schritt bei ihrem Bruder zugunsten ihres Gemahls ein und verlangte mehr von seiner Klugheit als seinem Mitleiden ein feierliches, durch einen Eid bekräftigtes Versprechen, daß nach der Hinopferung des Martinianus und Verzichtleistung auf den Purpur, Licinius selbst den Überrest seiner Tage in Frieden und in Wohlhabenheit hinbringen dürfen solle.

Das Benehmen der Konstantia und ihrer Verwandtschaft zu den streitenden Parteien erinnert unwillkürlich an jene tugendhafte Matrone, Schwester des Augustus und Gattin des Antonius. Aber der Charakter des Menschengeschlechts hatte sich geändert, und es galt in einem Römer nicht länger für ehrlos, seine Ehre und Unabhängigkeit zu überleben. Licinius erbat und erhielt Verzeihung seiner Verbrechen, legte sich selbst und seinen Purpur zu den Füßen seines *Herrn* und *Gebieters,* wurde mit beschimpfendem Mitleid vom Erdboden erhoben, noch an demselben Tag zum kaiserlichen Bankett zugelassen und bald nachher nach Thessalonika gesendet, das zu seinem Zwangsaufenthalt ausersehen war. Seine Gefangenhaltung endete jedoch bald mit seinem Tod, und es ist zweifelhaft, ob ein Tumult der Soldaten oder ein Dekret des Senates das Motiv zu seiner Hinrichtung hergab. Nach den herkömmlichen Regeln der Tyrannei wurde er beschuldigt, eine Verschwörung anzuzetteln und in hoch verräterischem Verkehr mit den Barbaren zu stehen: da er aber nie, weder durch sein eigenes Benehmen noch durch irgendeinen gesetzlichen Beweis überführt worden ist, dürfen wir vielleicht seiner Schwäche wegen an seine Unschuld glauben. Das Andenken des Licinius wurde mit Schmach gebrandmarkt, seine Standbilder niedergerissen und durch ein Edikt von so verderblicher Tendenz, daß man es fast unmittelbar wieder abändern mußte, alle seine Gesetze und alle gerichtlichen Vorgänge während seiner Regierung mit einem Mal annulliert. Durch diesen Sieg wurde die römische Welt wieder unter der Hoheit eines einzigen Kaisers vereint, 37 Jahre nachdem Diokletian die Macht und die Provinzen mit seinem Throngenossen Maximian geteilt hatte.

Die allmählichen Schritte der Erhebung Konstantins von seiner ersten Annahme des Purpurs zu York bis zur Abdankung des Licinius zu Nikodemia, sind mit ziemlicher Ausführlichkeit und Genauigkeit erzählt worden, nicht nur als Ereignisse, die an und für sich selbst interessant und wichtig sind, sondern auch, weil sie zum Verfall des Reiches sowohl durch den Aufwand an Menschen und Geld, als auch durch die beständige Zunahme der Steuern und der Heeresmacht beitrugen. Die Gründung Konstantinopels und die Einführung der christlichen Religion waren die unmittelbaren und denkwürdigen Folgen dieser Revolution.

Neuntes Kapitel

Fortschritte der christlichen Religion und
Gesinnungen, Sitten, Zahl und Lage der ersten Christen •
Verfolgung der ersten Christen

Eine offene aber vernünftige Prüfung der Fortschritte und
Einführung des Christentums muß als ein sehr wesentlicher
Teil der Geschichte des römischen Reiches betrachtet werden. Während dieser große Körper durch offene Gewalt erschüttert oder durch langsamen Verfall untergraben wurde,
flößte sich eine reine und demütige Religion allmählich den
Herzen der Menschen ein, wuchs empor in der Stille und
Dunkelheit, schöpfte neue Kraft aus dem Widerstand und
pflanzte endlich das triumphierende Panier des Kreuzes auf
die Trümmer des Kapitols. Auch beschränkte sich der Einfluß
des Christentums keineswegs auf die Periode oder die Grenzen des römischen Reiches. Nach einer Umwälzung von 13
oder 14 Jahrhunderten wird diese Religion noch immer von
den Nationen Europas bekannt, dem ausgezeichnetsten Teil
des menschlichen Geschlechtes, sowohl in den Künsten und
Wissenschaften, als in den Waffen. Durch die Industrie und
den Eifer der Europäer wurde sie weit bis zu den fernsten Gestaden von Asien und Afrika verbreitet, und mittelst ihrer Kolonien ist sie von Kanada bis Chili in einer den Alten unbekannten Welt fest begründet.

Aber wie nützlich und interessant auch diese Untersuchung sein mag, ist sie doch mit zwei eigentümlichen
Schwierigkeiten verknüpft. Die sparsamen und verdächtigen
Materialien der Kirchengeschichte setzen uns selten in den
Stand, die dichte Wolke zu zerstreuen, welche das erste Jahrhundert der Kirche bedeckt. Das große Gesetz der Unparteilichkeit nötigt uns nur zu oft, die Unvollkommenheiten der
nicht inspirierten Lehrer und Gläubigen des Evangeliums aufzudecken; und einem oberflächlichen Beobachter mag es
scheinen, als ob *ihre* Fehler einen Schatten auf den Glauben
würfen, den sie bekannten. Aber das Ärgernis des frommen
Christen und der tägliche Triumph des Ungläubigen sollten

aufhören, wenn sie bedächten, nicht bloß *von wem,* sondern auch *für wen* die Offenbarung gegeben worden ist. Der Theologe mag dem angenehmen Beruf folgen, die Religion zu beschreiben, wie sie vom Himmel niederstieg, im Gewand ihrer ursprünglichen Reinheit. Eine traurigere Pflicht ist dem Historiker auferlegt. Er hat die unvermeidliche Mischung von Irrtum und Verderbtheit zu entdecken, welche sie während eines langen Aufenthaltes auf Erden unter einer schwachen und entarteten Gattung von Wesen annahm.

Unsere Wißbegierde findet sich ganz natürlich aufgefordert zu erforschen, durch welche Mittel der christliche Glaube einen so merkwürdigen Sieg über die übrigen herrschenden Religionen der Erde erlangt habe. Dieser Frage kann mit einer leichten aber befriedigenden Antwort begegnet werden: daß dies nämlich der überzeugenden Wahrheit ihrer Lehre und der leitenden Vorsehung ihres großen Urhebers zuzuschreiben sei. Da aber Wahrheit und Vernunft selten eine so günstige Aufnahme in der Welt finden, und da die Weisheit der Vorsehung sich häufig herabläßt, die Leidenschaften des menschlichen Herzens und die allgemeinen Zustände des Menschengeschlechtes als Werkzeuge zur Erreichung ihrer Zwecke zu gebrauchen: bleibt uns doch, wenngleich mit geziemender Unterwürfigkeit die Frage gestattet, nicht was die ersten, sondern was die sekundären Ursachen des schnellen Wachstums der christlichen Kirche gewesen sind. Es wird sich vielleicht kundgeben, daß sie durch folgende fünf Ursachen am wirksamsten begünstigt und unterstützt worden ist: I. Der unbeugsame und, wenn wir den Ausdruck gebrauchen dürfen, unduldsame Eifer der Christen, allerdings aus der jüdischen Religion stammend, aber von dem engherzigen und ungeselligen Geist gereinigt, welcher, statt die Heiden zur Annahme des mosaischen Gesetzes einzuladen, sie vielmehr davon abschreckte. II. Die Lehre von einem künftigen Leben, durch jeden Nebenumstand verbessert, welcher dieser wesentlichen Wahrheit Gewicht und Wirksamkeit geben konnte. III. Die der Urkirche zugeschriebene Gewalt Wunder zu wirken. IV. Die reine und strenge Moral der Christen. V. Die Einheit und Diszi-

plin der christlichen Republik, welche allmählich einen unabhängigen und zunehmenden Staat im Herzen des
römischen Reiches bildete.

I. Der unbeugsame Eifer der Christen. Wir haben bereits
die religiöse Eintracht der alten Welt und die Leichtigkeit beschrieben, womit die verschiedenartigsten ja selbst einander
feindseligen Nationen ihren gegenseitigen Aberglauben annahmen oder wenigstens achteten. Ein einziges Volk verweigerte es, sich dem allgemeinen Verkehr des Menschengeschlechtes anzuschließen. Die Juden, welche unter den
Monarchien Assyrien und Persien Jahrhunderte lang als der
verachtetste Teil ihrer Sklaven geschmachtet hatten, erhoben
sich unter den Nachfolgern Alexanders plötzlich aus der
Dunkelheit, und da sie sich in einem überraschenden Grade
anfangs im Orient und dann auch im Oxidente vermehrten,
erregten sie bald die Neugierde und Verwunderung anderer
Völker. Die finstere Hartnäckigkeit, womit sie ihre eigentümlichen Zeremonien und ungeselligen Sitten bewahrten,
schien sie als eine bestimmte Gattung zu bezeichnen, welche
ihren unversöhnlichen Haß gegen das übrige Menschengeschlecht entweder kühn bekannte oder schwach verschleierte. Weder Antiochus' Gewalttätigkeit noch Herodes' List,
noch das Beispiel der umwohnenden Völker konnten die
Juden je bewegen, den mosaischen Einrichtungen die elegante Mythologie der Griechen beizugesellen.

Dem Grundsatz allgemeiner Duldung gemäß beschützten
die Römer einen Aberglauben, welchen sie verachteten. Der
feine Augustus ließ sich herab zu befehlen, daß für sein
Wohlergehen im Tempel zu Jerusalem geopfert werden solle;
während der Geringste von Abrahams Nachkommen,
welcher dem Jupiter des Kapitols dieselbe Huldigung dargebracht hätte, ein Gegenstand des Abscheus für sich selbst und
seine Brüder geworden sein würde. Aber die Mäßigung der
Sieger war unzulänglich, um die eifersüchtigen Vorurteile
ihrer Untertanen zu beruhigen, welche über die Zeichen des
Heidentums, die sich in eine römische Provinz notwendiger
Weise einführten, bestürzt und entsetzt waren. Der wahn-
sinnige Versuch Kaligulas, sein Standbild im Tempel zu Jeru-

salem aufzustellen, scheiterte an der einmütigen Entschlossenheit des Volkes, welches den Tod weit weniger fürchtete als abgöttische Entweihung. Anhänglichkeit an das Gesetz Moses' kam dem Abscheu gegen jede fremde Religion gleich. Der Strom des Eifers und der Andacht, in ein enges Bett eingezwängt, floß mit der Stärke und zuweilen mit der Wut eines Gießbaches.

Diese unbeugsame Beharrlichkeit, welche der alten Welt so hassenswert oder so lächerlich erschien, nimmt einen erhabeneren Charakter an, insofern die Vorsicht sich gewürdigt hat, uns die geheimnisvolle Geschichte des auserwählten Volkes zu offenbaren. Aber die fromme, selbst skrupulöse Anhänglichkeit an die mosaische Religion, welche die Juden, die unter dem zweiten Tempel lebten, sosehr auszeichnete, wird noch staunenswürdiger, wenn man sie mit dem hartnäckigen Unglauben ihrer Altvordern vergleicht. Als das Gesetz im Donner auf dem Berge Sinai gegeben, die Fluten des Ozeans und der Lauf der Planeten zur Bequemlichkeit der Israeliten suspendiert wurden, und zeitliche Belohnungen und Strafen die unmittelbaren Folgen ihrer Frömmigkeit oder ihres Ungehorsams waren: fielen sie beständig in Empörung gegen die sichtbare Majestät ihres göttlichen Königs zurück, stellten die Götzen der Völker im Heiligtume Jehovas auf und amten jede phantastische Zeremonie nach, welche unter den Zelten der Araber oder in den Städten Phöniziens geübt wurden. Als jedoch der Schutz des Himmels dem undankbaren Geschlecht verdienter Weise entzogen wurde, da gewann ihr Glaube einen verhältnismäßigen Grad von Kraft und Reinheit. Die Zeitgenossen des Moses und Josua sahen mit der größten Gleichgültigkeit die staunenswürdigsten Wunder. Unter dem Druck jeder Art von Unglück hat der Glaube an diese Mirakel die Juden einer späteren Zeit vor der allgemeinen Ansteckung des Götzendienstes bewahrt, und im Widerspruch mit jedem bekannten Prinzip der menschlichen Seele scheint dieses sonderbare Volk eine stärkere und bereitwilligere Zustimmung den Überlieferungen ihrer fernen Vorfahren gewährt zu haben als dem Zeugnis ihrer eigenen Sinne.

Die jüdische Religion war bewunderungswürdig zur Verteidigung geeignet, aber nie auf Eroberung berechnet, und es ist wahrscheinlich, daß die Zahl der Proselyten niemals die der Apostaten sehr überstieg. Die göttlichen Verheißungen waren ursprünglich einer einzigen Familie gegeben, und nur sie freute sich des auszeichnenden Ritus der Beschneidung. Als die Nachkommenschaft Abrahams sich vermehrt hatte wie der Sand am Meer, erklärte sich die Gottheit, aus deren Mund sie ein System von Gesetzen und Zeremonien erhalten hatte, als den eigentlichen, gleichsam den Nationalgott Israels und schied mit eifersüchtigster Sorgfalt sein Lieblingsvolk von dem übrigen Menschengeschlecht. Die Eroberung Kanaans war mit so vielen wunderbaren und blutigen Umständen verbunden, daß die siegreichen Juden in einen Zustand unversöhnlicher Feindschaft gegen alle ihre Nachbarn versetzt wurden. Sie hatten Befehl erhalten, einige der abgöttischsten Nationen auszurotten, und die Vollziehung des göttlichen Willens ist selten durch menschliche Schwäche verzögert worden. Mit den übrigen Nationen durften sie weder Ehen noch andere Bündnisse eingehen, und das Verbot sie in die Kirchengemeinden aufzunehmen, welches in einigen Fällen ewig war, erstreckte sich fast stets auf die dritte, siebente oder zehnte Generation. Die Verpflichtung, den Heiden den mosaischen Glauben zu predigen, war nie als Gesetzesvorschrift eingeschärft worden, und ebensowenig waren die Juden geneigt, sich dieselbe freiwillig aufzulegen.

Unter diesen Umständen bot sich, mit der Kraft des mosaischen Gesetzes bewaffnet aber von der Wucht seiner Fesseln befreit, das Christentum der Welt dar. Ein ausschließlicher Eifer für die Wahrheit der Religion und die Einheit Gottes war ebenso sorgfältig im neuen als im alten System eingeschärft: und was immer in Betreff der Natur und Absichten des höchsten Wesens dem Menschengeschlecht jetzt offenbart wurde, war geeignet, dessen Ehrfurcht vor dieser geheimnisvollen Lehre zu erhöhen. Die göttliche Autorität Moses' und der Propheten wurde zugelassen, ja als die festeste Grundlage des Christentums anerkannt. Eine ununterbrochene Reihe von Weissagungen hatte vom Anbeginn der

Welt das langerwartete Erscheinen des Messias angekündigt und vorbereitet, welcher aus Rücksicht auf die rohe Fassungskraft der Juden mehr im Charakter eines Königs und Eroberers als im Licht eines Propheten, Märtyrers und Sohn Gottes dargestellt wurde. Durch sein Sühneopfer wurden die unvollständigen Opfer des Tempels zugleich vollbracht und abgeschafft. An die Stelle des Zeremonialgesetzes, welches bloß aus Typen und Bildern bestand, folgte eine reine und geistige Gottesverehrung, welche ebensowohl auf alle Himmelsstriche wie zu allen Lagen des Menschengeschlechtes paßte, und auf die Einweihung durch Blut folgte die harmlosere durch Wasser. Die Verheißung der göttlichen Gunst, statt auf die Nachkommen Abrahams beschränkt zu bleiben, wurde allgemein dem Freien wie dem Sklaven, dem Griechen wie dem Barbaren dargeboten. Jedes Vorrecht, welches den Proselyten von der Erde zum Himmel erheben, seine Andacht steigern, sein Glück sichern, ja selbst jenen geheimen Stolz, der sich unter der Gestalt der Frömmigkeit in das menschliche Herz einschleicht, befriedigen konnte, blieb fortwährend den Mitgliedern der christlichen Kirche vorbehalten: zu gleicher Zeit aber wurde dem Menschengeschlecht nicht bloß gestattet, es wurde dringend gebeten, die glorreiche Unterscheidung anzunehmen, welche nicht bloß als Gunst angeboten, sondern als Pflicht auferlegt wurde. Es wurde die heiligste Verbindlichkeit eines Neubekehrten, unter seinen Freunden und Verwandten den unschätzbaren Segen, welchen er empfangen, zu verbreiten und sie vor einer Weigerung zu warnen, welche als verbrecherischer Widerstand gegen den Willen einer gütigen und allmächtigen Gottheit bestraft werden würde.

Die Befreiung der Kirche von dem Zwang der Synagoge war jedoch das Werk einiger Zeit und Schwierigkeit. Die jüdischen Bekehrten, welche Jesus als den durch ihre alten Orakel verheißenen Messias anerkannten, verehrten ihn als den prophetischen Lehrer der Tugend und Religion; aber sie blieben hartnäckig bei den Zeremonien ihrer Vorfahren und wollten sie auch den Heiden auflegen, welche beständig die Zahl der Gläubigen vermehrten. Diese judaisierenden Christen scheinen indessen mit einigem Anschein von Grund den göttlichen Ursprung des mosaischen Gesetzes und die unwandelbaren Vollkommenheiten seines großen Urhebers für sich angeführt zu haben. Sie behaupteten, *daß,* wenn das Wesen, welches durch alle Ewigkeit dasselbe ist, jenen heiligen Ritus, der zur Unterscheidung seines auserwählten Volkes diente, hätte abschaffen wollen, der Widerruf nicht minder klar und feierlich gewesen sein würde als die erste Verkündigung; *daß* die mosaische Religion, statt jener häufigen Erklärungen, welche ihre Ewigkeit entweder voraussetzen oder versichern, vielmehr als eine Einrichtung der Vorsehung dargestellt worden wäre, welche nur bis zur Ankunft des Messias dauern sollte, der die Menschen in einer vollkommeneren Art des Glaubens und der Gottesverehrung unterrichten würde; *daß* endlich der Messias selbst und die Jünger, welche mit ihm auf Erden verkehrten, statt durch ihr Beispiel die geringfügigsten Beobachtungen des mosaischen Gesetzes zu heiligen, vielmehr der Welt die Abschaffung dieser nutzlosen und veralteten Gebräuche verkündet, nicht aber geduldet haben würden, daß das Christentum mit den Sekten der jüdischen Kirche so viele Jahre hindurch obskurer Weise vermengt werde. Gründe wie diese scheinen zur Verteidigung der verscheidenden Sache des mosaischen Gesetzes gebraucht worden zu sein; aber der Fleiß unserer gelehrten Theologen hat die zweideutige Sprache des alten Testamentes und das zweideutige Benehmen der apostolischen Lehrer zur Genüge erklärt. Es war angemessen, das System des Evangeliums nach und nach zu entwickeln, und nur mit der größten Vorsicht und Schonung eine der Neigung und den Vorurteilen der gläubigen Juden so widerstrebende Sentenz der Verdammung auszusprechen.

Während die orthodoxe Kirche eine richtige Mitte zwischen übertriebener Verehrung und unanständiger Verachtung des mosaischen Gesetzes beobachtete, wichen die verschiedenen Ketzer in die gleichen aber entgegengesetzten Extreme, den Irrtum und die Ausschweifung, ab. Aus der anerkannten Wahrheit der jüdischen Religion hatten die Ebioniten geschlossen, daß sie nie abgeschafft werden könne.

Aus ihren vorgeblichen Unvollkommenheiten zogen die Gnostiker den ebenso übereilten Schluß, daß sie weder das Werk der Weisheit noch der Gottheit sein könne. Es gibt Einwürfe gegen die Autorität Moses' und der Propheten, welche sich dem skeptischen Verstand nur allzuleicht darbieten, obschon dieselben nur aus unserer Unkenntnis des fernen Altertums und unserer Unfähigkeit eines vollkommenen Unheils über die göttlichen Anordnungen hergeleitet werden können. Diese Einwürfe wurden von den Gnostikern ebenso begierig ergriffen als durch ihre eitle Wissenschaft keck verteidigt. Da diese Ketzer den sinnlichen Freuden größtenteils entgegen waren, klagten sie grämlich die Polygamie der Patriarchen, die Galanterie Davids und das Serail Salomos an. Die Eroberung des Landes Kanaan und die Ausrottung seiner unschuldigen Bewohner vermochten sie durchaus nicht auch nur mit den gewöhnlichen Begriffen von Menschlichkeit und Gerechtigkeit zu vereinbaren. Wenn sie sich der blutigen Liste der Mordtaten, Hinrichtungen und Niedermetzelungen, die fast jede Seite der jüdischen Geschichte beflecken, erinnerten, bekannten sie, daß die Barbaren von Palästina ihren abgöttischen Feinden ebensoviel Mitleid angedeihen ließen als sie je gegen ihre Freunde oder Landsleute bewiesen hatten.

Von den Anhängern des Gesetzes auf das Gesetz selbst übergehend, behaupteten sie die Unmöglichkeit, daß eine Religion, welche nur aus blutigen Opfern und armseligen Zeremonien bestehe, und deren Belohnungen wie Strafen sämtlich fleischlicher und zeitlicher Natur wären, Liebe der Tugend einflößen oder die Gewalt der Leidenschaften zügeln könne. Die mosaische Geschichte der Schöpfung und des Falles des Menschen wurde von den Gnostikern mit profanem Hohn behandelt; denn nicht mit Geduld konnten sie hören von der Gottheit, die nach sechs Tagen Arbeit ausruhe, von Adams Rippe, von dem Garten des Paradieses, von dem Baum des Lebens und der Erkenntnis und von der Verdammung, welche gegen das Menschengeschlecht wegen der leichten Sünde seiner ersten Stammeltern ausgesprochen worden sein sollte. Der Gott Israels wurde von den Gnostikern unfrommer Weise als ein der Leidenschaft und dem Irrtum unterworfenes Wesen dargestellt, launenhaft in seiner Gunst, unversöhnlich in seiner Rache, kleinlich eifersüchtig auf seine abergläubische Verehrung und seine parteiische Vorsehung nur auf ein einziges Volk und auf dieses vergängliche Leben ausdehnend. In einem solchen Charakter vermochten sie keine der Eigenschaften des weisen und allmächtigen Vaters des Weltalls zu erkennen. Sie gaben zu, daß die Religion der Juden etwas weniger verbrecherisch wäre als die Abgötterei der Heiden; aber es war ihre Grundlehre, daß Christus, den sie als die erste und edelste Emanation der Gottheit anbeteten, auf der Erde erschienen sei, um das Menschengeschlecht von seinen verschiedenen Irrtümern zu befreien und ein *neues* System der Wahrheit und Vollkommenheit zu offenbaren. Die gelehrtesten Kirchenväter haben aus höchst seltsamer Nachgiebigkeit unkluger Weise die Sophisterei der Gnostiker zugelassen. Anerkennend, daß der buchstäbliche Sinn jedem Grundsatz des Glaubens sowohl als der Vernunft widerstreite, halten sie sich geborgen und unverwundbar hinter dem weiten Schleier der Allegorie, welchen sie sorgfältig über jeden zarten Punkt der mosaischen Gesetzgebung verbreiten.

Welcher Unterschied der Meinung aber auch zwischen Rechtgläubigen, Ebioniten und Gnostikern in Betreff des göttlichen Ursprungs oder der Verbindlichkeit des mosaischen Gesetzes herrschen mochte, waren sie doch alle gleich belebt von jenem ausschließenden Eifer und jenem Abscheu vor dem Götzendienst, welcher die Juden von den andern Völkern der alten Welt unterschieden hatte. Der Philosoph, welcher das System des Polytheismus als ein Produkt menschlichen Betrugs und Irrtums betrachtete, konnte ein Lächeln der Verachtung unter der Maske der Andacht verbergen, ohne zu besorgen, daß ihn sein Hohn oder seine Gefügigkeit dem Zorn unsichtbarer oder, wie *er* dachte, eingebildeter Mächte aussetzen würde. Aber von den ersten Christen wurden die bestehenden Religionen des Heidentums in einem viel gehässigeren und furchtbareren Licht betrachtet. Es war allgemeiner Glaube sowohl der Kirche als der Ketzer, daß die Dämonen die Urheber, Beschützer und Gegenstände des Götzendienstes wären.

Diese rebellischen Geister, welche ihres Rangs als Engel entsetzt und in den Pfuhl der Hölle gestürzt worden waren, hatten fortwährend die Erlaubnis, auf Erden umher zu schweifen, die Leiber sündiger Menschen zu quälen und ihre Seelen zu verführen. Diese Dämonen nun entdeckten und mißbrauchten bald den natürlichen Hang des menschlichen Herzens zur Andacht, und indem sie die Anbetung listiger Weise vom Schöpfer ablenkten, usurpierten sie selbst den Platz und die Ehre des höchsten Wesens. Durch den Erfolg ihrer boshaften Anstiftungen befriedigten sie zugleich ihre eigene Eitelkeit und Rache und verschafften sich den einzigen Trost, dessen sie noch fähig waren, die Hoffnung, das Menschengeschlecht in ihre Schuld und ihr Elend zu verwikkeln. Eingestandener oder vielmehr eingebildeter Maßen hatten sie unter sich die wichtigsten Charaktere des Polytheismus verteilt, und ein Dämon Namen und Attribute des Jupiter, ein anderer die des Äskulap, ein dritter die der Venus, ein vierter etwa die des Apollo angenommen; waren sie ferner infolge ihrer langen Erfahrung und luftartigen Natur im Stande, die verschiedenen Rollen, welche sie sich zugeeignet, mit hinreichender Geschicklichkeit und Würde zu spielen. Sie hausten in den Tempeln, führten Feste und Opfer ein, verkündeten Orakel, ja es war ihnen sogar häufig gestattet, Wunder zu wirken. Die Christen, welche durch die Dazwischenkunft böser Geister so leicht jeden übernatürlichen Anschein erklären konnten, waren geneigt, ja erfreut, die ausschweifendsten Erdichtungen des Heidentums für wahr zu halten. Aber der Glaube des Christen war von Abscheu begleitet. Das geringste der Nationalreligion erwiesene Zeichen von Ehrfurcht betrachtete er als eine unmittelbar dem Teufel dargebrachte Huldigung und als eine Tat der Empörung gegen die Majestät Gottes.

Infolge dieser Meinung war es die erste aber schwierige Pflicht eines Christen, sich rein und unbefleckt von aller Übung des Götzendienstes zu erhalten. Die Religion der Völker war nicht bloß eine spekulative Lehre, bekannt in den Schulen oder gepredigt in den Tempeln. Die zahllosen Gottheiten und Zeremonien des Polytheismus waren mit jedem Umstand der Geschäfte oder des Vergnügens, des häuslichen wie des öffentlichen Lebens enge verwoben; und es schien unmöglich, der Befolgung derselben zu entgehen, ohne zu gleicher Zeit auf den Verkehr mit Menschen und alle Pflichten und Vergnügungen der Gesellschaft Verzicht zu leisten. Die wichtigen Verhandlungen des Kriegs oder Friedens wurden durch feierliche Opfer, denen obrigkeitliche Personen, Senatoren, Soldaten, Vorsitzen oder beiwohnen mußten, vorbearbeitet oder geschlossen. Die öffentlichen Schauspiele waren ein wesentlicher Bestandteil der heiteren Frömmigkeit der Alten, und sie glaubten, daß den Göttern das angenehmste Opfer die Spiele wären, welche Fürst und Volk zu Ehren ihrer besonderen Feste feierten. Der Christ, welcher mit frommem Schauder die Abscheulichkeiten des Zirkus oder Theaters vermied, sah sich bei jedem Gastmahl mit Höllenschlingen umgeben, so oft seine Freunde unter Anrufung der gastlichen Götter einander Libationen auf ihr gegenseitiges Wohl darbrachten. Wenn die Braut unter wohlgeheucheltem Widerstreben im Hochzeitspomp über die Schwelle ihrer neuen Wohnung genötigt wurde, oder wenn der Trauerzug sich mit dem Verstorbenen langsam dem Scheiterhaufen zu bewegte, mußte der Christ bei diesen feierlichen Anlässen eher die ihm teuersten Personen verlassen als sich mit der diesen ruchlosen Zeremonien in wohnenden Schuld zu beflecken.

Jede Kunst und jedes Gewerbe, das auch nur im Entferntesten mit der Vertiefung oder Ausschmückung der Götzen zusammenhing, lag unter dem Bann der Abgötterei; eine schwere Sentenz, da sie den bei weitem größten Teil der Gesellschaft, welcher Künste und Handwerke treibt, zu ewigem Elend verdammte. Betrachtet man die zahlreichen Überreste des Altertums, so gewahrt man, daß außer den unmittelbaren Bildern der Götter und der ihrem Dienst heiligen Werkzeuge die schönen Formen der heiteren Dichtungen der Griechen als die reichsten Zierden der Häuser, der Tracht und des Hausrates der Alten eingeführt waren. Selbst Musik und Malerei, Beredsamkeit und Poesie entströmten derselben unreinen Quelle. Nach dem Stil der Kirchenväter waren Apollo und die Musen die Werkzeuge des höllischen Geistes, Homer und Virgil seine vornehmsten Diener, hatte die schöne Mythologie, welche die Schöpfungen ihres Geists beseelt und belebt, die Bestimmung, den Ruhm der Dämonen zu feiern. Ja selbst die Umgangssprache Griechenlands und Roms war reich an ruchlosen Ausdrücken, welche der unbehutsame Christ unvorsichtig aussprechen oder allzu geduldig anhören mochte.

Das war die ängstliche Sorgfalt, welche erfordert wurde, um die Reinheit des Evangeliums vor dem ansteckenden Hauch des Götzendienstes zu bewahren. Die abergläubischen Zeremonien der öffentlichen oder häuslichen Andacht wurden von den Anhängern der herrschenden Religion aus Erziehung und Angewöhnung obenhin beobachtet. So oft dies aber geschah, war es für die Christen eine Gelegenheit, ihren eifrigen Widerstand zu erklären und zu kräftigen. Durch diese häufigen Beteuerungen wurde ihre Anhänglichkeit an den Glauben beständig verstärkt, und im Verhältnisse zur Zunahme ihres Eifers kämpften sie auch in dem heiligen Krieg, welchen sie gegen das Reich der Dämonen unternommen hatten, mit größerem Feuer und Erfolg.

II. Die Lehre von der Unsterblichkeit. Die Schriften Ciceros schildern in den lebhaftesten Farben die Unwissenheit, die Irrtümer und die Ungewißheit der alten Philosophen in Betreff der Unsterblichkeit der Seele. So oft sie ihre Schüler gegen die Todesfurcht waffnen wollen, schärfen sie ihnen den sich von selbst darbietenden aber traurigen Satz ein, daß der tödliche Streich unserer Auflösung uns von den Drangsalen des Lebens befreie, und daß diejenigen, welche nicht mehr existieren, auch nicht mehr leiden können. Es gab jedoch einige wenige Weise von Griechenland und Rom, welche einen edleren und in manchen Beziehungen richtigeren Begriff von der menschlichen Natur faßten, ob man schon bekennen muß, daß in ihren erhabenen Forschungen ihre Vernunft häufig durch die Einbildungskraft und diese durch ihre Eitelkeit geleitet wurde. Wenn sie mit Selbstgefälligkeit den Umfang ihrer eigenen Geistesstärke betrachteten, wenn sie die verschiedenen Kräfte des Gedächtnisses, der Phantasie und des Urteils in den tiefsten Forschungen und den wichtigsten Arbeiten übten, und wenn sie der Sehnsucht nach Ruhm gedachten, welche sie in künftigen Jahrhunderten weit über die Grenzen des Todes und Grabes trug: vermochten sie sich nicht mit den Tieren des Feldes zu vermengen und anzunehmen, daß ein Wesen, für dessen Würde sie die aufrichtige Bewunderung hegten, auf einen Fleck der Erde oder auf wenig Jahre Dauer beschränkt sein könne.

Mit dieser günstigen Voreingenommenheit riefen sie die Wissenschaft oder vielmehr die Sprache der Metaphysik zu Hilfe. Sie entdeckten bald, daß die menschliche Seele, weil keine der Eigenschaften der Materie auf die Verrichtungen des Geists passe, notwendig ein vom Körper verschiedenes Wesen sein müsse, rein, einfach, geistig, unauflösbar und nach der Befreiung aus dem Gefängnis des Körpers eines viel höheren Grades von Tugend und Glück fähig. Aus diesen schönen und edlen Prinzipien leiteten die Philosophen, welche in Platons Fußtapfen traten, einen sehr unverantwortlichen Schluß ab, indem sie nicht bloß die künftige Unsterblichkeit, sondern auch die vergangene Ewigkeit der menschlichen Seele behaupteten und nur zu geneigt waren, sie als einen Teil des unendlichen und durch sich selbst existierenden Geists zu betrachten, welcher das Weltall durchdringt und erhält. Eine den Sinnen und der Erfahrung des Menschengeschlechts dergestalt entrückte Lehre mochte wohl zur Ausfüllung der Muße eines philosophischen Gemüts dienen oder in der Stille der Einsamkeit der entmutigten Tugend einen Hoffnungsstrahl geben: aber der schwache Eindruck, welchen man in den Schulen erhalten hatte, wurde bald wieder im Verkehr und Geräusch des tätigen Lebens verlöscht. Wir sind mit den ausgezeichneten Personen, welche zur Zeit Ciceros und der ersten Cäsaren blühten, ihren Charakteren und Motiven hinreichend bekannt, um versichert zu sein, daß ihr Benehmen in diesem Leben nie durch eine ernste Überzeugung von Belohnungen oder Strafen in einem künftigen Zustand reguliert worden ist. Auf dem Forum und im römischen Senat besorgten auch die geschicktesten Redner nicht, ihren Zuhörern Ärgernis zu geben, indem sie jene Lehre, welche von jedem Mann von aufgeklärter Erziehung und Bildung mit Verachtung verworfen wurde, als eine müßige und ausschweifende Meinung darstellten.

Man sollte natürlich erwarten, daß ein so wesentliches Religionsprinzip dem auserwählten Volk von Palästina in den klarsten Ausdrücken offenbart wurde und der erblichen Priesterschaft Aarons sicher anvertraut werden konnte. Indessen sind wir verpflichtet, die geheimnisvollen Fügungen der Vorsehung anzubeten, wenn wir entdecken, daß die Lehre von der Unsterblichkeit der Seele im mosaischen Gesetz ausgelassen ist; sie wird dunkel von den Propheten angedeutet, und während der langen Periode, welche zwischen der ägyptischen und babylonischen Knechtschaft verging, scheinen sowohl die Hoffnungen als die Befürchtungen der Juden auf die enge Spanne des gegenwärtigen Lebens beschränkt gewesen zu sein. Nachdem Cyrus der verbannten Nation Rückkehr in das Land der Verheißung gestattet, und Esra die alten Urkunden ihrer Religion wiederhergestellt hatte, entstanden zu Jerusalem allmählich die zwei berühmten Sekten der Sadducäer und Pharisäer. Die Ersteren, welche zu den reicheren und ausgezeichneten Ständen gehörten, hingen mit Strenge dem buchstäblichen Sinn des mosaischen Gesetzes an und verwarfen frommer Weise die Unsterblichkeit der Seele als eine Meinung, welche durch das göttliche Buch, das sie als die einzige Richtschnur ihres Glaubens verehrten, keine Bestätigung erhielt.

Dem Ansehen der heiligen Schrift fügten die Pharisäer die mündliche Überlieferung hinzu und nahmen unter dieser Benennung mehrere Lehrsätze der Philosophie und Religion der orientalischen Nationen an. Die Lehren vom Fatum und der Prädestination, von Engeln und Geistern und von einem zukünftigen Zustand der Strafen und Belohnungen gehörten zur Zahl dieser neuen Glaubensartikel; und da die Pharisäer durch die Strenge ihrer Sitten die große Masse des jüdischen Volkes für sich gewonnen hatten, wurde die Unsterblichkeit der Seele die herrschende Ansicht der Synagoge unter der

Regierung asmonäischer Fürsten und Hochpriester. Der Charakter der Juden war nicht geschaffen, um sich mit jener kalten und matten Beistimmung zu begnügen, welche das Gemüt eines Polyteisten befriedigen mochte, und so wie sie die Idee eines künftigen Lebens zuließen, erfaßten sie dieselbe mit jenem Eifer, welcher stets das charakteristische Merkmal der Nation gewesen ist. Dieser Eifer vermehrte aber weder ihren Beweis noch ihre Wahrscheinlichkeit, es blieb daher noch immer notwendig, daß die Lehre des Lebens und der Unsterblichkeit, welche von der Natur eingeflößt, von der Vernunft gebilligt und von dem Aberglauben angenommen wurde, ihre Heiligung als göttliche Wahrheit durch die Obmacht und das Beispiel Christi erhalte.

Als die Verheißung ewiger Seligkeit dem Menschengeschlecht unter der Bedingung angeboten wurde, daß es den Glauben des Evangeliums annehme und dessen Satzungen befolge, war es kein Wunder, daß ein so vorteilhaftes Anerbieten von einer großen Anzahl Menschen jeder Religion, jedes Ranges, jeder Provinz des römischen Reiches angenommen wurde. Die alten Christen waren von einer Verachtung für die Gegenwart und von einem gerechten Vertrauen in die Unsterblichkeit in einem Grade erfüllt, wovon uns der zweifelhafte und unvollkommene Glaube der neueren Zeiten durchaus keinen angemessenen Begriff gibt. In der ersten Kirche wurde der Einfluß dieser Wahrheit durch eine Ansicht bestärkt, welche, wie sie auch Achtung wegen ihrer Nützlichkeit und ihres Altertums verdienen mag, doch als unvereinbar mit der Erfahrung erfunden worden ist. Man glaubte nämlich allgemein, daß das Weltende und das Königreich des Himmels bevorstünde. Das nahekommen dieses wundervollen Ereignisses war von den Aposteln vorher verkündet worden; ihre frühesten Jünger hatten die Überlieferung davon bewahrt, und diejenigen, welche die Reden Christi selbst im buchstäblichen Verstand nahmen, waren verpflichtet, das zweite und glorreiche Erscheinen des Menschensohns in den Wolken noch vor dem gänzlichen Aussterben des Geschlechtes zu glauben, welches seinen demütigen Stand auf Erden gesehen und noch Zeuge der Drangsale der Juden unter Vespasian oder Hadrian sein mochte. Der Verlauf von 17 Jahrhunderten hat uns gelehrt, die geheimnisvolle Sprache der Prophezeiung und Offenbarung nicht zu streng zu nehmen: solange aber zu weisen Zwecken dieser Irrtum in der Kirche gestattet wurde, brachte er die heilsamsten Wirkungen auf Glauben und Wandel der Christen hervor, welche in der schaudervollen Erwartung jenes Augenblickes lebten, wo der Erdball selbst und die verschiedenen Menschengeschlechter vor dem Erscheinen ihres göttlichen Richters zittern würden.

Während Glück und Glanz einer zeitlichen Regierung den Jüngern Christi versprochen wurde, war der ungläubigen Welt das schrecklichste Unglück angedroht. Der Bau des neuen Jerusalems sollte gleichen Schritts mit der Zerstörung des mystischen Babels vor sich gehen; und solange die Kaiser, welche vor Konstantin regierten, auf der Abgötterei beharrten, wurde die Benennung Babel auf die Stadt Rom und das römische Reich angewendet. Eine regelrechte Reihe aller moralischen und physischen Übel, wovon eine blühende Nation heimgesucht werden kann, war entworfen worden: innere Zwietracht, feindliche Überziehung von den wildesten Barbaren aus den unbekannten Gegenden des Nordens, Pest und Hungersnot, Kometen und Finsternis, Erdbeben und Überschwemmungen. Alle diese Dinge waren aber nur ebenso viele vorbereitende und beunruhigende Vorzeichen der großen Katastrophe Roms, wo das Land der Scipionen und Cäsaren durch eine Flamme vom Himmel verzehrt und die Stadt der sieben Hügel mit ihren Palästen, Tempeln und Triumphbögen in einem weiten See von Feuer und Schwefel begraben werden würde. Indessen mochte es der Eitelkeit der Römer einigen Trost gewähren, daß das Ende ihres Reichs auch das der Welt sein würde, welche, so wie sie einst durch das Element des Wassers vernichtet worden, jetzt bestimmt war, eine zweite und schleunige Zerstörung durch das Element des Feuers zu erfahren.

Die Verdammung der weisesten und tugendhaftesten der Heiden wegen ihrer Unkunde oder ihres Unglaubens der göttlichen Wahrheit scheint die Vernunft und das Menschengefühl des gegenwärtigen Zeitalters zu verletzen. Aber die erste Kirche, deren Glauben von viel festerer Beschaffenheit war, überlieferte ohne Bedenken den bei Weitem größeren Teil des Menschengeschlechts der ewigen Pein. Einer christlichen Hoffnung mochte man vielleicht zugunsten des Sokrates oder anderer Weisen des Altertums Raum geben, weil sie das Licht der Vernunft, bevor jenes des Evangeliums aufgegangen war, zu Rate gezogen hatten. Einmütig aber wurde bekräftigt, daß diejenigen, welche seit der Geburt oder dem Tod Christi hartnäckig bei der Anbetung der Dämonen blieben, von der erzürnten Gerechtigkeit Gottes Verzeihung weder verdienen noch erwarten könnten.

Diese strengen Gesinnungen, welche der alten Welt unbekannt gewesen waren, schienen einen Geist der Bitterkeit in ein System der Liebe und Eintracht gehaucht zu haben. Die Bande des Blutes und der Freundschaft wurden durch die Verschiedenheit des religiösen Glaubens häufig zerrissen, und die Christen, welche sich in dieser Welt häufig durch die Macht der Heiden unterdrückt sahen, fühlten sich zuweilen durch Rache und geistigen Stolz verleitet, sich in der Aussicht auf ihren Triumph zu freuen. »Ihr liebt Schauspiele«, ruft der finstere Tertullian aus, »erwartet das größte aller Schauspiele, das letzte und ewige Gericht des Weltalls. Wie werde ich mich wundern, wie lachen, wie mich freuen, wie jubeln, wenn ich so viele stolze Monarchen und eingebildete Götter in dem untersten Abgrund der Finsternis werde sich winden sehen; so viele Richter, welche den Namen des Herrn verfolgten, in grimmigerem Feuer schmelzen als sie je gegen die Christen entzündet haben; so viele weise Philosophen in roten Flammen mit ihren betrogenen Jüngern erröten; so viele berühmte Dichter nicht vor dem Tribunal Minos' sondern Christi erzittern; so viele Tragöden noch klagevoller in dem Ausdruck ihrer eigenen Leiden; so viele Tänzer –!« Doch das Mitgefühl des Lesers wird mir gestatten, einen Schleier über den Rest dieser infernalen Beschreibung zu ziehen, welche der glaubenswütige Afrikaner in einer langen Reihe affektierter und gefühlloser Witzeleien fortführt.

Ohne Zweifel gab es unter den ersten Christen viele, deren Gemüt der Milde und Liebe ihrer Religion besser zusagte. Es gab viele, welche ein aufrichtiges Mitleid mit der Gefahr ihrer Freunde und Landsleute fühlten und den wohlwollendsten Eifer an den Tag legten, sie vor dem herdrohenden Verderben zu retten. Der leichtsinnige Polyteist, angegriffen durch neue und unerwartete Schrecken, wogegen weder seine Priester noch seine Weisen einen gewissen Schutz gewähren konnten, wurde durch die Drohung ewiger Pein sehr oft in Furcht gejagt und unterjocht. Seine Besorgnisse mochten die Fortschritte seines Glaubens und seiner Vernunft befördern, und konnte er sich einmal überreden, zu ahnen, daß die christliche Religion doch möglicherweise die wahre sein könne, so war es eine leichte Aufgabe, ihn zu überzeugen, daß sie ihm den sichersten und klügsten Entschluß, den er irgend ergreifen konnte, darbiete.

III. Die wunderwirkende Macht der ersten Kirche. Die übernatürlichen Gaben, welche den Christen von dem übrigen Teil des Menschengeschlechts selbst in diesem Leben zugeschrieben wurden, müssen zu ihrem eigenen Wohl und sehr häufig zur Bekehrung der Ungläubigen beigetragen haben. Außer den Wundern, welche zuweilen durch die unmittelbare Dazwischenkunft der Gottheit gewirkt wurden, indem sie die Gesetze der Natur zum Besten der Religion hemmte, nahm die christliche Kirche von der Zeit der Apostel und ihrer ersten Jünger an die ununterbrochene Aufeinanderfolge wunderwirkender Gewalten in Anspruch, die Gabe fremder Zungen, des Gesichts, der Prophezeiung, die Macht Teufel auszutreiben, Kranke zu heilen und Tote zu erwecken. Die Kunde fremder Sprachen wurde den Zeitgenossen des Irenäus häufig mitgeteilt, obschon Irenäus selbst mit den Schwierigkeiten eines barbarischen Dialekts kämpfen mußte, als er den Eingebornen von Gallien das Evangelium predigte. Die göttliche Inspiration, sie wurde in Form eines Gesichts im wachenden oder im Traumzustand mitgeteilt, wird als eine sehr häufige Gabe der Christen alles Rangs geschildert, der Frauen wie der Ältesten, der Knaben wie der Bischöfe. Wenn ihre frommen Gemüter sich durch eine Reihe von Gebeten, Fasten und Nachtwachen hinreichend vorbereitet hatten, um den außerordentlichen Impuls zu empfangen, gerieten sie außer ihren Sinnen und sagten in der Verzückung, was ihnen der heilige Geist eingab, dessen bloße Werkzeuge sie dann waren, wie die Flöte es demjenigen ist, der in sie bläst. Wir mögen hinzufügen, daß diese Geschichten größtenteils bezweckten, die künftige Geschichte der Kirche zu enthüllen oder ihre gegenwärtige Regierung zu lenken. Die Austreibung der Dämonen aus den Leibern jener unglücklichen Personen, die zu quälen ihnen gestattet war, wurde als ein entscheidender doch gewöhnlicher Triumph der Religion betrachtet und von den alten Apologisten wiederholt als der überzeugendste Beweis von der Wahrheit des Christentums angeführt. Die furchtbare Zeremonie ging gewöhnlich öffentlich und in der Anwesenheit einer großen Anzahl von Zuschauern vor sich; der Kranke wurde durch die Macht oder Geschicklichkeit des Exorzisten erlöst, und den besiegten Dämon hörte man bekennen, daß er einer der fabelhaften Götter des Altertums wäre, welche sich ruchloser Weise die Anbetung des Menschengeschlechts angemaßt hätten.

Aber die wunderbare Heilung der eingewurzeltsten ja selbst übernatürlichen Krankheiten kann kein längeres Staunen verursachen, wenn man bedenkt, daß in den Tagen des Irenäus gegen das Ende des zweiten Jahrhunderts die Auferweckung von den Toten weit entfernt war, für ein ungewöhnliches Ereignis zu gelten; daß dieses Wunder häufig bei notwendigen Veranlassungen nach großem Fasten und auf die vereinigte Bitte der Kirche des Orts gewirkt wurde, und daß die durch ihr Gebet wieder genesenen Personen nachher noch viele Jahre unter ihnen lebten. In einer Zeit, wo sich der Glaube so vieler wunderbaren Siege über den Tod rühmen konnte, scheint es in der Tat schwer, den Skeptizismus jener Philosophen zu begreifen, welche die Lehre von der Wiederauferstehung noch immer verlachten und verhöhnten. Ein edler Grieche führte auf diesen wichtigen Grund die ganze Streitfrage zurück und versprach dem Bischof von Antiochien, Theophilus, daß er sogleich die christliche Religion ergreifen würde, wenn man ihm eine einzige Person zeigen könne, die wirklich von den Toten auferweckt worden wäre. Es ist einigermaßen merkwürdig, daß der Prälat der ersten Kirche des Orients, wie ängstlich bekümmert auch um die Bekehrung seines Freundes, es doch für geraten hielt, diese offene und vernünftige Herausforderung abzulehnen.

Nachdem die Wunder der ersten Kirche die Anerkennung von Jahrhunderten erhalten hatten, sind sie kürzlich in einer sehr freimütigen und scharfsinnigen Abhandlung angegriffen worden, welche zwar von dem Publikum auf das Günstigste aufgenommen worden ist, aber unter den Theologen sowohl der englischen als der übrigen protestantischen Kirchen großes Ärgernis verbreitet hat. Unsere verschiedenen Gesinnungen über diesen Gegenstand stehen weit weniger unter dem Einfluß besonderer Argumente als unserer Gewohnheit des Studiums und des Nachdenkens und vor allem des Grads der Evidenz, welchen wir zum Beweis eines wunderbaren Ereignisses zu fordern pflegen. Die Pflicht eines Historikers legt ihm nicht auf, sein Privaturteil in diese zarte und wichtige Streitfrage einzuschieben; aber die Schwierigkeit darf er nicht verhehlen, eine Theorie, welche die Interessen der Religion mit jenen der Vernunft vereinbart, anzunehmen, von dieser Theorie die richtige Anwendung zu machen und mit Genauigkeit die Grenzen jener glücklichen, von Irrtum und Betrug freien Periode zu bestimmen, auf welche wir geneigt sein mochten, die Gabe übernatürlicher Kräfte auszudehnen.

Von dem ersten der Kirchenväter bis zum spätesten der Päpste währt eine ununterbrochene Aufeinanderfolge von Bischöfen, Heiligen, Märtyrern und Wundern, und der Fortschritt des Aberglaubens war so allmählich und fast unwahrnehmbar, daß wir nicht wissen, bei welchem Glied wir die Kette der Überlieferung abbrechen sollen. Jedes Jahrhundert legt Zeugnis für die wundervollen Ereignisse ab, durch welche es sich auszeichnete, und sein Zeugnis erscheint nicht weniger gewichtig und achtungswert als das der vorhergehenden Generation, bis wir endlich allmählich verleitet werden, unsere eigene Unfolgerichtigkeit anzuklagen, wenn wir im zwölften Jahrhundert dem ehrwürdigen Beda oder dem heiligen Bernhard denselben Grad von Vertrauen versagen, welchen wir im zweiten Jahrhundert dem Justin oder Irenäus so freigebig geschenkt haben.* Wenn die Wahrheit eines dieser Wunder nach deren Nutzen und Angemessenheit beurteilt wird, hat jedes Jahrhundert Ungläubige zu überzeugen, Ketzer zu widerlegen, abgöttische Völker zu bekehren, kann man stets hinreichende Beweggründe vorbringen, um die Dazwischenkunft des Himmels zu rechtfertigen. Und doch, da jeder Freund der Offenbarung von der Wirklichkeit und jeder verständige Mann von dem Aufhören der wunderwirkenden Kraft überzeugt ist, leuchtet ein, daß es *irgendeine Periode* gegeben haben muß, in welcher sie entweder plötzlich oder allmählich der christlichen Kirche entzogen wurde. Welche Ära man auch wählen mag, den Tod der Apostel, die Bekehrung des römischen Reichs oder die Vernichtung der arianischen Ketzerei** so erregt die Unempfindlichkeit der Christen, die zu dieser Zeit lebten, ein gerechtes Erstaunen. Sie erhoben fortwährend ihre Ansprüche, nachdem sie die Macht verloren hatten. Leichtgläubigkeit vertrat das Amt des Gläubens, Fanatismus durfte die Sprache der göttlichen Eingebung annehmen, und die Wirkungen des Zufalls oder der Kunst wurden übernatürlichen Ursachen zugeschrieben. Die frische Erfahrung echter Wunder sollte die christliche Welt in den Wegen der Vorsehung unterrichtet und ihr Auge (wenn wir einen sehr ungenügenden Ausdruck wählen dürfen) an den Stil des göttlichen Künstlers gewöhnt haben. Wenn der geschickteste Maler des heutigen Italiens es wagen würde, seine schwachen Nachahmungen mit den Namen

---

* Es scheint merkwürdig, daß Bernhard von Clairvaux, der so viele Wunder von seinem Freund, dem heiligen Malachias, erzählt, nie von seinen eigenen spricht, die dagegen von seinen Gefährten und Schülern sorgfältig beschrieben werden. Gibt es in der langen Reihe der Kirchengeschichte einen einzigen Heiligen, welcher selbst sagte, daß er die Gabe besitze, Wunder zu wirken?

** Die Bekehrung Konstantins ist der Zeitpunkt, welchen die Protestanten gewöhnlich festsetzen. Die der Vernunft mehr folgenden Theologen geben ungerne die Mirakel des vierten Jahrhunderts zu, während die leichtgläubigeren ungerne jene des fünften Jahrhunderts verwerfen.

Raphael oder Correggio zu schmücken, so würde der unverschämte Betrug bald entdeckt und mit Entrüstung verworfen werden.

IV. Die reine und strenge Moral der Christen. Aber der erste Christ zeigte seinen Glauben durch seine Tugenden, und man setzte sehr mit Recht voraus, daß die göttliche Überredung, welche den Verstand erleuchtete oder unterwarf, zu gleicher Zeit das Herz des Gläubigen reinigen und seine Handlungen leiten müsse. Die ersten Schutzredner des Christentums, welche die Unschuld ihrer Brüder rechtfertigen, und die Schriftsteller einer späteren Periode, welche die Heiligkeit ihrer Vorfahren preisen, malen in den lebendigsten Farben die Reform der Sitten, welche in der Welt durch das Predigen des Evangeliums eingeführt worden war. Da es meine Absicht ist, bloß solche menschliche Ursachen zu bemerken, welche den Einfluß der Offenbarung unterstützen durften, so werde ich nur leichthin zwei Beweggründe erwähnen, welche das Leben der ersten Christen viel reiner und strenger machten als das ihrer heidnischen Zeitgenossen oder ihrer entarteten Nachfolger: Reue für ihre vergangenen Sünden und das lobenswerte Bestreben, den Ruf der Gemeinde aufrecht zu halten, in welche sie getreten waren.

Es ist ein sehr alter durch die Unwissenheit oder Bosheit des Unglaubens eingegebener Vorwurf, daß die Christen die abscheulichsten Verbrecher zu ihrer Partei lockten, welche, so wie sie ein Gefühl der Reue empfanden, leicht überredet wurden, in dem Wasser der Taufe die Schuld ihres vergangenen Benehmens, wofür die Tempel der Götter ihnen jede Sühne verweigert, hinweg zu waschen. Aber dieser Vorwurf, wenn man ihn der falschen Darstellung entkleidet, trug ebensoviel zur Ehre als zum Wachstum der Kirche bei. Die Freunde des Christentums dürfen ohne Erröten anerkennen, daß viele der ausgezeichnetsten Heiligen vor der Taufe die verworfensten Sünder waren. Diejenigen Personen, welche in der Welt, obschon in unvollkommener Weise den Geboten des Wohlwollens und der Sittlichkeit gefolgt waren, empfanden in dem Bewußtsein ihrer eigenen Redlichkeit eine so ruhige Zufriedenheit, daß sie weit minder empfänglich gegen die plötzlichen Aufwallungen der Scham, des Schmerzes oder des Schreckens waren, welche zu so vielen wunderbaren Bekehrungen Anlaß gegeben hatten. Nach dem Beispiel ihres göttlichen Meisters verschmähten die Verkünder des Evangeliums die Gesellschaft von Menschen, insbesondere Frauen nicht, welche durch das Bewußtsein und oft auch durch die Folgen ihrer Laster niedergedrückt waren. So wie sie sich aus Sünde und Aberglauben zu der glorreichen Hoffnung der Unsterblichkeit erhoben, beschlossen sie sich einem Leben nicht nur der Tugend, sondern auch der Buße zu weihen. Das Streben nach Vollkommenheit wurde die herrschende Leidenschaft ihrer Seele, und es ist wohlbekannt, daß, während der Verstand eine kalte Mittelmäßigkeit ergreift, unsere Leidenschaften uns mit schnellem Ungestüm über den Raum fortreißen, welcher zwischen den entgegengesetztesten Extremen liegt.

Sobald die Neubekehrten in die Zahl der Gläubigen aufgenommen und zu den Sakramenten der Kirche zugelassen worden waren, sahen sie sich noch durch eine andere Rücksicht von nicht so geistiger aber sehr unschuldiger und achtbarer Natur abgehalten, in ihre vergangenen Fehler zurück zu fallen. Jede Gesellschaft, welche sich von dem großen Körper des Volks oder von der Religion, welcher sie angehörte, gesondert hat, wird sogleich der Gegenstand ebenso allgemeiner als scheelsüchtiger Beobachtung. Im Verhältnis zur Kleinheit ihrer Zahl haben Tugend und Laster der Personen, woraus sie besteht, auf ihren Ruf Einfluß; jedes Mitglied ist daher verpflichtet, mit der sorgfältigsten Aufmerksamkeit sowohl über sein Benehmen als über das seiner Brüder zu wachen, weil er, so wie er erwarten mag, daß auf ihn ein Teil der gemeinsamen Schmach falle, auch hoffen darf, an dem gemeinsamen guten Rufe Teil zu nehmen.

Als die Christen von Bithynien vor den Richterstuhl des jüngeren Plinius gebracht wurden, versicherten sie den Prokonsul, daß sie, weit entfernt in einer ungesetzlichen Verschwörung verwickelt zu sein, vielmehr durch eine feierliche Verpflichtung verbunden wären, sich des Begehens jener Verbrechen zu enthalten, welche den häuslichen oder öffentlichen Frieden der Gesellschaft stören, des Diebstahles, Raubes, Ehebruches, Meineides, Betruges. Fast ein Jahrhundert später konnte Tertullian es mit ehrenhaftem Stolze rühmen, daß sehr wenige Christen hingerichtet worden wären, ausgenommen wegen ihrer Religion. Ihr ernstes, zurückgezogenes, der heiteren Üppigkeit des Zeitalters fremdes Leben hatte sie an Keuschheit, Mäßigkeit, Sparsamkeit und alle nüchternen und häuslichen Tugenden gewöhnt. Da die größere Anzahl Handel und Gewerbe trieben, lag es ihnen ob, durch die strengste Unbescholtenheit und offenste Redlichkeit jenen Verdacht ferne zu halten, welchen die Profanen nur zu leicht gegen den Anschein der Frömmigkeit zu schöpfen pflegen. Die Verachtung der Welt übte in ihnen die Tugenden der Demut, Sanftmut und Geduld. Je mehr sie verfolgt wurden, desto fester hingen sie aneinander. Ihre gegenseitige Mildtätigkeit und argloses Vertrauen ist von den Ungläubigen bemerkt und nur zu oft von treulosen Freunden mißbraucht worden.

Es ist ein sehr ehrenvoller Umstand für die Moralität der ersten Christen, daß selbst ihre Fehler oder vielmehr Irrtümer einem Übermaß an Tugend entstammten. Die Bischöfe und Kirchenväter, deren Aussage die Bekenntnisse, Grundsätze und Handlungsweise ihrer Zeitgenossen bezeugt, und deren Autorität auf sie Einfluß haben konnte, hatten die heilige Schrift mit weniger Einsicht als Andacht studiert und nahmen jene strengen Vorschriften Christi und der Apostel, welchen die Klugheit der späteren Kommentatoren eine weitere und figürlichere Auslegung gegeben hat, im buchstäblichsten Verstand. Voll des Ehrgeizes, die Vollkommenheit des Evangeliums über die Weisheit der Philosophie zu erheben, haben die eifrig-frommen Väter die Pflichten der Selbstverleugnung, Reinheit und Geduld zu einer Höhe getrieben, welche in unserem gegenwärtigen Zustand der Schwäche und Verderbtheit kaum möglich ist zu erreichen, viel weniger zu bewahren. Ein so außerordentlicher und so erhabener Glaube mußte unfehlbar die Verehrung des Volks gebieten, war aber schlecht berechnet, die Zustimmung jener weltlichen Philosophen zu gewinnen, welche in diesem vergänglichen Leben nur die Gefühle der Natur und das Interesse der Gesellschaft zu Rate ziehen.

Die Erwerbung von Kenntnissen, die Übung des Verstandes oder der Phantasie, und der heitere Fluß ungezwungener Konversation können die Muße eines gebildeten Geistes beschäftigen. Solche Vergnügungen aber wurden durch die Strenge der Väter, welche jede Kenntnis, die nicht zur Erlösung nützte, verachteten und jedes nicht ernste Gespräch als einen verbrecherischen Mißbrauch ansahen, entweder mit Abscheu verworfen oder nur mit der größten Vorsicht zugelassen. In unserem gegenwärtigen Zustand des Daseins ist der Körper so unzertrennlich mit der Seele verbunden, daß es unser Interesse zu sein scheint, die Freuden, deren dieser treue Gefährte fähig ist, in Unschuld und mit Mäßigung zu genießen. Sehr verschieden war aber die Denkweise unserer frommen Vorfahren; indem sie fruchtlos strebten, die Vollkommenheit der Engel zu erreichen, verschmähten sie jede irdische und körperliche Freude oder schienen sie wenigstens zu verschmähen. Einige unserer Sinne sind doch ganz gewiß zu unserer Selbsterhaltung oder zu unserem Nahrungserwerb oder zum Behufe unseres Unterrichts vorhanden, und insoweit war es allerdings unmöglich, den Gebrauch derselben zu verwerfen. Die erste Empfindung des Vergnügens aber wurde als der erste Moment ihres Mißbrauchs bezeichnet. Der unempfindliche Kandidat des Himmels wurde angewiesen, nicht nur den gröberen Lockungen des Geschmacks oder des Geruchs zu widerstehen, sondern auch seine Ohren gegen die profane Harmonie der Töne zu schließen und mit Gleichgültigkeit die vollendetsten Werke menschlicher Kunst anzusehen. Kostbare Kleidung, prächtige Häuser, elegante Geräte galten als Vereinigung der doppelten Schuld des Stolzes und der Sinnlichkeit: ein einfaches, Selbstverleugnung verkündendes Äußere wurde als passender für den Christen gehalten, der seiner Sünden gewiß, seiner Erlösung ungewiß war.

Die Väter sind in ihren Strafpredigten gegen den Luxus äußerst umständlich und in das Einzelne gehend; und unter den verschiedenen Artikeln, welche ihre fromme Entrüstung erregten, müssen wir aufzählen: falsches Haar, Gewänder von anderer als weißer Farbe, Musikinstrumente, Gefäße von Gold und Silber, Kissen mit Dunen (weil Jakobs Haupt auf einem Steine ruhte), weißes Brod, fremde Weine, öffentliche Begrüßungen, der Gebrauch warmer Bäder und das Rasieren des Barthaares, was nach Tertullians Ausdruck eine Lüge gegen unser eigenes Antlitz und ein ruchloser Versuch ist, die Werke des Schöpfers zu verbessern. Als das Christentum auch bei den Reichen und Gebildeten Eingang fand, wurde die Beobachtung dieser seltsamen Gesetze, wie es auch jetzt der Fall sein würde, jenen Wenigen gelassen, welche nach höherer Heiligkeit geizen. Aber es war den unteren Ständen des menschlichen Geschlechts stets leicht, die Verachtung jenes Pompes und jener Freuden, welche das Schicksal außer ihren Bereich gerückt hat, als ein Verdienst in Anspruch zu nehmen. Die Tugend der ersten Christen war gleich jener der ersten Römer gar häufig durch Armut und Unwissenheit beschützt.

Die keusche Strenge der Väter in allem, was den Umgang zwischen den beiden Geschlechtern betraf, floß aus demselben Grundsatz, und ebenso ihr Abscheu gegen jeden Genuß, welcher die sinnliche Natur des Menschen erfreuen, seine geistige aber herabwürdigen möchte. Es war ihre Lieblingsmeinung, daß Adam, wenn er seinen Gehorsam gegen den Schöpfer bewahrt hätte, ewig in einem Zustand jungfräulicher Reinheit gelebt und irgendeine harmlose Art von Vegetation das Paradies mit einem Geschlecht unschuldiger und unsterblicher Wesen bevölkert haben würde. Die Ehe war bloß seiner gefallenen Nachkommenschaft als notwendiges Mittel, das menschliche Geschlecht fortzupflanzen und als ein wenngleich unvollkommener Zügel der natürlichen Ausgelassenheit des Verlangens gestattet. Die Unschlüssigkeit der orthodoxen Kasuisten über diesen interessanten Gegenstand verrät die Verlegenheit von Männern, welche ein Institut nicht billigen wollen, das sie doch zu dulden genötigt sind.[*] Die Aufzählung der grillenhaften Gesetze, die sie

---

[*] Einige der gnoatischen Ketzer waren folgerichtiger und verwarfen die Ehe.

höchst umständlich für das Ehebett entworfen, würde der männlichen Jugend ein Lächeln und dem schönen Geschlecht ein Erröten abzwingen. Es war ihre einstimmige Ansicht, daß eine erste Ehe allen Zwecken der Natur und der Gesellschaft genüge. Die sinnliche Vermischung wurde zu einer Ähnlichkeit mit der mystischen Vereinigung Christi mit seiner Kirche ausgebildet und weder durch Scheidung noch durch den Tod für auflösbar erklärt. Eine zweite Vermählung wurde mit dem Namen eines gesetzlichen Ehebruchs gebrandmarkt, und die Personen, welche sich eines so ärgerlichen Vergehens gegen die christliche Reinheit zu Schulden kommen ließen, bald von der Ehre, ja selbst von den Almosen der christlichen Kirche ausgeschlossen.

Da man das Verlangen zum Verbrechen erklärte und die Ehe als einen Mangel duldete, stimmte es vollkommen zu denselben Grundsätzen, den Stand des Zölibats als die nächste Annäherung zur göttlichen Vollkommenheit zu betrachten. Nur mit der größten Schwierigkeit konnte das alte Rom das Institut von sechs Vestalinnen vollzählig erhalten*; aber die erste Kirche war mit einer großen Anzahl von Personen beiderlei Geschlechts angefüllt, welche das Gelübde ewiger Keuschheit abgelegt hatten. Einige von ihnen, darunter der gelehrte Origines, hielten es für das Beste, den Versucher zu entwaffnen.** Einige waren unempfindlich, andere unbesieglich gegen die Lockungen des Fleischs. Eine feige Flucht verschmähend kämpften die Jungfrauen des heißen Himmelsstrichs von Afrika im engsten Gefecht mit dem Feind; sie gestatteten Priestern und Diakonen ihr Bett zu teilen und inmitten der Flammen rühmten sie sich ihrer unbefleckten Reinheit. Aber die beleidigte Natur rächt zuweilen ihre Rechte, und diese neue Art von Märtyrertum diente nur zur

---

* Trotz der Ehre und Belohnungen, die diesen Jungfrauen zuteil wurden, war es doch schwer eine hinreichende Anzahl zu finden, ebensowenig als die Furcht vor dem schrecklichsten Tod ihre Gelüste stets zügeln konnte.
** Bevor der Ruhm des Origines Neid und Verfolgung erregt hatte, wurde diese außerordentliche Handlung eher bewundert als getadelt. Da er sonst stets die heilige Schrift allegorisch zu nehmen pflegte, ist sehr zu beklagen, daß er in diesem einzigen Fall deren buchstäblichem Sinn folgte.

Einführung eines neuen Ärgernisses in die Kirche. Unter den christlichen Asketikern jedoch (ein Name, den sie bald von ihren peinlichen Übungen erhielten) waren viele, weil weniger verwegen, auch wahrscheinlich glücklicher. Der Verlust sinnlicher Freuden wurde durch geistlichen Stolz ersetzt und vergütet. Selbst die Mehrzahl der Heiden war geneigt, das Verdienst eines Opfers nach seiner anscheinenden Schwierigkeit zu schätzen, und es geschah zum Preis dieser keuschen Bräute Christi, daß die Väter ihre trübe Beredsamkeit strömen ließen.* Das sind die frühen Spuren mönchischer Grundsätze und Einrichtungen, welche in späteren Jahrhunderten allen zeitlichen Vorteilen des Christentums das Gegengewicht gehalten haben.

Die Christen waren den Geschäften dieser Welt nicht minder abgeneigt als ihren Freuden. Sie wußten die Verteidigung unserer Person und unseres Eigentums nicht mit jener Duldungslehre in Einklang zu bringen, welche unbegrenzte Verzeihung vergangener Unbilden einschärfte und gebot die Wiederholung frischer Beleidigungen zu fordern. Ihre Einfalt fühlte sich verletzt durch den Gebrauch der Eide, den Pomp der Magistratur und den tätigen Kampf des öffentlichen Lebens; auch vermochte ihre humane Unwissenheit sich nicht zu überzeugen, daß es bei irgendeiner Gelegenheit erlaubt sei, das Blut unserer Nebenmenschen, es sei durch das Schwert der Gerechtigkeit oder durch jenes des Krieges, zu vergießen, sollten selbst deren verbrecherische und feindliche Angriffe den Frieden und die Sicherheit der ganzen Gemeinde bedrohen. Es wurde anerkannt, daß unter einem minder vollkommenen Gesetz die Gewalt der jüdischen Verfassung unter Beistimmung des Himmels durch begeisterte Propheten und gesalbte Könige ausgeübt wurde. Die Christen fühlten und bekannten, daß solche Einrichtungen für das gegenwärtige System der Welt notwendig sein mochten und sie unterwarfen sich freudig der Obergewalt ihrer heidnischen Regenten.

---

* Dupin gibt einen umständlichen Bericht über den Dialog von den zehn Jungfrauen, wie er von Methodius, Bischof von Tyrus verfaßt worden ist. Das Lob der Jungfräulichkeit ist außerordentlich.

Aber während sie die Maximen des passiven Gehorsams einschärften, konnten sie nicht bewogen werden an der Zivilverwaltung oder der militärischen Verteidigung des Reiches einen tätigen Anteil zu nehmen. Einige Nachsicht mochte man vielleicht solchen Personen angedeihen lassen, welche schon vor ihrer Bekehrung an solche gewalttätige und blutige Beschäftigungen gekettet waren; aber es war unmöglich, daß Christen, ohne eine heiligere Pflicht zu verleugnen, den Charakter von Kriegern, obrigkeitlichen Personen oder Fürsten annehmen konnten.[*]

Diese träge ja selbst verbrecherische Mißachtung des öffentlichen Wohles setzte sie der Verachtung und den Vorwürfen der Heiden aus, welche fragten: »Was muß das Schicksal des von allen Seiten von Barbaren angegriffenen Reiches sein, wenn das ganze Menschengeschlecht die kleinmütigen Gesinnungen dieser neuen Sekte annehmen sollte?« Auf diese beschimpfende Frage erteilten die christlichen Schirmredner dunkle und zweideutige Antworten, weil sie die geheime Ursache ihrer Sicherheit nicht veröffentlichen wollten, die nämlich, daß noch vor der Bekehrung des ganzen Menschengeschlechtes der Krieg, die Regierung, das römische Reich, die ganze Welt nicht mehr sein würden. Es verdient bemerkt zu werden, daß auch in diesem Falle die Lage der ersten Christen zufällig mit ihren religiösen Skrupeln übereinstimmte, und daß ihre Abneigung gegen das tätige Leben mehr beitrug, sie von Diensten zu entschuldigen als von der Ehre des Staates und Heeres auszuschließen.

V. Die Einheit und Disziplin der Christen. Der menschliche Charakter aber wird, wie exaltiert oder niedergedrückt er auch durch einen temporären Enthusiasmus sein mag, allmählich wieder in sein eigentümliches und natürliches Maß zurückkehren und jene Leidenschaften wieder annehmen, welche zu seinem gegenwärtigen Zustand am meisten geeignet scheinen. Die ersten Christen waren für die Geschäfte

---

[*] Tertullian rät ihnen zu desertieren; ein Rat, welcher, wenn er allgemein bekannt geworden wäre, die Kaiser gewiß nicht günstiger gegen die Christen gestimmt haben würde.

und Freuden der Welt tot; aber ihre Liebe zur Tätigkeit, welche nie ganz vertilgt werden konnte, lebte bald wieder auf und fand eine neue Beschäftigung in der Regierung der Kirche. Eine abgesonderte Gesellschaft, welche die bestehende Religion des Reiches angriff, war genötigt irgendeine Form innerer Polizei anzunehmen und eine gehörige Anzahl von Dienern der Kirche zu ernennen, welche nicht bloß mit den geistlichen Funktionen, sondern auch mit der zeitlichen Leitung der christlichen Gemeinde beauftragt waren. Die Sicherheit der Gesellschaft, ihre Ehre und Vergrößerung brachte selbst in den frömmsten Gemütern einen Geist des Patriotismus hervor, wie ihn die ersten Römer für die Republik fühlten, und zuweilen auch mit einer ähnlichen Gleichgültigkeit im Gebrauch der Mittel, welche wahrscheinlich zu einem so wünschenswerten Ziel führen konnten. Der Ehrgeiz sich selbst oder ihre Freunde zu den Ehren und Ämtern der Kirche zu erheben, war durch die löbliche Absicht verschleiert, dem öffentlichen Wohl derselben die Macht und das Ansehen zu widmen, wonach sie, nur zu diesem Zweck zu streben, verpflichtet waren. In der Ausübung ihrer Amtspflichten waren sie oft aufgefordert, die Irrtümer der Ketzerei oder die Kunstgriffe der Parteiung aufzudecken, sich den Plänen treuloser Brüder zu widersetzen, ihren Ruf mit verdienter Schmach zu brandmarken und sie aus dem Schoß einer Gesellschaft zu treiben, deren Friede und Glück sie zu stören versucht hatten.

Die kirchlichen Regenten der Christen waren angewiesen die Klugheit der Schlange mit der Einfalt der Taube zu vereinigen; da aber jene verfeinert war, wurde die letztere unmerklich durch die Gewohnheit des Regierens verderbt. In der Kirche wie in der Welt verschafften sich die Personen, welche ein öffentliches Amt bekleideten, Ansehen durch Beredsamkeit und Festigkeit, durch Menschenkenntnis und Geschäftsgewandtheit; und während sie vor anderen, ja vielleicht vor sich selbst die geheimen Motive verbargen, fielen sie häufig in alle die stürmischen Leidenschaften des tätigen Lebens zurück, welche durch die Beimischung geistlichen Eifers einen Grad mehr der Bitterkeit und Hartnäckigkeit erhielten.

Die Regierung der Kirche war oft der Gegenstand so wie der Preis religiöser Streitigkeiten. Die feindlichen Disputanten zu Rom, Paris, Oxford und Genf haben auf gleiche Weise gekämpft, das ursprüngliche und apostolische Muster dem Maß ihrer eigenen Politik anzupassen. Die Wenigen, welche diese Forschungen mit größerer Redlichkeit und Unparteilichkeit getrieben haben, sind der Meinung, daß die Apostel das Amt der Gesetzgebung ablehnten und lieber einige partielle Ärgernisse und Teilungen duldeten, als daß sie die Christen künftiger Jahrhunderte der Freiheit beraubten, die Formen ihrer kirchlichen Regierung den Veränderungen der Zeiten und Umstände anzupassen. Der Plan der Politik, welcher unter ihrer Billigung für den Gebrauch des ersten Jahrhunderts angenommen wurde, läßt sich aus dem, was zu Jerusalem, Ephesus oder Korinth üblich war, einsehen. Die Gesellschaften, welche in den Städten des römischen Reiches errichtet wurden, waren miteinander nur durch die Bande des Glaubens und der Liebe verbunden. Unabhängigkeit und Gleichheit bildeten die Grundlage ihrer inneren Verfassung. Der Mangel an Disziplin und menschlichem Wissen wurde gelegentlich durch den Beistand der *Propheten* ersetzt, welche zu dieser Funktion ohne Unterschied des Alters, Geschlechts oder der natürlichen Fähigkeiten berufen waren, und so oft sie dazu den göttlichen Impuls fühlten, den Ergießungen des Geistes in der Versammlung der Gläubigen freien Lauf ließen. Aber diese außerordentlichen Gaben wurden durch die prophetischen Lehrer oft mißbraucht oder unrichtig angewendet. Sie entfalteten dieselben zur unrechten Zeit, störten oft vorlaut den Gottesdienst der Versammlung und führten durch ihren Stolz oder mißverstandenen Eifer, besonders in der apostolischen Kirche von Korinth, eine lange und beklagenswerte Reihe von Unordnungen ein. Nachdem die Institution der Propheten nutzlos ja selbst verderblich geworden war, wurde die Gabe entzogen und ihr Amt abgeschafft.

Die öffentlichen Verrichtungen der Religion wurden bloß den bestallten Dienern der Kirche, den *Bischöfen und Presbytern* übertragen; zwei Benennungen, welche in ihrem ersten Ursprung dasselbe Amt und denselben Stand bedeutet zu haben scheinen. Der Name Presbyter drückte Alter oder vielmehr Ernst und Weisheit aus. Der Titel Bischof bezeichnete Aufsicht über den Glauben und die Sitten der Christen, welche seiner Seelsorge anvertraut waren. Im Verhältnis zur Menge der Gläubigen leitete eine größere oder kleinere Zahl dieser *bischöflichen Presbyter* jede im Entstehen begriffene Gemeinde mit gleicher Macht und mit vereintem Rat.

Aber auch die vollkommenste Gleichheit und Freiheit fordert die leitende Hand einer höheren Obrigkeit, und die Ordnung der öffentlichen Beratschlagung führt bald das Amt eines Vorstandes ein, der wenigstens mit der Macht bekleidet ist, die Stimmen der Versammlung zu sammeln und die Beschlüsse derselben in Vollzug zu setzen. Eine Rücksicht auf die Ruhe der Gemeinde, welche durch jährliche oder gelegentliche Wahlen so häufig gestört worden sein würde, veranlaßte die ersten Christen, eine ehrenvolle und immerwährende Magistratur einzuführen und den weisesten und frömmsten ihrer Presbyter zu wählen, um auf Lebenszeit die Pflichten ihres kirchlichen Regenten zu erfüllen. Unter solchen Umständen begann der stolze Titel Bischof sich über den geringen Namen Presbyter zu erheben; und während der letztere die natürlichste Auszeichnung für die Mitglieder jedes christlichen Senates blieb, wurde der erstere der Würde ihres neuen Präsidenten angepaßt. Die Vorteile dieser bischöflichen Regierungsform, welche vor dem Ende des ersten Jahrhunderts eingeführt worden zu sein scheint, waren so einleuchtend und so wichtig sowohl für die künftige Größe als den gegenwärtigen Frieden des Christentums, daß sie ohne Verzug von allen Gemeinden, die bereits über das Reich zerstreut waren, angenommen wurde, schon in einer sehr frühen Zeit durch ihr Altertum geheiligt war und noch jetzt von den mächtigsten Kirchen, sowohl im Osten als im Westen, als eine uranfängliche ja selbst göttliche Einrichtung verehrt wird.

Es ist überflüssig zu bemerken, daß die frommen und demütigen Presbyter, welche zuerst des bischöflichen Titels gewürdigt wurden, die Macht und den Glanz, welcher jetzt die Tiara des römischen Bischofs oder die Inful eines deutschen

Prälaten umgibt, nicht besitzen konnten und wahrscheinlich verworfen haben würden. Aber wir können in wenigen Worten die engen Grenzen ihrer ursprünglichen Jurisdiktion bestimmen, welche hauptsächlich geistlicher, in einigen Fällen aber auch weltlicher Beschaffenheit gewesen ist. Sie bestand in der Ausspendung der Sakramente, in der Erhaltung der Disziplin der Kirche, in der Oberaufsicht auf die religiösen Zeremonien, welche allmählich an Zahl und Verschiedenartigkeit zunahmen, in der Weihe der kirchlichen Diener, denen der Bischof ihre Verrichtungen anwies, in der Verwaltung der Fonds und in der Entscheidung aller solcher Streitigkeiten, welche die Gläubigen nicht vor das Tribunal eines die Götzen anbetenden Richters bringen wollten. Diese Macht wurde während einer kurzen Zeit nach dem Rat des Presbyterialkollegiums und mit Beistimmung und Billigung der christlichen Gemeinden ausgeübt. Die ersten Bischöfe wurden nur als die ersten ihres Gleichen und als die geehrten Diener eines freien Volkes betrachtet. So oft der bischöfliche Stuhl durch den Tod erledigt war, wurde ein neuer Präsident aus den Presbytern durch die Abstimmung der ganzen Gemeinde gewählt, deren jedes Mitglied sich als mit einem heiligen und priesterlichen Charakter bekleidet betrachtete.

Das war die milde und gleiche Verfassung, wodurch die Christen mehr als hundert Jahre nach dem Tod der Apostel regiert wurden. Jede Gemeinde bildete für sich eine besondere und unabhängige Republik; und obschon die ersten dieser kleinen Staaten unter sich einen gegenseitigen und freundschaftlichen Verkehr durch Sendschreiben und Abgeordnete unterhielten, hing doch die christliche Welt noch durch keine oberste Gewalt oder gesetzgebende Versammlung unter sich zusammen. Wie sich aber die Zahl der Gläubigen nach und nach vermehrte, entdeckte man die Vorteile, welche sich aus einer engeren Vereinigung ihrer Interessen und Absichten ergeben konnten. Gegen das Ende des zweiten Jahrhunderts nahmen die Kirchen von Griechenland und Asien die nützliche Einrichtung der Provinzialsynoden an, und man kann mit Grund vermuten, daß sie das Muster einer repräsentativen Versammlung den berühmten Beispielen ihres eigenen Vaterlandes, den Amphiktyonen, dem achäischen Bund oder den Versammlungen der jonischen Städte entlehnten. Es wurde bald zum Gebrauch und Gesetz, daß die Bischöfe der unabhängigen Kirchen zu festgesetzten Perioden des Frühlings und Herbstes in der Hauptstadt der Provinz zusammentreffen sollten. Ihren Verhandlungen lieh der Rat einiger ausgezeichneten Presbyter Beistand, und sie wurden durch die Anwesenheit einer zuhörenden Menge in Schranken gehalten. Ihre Beschlüsse, welche Kanones genannt wurden, regulierten jede wichtige Streitfrage des Dogma wie der Kirchenzucht; und der Glaube war natürlich, daß der heilige Geist sich über die vereinte Versammlung der Abgeordneten des christlichen Volkes ausgieße. Die Einrichtung der Synoden war dem Privatehrgeiz und dem öffentlichen Interesse so angemessen, daß sie im Lauf weniger Jahre im ganzen Reich angenommen wurde. Eine regelmäßige Korrespondenz wurde zwischen den Provinzialsynoden, die sich gegenseitig ihre Maßnahmen mitteilten und sie billigten, eingeführt, und so erhielt die rechtgläubige Kirche bald die Form und erlangte die Stärke einer großen Föderativrepublik.

Gleichwie die gesetzgebende Gewalt der besonderen Kirchen unmerklich durch die Einführung der Konzilien abgeschafft wurde, fiel auch den Bischöfen durch ihre Vereinigung ein viel größerer Teil der vollziehenden und willkürlichen Macht zu; und sobald das Gefühl des gemeinsamen Interesses sie verband, waren sie im Stande, mit vereinten Kräften die ursprünglichen Rechte ihrer Geistlichkeit und des Volkes anzugreifen. Die Prälaten des dritten Jahrhunderts verwandelten die Sprache der Ermahnung unmerklich in die des Befehls, streuten den Samen zu künftigen Mißbräuchen aus und ersetzten durch Allegorien aus der Schrift und deklamatorische Rhetorik, was ihnen an Kraft und Recht abging. Sie priesen die Einheit und Macht der Kirche, insofern sie in dem *bischöflichen Amte* repräsentiert würde, woran jeder Bischof einen gleichen und alleinigen Anteil habe. Fürsten und Obrigkeiten, wiederholte man oft, möchten sich ihres irdischen Rechtes auf vergängliche Herrschaft rühmen: die bischöfliche Macht allein sei es, welche von Gott stamme und sich über diese und die andere Welt erstrecke. Die Bischöfe wären die Statthalter Christi, die Nachfolger der Apostel und die mystischen Stellvertreter des Hohenpriesters des mosaischen Gesetzes. Ihr ausschließliches Recht, den priesterlichen Charakter zu verleihen, griff in die Freiheit der Wahlen sowohl des Klerus als des Volkes ein, und wenn sie bei der Verwaltung der Kirche noch das Urteil der Presbyter oder die Neigung des Volkes zu Rate zogen, verbreiteten sie sich sorgfältig über das Verdienst einer solchen freiwilligen Herablassung. Die Bischöfe erkannten die oberste Autorität an, welche der Versammlung ihrer Brüder inne wohne; aber in der Regierung ihres besonderen Sprengels verlangte jeder von seiner besonderen *Herde* denselben unbedingten Gehorsam, gleich als ob diese Lieblingsmetapher buchstäblich wahr wäre, und als ob der Hirte eine erhabenere Natur besäße als seine Schafe.

Dieser Gehorsam wurde jedoch nicht ohne einige Anstrengungen von der einen Seite und einigen Widerstand von der anderen auferlegt. Der demokratische Teil der Verfassung wurde in manchen Plätzen sehr warm entweder durch die fromme oder interessierte Opposition des niederen Klerus bestritten. Aber ihr Patriotismus empfing die beschimpfenden Beinamen Parteiung und Schisma; und die Sache der Bischöfe verdankte ihre schnellen Fortschritte den Bestrebungen mehrerer tatkräftiger Prälaten, welche gleich Zyprian von Karthago die Künste des ehrgeizigsten Staatsmanns mit jenen christlichen Tugenden, die dem Charakter eines Heiligen oder Märtyrers angemessen sind, zu vereinigen verstanden.

Dieselben Ursachen, welche zuerst die Gleichheit der Presbyter aufgehoben hatten, führten auch unter den Bischöfen einen Vorrang und dadurch eine höhere Gerichtsbarkeit ein. So oft sie im Frühling und Herbst in der Provinzialsynode zusammen kamen, machte sich die Verschiedenheit des persönlichen Verdienstes und des Rufs sehr fühlbar unter den Mitgliedern der Versammlung, und die Mehrzahl wurde durch die Weisheit und Beredsamkeit einiger wenigen geleitet. Aber die Ordnung der öffentlichen Verhandlungen forderte eine mehr regelmäßige und minder gehässige Auszeichnung; das Amt immerwährender Präsidenten in den Konzilien jeder Provinz wurde den Bischöfen der Hauptstadt übertragen, und diese ehrgeizigen Prälaten, die bald den stolzen Titel Metropoliten und Primaten erlangten, schickten sich insgeheim an, über ihre bischöflichen Brüder dieselbe Obergewalt zu usurpieren, welche die Bischöfe vor so kurzer Zeit über das Kollegium der Presbyter angenommen hatten. Auch dauerte es nicht lange, so herrschte ein Wetteifer des Vorrangs und der Macht unter den Metropoliten selbst, und sie suchten in den pomphaftesten Ausdrücken die zeitliche Ehre und Vorteile der Stadt, über welche sie gesetzt waren, aufzuzählen: die Zahl und den Reichtum der Christen, die ihrer Seelsorge unterworfen waren; die Heiligen und Märtyrer, welche unter ihnen geglänzt hatten, und die Reinheit, womit sie die Überlieferung des Glaubens bewährt, so wie er ihnen durch eine Reihe orthodoxer Bischöfe von dem Apostel oder apostolischen Jünger überkommen war, dem man die Gründung ihrer Kirche zuschrieb.

Aus jedem Grund, sowohl weltlicher als kirchlicher Natur, war leicht vorauszusehen, daß Rom die Achtung der Provinzen genießen und bald ihren Gehorsam in Anspruch nehmen würde. Die Gemeinde der Gläubigen stand in richtigem Verhältnis zur Hauptstadt des Reiches, und die römische Kirche war die größte, zahlreichste und in bezug auf den Westen die älteste aller kirchlichen Anstalten, von denen viele ihre Religion durch die frommen Arbeiten ihrer Missionäre empfangen hatten. Statt *eines* apostolischen Gründers, dessen sich Antiochia, Ephesus oder Korinth höchstens rühmen konnten, waren die Ufer des Tiber angeblich durch das Predigen und das Märtyrertum von *zwei* der ausgezeichnetsten Apostel beehrt worden; und die römischen Bischöfe nahmen weislich die Erbschaft von was immer für Vorrechten in Anspruch, welche der Person oder dem Amt des heiligen Petrus zugeschrieben wurden.

Die Bischöfe von Italien und den Provinzen waren geneigt, ihnen den Primat der Ordnung und Association (das waren genau ihre Ausdrücke) in der christlichen Aristokratie zuzuerkennen. Aber die Macht eines Monarchen wurde mit Abscheu verworfen, und der ehrgeizige Genius Roms erfuhr von den Nationen von Asien und Afrika einen kräftigeren Widerstand gegen seine geistliche Gewalt als sie früher seiner weltlichen Herrschaft geleistet hatten. Der patriotische Zyprian, welcher mit absoluter Gewalt Karthago und die Provinzialsynode beherrschte, widersetzte sich mit Entschlossenheit und Glück dem Ehrgeiz des römischen Bischofs, indem er schlau seine eigene Sache mit jener der orientalischen Bischöfe verband und gleich Hannibal neue Bundesgenossen im Herzen von Asien suchte. Wenn dieser punische Krieg ohne Blutvergießen geführt wurde, war viel weniger die Mäßigung als die Schwäche der streitenden Prälaten daran Schuld. Schmähungen und Exkommunikationen waren ihre einzigen Waffen, und diese schleuderten sie während der Dauer des Kampfs mit gleicher Wut und Frömmigkeit gegen einander. Die harte Notwendigkeit, entweder einen Papst oder einen Heiligen und Märtyrer zu tadeln, setzt die neueren Katholiken in Verlegenheit, so oft sie sich genötigt sehen, die Einzelheiten eines Kampfs zu erzählen, worin die Verfechter der Religion sich solchen Leidenschaften überließen, wie sie nur für den Senat oder das Lager zu passen schienen.

Die Fortschritte der kirchlichen Macht gaben zu jenem merkwürdigen Unterschied zwischen den Laien und dem Klerus Anlaß, welcher den Griechen und Römern unbekannt war. Die erstere dieser Benennungen umfaßte die Masse des christlichen Volks; die zweite war nach der Bedeutung des Wortes für jenen auserwählten Teil bestimmt, welchem der Dienst der Religion vorbehalten war: eine berühmte Klasse von Männern, welche die wichtigsten, wenn auch nicht immer die erbaulichsten Gegenstände für die neuere Geschichte geliefert haben. Ihre gegenseitigen Feindseligkeiten störten zuweilen die Ruhe der jungen Kirche; aber ihr Eifer und ihre Tätigkeit vereinten sich in der gemeinsamen Sache, und die Liebe zur Macht, welche sich (unter den kunstvollen Hüllen) selbst in die Brust von Bischöfen und Märtyrern einzuschleichen wußte, feuerte sie an, die Zahl ihrer Untertanen zu vermehren und die Grenzen des christlichen Reiches zu vergrößern. Es fehlte ihnen an irdischer Gewalt, und sie wurden durch die Machthaber lange Zeit mehr unterdrückt als unterstützt; aber sie hatten die zwei wirksamsten Werkzeuge der Regierung, Belohnungen und Strafen erworben und wendeten sie im Bereich ihrer eigenen Gemeinde an: jene verdankten sie der frommen Freigebigkeit, diese den andächtigen Besorgnissen der Gläubigen.

Die Gemeinschaft der Güter, welche die Phantasie Platons so angenehm beschäftigt hat und welche bis zu einem gewissen Grad unter der strengen Sekte der Essäer bestand, wurde für eine kurze Zeit in der ersten Kirche angenommen. Die inbrünstige Frömmigkeit der ersten Proselyten gab ihnen ein, diese weltlichen Besitzungen, die sie verachteten, zu verkaufen, den Erlös zu den Füßen der Apostel nieder zu legen und sich damit zu begnügen, daß sie einen gleichen Anteil aus der allgemeinen Verteilung erhielten. Die Fortschritte der christlichen Religion minderten und schafften allmählich diese uneigennützige Einrichtung ab, welche in minder reinen Händen als jenen der Apostel gar bald durch die wiederkehrende Selbstsucht der menschlichen Natur ausgeartet und mißbraucht worden wäre. Die Bekehrten, welche die neue Religion annahmen, durften im Besitz ihres Eigentums bleiben, Legate und Erbschaften annehmen und ihr gesondertes Habe durch alle erlaubte Mittel des Gewerbefleißes und der Industrie vermehren. Statt einer gänzlichen Hingabe wurde ein mäßiger Teil von den Dienern des Evangeliums angenommen; und in den wöchentlichen oder monatlichen Versammlungen brachte jeder Gläubige, je nach dem Erfordernisse der Angelegenheit und nach Maßgabe seines Reichtums oder seiner Frömmigkeit, eine freiwillige Gabe zum Gebrauch des Gemeindefonds dar. Wie unbeträchtlich auch die Gabe war, sie wurde angenommen, zugleich aber fleißig eingeschärft, daß im Punkt der Zehnten das mosaische Gesetz noch göttliche Kraft habe und daß, da den Juden unter einer minder vollkommenen Verfassung geboten war, den zehnten Teil alles Dessen, was sie besaßen, zu bezahlen, es den Jüngern Christi gezieme, sich durch einen höheren Grad von Freigebigkeit auszuzeichnen und einiges Verdienst durch Verzichtleistung auf einen überflüssigen Schatz zu erwerben, der doch mit der Welt selbst gar bald vernichtet werden würde.

Es ist fast unnötig zu bemerken, daß die Einkünfte jeder einzelnen Kirche, da sie so Ungewisser und schwankender Natur waren, nach der Armut oder dem Reichtum der Gläubigen wechselten, je nachdem diese in unbedeutenden Dörfern oder in den großen Städten des Reiches Gemeinden bildeten. Zur Zeit des Kaisers Decius war es die Meinung der Obrigkeiten, daß die Christen von Rom sehr beträchtliche Reichtümer besäßen; daß Gefäße von Gold und Silber bei ihrem Gottesdienst gebraucht würden, und daß viele ihrer Proselyten ihre Ländereien und Häuser verkauft hätten, um den allgemeinen Besitz der Sekte zu vermehren und zwar auf Unkosten ihrer unglücklichen Kinder, welche Bettler geworden, weil ihre Eltern Heilige waren.

Wir sollten allerdings nur mit Mißtrauen den Anschuldigungen von Fremden und Feinden Glauben beimessen; in diesem Falle erhalten jene aber eine sehr wahrscheinliche Farbe durch die zwei folgenden Umstände, die einzigen zu unserer Kenntnis gekommenen, welche bestimmte Summen anführen und einen deutlichen Begriff geben. Fast um dieselbe Zeit sammelte der Bischof von Karthago von einer weit weniger reichen Gesellschaft als die zu Rom die Summe von hunderttausend Sesterzen (über 850 Pfund Sterling) bei Gelegenheit eines plötzlichen Aufrufes zur Milde, um die Brüder aus Numidien zu erlösen, welche von den Barbaren der Wüste gefangen fortgeführt worden waren. Und ungefähr 100 Jahre vor der Regierung des Decius empfing die Kirche zu Rom in einer einzigen Gabe 200 000 Sesterzen von einem Fremden aus dem Pontus, der seine Wohnung in der Hauptstadt aufzuschlagen gedachte.

Diese Gaben wurden größtenteils in barem Geld dargebracht; auch wünschte die Gesellschaft der Christen weder, noch war sie fähig, in einem beträchtlichen Grad sich mit Grundbesitz zu beschweren. Es war durch mehrere Gesetze in derselben Absicht, als unsere Verbote der Veräußerung an die tote Hand, festgesetzt worden, daß ohne ein eigenes Privilegium oder eine besondere Erlaubnis vom Kaiser oder

Senat, welche sie einer Sekte, die sie anfangs verachteten und die dann der Gegenstand ihrer Besorgnis und Eifersucht wurde, gewiß nicht erteilt hätten, kein Grundeigentum Korporationen geschenkt oder vermacht werden dürfe. Es wird jedoch eine Verhandlung aus der Zeit der Regierung des Kaisers Alexander Severus erzählt, welche beweist, daß dieses Verbot zuweilen umgangen oder suspendiert wurde, und daß die Christen Ländereien im Umkreis von Rom selbst in Anspruch nehmen und besitzen durften. Die Fortschritte des Christentums und die bürgerliche Verwirrung des Reiches trugen viel zur Erschlaffung der Strenge der Gesetze bei, und vor dem Schluß des dritten Jahrhunderts waren die reichen Kirchen von Rom, Mailand, Karthago, Antiochia, Alexandria und der anderen großen Städte von Italien mit beträchtlichen Grundbesitzungen begabt worden.

Der Bischof war der natürliche Rentmeister der Kirche; das Vermögen derselben wurde seiner Obsorge ohne Rechenschaft oder Kontrolle übertragen; die Priester blieben auf ihre geistlichen Verrichtungen beschränkt und die untergeordneteren Diakonen waren bloß mit der Verwaltung und Verteilung des Kircheneinkommens beauftragt. Wenn wir den heftigen Deklamationen Zyprians Glauben beimessen dürfen, so gab es unter seinen Brüdern in Afrika nur zu viele, welche in der Ausführung ihres Auftrages nicht nur jede Vorschrift evangelischer Vollkommenheit, sondern selbst der gewöhnlichen Moral verletzten. Durch einige dieser gewissenlosen Verwalter wurden die Reichtümer der Kirche in sinnlichen Vergnügungen vergeudet, durch andere zu Zwecken der Privatbereicherung, betrügerischer Käufe und räuberischen Wuchers mißbraucht. Solange aber die Beiträge des christlichen Volks frei und ungezwungen waren, konnte der Mißbrauch seines Vertrauens nicht sehr häufig vorkommen, und der Gebrauch, der im allgemeinen von seiner Freigebigkeit gemacht wurde, bringt den religiösen Gemeinden Ehre.

Ein bescheidener Teil blieb zum Unterhalt des Bischofs und des Klerus vorbehalten, und eine hinreichende Summe wurde für die Ausgaben des öffentlichen Gottesdienstes ausgesetzt, wovon die Liebesmahle oder *agapae,* wie sie genannt wurden, einen sehr interessanten Teil bildeten. Der ganze Überrest war geheiligtes Eigentum der Armen. Nach Ermessen des Bischofs wurde er verteilt, um die Witwen, Waisen, Lahmen, Kranken und Betagten der Gemeinde zu unterstützen; um Fremde und Pilger zu trösten und das Unglück der Eingekerkerten und Gefangenen zu erleichtern, besonders wenn ihre Leiden durch feste Anhänglichkeit an die Sache der Religion verursacht worden waren. Ein edelmütiger Verkehr gegenseitiger Milde vereinte die fernsten Provinzen, und die kleineren Gemeinden wurden freudig durch die Almosen ihrer reicheren Schwestern unterstützt.

Eine solche Einrichtung, welche weniger auf das Verdienst als auf die Not des Gegenstands Rücksicht nahm, trug sehr wesentlich zu den Fortschritten des Christentums bei. Die Heiden erkannten im Gefühl der Humanität, während sie die Lehren verspotteten, den wohltätigen Sinn der neuen Sekte an. Die Aussicht auf unmittelbare Hülfe und künftigen Schutz lockte in ihren Schoß viele jener unglücklichen Personen, welche durch die Vernachlässigung der Welt dem Elend des Mangels, der Krankheit und des hohen Alters bloßgestellt geblieben waren. Auch hat man Grund zu glauben, daß eine große Anzahl der Kinder, welche nach dem unmenschlichen Gebrauch jener Zeit ausgesetzt wurden, häufig vom Tod gerettet, getauft, erzogen und durch die Frömmigkeit der Christen auf Kosten ihres öffentlichen Vermögens erhalten wurden.

Es ist ein unbezweifelbares Recht jeder Gesellschaft, aus ihrer Mitte und von ihren Vorteilen solche Mitglieder auszuschließen, welche die durch allgemeine Zustimmung festgesetzten Regeln verwerfen oder verletzen. In der Ausübung dieser Macht waren die strengen Maßregeln der christlichen Kirche hauptsächlich gegen schamlose Sünder gerichtet, insbesondere diejenigen, welche sich des Mords, des Betrugs oder der Unzucht schuldig gemacht hatten; gegen die Urheber und Anhänger aller ketzerischen Meinungen, welche durch das Urteil des bischöflichen Stands verdammt worden waren, und gegen jene unglücklichen Personen, welche sich entweder freiwillig oder aus Zwang nach der Taufe irgendeiner Handlung der Abgötterei schuldig gemacht hatten.

Die Folgen der Exkommunikation waren sowohl zeitlicher als geistlicher Natur. Der Christ, gegen welchen sie ausgesprochen wurde, verlor jeden Anteil an den Gaben der Gläubigen. Die Bande sowohl der religiösen als der Privatfreundschaft wurden gelöst; er fand sich als einen profanen Gegenstand des Abscheus für Personen, die er am Höchsten achtete oder von denen er am Zärtlichsten geliebt worden war, und in soweit die Ausschließung aus einer achtbaren Gesellschaft seinem Ruf Schmach aufdrücken konnte, wurde er von der ganzen Menschheit gemieden oder mit argwöhnischen Augen betrachtet. Die Lage dieser unglücklichen Ausgeschlossenen war an und für sich selbst sehr peinlich und traurig, wie es aber gewöhnlich geht, übertraf ihre Furcht weit ihre Leiden. Die Vorteile der christlichen Gemeinden waren die des ewigen Lebens, und sie konnten aus ihrer Seele die schauerliche Meinung nicht verbannen, daß die Gottheit jenen Kirchenhäuptern, durch welche sie verdammt worden waren, die Schlüssel zur Hölle und zum Paradies anvertraut habe. Die Ketzer allerdings, welche durch das Bewußtsein ihrer Absichten und durch die schmeichelnde Hoffnung, daß sie allein den rechten Pfad zum Heil entdeckt hätten, aufrechterhalten werden mochten, bemühten sich, in ihren gesonderten Gemeinden jene Tröstungen sowohl zeitlicher als geistlicher Natur wiederzufinden, welche sie nicht mehr von der großen Gesellschaft der Christen erlangen konnten. Aber fast alle diejenigen, welche zagend der Versuchung des Lasters oder der Abgötterei unterlegen waren, fühlten ihren gefallenen Zustand und wünschten mit ängstlicher Bangigkeit, wieder zu den Wohltaten der christlichen Gemeinde gelassen zu werden.

In Bezug auf die Behandlung solcher Büßenden war die erste Kirche in zwei entgegengesetzte Meinungen, die eine der Gerechtigkeit, die andere der Gnade, geteilt. Die strengeren und unbeugsameren Kasuisten verweigerten ihnen für immer und ohne Ausnahme auch den geringsten Platz in der heiligen Gemeinde, welche sie entehrt oder verlassen hatten, überließen sie den Vorwürfen eines schuldbelasteten Gewissens und gönnten ihnen nur den schwachen Strahl der Hoffnung, daß ihre Zerknirschung im Leben und Tod dem höchsten Wesen vielleicht angenehm sein möchte. Zu einer milderen Gesinnung, in der Tat wie in der Theorie, bekannten sich die reinsten und achtbarsten christlichen Kirchen. Die Tore der Versöhnung und des Himmels waren dem wiederkehrenden Büßer selten verschlossen, aber eine strenge und feierliche Form der Disziplin wurde eingeführt, welche, indem sie diente, sein Verbrechen zu sühnen, die Zuschauer von Nachahmung seines Beispiels mächtig abschrecken mochte. Durch ein öffentliches Bekenntnis gedemütigt, durch Fasten abgezehrt und in Sackleinwand gekleidet, lag der Büßende vor der Tür der Versammlung auf dem Erdboden und flehte mit Tränen um Verzeihung für seine Vergehen und bat dringend um die Gebete der Gläubigen. Wenn das Verbrechen sehr gehässiger Natur war, wurden ganze Jahre von Buße als eine unangemessene Befriedigung der göttlichen Gerechtigkeit erachtet, und langsam und schmerzlich waren stets die Abstufungen, nach welchen der Ketzer oder Abtrünnige wieder in den Schoß der Kirche zugelassen wurde. Eine Sentenz immerwährender Exkommunikation blieb jedoch für Verbrechen von ungeheurer Größe, insbesondere für die unverantwortlichen Rückfälle derjenigen Büßenden vorbehalten, welche die Milde ihrer kirchlichen Oberen bereits erfahren und mißbraucht hatten.

Je nach den Umständen oder der Zahl der Schuldigen wurde die Ausübung der christlichen Disziplin nach dem Ermessen der Bischöfe verändert. Die Konzilien von Ancyra und Illiberis wurden um dieselbe Zeit gehalten, das eine in Galatien, das andere in Spanien, aber ihre bezüglichen Kanones, die noch vorhanden sind, atmen einen sehr verschiedenen Geist. Der Galatier, welcher nach der Taufe wiederholt den Götzen geopfert hatte, konnte mittels einer Buße von sieben Jahren wieder Gnade erhalten, und wenn er andere verführt hatte, seinem Beispiel nachzuahmen, wurden nur drei Jahre noch zur Dauer seiner Ausschließung gefügt. Aber der unglückliche Spanier, welcher das gleiche Verbrechen begangen hatte, wurde aller Hoffnung auf Versöhnung selbst auf dem Sterbebett beraubt, und Abgötterei stand an der Spitze von 17 anderen Verbrechen, gegen welche eine nicht minder schreckliche Sentenz ausgesprochen wurde. Von diesen heben wir die unsühnbare Schuld hervor, einen Bischof, Priester, ja sogar nur einen Diakon zu verleumden.

Die wohlberechnete Mischung von Strenge und Milde, die einsichtsvolle Verhängung von Strafen und Belohnungen im Einklang mit den Grundsätzen sowohl der Klugheit als Gerechtigkeit, bildeten die *menschliche* Stärke der griechischen Kirche. Die Bischöfe, deren väterliche Sorge sich auf die Regierung beider Welten erstreckte, fühlten die Wichtigkeit dieser Vorrechte, und indem sie ihren Ehrgeiz mit dem schönen Vorwand der Ordnungsliebe behingen, hegten sie Eifersucht gegen jeden Nebenbuhler in der Ausübung einer Disziplin, welche so notwendig war, um die Abtrünnigkeit der Scharen zu verhindern, die sich unter das Panier des Kreuzes gereiht hatten und deren Anzahl jeden Tag beträchtlicher wurde. Aus den gebieterischen Deklamationen Zyprians mußte man ganz natürlich schließen, daß die Lehren der Exkommunikation und Buße den wesentlichen Teil der Religion bildeten, und daß es für die Jünger Christi weit weniger gefährlich war, die moralischen Pflichten zu vernachlässigen, als den Tadel und die Macht ihrer Bischöfe zu verachten. Zuweilen sollte man meinen, man höre die Stimme Moses', wie er der Erde gebietet, sich zu öffnen, um in verzehrenden Flammen die rebellische Rotte zu verschlingen, welche der Priesterschaft Aarons Gehorsam versagte; ja man ist zuweilen versucht zu wähnen, man höre einen römischen Konsul die Majestät der Republik behaupten und seinen unbeugsamen Entschluß verkündigen, die Strenge der Gesetze durchzusetzen.

»Wenn solche Unregelmäßigkeiten ungestraft geduldet werden (so schilt der Bischof von Karthago die Gelindigkeit seiner Kollegen), wenn solche Unregelmäßigkeiten geduldet werden, so hat es ein Ende mit der bischöflichen Wirksamkeit, ein Ende mit der erhabenen und göttlichen Macht die Kirche zu regieren, ein Ende mit dem Christentum selbst.«

Zyprian hatte auf jene zeitlichen Ehren Verzicht geleistet, welche er wahrscheinlich nie erreicht haben würde; aber die Erlangung einer so unumschränkten Herrschaft über die Gewissen und den Verstand einer Gemeinde, wie dunkel auch und von der Welt verachtet, schmeichelt dem Stolz des menschlichen Herzens mehr als der Besitz der despotischsten Gewalt, welche durch Waffen und Eroberung einem sich sträubenden Volk auferlegt wird.

Man hat die ebenso wahre als angemessene Bemerkung gemacht, daß die Eroberungen Roms jene des Christentums vorbereiteten und erleichterten. Im zweiten Kapitel dieses Werkes haben wir es versucht, zu erklären, auf welche Art die zivilisiertesten Provinzen von Europa, Asien und Afrika unter die Herrschaft eines Souveräns vereint und allmählich durch die innigsten Bande der Gesetze, Sitten und Sprache verknüpft wurden. Die Juden von Palästina, welche so inbrünstig einen zeitlichen Befreier erwartet hatten, nahmen die Wunder des göttlichen Propheten so kalt auf, daß man es für überflüssig fand, ein hebräisches Evangelium zu verfassen oder wenigstens zu bewahren. Die authentischen Geschichten der Taten Christi sind in griechischer Sprache, in einer beträchtlichen Entfernung von Jerusalem und nachdem die Zahl der Bekehrten unter den Heiden bereits sehr zugenommen hatte, verfaßt worden. Nach Übertragung dieser Geschichten in die lateinische Sprache waren sie für alle römische Untertanen vollkommen verständlich, mit einziger Ausnahme der Bauern von Syrien und Ägypten, zu deren Gunsten später besondere Übersetzungen veranstaltet wurden. Die öffentlichen Straßen, welche zum Gebrauch der Legionen gebaut worden waren, öffneten den christlichen Missionären eine bequeme Bahn von Damaskus bis Korinth und aus Italien bis zu den äußersten Grenzen von Spanien oder Britannien; auch trafen diese Seeleneroberer auf keines der Hindernisse, welche die Einführung einer fremden Religion in ein fernes Land gewöhnlich verzögern oder verhindern.

Man hat die stärksten Gründe zu glauben, daß vor den Regierungen Diokletians und Konstantins der christliche Glaube in jeder Provinz und in allen großen Städten des Reiches gepredigt worden war; aber die Gründung der verschiedenen Gemeinden, die Zahl der Gläubigen, aus denen sie bestanden, und ihr Verhältnis zur ungläubigen Menge sind nun in Dunkelheit begraben oder durch Dichtung und Bombast verschleiert. Wir werden jedoch jene unvollständigen Umstände, welche in Betreff des Wachstums des christlichen Namens in Asien und Griechenland, in Ägypten, in Italien und im Westen zu unserer Kenntnis gekommen sind, darstellen, ohne die wirklichen oder eingebildeten Erwerbungen zu vernachlässigen, welche jenseits der Grenzen des römischen Reiches lagen.

Die reichen Provinzen, welche sich vom Euphrat bis an das jonische Meer ausdehnen, waren der vorzüglichste Schauplatz, auf welchem der Apostel der Heiden seinen Eifer und seine Frömmigkeit entfaltete. Der Same des Evangeliums, welchen er auf ein fruchtbares Erdreich gestreut hatte, wurde von seinen Jüngern sorgsam gepflegt, und es scheint gewiß, daß während der zwei ersten Jahrhunderte die beträchtlichste Anzahl Christen innerhalb dieser Grenzen enthalten war. Unter den in Syrien gestifteten Gemeinden waren keine älter oder berühmter als die von Damaskus, Börea oder Aleppo, und Antiochia. Die prophetische Einleitung der Apokalypse hat die sieben Kirchen von Asien, Ephesus, Smyrna, Pergamus, Thyatira, Sardes, Laodicea und Philadelphia, beschrieben und unsterblich gemacht, und Kolonien derselben wurden bald über dieses volkreiche Land verbreitet. Schon in einer sehr frühen Zeit gewährten die Inseln Zypern und Kreta, die Provinzen Thrakien und Makedonien der neuen Religion eine günstige Aufnahme, und christliche Republiken wurden bald in den Städten Korinth, Sparta und Athen gegründet. Das Altertum der griechischen und asiatischen Kirchen ließ ihnen einen hinreichenden Zeitraum zur Zunahme und Vermehrung, selbst die Scharen von Gnostikern und anderen Ketzern bezeugen den blühenden Zustand der rechtgläubigen Kirche, weil der Name Ketzer stets auf die minder zahlreiche Partei angewendet worden ist.

Diesen inneren Zeugnissen fügen wir das Geständnis, die Klagen und die Besorgnisse der Heiden selbst bei. Aus den

Schriften Lucians, eines Philosophen, der die Menschen studiert hatte und ihre Sitten mit den lebhaftesten Farben beschreibt, erfahren wir, daß unter der Regierung des Kommodus sein Vaterland Pontus mit Epikuräern und *Christen* angefüllt war. 80 Jahre nach dem Tod Christi beklagt der humane Plinius die Größe des Übels, welches er umsonst auszurotten suchte. In einem sehr interessanten Schreiben an den Kaiser Trajan führt er an, daß die Tempel fast verlassen wären, die geheiligten Opfertiere kaum Käufer fänden, und daß der Aberglaube nicht bloß die Städte angesteckt, sondern sich auch über die Dörfer und das flache Land von Pontus und Bithynien verbreitet habe.

Ohne in eine ausführliche Kritik der Ausdrücke und Beweggründe jener Schriftsteller einzugehen, welche die Fortschritte des Christentums im Osten entweder feiern oder beklagen, mag im allgemeinen bemerkt werden, daß keiner von ihnen uns Angaben hinterlassen hat, woraus wir eine richtige Schätzung in Betreff der wirklichen Anzahl der Gläubigen in diesen Provinzen bilden könnten. Ein Umstand ist jedoch glücklicher Weise bewahrt worden, welcher ein helleres Licht auf diesen dunkeln aber interessanten Gegenstand zu werfen scheint. Unter der Regierung des Theodosius, nachdem das Christentum sich seit mehr als 60 Jahren des Sonnenscheines der kaiserlichen Gunst erfreut hatte, bestand die alte und berühmte Kirche von Antiochia aus 100 000 Personen, von denen 3000 aus den öffentlichen Gaben erhalten wurden. Der Glanz und die Würde der Königin des Ostens, die bekannte Bevölkerung von Cäsarea, Seleucia und Alexandria und die Vernichtung von 250 000 Menschen durch ein Erdbeben, welches Antiochia unter der Regierung des älteren Justin heimsuchte, sind ebenso viele überzeugende Beweise, daß die Gesamtzahl ihrer Einwohner nicht geringer als eine halbe Million war, und daß die Christen, wie sehr auch durch Religionseifer und Macht vervielfältigt, ein Fünftel der Bevölkerung dieser großen Stadt nicht überstiegen.

Welches verschiedene Verhältnis müssen wir annehmen, wenn wir die verfolgte Kirche mit der triumphierenden, den Westen mit dem Osten, entlegene Flecken mit volkreichen

Städten und erst kürzlich zum Glauben bekehrte Länder mit dem Platz vergleichen, wo die Gläubigen zuerst den Namen Christen empfingen! Man darf jedoch nicht verbergen, daß Chrysostomus, welchem wir diese Nachrichten verdanken, an einer anderen Stelle die Zahl der Gläubigen sogar höher anschlägt als jene der Juden und Heiden. Aber die Lösung dieser Schwierigkeit ist leicht und augenfällig. Der beredte Kanzelredner zieht eine Parallele zwischen der bürgerlichen und kirchlichen Verfassung von Antiochia, zwischen der Liste der Christen, welche den Himmel durch die Taufe erworben, und der Liste der Bürger, welche ein Recht auf die öffentliche Freigebigkeit hatten. Sklaven, Fremde und Kinder waren in jener begriffen aber von dieser ausgeschlossen.

Der ausgedehnte Handel von Alexandria und die Nähe von Palästina gaben der neuen Religion einen leichten Zutritt. Sie wurde zuerst von großen Scharen der Therapeuten oder Essäer des Sees Mareotis angenommen, eine jüdische Sekte, deren Ehrfurcht vor den mosaischen Zeremonien sich sehr vermindert hatte. Der strenge Wandel der Essäer, ihre Fasten und Exkommunikationen, die Gütergemeinschaft, die Vorliebe für das Zölibat, ihr Streben nach dem Märtyrertum und die Wärme, wenn auch nicht Reinheit ihres Glaubens, boten bereits ein sehr lebhaftes Bild der ersten Kirchenzucht. In der Schule von Alexandria war es, wo die christliche Theologie eine regelmäßige und wissenschaftliche Form angenommen zu haben scheint; und als Hadrian Ägypten besuchte, fand er eine aus Juden und Christen bestehende Kirche, welche beträchtlich genug war, um die Aufmerksamkeit dieses forschsüchtigen Fürsten anzuziehen. Aber die Fortschritte des Christentums waren für lange Zeit auf die Grenzen einer einzigen Stadt beschränkt, die selbst eine fremde Kolonie war, und bis zum Schluß des zweiten Jahrhunderts waren die Vorfahren des Demetrius die einzigen Prälaten der ägyptischen Kirche. Drei Bischöfe wurden von Demetrius geweiht und diese Zahl von seinem Nachfolger Herakles auf 20 gebracht. Die große Masse der Eingeborenen, ein Volk, das sich durch düstere Unbeugsamkeit des Charakters unterschied, nahm die neue Lehre mit Kälte und Widerstreben auf, und noch zu den Zeiten Origines' war es selten, einen Ägypter zu treffen, welcher seine frühe eingesogenen Vorurteile zugunsten der heiligen Tiere seines Landes überwältigt hätte. Nachdem jedoch das Christentum den Thron bestiegen hatte, fügte sich der Eifer dieser Barbaren dem herrschenden Impuls, die Städte Ägyptens füllten sich mit Bischöfen und in den Wüsten von Thebais schwärmten Eremiten.

Ein beständiger Strom von Fremden und Provinzbewohnern floß in den geräumigen Schoß Roms. Was fremdartig oder verhaßt, was schuldig oder verdächtig war, konnte hoffen, in dieser unermeßlichen Hauptstadt der Wachsamkeit des Gesetzes zu entgehen. Bei einem so vielfältigen Zusammenfluß von Nationen vermochte jeder Lehrer von Wahrheit oder Falschheit, jeder Stifter einer tugendhaften oder verbrecherischen Gesellschaft seine Schüler oder Mitschuldigen leicht zu vervielfältigen. Die Christen von Rom beliefen sich nach Tacitus zur Zeit ihrer Verfolgung durch Nero bereits zu einer großen Anzahl, und die Sprache dieses erhabenen Geschichtsschreibers gleicht fast dem Stil, in welchem Livius die Einführung und Unterdrückung des Dienstes des Bacchus beschreibt. Nachdem die Bacchanalien die Strenge des Senates geweckt hatten, besorgte man, daß eine sehr große Menge, gleichsam ein *anderes Volk,* in diese verabscheuten Mysterien eingeweiht worden sei.

Bei sorgfältigerer Untersuchung ergab sich aber, daß der Schuldigen nur 7000 waren, allerdings eine sehr beunruhigende Zahl, wenn man sie als Gegenstand der öffentlichen Gerechtigkeit betrachtet. Mit demselben unparteiischen Zugeständnis sollten wir die unbestimmten Ausdrücke des Tacitus und in einem früheren Fall des Plinius auslegen, wenn sie die Scharen der verführten Fanatiker übertreiben, welche den herrschenden Götterdienst verlassen hatten. Die Kirche von Rom war ohne Zweifel die erste und an Zahl die stärkste des Reiches, und wir besitzen eine authentische Urkunde, welche den Zustand der Religion in dieser Stadt gegen die Mitte des dritten Jahrhunderts und nach einem Frieden von 38 Jahren bezeugt. Der Klerus bestand zu jener Zeit aus einem Bischof, 46 Priestern, sieben Diakonen, ebenso vielen Subdiakonen, 42 Akolythen und 50 Lektoren, Exorzisten und Türstehern. Die Zahl der Witwen, Kranken und Armen, welche durch die Gaben der Gläubigen erhalten wurden, betrug 1500. Man kann daher mit Vernunftgemäßheit und nach der Analogie von Antiochia schließen, daß es zu Rom gegen 50 000 Christen gab. Die Volksmenge dieser großen Hauptstadt kann vielleicht nicht mit Genauigkeit ermittelt werden; aber auch die bescheidenste Berechnung kann sie gewiß nicht unter eine Million Einwohner herabsetzen, von welchen die Christen höchstens den zwanzigsten Teil bildeten.

Die Bewohner der westlichen Provinzen scheinen ihre Kenntnis des Christentums aus derselben Quelle geschöpft zu haben, welche Sprache, Sitten und Gesinnungen Roms unter ihnen verbreitete. In diesem wichtigeren Umstand bildete sich Afrika so wie Gallien allmählich nach dem Modell der Hauptstadt. Aber ungeachtet der vielen günstigen Gelegenheiten, welche die römischen Missionäre einladen mochten, die lateinischen Provinzen zu besuchen, war es doch spät, bevor sie über das Meer oder die Alpen gingen; auch vermögen wir in diesen großen Ländern keine Spuren von Glaube oder Verfolgung zu entdecken, welche höher hinaufreichten als bis zur Regierung der Antonine.

Die langsamen Fortschritte des Evangeliums in dem kalten Klima von Gallien waren außerordentlich verschieden von der Gier, womit es auf dem brennenden Sand von Afrika aufgenommen worden zu sein scheint. Die afrikanischen Christen bildeten bald eines der Hauptglieder der ersten Kirche. Der in dieser Provinz eingeführte Gebrauch, in den unbeträchtlichsten Städten, ja zuweilen in den unbedeutendsten Dörfern Bischöfe zu ernennen, trug zur Vervielfältigung des Glanzes und der Wichtigkeit ihrer religiösen Gemeinden bei, welche im dritten Jahrhundert durch Tertullians Eifer belebt, duch Zyprians Talente geleitet und durch die Beredsamkeit des Laktantius geschmückt wurden. Wenn wir dagegen unseren Blick nach Gallien kehren, müssen wir uns begnügen, in der Zeit Mark Aurels die schwachen und vereinten Gemeinden von Lyon und Vienna zu entdecken, ja es wird berichtet, daß selbst unter der Regierung des Decius nur in wenigen Städten, in Arles, Narbonne, Toulouse, Limoges, Klermont, Tours und Paris einige zerstreute Kirchen durch die Andacht einer kleinen Anzahl von Christen erhalten wurden.

Das Schweigen ist allerdings sehr vereinbar mit Andacht, da es sich aber selten mit dem Eifer verträgt, so mögen wir den lauen Zustand des Christentums in jenen Provinzen, welche die keltische Sprache mit der lateinischen vertauschten, gewahren und beklagen, weil sie während der ersten drei Jahrhunderte auch nicht einen einzigen kirchlichen Schriftsteller hervorgebracht haben. Von Gallien, welches den gerechten Vorrang der Gelehrsamkeit und Autorität über alle Provinzen diesseits der Alpen in Anspruch nahm, wurde das Licht des Evangeliums noch schwächer über die entfernten Provinzen von Spanien und Britannien ausgestrahlt, und wenn wir den heftigen Behauptungen Tertullians Glauben beimessen dürfen, so hatten sie die ersten Strahlen der Religion schon empfangen, als er seine Apologie an die richterlichen Beamten des Kaisers Severus richtete. Aber der dunkle und unvollständige Ursprung der westlichen Kirchen von Europa ist so nachlässig aufgezeichnet worden, daß wir, wenn wir Zeit und Ort ihrer Stiftung erzählen wollten, das Stillschweigen des Altertums durch jene Legenden ersetzen müßten, welche lange nachher Habsucht und Aberglaube den Mönchen in dem müßigen Dunkel ihrer Klöster diktierten. Von diesen frommen Romanen verdient der des Apostels Jakob wegen seiner eigentümlichen Seltsamkeit erwähnt zu werden. Aus einem friedlichen Fischer am See Gennesaret wurde er in einen tapferen Ritter verwandelt, welcher an der Spitze der spanischen Ritterschaft in ihren Schlachten gegen die Mauren kämpfte. Die ernstesten Geschichtsschreiber haben seine kriegerischen Taten gefeiert, das wundertätige Heiligtum von Kompostella entfaltete seine Macht, und das Schwert eines militärischen Ordens samt dem Beistand der Schrecken der Inquisition genügten, um jeden Einwurf einer profanen Kritik zu entfernen.

Die Fortschritte des Christentums waren nicht auf das römische Reich beschränkt, und nach den frühesten Kirchenvätern, welche Tatsachen durch Prophezeiung auslegen, hatte die neue Religion binnen einem Jahrhunderte nach dem Tod ihres göttlichen Stifters bereits jeden Teil der Erde besucht. »Es gibt kein Volk«, sagt Justin der Märtyrer, »es sei griechisch oder barbarisch oder von was immer für einem anderen Menschenstamm, durch was immer für Namen und Sitten es auch unterschieden werde, und ob es unter Zelten wohne oder in bedeckten Wagen umherstreife, wo nicht Gebete im Namen des gekreuzigten Jesus zu dem Vater und Schöpfer aller Dinge empor gesendet würden.« Aber diese glänzende Übertreibung, welche selbst jetzt mit dem wirklichen Zustand des Menschengeschlechts sehr schwer vereinbar wäre, kann nur als die vorschnelle Behauptung eines frommen aber oberflächlichen Schriftstellers, dessen Maß des Glaubens nach jenem seiner Wünsche geregelt war, betrachtet werden.

Aber weder der Glaube noch die Wünsche der Väter können die historische Wahrheit ändern. Es wird stets eine unbezweifelte Tatsache bleiben, daß die Barbaren von Skythien und Germanien, welche später die römische Monarchie stürzten, in die Finsternis des Heidentums gehüllt waren, und daß selbst die Bekehrungen von Iberien, Armenien und Äthiopien erst nachdem der Szepter in den Händen eines rechtgläubigen Kaisers war, mit einigem Grade von Erfolg versucht wurde. Vor dieser Zeit mochten allerdings die verschiedenen Ereignisse des Krieges und Handels eine unvollständige Kenntnis des Evangeliums unter den Stämmen von Kaledonien und unter den Grenzbewohnern des Rheins, der Donau und des Euphrat verbreitet haben. Jenseits des letztgenannten Flusses zeichnete sich Edessa durch eine feste und frühe Anhänglichkeit an den Glauben aus. Von Edessa wurden die Grundsätze des Christentums leicht in die griechischen und syrischen Städte eingeführt, welche den Nachfolgern des Artaxerxes gehorchten; sie scheinen aber auf das Gemüt der Perser, deren religiöses System durch die Bemühungen eines wohlgeregelten Priesterstandes mit mehr Kunst und Fertigkeit gebaut war als die unsichere Mythologie von Griechenland und Rom, keinen tiefen Eindruck hervorgebracht zu haben.

Aus dieser unparteiischen wenn auch unvollständigen Übersicht des Christentums ergibt sich vielleicht die Wahrscheinlichkeit, daß die Zahl der Proselyten gar sehr auf der einen Seite durch Furcht, auf der anderen durch Religionseifer vermehrt worden ist. Nach dem unverdächtigen Zeugnis des Origines war das Verhältnis der Gläubigen sehr unbeträchtlich, wenn man es mit der Menge der ungläubigen Welt verglich; da aber durchaus keine besondere Nachricht auf uns gekommen ist, so ist es unmöglich, die wirkliche Zahl der ersten Christen zu bestimmen, ja es ist sogar schwer, sie auch nur mutmaßlich anzugeben. Aber selbst die günstigste Berechnung, welche man aus den Beispielen von Antiochia und Rom ziehen kann, wird uns nicht gestatten anzunehmen, daß mehr als der zwanzigste Teil der Untertanen des Reiches sich vor der wichtigen Bekehrung Konstantins unter das Panier des Kreuzes gereiht habe. Aber ihr Glaube, ihr Eifer und ihre Einheit schienen ihre Anzahl zu vervielfachen, und dieselben Ursachen, welche zu ihrer künftigen Zunahme beitrugen, dienten auch dazu, ihre wirkliche Stärke auffallender und furchtbarer zu machen.

So ist nun einmal die Verfassung der bürgerlichen Gesellschaft, daß während einige Personen sich durch Reichtum, Ehre und Kenntnisse auszeichnen, die Masse des Volkes zu Dunkelheit, Unwissenheit und Armut verdammt ist. Die christliche Religion, welche sich an das ganze Menschengeschlecht wendete, mußte daher eine weit größere Anzahl Proselyten aus den niedrigeren als aus den höheren Ständen sammeln. Dieser unschuldige und natürliche Umstand ist zu einem sehr gehässigen Vorwurf erhoben worden, welchen die Apologisten weniger streng abwiesen als die Gegner des Glaubens auf ihm bestanden: daß nämlich die neue Sekte der Christen fast ganz aus den Hefen des Volkes, aus Bauern und Handwerkern, Knaben und Weibern, Bettlern und Sklaven bestehe, welche Letzteren die Missionäre zuweilen in die reichen und edlen Familien einführen mochten, denen dieselben angehörten. Diese obskuren Lehrer (war die Anschuldigung der Bosheit und des Unglaubens) sind öffentlich ebenso stumm als geschwätzig und dogmatisch im Privatumgang.

Während sie sorgsam der gefährlichen Begegnung der Philosophen ausweichen, mischen sie sich unter die rohe und ungebildete Menge und schleichen sich in die Gemüter derjenigen ein, deren Alter, Geschlecht oder Erziehung sie am empfänglichsten für den Eindruck abergläubischer Schrecken gemacht hat.

Dieses ungünstige Gemälde verrät, obschon es demselben nicht an einer schwachen Ähnlichkeit fehlt, durch die giftige Färbung und die verzerrten Züge den Pinsel eines Feindes. Als sich der demütige Christenglaube über die Welt verbreitete, bekannten sich mehrere Personen zu ihm, welche durch die Vorteile der Natur oder des Glücks einige Wichtigkeit besaßen. Aristides, welcher dem Kaiser Hadrian eine gelehrte Apologie übergab, war ein atheniensischer Philosoph. Justin der Märtyrer hatte in den Schulen des Zeno, Aristoteles, Pythagoras und Platon Kenntnis von göttlichen Dingen gesucht, bevor er von dem alten Mann oder vielmehr dem Engel angeredet wurde, welcher seine Aufmerksamkeit auf das Studium der jüdischen Propheten lenkte. Klemens von Alexandria war sehr belesen in der griechischen und Tertullian in der lateinischen Sprache. Julius Afrikanus und Origines besaßen einen beträchtlichen Teil der Gelehrsamkeit ihrer Zeit, und obschon der Stil des Zyprian sehr verschieden von jenem des Laktantius ist, läßt sich doch fast bemerken, daß diese beiden Schriftsteller öffentliche Lehrer der Rhetorik waren.

Selbst das Studium der Philosophie wurde zuletzt unter den Christen eingeführt, aber es brachte nicht immer die heilsamsten Wirkungen hervor: Kenntnis war ebensooft die Mutter der Ketzerei als der Andacht, und die Schilderung, welche für die Anhänger Artemons gemeint war, kann mit gleicher Angemessenheit auf die verschiedenen Sekten angewendet werden, welche den Nachfolgern der Apostel widerstanden. »Sie erkühnen sich, die heilige Schrift zu ändern, die alte Glaubensregel zu verlassen und ihre Meinungen nach den spitzfindigen Vorschriften der Logik zu bilden. Die Wissenschaft der Kirche wird für das Studium der Geometrie vernachlässigt, und sie verlieren den Himmel aus dem Gesicht, während sie beschäftigt sind, die Erde zu messen. Euklid ist beständig in ihren Händen. Aristoteles und Theophrastus sind die Gegenstände ihrer Bewunderung, und sie drücken eine ungewöhnliche Ehrfurcht für die Werke Galens aus. Ihre Irrtümer stammen aus dem Mißbrauch der Künste und Wissenschaften der Ungläubigen, und sie verderben die Einfachheit des Evangeliums durch die Klügeleien der menschlichen Vernunft.«[*]

Auch kann nicht mit Wahrheit behauptet werden, daß die Vorzüge des Herkommens und der Glücksgüter von dem Bekenntnisse des Christentums stets getrennt gewesen wären. Mehrere römische Bürger wurden vor das Tribunal des Plinius gebracht, und man machte bald die Entdeckung, daß eine große Anzahl Menschen von *allen Ständen* in Bithynien die Religion ihrer Väter verlassen hatte. Sein unverdächtiges Zeugnis mag in diesem Fall mehr Kredit erhalten als die kühne Herausforderung Tertullians, worin er sich ebensosehr an die Besorgnisse als an die Menschlichkeit des Prokonsuls von Afrika wendet, indem er demselben erklärt, daß er, wenn er auf seinen grausamen Absichten beharre, Karthago dezimieren müsse, und daß er unter den Schuldigen viele Personen seines eigenen Ranges, Senatoren und Matronen von edelster Herkunft und die Freunde oder Verwandten seiner vertrautesten Freunde finden werde. Vierzig Jahre später muß jedoch der Kaiser Valerian von der Wahrheit dieser Angabe überzeugt gewesen sein, denn er setzt in einem seiner Reskripte offenbar voraus, daß Senatoren, römische Ritter und Frauen von Stande zu der christlichen Sekte gehörten. Die Kirche fuhr fort an äußerem Glanz zuzunehmen wie sie an innerer Reinheit verlor, und unter der Regierung Diokletians bargen Palast, Gerichtshöfe, selbst das Heer eine Menge Christen, welche die Interessen des gegenwärtigen Lebens mit denen des zukünftigen zu vereinigen strebten.

Und doch sind diese Ausnahmen entweder zu gering an Zahl oder fallen in eine zu späte Zeit, um den Vorwurf der

---

[*] Man darf hoffen, daß nur die Ketzer dem Celsus zu seinen Klagen Anlaß gaben, daß die Christen beständig an ihren Evangelien änderten und besserten.

Unwissenheit und Dunkelheit, welcher den ersten Christen gemacht worden ist, gänzlich hinweg zu räumen. Statt die Dichtungen späterer Jahrhunderte zu unserer Verteidigung zu verwenden, wird es klüger sein, einen Anlaß zum Ärgernis in einen Gegenstand der Erbauung zu verwandeln. Bei ernster Überlegung werden wir finden, daß die Apostel selbst von der Vorsicht unter den Fischern von Galiläa gewählt worden waren, und daß, je tiefer wir die zeitliche Lage der ersten Christen stellen, wir umso mehr Ursache haben, ihre Verdienste und ihren Erfolg zu bewundern. Wir müssen uns fleißig in das Gedächtnis rufen, daß das Königreich des Himmels den Armen am Geist versprochen wurde, und daß Seelen, welche von Unglück und der Verachtung der Welt heimgesucht sind, freudiger der göttlichen Verheißung künftigen Glücks horchen, während im Gegenteil die Glücklichen mit dem Besitz dieser Welt zufrieden sind, und die Weisen zu Zweifel und Streit ihre eitle Überlegenheit an Verstand und Wissen gebrauchen.

Wir bedürfen solcher Gedanken, um uns für den Verlust mehrerer berühmter Männer zu trösten, welche nach unserer Meinung des himmlischen Geschenks am Würdigsten gewesen wären. Die Namen Seneka, des älteren und jüngeren Plinius, Tacitus, Plutarch, Galen, des Sklaven Epiktet und des Kaisers Markus Antoninus schmücken das Zeitalter, in welchem sie lebten, und erheben die Würde des menschlichen Geistes. Sie füllten ihre bezüglichen Stellungen sowohl im tätigen als im kontemplativen Leben mit Ruhm aus; ihre vortrefflichen Geistesgaben wurden durch Studien veredelt, die Philosophie hatte ihre Seelen von den Vorurteilen des Volksaberglaubens gereinigt, und ihr Leben verging mit Erforschen der Wahrheit und Ausübung der Tugend. Alle diese Weisen aber (und es ist dies ebensosehr ein Gegenstand des Staunens als der Betrübnis) übersahen oder verwarfen die Vollkommenheit des christlichen Systems. Ihr Reden wie ihr Schweigen verrät in gleichem Maß ihre Verachtung gegen die anwachsende Sekte, welche sich zu ihren Zeiten über das römische Reich verbreitet hatte. Diejenigen von ihnen, welche sich herablassen, des Namens der Christen zu erwähnen, betrachten sie nur als hartnäckige oder verderbte Enthusiasten, welche unbedingte Unterwerfung unter ihre geheimnisvollen Lehren forderten, ohne im Stande zu sein, ein einziges Argument anzuführen, welches die Aufmerksamkeit der Männer von Einsicht und Gelehrsamkeit fesseln konnte.

Es ist mindestens zweifelhaft, ob einige von diesen Philosophen die Schirmschriften lasen, welche die ersten Christen für sich selbst und ihre Religion wiederholt veröffentlichten; aber es ist sehr zu beklagen, daß eine solche Sache nicht durch geschicktere Anwälte verteidigt wurde. Sie setzen mit übersprudelndem Witz und Beredsamkeit die Ausschweifung des Polytheismus auseinander. Sie nehmen unsere Teilnahme in Anspruch, indem sie die Unschuld und Leiden ihrer gekränkten Brüder schildern. Aber wenn sie den göttlichen Ursprung des Christentums beweisen wollen, bestehen sie viel stärker auf den Prophezeiungen, welche das Erscheinen des Messias ankündeten, als auf den Wundern, welche dasselbe begleiteten. Ihr Lieblingsgrund mochte zur Erbauung eines Christen oder zur Bekehrung eines Juden dienen, weil sowohl dieser wie jener die Autorität dieser Prophezeiungen anerkennt und beide verpflichtet sind, mit frommer Ehrfurcht nach deren Sinn und Erfüllung zu suchen.

Aber diese Art Überredung verliert an Gewicht und Einfluß viel, wenn sie auf diejenigen angewendet wird, welche weder die mosaische Religion noch ihren prophetischen Stil achten. In den ungeschickten Händen Justins und der nachfolgenden Apologisten verdunstet der erhabene Sinn der hebräischen Orakel in fernen Typen, affektierten Gedanken und kalten Allegorien, ja selbst ihre Echtheit wurde einem unerleuchteten Heiden durch die Mischung frommer Betrügereien verdächtig gemacht, welche ihm unter dem Namen Orpheus', Hermes' und der Sibyllen*, als gleichen Wertes mit

---

* Die Philosophen, welche die älteren Prophezeiungen der Sibyllen verlachten, würden leicht die jüdischen und christlichen Fälschungen entdeckt haben, welche so triumphierend von den Vätern, von Justin dem Märtyrer bis Laktanz, angeführt worden sind. Die christlichen Sibyllen hatten unglücklicherweise den Untergang Roms auf das Jahr 195 festgesetzt.

der echten Inspiration des Himmels aufgedrungen wurde. Die Benutzung von Betrug und Sophisterei bei Verteidigung der Offenbarung erinnert nur zu oft an das unkluge Verfahren jener Poeten, welche ihre *unverwundbaren* Helden mit einer nutzlosen Wucht beschwerlicher und zerbrechlicher Rüstungen bewehren.

Aber wie sollen wir jene träge Aufmerksamkeit der heidnischen und philosophischen Welt für jene Zeugnisse erklären, welche von der Hand der Allmacht nicht ihrer Vernunft, sondern ihren Sinnen dargeboten wurden? Im Zeitalter Christi, seiner Apostel und ihrer ersten Jünger wurde die Lehre, welche sie predigten, durch zahllose Wunder bekräftigt. Die Lahmen gingen, die Blinden sahen, die Kranken wurden geheilt, die Toten auferweckt, Dämonen ausgetrieben und die Gesetze der Natur oft zum Wohl der Kirche unterbrochen. Aber die Weisen Griechenlands und Roms wendeten sich von dem ehrfurchtgebietenden Schauspiel ab und schienen, indem sie die gewöhnlichen Beschäftigungen des Lebens und der Studien verfolgten, aller Änderungen in der moralischen und physischen Regierung der Welt unbewußt zu sein. Unter der Regierung des Tiberius wurde die ganze Erde oder wenigstens eine berühmte Provinz des römischen Reiches in eine übernatürliche Dunkelheit von dreistündiger Dauer gehüllt. Aber selbst dieses wundervolle Ereignis, welches das Staunen, die Neugierde des Menschengeschlechts hätte erregen sollen, ging in einem Jahrhundert der Geschichte und Wissenschaft unbemerkt vorüber. Es trug sich bei Lebzeiten Senekas und des älteren Plinius zu, welche entweder die unmittelbaren Wirkungen des Wunders bemerkt oder wenigstens die früheste Nachricht davon erhalten haben mußten. Jeder dieser Philosophen hat in einem mühsamen Werk alle großen Erscheinungen der Natur, Erdbeben, Meteore, Kometen, Finsternisse, welche seine unermüdliche Forschgier nur sammeln konnte, aufgezeichnet. Beide haben aber das größte Phänomen ausgelassen, dessen seit Erschaffung der Welt ein sterbliches Auge ansichtig geworden ist. Ein eigenes Kapitel des Plinius ist den Finsternissen von besonderer Größe und ungewöhnlicher Dauer gewidmet; aber er begnügt sich, den seltsamen Mangel an Licht zu beschreiben, welcher auf die Ermordung des Cäsar folgte, wo die Scheibe der Sonne während des großen Teiles des Jahres bleich und glanzlos erschien. Diese Zeit der Dunkelheit, welche in keinem Fall mit der übernatürlichen Finsternis während der Passion verglichen werden kann, war bereits von den meisten Dichtern und Historikern dieses denkwürdigen Zeitalters gefeiert worden.

Zehntes Kapitel

Gründung von Konstantinopel • Politisches System
Konstantins und seiner Nachfolger • Militärische Disziplin •
Der Palast • Die Finanzen • Kurze Übersicht
über das Schicksal der Söhne und Neffen Konstantins,
und die Ergebnisse der gesetzlichen Einführung
der christlichen Kirche

Der unglückliche Licinius war der letzte Nebenbuhler, welcher der Größe Konstantins entgegen stand, und der letzte Gefangene, welcher seinen Triumph schmückte. Nach einer ruhigen und glücklichen Regierung hinterließ der Sieger seiner Familie die Erbschaft des römischen Reiches, eine neue Hauptstadt, eine neue Politik, eine neue Religion, und die Neuerungen, welche er einführte, wurden von den nachfolgenden Geschlechtern angenommen und geheiligt. Das Zeitalter Konstantins des Großen ist mit wichtigen Ereignissen angefüllt; aber der Geschichtsschreiber würde durch ihre Zahl und Verschiedenartigkeit erdrückt werden, wenn er nicht sorgsam von einander die Szenen trennte, welche nur durch die Ordnung der Zeit verbunden sind. Er wird die politischen Einrichtungen, welche dem Reich Kraft und Stetigkeit gaben, beschreiben, bevor er an die Schilderung der Kriege und Revolutionen geht, welche dessen Sinken beschleunigten. Er wird die den Alten unbekannte Einteilung in bürgerliche und kirchliche Angelegenheiten annehmen, und Sieg der Christen und ihr innerster Zwist wird ihn mit reichen und eigentümlichen Materialien sowohl zur Erbauung als zum Ärgernis versehen.

Nach der Niederlage und der Abdankung des Licinius schritt sein siegreicher Nebenbuhler zur Gründung einer Stadt, welche bestimmt war, in Zukunft als Gebieterin des Ostens zu herrschen und das Reich und die Religion Konstantins zu überleben. Die Beweggründe des Stolzes oder der Politik, welche Diokletian zuerst vermochten sich vom alten Sitz der Regierung fern zu halten, hatten durch das Beispiel seiner Nachfolger und die Gewohnheit von 40 Jahren um so viel Kraft mehr erhalten. Rom wurde allmählich mit den abhängigen Königreichen vermengt, welche einst seine Oberhoheit anerkannt hatten, und das Land der Cäsaren mit kalter Gleichgültigkeit von einem kriegerischen Fürsten betrachtet, welcher in der Nachbarschaft der Donau geboren, an dem Hofe und in dem Heer von Asien erzogen und von den Legionen Britanniens mit dem Purpur bekleidet worden war. Die Italiener, welche Konstantin als ihren Befreier empfangen hatten, gehorchten unterwürfig den Edikten, welche er sich zuweilen herbeiließ an den Senat und das römische Volk zu richten; aber nur selten wurden sie durch die Gegenwart ihres neuen Souveräns beehrt. Während der Kraft seines Alters bewegte sich Konstantin je nach den verschiedenen Erfordernissen des Krieges und Friedens entweder mit würdevoller Langsamkeit oder schnellkräftiger Tätigkeit längs den Grenzen seiner ausgedehnten Gebiete und war stets gerüstet, gegen jeden Feind, es sei ein auswärtiger oder einheimischer, in das Feld zu rücken. Sowie er aber allmählich den Gipfel des Glücks und den Punkt der Abnahme der Lebenskraft erreichte, trug er sich mit dem Plan, sowohl die Macht als die Majestät des Thrones an einem dem Wechsel minder unterworfenen Platz aufzuschlagen.

Bei der Wahl einer vorteilhaften Lage zog er die Grenzen von Europa und Asien vor, um mit mächtigem Arme die Barbaren, welche zwischen der Donau und dem Don wohnten, im Zaum zu halten und mit eifersüchtigem Aug das Benehmen des persischen Monarchen zu bewachen, welcher mit Ingrimm das Joch eines schimpflichen Friedensvertrages trug. In dieser Absicht hatte Diokletian die Residenz von Nikomedia gewählt und verschönert; aber das Andenken Diokletians wurde von dem Beschützer der Kirche mit Recht verabscheut, auch war Konstantin nichts weniger als unempfindlich gegen den Ehrgeiz eine Stadt zu gründen, welche den Ruhm seines Namens verewigen möchte. Während den letzten Kriegsoperationen gegen Licinius hatte er hinreichende Gelegenheit gehabt sowohl als Krieger wie als Staatsmann die unvergleichliche Lage von Byzanz zu betrachten und zu beobachten, wie stark sie von der Natur gegen einen feindlichen

Angriff beschützt sei, während sie von allen Seiten den Wohltaten des Handelsverkehrs geöffnet war. Viele Jahrhunderte vor Konstantin hatte einer der einsichtsvollsten Geschichtsschreiber des Altertums die Vorteile einer Lage beschrieben, von wo eine schwache Griechenkolonie die Herrschaft des Meeres und die Ehre einer blühenden und unabhängigen Republik erringen könne.

Wir sind jetzt im Stande, die vorteilhafte Lage von Konstantinopel, welches von der Natur zum Mittelpunkt und zur Hauptstadt eines großen Reiches geschaffen zu sein scheint, besser zu würdigen. Unter dem 41. Breitengrade gelegen, beherrschte die kaiserliche Stadt von ihren sieben Hügeln die gegenüberliegenden Gestade von Europa und Asien; das Klima war gesund und gemäßigt, der Boden fruchtbar, der Hafen sicher und geräumig und der Zugang von jeder Seite des Kontinentes von geringem Umfang und leichter Verteidigung. Der Bosporus und der Hellespont können als die zwei Tore von Konstantinopel betrachtet werden, und der Fürst, der diese zwei wichtigen Zugänge besaß, vermochte sie stets einem Feind zur See zu schließen und sie dagegen den Handelsflotten zu öffnen. Die Bewahrung der östlichen Provinzen mag in einem gewissen Grade der Politik Konstantins zugeschrieben werden, da die Barbaren am Euxinus, welche im vorhergehenden Jahrhundert mit ihrem Geschwader bis in das Herz des mittelländischen Meeres gedrungen waren, bald von der Seeräuberei abstanden und an der Bezwingung dieser unübersteiglichen Schranke verzweifelten. Wenn die Tore des Hellespont und Bosporus geschlossen waren, erfreute sich die Hauptstadt innerhalb ihres geräumigen Umfangs doch aller Produkte, welche die Bedürfnisse oder den Luxus ihrer zahlreichen Einwohner befriedigen konnten. Die Küsten von Thrakien und Bithynien, die unter der Wucht türkischen Drucks schmachteten, bieten noch jetzt einen reichen Anblick von Weinbergen, Gärten und ergiebigen Ernten; und der Propontis war stets wegen seines unerschöpflichen Vorrats der ausgesuchtesten Fische berühmt, welche zu regelmäßig eintretenden Zeiten ohne Kunst und fast ohne Mühe gefangen werden. Wenn dagegen der Durchgang der Meerengen für den Handel geöffnet war, ließen sie abwechselnd die natürlichen und künstlichen Reichtümer des Nordens und Südens, des schwarzen und mittelländischen Meeres zu. Welche rohe Waren immer in den Forsten von Deutschland und Skythien bis zu den Quellen des Tanais und Borysthenes gesammelt wurden, was durch die Kunst Europas oder Asiens gefertigt wurde, das Korn Ägyptens und die Edelsteine und Spezereien des fernsten Indiens, das alles wurde durch die wechselnden Winde in den Hafen von Konstantinopel gebracht, das mehrere Jahrhunderte hindurch den Handel des alten Ägyptens an sich zog.

Die Aussicht auf Schönheit, Sicherheit und Reichtum, an einem einzigen Ort vereint, genügte, um die Wahl Konstantins zu rechtfertigen. Da man aber in jedem Jahrhundert eine anständige Mischung von Wunder und Fabel für geeignet hielt, um über den Ursprung einer großen Stadt die geziemende Majestät zu breiten, wünschte der Kaiser seinen Entschluß nicht so sehr den unsicheren Ratschlägen der menschlichen Politik als den untrüglichen und ewigen Ratschlüssen Gottes zuzuschreiben. In einem seiner Gesetze trug er Sorge, daß die Nachwelt erfahre, er habe aus Gehorsam gegen die Befehle Gottes den ewigen Grundstein Konstantinopels gelegt, und obschon er sich nicht herabließ auszusprechen, auf welche Art die göttliche Inspiration seiner Seele mitgeteilt wurde: hat doch der Scharfsinn späterer Schriftsteller, die das nächtliche Gesicht beschreiben, welches Konstantin hatte, als er innerhalb der Mauern von Byzanz schlief, reichlich diesen durch sein bescheidenes Stillschweigen entstandenen Mangel ergänzt. Der Schutzgeist der Stadt, eine ehrwürdige Matrone, welche der Last der Jahre und Schwächen erlag, verwandelte sich plötzlich in eine blühende Jungfrau, die er eigenhändig mit allen Symbolen kaiserlicher Größe schmückte. Der Monarch erwachte, deutete das günstige Omen und gehorchte ohne Zögern dem Willen des Himmels.

Der Tag der Gründung einer Stadt oder Kolonie wurde von den Römern mit allen den Zeremonien gefeiert, wie ein hochherziger Wahnglaube sie vorschrieb, und obschon Konstantin manchen Ritus ausließ, der zu sehr nach heidnischem

Ursprung schmecken mochte, wünschte er doch sehnlichst, in den Gemütern der Zuschauer einen tiefen Eindruck der Hoffnung und Ehrfurcht hervorzubringen. Zu Fuß, eine Lanze in der Hand, führte der Kaiser in Person den feierlichen Zug an und bezeichnete die Linie, welche die Grenze der künftigen Hauptstadt werden sollte, bis der wachsende Umkreis mit Erstaunen von einem der Anwesenden wahrgenommen wurde, der endlich die Bemerkung machte, es sei bereits das weiteste Maß einer großen Stadt überschritten. »Ich werde vorzugehen fortfahren«, erwiderte Konstantin, »bis *Er,* der unsichtbare Führer, der vor mir herschreitet, es für gut finden wird Halt zu machen.« Ohne es zu wagen die Natur oder die Beweggründe dieses außerordentlichen Führers zu erforschen, wollen wir uns mit der geringeren Aufgabe begnügen, den Umfang und die Grenzen von Konstantinopel zu beschreiben.

In dem gegenwärtigen Zustand der Stadt haben Palast und Gärten des Serails das östliche Vorgebirge, den ersten der sieben Hügel inne und bedecken gegen 150 Acker englischen Maßes. Der Sitz türkischer Eifersucht und türkischen Despotismus' ist auf den Grundlagen einer griechischen Republik errichtet; man darf jedoch voraussetzen, daß die Byzantiner durch die Bequemlichkeit des Hafens versucht wurden, ihre Wohnungen auf dieser Seite über die Grenzen des jetzigen Serails auszudehnen. Die neuen Mauern Konstantins erstreckten sich von dem Hafen zum Propontis quer über die breite Seite des Dreiecks, in einer Entfernung von 15 Stadien von der alten Befestigung, und mit der Stadt Byzanz schlossen sie fünf von den sieben Hügeln ein, welche dem Blick desjenigen, der sich Konstantinopel nähert, einer über den anderen in schöner Ordnung sich zu erheben scheinen. Ungefähr ein Jahrhundert nach dem Tod des Gründers bedeckten die neuen Gebäude, die sich auf der einen Seite den Hafen hinan und auf der anderen dem Propontis entlang ausdehnten, bereits den schmalen Rücken des sechsten und die breite Höhe des siebenten Hügels. Die Notwendigkeit, diese Vorstädte gegen die unaufhörlichen Einfälle der Barbaren zu beschützen, vermochte den jüngeren Theodosius seine Hauptstadt mit einer genügenden und bleibenden Einfriedigung von Mauern zu umgeben. Von dem östlichen Vorgebirge bis zum goldenen Tore betrug die äußerste Länge von Konstantinopel gegen drei römische Meilen, der Umkreis zwischen zehn und elf, und der Flächeninhalt mag auf ungefähr 2000 englische Acker berechnet werden. Es ist unmöglich, die eitlen und leichtgläubigen Übertreibungen neuerer Reisenden zu entschuldigen, welche die Grenzen von Konstantinopel zuweilen über die anstoßenden Städte auf der europäischen und asiatischen Seite ausgedehnt haben. Aber die Vorstädte von Pera und Galata, obschon jenseit des Hafens gelegen, mögen mit Recht ein Teil der Stadt genannt werden, und diese Zugabe mag vielleicht das Maß eines byzantinischen Schriftstellers rechtfertigen, welcher seiner Vaterstadt einen Umfang von sechzehn griechischen (ungefähr 14 römischen) Meilen gibt. Eine solche Ausdehnung mag einer kaiserlichen Residenz nicht unwürdig scheinen. Und doch muß Konstantinopel Babylon und dem alten Theben, dem alten Rom, London, ja selbst Paris weichen.

Der Gebieter der römischen Welt, welcher den stolzen Gedanken gefaßt hatte, dem Ruhm seiner Regierung ein ewiges Denkmal zu setzen, konnte bei der Ausführung dieses großen Werkes den Reichtum, die Arbeit von gehorchenden Millionen und alles in Anspruch nehmen, was unter ihnen von Kunstgeist noch übrig war. Aus der Aufwendung von 2 500 000 Pfund Sterling für den Bau von Mauern, Säulengängen und Wasserleitungen kann man einigermaßen auf die Summen schließen, die mit kaiserlicher Freigebigkeit zur Gründung von Konstantinopel bestimmt wurden. Die Waldungen, welche die Gestade des Euxinus beschatteten, und die berühmten weißen Marmorbrüche auf der kleinen Insel Prokonnesus lieferten einen unerschöpflichen Vorrat von Baumaterialien, die mittelst kurzer Wasserfahrt nach dem Hafen von Byzanz geschafft werden konnten. Eine Menge Arbeiter und Künstler suchten den Schluß des Werkes mit unerschöpflicher Tätigkeit zu beschleunigen; aber Konstantin machte trotz seiner Ungeduld bald die Entdeckung, daß bei dem gesunkenen Zustand der Künste sowohl die Geschicklichkeit als die Zahl seiner Architekten in einem sehr ungleichen Verhältnisse zur Größe seiner Unternehmung stand. Die Vorstände der fernsten Provinzen erhielten daher Befehl Schulen zu errichten, Professoren zu ernennen und durch die Hoffnung auf Belohnungen und Vorrechte eine hinreichende Anzahl talentvoller Jünglinge, welche eine gute Erziehung genossen hätten, zum Studium und zur Ausübung der Baukunst anzuspornen.

Die Gebäude der neuen Stadt wurden durch solche Künstler aufgeführt, wie sie die Regierung Konstantins schaffen konnte; aber ihren Schmuck erhielten sie von den Händen der berühmtesten Meister aus dem Jahrhundert des Perikles und Alexander. Das Genie eines Phidias und Lysippus wieder zu erwecken, ging in der Tat über die Macht eines römischen Kaisers; aber die unsterblichen Werke, welche sie der Nachwelt hinterlassen hatten, waren ohne Verteidigung der räuberischen Eitelkeit eines Despoten bloßgestellt. Auf seinen Befehl wurden die Städte von Griechenland und Asien ihrer wertvollsten Zierden beraubt. Die Trophäen denkwürdiger Kriege, die Gegenstände religiöser Verehrung, die vollendesten Statuen der Götter und Helden, der Weisen und Dichter der alten Zeit trugen zum glänzenden Triumph von Konstantinopel bei und gaben dem Geschichtschreiber Cedrenus Gelegenheit, mit einigem Enthusiasmus zu bemerken, daß nichts zu mangeln schiene, außer die Seelen jener berühmten Männer, welche diese bewunderungswürdigen Denkmäler vorstellen sollten. Aber es ist nicht in der Stadt Konstantins, nicht in der Periode des Sinkens eines Reiches, wann der Geist durch bürgerliche und religiöse Sklaverei niedergedrückt wird, wo wir nach den Seelen eines Homer und Demosthenes suchen dürfen.

Während der Belagerung von Byzanz hatte der Sieger sein Zelt auf der herrschenden Höhe des zweiten Berges aufgeschlagen. Um das Andenken dieses Sieges zu verewigen, wählte er dieselbe vorteilhafte Lage für das Hauptforum, welches von zirkelförmiger oder vielmehr elliptischer Gestalt gewesen zu sein scheint. Die zwei gegenüberstehenden Eingänge bildeten Triumphbogen, die Portiken, die es umgaben, waren mit Statuen geschmückt und im Mittelpunkte des Forums stand eine hohe Säule, deren verstümmeltes Bruchstück jetzt durch die Benennung des »verbrannten Pfeilers« entwürdigt wird. Diese Säule war auf einem zwanzig Fuß hohen Fußgestelle von weißem Marmor errichtet und bestand aus zehn Porphyrstücken, von denen jedes ungefähr zehn Fuß in der Höhe und gegen 33 im Umkreis maß. Auf dem Gipfel der, vom Boden an gerechnet, etwa hundertzwanzig Fuß hohen Säule stand die kolossale Statue des Apollo. Sie war von Erz, war aus Athen oder einer phrygischen Stadt überbracht worden und galt für ein Werk des Phidias. Der Künstler hatte den Gott des Tages oder, nach späterer Auslegung, den Kaiser Konstantin selbst, mit einem Szepter in der rechten, mit der Weltkugel in der linken Hand und mit einer auf dem Haupt glänzenden Strahlenkrone dargestellt. Der Zirkus oder Hippodrom war ein stattliches, ungefähr vierhundert Schritte langes und hundert breites Gebäude. Der Raum zwischen den zwei *metae* oder Zielen war mit Statuen und Obelisken ausgefüllt, und man gewahrt noch ein sehr merkwürdiges Bruchstück des Altertums, die Leiber von drei Schlangen, welche zu einem ehernen Pfeiler zusammengeringelt sind. Ihre drei Häupter hatten einst den goldenen Dreifuß getragen, welchen die siegreichen Griechen nach der Niederlage des Xerxes dem delphischen Apollo geweiht hatten. Die Schönheit des Hippodroms ist seitdem lange von den rohen Händen der türkischen Eroberer zerstört worden; aber unter der synonymen Benennung Atmeidan dient er noch jetzt zum Übungsplatz für ihre Pferde. Von dem Thron, von welchem der Kaiser die circensischen Spiele zu betrachten pflegte, führte eine Wendeltreppe nach dem Pallast, einem herrlichen Gebäude, das der kaiserlichen Residenz zu Rom kaum nachstand und mit den dazu gehörigen Höfen, Gärten und Portiken eine beträchtliche Grundfläche am Gestade des Propontis zwischen dem Hippodrom und der St. Sophienkirche einnahm. Wir könnten noch die Bäder rühmen, welche fortwährend den Namen des Zeuxippus beibehielten, auch nachdem sie durch die Freigebigkeit Konstantins mit hohen Säulen, verschiedenfarbigem Marmor und mit mehr als 60 Statuen von Erz geschmückt worden waren. Wir würden jedoch von dem Zweck dieser Geschichte abweichen, wenn wir die verschiedenen Gebäude der Stadtviertel einzeln beschreiben wollten. Es genüge die Bemerkung, daß alles, was nur die Würde einer großen Hauptstadt zieren oder zum Wohle und Vergnügen ihrer zahlreichen Einwohner beitragen konnte, innerhalb der Mauern von Konstantinopel enthalten war. Eine eigene Beschreibung, welche ungefähr ein Jahrhundert nach der Gründung dieser Stadt verfaßt wurde, zählt ein Kapitol oder eine Hochschule, einen Zirkus, zwei Theater, acht öffentliche und 153 Privatbäder, 52 Portiken, fünf Kornmagazine, acht Aquädukte oder Wasserleitungen, eine geräumige Halle zu den Versammlungen des Senates oder der Gerichtshöfe, vierzehn Kirchen, vierzehn Palläste und 4388 Häuser auf, welche durch Umfang oder Schönheit vor der Menge plebejischer Wohnhäuser ausgezeichnet zu werden verdienten.

Die Bevölkerung dieser begünstigten Stadt war der nächste und ernstlichste Gegenstand der Aufmerksamkeit ihres Gründers. In den finsteren Jahrhunderten, welche auf die Verlegung des Sitzes des Reiches folgten, wurden die entfernten und die unmittelbaren Folgen dieses denkwürdigen Ereignisses von der Eitelkeit der Griechen und der Leichtgläubigkeit der Lateiner auf eine seltsame Weise verwechselt. Man hat behauptet und geglaubt, daß alle edle Familien Roms, der Senat und Ritterstand mit allen ihren zahllosen Hörigen dem Kaiser an die Ufer des Propontis gefolgt wären; daß man eine gemischte Rasse von Fremden und Plebejern die verödete uralte Hauptstadt in Besitz nehmen ließ, und daß die seit langer Zeit in Gärten verwandelten Ländereien Italiens mit einem Male der Kultur und der Bewohner beraubt wurden. Im Laufe dieser Geschichte werden solche Übertreibungen auf ihren richtigen Wert zurückgeführt werden: da jedoch das Wachstum Konstantinopels nicht der allgemeinen Zunahme des Menschengeschlechtes und der Industrie zugeschrieben werden kann, so muß man zugeben, daß diese künstliche Kolonie auf Unkosten der alten Städte des Reiches gehoben wurde. Viele reiche Senatoren Roms und der östlichen Provinzen wurden wahrscheinlich von Konstantin eingeladen, den glücklichen Platz, den er zu seiner eigenen Residenz gewählt hatte, als ihr Vaterland zu adoptieren. Die Einladungen eines Gebieters sind von Befehlen kaum zu unterschieden, und die Freigebigkeit des Kaisers erwarb bereitwilligen und freudigen Gehorsam. Er schenkte seinen Günstlingen die Palläste, welche er in den verschiedenen Vierteln der Stadt gebaut hatte, wies ihnen Ländereien und Gehalte zur Aufrechterhaltung ihrer Würde an und veräußerte die Domänen von Pontus und Kleinasien, um erbliche Besitzungen gegen die leichte Verpflichtung zu verleihen, ein Haus in der Hauptstadt zu unterhalten. Aber diese Ermunterungen und Verpflichtungen wurden bald überflüssig und allmählich abgeschafft. Wo immer der Sitz einer Regierung aufgeschlagen wird, dort muß auch ein beträchtlicher Teil des Einkommens von dem Fürsten selbst, seinen Ministern, den Beamten und den Dienern des Pallastes ausgegeben werden. Die reichsten der Provinzbewohner werden allmählich durch die mächtigen Motive des Eigennutzes und der Pflicht, der Unterhaltung und Neugierde angezogen. Unmerklich bildet sich auch eine dritte und zahlreichere Klasse von Bewohnern aus Dienern, Handwerkern und Kaufleuten, welche ihren Unterhalt durch ihre eigene Arbeit und durch die Luxusbedürfnisse der höheren Stände erwerben. In weniger als einem Jahrhundert wetteiferte Konstantinopel mit Rom selbst um den Vorrang an Reichtümern und Volkszahl. Neue Häusermassen, welche mit zu wenig Rücksicht auf Gesundheit und Bequemlichkeit zusammengedrängt wurden, ließen auf den engen Straßen kaum Raum für das beständige Gedränge von Menschen, Pferden und Wagen. Der angewiesene Raum war ungenügend, um die angewachsene Volksmenge zu fassen, und die hinzugekommenen Grundbauten, welche auf jeder Seite in das Meer hinausgerückt wurden, wären allein hinreichend gewesen, um eine sehr beträchtliche Stadt zu bilden.

Da Konstantin den Fortgang des Werkes mit der Ungeduld eines Verliebten förderte, waren die Mauern, Portiken und die vorzüglichsten Gebäude im Laufe von wenigen Jahren oder, nach einem anderen Bericht, von wenigen Monaten vollendet: aber diese außerordentliche Schnelligkeit kann umso weniger Bewunderung erregen, da viele Gebäude so übereilt und unvollkommen fertig wurden, daß sie unter der darauffolgenden Regierung nur mit Mühe vor dem Einsturz gesichert wurden. Während sie jedoch die Kraft und Frische der Jugend zeigten, feierte ihr Gründer die Einweihung seiner Stadt. Die Spiele und die Freigebigkeit, welche dieses denkwürdige Fest krönten, lassen sich leicht vorstellen; ein Umstand jedoch von eigentümlicher und bleibender Natur waltete ob, der nicht ganz übergangen werden darf. So oft der Gründungstag der Stadt zurückkehrte, wurde nach Konstantins Befehl sein Standbild, das von vergoldetem Holz war und in der rechten Hand ein kleines Bild des Genius des Platzes trug, auf einen Triumphwagen gesetzt. Die Leibwache, weiße Wachskerzen tragend und mit ihrem reichsten Schmucke angetan, begleitete den feierlichen Zug, wie sich derselbe über den Hippodrom bewegte. Wenn derselbe dem Thron des regierenden Kaisers gegenüber war, erhob sich dieser von seinem Sitz und verehrte durch eine dankbare Verneigung das Andenken seines Vorgängers. Am Einweihungstag selbst verlieh ein Edikt, das in eine Marmorsäule eingegraben wurde, der Stadt Konstantins den Titel des *zweiten* oder *neuen Roms*. Der Name Konstantinopel trug jedoch über diese ehrenvolle Benennung den Sieg davon und verewigt nach einem Verlauf von 14 Jahrhunderten noch fortwährend den Ruhm seines Gründers.

An die Gründung einer neuen Hauptstadt knüpft sich ganz natürlich die Einführung einer neuen Form der Zivil- und Militärverwaltung. Eine genaue Übersicht des verwickelten Systemes der Politik, welches Diokletian eingeführt, Konstantin verbessert und seine unmittelbaren Nachfolger vervollständigt haben, wird nicht nur als interessantes Gemälde eines großen Reiches unterhalten, sondern auch zur Erläuterung der geheimen und inneren Ursachen seines schnellen Verfalles dienen. Bei Prüfung einer merkwürdigen Einrichtung werden wir oft in die früheren oder späteren Zeiten der römischen Geschichte geführt; die eigentlichen Grenzen dieser Untersuchung sind jedoch in eine Periode von ungefähr

130 Jahren, von der Thronbesteigung Konstantins bis zur Kundmachung des theodosianischen Kodex eingeschlossen, aus welchem so wie aus der Notitia des Ostens und Westens wir die reichsten und authentischsten Nachrichten über den Zustand des Reiches schöpfen. Dieser vielfältige Gegenstand wird für eine Weile den Lauf dieser Erzählung unterbrechen; die Unterbrechung wird aber nur von jenen Lesern getadelt werden, welche gegen die Wichtigkeit der Gesetze und Sitten unempfindlich sind, während sie mit lebhafter Neugier den flüchtigen Intrigen eines Hofes oder den zufälligen Ereignissen einer Schlacht folgen.

Der männliche Stolz der Römer, zufrieden mit dem wirklichen Besitze der Macht, hatte der Eitelkeit des Ostens die Formen und Zeremonien prunkender Größe überlassen. So wie sie aber sogar den Schein jener Tugenden verloren, welche ihrer alten Freiheit entstammten, wurde die Einfachheit der römischen Sitten allmählich durch den stattlichen Pomp der asiatischen Höfe verdorben. Die Auszeichnungen persönlichen Verdienstes und Einflusses, so leuchtend in Republiken, so schwach und dunkel in Monarchien, wurden durch den Despotismus der Kaiser abgeschafft, welche an Stelle derselben eine strenge Unterordnung des Ranges und Amtes einführten, von den titulierten Sklaven, die auf den Stufen des Thrones saßen, bis zu den untersten Werkzeugen willkürlicher Gewalt. Diese Scharen knechtischer Abhänglinge hatten ein Interesse, die bestehende Regierung zu verteidigen, weil sie fürchten mußten, daß eine Revolution ihre Hoffnungen vernichte und sie um den Lohn ihrer Dienste bringe.

In dieser göttlichen Hierarchie (denn so wurde sie häufig genannt) war jeder Rang mit der umständlichen Genauigkeit bestimmt und dessen Würde in einer Vielfältigkeit von kleinen und feierlichen Zeremonien entwickelt, die ein völliges Studium zur Erlernung forderten und deren Vernachlässigung als Gottesfrevel betrachtet wurde. Die Reinheit der lateinischen Sprache wurde herabgewürdigt, indem man im Verkehre des Stolzes und der Schmeichelei eine Menge von Beinamen annahm, welche Cicero kaum verstanden und

Augustus mit Entrüstung verworfen haben würde. Die vornehmsten Beamteten des Reiches wurden sogar von dem Souveräne selbst mit den trügerischen Titeln Eure *Aufrichtigkeit*, Eure *Gravität*, Eure *Excellenz*, Eure *Eminenz*, Eure *erhabene und wunderbare Größe*, Eure *durchlauchtige und herrliche Hoheit* begrüßt. Ihre Kodizille oder Amtspatente waren durch solche Abzeichen verziert, welche dessen Beschaffenheit und hohe Würde am besten zu erläutern geeignet waren: Standbild oder Portrait der regierenden Kaiser; ein Triumphwagen; das Buch der Verordnungen, welches auf einem mit reichen Teppichen belegten und von vier Wachskerzen erleuchteten Tisch stand; die allegorischen Gestalten der Provinzen, welche sie regierten, oder die Namen und Fahnen der Truppen, welche sie befehligten. Einige dieser Amtszeichen waren wirklich im Audienzsaal aufgestellt, während andere ihrem pomphaften Zug vorgetragen wurden, so oft sie öffentlich erschienen: ihr ganzes Benehmen, ihre Tracht, ihr Schmuck und ihr Gefolge, alles war darauf berechnet, eine tiefe Ehrfurcht vor dem Stellvertreter der höchsten Majestät zu erwekken. Ein philosophischer Beobachter hätte das Gebäude der römischen Regierung für ein glänzendes Theater halten können, angefüllt mit Schauspielern jedes Ranges und Grades, welche die Sprache ihres ursprünglichen Musters wiederholten und die Leidenschaften desselben nachahmten.

Alle Beamteten von hinreichender Wichtigkeit, um in einer allgemeinen Übersicht des Reiches aufgenommen zu werden, waren genau in drei Klassen geteilt. 1. Die *Erlauchten;* 2. die *Spektabiles* oder *Hochachtbaren,* und 3. die *Klarissimi,* welche man durch *sehr Ehrenwerte* übersetzen kann. In den Zeiten der römischen Einfachheit wurde die letzterwähnte Benennung nur als ein unbestimmter Ausdruck der Achtung gebraucht, bis sie zuletzt der eigentümliche und anerkannte Titel aller derjenigen wurde, welche Mitglieder des Senates waren, folglich auch aller derjenigen, welche aus diesem achtbaren Körper gewählt worden, um die Provinzen zu regieren. Der Eitelkeit derjenigen, welche wegen ihres Ranges und Amtes eine höhere Auszeichnung als sie die übrigen Mitglieder des Senates genossen, in Anspruch nehmen zu können glaubten, wurde lange nachher durch die neue Benennung *Hochachtbare* gefröhnt, der Titel *Erlaucht* dagegen stets für einige ausgezeichnete Personen vorbehalten, denen die zwei untergeordneten Klassen Gehorsam und Verehrung leisteten. Er wurde bloß gegeben: I. Den Konsuln und Patriziern; II. den prätorianischen Präfekten und den Präfekten von Rom und Konstantinopel; III. den Oberbefehlshabern der Reiterei und des Fußvolkes, und IV. den sieben Ministern des Pallastes, welche ihre *geheiligten* Verrichtungen um die Person des Kaisers ausübten. Unter diesen erlauchten Staatsbeamten, welche als einander gleich geordnet angesehen wurden, wich das Dienstalter der Vereinigung der Würden. Durch Ehrenpatente pflegten jene Kaiser, welche es liebten, ihre Gunstbezeugungen zu vervielfältigen, zuweilen die Eitelkeit wenn auch nicht die Herrschsucht ungeduldiger Höflinge zufrieden zu stellen.

I. Solange die römischen Konsuln die ersten Beamten eines freien Staates waren, leiteten sie ihr Recht auf Macht von der Wahl des Volkes ab. Solange die Kaiser sich herabließen, die Knechtschaft zu verschleiern, welche sie auflegten, wurden die Konsuln fortwährend durch die wirkliche oder scheinbare Abstimmung des Senates ernannt. Von der Regierung des Diokletian angefangen, wurden auch diese Spuren der Freiheit verwischt, und die glücklichen Kandidaten, welche mit den jährlichen Ehren des Konsulates bekleidet wurden, stellten sich, als beklagten sie die demütigende Lage ihrer Vorgänger. Die Scipionen und Katonen hätten sich genötigt gesehen um die Stimmen der Plebejer zu flehen, durch die langen und kostspieligen Formen einer Volkswahl zu gehen und ihre Würde der Schmach einer öffentlichen, abschlägigen Antwort auszusetzen; während ihr eigenes glückliches Schicksal sie für ein Jahrhundert und eine Regierung aufbewahrt habe, wo die Belohnungen für Tugenden durch die irrtumlose Weisheit eines huldreichen Souveränes anerkannt würden. In den Schreiben, welche der Kaiser an die zwei erwählten Konsuln erließ, wurde erklärt, daß sie durch seine alleinige Obmacht ernannt worden wären. Ihre Namen und Bildnisse, auf vergoldete Tafeln von Elfenbein eingegraben, wurden durch das Reich als Geschenke für die Provinzen, die Städte, die Obrigkeiten, den Senat und das Volk verbreitet.

Ihre feierliche Einsetzung geschah am Ort der kaiserlichen Residenz, und während einer Periode von 120 Jahren war Rom beständig der Anwesenheit seiner alten Obrigkeiten beraubt. Am Morgen des ersten Januar nahmen die Konsuln die Insignien ihrer Würde an. Ihr Anzug bestand aus einem mit Seide und Gold gestickten, zuweilen mit köstlichen Edelsteinen geschmückten Purpurgewand. Bei dieser feierlichen Veranlassung befanden sich die ausgezeichnetsten Beamteten des Staates und Heeres in der Tracht von Senatoren in ihrem Gefolge und die nutzlosen Fasces, mit den einst so furchtbaren Beilen bewaffnet, wurden ihnen von den Liktoren vorgetragen. Der Zug bewegte sich aus dem Pallast nach dem Forum oder Hauptplatz der Stadt, wo die Konsuln ihr Tribunal bestiegen und sich auf den kurulischen Stühlen niederließen, die ganz nach der Form der alten Zeit gefertigt waren. Sie übten sogleich einen Akt der Gerichtsbarkeit durch Freilassung eines Sklaven aus, der zu diesem Zweck vor sie geführt wurde; eine Zeremonie, welche die berühmte Tat des älteren Brutus, des Schöpfers der Freiheit und des Konsulates, versinnlichen sollte, als er den treuen Vindex, der die Verschwörung der Tarquinier entdeckt hatte, unter die Zahl seiner Mitbürger aufnahm.

Das öffentliche Fest dauerte in allen den größten Städten des Reiches mehrere Tage hindurch: in Rom aus Herkommen, in Konstantinopel aus Nachahmung, in Karthago, Antiochia und Alexandria aus Vergnügungssucht und Überfluß an Reichtum. In den beiden Hauptstädten kosteten die jährlichen Spiele des Theaters, des Zirkus und des Amphitheaters 4000 Pfund Goldes, (gegen) 160 000 Pfund Sterling; und wenn eine so große Ausgabe die Kräfte oder die Neigung der Obrigkeiten selbst überschritt, wurde die Summe aus dem kaiserlichen Schatze vollgemacht.

Nachdem die Konsuln diese herkömmlichen Pflichten vollzogen hatten, stand es ihnen frei sich in den Schatten des Privatlebens zurückzuziehen und während des Überrestes des Jahres die ungestörte Betrachtung ihrer eigenen Größe zu genießen. Sie führten im hohen Rat der Nation nicht mehr den Vorsitz und nicht mehr vollzogen sie die Beschlüsse des Krieges und Friedens. Auf ihre Fähigkeiten (außer sie bekleideten zugleich machtbegabtere Ämter) kam es wenig an und ihre Namen dienten nur als gesetzliches Datum des Jahres, in welchem sie den Stuhl des Marius und des Cicero eingenommen hatten. Und doch fühlte man und erkannte fortwährend selbst in der letzten Periode der römischen Knechtschaft an, daß dieser leere Name mit dem Besitze wesentlicher Macht verglichen, ja ihr sogar vorgezogen werden könne. Der Titel Konsul war noch immer das glänzendste Ziel des Ehrgeizes, die edelste Belohnung der Tugend und Treue. Die Kaiser selbst, ob sie gleich den schwachen Schatten der Republik verachteten, waren sich bewußt, daß sie eine Zugabe von Glanz und Majestät erhielten, so oft sie die jährlichen Ehren der konsularischen Würde annahmen.

Die stolzeste und vollkommenste Trennung zwischen Edlen und Volk, welche in irgendeinem Jahrhundert oder Land gefunden werden kann, ist vielleicht die der Patrizier und Plebejer gewesen, wie sie in den frühesten Zeiten der römischen Republik bestand. Reichtum und Ehren, die Staatsämter und die Würden der Religion wurden fast ausschließlich von den Ersteren besessen, welche die Reinheit ihres Blutes mit der beleidigendsten Eifersucht* bewahrten und ihre Klienten in einem Zustand der unverschleiertsten Unterwürfigkeit hielten. Aber diese mit dem Geist eines freien Volkes so unverträglichen Unterscheidungen wurden nach langem Kampf durch die beharrlichen Anstrengungen der Tribunen entfernt. Die tätigsten und vom Erfolg begünstigtesten Plebejer häuften Reichtümer auf, strebten nach Ehrenstellen, verdienten Triumphe, schlossen Bündnisse und nahmen nach einigen Geschlechtern selbst den Stolz des alten Adel an.

Andererseits starben die patrizischen Familien, deren ursprüngliche Zahl bis zu Ende der Republik nie ergänzt

---

* Ehen zwischen Patriziern und Plebejern waren durch das Zwölftafelgesetz verboten, und die gleichförmige Wirksamkeit der menschlichen Natur beweist, daß das Herkommen das Gesetz überlebte.

wurde, im gewöhnlichen Laufe der Natur aus oder fanden in so vielen fremden oder einheimischen Kriegen Vernichtung oder vermengten sich aus Mangel an Verdienst oder Glück unmerklich mit der Masse des Volkes. Nur sehr wenige Familien blieben übrig, welche zur Zeit, als Cäsar und Augustus, Klaudius und Vespasian aus dem Senate eine gehörige Zahl patrizischer Familien in der Hoffnung ernannten, einen Stand zu verewigen, der noch immer für ehrenvoll und heilig galt, ihren reinen und echten Ursprung aus dem Kindesalter der Stadt oder auch nur der Republik abzuleiten imstande gewesen wären. Aber diese künstlichen Ersetzungen (in welche das regierende Haus stets eingeschlossen war) wurden schnell durch die Wut der Tyrannen, durch häufige Revolutionen, durch die Uniwandelung der Sitten und durch die Vermischung der Nationen wieder hinweg getilgt. Als Konstantin den Thron bestieg, war wenig mehr vorhanden als eine unbestimmte und unvollkommene Sage, daß die Patrizier einst die Ersten der Römer gewesen.

Die Gründung einer Körperschaft von Edlen, deren Einfluß die Ohnmacht des Monarchen zwar sicherte aber auch einschränkte, würde mit dem Charakter und der Politik Konstantins sehr im Widerspruch gestanden sein; aber wenn er auch einen solchen Plan ernstlich gefaßt haben sollte, hätte doch das Maß seiner Macht nicht hingereicht, um durch ein willkürliches Edikt eine Einrichtung festzustellen, welche die Heiligung der Zeit und öffentlichen Meinung abwarten muß. Er rief allerdings den Titel *Patricier* wieder in das Leben, aber als eine persönliche, nicht als eine erbliche Auszeichnung. Sie standen in der vorübergehenden Rangesüberlegenheit den jährlichen Konsuln nach, hatten aber den Rang vor allen großen Beamteten des Reiches, so wie den vertrautesten Zutritt zur Person des Fürsten. Diese ehrenvolle Auszeichnung wurde ihnen auf Lebenszeit erteilt, und da sie gewöhnlich Günstlinge oder Minister waren, die am kaiserlichen Hofe alt geworden, wurde die wahre Abstammung des Wortes bald durch Unwissenheit und Schmeichelei verderbt und die Patrizier Konstantins als die adoptierten *Väter* des Kaisers und der Republik betrachtet.

II. Das Schicksal der prätorianischen Präfekten war wesentlich von jenem der Konsuln und Patrizier verschieden. Letztere sahen ihre alte Größe in einem leeren Titel verdunsten. Erstere hoben sich stufenweise aus einer sehr geringfügigen Stellung und wurden mit der Zivil- und Militärverwaltung der römischen Welt bekleidet. Von der Regierung des Severus an bis zu jener des Diokletian waren die Leibwachen und der Palast, die Gerechtigkeitspflege und die Finanzen, die Heere und die Provinzen ihrer Oberaufsicht anvertraut, und gleich den Wesiren des Ostens hielten sie mit der einen Hand das Siegel und mit der anderen die Fahne des Reiches. Der Ehrgeiz der prätorianischen Präfekten, den Gebietern, denen sie dienten, stets furchtbar und zuweilen verderblich, wurde durch die Stärke der prätorianischen Scharen unterstützt: nachdem jedoch diese hochmütigen Truppen von Diokletian geschwächt und von Konstantin unterdrückt worden waren, fiel es leicht die prätorianischen Präfekten, welche den Sturz derselben überlebten, zur Stellung nützlicher und gehorsamer Minister herab zu nötigen. Da sie nicht mehr für die Sicherheit der Person der Kaiser verantwortlich waren, legten sie die Gerichtsbarkeit nieder, welche sie bisher über alle Teile des Palastes in Anspruch genommen und ausgeübt hatten. Sobald sie aufgehört hatten unter ihrem unmittelbaren Befehl die Blüte der römischen Truppen in das Feld zu führen, wurden sie von Konstantin aller kriegerischen Wirksamkeit enthoben und durch eine seltsame Verwandelung zuletzt von den Oberbefehlshabern der Leibwache in die oberste bürgerliche Obrigkeit der Provinzen umgestaltet.

Infolge des von Diokletian eingeführten Regierungssystems hatte jeder der vier Fürsten seinen prätorianischen Präfekten, und nachdem die Monarchie abermals in der Person Konstantins vereint war, fuhr dieser fort dieselbe Anzahl von *vier Präfekten* zu ernennen und vertraute ihrer Obsorge die nämlichen Provinzen, welche sie bereits verwaltet hatten. 1. Der ausgedehnte Machtsprengel des Präfekten des Ostens erstreckte sich über die drei Teile der Welt, welche den Römern von den Katarakten des Nils bis zu den Ufern des Phasis und von den Bergen Thrakiens bis zu den Grenzen von

Persien unterworfen waren. 2. Die wichtigen Provinzen von Pannonien, Dazien, Mazedonien und Griechenland erkannten sämtlich die Obmacht des Präfekten von Illyrien an. 3. Die Macht des Präfekten von Italien war nicht auf das Land beschränkt, von welchem er seinen Titel führte; sie dehnte sich auch über das hinzugefügte Rätien bis an die Ufer der Donau, über die dazu gehörigen Inseln des Mittelmeeres und über jenen Teil von Afrika aus, welcher zwischen den Grenzen von Cyrene und jenen von Tingitania liegt. 4. Der Präfekt von Gallien begriff unter dieser vielfachen Benennung die Provinzen von Britannien und Spanien und seinen Befehlen wurde von der Mauer Antonins bis zum Fuß des Atlasgebirges gehorcht.

Nach Enthebung der prätorianischen Präfekten von jedem militärischen Kommando waren die bürgerlichen Amtsverrichtungen, die sie über so viele unterworfene Nationen zu erfüllen hatten, groß genug für den Ehrgeiz und die Fälligkeiten auch der vollendetsten Minister. Ihrer Weisheit war die oberste Verwaltung der Gerechtigkeit und der Finanzen, jener zwei Gegenstände anvertraut, welche in Friedenszeiten fast alle gegenseitigen Pflichten des Souveränes und des Volkes umfassen: des ersteren, die Bürger zu beschützen, welche den Gesetzen gehorchen, des letzteren, den Anteil seines Eigentums beizutragen, welcher für die Ausgaben des Staates erforderlich ist. Die Münze, die Straßen, Posten, Kornmagazine, Manufakturen, alles was nur das öffentliche Wohl interessieren konnte, wurde durch die Obmacht der prätorianischen Präfekten geleitet. Als unmittelbare Stellvertreter der kaiserlichen Majestät waren sie ermächtigt die allgemeinen Edikte zu erläutern, ihre Befolgung zu erzwingen und sie zuweilen durch Kundmachungen, die ihrer Einsicht überlassen blieben, abzuändern. Sie wachten über die Aufführung der Statthalter der Provinzen, entsetzten die Nachlässigen und bestraften die Schuldigen. Von allen unteren Gerichtsstellen konnte man in jeder Sache von Wichtigkeit, sowohl in Zivil- als in Kriminalfällen, Berufung auf das Tribunal des Präfekten einlegen: *sein* Urteil aber war ein letztes und unbedingtes, und die Kaiser selbst weigerten sich, gegen die Entscheidung oder die Rechtlichkeit einer obrigkeitlichen Person, welche sie mit einem so unbegrenzten Vertrauen beehrten, Beschwerde anzunehmen. Sein Gehalt war seiner Würde angemessen, und wenn er hauptsächlich von Habsucht beherrscht wurde, hatte er häufige Gelegenheit eine reiche Ernte von Sporteln, Geschenken und anderen Nebeneinkünften zu sammeln. Wenn gleich die Kaiser den Ehrgeiz ihrer Präfekten nicht mehr fürchteten, suchten sie doch der Macht dieses großen Amtes in der Kürze und Ungewißheit seiner Dauer ein Gegengewicht zu geben.

Rom und Konstantinopel waren wegen ihrer hohen Wichtigkeit und Würde allein von der Gerichtsbarkeit der prätorianischen Präfekten ausgenommen. Der unermeßliche Umfang der Stadt und die Erfahrung der langsamen, unausgiebigen Wirkungen der Gesetze hatten der Politik des Augustus einen schönen Vorwand gegeben, eine neue Obrigkeit einzuführen, welche allein imstande wäre eine knechtische und unruhige Bevölkerung durch den starken Arm der willkürlichen Gewalt im Zaum zu halten. Valerius Messala wurde zum ersten Präfekten von Rom ernannt, damit sein Ruf eine so gehässige Maßregel schirme: nach Verlauf von wenigen Tagen legte jedoch dieser vollendete Bürger sein Amt nieder und erklärte mit einem des Freundes eines Brutus würdigen Mut, daß er nicht fähig wäre eine mit der öffentlichen Freiheit unvereinbare Macht auszuüben. So wie das Gefühl für Freiheit weniger zart wurde, lernte man auch die Vorzüge der Ordnung besser einsehen, und der Präfekt, welcher anfangs nur zum Schrecken der Sklaven und Tagediebe bestimmt zu sein schien, durfte nach und nach seine Zivil- und Kriminaljurisdiktion über die ritterlichen und edlen Familien von Rom ausdehnen. Die Prätoren, welche jährlich als Richter des Rechtes und der Billigkeit gewählt wurden, konnten einer kräftigen und bleibenden obrigkeitlichen Person, welche in der Regel das Vertrauen des Fürsten besaß, den Besitz des Forums nicht lange streitig machen. Ihre Gerichtshöfe wurden verlassen, ihre Zahl, welche einst zwischen zwölf und achtzehn geschwankt hatte, allmählich auf zwei bis drei zurückgeführt, und ihre wichtigen Pflichten auf die kostspielige

Verbindlichkeit beschränkt, Spiele zur Unterhaltung des Volkes zu geben.

Nachdem das Amt der römischen Konsuln in ein leeres Gepränge, das nur selten in der Hauptstadt aufgeführt wurde, verwandelt worden war, nahmen die Präfekten ihren leeren Sitz im Senat ein und erhielten bald Anerkennung als die ordentlichen Präsidenten dieser ehrwürdigen Versammlung. Sie nahmen gerichtliche Berufungen aus einem Umkreis von hundert Meilen an und es wurde bald Grundsatz der Gerechtigkeitspflege, daß alle Munizipalautorität von ihnen allein ausgehe. In der Erfüllung seines schwierigen Berufes standen dem Gouverneur von Rom 15 Beamtete bei, von denen einige ursprünglich seines Gleichen, ja sogar seine Oberen gewesen waren. Ihre Hauptberufspflichten bezogen sich auf den Befehl über eine zahlreiche Wache, welche als Schirm gegen Brand, Raub und nächtliche Unordnungen errichtet war; auf die Bewahrung und Verteilung der öffentlichen Rationen von Korn und Lebensmitteln; auf die Obsorge über den Hafen, die Wasserleitungen, die Abzugskanäle, die Schiffahrt und das Bett der Tiber; auf die Aufsicht über die Märkte, die Theater und sowohl die Privat- als die öffentlichen Bauten. Ihre Wachsamkeit sicherte die Erreichung der drei vorzüglichsten Zwecke einer regelmäßigen Polizei: Sicherheit, Überfluß und Reinlichkeit; auch war als Beweis der Aufmerksamkeit der Regierung auf Bewahrung des Glanzes und Schmuckes der Hauptstadt ein eigener Aufseher über die Statuen ernannt, der Beschützer gleichsam jenes leblosen Volkes, welches nach der ausschweifenden Schätzung eines alten Schriftstellers an Zahl kaum geringer war als die lebenden Bewohner Roms. Ungefähr 30 Jahre nach der Gründung von Konstantinopel wurde eine ähnliche Obrigkeit in dieser aufstrebenden Hauptstadt zu gleichem Zweck und mit eben solcher Vollmacht bestallt. Es wurde vollständige Gleichheit zwischen der Würde der *zwei* Munizipal- und jener der *vier* prätorianischen Präfekten festgesetzt.

Diejenigen, welche in der kaiserlichen Hierarchie durch den Titel *hochachtbar* ausgezeichnet waren, bildeten ein Mittelglied zwischen den *erlauchten* Präfekten und den *ehrenwerten*

Obrigkeiten der Provinzen. In dieser Klasse nahmen die Prokonsuln von Achaja und Afrika einen Vorzug in Anspruch, welcher dem Andenken ihrer alten Würde gewährt wurde, so daß die Berufung von ihrem Richterstuhl auf jenen der Präfekten fast das einzige Zeichen ihrer Abhängigkeit bildete. Aber die Zivilverwaltung des Reiches war in dreizehn *Diözesen* eingeteilt, von denen jede einem mächtigen Königreich gleichkam. Die erste dieser Diözesen war der Gerichtsbarkeit des *Grafen* des Ostens unterworfen, und wir können uns einen Begriff von der Wichtigkeit und Vielfältigkeit seiner Amtsverrichtungen bilden, wenn wir wissen, daß 600 untere Gerichtsbeamte, welche heutzutage entweder Sekretäre oder Schreiber oder Einführer oder Boten heißen würden, in seiner unmittelbaren Kanzlei verwendet wurden. Die Stelle des *Augusteischen Präfekten* von Ägypten wurde nicht mehr von einem römischen Ritter verwaltet, aber der Name blieb und dem Statthalter ließ man fortwährend jene außerordentlichen Vollmachten, welche wegen der Lage des Landes und des Charakters der Einwohner einst unerläßlich gewesen waren. Die elf übrigen Diözesen: Asien, Pontus und Thrakien, Mazedonien; Dakien und Pannonien oder Westillyrien; Italien und Afrika; Gallien, Spanien und Britannien wurden durch zwölf *Vikarien* oder *Vizepräfekten* verwaltet, deren Name die Beschaffenheit und Unterordnung ihres Amtes hinlänglich erklärt. Hiezu mag noch gefügt werden, daß die Generallieutenants der römischen Heere, die militärischen Grafen und Herzöge, von denen später die Rede sein wird, Rang und Titel der *Hochachtbaren* besaßen.

So wie der Geist der Eifersucht und des Prunkes im Rate der Kaiser vorherrschte, schritten sie mit emsiger Sorgfalt zur Teilung der Wesenheit und zur Vervielfältigung der Titel der Macht. Die unermeßlichen Länder, welche die römischen Eroberer unter derselben einfachen Form der Verwaltung vereint hatten, wurden allmählich in kleine Bruchstücke zerbröckelt, bis endlich das ganze Reich in hundertsechzehn Provinzen geteilt war, von denen jede eine kostspielige und glänzende Verwaltung erschwingen mußte. Von diesen wurden drei durch *Prokonsuln,* 37 durch *Konsularen,* fünf von *Kor-*

rektoren und 71 von *Präsidenten* verwaltet. Die Benennungen dieser Obrigkeiten waren verschieden, sie kamen im Rang in gewissen Abstufungen nacheinander, die Abzeichen ihrer Würde unterschieden sich auf interessante Weise und ihre Lage mochte je nach den Nebenumständen mehr oder minder angenehm und vorteilhaft sein. Aber alle (mit einziger Ausnahme der Prokonsuln) waren in die Klasse der *ehrenwerten* Personen eingeschlossen, alle, solange es dem Fürsten gefiel, unter der Obmacht ihrer Präfekten oder deren Stellvertreter mit der Verwaltung der Gerechtigkeit und der Finanzen in ihren bezüglichen Distrikten beauftragt.

Die umfangreichen Bände der Kodices und Pandekten liefern weitläufigen Stoff zur genauen Erforschung der Provinzialregierung, wie sie im Laufe von sechs Jahrhunderten durch die Weisheit der römischen Staatsmänner und Gesetzgeber ausgebildet worden ist. Für den Geschichtschreiber mag es genügen, zwei merkwürdige und heilsame Verfügungen auszuheben, welche den Mißbrauch der Macht im Zaum zu halten beabsichtigten.

1. Zur Bewahrung des Friedens und der Ordnung waren die Statthalter mit dem Sehwert der Gerechtigkeit bewaffnet. Sie erkannten körperliche Strafen zu und übten bei Hauptverbrechen die Macht über Leben und Tod aus. Aber sie besaßen das Recht nicht dem verurteilten Verbrecher die Wahl der Weise seiner Hinrichtung zu gestatten oder die mildeste und ehrenvollste Art des Verbannungsurteils auszusprechen. Diese Vorrechte waren den Präfekten vorbehalten, welche allein die schwere Buße von 50 Pfund Gold auflegen durften, wogegen ihre Stellvertreter auf den geringen Betrag von wenigen Unzen beschränkt waren. Diese Unterscheidung, welche den größeren Grad von Macht zu gewähren und den geringeren zu verweigern schien, gründete sich auf einen sehr vernünftigen Beweggrund. Der geringere Grad war dem Mißbrauch unendlich mehr unterworfen. Die Leidenschaften des Oberhauptes einer Provinz mochten es häufig zu Handlungen der Unterdrückung hinreißen, worunter nur die Freiheit oder das Vermögen des Untertans litt, obschon es aus Grundsätzen der Klugheit, vielleicht der Menschlichkeit, vor

dem Vergießen unschuldigen Blutes zurückschauderte. Auch muß man in Erwägung ziehen, daß Verbannung, beträchtliche Geldbußen und die Wahl einer leichten Todesart sich mehr insbesondere auf die Reichen und Vornehmen bezogen, so daß die der Habsucht oder Rache des Statthalters einer Provinz meist unterworfenen Personen seiner untergeordneten Verfolgung entrückt und vor den erlauchteren und unparteiischen Richterstuhl des prätorianischen Präfekten gestellt wurden.

2. Da man mit Grund besorgte, die Redlichkeit eines Richters möchte leiden, wenn sein Interesse betroffen oder seine Neigungen berührt würden, so war auf das strengste eingeschärft: Jedweden, ohne die besondere Erlaubnis des Kaisers zum Gegenteil, von der Verwaltung der Provinz, in der er geboren worden, auszuschließen, und dem Statthalter oder seinem Sohn war jedes Ehebündnis mit einem Eingeborenen oder Einwohner, jeder Ankauf von Sklaven, Ländereien oder Häusern im Umfang seines Machtsprengels untersagt. Trotz dieser strengen Vorsichtsmaßregeln klagt der Kaiser Konstantin, nachdem er die Regierung 25 Jahre geführt, dennoch über die käufliche und bedrückende Verwaltung der Gerechtigkeit und spricht seine tiefste Entrüstung darüber aus, daß das Gehör eines Richters, seine Geschäftsbeschleunigung, seine Vorteil bringende Zögerung und sein Endurteil, entweder von ihm selbst oder den Beamteten seines Tribunals öffentlich verkauft würden. Die Fortdauer, vielleicht auch die Ungestraftheit dieser Verbrechen, wird durch die Wiederholung ohnmächtiger Gesetze und unwirksamer Drohungen bewiesen.

Alle bürgerlichen Obrigkeiten waren dem Stande der Rechtsgelehrten entnommen. Die berühmten Institutionen des Justinian sind an die Jugend seiner Länder gerichtet, welche sich dem Studium der römischen Rechtsgelehrsamkeit gewidmet hat; der Souverän läßt sich darin herab ihren Fleiß durch die Versicherung zu ermutigen, daß ihre Geschicklichkeit und Fähigkeit zur gehörigen Zeit durch eine angemessene Teilnahme an der Verwaltung des Staates belohnt werden würde. Die Anfangsgründe dieser gewinnbringenden Wissenschaft wurden in allen beträchtlichen Städten des Reiches gelehrt; die berühmteste Schule war jedoch die von Berytus an der Küste von Phönizien und blühte über drei Jahrhunderte, von der Zeit des Alexander Severus an gerechnet, welcher vielleicht der Urheber eines seinem Vaterlande so vorteilhaften Institutes gewesen ist. Nach einem regelmäßigen fünfjährigen Kursus des Unterrichts zerstreuten sich die Zöglinge in die Provinzen, um Glück und Ehrenstellen zu suchen; auch konnte es ihnen an einem unerschöpflichen Reichtum an Geschäften in einem großen Reich nicht fehlen, welches bereits durch Vielfältigkeit der Gesetze, Kunstgriffe und Laster verdorben war. Der Gerichtshof des prätorianischen Präfekten des Ostens konnte allein 150 Anwälten Beschäftigung geben, von denen 64 durch besondere Vorrechte ausgezeichnet waren und zwei alljährlich gewählt wurden, um die Rechtssachen des Schatzes, gegen eine Besoldung von 60 Pfund Gold, zu führen. Der erste Versuch, den man von ihrem richterlichen Talent machte, war, daß man sie gelegentlich ernannte, um als Beisitzer der Richter zu wirken, von wo sie oft zum Vorsitzer in den Gerichtshöfen erhoben wurden, vor welchen sie Rechtsstreitigkeiten verfochten hatten. Sie wurden zur Statthalterschaft einer Provinz ernannt und stiegen mit Beihilfe des Verdienstes, des Rufes oder der Gunst stufenweise zu den *erlauchten* Würden des Staates empor.

Als Anwälte hatten diese Männer die Vernunft als Werkzeug des Streites betrachtet, die Gesetze nach den Eingebungen ihres Privatinteresses ausgelegt, und dieselbe verderbliche Gewohnheit mochte auch fortwährend ihrer Stellung in der öffentlichen Verwaltung des Staates ankleben. Die Ehre eines edlen Berufes ist in der Tat durch Anwälte der älteren und neueren Zeit gerechtfertigt worden, welche die wichtigsten Ämter mit der reinsten Unbescholtenheit und der vollendetsten Weisheit bekleidet haben; aber zur Zeit des Sinkens der römischen Jurisprudenz war die herkömmliche Beförderung von Advokaten mit Unheil und Schmach verbunden. Die hohe Wissenschaft, einst als das geheiligte Erbteil der Patrizier bewahrt, war in die Hände von Freigelassenen und Plebejern gefallen, welche mehr mit List als mit Geschicklichkeit ein schmutziges und verderbliches Gewerbe trieben. Einige derselben verschafften sich Zutritt in die Familien, um Zwistigkeiten zu entflammen, Prozesse anzufachen und dadurch sich selbst oder ihren Brüdern eine einträgliche Ernte zu bereiten. Andere behaupteten, in ihre Kammern eingeschlossen, die Würde von Gesetzeslehrern, indem sie einen reichen Klienten mit Spitzfindigkeiten, um die einfachste Tatsache zu verwirren, und mit Rechtsgründen versahen, um die ungerechtesten Ansprüche zu beschönigen. Die schimmernde und populäre Klasse bestand aus Advokaten, welche das Forum mit dem Geräusche ihrer schwülstigen und geschwätzigen Rhetorik füllten. Unbekümmert um guten Ruf und Gerechtigkeit, werden sie größtenteils als unwissende und räuberische Rechtsverdreher beschrieben, welche ihre Klienten durch ein Irrgewinde von Unkosten, Verzögerungen und Täuschungen führten, aus dem sie nach einer langwierigen Reihe von Jahren endlich entlassen wurden, nachdem ihre Geduld und ihre Glücksgüter beinahe erschöpft waren.

III. Nach dem von Augustus eingeführten System der Politik waren die Statthalter, wenigstens jene der kaiserlichen Provinzen, mit der vollen Gewalt des Souveränes begabt. Als Machthaber für Krieg und Frieden, hing die Verteilung von Belohnungen und Strafen von ihnen allein ab, und sie erschienen bald auf ihrem Tribunale im Amtsgewand der Zivilobrigkeit, bald in völliger Rüstung an der Spitze der römischen Legionen. Der Einfluß des öffentlichen Einkommens, die Obmacht des Gesetzes und der Befehl einer Heeresmacht wirkten zusammen, um ihre Macht zu einer obersten und unumschränkten zu machen, und so oft sie für gut fanden, ihre Treue zu verletzen, bemerkte die loyale Provinz, welche sie in die Empörung mit verwickelten, kaum eine Veränderung in ihrem politischen Zustand. Von der Zeit des Commodus bis zur Regierung Konstantins lassen sich fast hundert Statthalter aufzählen, die mit verschiedenem Erfolge die Fahne der Empörung aufpflanzten, und obschon die Unschuldigen nur zu oft geopfert wurden, ließ sich zuweilen dem Schuldigen durch die argwöhnische Grausamkeit ihres Gebieters zuvorkommen.

Um seinen Thron und die öffentliche Ruhe gegen diese furchtbaren Diener sicherzustellen, beschloß Konstantin die militärische Verwaltung von der bürgerlichen zu trennen und als bleibenden Berufsunterschied eine Gewohnheit einzuführen, die bis jetzt einzig als gelegentliches Auskunftsmittel angewendet worden war. Die oberste Machtvollkommenheit, welche die prätorianischen Präfekten über die Heere des Reiches ausübten, wurde zwei *Oberbefehlshabern,* die er, den einen für die *Reiterei* und den anderen für das *Fußvolk* bestallte, übertragen; wenn aber gleich diese *erlauchten* Heereshäupter mehr insbesondere für die Disziplin der Truppen, die unter ihrer unmittelbaren Aufsicht standen, verantwortlich waren, befehligten sie doch im Felde ohne Unterschied die verschiedenen Abteilungen sowohl der Reiterei als des Fußvolkes, die in derselben Armee vereint waren. Ihre Zahl verdoppelte sich bald infolge der Trennung des Ostens und Westens, und da besondere Heeresführer von demselben Rang und Titel an den vier wichtigen Grenzen des Rheins, der oberen und niedern Donau und des Euphrats ernannt wurden, war die Verteidigung des römischen Reiches zuletzt acht obersten Magistris der Reiterei und des Fußvolkes übertragen.

Unter ihren Befehlen standen fünfunddreißig militärische Kommandanten in den Provinzen und zwar drei in Britannien, sechs in Gallien, einer in Spanien, einer in Italien, fünf an der oberen, vier an der unteren Donau, acht in Asien, drei in Ägypten, vier in Afrika. Die Titel *Grafen* und *Herzoge,* durch welche sie eigentlich ausgezeichnet waren, haben in den neueren Sprachen einen so verschiedenen Sinn erhalten, daß die Anwendung derselben einigermaßen überraschen dürfte. Aber man möge sich erinnern, daß der zweite dieser Titel in mehreren europäischen Sprachen, namentlich der englischen, nur eine Verderbung des lateinischen Wortes *dux* ist, welches ohne Unterschied jedem Heeresführer beigelegt wurde. Alle diese Feldherren in den Provinzen waren daher *duces,* aber nur zehn von ihnen erfreuten sich des hohen Ranges von *Grafen* oder *comites* (Gefährten), ein Ehrentitel oder vielmehr nur eine Gunstauszeichnung, welche kürzlich am Hofe Konstantins erfunden worden war. Ein goldenes Gehenk war das Zeichen, welches die Würde der Grafen und Herzoge unterschied, und außer ihrem Gehalt empfingen sie hinreichende Rationen, um 190 Diener und 158 Pferde zu unterhalten. Es war ihnen strenge verboten sich in irgend etwas zu mischen, was auf die Verwaltung der Gerechtigkeit oder der öffentlichen Einkünfte Bezug hatte; dagegen war ihr Befehl über die Truppen ihres Bezirkes von der Macht der bürgerlichen Obrigkeiten unabhängig.

Um dieselbe Zeit als Konstantin dem geistlichen Stand die legale Sanktion erteilte, führte er auch im römischen Reich das feine Gleichgewicht der bürgerlichen und militärischen Gewalten ein. Der Wetteifer, zuweilen aber auch die Zwietracht, welche zwischen zwei Ständen von entgegengesetzten Interessen und unvereinbaren Sitten herrschte, brachte heilsame und verderbliche Folgen hervor. Es war selten zu erwarten, daß der militärische und der bürgerliche Befehlshaber einer Provinz sich zur Beunruhigung ihres Vaterlandes verschwören oder sich zu dessen Dienste vereinigen würden. Während der eine die Leistung des Beistandes verzögerte, um welchen zu bitten der andere verschmähte, blieben die Truppen häufig ohne Befehle oder ohne Zufuhr; das öffentliche Wohl wurde verraten und die verteidigungslosen Untertanen der Wut der Barbaren ausgesetzt. Die von Konstantin eingeführte geteilte Verwaltung bewirkte die Erschlaffung der Kraft des Reiches, während sie die Ruhe des Monarchen sicherte.

Das Andenken Konstantins ist wegen einer anderen Neuerung, welche die militärische Zucht untergrub und den Sturz des Reiches vorbereitete, verdientermaßen getadelt worden. Die 19 Jahre, welche seinem entscheidenden Sieg über Licinius vorangingen, waren eine Periode der Zügellosigkeit und des inneren Krieges gewesen. Die Nebenbuhler, welche um den Besitz der römischen Welt kämpften, hatten den größten Teil ihrer Truppen von der Bewachung der allgemeinen

Grenze weggezogen; wogegen die vorzüglichsten Städte, welche an der Scheidelinie ihrer bezüglichen Gebiete lagen, mit Kriegern angefüllt wurden, die ihre Landsleute als ihre unversöhnlichsten Feinde betrachteten. Nachdem die Zweckmäßigkeit dieser Besatzungen im innern mit dem Bürgerkrieg aufgehört hatte, fehlte es dem Sieger entweder an Einsicht oder Festigkeit, um die strenge Mannszucht Diokletians wiederherzustellen und eine verderbliche Nachsicht zu unterdrücken, welche Gewohnheit dem Kriegerstand teuer gemacht und beinahe fest begründet hatte. Von der Regierung Konstantins an wurde im gewöhnlichen Leben, ja selbst durch das Gesetz, ein Unterschied zwischen den *Palasttruppen* und den *Grenztruppen* oder den Truppen des Hofes, wie sie uneigentlich hießen, und denjenigen, welche die Grenzen zu verteidigen hatten, zugelassen. Jene, durch die Überlegenheit ihres Soldes und ihrer Vorrechte stolz gemacht, ließ man, außer in dringenden Kriegsnotfällen, ihre ruhigen Standorte in dem Herzen der Provinzen nehmen. Die blühendsten Städte wurden durch die unerträgliche Wucht der Einquartierung gedrückt.

Die Krieger vergaßen allmählich die Tugenden ihres Standes und sogen nur die Laster des bürgerlichen Lebens ein. Sie wurden entweder durch die Ausübung von Handwerken herabgewürdigt oder durch die Üppigkeit der Bäder und Theater entnervt. Bald kümmerten sie sich um die kriegerischen Übungen nicht mehr, wurden wählerisch in Nahrung und Tracht, und während sie den Untertanen des Reiches Schrecken einflößten, zitterten sie selbst bei dem feindlichen Heranzug der Barbaren.* Die Kette der Befestigungen, welche Diokletian und seine Kollegen längs den Ufern der großen Flüsse des Reiches errichtet hatten, wurde weder mit derselben Sorgfalt unterhalten noch mit der sonstigen Wachsamkeit verteidigt. Die Scharen, welche noch immer unter dem Namen Grenztruppen blieben, mochten für die gewöhnliche Verteidigung zureichen; aber ihr Mut

---

* Ammian bemerkt, daß sie Dunenbetten und Marmorhäuser liebten und daß ihre Becher schwerer waren als ihre Schwerter.

wurde durch den demütigenden Gedanken entwürdigt, daß *sie,* die den Strapazen und Gefahren eines beständigen Kriegführens ausgesetzt waren, nur mit zwei Dritteln der Besoldung und anderer Zuflüsse belohnt würden, welche man an die Truppen des Hofes verschwendete. Selbst die Korps oder Legionen, welche dem Rang dieser unwürdigen Günstlinge am Nächsten kamen, waren gewissermaßen durch den Ehrentitel geschändet, den letztere führen durften. Umsonst wiederholte Konstantin die schrecklichsten Drohungen mit Feuer und Schwert gegen jene Grenztruppen, welche es wagen würden ihre Fahnen zu verlassen, bei den Einfällen der Barbaren mitzuwirken oder an der Beute Teil zu nehmen. Das Unheil, welches unweisen Maßregeln auf der Ferse folgt, wird selten durch die Anwendung teilweiser Strenge gehoben, und wenngleich nachfolgende Fürsten sich Mühe gaben die Stärke und die Zahl der Grenzbesatzungen wiederherzustellen, fuhr das Reich doch bis zum letzten Augenblick seiner Auflösung fort, an den tödlichen Wunden zu siechen, welche demselben von Konstantins Händen aus Unbesonnenheit oder Schwäche zugefügt worden waren.

Dieselbe schüchterne Politik, zu teilen was vereint, herabzubringen was ausgezeichnet ist, jede tätige Macht zu fürchten und zu erwarten, daß der Schwächste der Gehorsamste sein werde, scheint die Einrichtungen mehrerer Fürsten, insbesondere jene Konstantins zu durchdringen. Der kriegerische Stolz der Legionen, deren siegreiche Lager so oft der Schauplatz der Empörung waren, wurde durch das Andenken an vergangene Großtaten und durch das Bewußtsein ihrer gegenwärtigen Stärke genährt. Solange sie ihre alte Zahl von sechstausend Mann behielten, bestand jede einzelne unter Diokletians Regierung als sichtbarer und wichtiger Gegenstand der Kriegsgeschichte des römischen Reiches. Einige Jahre später waren diese gigantischen Körper zu einem sehr geringfügigen Umfang zusammengeschrumpft, und als *sieben* Legionen mit einigen Hilfstruppen die Stadt Amida gegen die Perser verteidigten, überstieg die ganze Besatzung mit Einschluß der Einwohner beiderlei Geschlechts und den Bauern der verlassenen Umgegend nicht die Zahl von 20 000 Personen. Aus dieser Tatsache und aus mehreren ähnlichen Fällen hat man Grund zu schließen, daß die Verfassung der Legionstruppen, welcher sie zum Teil ihre Tapferkeit und Disziplin verdankten, von Konstantin aufgelöst wurde, und daß die Abteilungen römischen Fußvolkes, die sich noch immer dieselben Namen und Ehren anmaßten, nur aus 1000 oder 1500 Mann bestanden. Die Verschwörung so vieler einzelnen Heeresteile, von denen jeder durch das Gefühl seiner eigenen Schwäche eingeschüchtert wurde, war leicht zu hindern, und die Nachfolger Konstantins mochten ihrer Liebe zum Prunke frönen, indem sie ihre Befehle an 132 Legionen erließen, welche auf der Musterrolle ihrer zahlreichen Heere eingetragen waren.

Der Überrest ihrer Truppen war in mehrere hundert Kohorten Fußvolk und Schwadronen Reiterei verteilt. Ihre Waffen, Titel und Abzeichen waren berechnet Schrecken einzuflößen und die Vielfältigkeit der Völker zu entfalten, welche unter den kaiserlichen Fahnen marschierten. Und nicht eine Spur von jener strengen Einfachheit blieb übrig, welche in den Jahrhunderten der Freiheit und des Sieges die Schlachtlinien eines römischen Heeres von den verworrenen Haufen eines asiatischen Monarchen unterschied. Eine ins einzelne gehende, der Notitia entnommene Aufzählung mag den Fleiß eines Altertumsforschers üben; der Geschichtsschreiber dagegen wird sich mit der Bemerkung begnügen: daß die Zahl der an den Grenzen des Reiches errichteten bleibenden Stationen oder Besatzungen 583 betrug, und daß unter den Nachfolgern Konstantins die Gesamtstreitmacht auf 645 000 Krieger angeschlagen wurde. Eine so riesenhafte Anstrengung überstieg die Bedürfnisse einer älteren und die Kräfte einer späteren Periode.

In den verschiedenen Zuständen der Gesellschaft werden Heere aus sehr verschiedenen Beweggründen rekrutiert. Barbaren treibt die Liebe zum Krieg, die Bürger einer freien Republik mögen dem Grundsatz der Pflicht gehorchen, die Untertanen oder wenigstens die Edlen einer Monarchie werden durch das Ehrgefühl beseelt: aber die schüchternen und üppigen Einwohner eines sinkenden Reiches müssen durch Hoffnung auf Gewinn zum Kriegsdienste verlockt oder durch die Furcht vor Strafe dazu gezwungen werden. Die Hilfsquellen des römischen Schatzes waren erschöpft worden durch das Steigen des Goldes, durch die Wiederholung von Schenkgeldern und durch die Erfindung neuer Vorteile und Bewilligungen, welche in den Augen der Jugend der Provinzen die Drangsale und Gefahren des militärischen Lebens vergüten mochten. Und, obschon man sich mit einem kleineren Wuchs begnügte als sonst, obschon Sklaven wenigstens durch stillschweigende Billigung ohne Unterschied in die Reihen aufgenommen wurden, nötigte doch die unübersteigliche Schwierigkeit, eine regelmäßige und ausgiebige Ergänzung durch Freiwillige zu erhalten, die Kaiser zur Ergreifung wirksamerer und zwingender Maßregeln. Die Ländereien, welche die Veteranen als freie Belohnung ihrer Tapferkeit erhielten, wurden von nun an unter einer Bedingung verliehen, welche die ersten Anfangsgründe der Lehen enthält; ihre Söhne, welche im Erbe nachfolgten, mußten sich nämlich dem Waffenhandwerk widmen, sobald sie das Alter der Mannbarkeit erreicht hatten; ihre feige Weigerung wurde mit dem Verlust der Ehre, des Vermögens, ja sogar des Lebens bestraft.

Aber da der jährliche Zuwachs an Söhnen der Veteranen nur in einem sehr spärlichen Verhältniss zu den Anforderungen des Dienstes stand, wurden häufig von den Provinzen Truppenstellungen verlangt, und jeder Eigentümer mußte entweder zu den Waffen greifen oder einen Ersatzmann stellen oder seine Dienstbefreiung durch die Bezahlung einer sehr schweren Geldbuße erkaufen. Die Summe von 240 Goldstücken, auf welche sie *herabgesetzt* wurde, beweist den außerordentlichen Preis von Freiwilligen und das Widerstreben, womit die Regierung den Loskauf gestattete. So groß war die Furcht vor dem Wehrstand, welche die Seele der entarteten Römer ergriffen hatte, daß viele Jünglinge Italiens und der Provinzen die Finger ihrer rechten Hand abschnitten, um dem Zwang zu Kriegsdiensten zu entgehen; ja so häufig wurde dieses seltsame Mittel angewendet, daß es die strenge

Ahndung der Gesetze aufforderte und einen eigentümlichen Namen in der lateinischen Sprache erhielt.*

Die Aufnahme der Barbaren in die römischen Heere wurde jeden Tag allgemeiner, notwendiger und verderblicher. Die kühnsten Skythen, Goten und Deutschen, denen der Krieg Wonne war und die es vorteilhafter fanden die Provinzen zu verteidigen als sie zu verwüsten, wurden nicht nur in die aus ihren Landsleuten bestehenden Hilfstruppen, sondern unter die Legionen selbst, ja in die ausgezeichnetsten der Palasttruppen aufgenommen. Indem sie sich frei unter die Untertanen des Reiches mischten, lernten sie allmählich ihre Sitten verachten und ihre Künste nachahmen. Sie schwuren die unbedingte Verehrung, welche der Stolz Roms von ihrer Unwissenheit gefordert hatte, ab, während sie die Kunde und den Besitz jener Vorteile erlangten, wodurch allein es seine sinkende Größe noch stützte. Die barbarischen Krieger, welche militärische Talente an den Tag legten, rückten ohne Ausnahme zu den wichtigsten Befehlshaberstellen vor, und die Namen der Tribunen, Grafen und Herzoge, ja der Oberbefehlshaber selbst verraten einen fremden Ursprung, den zu verheimlichen sie sich nicht länger herabließen. Sie wurden häufig mit Kriegführung gegen ihre eigenen Landsleute beauftragt, und obschon die Meisten von ihnen die Bande der Treue denen des Blutes vorzogen, vermieden sie doch nicht immer die Schuld oder wenigstens den Verdacht, ein verräterisches Einverständnis mit dem Feind zu unterhalten, ihn zum Einbruch einzuladen oder seinen Rückzug zu schonen. Die Lager und der Palast des Sohnes Konstantins wurde von der mächtigen Partei der Franken beherrscht, welche den innigsten Zusammenhang unter einander und mit ihrem Vaterland bewahrten und jede persönliche Beleidigung als Nationalbeschimpfung rächten.

Als man den Tyrannen Kaligula der Absicht zieh, einen höchst außerordentlichen Kandidaten mit dem Ehrengewand

---

* Diese Leute wurden *Murci* genannt. Die Person und das Eigentum eines römischen Ritters, der zwei Söhne verstümmelt hatte, wurde auf Augustus' Befehl versteigert.

des Konsuls zu bekleiden, würde seine frevelhafte Entweihung kaum weniger Erstaunen erregt haben, wenn statt eines Pferdes der edelste Häuptling Deutschlands oder Britanniens der Gegenstand seiner Wahl gewesen wäre. Die Umwälzung von drei Jahrhunderten hatte eine so merkwürdige Veränderung in den Vorurteilen des Volkes hervorgebracht, daß Konstantin unter öffentlichem Beifall seinen Nachfolgern das Beispiel gab, die Ehre des Konsulates solchen Barbaren zu erteilen, welche durch ihre hohen Eigenschaften und Verdienste den ersten der Römer beigesellt zu werden würdig waren. Da aber diese kühnen in der Unwissenheit oder Verachtung der Gesetze erzogenen Barbaren unfähig waren Zivilämter zu bekleiden, wurde durch die unwiderbringliche Trennung der Talente wie der Beruf der Umfang der Fähigkeiten des menschlichen Geistes verengert. Die allseitig gebildeten Bürger der griechischen und römischen Republiken, deren Charakter sich dem Forum, dem Senat, dem Lager oder den Schulen anzupassen vermochte, hatten mit demselben Geist und gleicher Fähigkeit zu schreiben, zu sprechen und zu handeln gelernt.

IV. Außer den Obrigkeiten und Feldherren, die in einer Entfernung vom Hofe ihre delegierte Macht über die Provinzen und Heere ausübten, verlieh der Kaiser den Rang der *Erlauchten* sieben seiner unmittelbaren Diener, denen er seine Sicherheit oder seine Beschlüsse oder seine Schätze anvertraute.

1. Die Geheimgemächer des Palastes standen unter der Aufsicht eines Lieblingseunuchen, welcher in der Sprache jener Zeit der *praepositus* oder Präfekt des geheiligten Schlafgemaches hieß. Seine Pflicht bestand darin, dem Kaiser in den Stunden seines öffentlichen Erscheinens oder seiner Muße aufzuwarten und um seine Person alle jene geringen Dienste zu verrichten, welche nur durch den Einfluß der königlichen Würde Glanz erhalten können. Unter einem Fürsten, der zu herrschen verdiente, war der Obristkämmerer (denn so müssen wir ihn nennen) ein nützlicher und geringer Kammerdiener; aber ein listiger Kammerdiener, der jede Stunde unbewachten Vertrauens

benutzt, wird allmählich über ein schwaches Gemüt jenen überwiegenden Einfluß gewinnen, welchen strenge Weisheit und ungefügige Tugend nur selten zu erringen vermögen. Die entarteten Enkel des Theodosius, welche für ihre Untertanen unsichtbar und ihren Feinden verächtlich waren, erhoben die Präfekten ihres Schlafgemachs weit über die Häupter aller übrigen Minister des Palastes, ja selbst sein Stellvertreter, der erste unter dem glänzenden Gefolge von Sklaven, welche im Audienzsaal aufwarteten, wurde für würdig erachtet den *hochachtbaren* Prokonsuln von Griechenland und Asien an Rang voraus zu gehen. Die Machtvollkommenheit des Kämmerers wurde von den *Grafen* oder Oberaufsehern anerkannt, welche den beiden wichtigen Fächern vorstanden, der Pracht der Garderobe und der Üppigkeit der kaiserlichen Tafel.

2. Die Hauptverwaltung der öffentlichen Angelegenheiten war dem Fleiß und der Geschicklichkeit des *magister officiorum* oder Oberdirektors der Kanzleien anvertraut. Er war die oberste Gerichtsperson des Palastes, führte Aufsicht über die Disziplin der bürgerlichen und militärischen sogenannten *Schulen* und nahm Berufungen aus allen Teilen des Reiches in Rechtssachen an, welche jenes zahlreiche Heer privilegierter Personen betrafen, die gleich den Dienern des Hofes für sich selbst und ihre Familien das Vorrecht erlangt hatten die Gerichtsbarkeit der ordentlichen Richter abzulehnen. Die Korrespondenz zwischen dem Souveräne und seinen Untertanen wurde durch die vier *scrinia* oder Kanzleien dieses Staatsministers besorgt. Die erste dieser Kanzleien war für die Berichte, die zweite für die Episteln, die dritte für die Bittschriften und die vierte für Papiere und Befehle vermischter Art bestimmt. Jede dieser Kanzleien wurde von einem *Unterkanzleidirektor* von *hochachtbarer* Würde geleitet und der ganze Geschäftsgang von 184 Geheimschreibern besorgt, welche wegen der Vielfältigkeit von Auszügen richterlicher Aussprüche und Verweisungen an andere Behörden, die häufig in der Ausübung ihrer Amtspflichten vorkamen, größtenteils aus dem Stande der Rechtsgelehrten genommen waren. In-

folge einer Herablassung, welche in früheren Jahrhunderten der römischen Majestät für unwürdig erachtet worden sein würde, war ein eigener Geheimschreiber für die griechische Sprache ernannt. Auch waren Dolmetscher angestellt, um die Gesandten der Barbaren zu empfangen: aber das Fach der auswärtigen Angelegenheiten, welches einen so wesentlichen Teil der neueren Politik bildet, nahm nur selten die Aufmerksamkeit des obersten Kanzleidirektors in Anspruch. Viel ernster war sein Geist mit der allgemeinen Leitung der Posten und Arsenale des Reiches beschäftigt. Es gab 34 Städte, 15 im Osten und 19 im Westen, wo regelmäßige Arbeiterkompanien beständig beschäftigt waren Angriffs- und Verteidigungswaffen aller Art und Kriegsmaschinen zu fertigen, welche in den Arsenalen aufbewahrt und seiner Zeit zum Dienst der Truppen abgeliefert wurden.

3. Im Laufe von neun Jahrhunderten hatte das Amt eines *Quästors* eine seltsame Umwandelung erlitten. In dem Kindesalter Roms wurden zwei untergeordnete Obrigkeiten jährlich vom Volk gewählt, um die Konsuln in dem gehässigen Amt der Verwaltung des öffentlichen Schatzes abzulösen; ein ähnlicher Gehilfe wurde jedem Prokonsul und jedem Prätor beigegeben, welcher einen kriegerischen Oberbefehl führte oder in einer Provinz gebot; infolge der Ausdehnung der Eroberungen wurde die Anzahl der Quästoren von zwei allmählich auf vier, auf sechs, auf acht, auf zwanzig und für eine kurze Zeit vielleicht sogar auf vierzig gebracht, und die edelsten Bürger bewarben sich ehrsüchtig um ein Amt, welches ihnen einen Sitz im Senat und die gegründete Hoffnung gab zu den höchsten Würden der Republik zu gelangen. Während Augustus sich stellte als behielte er die Freiheit der Wahlen bei, willigte er ein das Vorrecht anzunehmen, jährlich eine gewisse Anzahl von Kandidaten zu empfehlen oder richtiger, zu ernennen, und er pflegte einen dieser ausgezeichneten jungen Männer zu wählen, um in den Versammlungen des Senates seine Reden oder Episteln vorzulesen. Die Gewohnheit des Augustus wurde von den folgenden Fürsten nachgeahmt, der

zufällige Auftrag verwandelte sich in ein bleibendes Amt um, und indem der begünstigte Quästor einen neuen und erhabeneren Charakter annahm, überlebte er allein die Unterdrückung seiner alten und nutzlosen Kollegen. Da die Reden, welche er im Namen des Kaisers verfaßte, die Kraft und endlich auch die Form absoluter Edikte annahmen, wurde er als der Vertreter der gesetzgebenden Gewalt, als das Orakel des Rates und die ursprüngliche Quelle der Ziviljurisprudenz betrachtet. Er wurde zuweilen eingeladen seinen Sitz im obersten Gericht des kaiserlichen Konsistoriums mit den prätorianischen Präfekten und dem Kanzler einzunehmen, auch häufig gebeten die Zweifel der unteren Richter zu lösen: da ihm aber keine Vielfältigkeit untergeordneter Geschäfte Zeit raubte, beschäftigte er seine Muße und seine Talente mit Ausbildung jenes würdevollen Stils der Beredsamkeit, welcher trotz der Verderbtheit des Geschmacks und der Sprache fortwährend die Majestät der römischen Gesetze bewahrt. In einigen Beziehungen kann das Amt eines kaiserlichen Quästors mit jenem eines neueren Kanzlers verglichen werden; aber der Gebrauch eines großen Siegels, welches von den schriftungelehrten Barbaren angenommen worden zu sein scheint, wurde nie eingeführt, um die öffentlichen Urkunden der Kaiser zu beglaubigen.

4. Der außerordentliche Titel eines *Grafen der geheiligten Geschenke* wurde dem Generaldirektor der öffentlichen Einkünfte vielleicht in der Absicht erteilt, um einzuschärfen, daß jede Bezahlung ein Ausfluß der freiwilligen Güte des Monarchen wäre. Das fast unendliche Detail der jährlichen und täglichen Ausgaben der Zivil- und Militärverwaltung in jedem Teil eines großen Reiches dürfte selbst für die kräftigste Phantasie schwer zu fassen sein. Das laufende Rechnungswesen beschäftigte mehrere hundert in elf verschiedene Kanzleien verteilte Personen, wovon jene mit solcher Kunst eingerichtet waren, daß sie ihre bezüglichen Operationen prüften und kontrollierten. Diese Beamtenschar hatte einen natürlichen Hang zu beständiger Zunahme, und man hielt es mehr als einmal für rätlich in ihre

Heimat jene Überzähligen zu entlassen, welche ihre ehrenhaften Arbeiten aufgegeben und sich mit zu viel Gier zu
dem einträglichen Beruf der Finanzgeschäfte gedrängt hatten. 29 Provinzialeinnehmer, von denen 18 mit dem Titel
eines Grafen beehrt waren, verkehrten mit dem Schatzmeister, welcher seine Gerichtsbarkeit über die Minen,
woraus die edlen Metalle bezogen, über die Münze, wo sie
in gangbares Geld verwandelt, und über die öffentlichen
Schatzkammern der wichtigsten Städte ausdehnte, wo sie
zum Dienst des Staates niedergelegt wurden. Der auswärtige Handel des Reiches wurde durch diesen Minister geordnet, der auch alle Leinwand- und Wollenmanufakturen
leitete, worin die aufeinanderfolgenden Arbeiten des Spin-
nens, Webens und Färbens zum Gebrauch des Palastes und
Heeres hauptsächlich von Frauen des niedrigsten Standes
besorgt wurden. 26 solcher Fabriken werden im Westen,
wo solche Künste erst neuerlich eingeführt worden waren,
aufgezählt, und eine viel größere Anzahl muß man auf die
gewerbfleißigen Provinzen des Ostens rechnen.

5. Außer dem öffentlichen Einkommen, welches ein unum-
schränkter Monarch nach Willkür erheben und ausgeben
konnte, besaßen die Kaiser auch in ihrer Eigenschaft als
reiche Bürger sehr ausgedehnte Ländereien, welche von
dem *Grafen* oder Schatzmeister der *Privatdomänen* verwaltet
wurden. Ein Teil derselben waren vielleicht alte Domänen
von Königen und Republiken gewesen. Einige Erwerbungen mochten auch von den Familien hinzugekommen
sein, welche nacheinander mit dem Purpur bekleidet worden waren, aber der beträchtlichste Teil floß aus der unreinen Quelle der Konfiskation und Verwirkung. Die kaiserlichen Ländereien waren durch die Provinzen von
Mauretanien bis Britannien verbreitet; der reiche und
fruchtbare Boden von Kappadozien jedoch verlockte den
Monarchen, in dieser Provinz seine schönsten Besitzungen
zu erwerben, und entweder Konstantin oder seine Nachfolger benutzten die Gelegenheit ihre Habsucht durch Religionseifer zu rechtfertigen. Sie unterdrückten den reichen
Tempel von Komana, wo der Hohepriester der Göttin des

Krieges die Würde eines souveränen Fürsten behauptete, und verwendeten zu ihrem Privatvorteil die geweihten, von sechstausend Untertanen oder Sklaven der Göttin und ihrer Diener bewohnten Ländereien. Das waren jedoch nicht die wertvollen Bewohner, wohl aber brachten die Ebenen vom Fuß des Berges Argäus bis zu den Ufern des Sarus eine edle Zucht von Pferden hervor, welche in der alten Welt vor allen anderen wegen ihrer majestätischen Gestalt und ihrer unvergleichlichen Schnelligkeit berühmt waren. Diese *geheiligten,* zum Dienst des Palastes und der kaiserlichen Spiele bestimmten Tiere wurden von den Gesetzen vor der Entweihung durch einen gemeinen Besitzer beschützt. Die Domänen von Kappadozien waren wichtig genug, um die Aufsicht eines *Grafen* zu erfordern; Beamtete von unterem Rang waren in allen Teilen des Reiches angestellt und die Stellvertreter des Privat- wie des öffentlichen Schatzmeisters wurden in der Ausübung ihrer unabhängigen Amtsverrichtungen erhalten und ermuntert die Macht der Provinzialobrigkeiten zu kontrollieren.

6, 7. Die auserlesenen Scharen Reiterei und Fußvolkes, welche die Person des Kaisers bewachten, standen unter dem unmittelbaren Befehl der *zwei Grafen der Haustruppen.* Die Gesamtzahl derselben betrug 3500 Mann, welche in sieben *Schulen* oder Abteilungen, je zu 500, zerfielen; im Osten wurde dieser ehrenvolle Dienst fast nur Armeniern übertragen. So oft sie sich bei öffentlichen Feierlichkeiten in den Höfen und Säulengängen des Palastes aufstellten, entfalteten ihr hoher Wuchs, die tiefe Stille und Ordnung und ihre von Gold und Silber glänzenden Waffen einen der römischen Majestät nicht unwürdigen Pomp. Von den sieben Schulen wurden zwei Kompanien zu Pferde und zu Fuß auserwählt, welche *Protektoren* hießen, deren vorteilhafte Stellung die Hoffnung und Belohnung der verdienstvollsten Krieger war. Sie bezogen die Wache in den innersten Gemächern und wurden gelegentlich in die Provinzen gesendet, um mit Schnelligkeit und Kraft die Befehle ihres Gebieters zu vollziehen. Die Grafen der Haustruppen waren die Amtsnachfolger der prätorianischen Präfekten und gleich diesen strebten sie vom Dienst des Palastes nach dem Oberbefehle der Heere.

Der beständige Verkehr zwischen dem Hof und den Provinzen wurde durch den Bau von Straßen und die Einrichtung der Posten erleichtert. Aber diese wohltätigen Anstalten waren nebenbei mit einem verderblichen und unverträglichen Mißbrauch verknüpft. Zwei bis dreihundert *Agenten* oder Boten, welche dem obersten Kanzleidirektor untergeben waren, wurden verwendet, um die Namen der jährlichen Konsuln und die Edikte oder Siege der Kaiser zu verkünden. Unmerklich nahmen sie sich die Freiheit heraus, was sie immer über das Benehmen der Obrigkeiten oder der Privatpersonen bemerken konnten, zu berichten, und wurden bald als die Augen des Monarchen und als die Geißel des Volkes betrachtet. Unter dem begünstigenden Einfluß einer schwachen Regierung vervielfachten sie sich zur unglaublichen Anzahl von zehntausend, verachteten die milden obschon häufigen Ermahnungen der Gesetze und übten durch die gewinnreiche Verwaltung der Posten einen räuberischen und unverschämten Druck aus. Diese amtlichen Spione, welche fortwährend mit dem Palast im Verkehr standen, wurden durch Gunstbezeigungen und Belohnungen aufgemuntert den Fortgang jedes hochverräterischen Plans, von dem schwachen und verborgenen Zeichen des Mißvergnügens bis zum offenen Aufruhr, auf das Sorgfältigste zu bewachen. Ihre gewissenlose und verbrecherische Verletzung der Wahrheit und Gerechtigkeit wurde durch die geheiligte Maske des Pflichteifers bedeckt, und so konnten sie in voller Sicherheit ihre vergifteten Pfeile nach der Brust des Schuldigen oder Unschuldigen versenden, welcher ihre Rache herausgefordert oder sich geweigert hatte ihr Stillschweigen zu erkaufen. Ein treuer Untertan, aus Syrien vielleicht oder Britannien, war der Gefahr oder wenigstens der Furcht ausgesetzt in Ketten nach dem Hofe von Mailand oder Konstantinopel geschleppt zu werden, um Leben und Vermögen gegen die boshafte Beschuldigung dieser bevorrechteten Angeber zu verteidigen. Die gewöhnliche Verwaltung wurde durch solche Methoden, die nur die äußerste Notwendigkeit beschönigen kann, geführt und Mangel an Beweisen emsig durch die Anwendung der Folter ersetzt.

Das trügerische und gefährliche Verfahren mit der peinlichen *Frage,* wie sie emphatisch genannt wird, wurde durch die Jurisprudenz der Römer mehr zugelassen als gebilligt. Sie wendeten diese blutdürstige Art des Verhöres lediglich gegen Sklaven an, deren Leiden von diesen stolzen Republikanern nur selten in der Wagschale der Menschlichkeit und Gerechtigkeit gewogen wurden; aber nie hätten sie eingewilligt die geheiligte Person eines Bürgers zu verletzen, bevor sie nicht die klarsten Beweise seiner Schuld besaßen. Die Annalen der Tyrannei von Tiberius bis Domitian erzählen umständlich die Hinrichtung unschuldiger Opfer; solange aber auch nur die schwächste Erinnerung von Nationalfreiheit und Ehre lebendig blieb, waren die letzten Stunden eines Römers wenigstens vor der Gefahr schmählicher Folterung sicher.

Das Verfahren der Statthalter der Provinzen richtete sich indessen nicht nach dem Gerichtsgebrauch von Rom oder den bestimmt ausgesprochenen Maximen der Rechtslehrer. Sie fanden die Anwendung der Folter nicht nur unter den Sklaven des orientalischen Despotismus üblich, sondern auch unter den Mazedoniern, die einem beschränkten Monarchen gehorchten, unter den Rhodiern, die durch die Freiheit des Handels blühten, ja sogar unter den weisen Atheniensern, welche die Würde des Menschengeschlechtes behauptet und geschmückt haben. Die Fügsamkeit der Provinzbewohner ermutigte die Statthalter, eine ihrem eigenen Ermessen überlassene Gewalt, gegen Landstreicher oder plebejische Verbrecher, um ein Geständnis ihrer Schuld zu erzwingen, die Folter anzuwenden, sich zuzueignen und vielleicht zu mißbrauchen, bis sie unmerklich so weit gingen, daß sie allen Rangunterschied vermischten und die Vorrechte römischer Bürger hintansetzten.

Die Besorgnisse der Untertanen trieben sie an um vielfältige namentliche Ausnahmen zu bitten, und das Interesse des Souveränes vermochte ihnen dieselbe zu gewähren, was natürlich die allgemeine Anwendung der Tortur gestattete, ja sogar dazu ermächtigte. Ausgenommen waren alle Personen von erlauchtem oder ehrenwertem Rang, Bischöfe und ihre Priester, Ausüber freier Künste, Soldaten und ihre Familien, Munizipalbeamte, ihre Nachkommen bis in das dritte Glied und alle Kinder unter dem Alter der Mannbarkeit. Aber es wurde in die neue Jurisprudenz des Reiches der sehr verderbliche Grundsatz eingeführt, daß im Falle des Hochverrats, welcher jedes Vergehen in sich schloß, das die Spitzfindigkeit der Rechtsgelehrten aus einer *feindlichen Absicht* gegen den Souverän oder den Staat abzuleiten vermochte, alle Privilegien schwanden und alle Stände zu derselben schimpflichen Gleichheit herabgebracht waren. Da die Sicherheit des Kaisers anerkannter Maßen jeder Rücksicht der Gerechtigkeit oder Menschlichkeit voranging, waren Würde des Alters und Zartheit der Jugend auf gleiche Weise den grausamsten Martern ausgesetzt, und die Angst vor boshafter Angeberei, welche sie zu Mitschuldigen oder auch nur Zeugen eines vielleicht eingebildeten Verbrechens wählen mochte, hing beständig über den Häuptern der vornehmsten Bürger der römischen Welt.

Wie schrecklich auch diese Übel sein mochten, waren sie doch auf die kleinere Anzahl römischer Bürger beschränkt, deren gefährliche Lage einigermaßen durch den Genuß jener Vorteile der Natur oder des Glückes, welche sie der Eifersucht des Monarchen bloßstellten, ersetzt wurde. Aber die dunklen Millionen eines großen Reiches haben viel weniger von der Grausamkeit als von der Habsucht ihrer Gebieter zu fürchten, und ihr niederes Glück wird hauptsächlich durch die Schwere übertriebener Steuern in Anspruch genommen, welche nur leise den Reichen drücken, aber mit beschleunigtem Gewicht auf die geringeren und ärmeren Klassen der Gesellschaft niedersinken. Ein scharfsinniger Philosoph hat das allgemeine Maß der öffentlichen Auflagen nach den Graden der Freiheit und Knechtschaft berechnet und die Behauptung gewagt, daß sie nach dem unwandelbaren Gesetz der Natur stets mit jener zunehmen und nach einem geraden Verhältnis zur letzteren sich vermindern müßten. Aber dieser Bemerkung, die zur Erleichterung der Drangsale des Despotismus dienen würde, widerspricht wenigstens die Geschichte des römischen Reiches, welche dieselben Fürsten anklagt, daß sie den Senat seiner Macht und die Provinzen ihres Reichtums beraubt haben. Ohne die verschiedenen Zölle und Abgaben auf Waren, welche unmerklich durch die scheinbare Wahl des Käufers bezahlt werden, aufzuheben, zog die Politik Konstantins und seiner Nachfolger eine einfache und direkte, dem Geist einer willkürlichen Regierung mehr zusagende Art der Besteuerung vor.

Name und Zweck der *Indiktionen,* welche jetzt zur Ermittelung der Chronologie des Mittelalters dienen, werden von dem regelmäßigen Gang der römischen Steuern abgeleitet. Der Kaiser unterschrieb eigenhändig und mit Purpurtinte das feierliche Edikt oder die Indiktion, welche in der Hauptstadt jeder Diözese während zwei Monaten von dem ersten September angeheftet blieb. Durch eine sehr leichte Ideenverknüpfung wurde das Wort *Indiktion* auf das Maß der Steuern, welche sie vorschrieb, und auf den jährlichen zur Bezahlung anberaumten Termin übertragen. Diese allgemeine Veranschlagung der Abgaben stand im Verhältnis zu den wirklichen oder eingebildeten Bedürfnissen des Staates; so oft aber die Ausgabe das Einkommen überschritt oder letzteres unter der Berechnung ausfiel, wurde eine Zusatzsteuer unter dem Namen Superindiktion dem Volk auferlegt und dies wertvollste Recht der Souveränität dem prätorianischen Präfekten übertragen, welcher bei gewissen Anlässen Vollmacht hatte für die unvorhergesehenen und außerordentlichen Bedürfnisse des öffentlichen Dienstes Sorge zu tragen.

Die Vollziehung dieser Gesetze (welche in ihren ausführlichen und verworrenen Einzelheiten zu verfolgen ermüdend sein würde) bestand aus zwei gesonderten Operationen: aus der Auflösung der allgemeinen Auflage in ihre bestehenden Teile, welche auf die Provinzen, Städte und Individuen der römischen Welt umgelegt wurden, dann aus der Erhebung der so verteilten Abgaben von den Individuen, Städten und Provinzen, bis die aneinander gehäuften Summen in die kaiserlichen Schatzkammern übertragen wurden. Da aber die Rechnung zwischen dem Monarchen und dem Untertan stets offen stand, und da die Erneuerung der Forderung der vollständigen Entrichtung der früheren Verbindlichkeit zuvorkam, wurde die gewichtige Maschine der Finanzen rund um den Kreis ihrer jährlichen Umwälzung durch dieselben Hände getrieben. Was in der Verwaltung des Einkommens ehrenvoll oder wichtig war, blieb der Einsicht der Präfekten und ihrer Stellvertreter in den Provinzen anvertraut; die gewinnbringenden Verrichtungen wurden von einer Schar untergeordneter Beamteten in Anspruch genommen, deren einige von dem Schatzmeister, andere von dem Statthalter der Provinz abhingen, und die bei den unvermeidlichen Reibungen einer verworrenen Jurisdiktion häufige Gelegenheit hatten sich gegenseitig den Raub des Volkes streitig zu machen. Die beschwerlichen Amtsverrichtungen, die nur Haß und Vorwürfe, Ausgabe und Gefahr zur Folge haben konnten, waren den *Dekurionen* auferlegt, welche die Korporationen der Städte bildeten, und die durch die Strenge der kaiserlichen Gesetze verurteilt waren die Bürden der bürgerlichen Gesellschaft zu tragen.

Das ganze Grundeigentum des Landes (die Patrimonialbesitzungen des Monarchen nicht ausgenommen) waren Gegenstand der gewöhnlichen Besteuerung, und jeder neue Käufer übernahm die Verbindlichkeiten des früheren Eigentümers. Ein genauer *census* oder eine Aufnahme war das einzige gerechte Mittel das Verhältnis zu ermitteln, in welchem jeder Bürger verpflichtet war zum öffentlichen Dienst beizutragen, und aus der wohlbekannten Periode der Indiktionen hat man Grund zu glauben, daß diese schwierige und kostspielige Operation in regelmäßigen Zwischenräumen von je 15 Jahren wiederholt wurde. Die Ländereien wurden von in die Provinzen gesendeten Geometern vermessen, ihre Beschaffenheit, ob Acker- oder Weideland, Weinberg oder Wald, genau eingetragen und nach dem Durchschnittserträgnis von fünf Jahren die Schätzung ihres gemeinen Wertes vorgenommen. Die Anzahl der Sklaven und den Nutzviehes bildete einen wesentlichen Teil der Tabelle; die Eigentümer mußten einen Eid leisten, der sie verpflichtete den wirklichen Zustand ihrer Angelegenheiten zu offenbaren, und ihre Versuche zu betrügen oder die Absicht des Gesetzgebers zu umgehen, wurden streng bewacht und als ein Hauptverbrechen bestraft, welches die doppelte Schuld des Hochverrates und Sakrilegiums in sich schloß.

Ein großer Teil der Abgaben wurde bar bezahlt, von dem gangbaren Geld des Reiches konnte jedoch nur Gold gesetzlich angenommen werden. Der Überrest der Grundsteuern wurde je nach den in der Indiktion bestimmten Verhältnissen auf eine noch unmittelbarere und noch drückendere Art geleistet. Je nach der verschiedenen Beschaffenheit der Ländereien wurden ihre Erzeugnisse in den verschiedenen Artikeln von Wein oder Öl, Korn oder Gerste, Holz oder Eisen, durch die Arbeit oder auf Unkosten der Provinzen in die kaiserlichen Magazine geliefert, von wo sie seiner Zeit zum Gebrauch des Hofes, des Heeres und der beiden Hauptstädte Rom und Konstantinopel verteilt wurden. Die Bevollmächtigten des Schatzes waren so häufig genötigt beträchtliche Einkäufe zu machen, daß es ihnen auf das strengste untersagt war irgendeine Gegenrechnung zu gestatten oder in Geld den Wert der Abgaben anzunehmen, welche in Natura zu liefern waren.

In der ursprünglichen Einfachheit kleiner Gemeinden mag diese Methode die angemessenste sein, um die fast freiwilligen Gaben des Volkes einzusammeln, aber sie ist zu gleicher Zeit der äußersten Ungebundenheit und der äußersten Strenge empfänglich, was unter einer verderbten und unumschränkten Monarchie einen beständigen Kampf zwischen der Gewalt der Unterdrückung und den Künsten des Betrugs herbeiführen muß. Der Ackerbau der römischen Provinzen wurde unmerklich ruiniert und bei dem Fortschreiten des Despotismus, welcher auf Vereitelung seiner eigenen Zwecke abzielt, sahen sich die Kaiser genötigt sich einiges Verdienst durch Erlassung von Schulden und Abgaben zu erwerben, die ihre Untertanen schlechterdings zu bezahlen unfähig waren. Nach der neuen Einteilung von Italien dehnte sich die fruchtbare und glückliche Provinz Kampanien, der Schauplatz der frühesten Siege und der wonnevollen Landsitze der Bürger Roms, zwischen dem Meer und den Apenninen, von der Tiber bis zum Silarus aus. 60 Jahre nach dem Tod Konstantins und auf das Zeugnis einer wirklichen Vermessung wurde zugunsten von 330 000 englischen Morgen wüsten und unbebauten Landes, was ein Achtel der ganzen Oberfläche der Provinz betrug, eine Steuerbefreiung gewährt. Da die Fußtapfen der Barbaren bis dahin in Italien noch nicht gesehen worden waren, kann die Ursache dieser, in den Gesetzen aufgeführten, erstaunlichen Verödung nur der Verwaltung der römischen Kaiser zugeschrieben werden.

Entweder aus Zufall oder aus Absicht schien die Art der Umlage das Wesentliche einer Grundsteuer mit den Formen einer Kopfsteuer zu vereinigen. Die von jeder Provinz oder jedem Distrikt eingesendeten Listen drückten die Zahl der steuerpflichtigen Untertanen und den Betrag der öffentlichen Auflagen aus. Die letztere dieser Summen wurde durch die erstere geteilt, und die Schätzung, daß diese oder jene Provinz so viele *capita* oder steuerpflichtige Köpfe enthalte, und daß jeder *Kopf* zu dieser oder jener Summe besteuert sei, war allgemein nicht nur in der Rechnung des gemeinen Lebens, sondern auch in jener der Gesetze gang und gäbe. Der Betrag für jeden steuerpflichtigen Kopf muß nach vielen zufälligen oder wenigstens schwankenden Umständen gewechselt haben: indessen ist uns einige Kunde über eine sehr interessante Tatsache bewahrt worden, welche eine umso größere Wichtigkeit hat, als sie eine der reichsten, jetzt als eines der herrlichsten europäischen Königreiche blühende Provinz des römischen Reiches betrifft. Die räuberischen Minister des Konstantius hatten den Reichtum Galliens erschöpft, indem sie als jährliche Abgabe von jedem Kopf 25 Goldstücke eintrieben. Die menschliche Politik seines Nachfolgers setzte die Steuer für jeden Kopf auf sieben Goldstücke herab. Ein gemäßigtes Verhältnis zwischen diesen entgegengesetzten Extremen ausschweifender Bedrückung und vorübergehender Milde kann daher zu 16 Goldstücken oder auf neun Pfund Sterling festgesetzt werden, welches vielleicht das gewöhnliche Maß der Auflagen Galliens war.

Aber diese Steuer nach Köpfen auf die Grundbesitzer würde eine reiche und große Klasse freier Bürger haben entkommen lassen. In der Absicht jene Art Reichtum zu teilen, welche aus Handel und Gewerbe entspringt und in Waren oder Geld besteht, legten die Kaiser eine besondere und persönliche Steuer dem gewerbetreibenden Teil ihrer Untertanen auf. Den Eigentümern jedoch, welche die Produkte ihrer eigenen Ländereien verkauften, waren einige sowohl nach Zeit als Ort sehr streng bestimmte Ausnahmen gestattet. Auch die Ausübung der freien Künste erfreute sich einiger Nachsicht: aber jeden anderen Zweig der kommerziellen Industrie traf die Strenge des Gesetzes. Der achtbare Kaufmann von Alexandria, welcher die Edelsteine und Spezereien Indiens zum Gebrauch der westlichen Welt einführte; der Wucherer, welcher aus den Zinsen für Darlehen einen stillen und schmachvollen Gewinn erntete; der erfindsame Manufakturist, der fleißige Handwerker, sogar der allerkleinste Krämer des abgelegensten Dorfes mußte die Steuerbeamteten zur Teilnahme an seinem Gewinn zulassen; ja der Souverän des römischen Reiches, welcher das Gewerbe der öffentlichen Schanddirnen duldete, schämte sich nicht ihren ehrlosen Sold zu teilen.

Da diese allgemeine Abgabe vom Gewerbfleiß jedes vierte Jahr erhoben wurde, hieß sie die *Lustralsteuer*. Der Geschichtsschreiber Zosimus wehklagt, daß die Annäherung dieser gefürchteten Periode durch die Tränen und die Angst der Bürger angekündigt wurde, welche oft zu den abscheulichsten und unnatürlichsten Mitteln Zuflucht nehmen mußten, um sich die Summe zu verschaffen, womit ihr Eigentum beschatzt worden war. Das Zeugnis des Zosimus kann allerdings der Beschuldigung der Leidenschaftlichkeit und des Vorurteiles nicht entbunden werden; aber schon aus der Natur dieser Steuer ergibt sich vernunftgemäß der Schluß, daß sie willkürlich in der Verteilung und äußerst streng in der Art der Erhebung gewesen sein muß. Der geheime Reichtum des Handels und die unsicheren Erträgnisse der Kunst oder Arbeit sind nur einer dem Ermessen überlassenen Schätzung fähig, welche selten zum Nachteil der Interessen des Schatzes ausfällt, und da die Person des Gewerbetreibenden den Mangel einer sichtbaren und bleibenden Bürgschaft ersetzt, kann die Bezahlung der Abgabe, die bei der Grundsteuer durch

Wegnahme des Eigentums erlangt werden mag, selten anders als durch körperliche Strafen erzwungen werden. Die grausame Behandlung der zahlungsunfähigen Staatsschuldner wird bestätigt und ward vielleicht durch ein sehr menschenfreundliches Edikt Konstantins gemildert, welcher, indem er den Gebrauch der Folter und Geißelung verwirft, einen geräumigen und luftigen Kerker zu ihrem Gefängnis gestattet.

Diese allgemeinen Steuern wurden durch die unumschränkte Macht des Monarchen auferlegt und erhoben, die von Zeit zu Zeit dargebrachten Gaben des *Kronengoldes* dagegen behielten noch immer Namen und Schein der Volkseinwilligung bei. Es war ein altes Herkommen, daß die Bundesgenossen der Republik, die ihre Sicherheit oder Befreiung dem Erfolg der römischen Waffen zuschrieben, ja daß selbst die Städte Italiens, welche die Tugenden ihres siegreichen Feldherrn bewunderten, den Glanz seines Triumphes durch freiwillige Gaben goldener Kronen schmückten, die nach der Feier dem Tempel Jupiters gewidmet wurden, um ein dauerndes Denkmal seines Ruhmes für künftige Jahrhunderte zu bleiben. Die Fortschritte des Eifers und der Schmeichelei vervielfältigten bald die Zahl und vergrößerten den Umfang dieser Geschenke des Volkes; der Triumph Cäsars war mit 2822 massiven Kronen bereichert, welche zusammen 20 414 Pfund Goldes wogen. Dieser Schatz wurde sogleich von dem klugen Diktator in der gewissen Überzeugung geschmolzen, daß er seinen Soldaten dienlicher sein würde als den Göttern: seine Nachfolger ahmten dieses Beispiel nach und es kam allmählich der Gebrauch auf, die glänzenden Zierden in das angenehmere Geschenk gangbarer Goldmünzen des Reiches umzuwandeln.

Diese freiwillige Gabe wurde zuletzt als Schuld der Pflicht gefordert, und statt daß die Veranlassung dazu auf einen Triumph beschränkt blieb, setzte man ihre Gewährung von den verschiedenen Städten und Provinzen der Monarchie voraus, so oft der Kaiser geruhte, seine Thronbesteigung, sein Konsulat, die Geburt eines Sohnes, einen Sieg über die Barbaren oder jedes andere wirkliche oder eingebildete Ereignis, das die Annalen seiner Regierung zierte, anzuzeigen. Die besondere freiwillige Gabe des Senates von Rom war durch Herkommen auf 600 Pfund Goldes, ungefähr 64 000 Pfund Sterling, festgesetzt. Die unterdrückten Untertanen feierten ihr eigenes Glück, daß der Souverän gnädigst geruhte, diesen schwachen aber freiwilligen Beweis ihrer Treue und Dankbarkeit anzunehmen.

Ein durch Stolz erhobenes oder durch Mißvergnügen erbittertes Volk ist selten imstande seine Lage richtig zu würdigen. Die Untertanen Konstantins waren unfähig die Abnahme der Talente und männlichen Tugenden einzusehen, wodurch sie so tief unter die Würde ihrer Altvordern gesunken waren; wohl aber konnten sie die Wut der Tyrannei, die Erschlaffung der Disziplin und die Zunahme der Abgaben beklagen. Der unparteiische Geschichtsschreiber erkennt zwar die Gerechtigkeit ihrer Klagen an, bemerkt aber nichts desto weniger einige günstige Umstände, die zur Erleichterung des Elendes ihrer Lage mitwirkten. Der drohende Sturm der Barbaren, welche sobald die Grundsäulen der römischen Größe einstürzten, wurde an den Grenzen noch stets zurückgehalten oder wenigstens aufgeschoben. Die Künste des Luxus und der Üppigkeit wurden betrieben, und die Einwohner eines beträchtlichen Teils des Erdballes genossen die höheren Freuden der Gesellschaft. Die Formen, der Pomp und die Ausgabe der Zivilverwaltung trugen bei die wilde Zügellosigkeit der Soldaten im Zaume zu halten; und obschon die Gesetze durch Gewalt verletzt oder durch Spitzfindigkeit verdreht wurden, bewahrten doch die weisen Grundsätze der römischen Jurisprudenz einen Sinn für Ordnung und Gerechtigkeit, welcher den despotischen Regierungen des Orients unbekannt war. Die Menschenrechte mochten der Philosophie und Religion einigen Schutz verdanken, und der Name der Freiheit, welcher die Nachfolger des Augustus nicht länger beunruhigen konnte, sie zuweilen erinnern, daß sie über kein Volk von Sklaven oder Barbaren herrschten.

Elftes Kapitel

Verfolgung der Ketzerei • Schisma der Donatisten •
Der arianische Streit • Athanasius • Zerrütteter Zustand
der Kirche und des Reiches unter Konstantin
und seinen Söhnen • Duldung des Heidentums

Das dankbare Lob der Geistlichkeit hat das Andenken eines
Fürsten geheiligt, der ihren Leidenschaften frönte und ihr Interesse beförderte. Konstantin gab ihr Sicherheit, Reichtum,
Ehre und Rache, und die Aufrechthaltung des orthodoxen
Glaubens wurde als die heiligste und wichtigste Pflicht der
bürgerlichen Obrigkeit betrachtet. Das Edikt von Mailand,
dieser große Freibrief der Duldung, hatte jedem Mitglied der
römischen Welt das Recht verliehen, seine Religion zu wählen und auszuüben. Aber dieses unschätzbare Recht wurde
bald verletzt: der Kaiser sog mit der Kenntnis der Wahrheit
auch die Grundsätze der Verfolgung ein, und die Sekten,
welche von der katholischen Kirche abwichen, wurden durch
den Triumph des Christentums bedrängt und unterdrückt.
Konstantin ließ sich leicht überreden, daß die Ketzer, welche
es wagten *seine* Meinungen zu bekämpfen oder sich *seinen* Befehlen zu widersetzen, der unsinnigsten und verbrecherisch-
sten Halsstarrigkeit schuldig wären, und daß eine gemäßigte
Anwendung strenger Mittel zur rechten Zeit diese unglücklichen Menschen vor der Gefahr ewiger Verdammnis noch
bewahren könnte.

Man verlor keinen Augenblick, um die Diener und Lehrer
jener Sondergemeinden von jedem Anteil an den Belohnungen und Vorrechten auszuschließen, womit der Kaiser den
rechtgläubigen Klerus so freigebig bedacht hatte. Aber da die
Sektierer auch unter der Wolke der kaiserlichen Ungnade zu
sein fortfahren konnten, folgte auf die Eroberung des Ostens
unmittelbar ein Edikt, welches ihre gänzliche Vernichtung
ausspricht. Nach einem Eingang voll Leidenschaftlichkeit und
Vorwürfe verbietet der Kaiser die Versammlungen der Ketzer
unbedingt und zieht ihr öffentliches Eigentum teils zugunsten
des Schatzes, teils zugunsten der katholischen Kirche ein. Die

Sekten, gegen welche die kaiserliche Strenge gerichtet war, scheinen die Anhänger Pauls von Samosata gewesen zu sein: die Montaniesten von Phrygien, welche mit Fortdauer der Prophetengabe Schwärmerei trieben; die Novatianer, welche mit unbiegsamer Strenge die zeitliche Wirksamkeit der Reue verwarfen; die Marzionieten und Valentinianer, unter deren leitenden Fahnen sich die verschiedenen Gnostiker von Asien und Ägypten allmählich vereinigt hatten; und vielleicht auch die Manichäer, die erst kürzlich aus Persien eine künstlichere Zusammensetzung orientalischer und christlicher Theologie eingeführt hatten.

Der Plan, den Namen dieser verhaßten Ketzer auszurotten oder wenigstens ihr weiteres Umsichgreifen zu hindern, wurde mit Kraft und Wirkung verfolgt. Einige der Strafgesetze waren den Edikten Diokletians nachgeschrieben, und diese Art der Bekehrung erhielt den lauten Beifall jener selben Bischöfe, welche den Arm der Unterdrückung gefühlt und sich auf die Rechte der Menschheit berufen hatten. Zwei Umstände beweisen jedoch, daß die Seele Konstantins durch den Geist des Glaubenseifers und der Frommsüchtigkeit nicht gänzlich verderbt war. Bevor er die Manichäer und die ihnen verwandten Sekten verdammte, beschloß er die Natur ihrer religiösen Grundsätze genau zu erforschen. Er beauftragte mit diesem zarten Geschäft, gleich als mißtraute er der Unparteilichkeit seiner geistlichen Räte, einen weltlichen Beamten, dessen Gelehrsamkeit und Mäßigkeit er mit Recht schätzte, seinen käuflichen Charakter aber wahrscheinlich nicht kannte. Der Kaiser überzeugte sich bald, daß er den orthodoxen Glauben und die exemplarischen Sitten der Novatianer, welche in einigen Artikeln der Disziplin, die vielleicht zur Erlösung nicht wesentlich waren, abwichen, zu vorschnell geächtet habe. Durch ein besonderes Edikt nahm er sie von den allgemeinen Strafverfügungen des Gesetzes aus, erlaubte ihnen den Bau einer Kirche in Konstantinopel, ehrte die Wunder ihrer Heiligen, lud ihren Bischof Acesius zur Kirchenversammlung von Nicäa ein und belächelte die engherzigen Lehren dieser Sekte durch einen leutseligen Scherz, welcher, da er aus dem Mund eines Souveränes kam, mit Beifall und Dankbarkeit aufgenommen worden sein muß.*

Das Schisma der Donatisten blieb auf Afrika beschränkt, aber das zur Verbreitung geeignetere Unheil des Streites in Betreff der Dreieinigkeit drang nach und nach in jeden Teil der christlichen Welt. Jenes war ein zufälliger durch den Mißbrauch der Freiheit veranlaßter Zank, dieser ein erhabener und geheimnisvoller aus dem Mißbrauch der Philosophie entstandener Begriffskampf. Vom Zeitalter Konstantins bis zu jenem Klodwigs und Theoderichs waren die zeitlichen Interessen sowohl der Römer als Barbaren tief in die theologischen Streitigkeiten der Arianer verwickelt. Es ist daher dem Geschichtsschreiber erlaubt, den Schleier achtungsvoll vom Heiligtum wegzuziehen und die Fortschritte der Vernunft und des Glaubens, des Irrtums und der Leidenschaft von der Schule Platons bis zum Verfall und Sturz des Reiches zu verfolgen.

Der Genius Platons, durch eigenes Nachdenken oder durch überlieferte Kunde der Priester Ägyptens unterrichtet, hatte es gewagt, die geheimnisvolle Natur der Gottheit zu erforschen. Als der atheniensische Weise seinen Geist zur erhabenen Betrachtung der ersten durch sich selbst seienden notwendigen Ursache des Weltalls steigerte, konnte er nicht begreifen, *wie* die einfache Einheit ihrer Wesenheit die unendliche Mannigfaltigkeit besonderer und aufeinander folgender Ideen zulassen konnte, welche das Modell der intellektuellen Welt bilden; *wie* ein durchaus unkörperliches Wesen dieses vollkommene Modell ausführen und mit plastischer Hand das rohe und unabhängige Chaos formen konnte. Die eitle Hoffnung sich aus diesen Schwierigkeiten, welche stets die schwache Kraft des menschlichen Geistes erdrücken müssen, herauszuwinden, mochte Platon verleiten die göttliche Natur unter der dreifachen Modifikation der ersten Ursache, der Vernunft oder des *Logos* und der Seele oder

---

* »Acesius, nimm eine Leiter und steige allein zum Himmel empor.« Die meisten christlichen Sekten haben der Reihe nach die Leiter des Acesius entlehnt.

des Geistes des Weltalls zu betrachten. Seine poetische Phantasie gestaltete und belebte diese metaphysischen Ideen; die drei *Archi-* oder Urprinzipe wurden im platonischen Systeme als drei Götter vorgestellt, eins miteinander durch geheimnisvolle und unaussprechliche Zeugung; insbesondere ward der Logos unter dem zugänglichen Charakter des Sohnes eines ewigen Vaters, des Schöpfers und Regierers der Welt betrachtet. Dies scheinen die Geheimlehren gewesen zu sein, welche in den Gärten der Akademie geflüstert wurden und die, den späteren Schülern Platons zufolge, nicht eher als nach einem emsigen Studium von 30 Jahren verstanden werden konnten.

Die Waffen der Mazedonier hatten über Asien und Ägypten die Sprache und Gelehrsamkeit Griechenlands verbreitet, und das theologische System Platons wurde mit weniger Zurückhaltung und vielleicht mit einigen Verbesserungen in der berühmten Schule von Alexandria gelehrt. Eine zahlreiche Kolonie von Juden war durch die Gunst der Ptolemäer eingeladen worden, sich in ihrer neuen Hauptstadt niederzulassen. Während die Masse des Volkes die gesetzlichen Zeremonien befolgte und den gewinnbringenden Geschäften des Handels nachging, widmeten einige wenige Hebräer von aufgeklärterem Geist ihr Leben der religiösen und philosophischen Betrachtung. Sie studierten das theologische System des atheniensischen Philosophen mit Fleiß und umfaßten es mit Feuer. Aber ihr Nationalstolz wäre durch ein offenes Geständnis ihrer früheren Armut gedemütigt worden, und so gaben sie dreist das Gold und die Juwelen, welche sie so kurz erst ihren ägyptischen Lehrern gestohlen hatten, für heiliges Erbgut ihrer Altvordern aus. 100 Jahre vor Christi Geburt wurde eine philosophische Abhandlung, die unverkennbar den Stil und die Ansichten der platonischen Schule verrät, von den alexandrinischen Juden zum Vorschein gebracht und einstimmig als rechte und unschätzbare Reliquie der gottbegeisterten Weisheit Salomons empfangen. Eine ähnliche Vereinigung des mosaischen Glaubens und der griechischen Philosophie charakterisiert die Werke Philos, welche größtenteils unter Augustus' Regierung verfaßt wurden. Die materielle Seele des Weltalls mochte die Frömmigkeit der Hebräer verletzen; sie wendeten aber den Charakter des Logos auf den Jehova des Moses und der Patriarchen an, und der Sohn Gottes wurde auf Erden unter einer sichtbaren, sogar menschlichen Gestalt eingeführt, um jene geringeren Dienste zu verrichten, die mit der Natur und den Eigenschaften der ersten Ursache unvereinbar scheinen. Die Beredsamkeit Platons, der Name Salomons, das Ansehen der alexandrinischen Schule und die Übereinstimmung der Juden und Griechen reichten nicht hin, um die Wahrheit einer geheimnisvollen Lehre, welche einem verständigen Geist zusagen mochte aber ihn nicht befriedigen konnte, festzustellen. Nur ein Prophet oder Apostel, göttlicher Eingebung voll, kann eine gesetzmäßige Herrschaft über den Glauben der Menschheit ausüben; und die Theologie Platons wäre vielleicht für immer mit den philosophischen Träumereien der Akademie, der Säulenhalle und des Lyzeums vermengt geblieben, wenn nicht der Name und die göttlichen Eigenschaften des *Logos* durch die himmlische Feder des letzten und erhabensten der Evangelisten bestätigt worden wäre. Die christliche Offenbarung, welche unter der Regierung des Nerva ihre Vervollständigung erhielt, verkündete der Welt das wundervolle Geheimnis, daß der *Logos,* der bei Gott war vom Anfang und Gott war, der alle Dinge geschaffen hat und durch den alle Dinge geschaffen worden sind, in der Person Jesus' von Nazareth, der von einer Jungfrau geboren wurde und den Tod am Kreuz erlitten hat, Fleisch geworden ist. Außer dem allgemeinen Zweck, die göttliche Ehre Christi auf einer ewigen Grundlage zu festigen, haben die ältesten und achtbarsten Kirchenschriftsteller dem theologischen Evangelisten die besondere Absicht zugeschrieben, zwei sich entgegengesetzte Ketzereien, welche den Frieden der Kirche störten, zu widerlegen.

Der Glaube der Ebioniten, vielleicht auch der Nazaräer, war grob und unvollkommen. Sie verehrten Jesus als den größten der Propheten, ausgerüstet mit übernatürlicher Tugend und Macht. Sie bezogen auf seine Person und Herrschaft alle Weissagungen der hebräischen Orakel, welche das geistige und ewige Reich des verheißenen Messias betreffen. Einige mochten wohl bekennen, daß er von einer Jungfrau geboren sei: aber sie verwarfen mit Hartnäckigkeit das frühere Sein und die göttlichen Eigenschaften des Logos oder Sohnes Gottes, welche in dem Evangelium des heiligen Johannes so klar ausgesprochen werden. Fünfzig Jahre später bildeten die Ebioniten, deren Irrtümer Justin der Märtyrer mit geringerer Strenge erwähnt als sie zu verdienen scheinen, einen sehr unbeträchtlichen Teil des christlichen Namens.

Die Gnostiker, welche durch die Benennung *Doceten* unterschieden wurden, wichen in das entgegengesetzte Extrem ab und verleugneten die menschliche Natur Christi, während sie seine göttliche behaupteten. In der Schule Platons erzogen und mit der erhabenen Idee des *Logos* vertraut, begriffen sie ohne Mühe, daß der strahlendste *Äon* oder *Ausfluß* der Gottheit äußere Form und sichtbaren Schein eines Sterblichen annehmen möchte; aber sie behaupteten zu dreist, daß die Unvollkommenheiten der Materie mit der Reinheit eines himmlischen Wesens unverträglich wären. Während das Blut Christi noch auf dem Kalvarienberg rauchte, erfanden die Doketen die gottlose und ausschweifende Hypothese, daß er, statt sich dem Schoß einer Jungfrau zu entwinden, an dem Ufer des Jordans in der Gestalt eines vollkommenen Mannes niedergestiegen wäre; daß er die Sinne seiner Feinde wie seiner Jünger geäfft, und daß die Diener des Pilatus ihre ohnmächtige Wut an ein luftiges Phantom verschwendet hätten, welches *schien* am Kreuz zu verscheiden und nach drei Tagen wieder vom Tod aufzustehen.

Die göttliche Heiligung, welche der Apostel dem Grundprinzip der Theologie Platons verliehen hatte, ermunterte die gelehrten Proselyten des zweiten und dritten Jahrhunderts die Schriften des atheniensischen Weisen, der eine der staunenswertesten Enthüllungen der christlichen Offenbarung merkwürdigst angegriffen hatte, zu studieren und zu bewundern. Indem Platons achtbarer Name von den Rechtgläubigen gebraucht und von den Ketzern gemißbraucht wurde als Stütze der Wahrheit und des Irrtums, bediente man sich des Gewichtes seiner kundigen Ausleger und der Wissenschaft der

Dialektik, um die entfernteren Folgerungen aus seinen Ansichten zu rechtfertigen und das weise Stillschweigen der gottbegeisterten Schriftsteller zu ergänzen.

Dieselben feinen und tiefen Fragen in Betreff der Beschaffenheit, Zeugung, des Unterschiedes und der Gleichheit der drei göttlichen Personen der geheimnisvollen *Trias* oder *Dreieinigkeit* wurden in den philosophischen wie in den christlichen Schulen von Alexandria erörtert. Unbezwingliche Wißbegier trieb sie zur Erforschung der Geheimnisse dieses Abgrundes, und der Stolz der Professoren und ihrer Schüler begnügte sich mit Wortwissen. Der scharfsinnigste der christlichen Theologen dagegen, der große Athanasius, gestand offenherzig, daß, so oft er seine Vernunft zwinge über die Göttlichkeit des *Logos* zu meditieren, seine mühsamen und vergeblichen Anstrengungen auf sich selbst zurückwichen; daß er, je mehr er nachdächte, desto weniger begriffe, und je mehr er schreibe, desto weniger imstande wäre seine Gedanken auszudrücken. Bei jedem Schritt in dieser Forschung dringt sich das Gefühl und die Anerkennung des unermeßlichen Abstandes auf zwischen der Größe des Gegenstandes und der Fassungskraft des menschlichen Geistes. Wohl mögen wir uns bestreben davon die Begriffe von Zeit, Raum und Materie zu trennen, welche mit allen Wahrnehmungen unserer aus Erfahrung geschöpften Erkenntnis so innigst verbunden sind. Sobald wir es aber wagen, unendliche Substanz und geistige Zeugung zu denken, so oft wir positive Folgerungen aus einem negativen Begriff ziehen, verwickeln wir uns in Finsternis, Verwirrung und unvermeidliche Widersprüche.

Nachdem das Toleranzedikt den Christen Friede und Muße zurückgegeben hatte, wurde der Dreieinigkeitsstreit in dem alten Sitz des Platonismus, der gelehrten, reichen und unruhigen Stadt Alexandria wieder aufgefrischt, und von den Schulen teilten sich die Flammen der religiösen Zwietracht schnell der Geistlichkeit, der Provinz und dem Osten mit. Die tiefumhüllte Frage der Ewigkeit des *Logos* wurde in den kirchlichen Konferenzen und in Predigten vor dem Volk erörtert, und die heterodoxen Meinungen des Arius bald durch seinen Eifer und durch jenen seiner Gegner kundgemacht. Seine unversöhnlichsten Feinde haben die Gelehrsamkeit und das fleckenlose Leben dieses ausgezeichneten Presbyters anerkannt, welcher bei einer früheren Wahl Ansprüche auf den bischöflichen Thron erhoben und vielleicht edelmütig wieder hatte fallen lassen. Sein Mitbewerber Alexander übernahm das Amt seines Richters. Die wichtige Angelegenheit wurde vor ihm erörtert, und wenn er zugleich anfangs zu schwanken schien, sprach er doch zuletzt sein Endurteil als unbedingte Glaubensregel aus. Der unerschrockene Presbyter wagte es, dem Ansehen seines Bischofs die Stirn zu bieten, und wurde von der Kirchengemeinschaft ausgeschlossen. Aber der Stolz des Arius wurde durch den Beifall einer zahlreichen Partei unterstützt. Er zählte unter seinen unmittelbaren Anhängern zwei ägyptische Bischöfe, sieben Presbyter, zwölf Diakonen und (was fast unglaublich scheinen mag) 700 Jungfrauen. Eine große Mehrheit der Bischöfe von Asien unterstützten oder begünstigten seine Sache, und ihre Maßnahmen wurden von Eusebius von Cäsarea, dem gelehrtesten aller christlichen Prälaten, und von Eusebius von Nikomedia geleitet, der sich den Ruhm eines Staatsmannes erworben hatte, ohne jenen eines Heiligen einzubüßen. Synoden in Palästina und Bithynien wurden den Synoden in Ägypten entgegen gesetzt. Die Aufmerksamkeit des Fürsten und Volkes wurde durch diesen theologischen Streit erregt, und nach Verlauf von sechs Jahren ward die Entscheidung der obersten Vollgewalt der allgemeinen Kirchenversammlung von Nicäa anheimgestellt.

Auch wenn es den zu Nicäa versammelten Bischöfen gestattet gewesen wäre, dem Gebot ihres Gewissens frei zu folgen, hätten sich Arius und seine Genossen doch kaum mit der Hoffnung schmeicheln können, die Mehrheit der Stimmen zugunsten einer Hypothese zu erhalten, welche den zwei am weitesten verbreiteten Meinungen der katholischen Welt schnurstracks entgegenlief. Die Arianer sahen bald die Gefahr ihrer Lage ein und nahmen klüglich jene bescheidenen Tugenden an, welche in der Wut bürgerlicher und religiöser Spaltungen selten geübt oder auch nur gepriesen werden, ausgenommen von der schwächeren Partei. Sie empfahlen die Übung christlicher Milde und Mäßigung, schützten die unbegreifliche Natur der Streitfrage vor, verwarfen den Gebrauch aller und jeder Ausdrücke und Begriffsbestimmungen, die sich in der heiligen Schrift nicht fänden, und erboten sich ihre Gegner durch sehr umfassende Zugeständnisse zufriedenzustellen, ohne der Unabhängigkeit ihrer eigenen Grundsätze etwas zu vergeben.

Die siegreiche Partei nahm alle ihre Vorschläge mit argwöhnischem Stolz auf und suchte gierig nach irgendeinem unversöhnlichen Merkmal der Unterscheidung, dessen Verwerfung die Arianer in die Schuld und in die Folgen der Ketzerei verstricken mußte. Ein Schreiben wurde öffentlich vorgelesen und schmachvoll zerrissen, worin ihr Beschützer, Eusebius von Nikomedia, freimütig bekannte, daß die Zulassung des *Homousion* oder konsubstantiell, ein den Platonikern bereits geläufiges Wort, mit den Grundsätzen ihres theologischen Systems unvereinbar wäre. Die Bischöfe, welche die Beschlüsse der Synode leiteten, benutzten gierig die günstige Gelegenheit und machten, nach dem lebendigen Ausdruck des Ambrosius, von dem Schwert, das die Ketzerei selbst aus der Scheide gezogen hatte, Gebrauch, um diesem verhaßten Ungeheuer das Haupt abzuschlagen. Die Wesengleichheit des Vaters und Sohnes wurde von dem Konsilium von Nicäa festgesetzt und ist einhellig als Grundartikel des christlichen Glaubens durch die Übereinstimmung der griechischen, lateinischen, orientalischen und protestantischen Kirche angenommen worden.

Wenn jedoch dieses Wort nicht dazu genügt hatte, die Ketzer zu brandmarken und die Katholiken zu vereinigen, so wäre es für die Zwecke der Mehrheit, durch welche es in das orthodoxe Glaubensbekenntnis eingeführt worden war, sehr unzureichend gewesen. Diese Mehrheit war nämlich in zwei Parteien geteilt, die sich durch die entgegengesetzte Tendenz zu den Ansichten der Tritheisten und zu jenen der Sabellianer unterschieden. Da jedoch diese einander aufhebenden Systeme die Grundlagen entweder der natürlichen oder der geoffenbarten Religion umzustürzen schienen, kamen sie gegenseitig überein die Strenge ihrer Prinzipien zu mildern und die gerechten aber gehässigen Folgen, welche ihre Gegner daraus ziehen und benutzen mochten, zu verleugnen. Das Interesse der gemeinsamen Sache machte sie geneigt ihre Stärke zu vereinigen und ihre Zwistigkeiten zu verbergen; ihre gegenseitige Feindseligkeit wurde durch die heilenden Ratschläge der Duldung gemildert und ihr Gezänke durch den Gebrauch des geheimnisvollen *Homousion* eingestellt, dessen Auslegung jeder Partei je nach ihren eigentümlichen Lehrsätzen frei stand.

Der sabellianische Sinn, welcher 50 Jahre früher die Kirchenversammlung von Antiochia vermocht hatte diesen berühmten Ausdruck zu verbieten, hatte ihn jenen Theologen teuer gemacht, welche eine geheime aber parteiische Vorliebe für eine nominelle Dreieinigkeit hegten. Aber die neueren Heiligen der arianischen Zeiten, der unerschrockene Athanasius, der gelehrte Gregor von Nazianz und die anderen Pfeiler der Kirche, welche mit Talent und Glück die nizäische Lehre verteidigten, betrachteten den Ausdruck *Wesen* als wäre er gleichbedeutend mit *Natur,* und sie wagten ihre Ansicht durch die Behauptung zu erläutern, daß drei Menschen, weil sie zu derselben Gattung gehörten, einander wesengleich oder *homousioi* wären. Diese unbedingte und besondere Gleichheit wurde einerseits durch den innigen Zusammenhang und die geistige Durchdringung, welche die göttlichen Personen unauflöslich vereint, und andererseits durch den Vorrang des Vaters gemildert, welcher insoweit anerkannt wurde, als es mit der Unabhängigkeit des Sohnes verträglich war.

Innerhalb dieser Grenzen durfte der fast unsichtbare und zitternde Ball der Rechtgläubigkeit sicher vibrieren. Jenseits dieses geweihten Grundes lauerten auf jeder Seite die Ketzer und Dämonen, um den unglücklichen Wanderer zu überfallen und zu verschlingen. Da jedoch der Grad des theologischen Hasses mehr von dem Geist des Krieges als von der Wichtigkeit der Streitfrage abhängt, so wurden die Ketzer, welche die Person des Sohnes herabsetzten, mit größerer Strenge behandelt als diejenigen, welche sie vernichteten. Das Leben des Athanasius verfloß in unversöhnlichem Kampf gegen den gottlosen *Wahnsinn* der Arianer; aber er verteidigte über 20 Jahre lang den Sabellianismus des Marcellus von Ancyra, und als er zuletzt gezwungen war der Gemeinschaft mit ihm zu entsagen, fuhr er doch fort der verzeihlichen Irrtümer seines achtbaren Freundes mit zweideutigem Lächeln Erwähnung zu tun.

Die Vollgewalt einer allgemeinen Kirchenversammlung, der sich die Arianer selbst zu unterwerfen gezwungen waren, schrieb auf die Fahnen der rechtgläubigen Partei die geheimnisvollen Zeichen des Wortes *Homousion,* welches trotz einiger dunkler Streitigkeiten, einiger nächtlicher Kämpfe, wesentlich beitrug die Gleichförmigkeit des Glaubens oder wenigstens der Sprache zu bewahren und zu verewigen. Die Konsubstantialisten, welche durch ihren Sieg den Titel Katholiken erworben und erhalten hatten, rühmten sich der Einfachheit und Stetigkeit ihres Glaubens und schmähten die wiederholten Änderungen ihrer Gegner, denen es an jeder zuverlässigen Glaubensregel fehle. Die Aufrichtigkeit oder List der Häupter der Arianer, ihre Furcht vor den Gesetzen oder vor dem Volk, ihre Verehrung Christi, ihr Haß gegen Athanasius, alle göttlichen und menschlichen Ursachen, die auf die Ratschläge einer theologischen Partei Einfluß haben und sie verwirren, führten unter den Sektierern einen Geist der Zwietracht und der Unbeständigkeit ein, welcher im Laufe weniger Jahre achtzehn verschiedene Modelle der Religion errichtete und so die beleidigte Würde der Kirche rächte. Der glaubenseifrige Hilarius, wegen der eigentümlichen Schwierigkeit seiner Lage geneigter die Irrtümer des orientalischen Klerus zu beschönigen als zu erschweren, erklärt, daß in dem weiten Umfange der zehn Provinzen von Asien, wohin er verbannt worden war, nur sehr wenige Prälaten gefunden werden könnten, welche die Kenntnis des wahren Gottes bewahrt hätten. Die Unterdrückung, welche er erfahren hatte, die Unordnungen, deren Zuschauer und Opfer er war, besänftigten eine kurze Zeit hindurch die heftigen Leidenschaften seiner Seele, und in der folgenden Stelle, wovon ich einige Zeilen geben werde, weicht der Bischof von Poitiers unachtsam in den Stil eines christlichen Philosophen ab. »Es ist ebenso beklagenswert als gefährlich«, sagt Hilarius, »daß ebensoviele Glaubensbekenntnisse als Meinungen unter den Menschen, ebensoviele Lehren als Neigungen und ebensoviele Quellen der Gotteslästerung vorhanden sind als es Fehler unter uns gibt, weil wir die Glaubensbekenntnisse willkürlich nehmen und sie ebenso willkürlich auslegen. Das Homousion wird durch aufeinanderfolgende Synoden verworfen, angenommen und wieder hinweg erklärt. Die teilweise oder gänzliche Ähnlichkeit des Vaters und des Sohnes ist in diesen unglücklichen Zeiten ein Gegenstand des Streites. In jedem Jahr, ja in jedem Monat machen wir neue Glaubensbekenntnisse, um unsichtbare Mysterien zu beschreiben. Wir bereuen was wir getan haben, verteidigen diejenigen, welche bereuen, und belegen jene, die wir verteidigt haben, mit dem Kirchenfluch. Wir verdammen entweder die Lehre anderer in uns selbst oder unsere eigene in der anderer, und indem wir einander wechselseitig in Stücke reißen, sind wir einer die Ursache des Verderbens des anderen gewesen.«

Die Provinzen Ägyptens und Asiens, welche die Sprache und Sitten der Griechen pflegten, hatten das Gift des arianischen Streites tief eingesogen. Das vertraute Studium des platonischen Systems, eine eitle und streitsüchtige Sinnesart und die reiche und biegsame Sprache versorgten die Geistlichkeit und das Volk des Orients mit einem unerschöpflichen Strome von Worten und Unterscheidungen, und inmitten ihrer wilden Kämpfe vergaßen sie leicht den Zweifel, welchen die Philosophie empfiehlt, und die Demut, welche die Religion gebietet. Die Bewohner des Westens besaßen einen minder forschsüchtigen Geist, ihre Leidenschaften wurden durch unsichtbare Gegenstände nicht so mächtig erregt, ihr Verstand war minder in Wortstreitigkeiten geübt, und so beschaffen war die glückliche Unwissenheit der gallikanischen Kirche, daß selbst Hilarius über 30 Jahre nach der ersten allgemeinen Kirchenversammlung das nicäische Glaubensbekenntnis nicht kannte.

Die Lateiner hatten die Strahlen der göttlichen Erkenntnis durch das trübe und zweifelhafte Medium einer Übersetzung erhalten. Die Armut und Unbiegsamkeit ihrer Muttersprache war nicht immer imstande gleichgeltende Bezeichnungen für die griechischen Ausdrücke und für die technischen Worte der platonischen Philosophie zu liefern, welche durch das Evangelium oder die Kirche geheiligt wurden die Mysterien des christlichen Glaubens auszudrücken, so daß ein Wortfelder der lateinischen Theologie eine lange Reihe von Irrtümern und Verwirrung hätte einimpfen können. Da jedoch die Bewohner der westlichen Provinzen so glücklich waren ihre Religion einer rechtgläubigen Quelle zu verdanken, bewahrten sie mit Stetigkeit den Glauben, welchen sie mit Gelehrigkeit angenommen hatten, und als die arianische Pest sich ihren Grenzen näherte, wurden sie durch die väterliche Sorgfalt des römischen Bischofs zur rechten Zeit mit dem Präservativ des Homousion versehen.

Ihre Gesinnungen und ihr Charakter entfaltete sich in der denkwürdigen Synode von Rimini, welche, was Zahl betrifft, die Kirchenversammlung von Nicäa überbot, da sie aus mehr als vierhundert Bischöfen von Italien, Afrika, Spanien, Britannien und Illyrien bestand. Im Beginn der Debatten hatte es den Anschein als ob nur achtzig Prälaten der Partei des Arius anhingen, obschon sie sich stellten dessen Namen und Andenken zu verfluchen. Aber diese Minderzahl wurde durch Geschicklichkeit, Erfahrung und Disziplin ersetzt; zwei Bischöfe von Illyrien leiteten dieselbe, Valens und Ursacius, welche ihr Leben in den Intrigen der Höfe und Kirchenversammlungen zugebracht hatten und unter den eusebianischen Fahnen in den Religionskämpfen des Orients gebildet worden waren. Durch ihre Argumente und Unterhandlungen drängten, verwirrten, betrogen sie zuletzt die ehrenhafte Einfalt der lateinischen Bischöfe, welche sich mehr durch List und Zudringlichkeit als durch offene Gewalt das Palladium des Glaubens aus den Händen winden ließen. Man ließ die Kirchenversammlung von Rimini nicht auseinandergehen, bevor die Mitglieder ein verfängliches Glaubensbekenntnis unterschrieben hatten, in welches einige im Sinne der Ketzer auslegbare Ausdrücke statt des Homousion eingeschaltet worden waren. Bei dieser Gelegenheit war es, daß die Welt, wie Hieronymus sagt, zu ihrem eigenen Erstaunen fand, daß sie arianisch sei. Aber kaum waren die Bischöfe der lateinischen Provinzen in ihren Diözesen wieder angelangt, als sie ihren Irrtum entdeckten und ihre Schwäche bereuten. Die schimpfliche Kapitulation wurde mit Verachtung und Abscheu verworfen und die Fahne des Homousion, welche erschüttert, nicht gestürzt worden war, in allen Kirchen des Westens fester als je aufgepflanzt.

Das war das Entstehen und der Anwuchs, das die natürlichen Phasen jener theologischen Streitigkeiten, welche den Frieden der Christenheit unter der Regierung Konstantins und seiner Söhne störten. Da aber diese Fürsten sich anmaßten ihren Despotismus ebensosehr über den Glauben als über Leben und Habe ihrer Untertanen auszudehnen, neigte das Gewicht ihres Votums zuweilen das Zünglein der kirchlichen Wagschale, und die Vorrechte des Königs der Himmel wurden bestimmt, verwandelt oder verändert in dem Kabinette eines irdischen Monarchen.

Der unselige Geist der Zwietracht, welcher die Provinzen des Ostens durchdrang, unterbrach den Triumph Konstantins; aber der Kaiser betrachtete den Gegenstand des Streites einige Zeit hindurch mit kalter und unbekümmerter Gleichgültigkeit. Da er mit der Schwierigkeit die Streitigkeiten der Theologen zu schlichten noch unbekannt war, erließ er an die kämpfenden Parteien, Alexander und Arius, ein zur Mäßigung aufforderndes Schreiben, welches man mit bei weitem größeren Recht der ungeleiteten Einsicht des Kriegers und Staatsmannes als den Eingebungen eines seiner bischöflichen Ratgeber beimessen kann. Er schreibt den Ursprung des ganzen Streites einer unbedeutenden und spitzfindigen Frage in Betreff eines unbegreiflichen Glaubenspunktes zu, welche von dem Bischöfe töricht gestellt und von dem Presbyter unklug beantwortet worden wäre. Er beklagt, daß das christliche Volk, welches einerlei Gott, einerlei Religion und einerlei Ritus habe, durch so unerhebliche Unterscheidungen gespalten werden sollte, und empfiehlt der Geistlichkeit von Alexandria allen Ernstes Nachahmung des Beispiels der griechischen Philosophen, welche ihre Sätze zu verfechten verstünden, ohne ihren

Gleichmut zu verlieren, und ihre Freiheit behaupteten, ohne ihrer Freundschaft nahe zu treten.

Die Gleichgültigkeit und Verachtung des Souveränes würde höchst wahrscheinlich das wirksamste Mittel gewesen sein den Zank zum Schweigen zu bringen, wenn der Strom der Volksmeinung minder schnell und ungestüm getobt hätte und wenn Konstantin selbst inmitten der Parteiung und des Fanatismus den ruhigen Gleichmut seines Geistes zu bewahren imstande gewesen wäre. Aber seinen geistlichen Ministern gelang es bald, seine Unparteilichkeit als Richter zu verführen und in ihm den Eifer des Proselyten zu wecken. Er wurde gereizt durch die Beschimpfungen, die seinen Standbildern zugefügt worden waren, in Unruhe versetzt durch die wirkliche wie durch die erdichtete Größe des um sich greifenden Unheils, und löschte alle Hoffnungen auf Frieden und Toleranz von dem Augenblick an aus, wo er 300 Bischöfe in den Mauern desselben Palasts versammelte. Die Gegenwart des Monarchen erhöhte die Wichtigkeit der Verhandlungen, seine Aufmerksamkeit vervielfachte Gründe und Gegengründe, und er setzte seine Person mit geduldiger Unerschrockenheit aus, welche die Tapferkeit der Kämpfenden befeuerte.

Trotz des Lobes, das der Beredsamkeit und dem Scharfsinne Konstantins gezollt wurde, war ein römischer Feldherr, dessen Religion noch immer Gegenstand des Zweifels sein mochte und dessen Geist weder durch wissenschaftliche Studien noch durch göttliche Eingebung erleuchtet worden war, ziemlich ungeeignet in griechischer Sprache eine metaphysische Frage oder einen Glaubensartikel zu erörtern. Aber der Einfluß des Günstlings Osius, der in der Kirchenversammlung von Nicäa den Vorsitz führte, mochte den Kaiser zugunsten der rechtgläubigen Partei stimmen, und die zur passenden Zeit eingestreute Bemerkung, daß derselbe Eusebius von Nikomedia, der vor so kurzer Zeit dem Tyrannen beigestanden, jetzt den Ketzer beschütze, ihn gegen ihre Gegner erbittern. Das nicäische Glaubensbekenntnis erhielt Konstantins Schlußgenehmigung, und seine feste Erklärung, daß diejenigen, welche dem göttlichen Beschluß der Synode Widerstand leisten würden, auf unverweilte Verbannung gefaßt sein müßten, vernichtete das Gemurre der schwachen Opposition, die von siebzehn fast plötzlich auf zwei protestierende Bischöfe herabsank. Eusebius von Cäsarea ließ sich nach einigem Sträuben zu einer zweideutigen Anerkennung des Homousion herbei, und das schwankende Benehmen des Eusebius von Nikomedia diente nur dazu, seine Ungnade und Verbannung drei Monate zu verzögern. Der gottlose Arius wurde in eine ferne Provinz Illyriens verbannt, seine Person und Schüler vom Gesetz mit dem gehässigen Namen Porphyrianer gebrandmarkt, seine Schriften den Flammen überantwortet und die Todesstrafe allen denjenigen angedroht, in deren Besitz sie gefunden werden würden. Der Kaiser hatte den Geist des Streites völlig eingesogen, und der gallige, sarkastische Stil seiner Edikte bezweckte seinen Untertanen den Haß einzuflößen, der in ihm selbst gegen die Feinde Christi aufgeglommen war.

Gleich als wäre jedoch das Benehmen des Kaisers durch Leidenschaft statt durch Grundsätze geleitet worden, vergingen nach der Kirchenversammlung von Nicäa kaum drei Jahre, als er auch schon Spuren von Erbarmen, ja von Nachsicht mit der geächteten Sekte zeigte, die insgeheim von der geliebtesten seiner Schwestern beschützt wurde. Die Verbannten wurden zurückgerufen und Eusebius, der nach und nach seinen Einfluß auf Konstantins Seele wiedergewann, auf den bischöflichen Thron, dessen er schimpflich entsetzt worden, neuerdings erhoben. Arius selbst wurde von dem ganzen Hofe mit jener Hochachtung behandelt, die einem unschuldigen und verfolgten Mann gebühren mag. Die Synode von Jerusalem hieß sein Glaubensbekenntnis gut, und der Kaiser erließ voll Ungeduld, sein Unrecht wiedergutzumachen, den gemessensten Befehl, daß Arius in der Kathedrale von Konstantinopel feierlich zur Kommunion zugelassen werden solle. Arius starb aber an demselben Tag, der Zeuge seines Triumphes hätte sein sollen; – und die seltsamen und schrecklichen Umstände seines Todes mochten den Verdacht erregen, daß die orthodoxen Heiligen wirksamer als durch ihre Gebete beigetragen hätten die Kirche von ihrem furchtbarsten Feind zu befreien. Die drei vornehmsten Häupter der Katholiken, Athanasius von Alexandria, Eustathius von Antiochia und Paul von Konstantinopel wurden auf verschiedene Anklagen durch das Urteil zahlreicher Konzilien abgesetzt und nachher in ferne Provinzen von dem ersten christlichen Kaiser verbannt, der in seinen letzten Augenblicken das Sakrament der Taufe von den Händen des arianischen Bischofs von Nikomedia empfing.

Die Kirchenregierung Konstantins läßt sich gegen den Vorwurf des Leichtsinnes und der Schwäche nicht rechtfertigen. Aber der leichtgläubige, in den Listen der theologischen Kriegskunst unerfahrene Monarch mochte durch die bescheidenen und scheinbaren Beteuerungen der Ketzer, deren Ansichten er nie völlig verstand, getäuscht werden; denn obschon er Arius beschützte und Athanasius verfolgte, betrachtete er fortwährend das Konsilium von Nicäa als das Bollwerk des christlichen Glaubens und als den besonderen Ruhm seiner Regierung.

Die Söhne Konstantins mußten von Kindheit an in die Reihe der Katechumenen aufgenommen worden sein, aber in der Verschiebung der Taufe ahmten sie das Beispiel ihres Vaters nach. Gleich ihm erdreisteten sie sich ihr Urteil über Mysterien zu fällen, in welche sie nie regelmäßig eingeweiht worden waren, und das Schicksal des Dreieinigkeitsstreites hing in hohem Grade von den Gesinnungen des Konstantius ab, der die Provinzen des Ostens erbte und den Besitz des ganzen Reiches erwarb. Jener arianische Presbyter oder Bischof, der zu seinem Gebrauch das Testament des verstorbenen Kaisers beiseite gebracht hatte, machte sich die günstige Gelegenheit zu Nutze, welche ihm die vertraute Gewogenheit eines Fürsten zuwendete, dessen öffentliche Maßnahmen stets durch seine häuslichen Günstlinge geleitet wurden. Die Eunuchen und Sklaven verbreiteten das geistige Gift im Palast, und die gefährliche Ansteckung wurde durch die weibliche Dienerschaft den Leibwachen und durch die Kaiserin ihrem nichts Arges ahnenden Gemahle mitgeteilt.

Die Vorliebe, welche Konstantius stets für die eusebianische Partei an den Tag legte, wurde allmählich durch das gewandte Benehmen ihrer Häupter erhöht, und sein Sieg über den Tyrannen Magnentius vermehrte sowohl seine Neigung als seine Fähigkeit, die Waffen der Macht zugunsten des Arianismus zu verwenden. Während die beiden Heere in der Ebene von Mursa kämpften und das Schicksal der beiden Nebenbuhler von den Wechselfällen des Krieges abhing, verbrachte der Sohn Konstantins qualvolle Augenblicke in der Kirche der Märtyrer, dicht an der Mauer der Stadt. Valens, der arianische Bischof der Diözese und seine geistlichen Priester nahmen die schlauesten Maßregeln, um sich früh genug solche Nachrichten zu verschaffen, welche entweder seine Gunst oder sein Entkommen sichern mochten. Eine geheime Kette schneller und treuer Boten unterrichtete ihn von den Wechselfällen der Schlacht, und während die Höflinge ihren geängstigten Gebieter bebend umstanden, beteuerte Valens, daß die gallischen Legionen wichen und gab mit Geistesgegenwart an, es sei ihm der glorreiche Ausgang von einem Engel geoffenbart worden. Der dankbare Kaiser schrieb sein Glück der Frömmigkeit und der Fürbitte des Bischofs von Mursa zu, dessen Glaube die öffentliche und wunderbare Billigung des Himmels erhalten hatte. Die Arianer betrachteten den Sieg des Konstantius als ihren eigenen und erhoben seinen Ruhm über den seines Vaters. Der Bischof Cyrill von Jerusalem verfaßte sogleich die Beschreibung eines himmlischen von einem prachtvollen Regenbogen umgebenen Kreuzes, welches am Pfingstfest um die dritte Stunde des Tages zur Erbauung der frommen Pilgrimme und der Bewohner der heiligen Stadt über dem Ölberg erschienen wäre. Der Umfang des Meteors wurde allmählich vergrößert und der arianische Geschichtsschreiber wagte zu behaupten, daß beide Heere es in den Ebenen von Pannonien gesehen hätten und daß der Tyrann, der geflissentlich als ein Götzendiener dargestellt wird, vor dem glückbringenden Zeichen der rechtgläubigen Christenheit geflohen wäre.

Die Ansichten eines urteilsfähigen Fremden, der mit Unparteilichkeit den Verlauf der bürgerlichen oder kirchlichen Zwietracht beobachtet, haben stets ein Recht auf unsere Berücksichtigung: eine kurze Stelle aus dem Ammianus, der unter den Heeren des Konstantius gedient und seinen Charakter studiert hat, besitzt daher auch wohl einen höheren Wert als viele Blätter voll theologischer Schmähungen. »Die christliche Religion, welche an und für sich selbst«, sagt dieser gemäßigte Geschichtsschreiber, »verständlich und einfach ist, verwirrte er durch die Faselei des Aberglaubens. Statt die Parteien durch das Gewicht seiner Macht zu versöhnen, nährte und pflanzte er durch Wortgezänke die Zwistigkeiten fort, welche durch müßige Neugierde erregt worden waren. Die Heerstraßen waren mit Scharen von Bischöfen bedeckt, die von allen Seiten zu den Versammlungen galoppierten, die sie Synoden nennen, und während sie die ganze Sekte zu ihren eigenen Ansichten zu bekehren sich abmühten, wurde die öffentliche Anstalt der Posten durch ihre eilfertigen und wiederholten Reisen fast ruiniert.« Unsere genaue Kunde von den kirchlichen Verhandlungen während der Regierung des Konstantius vermöchte einen umständlichen Kommentar zu dieser merkwürdigen Stelle zu liefern, welcher des Athanasius verständige Befürchtung rechtfertigte, daß die rastlose Tätigkeit des Klerus, der im ganzen Reich die Runde mache, um den wahren Glauben zu erspähen, die Verachtung und das Gelächter der ungläubigen Welt erregen würde.

Sobald der Kaiser von den Schrecken des Bürgerkrieges erlöst war, widmete er seine Muße in den Winterquartieren zu Arles, Mailand, Sirmium und Konstantinopel den Freuden oder Mühen des Streites: das Schwert der höchsten Obrigkeit, ja des Tyrannen wurde aus der Scheide gezogen, um den Gründen des Theologen Nachdruck zu geben, und da er sich dem orthodoxen Glauben von Nicäa widersetzte, wird bereitwillig zugegeben, daß seine Unfähigkeit und Unwissenheit seiner Anmaßung gleichkam. Die Eunuchen, Frauen und Bischöfe, welche die schwache Seele des Kaisers beherrschten, hatten ihm eine unüberwindliche Abneigung gegen das Homousion eingeflößt; aber sein scheues Gewissen wurde durch die Gottlosigkeit des Aetius in Unruhe versetzt. Die Schuld dieses Atheisten wurde durch die verdächtige Gunst des unglücklichen Gallus erschwert, ja selbst die Ermordung der zu Antiochia gemetzelten kaiserlichen Mini-

ster den Ratschlägen dieses gefährlichen Sophisten zugeschrieben.

Die Seele des Konstantius, welche weder durch die Vernunft gezügelt noch durch den Glauben gefestigt werden
konnte, wurde durch seinen Abscheu von den entgegengesetzten Extremen blindlings nach jedem Rand des finsteren
und leeren Abgrundes getrieben; den Ansichten der arianischen und semiarianischen Partei pflichtete er bald bei, bald
verdammte er sie, verbannte ihre Häupter jetzt und jetzt rief
er sie zurück. Während der Zeit öffentlicher Geschäfte oder
Festlichkeiten brachte er ganze Tage, ja sogar Nächte hin, die
Wörter zu wählen und die Silben zu wiegen, aus denen seine
schwankenden Glaubensbekenntnisse bestanden. Der Gegenstand seiner Meditationen verfolgte ihn sogar störend während seines Schlummers, die unzusammenhängenden Träume
des Kaisers wurden als himmlische Gesichte betrachtet, und
mit Selbstgefälligkeit nahm er den erhabenen Titel Bischof
der Bischöfe von jenen Geistlichen an, welche das Interesse
ihres Standes der Befriedigung ihrer Leidenschaft zum Opfer
brachten. Der Plan, eine Gleichheit der Glaubenslehren zu
begründen, welcher ihn vermochte so viele Synoden in Gallien, Italien, Illyrien und Asien zu berufen, scheiterte wiederholt an seinem eigenen Leichtsinn, an den Spaltungen unter
den Arianern selbst und an dem Widerstand der Katholiken,
bis er endlich als letzte und entscheidende Maßregel beschloß,
die Ratschlüsse einer allgemeinen Kirchenversammlung ge-
bieterisch zu diktieren. Das zerstörende Erdbeben von Nikomedia, die Schwierigkeit einen passenden Platz zu finden und
vielleicht einige geheime Beweggründe der Politik bewirkten
eine Änderung in der Zusammenberufung. Die Bischöfe des
Ostens wurden aufgefordert sich zu Seleucia in Thrakien ein-
zufinden, während die des Westens zu Rimini am adriatischen Meer beratschlagten, und anstatt zwei oder drei Bevollmächtigte aus jeder Provinz erhielt der ganze bischöfliche
Stand Marschbefehl.

Das orientalische Konsilium trennte sich, nachdem es vier
Tage in stürmischen und nutzlosen Debatten vergeudet hatte,
unverrichteter Dinge. Das Konsilium des Westens dagegen

wurde bis in den siebenten Monat verlängert. Der prätorianische Präfekt Taurus hatte den Auftrag, die Bischöfe nicht eher zu entlassen, als bis sie sich in ihren Meinungen vereinigt haben würden, und seine Bemühungen wurden durch die Macht, 15 der Widerspenstigen zu verbannen, unterstützt und durch die Verheißung des Konsulates, im Fall er ein so schwieriges Abenteuer vollbrächte, befeuert. Seine Bitten und Drohungen, das Ansehen des Souveränes, die Sophismen des Valens und Ursacius, Elend durch Kälte und Hunger und die niederschlagende Aussicht hoffnungsloser Verbannung erpreßten endlich die unwillige Zustimmung der Bischöfe von Rimini. Die Abgeordneten des Ostens und Westens warteten dem Kaiser in dem Palast von Konstantinopel auf, und er genoß die Genugtuung, der Welt ein Glaubensbekenntnis aufzuerlegen, welches die *Ähnlichkeit* des Sohnes festsetzte, ohne die *Mitwesenheit* auszusprechen. Dem Triumphe des Arianismus ging jedoch die Entfernung derjenigen orthodoxen Geistlichkeit voraus, die man weder bestechen noch einschüchtern konnte; und die ungerechte und unwirksame Verfolgung des großen Athanasius schändete die Regierung des Konstantius.

Wir haben nur selten Gelegenheit, es sei im tätigen oder im spekulativen Leben, zu beobachten, welche Wirkungen hervorgebracht und welche Hindernisse überwältigt werden können durch die Kraft eines einzigen Geistes, wenn er sich unwandelbar der Verfolgung eines einzigen Zieles widmet. Der unsterbliche Name des Athanasius wird nie von der katholischen Dreieinigkeitslehre getrennt werden, deren Verteidigung er jeden Augenblick und jede Kraft des Lebens widmete. Im Haushalt Alexanders erzogen widersetzte er sich mit Macht dem frühesten Fortschreiten der arianischen Ketzerei, verrichtete er das Amt eines Sekretärs unter dem hochbejahrten Prälaten, und die Väter der nicäischen Kirchenversammlung waren mit Erstaunen und Hochachtung Zeugen der aufstrebenden Tugenden des jungen Diakon. In den Zeiten öffentlicher Gefahr werden die verrosteten Ansprüche des Alters und Ranges zuweilen beiseite geschoben, und fünf Monate nach seiner Rückkehr von Nicäa saß der Diakon

Athanasius auf dem erzbischöflichen Thron von Ägypten. Er füllte die erhabene Stellung über sechsundvierzig Jahre aus, und seine lange Regierung verging unter beständigem Kampf gegen die Macht des Arianismus. Fünfmal wurde Athanasius von seinem Thron vertrieben, zwanzig Jahre brachte er als Verbannter oder als Flüchtling zu, und fast jede römische Provinz war nacheinander Zeuge seines Verdienstes und seiner Leiden in der Sache des Homousion, die er als einziges Vergnügen und Geschäft, als Pflicht und Ruhm seines Lebens betrachtete.

Mitten unter den Stürmen der Verfolgung war er unablässig in seinem Beruf, eifersüchtig auf seinen Ruhm, unbekümmert um seine Sicherheit, und obschon seine Seele von der Ansteckung des Fanatismus nicht frei blieb, entwickelte Athanasius doch eine Hoheit des Charakters und eine Überlegenheit der Talente, welche bei weitem mehr ihn als die entarteten Söhne Konstantins zur Regierung einer großen Monarchie geeignet hätten. Seine Gelehrsamkeit war minder tief und umfassend als die des Eusebius von Cäsarea, und seine kernhafte Beredsamkeit konnte nicht mit der geglätteten Rednerkunst Gregors oder Basilius' verglichen werden: so oft aber der Primas von Ägypten sich aufgefordert fühlte seine Ansichten oder sein Benehmen zu rechtfertigen, war sein Stil, er mochte unvorbereitet sprechen oder schreiben, klar, kraftvoll, überzeugend. Er war in der orthodoxen Schule stets als einer der genauesten Lehrer der christlichen Theologie verehrt worden, nebenbei aber hielt man ihn für eingeweiht in zwei profane, mit dem Charakter eines Bischofs minder verträgliche Wissenschaften, nämlich in die Rechtsgelehrsamkeit und Wahrsagerkunst. Einige glückliche Erratungen der Zukunft, welche unparteiischere Richter der Erfahrung und der Einsicht des Athanasius zuschreiben mochten, wurden von seinen Freunden himmlischer Eingebung beigemessen und von seinen Feinden höllischer Magie Schuld gegeben.

Da jedoch Athanasius beständig mit den Vorurteilen und Leidenschaften von Menschen jedes Standes, vom Mönch bis zum Kaiser zu kämpfen hatte, war die Kenntnis der menschlichen Natur seine erste und wichtigste Wissenschaft. Er bewahrte eine klare und ununterbrochene Übersicht einer im beständigen Wechsel begriffenen Bühne und verfehlte nie jene entscheidenden Augenblicke zu benutzen, welche unwiederbringlich verschwunden sind, bevor ein gewöhnliches Auge ihrer auch nur gewahr wird. Der Erzbischof von Alexandria war imstande genau zu unterscheiden, wie weit er mit Kühnheit gebieten konnte und wann er mit Gewandtheit zureden mußte; wie lange er gegen die Macht ankämpfen und wann es seine Pflicht war sich der Verfolgung zu entziehen, und während er die Bannstrahlen der Kirche gegen Ketzerei und Aufruhr lenkte, vermochte er im Schoß seiner eigenen Partei den biegsamen und nachsichtigen Charakter eines klugen Anführers anzunehmen.

Die Wahl des Athanasius entging zwar keineswegs dem Vorwurfe der Unregelmäßigkeit und Übereilung; aber sein vortreffliches Benehmen gewann ihm die Liebe sowohl der Geistlichkeit als des Volkes. Die Bewohner von Alexandria brannten vor Ungeduld zur Verteidigung eines beredten und freigebigen Hirten zu den Waffen zu greifen. In seinem Unglück gewährte ihm die treue Anhänglichkeit des Klerus seines Sprengels stets Hilfe oder wenigstens Trost, und die hundert Bischöfe von Ägypten hielten mit unerschütterlichem Eifer an der Sache des Athanasius fest. In jenem bescheidenen Aufzug, wie ihn wohl auch Stolz und Politik affektieren, unternahm er häufig die bischöfliche Visitation seiner Provinzen von der Mündung des Nils bis zu den Grenzen von Äthiopien, redete herzlich mit dem Geringsten des Volkes und grüßte demutsvoll die frommen Einsiedler der Wüste. Aber nicht bloß in den Versammlungen der Geistlichkeit unter Männern, deren Bildung und Sitten den seinigen ähnlich waren, bewahrte Athanasius die Überlegenheit seines Geistes. Er erschien mit ungezwungener und ehrfurchtsvoller Festigkeit an den Höfen der Fürsten, und in den verschiedenen Wechselfällen seines guten und bösen Glückes verlor er weder je das Vertrauen seiner Freunde noch je die Achtung seiner Feinde.

In jüngeren Jahren widersetzte sich der Primas von Ägypten Konstantin dem Großen, der ihm wiederholt seinen Willen zu erkennen gegeben hatte, daß Arius wieder zur katholischen Kommunion zugelassen werden solle. Der Kaiser mochte diese unerschütterliche Entschlossenheit ehren, vielleicht verzeihen, und die Partei, welche Athanasius als ihren furchtbarsten Feind betrachtete, sah sich gezwungen ihren Haß zu verbergen und in der Stille einen indirekten und fernen Angriff vorzubereiten. Sie verbreitete böse Gerüchte, stellte den Erzbischof als einen stolzen und unterdrückenden Tyrannen dar und beschuldigte ihn dreist der Verletzung des Vertrages, der im nicäischen Konzil mit den schismatischen Anhängern des Meletius genehmigt worden war. Athanasius hatte diesen schimpflichen Frieden offen gemißbilligt und der Kaiser neigte sich zu dem Glauben hin, daß jener seine geistliche und weltliche Macht zur Verfolgung dieser verhaßten Sektierer gemißbraucht, einen Kelch in einer ihrer Kirchen am Mareotis frevelhaft zerbrochen, sechs ihrer Bischöfe gegeißelt oder eingekerkert habe, und daß Arsenius, ein siebter Bischof ihrer Partei, von der grausamen Hand des Primaten ermordet oder wenigstens verstümmelt worden wäre. Diese Beschuldigungen, welche gegen seine Ehre und sein Leben gerichtet waren, wurden von Konstantin seinem Bruder Dalmatius dem Zensor überwiesen, der zu Antiochia residierte; die Kirchenversammlungen von Cäsarea und Tyrus wurden nacheinander berufen und die Bischöfe des Ostens beauftragt in der Sache des Athanasius Recht zu sprechen, bevor sie zur Einweihung der neuen Auferstehungskirche zu Jerusalem schritten.

Der Primas mochte sich seiner Unschuld bewußt sein; aber er sah ein, daß derselbe unversöhnliche Geist, von welchem die Anklage ausging, das Verfahren und das Urteil sprechen würde. Er lehnte weislich das Tribunal seiner Feinde ab, verachtete die Vorladungen der Synode von Cäsarea und fügte sich nach langer und schlauer Zögerung endlich dem gemessenen Befehl des Kaisers, der seinen verbrecherischen Ungehorsam zu bestrafen drohte, wenn er sich weigern würde vor der Kirchenversammlung von Tyrus zu erscheinen. Bevor jedoch Athanasius an der Spitze von 50 ägyptischen Prälaten von Alexandria absegelte, hatte er sich weislich den Beistand der Meletianer gesichert, und Arsenius selbst, sein angebliches Opfer und geheimer Freund war sorgfältig unter seinem Gefolge verborgen. Die Synode von Tyrus wurde von Eusebius von Cäsarea mit mehr Leidenschaft und weniger Gewandtheit geleitet als man von seiner Gelehrsamkeit und Erfahrung hätte erwarten sollen; seine zahlreiche Partei wiederholte die Namen Mörder und Tyrann und ihr Geschrei wurde durch die anscheinende Geduld des Athanasius ermuntert, welcher nur den entscheidenden Augenblick erwartete, um Arsenius lebendig und unverletzt in Mitte der Versammlung vorzuführen. Die Beschaffenheit der anderen Beschuldigungen ließ keine so klaren und einredelosen Antworten zu; indessen war der Erzbischof imstande zu beweisen, daß in dem Dorf, wo er beschuldigt war den geweihten Kelch zerbrochen zu haben, in der Tat weder Kirche noch Altar noch Kelch vorhanden sein konnte. Die Arianer, welche insgeheim die Schuld und Verurteilung ihres Feindes beschlossen hatten, versuchten wenigstens ihre Ungerechtigkeit durch Nachahmung richterlicher Formen zu verschleiern: die Synode ernannte eine bischöfliche Kommission von sechs Abgeordneten, um an Ort und Stelle Untersuchung zu pflegen, und diese Maßregel, der sich die ägyptischen Bischöfe kräftig widersetzten, gab zu neuen Szenen der Gewalttat und des Meineides Anlaß. Nach Rückkehr der Bevollmächtigten sprach die Mehrheit des Konsiliums ihr Schlußurteil gegen den Primas von Ägypten: es lautete auf Entsetzung und Verbannung. Diese Sentenz, abgefaßt in der feindseligsten Sprache der Bosheit und Rachsucht, wurde dem Kaiser und der katholischen Kirche mitgeteilt: worauf die Bischöfe alsbald jenes milde und demütige Wesen wieder annahmen, wie es zur frommen Pilgerfahrt nach dem Grab Christi paßte.

Aber die Ungerechtigkeit dieser geistlichen Richter erhielt weder durch Athanasius' Unterwerfung, ja nicht einmal durch seine Anwesenheit Vollkraft. Vielmehr beschloß er einen kühnen und gefährlichen Versuch zu machen, ob der Thron für die Stimme der Wahrheit unzugänglich wäre, und bevor noch zu Tyrus das Endurteil gesprochen werden konnte, hatte sich der unerschrockene Prälat in eine Barke geworfen, die nach der kaiserlichen Stadt segelte. Die Bitte um eine förmliche Audienz würde entweder abgeschlagen oder umgangen worden sein; Athanasius verheimlichte aber seine Ankunft, wartete den Augenblick der Rückkehr Konstantins von einer Villa ab und trat seinem zürnenden Souveräne kühn entgegen, als er zu Pferde durch die Hauptstraße von Konstantinopel kam. Eine so seltsame Erscheinung setzte ihn in Erstaunen und Entrüstung und die Leibwachen erhielten Befehl den zudringlichen Bittwerber zu entfernen: aber unwillkürliche Achtung zähmte des Kaisers Grimm, und sein stolzer Geist wurde durch den Mut und die Beredsamkeit eines Bischofs, der ihn um Gerechtigkeit anflehte und sein Gewissen weckte, mit ehrfurchtsvoller Scheu erfüllt.

Konstantin hörte die Klagen des Athanasius mit unparteiischer ja selbst gnädiger Aufmerksamkeit an; die Mitglieder der Kirchenversammlung von Tyrus wurden aufgefordert ihr Verfahren zu rechtfertigen, und die Künste der eusebianischen Partei wären zuschanden geworden, wenn sie die Schuld des Primaten nicht durch die gewandte Unterschiebung eines unverzeihlichen Vergehens erschwert hätten, eines verbrecherischen Plans nämlich, die Getreideflotte von Alexandria, welche die neue Hauptstadt mit Lebensmitteln versorgte, aufzufangen und zurückzuhalten. Der Kaiser war überzeugt, daß der Friede von Ägypten durch die Abwesenheit eines vom Volke geliebten Anführers gesichert sein würde, verweigerte es aber, den erledigten Thron des Erzbischofs zu besetzen, und das Unheil, welches er nach langem Zögern aussprach, war mehr das eines eifersüchtigen Ostrazismus als eines schimpflichen Exils. In der fernen Provinz Gallien, aber an dem gastfreundlichen Hof von Trier brachte Athanasius gegen achtundzwanzig Monate zu. Der Tod des Kaisers verwandelte die Gestalt der öffentlichen Angelegenheiten, und während der allgemeinen Milde einer neuen Regierung wurde der Primat durch ein ehrenvolles Edikt des jüngeren Konstantin, der das tiefste Gefühl für die Unschuld und die Verdienste seines ehrwürdigen Gastes ausdrückte, seinem Vaterland wiedergegeben.

Der Tod dieses Fürsten stellte Athanasius einer zweiten Verfolgung bloß, und der schwache Konstantius, der Souverän des Ostens, wurde bald der geheime Mitschuldige der Eusebianer. Neunzig Bischöfe dieser Sekte oder Partei versammelten sich zu Antiochia unter dem schönen Vorwand, die Kathedrale einzuweihen. Sie verfaßten ein zweideutiges, von den Farben des Semiarianismus schwach schillerndes Glaubensbekenntnis und 25 Kanones, welche die Disziplin der orthodoxen Griechen noch fortwährend regulieren. Es wurde und zwar mit einigem Anschein von Billigkeit entschieden, daß ein durch eine Synode entsetzter Bischof seine bischöflichen Funktionen nur dann wieder ausüben dürfe, wenn er durch das Urteil einer gleichen Synode losgesprochen worden sei. Das Gesetz wurde unverzüglich auf den Fall des Athanasius angewendet; die Kirchenversammlung von Antiochia sprach seine Absetzung aus oder bestätigte sie vielmehr; ein Fremder, Namens Gregorius, bestieg seinen Thron und Philagrius, der Präfekt von Ägypten erhielt den Auftrag, den neuen Primaten durch die bürgerliche und militärische Macht der Provinz zu unterstützen.

Athanasius sah sich durch die Verschwörung der asiatischen Prälaten überwältigt, verließ Alexandria und brachte drei Jahre als Verbannter und Schutzsuchender auf der heiligen Schwelle des Vatikans zu. Durch emsiges Studium der lateinischen Sprache setzte er sich bald in den Stand mit dem lateinischen Klerus zu unterhandeln, und seine wohlabgemessene Schmeichelei beherrschte und lenkte den stolzen Julius. Der römische Papst ließ sich überreden seine Berufung auf ihn als das besondere Interesse des apostolischen Stuhles zu betrachten, und eine Synode von 50 Bischöfen Italiens erklärte einstimmig seine Unschuld. Nach Verlauf von drei Jahren wurde der Primas von dem Kaiser Konstans, der trotz seiner Versenkung in verbotene Wollüste, die lebendigste Ehrfurcht vor dem orthodoxen Glauben bekannte, nach dem Hofe von Mailand entboten. Die Sache der Wahrheit und Gerechtigkeit wurde durch den Einfluß des Goldes befördert, und die Minister des Konstans rieten ihrem Souveräne eine Versammlung von Geistlichen zu berufen, welche als Stellvertreter der katholischen Kirche handeln möchten. 94 Bischöfe des Westens und 76 Bischöfe des Ostens trafen sich zu Sardika an der Grenze beider Reiche aber in dem Gebiet des Beschützers des Athanasius. Ihre Verhandlungen arteten bald in feindselige Streitigkeiten aus; die Asiaten um ihre persönliche Sicherheit besorgt, zogen sich nach Philippopolis in Thrakien zurück, und die nebenbuhlerischen Synoden schleuderten abwechselnd die Donner der Kirche gegen *ihre* Feinde, welche sie in ihrer Frömmigkeit als die Feinde des wahrhaften Gottes verdammten. Ihre Beschlüsse wurden in ihren bezüglichen Provinzen kundgemacht und bestätigt, und Athanasius, im Westen als ein Heiliger verehrt, dem Abscheu des Ostens als ein Verbrecher preisgegeben. Die Kirchenversammlung von Sardika enthüllte die ersten Symptome der Zwietracht und des Schisma zwischen der griechischen und lateinischen Kirche, welche durch den zufälligen Unterschied des Glaubens und die bleibende Verschiedenheit der Sprache getrennt waren.

Athanasius hatte während seines zweiten Exils im Westen häufig bei dem Kaiser Audienz: zu Kapua, Lodi, Mailand, Verona, Padua, Aquileja und Trier. Gewöhnlich wohnte der Bischof der Diözese diesen Unterhandlungen bei; der erste Minister stand vor dem Vorhang des geheiligten Gemaches, und die gleichförmige Mäßigung des Primaten konnte durch diese achtbaren Zeugen bestätigt werden, auf deren Aussage er sich feierlich beruft. Ohne Zweifel riet schon die Klugheit zu dem milden und ehrfurchtsvollen Ton, der einem Untertan und Bischöfe ziemte. In diesen vertrauten Unterredungen mit dem Beherrscher des Westens mochte Athanasius den Irrtum des Konstantius tief bedauern: aber die Schuld seiner Eunuchen und seiner arianischen Prälaten klagte er kühn an, beweinte die Not und Gefahr der katholischen Kirche und regte Konstans auf, den Glaubenseifer und Ruhm seines Vaters nachzuahmen. Der Kaiser erklärte seinen Entschluß, die Truppen und Schätze von Europa zugunsten der rechtgläubigen Sache zu verwenden und kündete in einem kurzen und gemessenen Schreiben seinem Bruder Konstantius an, daß, wenn er nicht in die unverzügliche Wiedereinsetzung des Athanasius willigte, er selbst mit einer Flotte und einem Heer den Erzbischof auf den Thron von Alexandria zurückführen werde. Aber die Nachgiebigkeit des Konstantius verhinderte noch zu rechter Zeit diesen Religionskrieg so schrecklicher Natur, und der Kaiser des Ostens ließ sich herab eine Versöhnung mit einem Untertan nachzusuchen, den er beleidigt hatte.

Athanasius wartete mit geziemendem Stolze, bis er nacheinander drei Schreiben voll der stärksten Versicherungen des Schutzes, des Wohlwollens und der Hochachtung seines Souveränes erhalten hatte, welcher ihn einlud seinen bischöflichen Sitz wieder einzunehmen und die demütigende Vorsicht hinzufügte, durch seine vorzüglichsten Minister die Aufrichtigkeit seiner Absichten bezeugen zu lassen. Dieselben wurden auf eine noch viel öffentlichere Weise durch die nach Ägypten gesandten strengen Befehle kund, die Anhänger des Athanasius zurückzuberufen, ihre Privilegien wiederherzustellen, ihre Unschuld zu verkünden und aus den öffentlichen Protokollen die ungesetzlichen Prozeduren zu streichen, welche während des Übergewichts der eusebianischen Partei stattgefunden hatten. Nachdem jede Genugtuung und Bürgschaft, welche die Gerechtigkeit, ja sogar welche die Zartheit erforderlich machen mochte, gegeben worden war, zog der Primas in langsamen Tagereisen durch die Provinzen Thrazien, Asien und Syrien, und seine Reise wurde durch die kriechende Huldigung der orientalischen Bischöfe merkwürdig, die seine Verachtung rege machte aber seinen Scharfblick nicht täuschen konnte. Zu Antiochia traf er mit dem Kaiser Konstantius zusammen, empfing mit bescheidener Festigkeit die Umarmungen und Beteuerungen seines Gebieters und wich dem Ansinnen, den Arianern zu Alexandria wenigstens eine einzige Kirche zu gönnen, durch die Forderung gleicher Toleranz für seine eigene Partei in den übrigen Städten des Reiches aus, eine Antwort, die gerecht und gemäßigt im Mund eines unabhängigen Fürsten gewesen wäre. Die Ankunft des Erzbischofs in seiner Hauptstadt war ein Triumphzug; Abwesenheit und Verfolgung hatten ihn den Alexandrinern noch teuerer gemacht; seine Macht, die er mit Strenge ausübte, war mehr als je befestigt und sein Ruhm von

Äthiopien bis Britannien in dem ganzen Umfang der christlichen Welt verbreitet.

Ein Untertan, der seinem Fürsten die Notwendigkeit sich zu verstellen auferlegt hat, kann nie auf eine aufrichtige und andauernde Verzeihung rechnen, und das tragische Ende des Konstans beraubte den Athanasius bald eines mächtigen und edelmütigen Beschützers. Der Bürgerkrieg zwischen Konstans' Mörder und dem einzigen ihn überlebenden Bruder, welcher das Reich über drei Jahre zerrüttete, sicherte der katholischen Kirche eine Zwischenzeit der Ruhe, und beide streitenden Parteien wünschten die Freundschaft eines Bischofs zu gewinnen, der durch sein persönliches Ansehen die schwankende Entschließung einer wichtigen Provinz bestimmen mochte. Er erteilte den Abgesandten des Tyrannen, der geheimen Korrespondenz mit welchen er später bezüchtigt wurde, Audienz; und der Kaiser Konstantius versicherte wiederholt seinem teuersten Vater, dem hochwürdigsten Athanasius, daß er trotz der boshaften Gerüchte, welche durch ihre gemeinsamen Feinde ausgesprengt worden wären, sowohl die Gesinnungen als den Thron seines verstorbenen Bruders geerbt habe.

Dankbarkeit und Menschengefühl mochten den Primas von Ägypten geneigt machen das vorzeitige Ende des Konstans zu beklagen und das Verbrechen des Magnentius zu verabscheuen: da er aber klar einsah, daß sein einziger Schutz nur in Konstantius' Furcht liege, dürfte die Inbrunst seines Gebetes um Sieg für die gerechte Sache nicht allzufeurig gewesen sein. Das Verderben des Athanasius wurde nicht mehr durch die im Finstern schleichende Bosheit einiger bigotten oder erbosten Bischöfe erstrebt, welche die Macht eines leichtgläubigen Monarchen mißbrauchten. Der Monarch selbst erklärte seinen so lange Zeit hindurch unterdrückten Entschluß, die ihm widerfahrenen Beleidigungen zu rächen, und verwandte den ersten Winter nach seinem Sieg, welchen er zu Arles zubrachte, gegen einen Feind, den er mehr haßte als den besiegten Tyrannen von Gallien.

Wenn der Eigensinn des Kaisers den Tod des vornehmsten und tugendhaftesten Bürgers der Republik beschlossen hätte, so würde der grausame Befehl von den Dienern offener Gewalt oder bemäntelter Ungerechtigkeit ohne Aufschub vollzogen worden sein. Die Behutsamkeit, die Zögerung, die Schwierigkeit, mit welcher man bei der Verurteilung und Bestrafung eines vom Volk geliebten Bischofs zu Werke ging, offenbarten der Welt, daß die Privilegien der Kirche bereits einen Sinn für Ordnung und Freiheit bei der römischen Regierung wieder in das Leben gerufen hatten. Die Sentenz, welche die Synode von Tyrus gefällt und eine große Mehrheit der orientalischen Bischöfe unterzeichnet hatte, war nie ausdrücklich widerrufen worden, und da Athanasius durch das Urteil seiner Brüder einmal der bischöflichen Würde entsetzt worden war, konnte jede folgende Handlung als ungesetzlich, ja selbst als verbrecherisch angesehen werden. Aber die Erinnerung an die feste und ausgiebige Stütze, welche Athanasius in der Anhänglichkeit der westlichen Kirche gefunden hatte, vermochte Konstantius die Vollziehung des Unheiles einzustellen, bis er sich der Mitwirkung der lateinischen Bischöfe versichert hatte.

Zwei Jahre vergingen mit kirchlichen Verhandlungen und der wichtige Prozeß zwischen dem Kaiser und einem seiner Untertanen wurde feierlich zuerst von der Synode von Arles und dann vor der großen Kirchenversammlung von Mailand geführt, welche aus mehr denn 300 Bischöfen bestand. Ihre Redlichkeit wurde allmählich durch die Gründe der Arianer, durch die Gewandtheit der Eunuchen und durch die dringenden Bewerbungen eines Fürsten untergraben, welcher seine Rache auf Unkosten seiner Würde befriedigte und seine eigenen Leidenschaften entblößte, während er auf die der Geistlichkeit einwirkte. Bestechung, das untrüglichste Merkmal konstitutioneller Freiheit, wurde mit Erfolg versucht; Ehren, Geschenke und Freiheiten wurden als Preis der Stimme eines Bischofs angeboten und angenommen*, und die

---

* Die Ehren, Geschenke und Schmausereien, welche so viele Bischöfe verführten, werden mit Entrüstung von denjenigen erwähnt, welche zu redlich oder zu stolz waren sie anzunehmen. »Wir kämpfen«, sagt Hilarius von Poitiers, »gegen den Antichrist Konstantius, der den Bauch streicht statt den Rücken zu geißeln.«

Verdammung des Primaten von Alexandria mit Schlauheit als das einzige Mittel geschildert, um in der katholischen Kirche wieder Friede und Eintracht herzustellen.

Die Freunde des Athanasius wurden jedoch weder ihrem Anführer noch ihrer Sache untreu. Mit männlichem Mut, dessen Gefahr allerdings durch die Heiligkeit ihres Charakters vermindert wurde, verteidigten sie sowohl in den öffentlichen Verhandlungen als in Privatunterredungen mit dem Kaiser die ewige Verpflichtung der Religion und Gerechtigkeit. Sie erklärten, daß weder Hoffnung auf seine Gunst noch Furcht vor seiner Ungnade sie vermögen könne in die Verdammung eines abwesenden, unschuldigen und achtbaren Bruders zu willigen. Sie behaupteten mit anscheinendem Recht, daß die ungesetzlichen und veralteten Beschlüsse des Konsiliums von Tyrus längst stillschweigend durch die kaiserlichen Edikte, durch die ehrenvolle Wiedereinsetzung des Erzbischofs von Alexandria und durch das Stillschweigen oder den Widerruf seiner lautesten Gegner abgeschafft worden wären. Sie führten an, daß seine Unschuld von den Bischöfen von Ägypten einstimmig bezeugt und in den Konzilien von Rom und Sardika durch das unparteiische Urteil der lateinischen Kirche anerkannt worden sei. Sie beklagten das harte Schicksal des Athanasius, welcher, nachdem er so viele Jahre seinen Bischofssitz, seinen Ruhm und das anscheinende Vertrauen seines Souveränes genossen hätte, abermals genötigt wäre die grundlosesten und ausschweifendsten Beschuldigungen zu widerlegen. Ihre Sprache hatte den guten Schein für sich und ihr Benehmen war ehrenvoll: aber in diesem langen und hartnäckigen Kampf, der die Blicke des ganzen Reiches auf einen einzigen Bischof fesselte, waren die kirchlichen Parteien gerüstet die Sache der Wahrheit und Gerechtigkeit dem ihre Interessen näher berührenden Zweck zu opfern, die einen, um den unerschütterlichen Verfechter des nicäischen Glaubensbekenntnisses zu verteidigen, die anderen, um ihn zu entfernen. Die Arianer hielten es fortwährend für rätlich ihre wirklichen Gesinnungen und Absichten in zweideutiger Sprache zu verhüllen: aber die orthodoxen Bischöfe, mit der Gunst des Volkes und den Beschlüssen einer allgemeinen Kirchenversammlung bewaffnet, bestanden bei jeder Gelegenheit, insbesondere zu Mailand darauf, daß ihre Gegner sich eher von dem Verdacht der Ketzerei reinigen sollten, bevor sie es wagten, das Benehmen des großen Athanasius anzuklagen.

Aber die Stimme der Vernunft (wenn die Vernunft wirklich auf seiten des Athanasius war) wurde durch das Geschrei einer faktiösen oder erkauften Mehrheit zum Schweigen gebracht und die Konzilien von Arles und Mailand trennten sich nicht eher, als bis der Erzbischof von Alexandria so wohl durch das Urteil der westlichen wie der östlichen Kirche feierlich verdammt und abgesetzt worden war. Den Bischöfen, welche dagegen gestimmt hatten, wurde zugemutet die Sentenz zu unterschreiben und sich zu religiöser Gemeinschaft mit den verdächtigen Lenkern der Gegenpartei zu vereinigen. Zustimmungsformulare wurden durch Staatsboten den abwesenden Bischöfen übersandt, und alle diejenigen, welche sich weigerten ihre Privatmeinung der öffentlichen und von Gott eingegebenen Weisheit der Kirchenversammlungen von Arles und Mailand unterzuordnen, vom Kaiser, der die Beschlüsse der katholischen Kirche zu vollziehen vorgab, unverzüglich verbannt.

Unter den Prälaten, welche das ehrenvolle Häuflein der Bekenner und Verbannten anführten, verdienen Liberius von Rom, Osius von Kordova, Paulinus von Trier, Dionysius von Mailand, Eusebius von Vercellä, Lucifer von Kagliari und Hilarius von Poitiers besonders hervorgehoben zu werden. Die hohe Stellung des Liberius, welcher die Hauptstadt des Reiches regierte, das persönliche Verdienst und die lange Erfahrung des ehrwürdigen Osius, welcher als Liebling Konstantins des Großen und als Vater des nicäischen Glaubensbekenntnisses verehrt wurde, stellten diese Prälaten an die Spitze der lateinischen Kirche, und ihr Beispiel, es sei das der Unterwerfung oder des Widerstandes, mochte wahrscheinlich von der Schar der übrigen Bischöfe nachgeahmt werden. Aber die wiederholten Versuche des Kaisers, die Bischöfe von Rom und Kordova zu verführen oder einzuschüchtern, blieben einige Zeit hindurch ohne Wirkung.

Der Spanier erklärte sich bereit unter Konstantius zu leiden, wie er bereits vor sechzig Jahren unter seinem Großvater Maximian gelitten hatte. Der Römer behauptete im Angesicht seines Souveränes die Unschuld des Athanasius und seine eigene Freiheit. Als er nach Bervea in Thrazien verbannt wurde, sandte er eine große Summe zurück, welche ihm zur größeren Bequemlichkeit seiner Reise angeboten wurde, und beleidigte den Hof von Mailand durch die hochmütige Bemerkung, daß der Kaiser und seine Eunuchen dieses Gold zur Bezahlung ihrer Soldaten und ihrer Bischöfe brauchen möchten. Aber die Standhaftigkeit des Liberius und Osius wurde zuletzt doch durch die Beschwerden des Exils und des Verlustes der persönlichen Freiheit erschüttert. Der römische Papst erkaufte seine Rückkehr durch einige verbrecherische Zugeständnisse und sühnte später seine Schuld durch Reue zur rechten Zeit. Überredung und Gewalt wurden angewendet, um die unwillige Unterzeichnung des vom Alter gebeugten Bischofs von Kordova zu erpressen, dessen Kraft gebrochen und dessen Fähigkeiten vielleicht durch das Gewicht von 100 Jahren geschwächt worden waren; und der unverschämte Triumph der Arianer reizte einige von der orthodoxen Partei den Charakter oder vielmehr das Andenken eines unglücklichen Greises, für dessen fruhere Bestrebungen die Christenheit in einer so tiefen Schuld des Dankes war, mit inhumaner Strenge zu behandeln.

Der Fall des Liberius und Osius verbreitete einen so strahlenden Glanz über jene Bischöfe, welche mit unerschütterlicher Treue an der Sache des Athanasius und der religiösen Wahrheit fortwährend festhielten. Die scharfsinnige Bosheit ihrer Feinde hatte sie der Wohltat gegenseitigen Rates und Trostes beraubt, die erlauchten Verbannten durch ferne Provinzen getrennt und sorgfältig die unwirtlichsten Plätze eines großen Reiches auserwählt. Sie machten jedoch bald die Erfahrung, daß die libysche Wüste und die ödesten Striche von Kappadozien weit weniger ungastlich wären als der Aufenthalt in solchen Städten, wo ein arianischer Bischof ohne Rückhalt den ausgesuchtesten Ingrimm theologischen Hasses befriedigen konnte. Sie fanden

Trost in dem Bewußtsein ihrer Redlichkeit und Unabhängigkeit, in dem Beifall, den Besuchen, den Briefen und den reichlichen Almosen ihrer Anhänger so wie in der Genugtuung, welche ihnen bald das Schauspiel der inneren Spaltungen unter den Gegnern des nicäischen Glaubensbekenntnisses gewährte. So wählerisch und eigensinnig war der Geschmack des Kaisers Konstantius und so leicht wurde er durch die geringste Abweichung von seinem erträumten Maßstab der christlichen Wahrheit beleidigt, daß er mit gleichem Eifer diejenigen verfolgte, welche die *Konsubstantialität* verteidigten, diejenigen, welche die *ähnliche Wesenheit* behaupteten, und endlich diejenigen, welche die *Ähnlichkeit* des Sohnes Gottes leugneten. Drei wegen dieser einander widerstrebenden Meinungen abgesetzte und verbannte Bischöfe mochten sich leicht an demselben Platze des Exils treffen und je nach Beschaffenheit ihres Charakters den blinden Enthusiasmus ihrer Gegner, deren gegenwärtige Leiden durch keine zukünftige Seligkeit vergütet werden würden, entweder bemitleiden oder beleidigen.

Die Ungnade und Verbannung der orthodoxen Bischöfe des Westens waren ebensoviele vorbereitende Schritte, um Athanasius selbst in das Verderben zu stürzen. Sechsundzwanzig Monate waren vergangen, während welcher der kaiserliche Hof insgeheim die hinterlistigsten Kunstgriffe anwendete, um ihn von Alexandria zu entfernen und die Einkünfte zu hemmen, welche seine Freigebigkeit gegen das Volk möglich machten. Als endlich der Primas von Ägypten, verlassen und geächtet von der lateinischen Kirche, aller auswärtigen Unterstützung sich beraubt sah, entsendete Konstantius zwei seiner Sektierer mit dem mündlichen Auftrag, den Verbannungsbefehl zu verkündigen und zu vollziehen. Da die Gerechtigkeit dieser Sentenz öffentlich von der ganzen Partei anerkannt worden war, muß der einzige Beweggrund, welcher den Kaiser Konstantius abhalten konnte seinen Boten einen geschriebenen Befehl mitzugeben, seinem Zweifel am Erfolg und der Besorgnis vor der Gefahr zugeschrieben werden, der er die zweite Stadt und die fruchtbarste Provinz des Reiches preisgab, wenn das Volk auf seinem Entschluß beharren sollte, durch die Gewalt der Waffen die Unschuld seines geistlichen Vaters zu verteidigen.

Eine solche äußerste Vorsicht gab Athanasius einen guten Vorwand die Wahrheit eines Befehls ehrfurchtsvoll in Zweifel zu ziehen, welchen er weder mit dem Gerechtigkeitsgefühl noch mit den früheren Erklärungen seines gnädigen Gebieters zusammen zu reimen vermochte. Die Civilgewalt von Ägypten fand sich der Aufgabe, den Primas zur Entsagung auf den bischöflichen Thron zu bereden oder zu zwingen, nicht gewachsen; ja sie sah sich genötigt mit dem Anführer der Volkspartei zu Alexandria einen Vergleich zu schließen, wodurch festgesetzt wurde, daß alle Prozeduren und Feindseligkeiten aufgeschoben bleiben sollten, bis der Wille des Kaisers unzweideutiger bekannt werden würde. Durch diese anscheinende Mäßigung wurden die Katholiken in eine falsche und verderbliche Sicherheit gewiegt, während die Legionen von Oberägypten und Libyen infolge geheimer Befehle in Eilmärschen heranrückten, um eine an Aufruhr gewöhnte und durch religiösen Fanatismus entflammte Hauptstadt zu belagern oder vielmehr zu überrumpeln. Die Lage Alexandrias zwischen dem Meer und dem See Mareotis erleichterte die Annäherung und Landung der Truppen, welche sich bereits im Herzen der Stadt befanden, bevor wirksame Maßregeln hatten getroffen werden können, um die Tore zu schließen oder die wichtigsten Verteidigungspunkte zu besetzen.

Um die Stunde der Mitternacht, 23 Tage nach Abschluß des Vertrages, umringte Syrianus, Dux von Ägypten, an der Spitze von 5000 bewaffneten und zum Sturm bereiten Kriegern unerwartet die Kirche des heiligen Theonas, wo der Erzbischof mit einem Teil seiner Geistlichkeit und des Volkes nächtliche Andacht verrichtete. Die Tore des heiligen Gebäudes wichen dem Ungestüm des Angriffes, der von jedem schrecklichen Umstand des Tumultes und Blutvergießens begleitet war: da jedoch die Leichen der Erschlagenen und Trümmer militärischer Waffen am folgenden Tag sich als untrüglicher Beweis im Besitz der Katholiken befanden, muß das Unternehmen des Syrianus mehr als ein geglückter Überfall denn als ein entscheidender Sieg betrachtet werden. Die übrigen Kirchen der Stadt wurden durch ähnliche Untaten entweiht, und während wenigstens vier Monaten blieb Alexandria den Ausschweifungen eines zügellosen, durch die Geistlichen einer feindlichen Partei angefeuerten Heeres preisgegeben. Viele der Gläubigen fanden den Tod und mögen den Namen von Märtyrern verdienen, da ihre Ermordung weder herausgefordert noch gerächt worden war; Bischöfe und Priester wurden mit schmachvoller Grausamkeit behandelt, geweihte Jungfrauen nackt ausgezogen, gegeißelt und geschändet, die Häuser reicher Bürger geplündert und unter dem Deckmantel religiösen Eifers Wollust, Habsucht und Priestergroll nicht nur mit Ungestraftheit, sondern unter Beifall befriedigt.

Die Heiden von Alexandria, welche noch immer eine zahlreiche und mißvergnügte Partei bildeten, waren leicht beredet einen Bischof zu verlassen, den sie fürchteten wenngleich achteten. Hoffnung auf besondere Begünstigungen und Besorgnis in die allgemeinen Strafen des Aufruhres verwickelt zu werden, bewogen sie ihre Unterstützung dem ernannten Nachfolger des Athanasius, dem berüchtigten Georg von Kappadozien zu versprechen. Nachdem dieser Usurpator von der arianischen Synode die Weihe empfangen hatte, wurde er durch die Waffen des zur Ausführung dieses wichtigen Unternehmens eigens zum Grafen von Ägypten ernannten Sebastian auf den erzbischöflichen Thron gesetzt. Sowohl in der Ausübung als bei der Erwerbung der Macht setzte der Tyrann Georg alle Gesetze der Religion, Gerechtigkeit und Menschlichkeit beiseite, und dieselben Auftritte der Gewalttätigkeit und des Ärgernisses, welche in der Hauptstadt aufgeführt worden waren, wiederholten sich in mehr als90 bischöflichen Städten von Ägypten. Durch den Erfolg ermutigt wagte es Konstantius, das Benehmen seiner Minister zu billigen. In einem öffentlichen und leidenschaftlichen Schreiben legt der Kaiser seine Freude über die Befreiung Alexandrias von einem Volkstyrannen an den Tag, welcher seine verblendeten Anhänger durch den Zauber seiner Beredsamkeit verführt habe, verbreitet sich über die Tugenden und die Frömmigkeit des ehrwürdigsten Georg, erwählten Bischofs, und verheißt als Beschützer und Wohltäter der Stadt selbst den Ruhm Alexanders übertreffen zu wollen. Zugleich erklärt er aber feierlich seinen unerschütterlichen Entschluß, die aufrührerischen Anhänger des gottlosen Athanasius, welcher, indem er vor der Gerechtigkeit floh, seine Schuld bekannt habe und dem schimpflichen Tod, den er so oft schon verdient, entronnen sei, mit Feuer und Schwert zu verfolgen.

Athanasius war in der Tat der schrecklichsten Gefahr entgangen, und die Abenteuer dieses außerordentlichen Mannes sind wohl wert unsere Aufmerksamkeit zu fesseln. In der denkwürdigen Nacht, in welcher die Truppen des Syrianus in die Kirche des heiligen Theonas einbrachen, erwartete der Erzbischof, auf seinem Thron sitzend, mit ruhiger und unerschrockener Würde die Herannäherung des Todes. Während die öffentliche Andacht durch Wutgeschrei und Angstruf unterbrochen wurde, befeuerte er seine bebende Gemeinde ihr frommes Vertrauen durch den Gesang eines der Psalmen Davids auszudrücken, worin derselbe den Triumph des Gottes Israels über den stolzen und ruchlosen Tyrannen von Ägypten feiert. Endlich wurden die Tore der Kirche eingebrochen, ein Regen von Pfeilen ergoß sich über das Volk, die Soldaten stürzten mit gezogenen Schwertern auf das Heiligtum zu, und die geweihten Lichter, die um den Altar brannten, bestrahlten den schrecklichen Schimmer der Waffen. Athanasius verwarf fortwährend die liebevolle Zudringlichkeit der Mönche und Presbyter, die seiner Person ergeben waren, und weigerte sich hochherzig, sich von seinem bischöflichen Platz eher zu entfernen, als bis er den Letzten der Versammlung in Sicherheit entlassen hätte. Die Finsternis und der Tumult der Nacht begünstigten das Fortkommen des Erzbischofs, und obgleich gedrängt von den Wogen einer bewegten Menge, zur Erde geworfen und ohne Besinnung und Regung liegengelassen, gewann er doch seinen unerschrockenen Mut wieder und entging den gierigen Nachforschungen der Soldaten, denen von ihren arianischen Anführern eingeprägt worden war, daß das Haupt des Athanasius dem Kaiser die wertvollste Gabe sein würde. Von diesem Augenblick an verschwand der Primas von Ägypten für die Augen seiner Feinde und blieb über sechs Jahre in undurchdringlicher Zurückgezogenheit verborgen.

Die despotische Gewalt seines unversöhnlichen Feindes erstreckte sich über den ganzen Umfang der römischen Welt, und der erbitterte Monarch bemühte sich durch ein sehr dringendes Schreiben an die christlichen Fürsten von Äthiopien dem Athanasius auch diese fernsten und entlegensten Gegenden der Erde zu verschließen. Grafen, Präfekten, Tribunen, ganze Heere wurden nacheinander verwendet einen Bischof und Flüchtling zu verfolgen; die Wachsamkeit der Zivil- und Militärbehörden wurde durch kaiserliche Edikte rege gemacht, große Belohnungen demjenigen versprochen, der Athanasius lebendig oder tot liefern würde, und die strengsten Strafen allen angedroht, die es wagen sollten, dem öffentlichen Feind Schutz zu gewähren. Aber die Wüste der Thebais war von einem Geschlecht wilder und doch unterwürfiger Fanatiker bevölkert, welche die Befehle ihres Abtes den Gesetzen ihres Souveränes vorzogen. Die zahlreichen Schüler des Antonius und Pachomius empfingen den christlichen Primaten als ihren Vater, bewunderten die Geduld und Demut, womit er sich ihren strengsten Regeln fügte, fingen jedes Wort, das seinen Lippen entfiel, als die echten Eingebungen göttlicher Weisheit auf und überredeten sich, daß ihre Gebete, Fasten und Nachtwachen weniger verdienstlich wären als der Eifer, den sie bewährten, und die Gefahren, denen sie trotzten durch Vertheidigung der Wahrheit und Unschuld.

Die Klöster von Ägypten standen in einsamen und öden Plätzen, auf den Gipfeln der Berge oder auf den Inseln des Nils, und das heilige Horn oder die Drommete von Tabenne war das wohlbekannte Signal, welches Tausende von kräftigen und entschlossenen Mönchen versammelte, die größtenteils Bauern des benachbarten Landes gewesen waren. Wenn ihre finsteren Höhlen von Streitkräften überrumpelt wurden, denen es unmöglich war zu widerstehen, boten sie ihren Nacken schweigend dem Henker dar und bewährten so den Ruf ihres Volkes, daß Qualen einem Ägypter nie das Bekenntnis eines Geheimnisses abzwingen könnten, das er entschlossen wäre nicht zu offenbaren. Der Erzbischof von Alexandria, für dessen Sicherheit sie mit Freuden ihr Leben opferten, verlor sich unter der gleichförmigen und wohldisziplinierten Schar, und bei näherem Herandringen der Gefahr wurde er durch dienstbeflissene Hände von einem Versteck zum anderen gebracht, bis er die furchtbare Wüste erreichte, welche der düstere und leichtgläubige Geist des Aberglaubens mit Dämonen und furchtbaren Ungeheuern bevölkert hatte.

Athanasius brachte seine Verborgenheit, die nur mit Konstantius' Leben endete, größtenteils in Gesellschaft der Mönche zu, welche ihm voll Treue als Leibwache, Geheimschreiber und Boten dienten: aber die Wichtigkeit, eine innige Verbindung mit der katholischen Partei zu unterhalten, verlockte ihn, so oft die Eifrigkeit der Verfolgung nachließ, die Wüste zu verlassen, sich in Alexandria einzuschleichen und seine Person der Verschwiegenheit seiner Freunde und Anhänger zu vertrauen. Seine vielfachen Abenteuer könnten Stoff zu einem sehr unterhaltenden Roman liefern. Einst war er in einer trockenen Zisterne verborgen, die er gerade noch zur rechten Zeit verließ, um nicht das Opfer des Verrates einer Sklavin zu werden, und ein anderes Mal war er in einem noch außerordentlicheren Asyl, in dem Haus einer zwanzigjährigen Jungfrau verborgen, welche in der ganzen Stadt wegen ihrer außergewöhnlichen Schönheit berühmt war. Um die Mitternachtsstunde, erzählte sie viele Jahre hernach, wurde sie durch das Erscheinen des Bischofs in nachlässigem Hausgewand überrascht, der sich mit eiligen Schritten näherte und sie um den Schutz anflehte, den er durch ein himmlisches Gesicht aufgefordert worden sei unter ihrem gastfreundlichen Dach zu suchen. Die Jungfrau empfing und bewährte das Pfand, welches ihrer Klugheit und ihrem Mut anvertraut worden war. Ohne das Geheimnis irgend jemandem mitzuteilen führte sie Athanasius in ihr verborgenstes Gemach und wachte über seine Sicherheit mit der Zärtlichkeit einer Freundin und der Emsigkeit einer Magd. Solange die Gefahr dauerte, versah sie ihn regelmäßig mit Büchern und Mundvorräten, wusch seine Füße, besorgte seine Korrespondenz und verbarg mit Geschicklichkeit vor dem Auge des Argwohnes diesen vertrauten und einsamen Verkehr zwischen einem Heiligen, dessen Charakter ihm die unbefleckteste Keuschheit auflegte, und einer Jungfrau, deren Reize die gefährlichsten Empfindungen erregen mochten.

Athanasius wiederholte während seiner sechsjährigen Verfolgung und Verbannung seine Besuche bei seiner schönen und treuen Freundin, und die feierliche Erklärung, daß er die Kirchenversammlungen von Rimini und Seleucia *sah,* nötigt uns zu glauben, daß er zur Zeit und an dem Ort ihres Zusammentrittes heimlich gegenwärtig gewesen ist. Der Vorteil mit seinen Freunden persönlich zu unterhandeln und die Spaltungen seiner Feinde zu beobachten und von ihnen Nutzen zu ziehen, mochte bei einem klugen Staatsmann ein so kühnes und gefährliches Unternehmen rechtfertigen, und Alexandria stand durch Handel und Schifffahrt mit jedem Hafen des mittelländischen Meeres in Verbindung. Aus der Tiefe seiner Verborgenheit führte der unerschrockene Primas einen unaufhörlichen Angriffskrieg gegen den Beschützer der Arianer, und seine zeitgemäßen Schriften, die emsig in Umlauf gesetzt und gierig gelesen wurden, trugen mächtig bei in der rechtgläubigen Kirche Einheit und Mut zu bewahren. In seinen öffentlichen Verteidigungen, die er an den Kaiser selbst richtete, affektierte er zuweilen das Lob der Mäßigung, während er zu gleicher Zeit durch geheime Schmähschriften Konstantius als einen schwachen und ruchlosen Fürsten, den Henker seiner Familie, den Tyrannen der Republik und den Antichrist der Kirche schilderte. Auf dem Gipfel seines Glückes erhielt der siegreiche Monarch, welcher die Verwegenheit des Gallus bestraft, den Aufruhr des Sylvanus unterdrückt, dem Vetranio das Diadem von der Stirn genommen und die Legionen des Magnentius auf dem Schlachtfeld besiegt hatte, von unsichtbarer Hand eine Wunde, die er weder heilen noch rächen konnte, und der Sohn Konstantins war der erste der christlichen Fürsten, welcher die Stärke jener Prinzipien erfuhr, die in der Sache der Religion den äußersten Anstrengungen der bürgerlichen Gewalt zu widerstehen vermögen.

Die Verfolgung des Athanasius und so vieler ehrwürdigen Bischöfe, welche für die Wahrheit ihrer Meinungen oder wenigstens für die Reinheit ihres Gewissens litten, war ein gerechter Gegenstand der Entrüstung und Unzufriedenheit für alle Christen mit Ausnahme derjenigen, die der arianischen Partei blind ergeben waren. Das Volk beklagte den Verlust seiner treuen Hirten, auf deren Verbannung gewöhnlich Aufdringung eines Fremden auf den bischöflichen Thron folgte, und es beschwerte sich laut, daß das Wahlrecht verletzt, daß es verurteilt sei einem erkauften Usurpator zu gehorchen, dessen Person unbekannt und dessen Grundsätze verdächtig wären. Die Katholiken vermochten der Welt zu beweisen, daß sie an der Schuld und Ketzerei ihrer geistlichen Regenten keinen Teil hätten, indem sie öffentlich ihren abweichenden Glauben erklärten und sich von der Gemeinschaft mit ihnen gänzlich trennten. Die erste dieser Methoden wurde zu Antiochia erfunden und mit solchem Erfolge geübt, daß sie sich bald über die ganze christliche Welt verbreitete. Die Doxologie oder heilige Hymne, welche den *Ruhm* der Dreieinigkeit feiert, ist sehr feiner aber wesentlicher Biegungen fähig, und die Wesenheit eines orthodoxen oder ketzerischen Glaubensbekenntnisses läßt sich durch die Verschiedenheit einer trennenden oder verbindenden Partikel ausdrücken. Abwechselnde Antworten und eine regelmäßigere Psalmodie wurden durch Flavianus und Theodorus, zwei eifrige und tätige Laien, welche an dem nicäischen Glaubensbekenntnisse hingen, bei dem Gottesdienst eingeführt. Auf ihr Anstiften strömte ein Schwarm von Mönchen aus der nahen Wüste herbei, Scharen wohleinstudierter Sänger wurden in der Kathedrale von Antiochia aufgestellt, der Ruhm des Vaters *und* des Sohnes *und* des heiligen Geistes von einem vollen Chor von Stimmen im Triumph gesungen, und die Katholiken beleidigten durch die Reinheit ihres Glaubens den arianischen Prälaten, welcher den Thron des ehrwürdigen Eustathius usurpierte.

Derselbe Eifer, welcher diese Gesänge einflößte, bewog die gewissenhaften Mitglieder der orthodoxen Partei besondere Versammlungen zu bilden, welche von den Presbytern regiert wurden, bis der Tod ihres verbannten Bischofs die Wahl und Weihe eines neuen bischöflichen Hirten gestattete. Die Umwälzungen am Hofe vervielfachten die Zahl der Prätendenten, und oft machten sich unter der Regierung des Konstantius, zwei, drei, sogar vier Bischöfe dieselbe Stadt streitig, welche ihre geistliche Gerichtsbarkeit über ihre bezüglichen Anhänger ausübten und abwechselnd die zeitlichen Besitztümer der Kirche gewannen und wieder verloren. Der Mißbrauch des Christentums führte in der römischen Regierung neue Ursachen der Tyrannei und des Aufruhrs ein; die Bande der bürgerlichen Gesellschaft wurden durch die Wut der Religionsparteien entzweigerissen, und der geringe Bürger, welcher der Erhebung und dem Falle von mehreren Kaisern nacheinander ruhig zugesehen hätte, sah und fühlte bald, daß sein Leben und sein Schicksal mit den Interessen eines volksbeliebten Geistlichen verknüpft war.

Die einfache Erzählung der inneren Spaltungen, welche den Frieden der Kirche störten und ihren Triumph entweihten, bestätigt die Bemerkung eines heidnischen Geschichtsschreibers und rechtfertigt die Klagen eines ehrwürdigen Bischofs. Erfahrung hatte den Ammianus überzeugt, daß die Feindschaft der Christen gegeneinander die Wut der wilden Tiere gegen die Menschen übertreffe, und Gregor von Nazianz beklagt auf das pathetischeste, daß das Königreich des Himmels durch Zwietracht in das Bild des Chaos, eines mächtigen Ungewitters, ja der Hölle selbst verwandelt worden sei. Indem die zornerfüllten und parteiischen Schriftsteller jener Zeiten sich selbst *alle* Tugend und ihren Feinden *alle* Schuld zuschreiben, haben sie den Kampf der Engel und Dämonen geschildert. Unsere ruhige Vernunft wird solch reine und vollkommene Ungeheuer von Ruchlosigkeit oder Heiligkeit verwerfen und den feindlichen Sektieren, welche die Benennung Rechtgläubige und Ketzer annahmen und erteilten, ein gleiches oder mindestens wenig verschiedenes Maß vom Guten und Bösen zuschreiben. Sie waren in derselben Religion, in derselben bürgerlichen Gesellschaft erzogen worden. Ihre Hoffnungen und Besorgnisse in dem gegenwärtigen wie in dem zukünftigen Leben waren in demselben

Verhältnis abgewogen. Auf jeder Seite mochte der Irrtum unverschuldet, der Glaube aufrichtig, die Ausübung desselben verdienstlich oder verderbt sein. Ihre Leidenschaften wurden durch ähnliche Gegenstände erregt, und sie mochten abwechselnd die Gunst des Hofes oder jene des Volkes mißbrauchen. Die metaphysischen Ansichten des Athanasius und der Arianer konnten auf ihren moralischen Charakter keinen Einfluß haben, und sie wurden auf gleiche Weise von jenem Geist der Intoleranz beseelt, der aus den reinen und einfachen Grundsätzen des Evangeliums abgezogen worden war.

Ein neuer Schriftsteller, welcher mit gerechtem Selbstvertrauen seiner Geschichte die ehrenvolle Bezeichnung politisch und philosophisch vorgesetzt hat, tadelt die schüchterne Klugheit Montesquieus, weil er es vernachlässigt habe unter den Ursachen des Sinkens des Reiches ein Gesetz Konstantins aufzuzählen, wodurch die Ausübung des heidnischen Gottesdienstes unbedingt unterdrückt und ein beträchtlicher Teil seiner Untertanen ohne Priester, Tempel und ohne irgendeine öffentliche Religion gelassen wurde. Der Eifer dieses philosophischen Geschichtsschreibers für die Rechte der Menschheit hat ihn verleitet sich auf das zweideutige Zeugnis jener Kirchenschriftsteller zu verlassen, welche ihrem Lieblingshelden das *Verdienst* einer allgemeinen Verfolgung allzuleichtfertig zugeschrieben haben. Statt dieses vorgebliche Gesetz anzuführen, das an der Spitze der kaiserlichen Kodizes geprangt haben würde, können wir uns mit großer Sicherheit auf das Originalschreiben berufen, welches Konstantin an die Anhänger der alten Religion zu einer Zeit erließ, wo er weder seine Bekehrung mehr verheimlichte noch länger Nebenbuhler um seinen Thron fürchtete. In den dringendsten Ausdrücken ladet er die Untertanen des römischen Reiches ein und ermahnt sie das Beispiel ihres Gebieters nachzuahmen; er erklärt aber zugleich, daß diejenigen, welche sich noch immer weigern ihre Augen dem himmlischen Licht zu öffnen, ihre Tempel und ihre erträumten Götter in voller Freiheit besitzen können. Einem Gerücht, daß die Zeremonien des Heidentums unterdrückt worden wären, wird förmlich von dem Kaiser widersprochen, welcher weislich als Grundsatz seiner Mäßigung die unüberwindliche Gewalt der Gewohnheit, des Vorurteils und des Aberglaubens anführt.

Ohne die Heiligkeit seiner Zusage zu verletzen, ohne auch nur die Besorgnisse des Heidentums rege zu machen, rückte der schlaue Monarch mit langsamen und vorsichtigen Schritten auf sein Ziel los, das unregelmäßige und verrottete Gebäude des Polytheismus zu untergraben. Jene partiellen Handlungen der Strenge, die er gelegentlich ausübte, ob sie schon insgeheim durch christlichen Glaubenseifer eingegeben sein mochten, waren mit den schönsten Beweggründen der Gerechtigkeit und des Gemeinwohles bemäntelt, und indem Konstantin an dem Sturz der Grundlagen der alten Religion arbeitete, schien er ihre Mißbräuche zu reformieren. Nach dem Beispiel der weisesten seiner Vorfahren verdammte er unter Androhung der strengsten Strafe die geheimen und ruchlosen Künste der Divination, welche die eitlen Hoffnungen und zuweilen die verbrecherischen Versuche solcher Menschen erregten, die mit ihrer gegenwärtigen Lage unzufrieden waren. Den Orakeln, welche öffentlich des Betrugs und der Falschheit überführt worden waren, legte er ein schimpfliches Stillschweigen auf; die entarteten Priester des Nils wurden abgeschafft, und Konstantin erfüllte die Pflichten eines römischen Zensors, als er Befehl zur Zerstörung verschiedener phönizischer Tempel gab, worin jede Art der Schändung aus Frömmigkeit im Angesicht des Tages und zur Ehre der Venus vollbracht wurde. Das kaiserliche Konstantinopel war gewissermaßen auf Unkosten der reichen Tempel von Griechenland und Asien erbaut und mit ihrem Raub geschmückt worden; das geheiligte Eigentum wurde eingezogen, die Bildsäulen der Götter und Heroen mit roher Vertraulichkeit unter ein Volk gebracht, das sie nicht als Gegenstände der Anbetung, sondern der Neugierde betrachtete, das Gold und Silber dem Umlauf zurückgegeben, und Obrigkeiten, Bischöfe und Eunuchen benutzten die günstige Gelegenheit, zugleich ihren Glaubenseifer, ihre Habsucht und Rache zu befriedigen. Aber diese Plünderungen waren auf einen kleinen Teil der römischen Welt beschränkt und die

Provinzen seit langer Zeit gewohnt, von der Tyrannei von Fürsten und Prokonsuln, denen man keine Absicht die herrschende Religion zu stürzen beimessen konnte, ähnlichen Tempelraub zu erfahren.

Die Söhne Konstantins traten mit mehr Eifer aber mit weniger Klugheit in die Fußtapfen ihres Vaters. Die Vorwände zu Raub und Unterdrückung wurden allmählich vervielfältigt, jede Nachsicht dem ungesetzlichen Benehmen der Christen gewährt, jeder Zweifel zum Nachteil des Heidentums ausgelegt, und die Zerstörung der Tempel als eines der glorreichsten Ereignisse der Regierung des Konstans und Konstantius gefeiert. Der Name des Konstantius ist einem kurzen Gesetz vorausgeschickt, von dem man hätte glauben sollen, daß es jede Notwendigkeit künftiger Verbote überflüssig machen würde. »Es ist unser Wille, daß in allen Plätzen und Städten die Tempel unverzüglich geschlossen und sorgfältig bewacht werden, damit niemand die Macht zu freveln habe. Auch ist es unser Wille, daß sich alle unsere Untertanen der Opfer enthalten. Sollte sich jemand einer solchen Tat schuldig machen, so treffe ihn das Schwert der Gerechtigkeit und nach seiner Hinrichtung werde sein Eigentum zum öffentlichen Nutzen konfisziert. Wir bedrohen mit denselben Strafen alle Statthalter der Provinzen, wenn sie es vernachlässigen die Verbrecher zu bestrafen.«

Aber man hat die stärksten Gründe zu glauben, daß dieses furchtbare Edikt entweder abgefaßt und nicht kundgemacht oder kundgemacht und nicht vollzogen wurde. Das Zeugnis der Tatsachen und Denkmäler, die noch in Erz und Marmor vorhanden sind, beweiset unwiderleglich die öffentliche Ausübung des heidnischen Gottesdienstes während der ganzen Regierung der Söhne Konstantins. Im Osten wie im Westen, auf dem Lande wie in den Städten blieb eine große Anzahl Tempel geachtet oder wenigstens verschont, und die fromme Menge genoß fortwährend mit Erlaubnis oder durch die Nachsicht der Civilverwaltung den Luxus der Opfer, Feste und Umzüge. Konstantius besuchte ungefähr vier Jahre nach dem angeblichen Datum seines blutigen Ediktes die Tempel von Rom, und die Dezenz seines Benehmens wird von einem heidnischen Redner den nachfolgenden Fürsten als nachahmungswürdiges Beispiel empfohlen. »Dieser Kaiser«, sagt Symmachus, »ließ die Vorrechte der vestalischen Jungfrauen ungeschmälert bestehen, vergabte die priesterlichen Würden an die Edlen Roms, bewilligte die gewöhnliche Summe für die Ausgabe der öffentlichen Zeremonien und Opfer, und obschon er sich zu einer verschiedenen Religion bekannt hatte, versuchte er es doch nie, das Reich des geheiligten Gottesdienstes des Altertums zu berauben.« Der Senat erkühnte sich fortwährend durch seine Beschlüsse das *göttliche* Andenken seiner Souveräne zu weihen, und Konstantin selbst wurde nach seinem Tod den Göttern beigesellt, die er während seines Lebens verleugnet und geschmäht hatte. Titel, Insignien und Vorrechte des *Pontifex Maximus,* von Numa eingeführt und von Augustus angemaßt, wurden ohne Zögern von sieben christlichen Kaisern angenommen, welche ein unumschränkteres Ansehen über die Religion besaßen, welche sie verlassen hatten, als über diejenigen, zu welcher sie sich bekannten.

Die Spaltungen der Christenheit schoben den Untergang des Heidentums auf, und Fürsten und Bischöfe, die durch Schuld und Gefahr einheimischen Aufruhres viel unmittelbarer beunruhigt wurden, führten den heiligen Krieg gegen die Ungläubigen mit Lässigkeit. Die Ausrottung der *Idololatrie* mochte durch die herrschenden Grundsätze der Intoleranz gerechtfertigt werden: aber die feindlichen Sekten, welche abwechselnd am kaiserlichen Hofe die Oberhand hatten, fürchteten sich, die Gemüter einer mächtigen, obschon im Sinken begriffenen Partei zu entfremden, vielleicht zu erbittern. Alle Beweggründe der Macht und Mode, des Eigennutzes und der Vernunft kämpften auf seiten des Christentums, dennoch vergingen zwei bis drei Geschlechter, bevor ihr siegreicher Einfluß allgemeiner gefühlt wurde. Die Religion, welche so lange und bis vor so kurzer Zeit im römischen Reich die herrschende gewesen, wurde fortwährend von einer zahllosen Volksmenge verehrt, die allerdings weniger an spekulativen Meinungen als an alten Gebräuchen hing. Die Würden des Staates und Heeres wurden ohne Unterschied an alle Untertanen Konstantins und Konstantius vergabt, und ein ansehnlicher Teil der Wissenschaft, des Reichtums und der Tapferkeit blieb fortwährend im Dienst der Vielgötterei. Der Aberglaube des Senators und des Bauers, des Dichters und Philosophen stammte aus sehr verschiedenen Quellen; aber in den Tempeln der Götter kamen sie mit gleicher Andacht zusammen. Ihr Eifer wurde nach und nach durch den beleidigenden Triumph einer geächteten Sekte gereizt und ihre Hoffnungen durch die wohlbegründete Zuversicht belebt, daß der mutmaßliche Erbe des Reiches, ein junger und kühner Held, welcher Gallien von den Waffen der Barbaren befreit hatte, sich insgeheim zur Religion seiner Altvordern bekenne.

Zwölftes Kapitel

Julian wird von den Legionen Galliens zum Kaiser erklärt • Sein Zug und Sieg • Tod des Konstantius • Zivilverwaltung Julians • Sein Versuch, den heidnischen Gottesdienst wieder herzustellen • Tod Julians während des persischen Feldzugs • Sein Nachfolger Jovian rettet das römische Heer durch einen schimpflichen Vertrag

Während die Römer unter der schmachvollen Tyrannei der Eunuchen und Bischöfe schmachteten, wurde das Lob Julians mit Entzücken in jedem Teil des Reiches wiederholt, ausgenommen im Palast des Konstantius. Die Barbaren Deutschlands hatten die Waffen des jungen Cäsars gefühlt und fürchteten sie fortwährend, seine Soldaten waren die Genossen seines Sieges, die dankbaren Provinzbewohner freuten sich der Segnungen seiner Regierung: aber die Günstlinge, welche sich seiner Erhebung widersetzt hatten, nahmen Ärgernis an seinen Tugenden und betrachteten mit Recht den Freund des Volkes als den Feind des Hofes. Solange der Ruhm Julians zweifelhaft war, versuchten die Possenreißer des Palasts, die sich auf die Sprache der Satire verstanden, die Wirksamkeit jener Künste, die sie so oft mit Erfolg ausgeübt hatten. Sie fanden bald heraus, daß seine Einfachheit nicht rein von Affektation sei; die höhnenden Titel eines behaarten Wilden, eines mit dem Purpur bekleideten Affen wurden auf Tracht und Person des philosophischen Kriegers angewendet, und seine bescheidenen Berichte als eitle und erkünstelte Erdichtungen eines geschwätzigen Griechen, eines Büchersoldaten gebrandmarkt, der den Krieg inmitten der Haine der Akademie studiert hätte.

Die Stimme boshafter Narrheit wurde endlich durch Triumphgeschrei zum Schweigen gebracht, der Besieger der Franken und Alemannen konnte nicht länger als ein Gegenstand der Verachtung geschildert werden, und der Monarch selbst strebte mit niedriger Ehrsucht darnach, seinem Stellvertreter die ehrenvolle Belohnung seiner Anstrengungen wegzustehlen. In den mit Lorbeeren bekränzten Schreiben, welche nach altem Gebrauch an die Provinzen gesendet wurden, blieb der Name Julians ausgelassen. »Konstantius hatte seine Verfügungen in Person getroffen, *er* hatte seine Tapferkeit in den vordersten Reihen bewährt, *seine* militärische Geschicklichkeit hatte den Sieg gesichert, *ihm* wurde der gefangene König der Barbaren auf dem Schlachtfeld vorgestellt«, von welchem er damals über vierzig Tagereisen entfernt war.

Eine so ausschweifende Fabel war jedoch nicht imstande die öffentliche Leichtgläubigkeit zu täuschen oder dem Stolz des Kaisers selbst zu genügen. Sich im stillen gar wohl bewußt, daß der Beifall und die Gunst der Römer Julians im Aufsteigen begriffenes Glück begleite, war seine unzufriedene Seele für den Empfang des feinen Giftes jener listigen Sykophanten vorbereitet, welche ihre unheilvollen Pläne unter den glänzendsten Farben der Wahrheit und Aufrichtigkeit verbargen. Statt die Verdienste Julians herabzusetzen, erkannten sie vielmehr seinen weitverbreiteten Ruhm, seine überlegenen Talente und wichtigen Leistungen an, ja übertrieben dieselben sogar. Aber giftvoll ließen sie einfließen, daß die Tugenden des Cäsars augenblicklich in die gefährlichsten Verbrechen umgewandelt werden könnten, sobald die unbeständige Menge ihre Neigung ihrer Pflicht vorziehen oder der Anführer eines siegreichen Heeres durch Hoffnung auf Rache und unabhängige Größe von seiner Treue verlockt werden sollte. Die persönlichen Besorgnisse des Konstantius wurden von seinem Rat als lobenswerte Bekümmertheit um die öffentliche Wohlfahrt ausgelegt, während er im vertrauten Verkehr und vielleicht vor sich selbst unter dem minder gehässigen Namen Furcht die Gefühle des Hasses und Neides verbarg, welche er insgeheim gegen Julians unnachahmliche Tugenden nährte.

Die anscheinende Ruhe von Gallien und die drohende Gefahr der östlichen Provinzen lieferten einen köstlichen Vorwand zur Ausführung des Plans, welcher von den kaiserlichen Ministern mit vieler Schlauheit ersonnen worden war. Sie beschlossen den Cäsar zu entwaffnen, die treuen Truppen, welche seine Person und Würde bewachten, zurückzurufen und in einem fernen Krieg gegen den persischen

Monarchen die kühnen Veteranen zu verwenden, welche an den Ufern des Rheins die tapfersten Völker Deutschlands besiegt hatten. Während Julian die arbeitsvollen Stunden seiner Winterquartiere zu Paris mit Handhabung der Regierungsmacht, die ihm gleichbedeutend mit Ausübung der Tugend, zubrachte, wurde er durch die eilige Ankunft eines Tribuns und eines Notars mit gemessenen Befehlen des Kaisers überrascht, deren Vollziehung *ihnen* übertragen, *ihm* aber geboten wurde sich nicht zu widersetzen. Konstantius machte seinen Willen kund, daß vier ganze Legionen, die Kelten, Petulanten, Heruler und Bataver, von der Fahne Julians, unter welcher sie Ruhm und Disziplin erworben hatten, getrennt, aus jeder der übrigen aber dreihundert der tapfersten Jünglinge ausgewählt werden sollten, und daß diese zahlreiche Truppenmacht, der Kern des gallischen Heeres, unverweilt ihren Marsch antreten und so sehr als möglich beschleunigen müsse, um noch vor Eröffnung des Feldzugs an den Grenzen von Persien einzutreffen.

Der Cäsar sah vorher und beklagte die verderblichen Folgen dieses Befehls. Der größte Teil der Hilfstruppen, welche freiwillig Dienst genommen, hatte sich ausbedungen, nie genötigt zu werden über die Alpen zu gehen. Die Worttreue Roms und die persönliche Ehre Julians waren für die Beobachtung dieser Bedingung verbürgt. Eine solche Handlung des Verrates und der Tyrannei mußte das Vertrauen vernichten und den Grimm erregen jener unabhängigen Krieger von Deutschland, welche Wahrhaftigkeit als die edelste ihrer Tugenden und Freiheit als das köstlichste ihrer Besitztümer betrachteten. Die Legionssoldaten, welche Titel und Vorrechte der Römer genossen, waren zwar zur allgemeinen Verteidigung der Republik eingereiht: aber diese Soldtruppen hörten die veralteten Namen Republik und Rom mit kalter Gleichgültigkeit. Durch Geburt oder lange Gewöhnung an Galliens Klima und Sitten hängend liebten und bewunderten sie Julian, verachteten den Kaiser, haßten ihn vielleicht, fürchteten den beschwerlichen Marsch, die persischen Pfeile, die glühenden Wüsten von Asien. Sie nahmen das Land, das sie gerettet hatten, als ihr eigenes in Anspruch und entschuldigten ihren Mangel an Mut mit der heiligen und näheren Pflicht, ihre Familien und Freunde zu beschützen.

Die Besorgnisse der Gallier hatten in der Kenntnis der drohenden und unabwendbaren Gefahren ihren Grund. Sobald die Provinz ihrer Streitmacht beraubt war, verletzten die Deutschen den Vertrag, den ihnen Furcht abgezwungen hatte, und trotz der Fähigkeiten und der Tapferkeit Julians mußte der Anführer eines nominellen Heeres, dem man das öffentliche Unglück beimessen würde, nach fruchtlosem Widerstand entweder als Gefangener im Lager der Barbaren oder als Verbrecher im Palast des Konstantius sich befinden. Wenn Julian den Befehlen gehorchte, die er empfangen hatte, besiegelte er sein eigenes und eines Volkes Verderben, welches seine Liebe verdiente. Aber eine bestimmte Weigerung war eine Handlung der Empörung, war eine Kriegserklärung. Die unerbittliche Eifersucht des Kaisers, die unbedingte vielleicht hinterlistige Beschaffenheit seiner Befehle ließ keinen Raum für eine triftige Entschuldigung oder redliche Auslegung, und die abhängige Stellung des Cäsar gestattete ihm kaum zu zögern und zu überlegen.

Einsamkeit vermehrte die Verlegenheit Julians: er konnte sich nicht mehr an den treuen Rat Sallusts wenden, der durch die schlaue Bosheit der Eunuchen von seinem Amt entfernt worden war, konnte nicht einmal seine Vorstellungen durch die Beistimmung der Minister unterstützen, die sich gescheut oder geschämt hätten das Verderben von Gallien zu billigen. Man hatte den Augenblick gewählt, wo Lupicinus, der Oberbefehlshaber der Reiterei, nach Britannien, um die Einfälle der Schotten und Pikten zurückzuweisen, entsendet worden, und Florentinus zu Vienna mit der Umlage der Steuer beschäftigt war. Letzterer, ein schlauer und verderbter Staatsmann, wollte in dieser gefahrvollen Angelegenheit keinen Teil der Verantwortlichkeit auf sich laden und wich den dringenden und wiederholten Einladungen Julians aus, der ihm vorstellte, daß bei jeder wichtigen Maßregel die Anwesenheit des Präfekten im Rat des Fürsten unerläßlich wäre. Inzwischen wurde der Cäsar durch das derbe und ungestüme Andringen der kaiserlichen Boten gemartert, welche sich erdrei-

steten ihm bemerklich zu machen, daß er, falls er die Rückkehr seiner Minister abwarten wollte, mit der Schuld des Verzugs sich selbst belasten und ihnen das Verdienst der Vollziehung aufbewahren würde. Außerstande zu widerstehen,
unwillig nachzugeben, drückte Julian mit den ernstesten
Worten seinen Wunsch, ja selbst seine Absicht aus, auf den
Purpur Verzicht zu leisten, welchen er nicht mit Ehre behalten aber auch nicht mit Sicherheit ablegen konnte.

Nach einem peinlichen Kampf sah sich Julian gezwungen
anzuerkennen, daß Gehorsam die Tugend auch des erhabensten Untertanes sei und daß nur der Souverän das Recht habe
über die öffentliche Wohlfahrt zu urteilen. Er erließ die nötigen Verordnungen, um die Befehle des Kaisers in Vollzug
zu setzen; ein Teil der Truppen trat den Marsch nach den
Alpen an und die aus den verschiedenen Besatzungen ausgehobenen Abteilungen setzten sich nach ihren bezüglichen
Sammelplätzen in Bewegung. Nur mit Schwierigkeit kamen
sie durch die zitternden und erschrockenen Scharen der Provinzbewohner, welche ihr Mitleid durch stille Verzweiflung
oder lautes Wehklagen zu erregen suchten, während die Weiber der Soldaten ihre Kinder in den Armen hielten und ihre
Männer in der gemischten Sprache von Schmerz, Liebe und
Entrüstung der Verlassung anklagten.

Das Schauspiel dieses allgemeinen Kummers betrübte den
menschlichen Cäsar; er gewährte eine hinreichende Anzahl
von Postwagen für die Gattinnen und Kinder der Soldaten,
bemühte sich die Drangsale zu erleichtern, welche er zuzufügen gezwungen war, und vermehrte durch die lobens-
würdigsten Künste seine eigene Beliebtheit und die Unzufriedenheit der verbannten Truppen. Der Schmerz einer
bewaffneten Schar verwandelt sich leicht in Wut; ihr unge-
zügeltes Murren, das jede Stunde kühner und mächtiger von
Gezelt zu Gezelt flog, bereitete ihre Gemüter auf die verwegensten Taten des Aufruhres vor, und mit geheimer Genehmigung der Tribunen wurde sehr zur rechten Zeit im stillen
eine Flugschrift verbreitet, welche die Ungnade des Cäsars,
die Unterdrückung des gallischen Heeres und die erbärmlichen Laster des Tyrannen von Asien in den lebhaftesten Far-

ben schilderte. Die Diener des Konstatius erstaunten und erschraken über das Umsichgreifen dieses gefährlichen Geistes. Sie drängten den Cäsar den Abmarsch der Truppen zu beschleunigen, verwarfen aber unklug den ehrlichen und einsichtsvollen Rat Julians, welcher vorschlug sie nicht nach Paris ziehen zu lassen und auf die Gefahr und Versuchung einer letzten Zusammenkunft aufmerksam machte.

So wie die Annäherung der Truppen gemeldet wurde, ging der Cäsar ihnen entgegen und bestieg sein Tribunal, welches in einer Ebene vor den Toren der Stadt aufgerichtet worden war. Nachdem Julian den Offizieren und Soldaten Auszeichnung hatte widerfahren lassen, die durch ihren Rang oder ihre Taten besondere Aufmerksamkeit verdienten, sprach er zu der ihn umgebenden Menge in einer wohlberechneten Rede; er rühmte ihre kriegerischen Leistungen mit dankbarem Beifall, ermunterte sie, mit Freudigkeit die Ehre anzunehmen unter den Augen eines mächtigen und freigebigen Monarchen zu dienen, und erinnerte sie, daß die Befehle des Augustus unverzüglichen und bereitwilligen Gehorsam forderten. Die Krieger bewahrten, in der Besorgnis ihren Feldherrn durch unanständiges Geschrei zu beleidigen oder durch falschen und käuflichen Zuruf ihre Gesinnungen zu verleugnen, ein hartnäckiges Schweigen und wurden nach einer kurzen Pause in ihre Quartiere entlassen. Die vornehmsten Offiziere wurden von dem Cäsar bewirtet, welcher in der wärmsten Sprache der Freundschaft sein Verlangen und seine Unfähigkeit ausdrückte die tapferen Gefährten seiner Siege nach ihren Verdiensten zu belohnen. Sie entfernten sich von dem Gelage voll Schmerz und Trauer und beklagten ihr hartes Schicksal, das sie von ihrem geliebten Feldherrn und von ihrem Vaterland reiße.

Das einzige Mittel, welches ihre Trennung hindern konnte, wurde kühn besprochen und gebilligt; der allgemeine Ingrimm gewann unmerklich die Form einer regelmäßigen Verschwörung; ihre gerechten Beschwerdegründe wurden durch Leidenschaft vergrößert und die Leidenschaften durch Wein entflammt, da man den Truppen am Vorabend ihres Abmarsches ein zügelloses Gelage nachgesehen hatte. Um die

Stunde der Mitternacht stürmte die ungestüme Menge, Schwerter, Bogen und Fackeln in den Händen, in die Vorstädte, umgab den Pallast und rief, künftiger Gefahren uneingedenk, die schicksalschweren und unwiderruflichen Worte *Julianus Augustus!* Der Fürst, dessen peinliche Spannung durch ihren tumultuarischen Ruf unterbrochen wurde, sicherte die Tore gegen ihr Eindringen und barg so lange als nur möglich seine Person und Würde vor den Wechselfällen eines nächtlichen Tumultes. Mit grauendem Morgen drangen die Soldaten, deren Eifer durch Widerstand gereizt wurde, mit Gewalt in den Pallast, ergriffen mit ehrfurchtsvollem Zwang den Gegenstand ihrer Wahl, geleiteten Julian mit entblößten Schwertern durch die Straßen von Paris, stellten ihn auf das Tribunal und begrüßten ihn mit wiederholtem Zuruf als ihren Kaiser.

Sowohl Klugheit als Untertanentreue schärften die Angemessenheit ein, ihren hochverräterischen Absichten Widerstand zu leisten und für seine unterdrückte Tugend die Entschuldigung der Gewalt zu bereiten. Indem er sich abwechselnd an die Menge und an einzelne wendete, flehte er bald ihr Erbarmen an, bald drückte er seine Entrüstung aus, beschwor sie den Ruhm ihrer unsterblichen Siege nicht zu beflecken, und wagte ihnen zu versprechen, daß er, wenn sie unverzüglich zur Treue zurückkehren würden, es übernehmen wolle, vom Kaiser nicht nur unbedingte und gnadenvolle Verzeihung, sondern sogar Widerruf der Befehle zu erlangen, welche ihren Grimm gereizt hatten. Aber die Soldaten wollten im Bewußtsein ihrer Schuld lieber von der Dankbarkeit Julians als von der Milde des Kaisers abhängen. Ihr Eifer verwandelte sich allmählich in Ungeduld, ihre Ungeduld in Wut. Der unbeugsame Cäsar widerstand bis zur dritten Stunde des Tages ihren Bitten, ihren Vorwürfen, ihren Drohungen, und gab nicht eher nach als bis ihm wiederholt beteuert worden war, daß er, wenn er zu leben wünsche, einwilligen müsse zu herrschen. Er wurde in Gegenwart und unter einstimmigem Jubelzurufe der Truppen auf ein Schild erhoben; ein reiches, kriegerisches Halsband, das der Zufall darbot, ersetzte den Mangel eines Diadems; die Zeremonie endete mit dem Versprechen eines mäßigen Geschenkes, und der neue Kaiser zog sich, von wirklichem oder verstelltem Schmerz überwältigt, in die geheimsten Zimmer seiner Wohnung zurück.

Der Schmerz Julians konnte nur eine Wirkung seiner Unschuld sein; aber diese Unschuld muß in den Augen derjenigen sehr zweifelhaft erscheinen, welche gelernt haben, Mißtrauen in die Beweggründe und Erklärungen der Fürsten zu setzen. Sein lebhafter und tätiger Geist war der verschiedenartigsten Eindrücke von Hoffnung und Furcht, Dankbarkeit und Rache, Pflicht und Ehrgeiz, Liebe zum Ruhme und Besorgnis vor Tadel empfänglich. Aber wir sind außerstande, das bezügliche Gewicht und die Wirkungen dieser Gefühle zu berechnen oder die Gründe des Handelns zu ermitteln, welche der Beobachtung entgehen mochten, während sie Julians Schritte leiteten oder vielmehr antrieben. Die Unzufriedenheit der Truppen war das Werk der Bosheit seiner Feinde, ihr Aufruhr die natürliche Folge des Interesses und der Leidenschaft, und wenn Julian einen tief durchdachten Plan unter dem Anschein des Zufalls verbarg, muß er die vollendetste List ohne Notwendigkeit und wahrscheinlich ohne Erfolg angewendet haben. Er erklärt feierlich unter Anrufung des Jupiter, der Sonne, des Mars, der Minerva und aller anderen Gottheiten, daß er bis zum Schluß des Abends, der seiner Erhebung voranging, nicht die geringste Kenntnis von den Absichten der Soldaten hatte, und es möchte unedelmütig sein, der Ehre eines Helden und der Wahrhaftigkeit eines Philosophen zu mißtrauen. Allein die abergläubische Überzeugung, daß Konstantius der Feind und er selbst der Günstling der Götter wäre, mochte ihm eingeben, den glücklichen Augenblick seiner Regierung, welche vorherbestimmt war die alte Religion des Menschengeschlechtes wiederherzustellen, zu ersehnen, zu erflehen und vielleicht zu beschleunigen. Als Julian Kunde von der Verschwörung erhielt, zog er sich zurück, um einen kurzen Schlummer zu tun, und erzählte nachher seinen Freunden, daß er den Genius des Reiches mit Ungeduld habe vor seinem Tore warten sehen, auf Einlaß dringend und ihm Mangel an Mut und Ehrgeiz vorwerfend.

Voll Staunen und Verwirrung richtete er sein Gebet zu dem großen Jupiter, welcher augenblicklich durch ein klares und unzweideutiges Omen ankündigte, daß er dem Willen des Himmels und des Heeres zu gehorchen habe. Ein Benehmen, welches die gewöhnlichen Maximen der Vernunft verleugnet, erregt unsern Argwohn und entzieht sich unserer Nachforschung. So oft der zugleich so leichtgläubige und so listenreiche Geist des Fanatismus in einem edlen Gemüt Wurzel gefaßt hat, zerstört er allmählich die Lebensprinzipien der Tugend und Wahrhaftigkeit.

Den Eifer seiner Partei mäßigen, die Personen seiner Feinde beschützen, die geheimen Anschläge, die gegen sein Leben und seine Würde gerichtet waren, vereiteln und verachten, waren die Sorgen, welche die ersten Tage der Regierung des neuen Kaisers beschäftigten. Obschon er fest entschlossen war die Stellung zu behaupten, welche er angenommen hatte, wünschte er doch seinem Vaterland die Drangsale eines Bürgerkrieges zu ersparen, den Kampf mit den überlegenen Streitkräften des Konstantius zu vermeiden, und seinen Ruf vor dem Vorwurf der Treulosigkeit und Undankbarkeit zu bewahren. Mit den Insignien des kriegerischen und kaiserlichen Pompes geschmückt, zeigte sich Julian auf dem Marsfeld den Soldaten, welche mit dem feurigsten Enthusiasmus für die Sache ihres Zöglings, ihres Anführers, ihres Freundes glühten. Er zählte ihre Siege auf, beklagte ihre Leiden, zollte ihrer Entschlossenheit Beifall, belebte ihre Hoffnung, zügelte ihren Ungestüm und entließ die Versammlung nicht eher als bis er von den Truppen das feierliche Versprechen erhalten hatte, daß sie, falls der Kaiser des Ostens einen billigen Vertrag unterzeichnen sollte, auf alle Eroberungspläne verzichten und sich mit dem ruhigen Besitz der gallischen Provinzen begnügen würden.

Sich hierauf fußend verfaßte er in seinem und des Heeres Namen ein gleißendes und gemäßigtes Schreiben, welches er seinem Kanzler Pentadius und seinem Kämmerer Eutherius übergab und diese beiden Gesandten beauftragte die Antwort des Konstantius zu empfangen und seine Stimmung zu beobachten. In diesem Schreiben begnügt sich Julian mit der bescheidenen Benennung Cäsar, bittet aber auf eine bestimmte obschon ehrfurchtsvolle Weise um die Bestätigung des Titels Augustus. Er bekennt die Unregelmäßigkeit seiner Wahl, rechtfertigt aber zugleich einigermaßen die Erbitterung und Gewalttätigkeit der Truppen, welche ihm seine Einwilligung mit Widerstreben abgezwungen hätten. Er räumt die Obergewalt seines Bruders Konstantius ein und verpflichtet sich ihm ein jährliches Geschenk von spanischen Pferden zu senden, sein Heer mit einer auserlesenen Zahl barbarischer Jünglinge zu ergänzen und von seiner Wahl einen prätorianischen Präfekten von bewährter Klugheit und Treue anzunehmen. Sich selbst behält er jedoch die Ernennung seiner übrigen Beamten der Zivilverwaltung und des Heeres, die Truppen, die Finanzen und die Souveränität der Provinzen jenseits der Alpen vor. Er ermahnt den Kaiser von den Geboten der Gerechtigkeit Rat anzunehmen, den Künsten jener käuflichen Schmeichler zu mißtrauen, welche bloß durch die Zwietracht der Fürsten beständen, und das Anerbieten eines billigen, ehrenvollen, für die Republik wie für das Haus Konstantins gleich vorteilhaften Vergleiches anzunehmen.

Bei dieser Unterhandlung forderte Julian nicht mehr als er bereits besaß. Der delegierten Macht, welche er lange über die Provinzen Gallien, Spanien und Britannien ausgeübt hatte, wurde fortwährend, nur unter einem unabhängigeren und erhabeneren Namen gehorcht. Soldaten und Volk freuten sich einer Umwälzung, die nicht einmal mit dem Blut der Schuldigen befleckt war. Florentinus war ein Flüchtling, Lupicinus ein Gefangener. Die Personen, welche der neuen Regierung abgeneigt waren, wurden entwaffnet und festgenommen, und die leeren Ämter wurden nach der Empfehlung des Verdienstes von einem Fürsten besetzt, welcher die Intrigen des Palastes und das Geschrei der Soldaten verachtete.

Die Friedensunterhandlungen wurden von den kräftigsten Kriegsrüstungen begleitet und unterstützt. Das Heer, welches Julian für unmittelbare Verwendung in Bereitschaft hielt, wurde durch die Unordnungen der Zeiten ergänzt und vermehrt. Die grausame Verfolgung der Partei des Magnentius hatte Gallien mit zahlreichen Scharen von Geächteten und Räubern angefüllt. Sie nahmen freudig das Anerbieten allgemeiner Verzeihung von einem Fürsten an, dem sie trauen konnten, unterwarfen sich dem Zwang der kriegerischen Zucht und behielten nur ihren unversöhnlichen Haß gegen die Person und die Regierung des Konstantius bei. Sobald die Jahreszeit Julian gestattete in das Feld zu rücken, erschien er an der Spitze der Legionen, schlug in der Nähe von Kleve eine Brücke über den Rhein und rüstete sich, die Treulosigkeit der Attuarier, eines Frankenstammes, zu züchtigen, welche gewähnt hatten, ungestraft die Grenzen eines geteilten Reiches verheeren zu dürfen. Die Schwierigkeit so wie der Ruhm dieses Unternehmens bestand in einem beschwerlichen Marsch, und Julian hatte gesiegt, sobald er in ein Land eindringen konnte, welches frühere Fürsten für unzugänglich gehalten hatten.

Nachdem der Kaiser den Barbaren Frieden auferlegt hatte, besichtigte er sorgfältig die Befestigungen längs dem Rhein von Kleve bis Basel, untersuchte mit besonderer Aufmerksamkeit die Gebiete, welche er von den Alemannen zurückerobert hatte, kam durch Besançon, das von ihrer Wut hart mitgenommen worden war und schlug sein Hauptquartier für den folgenden Winter zu Vienna auf. Die Grenzen von Gallien wurden durch neue Festungswerke vervollkommnet und verstärkt, und Julian hegte einige Hoffnung, daß die Deutschen, welche er so oft besiegt hatte, in seiner Abwesenheit durch den Schrecken seines Namens im Zaum gehalten werden würden. Vadomair war der einzige Fürst der Alemannen, den er achtete oder fürchtete, und während der schlaue Barbar sich stellte den Inhalt der Verträge zu beobachten, bedrohten die Fortschritte seiner Waffen den Staat mit einem ungelegenen und gefährlichen Krieg. Die Politik Julians ließ sich herab, den Fürsten der Alemannen mit seinen eigenen Künsten zu fangen; Vadomair wurde, als er in dem Charakter eines Freundes unvorsichtiger Weise eine Einladung von dem römischen Statthalter angenommen hatte, inmitten eines Gelages festgenommen und als Gefangener in das Innere von Spanien gesendet. Bevor noch die Barbaren sich von ihrem

Schrecken erholt hatten, erschien der Kaiser in Waffen an den Ufern des Rheins, ging abermals über diesen Strom und erneuerte den tiefen Eindruck des Schreckens und der Ehrfurcht, den er bereits durch vier vorhergehende Feldzüge hervorgebracht hatte.

Die Gesandten Julians hatten Befehl, ihren Auftrag mit der äußersten Schnelligkeit auszuführen. Aber auf ihrem Weg durch Italien und Illyrien wurden sie durch die langwierigen und ränkevollen Zögerungen der Statthalter der Provinzen aufgehalten, wurden in langsamen Tagereisen von Konstantinopel nach Cäsarea in Kappadozien geführt, und als sie endlich bei Konstantius Audienz erhielten, nahmen sie wahr, daß er bereits aus den Berichten seiner eigenen Beamteten die ungünstigste Meinung von dem Betragen Julians und des gallischen Heeres geschöpft habe. Das Schreiben wurde mit Ungeduld angehört, die zitternden Boten mit Entrüstung und Verachtung entlassen, und die Blicke, die Gebärden, die wütende Sprache des Monarchen drückten den krampfhaften Zustand seiner Seele aus. Die Familienverbindung, welche den Bruder und den Gatten der Helena ausgesöhnt haben möchte, war kürzlich durch den Tod dieser Fürstin gelöst worden, deren Schwangerschaft mehrere Male fruchtlos gewesen und endlich ihr selbst verderblich geworden war. Die Kaiserin Eusebia hatte bis zum letzten Augenblick ihres Lebens die warme und selbst eifersüchtige Zuneigung bewahrt, welche sie für Julian gefaßt hatte, und ihr milder Einfluß mochte den Grimm eines Fürsten gemildert haben, der seit ihrem Tod seinen eigenen Leidenschaften und den Künsten seiner Eunuchen preisgegeben war. Aber der Schrecken eines auswärtigen Krieges nötigte ihn die Bestrafung eines Privatfeindes zu verschieben; er setzte seinen Marsch nach den Grenzen von Persien fort, und hielt es für hinreichend die Bedingungen anzudeuten, welche Julian und seinen schuldigen Anhängern Anspruch auf die Milde ihres beleidigten Souveränes geben möchten. Er verlangte, daß der vermessene Cäsar auf Rang und Titel eines Augustus, den er von den Rebellen angenommen, ausdrücklich Verzicht leisten, zu seiner früheren Stellung eines beschränkten und abhängigen Ministers wieder herabsteigen, die Gewalt des Staates und Heeres den Händen der von dem kaiserlichen Hofe ernannten Beamten zurückgeben und in Betreff seiner Sicherheit den Zusicherungen der Verzeihung vertrauen solle, welche ihm von Epiktetus, einem gallischen Bischof und einem der arianischen Lieblinge des Konstantius, verkündet wurden.

Mehrere Monate vergingen nutzlos über einem Vertrag, der in der Entfernung von dreitausend Meilen zwischen Paris und Antiochia unterhandelt wurde, und sobald Julian einsah, daß sein gemäßigtes und ehrfurchtsvolles Benehmen bloß dazu diene, den Stolz eines unversöhnlichen Gegners zu reizen, beschloß er kühn, Leben und Schicksal dem Ausgang eines Bürgerkrieges anzuvertrauen. Er erteilte dem Quästor Leonas eine öffentliche und militärische Audienz: das hochmütige Schreiben des Konstantius wurde der aufmerksam zuhörenden Menge vorgelesen, und Julian beteuerte mit der schmeichelhaftesten Rücksichtsnahme, daß er bereit sei auf den Titel Augustus Verzicht zu leisten, wenn er die Einwilligung derjenigen erhielte, die er als Urheber seiner Erhebung anerkenne. Der schwache Vorschlag wurde mit Ungestüm zum Schweigen gebracht, der Zuruf: »Julianus Augustus, fahre fort zu herrschen durch die Vollmacht des Heeres, des Volkes und der Republik, die Du gerettet hast!« donnerte von jedem Teil des Feldes und setzte den angstbleichen Abgesandten des Konstantius in Schrecken. Dann wurde der andere Teil des Schreibens gelesen, worin der Kaiser den Vorwurf der Undankbarkeit auf Julian häufte, den er mit dem Purpur bekleidet, mit so viel Sorge und Zärtlichkeit erzogen und in seiner Kindheit bewahrt habe, als er eine hilflose Waise gewesen.

»Eine Waise!« unterbrach Julian, seine Sache rechtfertigend, indem er seiner Leidenschaft nachgab, »der Mörder meiner Familie wirft mir vor, daß ich eine Waise geworden bin! Er treibt mich an jene Unbilden zu rächen, die ich zu vergessen bemüht gewesen bin.« Die Versammlung wurde entlassen, und Leonas, der nur mit Schwierigkeit vor dem Ausbruch der Volkswut gerettet werden konnte, zu seinem Gebieter mit einem Schreiben zurückgesendet, worin Julian in einem Strom der ungestümsten Beredsamkeit den Gefühlen der Verachtung, des Hasses und des Grimmes Luft machte, welche durch zwanzigjährige Verstellung unterdrückt und erbittert worden waren. Nach dieser Botschaft, die als das Zeichen eines unversöhnlichen Krieges angesehen werden mochte, legte Julian, der noch einige Wochen zuvor das Fest der Erscheinung Christi gefeiert hatte, öffentlich die Erklärung ab, daß er die Sorge für sein Heil den *unsterblichen Göttern* anvertraue, und stieß dadurch feierlich sowohl die Religion als die Freundschaft des Konstantius von sich.

Die Lage Julians forderte einen kräftigen und unverzüglichen Entschluß. Aus aufgefangenen Briefen hatte er entnommen, daß sein Gegner, das Interesse des Staates jenem des Monarchen opfernd, die Barbaren abermals aufgereizt hatte die Provinzen des Westens zu überziehen. Die Errichtung von zwei Magazinen, das eine an dem Ufer des Bodensees, das andere an dem Fuße der kottischen Alpen, deutete auf den Marsch von zwei Heeren, und die Größe dieser Magazine, von denen jedes sechshunderttausend Scheffel Weizen oder vielmehr Mehl faßte, war ein drohender Beweis von der Stärke und Zahl des Feindes, der sich anschickte ihn einzuschließen. Aber die kaiserlichen Legionen waren noch in ihren fernen Standorten Asiens, die Donau nur schwach bewacht, und wenn Julian sich durch einen plötzlichen Einfall der wichtigen Provinzen Illyriens bemächtigen konnte, durfte er erwarten, daß ein Volk von Kriegern unter seine Fahnen strömen und die reichen Gold- und Silberminen zur Bestreitung der Ausgaben für den Bürgerkrieg beitragen würden.

Er schlug dieses kühne Unternehmen seinen versammelten Soldaten vor, begeisterte sie mit einem gerechten Vertrauen in ihren Anführer und in sich selbst, und ermahnte sie ihrem bisherigen Ruhm, schrecklich den Feinden, gemäßigt gegen ihre Mitbürger, gehorsam ihren Offizieren, treu zu bleiben. Seine mutatmende Rede wurde mit dem lautesten Beifall aufgenommen, und dieselben Truppen, welche vor Kurzem die Waffen gegen Konstantius ergriffen hatten, weil er sie aufforderte Gallien zu verlassen, erklärten nun mit Freudigkeit, daß sie Julian bis an die fernsten Enden von Europa oder Asien folgen würden. Der Eid der Treue wurde abgenommen, die Soldaten schlugen mit den Schilden zusammen, kehrten die Spitzen ihrer entblößten Schwerter gegen ihre Kehlen und weihten sich unter schrecklicher Selbstverfluchung, wenn sie ihrem Schwur untreu würden, dem Dienst eines Anführers, den sie als den Befreier von Gallien und den Besieger der Deutschen priesen.

Diesem feierlichen Schwur, der mehr von Liebe eingegeben als von Pflicht geboten zu sein schien, widersetzte sich der einzige Nebridius, der als prätorianischer Präfekt zugelassen worden war. Dieser treue Minister verteidigte die Rechte des Konstantius allein und ohne Beistand inmitten einer bewaffneten und zornigen Menge, deren Wut er beinahe als ehrenvolles aber nutzloses Opfer gefallen wäre. Nachdem er eine seiner Hände durch einen Schwertstreich verloren hatte, umfaßte er die Knie des Fürsten, den er beleidigt hatte. Julian bedeckte den Präfekten mit seinem kaiserlichen Mantel, schützte ihn vor dem wilden Eifer seiner Anhänger und entließ ihn nach Hause mit weniger Achtung als der Tugend eines Feindes wohl gebührt hätte. Das hohe Amt des Nebridius wurde Sallust übertragen, und die gallischen Provinzen, die nun von der unerträglichen Wucht der Steuern befreit wurden, genossen die milde und gerechte Verwaltung des Freundes Julians, welchem es gestattet war jene Tugenden zu üben, die er der Seele seines Zöglings eingeflößt hatte.

Die Hoffnungen Julians hingen nicht so sehr von der Zahl seiner Truppen als von der Schnelligkeit seiner Bewegungen ab. Bei der Ausführung einer so kühnen Unternehmung gebrauchte er jede Vorsicht, welche die Klugheit an die Hand geben konnte, und wo Klugheit seine Schritte nicht länger zu leiten vermochte, vertraute er dem Erfolg der Tapferkeit und dem Glück. In der Nähe von Basel versammelte und teilte er sein Heer. Die eine Abteilung, welche aus 10 000 Mann bestand, war beordert unter der Anführung des Oberbefehlshabers der Reiterei, Nevitta, durch die inneren Teile von Rätien und Noricum vorzurücken. Eine ähnliche Heeresabteilung unter dem Befehle des Jovius und Jovinus rüstete sich dem schiefen Weg der Heerstraße durch die Alpen und die nördlichen Grenzen von Italien zu folgen. Die Verhaltungsbefehle für die Anführer waren mit Kraft und Bestimmtheit abgefaßt: ihren Marsch in dichten und geschlossenen Kolonnen beschleunigen, damit sie nach Beschaffenheit des Terrains schnell in jede Schlachtordnung verwandelt werden könnten; sich gegen Nachtüberrumpelungen durch starke Stellungen und aufmerksame Wachen schützen; dem Widerstand durch unerwartetes Erscheinen zuvorkommen; der Ausforschung durch schnellen Abmarsch entgehen; die Meinung von ihrer Macht und den Schrecken seines Namens verbreiten; sich mit ihrem Souveräne unter den Mauern von Sirmium vereinigen.

Für sich selbst hatte Julian eine schwierigere und außerordentliche Rolle vorbehalten. Er wählte dreitausend tapfere und behende Freiwillige, gleich ihrem Anführer entschlossen, jede Hoffnung eines Rückzugs von sich zu werfen, stürzte sich an der Spitze dieser treuen Schar furchtlos in die finstersten Gründe des marcianischen oder Schwarzwaldes, der die Quelle der Donau verhüllt, und geraume Tage hindurch war das Schicksal Julians der Welt unbekannt. Die Geheimhaltung seines Marsches, seine Schnelligkeit und Kraft überwanden jedes Hindernis; er bahnte sich Wege über Berge und Moräste, besetzte die Brücken oder schwamm über die Flüsse, verfolgte seine gerade Bahn, ohne sich zu kümmern ob er über das Gebiet der Römer oder Barbaren zöge, und kam endlich zwischen Regensburg und Wien an einem Platz zum Vorschein, wo er seine Truppen auf der Donau einzuschiffen gedachte. Durch eine wohlberechnete Kriegslist bemächtigte er sich einer vor Anker liegenden Flotte von leichten Brigantinen, verschaffte einen Vorrat von groben Lebensmitteln, hinreichend um den nicht zarten aber vielverschlingenden Appetit eines gallischen Heeres zu befriedigen, und vertraute sich kühn dem Donaustrom an. Die Arbeit seiner Soldaten, die mit unablässigem Fleiß ruderten, und das andauernde Wehen eines günstigen Windes führten seine Flotte in elf Tagen über 700 Meilen, und er hatte seine Truppen bereits zu Bononia, nur 19 Meilen von Sirmium ausgeschifft, bevor seine Feinde auch nur gewisse Kunde erhalten haben konnten, daß er die Ufer des Rheins verlassen hatte.

Im Laufe dieser langen und schnellen Fahrt haftete der Geist Julians fest an dem Zweck seines Unternehmens, und obschon er die Abgeordneten einiger Städte, welche sich beeilten das Verdienst einer frühzeitigen Unterwerfung zu erwerben, aufgenommen hatte, war er doch an den feindlichen Posten längs den Ufern vorübergefahren, ohne der Versuchung nachzugeben, eine nutzlose und unzeitige Tapferkeit zu zeigen. Die Ufer der Donau waren auf beiden Seiten mit Zuschauern besetzt, welche das kriegerische Schauspiel betrachteten, die Wichtigkeit des Ereignisses ahnten, und durch die umliegende Gegend den Ruhm eines jungen Helden verbreiteten, der mit mehr als menschlicher Schnelligkeit an der Spitze der zahllosen Heere des Westens heranziehe.

Lucilian, welcher mit dem Rang eines Oberbefehlshabers der Reiterei über die Streitkräfte von Illyrien gebot, war durch die zweifelhaften Gerüchte, welche er weder zu verwerfen noch zu glauben vermochte, in Bestürzung und Verwirrung gesetzt. Er hatte eben einige langsame und unentschlossene Maßregeln ergriffen um Truppen zusammen zu ziehen, als er von Dagalaiphus, einem tätigen Offizier, den Julian gleich nach seiner Landung zu Bononia mit einiger leichten Kavallerie vorgeschoben hatte, überrumpelt wurde. Der gefangene General, ungewiß seines Lebens oder Todes, wurde eilig auf ein Pferd gesetzt und vor Julian gebracht, der ihn gütig von der Erde aufhob und seinen Schreck und seine Bestürzung zerstreute, die alle seine Geisteskräfte zu lähmen schien. Kaum hatte aber Lucilian seine Besinnung wiedererlangt, so bewies er auch seinen Mangel an Klugheit, indem er sich herausnahm seinen Besieger zu ermahnen, daß er Übereiltes gewagt habe, indem er sich mit einer Handvoll Menschen in die Mitte seiner Feinde geliefert habe. »Bewahre diese furchtsamen Vorstellungen für Deinen Gebieter Konstantius«, erwiederte Julian mit dem Lächeln der Verachtung; »als ich Dir meinen Purpur zu küssen gab, empfing ich Dich nicht als einen Ratgeber, sondern als einen Flehenden.«

Im Bewußtsein, daß nur der Erfolg sein Unternehmen rechtfertigen und nur Kühnheit den Erfolg gewinnen könne, rückte er an der Spitze von dreitausend Soldaten unverzüglich vor, um die stärkste und volkreichste Stadt der illyrischen Provinzen anzugreifen. Als er in die lange Vorstadt von Sirmium einzog, wurde er mit Jubel vom Heer und Volk empfangen, welches, bekränzt mit Blumen und brennende Wachskerzen in den Händen tragend, seinen anerkannten Souverän zu seiner kaiserlichen Residenz geleitete. Zwei Tage waren der öffentlichen durch Spiele im Zirkus gefeierten Freude gewidmet, am Morgen des dritten Tages aber brach Julian auf, um den Paß von Succi in den Engwegen des Hämus zu besetzen, welcher in Wegesmitte zwischen Sirmium und Konstantinopel die Provinzen Thrazien und Dakien durch einen steilen Abfall nach jener und einen gelinden Abhang nach dieser trennt. Die Verteidigung dieses wichtigen Postens wurde dem tapferen Nevitta anvertraut, welcher so wie alle Anführer der italienischen Heeresabteilung, den Marschplan und die Vereinigung, welche von ihrem Gebieter mit so viel Talent entworfen worden war, bewerkstelligt hatte.

Die Huldigung, welche Julian von der Furcht oder Zuneigung des Volkes empfing, erstreckte sich weit über den unmittelbaren Bereich seiner Waffen. Die Präfekturen von Italien und Illyrien wurden von Taurus und Florentinus verwaltet, welche mit diesem wichtigen Amt die leere Ehre des Konsulates vereinigten; und da sich diese Beamteten eiligst nach dem Hof von Asien gerettet hatten, brandmarkte Julian, der die Leichtfertigkeit seines Temperaments nicht immer zügeln konnte, ihre Flucht, indem er in allen öffentlichen Aktenstücken des Jahres den Namen der beiden Konsuln das Beiwort *flüchtig* vorsetzte. Die Provinzen, welche von ihren ersten Obrigkeiten verlassen worden waren, erkannten die Ohnmacht eines Kaisers an, welcher, indem er die Eigenschaften eines Kriegers mit jenen eines Philosophen vereinigte, ebenso in den Lagern an der Donau als in den Städten Griechenlands bewundert wurde. Aus seinem Palast oder, richtiger zu sprechen, aus seinen Hauptquartieren zu

Sirmium und Naissus, verteilte er an die vornehmsten Städte des Reiches eine ausgebreitete Verteidigung seines Benehmens, veröffentlichte geheime Depeschen des Konstantius und forderte das Menschengeschlecht auf, zwischen zwei Bewerbern zu richten, von denen der eine die Barbaren vertrieben, der andere sie eingeladen hätte.

Julian, dessen Seele durch den Vorwurf der Undankbarkeit tief verwundet worden war, strebte darnach, sowohl durch Gründe als durch Waffen das bessere Recht seiner Sache zu behaupten und nicht nur in der Kunst des Krieges, sondern auch in jener des Stils seine Überlegenheit zu zeigen. Sein Schreiben an den Senat und das Volk von Athen scheint von einem edlen Enthusiasmus diktiert zu sein, welcher ihn antrieb seine Handlungen und Beweggründe den entarteten Atheniensern seiner Zeit mit derselben demütigen Achtung zu unterwerfen, als führte er seine Sache in den Tagen des Aristides vor dem Areopag. Er wendete sich an den römischen Senat, dem es noch immer gestattet war die Titel der kaiserlichen Macht zu vergeben, in allen Formen, welche die verscheidende Republik forderte. Die Versammlung wurde von Tertullus, dem Präfekten der Stadt, berufen, das Schreiben Julians verlesen, und sein Anspruch, da er Herr von Italien zu sein schien, ohne Widerspruch genehmigt. Sein Seitentadel der Neuerungen Konstantins und seine leidenschaftlichen Schmähungen gegen die Laster dieses Kaisers wurden mit geringerem Beifall angehört, der Senat rief vielmehr, gleich als wäre Julian gegenwärtig gewesen, einstimmig aus: »Ehre, wir bitten dich, den Urheber deines eigenen Glückes!« Ein schlauer Ausdruck, welcher je nach dem Ausgang des Krieges verschieden ausgelegt werden konnte: als ein männlicher Vorwurf der Undankbarkeit gegen den Usurpator oder als ein schmeichelhaftes Bekenntnis, daß eine einzige Handlung von solcher Wohltätigkeit für den Staat alle Fehler des Konstantius sühnen sollte.

Die Nachricht von dem Marsch und den schnellen Fortschritten Julians wurde eiligst seinem Nebenbuhler überbracht, welcher infolge des Rückzugs Sapors einige Ruhe vor dem persischen Krieg erhalten hatte. Indem Konstantius die Angst seiner Seele unter dem Schein der Verachtung verbarg, erklärte er seine Absicht nach Europa zurückzukehren, um auf Julian Jagd zu machen; denn er sprach von dem Feldzug gegen diesen nie anders als von einer Jagdpartie. Er verkündete im Lager von Hieropolis in Syrien diese Absicht seinem Heer, erwähnte obenhin der Schuld und Verwegenheit des Cäsar und versicherte sie dreist, daß die gallischen Aufrührer, wenn sie es wagen sollten sich ihnen im Feld gegenüberzustellen, das Feuer ihrer Augen und den unwiderstehlichen Donner ihres Angriffsgeschreis nicht würden aushalten können. Die Rede des Kaisers wurde mit kriegerischem Beifall aufgenommen, und Theodotus, der Präsident des Rates von Hieropolis, flehte mit Tränen der Schmeichelei in den Augen, daß *seine* Stadt mit dem Haupt des besiegten Rebellen geschmückt werden möchte. Eine auserlesene Schar wurde auf Postwagen entsendet, um sich, wenn noch möglich, des Passes von Succi zu versichern; die Rekruten, Pferde, Waffen, Magazine, welche gegen Sapor in Bereitschaft gesetzt worden waren, wurden dem Dienst des Bürgerkrieges überwiesen, und die einheimischen Siege des Konstantius flösten seinen Anhängern, die sanguinischeste Überzeugung von einem glücklichen Erfolg ein. Der Notar Gaudentius hatte in seinem Namen die Provinzen von Afrika besetzt, die Zufuhren nach Rom wurden abgeschnitten, und Julians Verlegenheit durch ein unerwartetes Ereignis vermehrt, welches die verderblichsten Folgen hätte haben können.

Julian hatte die Unterwerfung von zwei Legionen und einer Kohorte Bogenschützen, welche zu Sirmium lagen, angenommen; er zog jedoch die Treue dieser Truppen, welche von dem Kaiser ausgezeichnet worden waren, mit Grund in Zweifel, und hielt es für geratener sie unter dem Vorwand der bloßgestellten Lage der gallischen Grenzen von dem wichtigen Schauplatz des Handelns zu entfernen. Sie rückten voll Verdrossenheit bis an die Grenze von Italien; da sie aber die Länge des Weges und die grimmige Wildheit der Deutschen scheuten, beschlossen sie auf Anstiften eines ihrer Tribunen zu Aquileja Halt zu machen und die Fahnen des Konstantius auf den Mauern dieser uneinnehmbaren Stadt aufzupflanzen. Der allwachsame Julian sah zugleich den Umfang des Unheils und die Notwendigkeit ein, schleunige Gegenvorkehrungen zu treffen. Auf seinen Befehl führte Jovinus einen Teil des Heeres nach Italien zurück, und die Belagerung von Aquileja wurde mit Emsigkeit begonnen und mit Kraft betrieben. Aber die Legionssoldaten, obschon sie das Joch der Disziplin abgeworfen zu haben schienen, verteidigten den Platz mit Geschicklichkeit und Ausdauer, forderten das übrige Italien auf, das Beispiel ihres Mutes und ihrer Treue nachzuahmen, und bedrohten den Rückzug Julians, wenn er gezwungen sein sollte, der überlegenen Stärke der Heere des Ostens zu weichen.

Aber der Menschlichkeit Julians wurde der grausame Wechselfall, den er so pathetisch beklagte, zu vernichten oder vernichtet zu werden, erspart; denn der zur rechten Zeit eintretende Tod des Konstantius befreite das römische Reich von den Drangsalen eines Bürgerkrieges. Die Annäherung des Winters vermochte den Monarchen zu Antiochia nicht fest zu halten, und seine Höflinge wagten es nicht sich seinem ungestümen Drang nach Rache zu widersetzen. Ein leichtes, wahrscheinlich durch die Aufregung seines Gemütes veranlaßtes Fieber wurde durch die Strapazen der Reise vermehrt, und Konstantius war genötigt in der kleinen Stadt Mopsukrene, zwölf Meilen jenseit Tarsus, Halt zu machen, wo er nach kurzer Krankheit im fünfundvierzigsten Jahr seines Alters und im vierundzwanzigsten seiner Regierung verschied. Sein wahrhafter Charakter, der eine Mischung von Stolz und Schwäche, von Aberglauben und Grausamkeit war, ist in der vorhergehenden Darstellung der politischen und kirchlichen Ereignisse vollständig gezeichnet worden. Der lange Mißbrauch der Macht schuf ihn zu einem Gegenstand der Verehrung in den Augen seiner Zeitgenossen; da aber nur persönliches Verdienst die Achtung der Nachwelt gebieten kann, mag der letzte der Söhne Konstantins mit der Bemerkung entlassen werden, daß er die Fehler aber nicht die Fähigkeiten seines Vaters geerbt hatte.

Bevor Konstantius verschied, soll er Julian zu seinem Nachfolger ernannt haben, und es stellt sich nicht unwahrscheinlich dar, daß sein ängstlicher Kummer um das Schicksal einer jungen und geliebten Gattin, die er schwanger hinterließ, in seinen letzten Augenblicken über die barscheren Leidenschaften des Hasses und der Rache den Sieg davon trug. Eusebius und seine Schuldgenossen machten durch die Wahl eines neuen Kaisers einen schwachen Versuch, das Reich der Eunuchen zu verlängern; aber ihre Intrigen wurden mit Verachtung von einem Heer verworfen, welches jetzt jeden Gedanken an eine bürgerliche Zwietracht verabscheute und zwei Offiziere von hohem Rang sogleich entsendete, um Julian zu versichern, daß jedes Schwert im Reich in seinem Dienste gezogen werden würde. Die kriegerischen Pläne dieses Fürsten, welcher drei verschiedene Angriffe gegen Thrazien vorbereitet hatte, wurden durch dieses günstige Ereignis überflüssig gemacht. Ohne das Blut seiner Mitbürger zu vergießen, entging er den Gefahren eines zweifelhaften Kampfes und erlangte die Vorteile eines vollständigen Sieges. Voll Ungeduld seinen Geburtsort und die neue Hauptstadt des Reiches zu sehen, rückte er von Naissus über das Hämusgebirge und durch die Städte von Thrazien vor. Als er ihr bis Heraklea, das ist auf 60 Meilen nahe kam, strömte ganz Konstantinopel herbei, um ihn zu empfangen, und er hielt seinen Triumpheinzug unter dem huldigenden Zuruf der Soldaten, des Volkes und des Senates. Eine zahllose Menge drängte sich mit neugieriger Ehrfurcht um ihn und wurde vielleicht getäuscht, als sie die kleine Statur und das einfache Äußere eines Helden erblickte, dessen unerfahrene Jugend die Barbaren von Deutschland überwunden und der jetzt auf siegreicher Bahn das ganze Festland von Europa von den Küsten des atlantischen Ozeans bis zu dem Gestade des Bosporus durchzogen hatte.

Als wenige Tage nachher die Überreste des verstorbenen Kaisers an das Land gebracht wurden, zollten die Untertanen Julians dem wirklichen oder erheuchelten Menschengefühl ihres Souveränes Beifall. Zu Fuß, ohne Diadem und im Trauergewand begleitete er den Leichenzug bis zur Kirche zu den heiligen Aposteln, wo der Tote beigesetzt wurde; und wenngleich diese Beweise von Ehrfurcht als selbstische, der Geburt und Würde seines kaiserlichen Verwandten dargebrachte Huldigung ausgelegt werden konnten, bekannten doch die Tränen Julians vor der Welt, daß er die Beleidigungen vergessen habe und nur der Verbindlichkeiten gedenke, die ihm Konstantius auferlegt hatte. Kaum war den Legionen von Aquileja sichere Kunde vom Tod des Kaisers zugekommen, so öffneten sie die Tore der Stadt und erhielten durch Aufopferung ihrer schuldigen Anführer leicht Verzeihung von der Klugheit oder Gelindigkeit Julians, der im zweiunddreißigsten Jahre seines Alters den unbestrittenen Besitz des römischen Reiches erlangte.

Die Philosophie hatte Julian gelehrt die Vorzüge der Tätigkeit und Zurückgezogenheit zu vergleichen, aber seine hohe Geburt und die Wechselfälle seines Lebens gestatteten ihm nie freie Wahl. Vielleicht möchte er aufrichtig die Haine der Akademie und die Gesellschaft von Athen vorgezogen haben: aber zuerst sah er sich durch den Willen und später durch die Ungerechtigkeit des Konstantius gezwungen, seine Person und seinen Ruhm den Gefahren der kaiserlichen Größe bloßzustellen und der Mit- und Nachwelt für das Glück von Millionen verantwortlich zu werden. Julian gedachte mit Bestürzung der Bemerkung seines Lehrers Plato, daß die Leitung unserer Rinder- und Lämmerherden stets Wesen einer höheren Art anvertraut werde und daß die Regierung von Nationen die himmlischen Gewalten der Götter oder Genien erfordere und verdiene. Aus diesem Grundsatz zog er den richtigen Schluß, daß der Mensch, der sich zu herrschen vermißt, nach der Vollkommenheit der göttlichen Natur streben, seine Seele von ihrem sterblichen und irdischen Teil reinigen, seine Begierden vernichten, seinen Verstand erleuchten, seine Leidenschaften regeln und das wilde Tier unterjochen müsse, welches nach Aristoteles' kräftiger Metapher selten verfehlt den Thron eines Despoten zu besteigen.

Der Thron Julians, welchen der Tod Konstantius' auf einer unabhängigen Grundlage festgestellt hatte, war der Sitz der

Vernunft, der Tugend und vielleicht der Eitelkeit. Er verachtete die Ehren, verzichtete auf die Vergnügungen und erfüllte mit unablässigem Fleiß die Pflichten seiner erhabenen Stellung, und es gab wenige unter seinen Untertanen, welche eingewilligt haben würden ihm die Wucht des Diadems zu erleichtern, wenn sie damit die Verpflichtung hätten übernehmen müssen, ihre Zeit und ihre Handlungen den strengen Gesetzen zu unterwerfen, welche ihr philosophischer Kaiser sich selbst auferlegt hatte. Einer seiner vertrautesten Freunde, welcher häufig die mäßige Einfachheit seiner Tafel teilte, hat bemerkt, daß seine leichte und spärliche Nahrung (welche gewöhnlich aus dem Pflanzenreich genommen war) seinen Geist und Körper stets frei und tatkräftig für die verschiedenartigen und wichtigen Geschäfte eines Schriftstellers, Hochpriesters, Richters, Feldherren und Fürsten ließ. An einem und demselben Tag erteilte er mehreren Gesandten Audienz und schrieb oder diktierte eine große Anzahl von Briefen an seine Unterfeldherren, seine Zivilbeamten, seine vertrauten Freunde und an die verschiedenen Städte seiner Gebiete. Er hörte die eingegangenen Berichte an, erwog den Gegenstand der Bittschriften und gab seine Entscheidungen schneller, als sie durch den Fleiß seiner Sekretäre in abgekürzter Schrift aufgezeichnet werden konnten. Er besaß eine solche Biegsamkeit des Denkens und eine solche Festigkeit der Aufmerksamkeit, daß er seine Hand zum Schreiben, sein Ohr zum Hören, seine Stimme zum Diktieren verwenden und zu gleicher Zeit drei verschiedene Ideengänge ohne Stocken und ohne Irrtum verfolgen konnte.

Während seine Minister ausruhten, flog er mit Behendigkeit von einer Arbeit zur anderen und zog sich nach einem eiligen Mittagsessen in seine Bibliothek zurück, bis die öffentlichen Geschäfte, welche er für den Abend angesetzt hatte, ihn mahnten seine Studien zu unterbrechen. Die Abendmahlzeit des Kaisers war noch leichter als die des Mittags, nie wurde sein Schlaf durch die Dünste eines überfüllten Magens unterbrochen, und mit Ausnahme der kurzen Zwischenzeit einer Ehe, die mehr das Ergebnis der Politik als der Liebe gewesen, teilte der keusche Julian nie sein Lager mit einem Weib. Er wurde bald durch das Eintreten frischer Sekretäre geweckt, welche die Nacht über geschlafen hatten, und seine Diener waren genötigt, abwechselnd zu seinen Befehlen zu sein, während ihr unermüdlicher Gebieter sich keine andere Erholung gönnte, als welche im Wechsel der Beschäftigung liegt.

Die Vorfahren Julians, sein Oheim, sein Bruder und sein Vetter hingen ihrem knabenartigen Geschmacke für die Spiele des Zirkus unter dem gleißenden Vorwand nach, der Neigung des Volkes zu huldigen, und sie blieben oft den größten Teil des Tages als müßige Zuschauer und als Teil des glänzenden Schauspiels, bis die gewöhnliche Zahl von 24 Rennen vollkommen beendigt war. An feierlichen Festtagen ließ sich Julian, welcher ein sehr unmodisches Mißfallen an diesen frivolen Vergnügungen fühlte und bekannte, herab in dem Zirkus zu erscheinen und nachdem er einen gleichgültigen Blick auf fünf oder sechs Rennen geworfen, zog er sich eilig mit der Ungeduld eines Philosophen zurück, der jeden Augenblick für verloren achtete, welcher nicht dem Vorteil des Publikums oder der Vervollkommnung seines eigenen Geistes gewidmet war. Durch dieses Geizen mit der Zeit schien er die kurze Zeit seiner Regierung zu verlängern, und wenn die Zeitangaben weniger genau ermittelt wären, würden wir uns zu glauben weigern, daß nur 16 Monate zwischen dem Tod des Konstantius und dem Abgang seines Nachfolgers zum persischen Krieg verflossen. Die Taten Julians können nur durch die Sorgfalt des Historikers aufbewahrt werden; aber der Teil seiner umfangreichen Schriften, der noch vorhanden ist, bleibt ein Denkmal sowohl des Fleißes als des Genies des Kaisers. Der Misopogon, die Cäsaren, mehrere seiner Reden und sein ausgearbeitetes Werk gegen die christliche Religion wurden in den langen Nächten der beiden Winter verfaßt, deren einen er zu Konstantinopel, den zweiten zu Antiochia zubrachte.

Wenn die Mehrzahl der Fürsten ihres Purpurs beraubt und nackt in die Welt geworfen werden sollte, würden sie alsbald unter die niedrigsten Klassen der Gesellschaft ohne Hoffnung sinken, sich je aus ihrer Dunkelheit erheben zu können. Aber das persönliche Verdienst Julians war in einem beträchtlichen Grade unabhängig von seinem Glück. Welchen Beruf er im Leben immer gewählt haben möchte, würde er durch seinen unerschrockenen Mut, lebhaften Verstand und unausgesetzten Fleiß die höchste Ehre seines Standes erreicht oder wenigstens verdient haben; Julian hätte sich zum Rang eines Ministers oder Feldherren in dem Staat erheben können, in welchem er als Bürger geboren war. Wenn aber die eifersüchtige Laune der Macht seine Erwartungen getäuscht, wenn er klüglich den Pfad der Größe gemieden hätte, würde die Anwendung derselben Talente in studienreicher Einsamkeit sein gegenwärtiges Glück und seinen unsterblichen Ruhm jenseits des Bereiches der Könige gestellt haben. Sofern wir mit in das Kleine gehender oder mit böswilliger Aufmerksamkeit das Bild Julians betrachten, scheint etwas der Anmut und Vollkommenheit der ganzen Figur zu fehlen. Sein Genie war minder gewaltig und erhaben als das Cäsars, auch besaß er nicht die vollendete Klugheit des Augustus. Die Tugenden Trajans erscheinen stätiger und natürlicher, und die Philosophie des Markus ist einfacher und mehr aus einem Guß. Nichts desto weniger ertrug Julian das Unglück mit Festigkeit und das Glück mit Mäßigung. Nach einem Zwischenräume von hundertzwanzig Jahren seit dem Tod des Alexander Severus erblickten die Römer wieder einen Kaiser, der keinen Unterschied zwischen seinen Pflichten und Vergnügungen machte, daran arbeitete dem Elend seiner Untertanen abzuhelfen und ihren Mut wiederzubeleben, und sich bestrebte stets Macht mit Verdienst und Glück mit Tugend zu paaren. Selbst Parteigeist und zwar religiöser Parteigeist war gezwungen die Überlegenheit seines Geistes sowohl im Krieg als im Frieden anzuerkennen und mit einem Seufzer zu gestehen, daß der Apostat Julian sein Vaterland liebte und daß er die Herrschaft der Welt verdiente.

Dreizehntes Kapitel

*Wahl Valentinians, welcher sich seinen Bruder Valens
beigesellt und die entscheidende Trennung zwischen
dem östlichen und westlichen Reich macht • Empörung
des Prokopius • Zivil- und Kirchenregierung •
Deutschland • Britannien • Afrika • Der Osten •
Die Donau • Tod Valentinians • Seine beiden Söhne
Gratian und Valentinian II. folgen im westlichen Reich*

Nach dem Tod Jovians blieb die römische Welt zehn Tage
ohne Herrn. Die Minister und Feldherren fuhren fort sich
zum Rat zu versammeln, ihre Amtspflichten zu vollziehen,
die öffentliche Ruhe aufrechtzuhalten und das Heer friedlich
nach der Stadt Nicäa in Bithynien zu führen, die zum Wahl-
ort bestimmt worden war. In einer feierlichen Versammlung
der Zivil- und Militärgewalten des Reiches wurde das Diadem abermals einstimmig dem Präfekten Sallust angeboten.
Er genoß den Ruhm einer zweiten Weigerung, und als man
die Tugenden des Vaters zugunsten des Sohnes anführte, erklärte der Präfekt den Wählern mit der Uneigennützigkeit
eines Patrioten, daß das geschwächte Alter des einen und die
unerfahrene Jugend des anderen der schwierigen Pflichten
der Regierung gleich unfähig wären. Mehrere Kandidaten
wurden nach einander vorgeschlagen und nach Abwägung
der Einwürfe gegen ihren Charakter und ihre Lage wieder
verworfen: sobald aber der Name Valentinian ausgesprochen
wurde, vereinigte das Verdienst dieses Befehlshabers die
Stimmen der ganzen Versammlung und erhielt die aufrichtige
Zustimmung Sallusts selbst.

Valentinian war der Sohn des Grafen Gratian, eines Eingebornen von Cibalis in Pannonien, der sich aus dunkler Herkunft durch unvergleichliche Kraft und Gewandtheit bis zu
dem militärischen Oberbefehl über Britannien und Afrika
emporgeschwungen und sich mit einem großen Vermögen
aber verdächtiger Redlichkeit zurückgezogen hatte. Der
Rang und die Verdienste Gratians trugen jedoch bei die ersten Schritte zur Beförderung seines Sohnes zu bahnen, und

gaben diesem eine frühe Gelegenheit jene ernsten und nützlichen Eigenschaften zu entfalten, die seinen Charakter über
das gewöhnliche Maß seiner Kriegsgenossen erhoben. Valentinians Gestalt war hoch, anmutig und majestätisch. Sein
männliches Antlitz, welches das tiefe Gepräge des Verstandes
und Mutes trug, flößte seinen Freunden Ehrfurcht, seinen
Feinden Furcht ein, und um die Bestrebungen seiner unerschrockenen Kühnheit zu unterstützen, hatte der Sohn Gratians auch die Vorteile einer starken und gesunden Leibesbeschaffenheit geerbt. Durch Übung der Tugenden der
Keuschheit und Mäßigung, welche die Begierden zügeln und
die Fähigkeiten stärken, bewahrte Valentinian seine eigene
und die öffentliche Achtung. Der Beruf des Kriegslebens
hatte seine Jugend den eleganten Studien der Literatur entfremdet, und er verstand weder die griechische Sprache noch
die Künste der Rhetorik: da jedoch die Seele des Redners nie
durch furchtsame Verlegenheit in Verwirrung geriet, vermochte er, so oft Veranlassung dazu eintrat, seine entschiede-
nen Ansichten in kühner und geläufiger Rede auszudrücken.
Die Gesetze der Kriegszucht waren die einzigen, welche er
studiert hatte, und er zeichnete sich bald durch die unablässige Mühe und die unbeugsame Strenge aus, womit er die
Pflichten des Lagers selbst erfüllte und deren Erfüllung erzwang.

Zur Zeit Julians forderte er die Gefahr der Ungnade durch
die Verachtung heraus, welche er öffentlich gegen die herrschende Religion ausdrückte, und aus seinem späten Benehmen scheint zu folgen, daß Valentinians unbescheidene und
unzeitige Freiheit mehr die Wirkung kriegerischen Mutes als
christlichen Eifers war. Der Fürst, der sein Verdienst schätzte,
verzieh ihm jedoch und verwandte ihn ferner, und in den
verschiedenen Ereignissen des persischen Krieges erhöhte Valentinian den Ruf, den er bereits an den Ufern des Rheins erworben hatte. Die Schnelligkeit und der Erfolg, womit er sich
eines wichtigen Auftrages entledigte, empfahlen ihn der
Gunst Jovians zu dem ehrenvollen Befehl über die zweite
Schule oder Kompagnie der Tartschenträger der Haustruppen.
Er hatte auf dem Marsch von Antiochia sein Quartier zu An-

kyra erreicht, als er unerwartet, ohne Schuld und Umtrieb, im dreiundvierzigsten Jahre seines Alters berufen wurde, die unumschränkte Herrschaft des römischen Reiches zu übernehmen.

Die Einladung der Minister und Feldherren zu Nicäa war von geringer Erheblichkeit, wenn sie nicht durch die Stimme des Heeres bestätigt wurde. Der greise Sallust, der die regellosen Schwankungen der Volksversammlungen von lange her kannte, schlug vor bei Todesstrafe zu verbieten, daß einer der Männer, deren Rang im Dienst eine Partei zu ihren Gunsten erwecken könnte, sich am Krönungstag öffentlich zeige. So groß war überdies die Herrschaft alten Aberglaubens, daß ein ganzer Tag zu diesem gefährlichen Zwischenraum hinzugefügt wurde, weil er zufällig der Einschaltungstag des Bissextilis war. Endlich als man die Stunde für günstig hielt, zeigte sich Valentinian von einem hohen Tribunal: die weise Wahl erhielt Beifall und der neue Fürst wurde unter dem Jubel der Truppen, die in kriegerischer Ordnung um das Tribunal standen, mit Diadem und Purpur bekleidet. Als er aber seine Hand ausstreckte, um zur bewaffneten Menge zu reden, erhob sich wie zufällig ein geschäftiges Geflüster in den Reihen und schwellte allmählich zu dem gebieterischen Geschrei an, er möge ohne Verzug einen Throngenossen ernennen.

Die unerschrockene Ruhe Valentinians erhielt Stillschweigen und gebot Ehrfurcht, und er redete die Versammlung so an: »Vor wenigen Minuten stand es in *Eurer* Gewalt, Kriegsgefährten, mich in der Dunkelheit des Privatstandes zu lassen. Aus dem Zeugnisse meines vergangenen Lebens habet Ihr gefolgert, daß ich der Herrschaft würdig sei, und habet mich auf den Thron gehoben. Jetzt ist es *meine* Pflicht für die Sicherheit und das Wohl der Republik Sorge zu tragen. Das Gewicht des Erdkreises ist ohne Zweifel zu schwer für die schwachen Hände eines Sterblichen. Ich kenne die Grenzen meiner Kräfte und die Ungewißheit meines Lebens, und weit entfernt den Beistand eines würdigen Genossen abzulehnen, sehne ich mich vielmehr darnach. Wo aber Zwietracht verderblich sein muß, fordert die Wahl eines treuen Freundes reifliche und ernste Erwägung. Diese Erwägung wird *meine* Sorge sein. *Euer* Benehmen sei das der Pflicht und Treue. Geht in Eure Quartiere, erfrischet Geist und Körper und erwartet das gewöhnliche Geschenk bei der Thronbesteigung eines neuen Kaisers.« Die erstaunten Truppen gehorchten mit einer Mischung von Stolz, Zufriedenheit und Schrecken der Stimme ihres Gebieters. Ihr wildes Geschrei verwandelte sich in ehrfurchtsvolles Schweigen, und Valentinian wurde, umgeben von den Adlern der Legionen und von den verschiedenen Fahnen der Reiterei und des Fußvolkes in kriegerischem Pomp nach dem Palast von Nicäa geführt.

Da er jedoch einsah, wie wichtig es war, irgendeiner raschen Erklärung der Soldaten zuvorzukommen, zog er die Versammlung der Anführer zu Rate, deren Ansicht der hochherzige Freimut des Dagalaiphus mit bündiger Kürze dahin aussprach: »Vortrefflichster Fürst«, sagte dieser Befehlshaber, »wenn Du nur Deine Familie berücksichtigst, hast Du einen Bruder; wenn Du die Republik liebst, so suche den Würdigsten der Römer.« Der Kaiser, welcher sein Mißvergnügen verbarg, ohne seine Absicht aufzugeben, zog langsam von Nicäa nach Nikomedia und Konstantinopel. In einer der Vorstädte dieser Hauptstadt und dreißig Tage nach seiner eigenen Erhebung verlieh er seinem Bruder Valens den Titel Augustus; und da die kühnsten Patrioten überzeugt waren, daß ihr Widerstand, ohne dem Vaterland zu nützen, nur ihnen selbst verderblich sein würde, so wurde diese Erklärung seines unumschränkten Willens mit schweigender Unterwerfung aufgenommen.

Valens stand im sechsunddreißigsten Jahre seines Alters, aber seine Fähigkeiten waren bis jetzt weder in einem bürgerlichen noch in einem kriegerischen Amt geübt worden, sein Charakter hatte der Welt keine glänzenden Hoffnungen eingeflößt. Indessen besaß er eine Eigenschaft, welche ihn dem Valentinian empfahl und die innere Ruhe des Reiches sicherte, und diese war eine hingebende und dankbare Anhänglichkeit an seinen Wohltäter, dessen höheren Geist und obere Macht Valens demütig und freudig in jeder Handlung seines Lebens anerkannte.

Bevor Valentinian die Provinzen teilte, reformierte er die Verwaltung des Reiches. Alle Klassen von Untertanen, die unter der Regierung Julians in ihren Rechten gekränkt oder unterdrückt worden waren, wurden aufgefordert öffentlich Anklage zu stellen. Das Schweigen des Menschengeschlechtes bezeugt die makellose Unbescholtenheit des Präfekten Sallust, und seine eigenen dringenden Bitten, man möge ihm gestatten, sich von den Staatsgeschäften zurückzuziehen, wurden von Valentinian mit den ehrendsten Ausdrücken der Freundschaft und Hochachtung verworfen. Unter den Günstlingen des verstorbenen Kaisers gab es auch Menschen, die seine Leichtgläubigkeit oder seinen Aberglauben mißbraucht hatten und nicht länger hoffen durften durch die Gunst oder die Gerechtigkeit beschützt zu werden. Der größere Teil der Minister des Palastes und der Statthalter der Provinzen wurde von seiner Stelle entfernt, jedoch ward das ausgezeichnete Verdienst einiger Beamteten von der schuldigen Menge geschieden, und trotz dem Gegengeschrei des Eifers und Grimmes scheint diese zarte Untersuchung mit einem beträchtlichen Grad von Weisheit und Mäßigung geführt worden zu sein. Die Festlichkeiten einer neuen Regierung erlitten eine kurze oder verdächtige Unterbrechung durch das plötzliche Erkranken der beiden Fürsten: kaum war jedoch ihre Gesundheit wiederhergestellt, verließen sie Konstantinopel im Anfang des Frühlings.

In dem Schloß oder Palast von Mediana, nur drei Meilen von Nassius, vollzogen sie die feierliche und entscheidende Teilung des römischen Reiches. Valentinian verlieh seinem Bruder die reiche Präfektur des *Ostens* von der unteren Donau bis an die persische Grenze, während er für sich selbst die unmittelbare Regierung der kriegerischen Provinzen von *Illyrien, Italien* und *Gallien,* von der Grenze Griechenlands bis zu dem kaledonischen Wall und von dem Wall von Kaledonien bis zu dem Fuß des Atlasgebirges, vorbehielt. Die Verwaltung der Provinzen blieb auf ihrer früheren Grundlage: aber eine doppelte Anzahl von militärischen Befehlshabern und Zivilbeamten wurde für zwei Ratsversammlungen und zwei Höfe notwendig; die Teilung geschah mit gerechter

Rücksicht auf ihre besonderen Verdienste und Lage, und bald wurden sieben Oberbefehlshaber teils der Reiterei teils der Infanterie ernannt. Nachdem diese wichtige Angelegenheit freundschaftlich zustande gebracht worden war, umarmten sich Valentinian und Valens zum letzten Male. Der Kaiser des Westens schlug seinen einstweiligen Sitz zu Mailand auf und der Kaiser des Ostens kehrte nach Konstantinopel zurück, um die Regierung über 50 Provinzen zu übernehmen, deren Sprache er nicht einmal verstand.

Das sind die gewöhnlichen und natürlichen Früchte des Despotismus und der Empörung. Aber die Untersuchungen wegen des Verbrechens der Magie, welche mit solcher Strenge sowohl zu Rom als zu Antiochia gepflogen wurden, sind als ein unglücksschwangeres Zeichen entweder des Zornes des Himmels oder der Verderbtheit des Menschengeschlechtes ausgelegt worden. Wir dürfen keinen Anstand nehmen dem edlen Stolze zu huldigen, daß in dem gegenwärtigen Jahrhundert der aufgeklärte Teil von Europa ein grausames und gehässiges Vorurteil abgeschafft hat, welches in jedem Teil der Erde herrschte und jedem System religiöser Meinungen anhing. Die Nationen wie die Sekten des römischen Reiches ließen mit gleicher Leichtgläubigkeit und ähnlichem Abscheu die Wirklichkeit jener höllischen Kunst zu, welche imstande wäre die ewige Ordnung der Planeten und die freiwilligen Handlungen des menschlichen Geistes zu beherrschen. Sie fürchteten die geheimnisvolle Macht der Zaubersprüche und Beschwörungen, mächtiger Kräuter und abscheulicher Zeremonien, welche das Leben auslöschen oder zurückrufen, die Leidenschaften der Seele entflammen, die Werke der Schöpfung verderben und den widerstrebenden Dämonen die Geheimnisse der Zukunft abnötigen könnten. Sie glaubten mit ausschweifendster Folgewidrigkeit, daß diese übernatürliche Herrschaft über Luft, Erde und Hölle aus den schmutzigsten Beweggründen der Bosheit oder Gewinnsucht von runzeligen Hexen oder fahrenden Zauberern geübt würde, welche ihr dunkles Leben in Mangel und Verachtung hinbrachten.

Die Künste der Magie wurden ebensosehr von der öffentlichen Meinung als durch die römischen Gesetze verdammt:

da sie aber zur Befriedigung der gewaltigsten Leidenschaften des menschlichen Herzens dienten, wurden sie beständig geächtet und beständig geübt. Eine eingebildete Ursache ist imstande die ernstesten und verderblichsten Wirkungen hervorzubringen. Die dunklen Vorhersagungen des Todes eines Kaisers oder des Gelingens einer Verschwörung waren nur darauf berechnet die Hoffnungen des Ehrgeizes zu stacheln und die Bande der Treue zu lösen, und die Gedankenschuld der Magie wurde durch die wirklichen Verbrechen des Hochverrates und Sakrilegiums erschwert. Solche eitle Schrecknisse störten den Frieden der Gesellschaft und das Glück der einzelnen, und die harmlose Flamme, welche allmählich ein Bild von Wachs schmelzte, konnte eine mächtige und verderbliche Kraft durch die aufgeschreckte Phantasie der Person erlangen, deren Darstellung boshafter Weise beabsichtigt war. Von dem Aufguß jener Kräuter, denen man übernatürliche Kräfte zuschrieb, war es ein leichter Schritt zur Anwendung wesenvolleren Giftes, und die Torheit des Menschengeschlechtes diente zuweilen den gräßlichsten Verbrechen zum Werkzeug und zur Maske.

So wie der Eifer der Angeber durch die Minister des Valens und Valentinian ermuntert wurde, konnten sich diese nicht weigern, eine andere nur zu häufig in die Szenen häuslicher Schuld gemischte Anklage anzunehmen, eine Anklage weicherer und nicht so bösartiger Natur, auf deren Erwiesenheit die fromme obschon übermäßige Strenge Konstantins seiner Zeit die Todesstrafe gesetzt hatte. Diese tödliche und zugleich, alberne Mischung von Verrat und Zauberei, Gift und Ehebruch, ließ unendliche Abstufungen der Schuld und Unschuld, der Milderung und Erschwerung zu, welche bei diesen Prozeduren von den ungestümen oder bestochenen Leidenschaften der Richter vermengt worden zu sein schienen. Sie machten bald die Entdeckung, daß der Grad ihres Eifers und ihrer Einsicht von dem kaiserlichen Hofe nach der Zahl der Hinrichtungen geschätzt würde, welche von ihren betreffenden Tribunalen ausgingen. Nur mit äußerstem Widerstreben fällten sie ein Lossprechungsurteil; gierig aber ließen sie Zeugnisse, die durch Meineid befleckt oder durch die Folter erpreßt worden waren, zu, um die unwahrscheinlichsten Beschuldigungen gegen die achtbarsten Personen zu beweisen. Der Fortgang der Untersuchung enthüllte fortwährend neue Gegenstände der kriminellen Verfolgung; der verwegene Angeber, dessen Lügenhaftigkeit erwiesen wurde, entfernte sich ungestraft; aber das unglückliche Opfer, das seine wirklichen oder angeblichen Mitschuldigen nannte, erwarb dadurch nur selten den Preis seiner Niederträchtigkeit. Von den äußersten Grenzen Italiens und Asiens wurden Jung und Alt in Ketten vor die Tribunale von Rom und Antiochia geschleppt. Senatoren, Matronen und Philosophen hauchten ihren Geist unter schmählichen und grausamen Martern aus. Die Soldaten, die zur Bewachung der Kerker aufgestellt waren, erklärten mit mitleidigem und entrüstetem Gemurre, daß ihre Anzahl nicht zureiche, der Flucht oder Gewalttätigkeit der Gefangenen zu widerstehen. Die reichsten Familien wurden durch Geldbußen oder Einziehung des Vermögens in das Verderben gestürzt, die unschuldigsten Bürger zitterten um ihr Heil, und wir können uns von der Größe des Übels eine Vorstellung aus den wenngleich übertriebenen Angaben eines alten Schriftstellers abziehen, welcher sagt, daß in den angeschuldigten Provinzen die Eingekerkerten, Verbannten und Flüchtlinge die größere Mehrzahl der Bewohner bildeten.

Wenn Tacitus den Tod unschuldiger und erlauchter Römer, die der Grausamkeit der ersten Cäsaren geopfert wurden, beschreibt, erregt die Kunst des Historikers oder das Verdienst der Dulder in unserer Brust die lebendigsten Empfindungen des Entsetzens, der Bewunderung und des Mitleides. Aber der grobe und rücksichtslose Griffel des Ammianus hat seine Blutgestalten mit einförmiger und anwidernder Genauigkeit gemalt. Weil unsere Aufmerksamkeit nicht länger durch den Gegensatz der Freiheit und Knechtschaft, vormaliger Größe und gegenwärtigen Elendes gefesselt wird, müssen wir uns mit Abscheu von den häufigen Hinrichtungen abwenden, welche zu Rom und Antiochia die Regierung der beiden Brüder schändeten. Valens war von furchtsamer, Valentinian von cholerischer Gemütsart. Ängstliche Rücksicht auf seine persönliche Sicherheit war der leitende Grundsatz der Regierung des Valens. Als er sich noch in der Lage eines Untertans befand, hatte er mit zitternder Scheu die Hand des Unterdrückers geküßt, als er den Thron bestieg, erwartete er daher ganz natürlich, daß dieselbe Furcht, die sein eigenes Herz unterjocht hatte, die geduldige Unterwerfung des Volkes sichern würde. Die Günstlinge des Valens verschafften sich durch das Vorrecht des Raubes und der Einziehung die Reichtümer, welche ihnen seine Sparsamkeit versagt haben würde. Sie machten mit eindringlicher Beredsamkeit geltend: *daß* in allen Fällen des Hochverrates Verdacht dem Beweis gleichkomme; *daß* die Macht, Unheil zu stiften, die Absicht dazu in sich schließe; *daß* die Absicht nicht minder verbrecherisch sei als die Tat; *daß* endlich ein Untertan nicht länger zu leben verdiene, wenn sein Leben entweder die Sicherheit seines Souveränes bedroht oder dessen Ruhe störe.

Die Einsicht Valentinians wurde zuweilen betrogen und sein Vertrauen gemißbraucht: aber mit dem Lächeln der Verachtung würde er die Angeber zum Schweigen gebracht haben, welche es gewagt hätten seine Unerschrockenheit durch das Wort Gefahr zu versuchen. Sie priesen im Gegenteil seine unbeugsame Gerechtigkeitsliebe, und in Ausübung der Gerechtigkeit wurde der Kaiser leicht geneigt, Milde als Schwäche und Grimm als Tugend zu betrachten. Solange Valentinian mit seines Gleichen in der kühnen Laufbahn eines tätigen und ehrgeizigen Lebens rang, wurde er ungestraft selten gekränkt und nie beleidigt; wenn man auch seine Klugheit bezweifelte, zollte man doch seinem Mut Beifall, und die stolzesten und mächtigsten Feldherren scheuten sich die Rache des furchtlosen Kriegers herauszufordern.

Nachdem er Herr der Welt geworden, vergaß er unglücklicherweise, daß sich, wo Widerstand unmöglich ist, auch kein Mut bewähren kann; und statt den Geboten der Vernunft und Großmut zu folgen, überließ er sich der wütenden Heftigkeit seines Temperamentes zu einer Zeit, wo sie ihn selbst entehrte und den wehrlosen Gegenständen seines Mißfallens verderblich war. In der Regierung seines Hofhaltes, ja selbst des Reiches wurden geringe, ja sogar eingebildete Vergehen, ein übereiltes Wort, eine zufällige Unterlassung, eine unfreiwillige Zögerung durch ein augenblicklich vollzogenes Todesurteil bestraft. Die Ausrufungen, die dem Kaiser des Westens am häufigsten entfuhren, waren: »Haut ihm den Kopf ab! – Verbrennt ihn lebendig! – Schlagt ihn mit Keulen tot!« und seine begünstigtesten Minister machten bald die Erfahrung, daß sie durch den verwegenen Versuch, die Vollziehung seiner blutdürstigen Urteile zu bestreiten oder aufzuschieben, Gefahr liefen selbst in die Schuld und Strafe des Ungehorsams zu verfallen.

Die wiederholte Befriedigung seiner barbarischen Gerechtigkeit verhärtete das Herz Valentinians gegen Mitleid und Gewissensbisse, und die Ausbrüche seiner Leidenschaften wurden durch Angewöhnung der Grausamkeit unterstützt. Er konnte mit zufriedener Ruhe die Schmerzenszuckungen der Pein und des Todes ansehen; er bewahrte seine Freundschaft jenen treuen Dienern, deren Gemütsart seiner eigenen am meisten verwandt war. Das Verdienst Maximins, der die edelsten Familien Roms zur Schlachtbank geführt hatte, wurde mit dem kaiserlichen Lob und der Präfektur von Gallien belohnt. Zwei wilde und riesenhafte Bären, durch die Namen *Innocenz* und *Mika Aurea* unterschieden, waren allein würdig mit Maximin seine Gunst zu teilen. Die Käfige dieser treuen Wächter befanden sich stets neben Valentinians Schlafgemach und er weidete seine Augen häufig an dem angenehmen Schauspiel, wie sie die blutenden Gliedmaßen der Übeltäter, die ihrer Wut vorgeworfen waren, zerrissen und verzehrten. Der römische Kaiser führte sorgfältige Aufsicht über ihre Speisung und Leibesbewegungen und als *Innocenz* durch eine lange Reihe wertgeschätzter Dienste seine Entlassung erworben hatte, wurde das treue Tier der Freiheit seiner heimischen Wälder zurückgegeben.

Aber in ruhigen Augenblicken des Nachdenkens, wenn Valens' Seele nicht von Furcht, Valentinians Herz nicht von Wut bewegt war, nahm der Tyrann die Gesinnungen oder wenigstens das Benehmen des Vater seines Vaterlandes an.

Das leidenschaftslose Unheil des westlichen Kaisers vermochte sein und das öffentliche Interesse klar einzusehen und genau zu handhaben, und der Souverän des Ostens, der die verschiedenen Beispiele, die ihm sein älterer Bruder gab, mit gleicher Gelehrigkeit befolgte, ließ sich zuweilen durch die Tugend und Weisheit des Präfekten Sallust leiten. Beide Fürsten behielten im Purpur die keusche und nüchterne Einfachheit bei, welche ihr Privatleben geziert hatte; unter ihrer Regierung kosteten die Freuden des Hofes dem Volke nie eine Schamröte oder einen Seufzer. Sie schafften allmählich viele Mißbräuche aus den Zeiten des Konstantius ab, nahmen einsichtsvoll die Pläne Julians und seines Nachfolgers an und verbesserten sie, und entwickelten überhaupt einen Stil und Geist der Gesetzgebung, welcher geeignet ist, der Nachwelt die günstigste Meinung von ihren Charakteren und ihrer Regierung einzuflößen. Nicht von dem Gebieter des *Innocenz* sollte man jene zarte Rücksicht auf das Wohl seiner Untertanen erwarten, welche Valentinian eingab, die Aussetzung neugeborener Kinder zu verdammen und vierzehn geschickte Ärzte mit Besoldungen und Vorrechten in den vierzehn Vierteln Roms anzustellen.

Die gesunde Einsicht eines ungelehrten Soldaten gründete eine nützliche und aufgeklärte Anstalt zur Erziehung der Jugend und zur Stütze der im Verfall begriffenen Wissenschaften. Es war sein Wille, daß die Künste der Rhetorik und Grammatik, der griechischen und lateinischen Sprache in der Hauptstadt jeder Provinz gelehrt werden sollten, und da die Größe und Würde der Schule im Verhältnis zur Wichtigkeit der Stadt stand, nahmen die Akademien von Rom und Konstantinopel einen gerechten und merkwürdigen Vorrang in Anspruch. Die Bruchstücke der auf literarische Einrichtungen Bezug habenden Edikte Valentinians geben ein unvollständiges Bild von der Akademie von Konstantinopel, die durch nachfolgende Anordnungen vervollkommnet wurde. Diese Schule zählte 31 Professoren in den verschiedenen Zweigen des Wissens. Ein Philosoph und zwei Rechtsgelehrte; fünf Sophisten und zehn Grammatiker für die griechische und drei Redner und zehn Grammatiker für die lateinische Sprache;

überdies sieben Schreiber oder Antiquare, wie sie genannt wurden, deren fleißige Federn die öffentliche Bibliothek mit schönen und genauen Abschriften der klassischen Autoren versahen.

Das den Studenten vorgeschriebene Regulativ ihres Benehmens ist umso interessanter, weil es die ersten Grundlinien der Form und Disziplin einer neueren Universität darbietet. Es wurde vorgeschrieben, daß sie geeignete Zeugnisse von den Obrigkeiten der Provinz, in welcher sie geboren waren, beibringen sollten. Name, Stand und Wohnung jedes einzelnen wurden regelmäßig in ein öffentliches Verzeichnis eingetragen. Es war den studierenden Jünglingen streng verboten, ihre Zeit mit Schmausereien oder im Theater zu vergeuden; das Ziel ihrer Erziehung wurde auf das Alter von 20 Jahren festgesetzt. Der Präfekt der Stadt hatte Vollmacht, die Müßigen und Widerspenstigen mit Hieben oder durch Ausstoßung zu bestrafen, und war angewiesen, einen jährlichen Bericht an den obersten Kanzleidirektor zu erstatten, auf daß die Kenntnisse und Fähigkeiten der Schüler nützlich zum öffentlichen Dienst verwendet werden konnten.

Die Einrichtungen Valentinians trugen zur Sicherung der Wohltaten des Friedens und Überflusses bei, und die Städte wurden durch die Einführung der *Defensoren* geschützt, die mittelst freier Wahl zu Tribunen und Anwälten des Volkes bestellt waren, um vor den Tribunalen der bürgerlichen Obrigkeiten, ja selbst am Fuße des kaiserlichen Thrones, seine Rechte zu verteidigen und seine Beschwerden anzubringen. Die Finanzen wurden von zwei Fürsten, die so lange an strenge Sparsamkeit mit ihrem Privatvermögen gewöhnt waren, emsig verwaltet: aber in Erhebung und Verwendung des Eigentums konnte ein scharfsehendes Auge einigen Unterschied zwischen der Regierung des Ostens und Westens entdecken. Valens hielt sich für überzeugt, daß die kaiserliche Freigebigkeit nur durch Unterdrückung des Volkes genährt werden könne, und sein Ehrgeiz strebte nie darnach, demselben durch die Not der Gegenwart Kraft und Wohlstand in der Zukunft zu bereiten. Statt die Wucht der Steuern zu vermehren, welche in dem Zeitraum von vierzig Jahren nach und nach verdoppelt worden waren, setzte er im ersten Jahr seiner Regierung die Abgaben des Orientes um den vierten Teil herab. Valentinian scheint auf die Erleichterung der Lasten seines Volkes minder aufmerksam und erpicht gewesen zu sein. Er mochte wohl die Mißbräuche der Verwaltung des Fiskus abstellen; aber er forderte ohne Bedenken einen sehr beträchtlichen Teil des Vermögens seiner Untertanen, weil er überzeugt war, daß das Einkommen, welches zur Bestreitung der Üppigkeit der einzelnen diente, mit viel größerem Vorteil zur Verteidigung und zum Wohle des Staates verwendet würde. Die Untertanen im Osten, welche den Vorteil der Gegenwart genossen, riefen der Milde ihres Souveränes Beifall zu. Das gründlichere aber nicht so glänzende Verdienst Valentinians wurde von der folgenden Generation gefühlt und anerkannt.

Der ehrenvollste Zug im Charakter Valentinians ist aber die feste und besonnene Unparteilichkeit, welche er in einem Zeitalter religiöser Zwietracht gleichförmig bewahrte. Sein kräftiger, durch Studium nicht erleuchteter aber auch nicht verkehrter Verstand wies mit achtungsvoller Unbekümmertheit die spitzfindigen Fragen theologischen Streites von sich. Die Regierung der *Erde* forderte seine Wachsamkeit und befriedigte seinen Ehrgeiz, und während er eingedenk war, daß er der Schüler der Kirche sei, vergaß er nie, daß er der Souverän der Geistlichkeit wäre. Unter der Regierung eines Apostaten hatte er seinen Eifer für die Ehre des Christentums an den Tag gelegt: er gestattete seinen Untertanen das gleiche Recht, das er für sich angesprochen hatte, und sie mochten mit Dankbarkeit und Vertrauen die allgemeine Toleranz annehmen, welche von einem Fürsten gewährt wurde, der zwar den Leidenschaften ergeben, aber der Furcht und Verstellung unfähig war. Die Heiden, die Juden und alle die verschiedenen Sekten, welche die göttliche Macht Christi anerkannten, wurden von den Gesetzen gegen willkürliche Gewalt wie gegen die Beleidigungen der Menge geschützt; keine Art von Gottesverehrung war von Valentinian verboten, mit Ausnahme jener geheimen und verbrecherischen Gebräuche, welche den Namen der Religion zu den schwarzen Zwecken des Lasters und der Unordnung mißbrauchten.

Die Kunst der Magie war, wie sie grausamer bestraft wurde, auch strenger verboten; aber der Kaiser ließ einen förmlichen Unterschied gelten, um die alten Methoden der Divination zu beschützen, welche von dem Senat gebilligt worden waren und von den toskanischen Haruspizes ausgeübt wurden. Er hatte mit Zustimmung der aufgeklärtesten Heiden die Ausgelassenheit der nächtlichen Opfer verdammt; aber er gewährte sogleich die Bitte des Prokonsuls Prätextatus von Achaja, welcher ihm vorstellte, daß das Leben der Griechen traurig und trostlos sein würde, wollte man sie der unschätzbaren Segnungen der eleusinischen Geheimnisse berauben. Nur die Philosophie kann sich rühmen (und vielleicht ist es nicht mehr als das Rühmen der Philosophie), daß ihre sanfte Hand imstande sei, aus dem menschlichen Geist das verborgene und tödliche Prinzip des Fanatismus auszurotten. Aber dieser durch die weise und kräftige Regierung Valentinians erzwungene Waffenstillstand von zwölf Jahren trug, indem er die Wiederholung gegenseitiger Beleidigungen einstellte, zur Sänftigung der Sitten und Minderung der Vorurteile der religiösen Parteien bei.

Die strengen Maßregeln, welche von der Weisheit der neuen Souveräne ergriffen worden sind, um die Reichtümer und die Habsucht der Geistlichkeit einzuschränken, lassen sich ursprünglich von dem Beispiel des Kaisers Valentinian ableiten. Sein an den Bischof Damasus von Rom gerichtetes Edikt wurde öffentlich in den Kirchen der Stadt verlesen. Er ermahnte die Geistlichen und Mönche die Häuser von Witwen und Jungfrauen nicht zu besuchen und bedrohte ihren Ungehorsam mit der Ahndung des weltlichen Richters. Dem Beichtvater blieb nicht länger gestattet, ein Geschenk, Vermächtnis oder eine Erbschaft von der Freigebigkeit seiner geistlichen Tochter anzunehmen; jedes diesem Edikt zuwiderlaufende Testament wurde für leer und nichtig erklärt und die ungesetzliche Schenkung zum Frommen des Schatzes eingezogen. Durch eine spätere Verordnung wurden dieselben Verfügungen auch auf Nonnen und Bischöfe ausgedehnt, alle

Personen geistlichen Standes für unfähig erklärt testamentarische Gaben zu empfangen und streng auf die natürlichen und gesetzlichen Rechte der Erbfolge beschränkt.

Als Wächter über häusliches Glück und Tugend wendete Valentinian dieses strenge Mittel gegen das anwachsende Übel an. In der Hauptstadt des Reiches besaßen die Töchter edler und reicher Häuser einen sehr großen Anteil unabhängigen Eigentums, und viele dieser frommen Frauen hatten die Lehre des Christentums nicht nur mit der Zustimmung des Verstandes, sondern mit der Wärme der Neigung, vielleicht mit der Gier der Mode umfaßt. Sie opferten die Vergnügungen des Putzes und der Üppigkeit, verzichteten um des Ruhmes der Keuschheit willen auf die teuren Bande ehelicher Gemeinschaft. Irgendein Geistlicher von wirklicher oder scheinbarer Frömmigkeit wurde gewählt, um ihr schüchternes Gewissen zu leiten und die unbefriedigte Zärtlichkeit ihres Herzens auszufüllen; das unbegrenzte Zutrauen, welches sie vorschnell verschenkten, wurde häufig von Schurken und Schwärmern mißbraucht, die von den äußersten Enden des Orientes herbeieilten, um auf einem glänzenden Schauplatz die Früchte des Mönchsstandes zu genießen. Durch ihre Verachtung der Welt erwarben sie allmählich deren wünschenswerteste Vorteile: die lebhafte Zuneigung vielleicht eines jungen und schönen Frauenzimmers, den ausgesuchten Überfluß eines reichen Haushaltes, und die ehrfurchtsvolle Huldigung der Sklaven, Freigelassenen und Schützlinge einer senatorischen Familie. Die unermeßlichen Glücksgüter der römischen Damen wurden allmählich in verschwenderischen Almosen und kostspieligen Wallfahrten vergeudet und der schlaue Mönch, der sich selbst den ersten, vielleicht einzigen Platz im Testamente seiner geistlichen Tochter gesichert hatte, wagte fortwährend mit dem glatten Antlitze der Heuchelei zu erklären, daß er bloß das Werkzeug der Mildtätigkeit und der Haushalter der Armen wäre.

Das einträgliche aber schmähliche Gewerbe, welches von der Geistlichkeit geübt wurde, um die natürlichen Erben um ihre Hoffnungen zu betrügen, hatte die Entrüstung eines abergläubischen Zeitalters erregt, und zwei der achtbarsten

Väter der lateinischen Kirche gestehen ehrlich, daß das sie beschimpfende Edikt Valentinians gerecht und notwendig sei; daß die christlichen Kleriker verdient hätten ein Recht zu verlieren, dessen sich fortwährend die Schauspieler, Wagenlenker und Priester der Götzen erfreuten. Aber die Weisheit und Macht eines Gesetzgebers bleibt in dem Kampf mit der wachsamen Gewandtheit des Privateigennutzes selten Sieger, und immerhin mochten Hieronymus oder Ambrosius sich mit Geduld in die Gerechtigkeit eines unwirksamen oder heilsamen Gesetzes ergeben. Wenn den Geistlichen auch in der Verfolgung persönlichen Nutzens Einhalt getan wurde, strengten sie einen löblicheren Fleiß an, um das Eigentum der Kirche zu wahren und ihre Habsucht mit den gleißenden Namen der Frömmigkeit und des Patriotismus zu bemänteln.

Der Bischof Damasus von Rom, welcher gezwungen war, die Habsucht seiner Geistlichkeit durch die Kundmachung des Gesetzes Valentinians zu brandmarken, hatte die gute Einsicht oder das gute Glück, den Eifer und die Talente des gelehrten Hieronymus für seine Dienste zu gewinnen, und der dankbare Heilige hat das Verdienst und die Reinheit eines sehr zweideutigen Charakters gefeiert.[*] Aber die glänzenden Laster der Kirche von Rom sind von dem Geschichtsschreiber Ammianus interessant aufgefaßt worden und er drückt seine unparteiische Ansicht in folgenden Worten aus. »Die Präfektur des Juventius war von Frieden und Überfluß begleitet, bald aber wurde die Ruhe seiner Verwaltung durch einen blutigen Aufruhr des wahnsinnigen Volkes gestört. Das eifrige Trachten des Damasus und Ursinus überstieg das gewöhnliche Maß menschlichen Ehrgeizes. Sie kämpften mit Parteiwut, der Streit wurde durch die Wunden und den Tod ihrer Anhänger unterhalten, und der Präfekt, welcher dem Tumult weder zu widerstehen noch ihn zu unterdrücken vermochte, wurde durch überlegene Gewalt gezwungen, sich in die Vorstädte zurückzuziehen. Damasus behielt die Ober-

---

[*] Die Feinde des Damasus nannten ihn *Auriscalpius Matronarum,* den Ohrenkratzer der Damen.

hand, der wohlbestrittene Sieg blieb auf seiten seiner Partei, 137 Leichen wurden in der *Basilika* des Sicinius, wo die Christen ihre religiösen Versammlungen hielten, aufgehoben, und es dauerte lange, bevor die zornigen Gemüter des Volkes wieder die gewohnte Ruhe erlangten. Wenn ich den Glanz der Hauptstadt betrachte, staune ich nicht, daß eine so wertvolle Beute das Verlangen ehrgeiziger Menschen entzündet und die wildesten, hartnäckigsten Kämpfe erzeugt. Der siegreiche Kandidat kann versichert sein, daß er durch die Gaben der Matronen bereichert werden wird; daß er, sobald sein Anzug mit gehöriger Sorgfalt und Eleganz gewählt ist, in seinem Wagen durch die Straßen Roms ziehen kann; und daß der Aufwand der kaiserlichen Tafel den verschwenderischen und ausgesuchten Gelagen nicht gleichkommt, die durch den Geschmack und auf Kosten der römischen Pontifices ausgerichtet werden.«

»Wie viel besser (fährt der ehrliche Heide fort) würden diese Hohenpriester für ihr wahrhaftes Glück sorgen, wenn sie, statt die Größe der Stadt als Entschuldigung ihrer Sitten anzuführen, das musterhafte Leben einiger Provinzialbischöfe nachahmen wollten, deren Mäßigkeit und Nüchternheit, deren geringer Anzug und gesenkte Blicke ihre reine und bescheidene Tugend der Gottheit und ihren wahren Verehrern empfehlen.« Das Schisma des Damasus und Ursinus wurde durch die Verbannung des letzteren ausgelöscht und die Weisheit des Präfekten Prätextatus stellte die Ruhe der Stadt wieder her. Prätextatus war ein philosophischer Heide, ein Mann von Gelehrsamkeit, Geschmack und Feinheit, der einen Vorwurf in die Form eines Scherzes einkleidete, als er Damasus versicherte, daß er, wenn er Bischof von Rom werden würde, sich sogleich zur christlichen Religion bekehren wollte.[*] Diese lebendige Schilderung des Reichtums und der Üppigkeit der Päpste im 4. Jahrhundert ist umso interessanter, als sie den Mittelgrad zwischen der demütigen Armut der apostolischen Fischer und dem königlichen Pomp eines welt-

---

[*] Es ist mehr als wahrscheinlich, daß Damasus seine Bekehrung um einen solchen Preis nicht erkauft haben würde.

lichen Fürsten darstellt, dessen Gebiet sich von den Grenzen von Neapel bis an die Ufer des Po erstreckt.

Als die Stimme der Feldherren und des Heeres den Szepter des römischen Reiches den Händen Valentinians anvertraute, waren sein Waffenruhm, seine Geschicklichkeit im Krieg und sein strenges Festhalten an den Formen wie an dem Geist der alten Disziplin die Hauptgründe ihrer einsichtsvollen Wahl. Der Eifer der Truppen, welche in ihn drangen einen Throngenossen zu ernennen, war durch die gefährliche Lage der öffentlichen Angelegenheiten gerechtfertigt und Valentinian selbst sah ein, daß auch die Fähigkeiten des tätigsten Geistes der Verteidigung der fernen Grenzen einer angegriffenen Monarchie nicht gewachsen waren. Kaum hatte der Tod Julians die Barbaren von dem Schrecken seines Namens erlöst, als die ausschweifendsten Hoffnungen auf Sieg und Beute die Nationen des Ostens, Nordens und Südens aufreizten. Ihre Einfälle waren häufig bedrückend und zuweilen furchtbar, aber während der zwölf Jahre der Regierung Valentinians beschützte seine Festigkeit und Wachsamkeit seine eigenen Gebiete und sein gewaltiger Geist schien die schwachen Ratschlüsse seines Bruders zu befeuern und zu leiten. Vielleicht würde die annalistische Methode die dringenden und geteilten Sorgen der beiden Kaiser am kräftigsten schildern; aber ebensosehr dürfte die Aufmerksamkeit des Lesers durch eine anwidernde und unersprießliche Erzählung zersplittert werden. Eine gesonderte Übersicht der fünf großen Kriegsschauplätze, I. Deutschland, II. Britannien, III. Afrika, IV. der Osten, V. die Donau, wird ein deutliches Bild des Kriegszustandes des Reiches unter den Regierungen Valentinians und Valens' geben.

I. Deutschland. Die Gesandten der Alemannen waren durch das barsche und hochmütige Benehmen des Kanzlers Ursacius beleidigt worden, der mit unvernünftiger Sparsamkeit sowohl den Wert als die Menge der Geschenke vermindert hatte, auf welche sie entweder durch Herkommen oder Vertrag bei der Thronbesteigung eines neuen Kaisers Anspruch machten. Sie drückten ihr tiefes Gefühl dieser Nationalbeschimpfung aus und teilten dasselbe ihren Vaterlandsgenossen mit. Die zornmütigen Herzen der Häuptlinge wurden durch den Verdacht der Verachtung erbittert und die kriegerische Jugend strömte unter ihre Fahnen. Bevor Valentinian über die Alpen gehen konnte, standen die Dörfer und Flecken Galliens in Flammen; bevor sein Feldherr Dagalaiphus den Alemannen begegnen konnte, hatten sie die Gefangenen und die Beute in die Wälder Deutschlands in Sicherheit gebracht. Im Beginn des folgenden Jahres durchbrach die Streitmacht der Nation in tiefen und geschlossenen Heeressäulen die Schranken des Rheins während der Strenge eines nordischen Winters. Zwei römische Grafen wurden geschlagen und tödlich verwundet, und die Fahne der Heruler und Bataver fiel in die Hände der Sieger, welche mit beschimpfendem Geschrei und unter Drohungen das Zeichen ihres Sieges entfalteten.

Die Fahne wurde wiedererobert, aber die Bataver hatten in den Augen ihres strengen Richters die Schmach ihrer Beschimpfung und Flucht nicht ausgelöscht. Valentinian hegte die Überzeugung, daß seine Soldaten ihre Feldherrn fürchten lernen müßten, bevor sie aufhören könnten, den Feind zu fürchten. Die Truppen wurden feierlich versammelt und die zitternden Bataver in den Kreis des kaiserlichen Heeres eingeschlossen. Valentinian bestieg hierauf sein Tribunal, und gleich als verschmähte er es, die Feigheit mit dem Tod zu bestrafen, brandmarkte er mit unauslöschlicher Schmach die Offiziere, deren schlechtes Benehmen und Feigheit sich als die erste Veranlassung der Niederlage ausgewiesen hatte. Die Bataver wurden ihres Ranges entsetzt, ihrer Waffen beraubt und verdammt, als Sklaven verkauft zu werden. Bei diesem furchtbaren Strafgericht fielen die Truppen auf ihr Antlitz, suchten flehend den Grimm ihres Souveränes zu erweichen, und beteuerten, sie würden sich, wenn er ihnen eine Gelegenheit zu geben geruhen wollte, des Namens von Römern und seinen Soldaten nicht unwürdig erweisen. Valentinian gab mit verstelltem Widerstreben ihren Bitten nach, die Bataver ergriffen ihre Waffen wieder und mit ihren Waffen den unbezwinglichen Entschluß, ihre Schmach in dem Blut der Alemannen auszulöschen.

Dagalaiphus lehnte den Oberbefehl ab und dieser erfahrene Feldherr, der vielleicht mit zu viel Vorsicht die außerordentlichen Schwierigkeiten des Unternehmens vorgestellt hatte, mußte noch vor Ende des Feldzugs die Kränkung erdulden, daß sein Nebenbuhler Jovinus diese Schwierigkeiten in einen entscheidenden Sieg über die zerstreuten Streitkräfte der Deutschen verwandelte. An der Spitze eines wohldisziplinierten Heeres von Reiterei, Fußvolk und leichten Truppen rückte Jovinus ebenso behutsam als rasch bis in die Gegend von Skarponna im Gebiet von Metz vor, wo er eine große Abteilung von Alemannen überrumpelte, bevor sie Zeit hatte zu ihren Waffen zu eilen, und belebte seine Soldaten durch das Vertrauen eines leichten und unblutigen Sieges.

Eine andere Abteilung oder vielmehr Armee des Feindes ruhte nach einer grausamen und mutwilligen Verwüstung des umliegenden Landes an den schattigen Ufern der Mosel aus. Jovinus, der die Gegend mit dem Blicke eines Feldherrn überschaut hatte, zog schweigend durch ein tiefes und bewaldetes Tal heran, bis er die träge Sicherheit der Deutschen deutlich gewahren konnte. Einige badeten ihre riesigen Gliedmaßen im Fluß, andere kämmten ihr langes blondes Haar, andere tranken lange Züge edlen und köstlichen Weines. Urplötzlich hörten sie das Schmettern der römischen Drometen, sahen sie den Feind in ihrem Lager. Staunen erzeugte Unordnung, der Unordnung folgte Flucht und Entsetzen, und das verworrene Gedränge tapferster Krieger wurde von den Schwertern und Wurfspießen der Legionssoldaten und Hilfstruppen durchbohrt.

Die Flüchtlinge entrannen zu dem dritten, beträchtlichsten Lager in den katalaunischen Feldern bei Chalons in der Champagne: die zerstreuten Abteilungen wurden eiligst zu ihren Fahnen zurückgerufen und die Barbarenhäuptlinge, durch das Schicksal ihrer Kriegsgenossen beunruhigt und gewarnt, rüsteten sich den siegreichen Streitkräften des Stellvertreters Valentinians in entscheidender Schlacht zu begegnen. Der blutige und hartnäckige Kampf dauerte einen langen Sommertag mit gleicher Tapferkeit und abwechselndem Erfolg. Zuletzt behielten die Römer mit einem Verlust von zwölfhundert Mann die Oberhand. Sechstausend Alemannen wurden erschlagen, eintausend verwundet, und nachdem der tapfere Jovinus den Überrest ihrer Scharen bis an die Ufer des Rheins gejagt hatte, kehrte er nach Paris zurück, um den Beifall seines Souveränes und die Würdezeichen des Konsulates für das folgende Jahr zu empfangen.

Der Triumph der Römer wurde durch ihre Behandlung des gefangenen Königs entehrt, den sie ohne Vorwissen ihres entrüsteten Feldherrn an einen Galgen hingen. Auf diese schmachvolle Tat der Grausamkeit, die der Wut der Truppen zugerechnet werden mochte, folgte der überlegte Mord des Withikab, des Sohnes Vadomairs, eines deutschen Fürsten von schwacher und kränklicher Leibesbeschaffenheit aber von kühnem und furchtbarem Geist. Der heimische Meuchelmörder war von den Römern angestiftet worden und wurde von ihnen beschützt, und diese Verletzung der Gesetze der Menschlichkeit und Gerechtigkeit verriet ihre geheime Angst ob der Schwäche des sinkenden Reiches. Man schreitet in öffentlichen Ratschlüssen selten zur Anwendung des Dolches, solange man noch einiges Vertrauen in die Macht des Schwertes setzt.

II. Britannien. Sechs Jahre nach dem Tod Konstantins erforderten die zerstörenden Einfälle der Pikten und Schotten die Anwesenheit seines jüngsten Sohnes, der über das westliche Reich herrschte. Konstans besuchte sein britisches Gebiet: was jedoch die Wichtigkeit seiner Unternehmungen betrifft, können wir einige Vorstellung davon aus der Sprache eines Panegyrikus entnehmen, worin nur sein Triumph über die Elemente gepriesen wird, mit anderen Worten, das Glück einer sicheren und bequemen Überfahrt von dem Hafen von Boulogne nach dem Hafen von Sandwich. Die Drangsale auswärtigen Krieges und innerer Tyrannei, welche die schwer heimgesuchten Provinzbewohner fortwährend in Bestürzung setzten, wurden durch die schwache und verderbte Verwaltung der Eunuchen des Konstantius erschwert, und die vorübergehende Erleichterung, die ihnen die Tugenden Julians gewährten, ging bald durch die Abwesenheit und den Tod dieses ihres Wohltäters verloren. Die Summen in Gold und

Silber, die zur Bezahlung der Truppen mühsam aufgebracht oder freigebig übersendet worden waren, wurden durch die Habsucht der Befehlshaber aufgefangen, Befreiungen oder wenigstens Ausnahmen von Kriegsdiensten wurden öffentlich verkauft, die Soldaten ihrer gesetzlichen und spärlichen Mittel des Unterhaltes beraubt, durch Notstand zur Heeresflucht gereizt, die Nerven der Kriegszucht erschlafft, und die Heerstraßen durch Räuber unsicher gemacht.

Die Unterdrückung der Gutgesinnten und die Ungestraftheit der Übelstifter trug auf gleiche Weise zur Verbreitung des Geistes der Unzufriedenheit und des Aufruhres über die Insel bei, und jeder herrschsüchtige Untertan, jeder verzweifelte Geächtete mochte die vernünftige Hoffnung hegen, die schwache und zerrüttete Regierung von Britannien zu stürzen. Die feindlichen Stämme des Nordens, welche den Stolz und die Macht des Königs der Welt verabscheuten, stellten ihre heimischen Fehden ein; und die Barbaren des Landes und Meeres, die Schotten, Pikten und Sachsen, verbreiteten sich mit schneller und unwiderstehlicher Wut von Antonius' Walle bis an die Gestade von Kent.

Jedes Erzeugnis der Kunst oder Natur, jeder Gegenstand der Bequemlichkeit und des Luxus, den sie weder durch Arbeit hervorzubringen noch durch Handel sich zu verschaffen vermochten, war in der reichen und fruchtbaren Provinz Britannien aufgehäuft. Ein Philosoph mag die ewige Zwietracht des Menschengeschlechtes beklagen, wird aber zugeben, daß das Verlangen nach Beute eine viel vernünftigere Aufforderung sei als die Eitelkeit des Sieges. Von dem Zeitalter Konstantins bis zu jenem der Plantagenets fuhr dieser Geist der Raubsucht fort die armen und kühnen Kaledonier zu reizen, und dasselbe Volk, dessen hochherzige Menschlichkeit die Gesänge Ossians zu begeistern scheint, wurde durch barbarische Unbekanntschaft mit den Tugenden des Friedens und den Gesetzen des Krieges entehrt. Die grausamen Raubzüge der Schotten und Pikten sind von ihren südlichen Nachbarn gefühlt und vielleicht übertrieben worden; und ein tapferer Stamm Kaledoniens, die Attakotten, die Feinde und später die Soldaten Valentinians werden durch einen Augenzeugen be-

schuldigt, daß sie Wonne in den Genuß von Menschenfleisch
setzten. Wenn sie in den Wäldern nach Beute jagten, sollen
sie lieber den Hirten als die Herde angegriffen, und wählerisch die zartesten und fleischigsten Teile sowohl von Männern wie Weibern mitgenommen und für ihre schrecklichen
Mahlzeiten bereitet haben. Wenn es in der Nachbarschaft der
Handels- und Universitätsstadt Glasgow je eine Rasse von
Kannibalen wirklich gegeben haben sollte, vermögen wir in
der Reihenfolge der schottischen Geschichte die äußersten
Gegensätze des wilden und zivilisierten Lebens zu sehen. Solche Gedanken tragen zur Erweiterung unseres Ideenkreises
und zur Ermutigung der angenehmen Hoffnung bei, daß
Neuseeland in irgendeinem künftigen Jahrhunderte den
Hume der südlichen Hemisphäre hervorbringen werde.

Jeder Bote, der glücklich genug war über den britischen
Kanal zu kommen, brachte den Ohren Valentinians höchst
niederschlagende und beunruhigende Nachrichten, und der
Kaiser erfuhr bald, daß die zwei militärischen Befehlshaber
der Provinz von den Barbaren überrumpelt und abgeschnitten worden wären. Severus, Graf der Haustruppen, wurde
von dem Hofe von Trier schleunig abgesendet und ebenso
plötzlich zurückgerufen. Die Vorstellungen des Jovinus dienten dazu, die Größe des Übels in ein noch helleres Licht zu
setzen, und nach langer und ernster Beratschlagung wurde die
Verteidigung oder vielmehr die Wiedereroberung Britanniens den Fähigkeiten des tapferen Theodosius anvertraut.

Die Taten dieses Feldherrn, des Ahnherrn einer Reihe von
Kaisern, sind von den Schriftstellern des Jahrhunderts mit besonderem Wohlgefallen gepriesen worden: aber ihr Lob gebührte seinem Verdienst und seine Ernennung wurde von
dem Heer wie von der Provinz als sicheres Vorzeichen na-
henden Sieges angesehen. Er benutzte den günstigen Moment zur Abfahrt und setzte die zahlreichen und versuchten
Scharen der Heruler und Bataver, Jovianer und Viktorianer
sicher an das Land. Auf seinem Marsch von Sandwich nach
London schlug Theodosius mehrere Abteilungen Barbaren,
befreite eine Menge Gefangener und nachdem er unter die
Soldaten einen kleinen Teil der Beute verteilt hatte, befestigte

er den Ruf seiner uneigennützigen Gerechtigkeitsliebe, indem er den Überrest den rechtmäßigen Eigentümern zurückgab. Die Bürger von London, die an ihrer Rettung beinahe verzweifelten, öffneten ihre Tore und sobald Theodosius vom Hofe von Trier den wichtigen Beistand eines militärischen Stellvertreters und eines Zivilstatthalters erhalten hatte, führte er mit Weisheit und Kraft die schwierige Aufgabe der Befreiung von Britannien aus. Die umherirrenden Soldaten wurden zu ihren Fahnen zurückgerufen, die öffentlichen Besorgnisse durch Erlassung einer Amnestie zerstreut und die Strenge der Kriegszucht durch sein freudiges Beispiel leicht gemacht.

Das zerstreute und flüchtige Kriegführen der Barbaren, welche zu Land und See schwärmten, beraubte ihn des Ruhmes eines entscheidenden Sieges; aber sein einsichtsvoller Mut und seine vollendete Geschicklichkeit entfalteten sich in den Unternehmungen von zwei Feldzügen, die nach und nach jeden Teil der Provinz von den Händen eines grausamen und raubsüchtigen Feindes befreiten. Der Glanz der Städte und die Stärke der Befestigungen wurden durch die väterliche Sorge des Theodosius emsig hergestellt, welcher die Kaledonier mit starker Hand auf den nördlichen Teil der Insel beschränkte und durch Namen und Gründung der neuen Provinz *Valentia* den Ruhm der Regierung Valentinians verewigte. Die Stimme der Dichter und Lobredner mochte vielleicht mit einigem Grad von Wahrscheinlichkeit hinzufügen, daß die unbekannten Gegenden der äußersten Thule mit dem Blut der Pinkten befeuchtet wurden, daß die Schiffe des Theodosius die Wogen des hyperboräischen Ozeans durchschnitten und daß die fernen Orkneyinseln Zeuge seines Seesieges über die sächsischen Seeräuber gewesen sind. Er verließ die Provinz mit einem ebenso reinen als glänzenden Ruf und wurde von einem Fürsten, der dem Verdienst seiner Untergebenen ohne Neid Beifall zu zollen vermochte, zu dem Rang eines Oberbefehlshabers der Reiterei erhoben. Mit dem wichtigen Oberbefehl an der oberen Donau bekleidet hielt er mehrere Heere der Alemannen auf und schlug sie, bevor er zur Unterdrükkung der Empörung von Afrika entsendet wurde.

III. Afrika. Ein Fürst, der sich weigert, der Richter seiner Minister zu sein, fordert sein Volk auf ihn als ihren Mitschuldigen zu betrachten. Der Graf Romanus hatte lange den militärischen Oberbefehl in Afrika geführt und seine Fähigkeiten waren seiner Stellung nichts weniger als nicht gewachsen: da jedoch schmutzige Habsucht der einzige Beweggrund seines Benehmens war, so handelte er in den meisten Fällen, als wäre er der Feind der Provinz und der Bundesgenosse der Barbaren der Wüste. Die drei blühenden Städte Oea, Leptis und Sabrata, die unter dem Namen Tripolis lange eine Bundesvereinigung gebildet hatten, waren zum ersten Male genötigt ihre Tore gegen einen feindlichen Einbruch zu schließen; mehrere ihrer geehrtesten Bürger wurden überrumpelt und niedergemetzelt, die Dörfer, ja selbst die Vorstädte geplündert, und die Weinberge und Fruchtbäume des reichen Gebietes durch die boshaften Wilden von Getulien zerstört.

Die unglücklichen Provinzbewohner flehten den Schutz des Romanus an, machten aber bald die Entdeckung, daß ihr militärischer Statthalter nicht minder grausam und raubsüchtig wäre als die Barbaren. Da sie die 4000 Kamele und das ungeheure Geschenk, welches er forderte, bevor er zum Beistand von Tripolis marschieren würde, nicht zu geben imstande waren, kam sein Verlangen einer Weigerung gleich und er konnte mit Recht als Urheber des öffentlichen Unglücks beschuldigt werden. In der jährlichen Versammlung der drei Städte ernannten sie zwei Abgeordnete, um die gewöhnliche Gabe einer goldenen Viktoria zu Valentinians Füßen zu legen und diesen Tribut mehr der Pflicht als der Dankbarkeit mit der demütigen Klage zu begleiten, daß sie von dem Feinde ruiniert und von ihrem Statthalter verraten worden wären.

Wenn die Strenge Valentinians richtig gezielt gewesen wäre, hätte sie auf das schuldige Haupt des Romanus fallen müssen. Aber der Graf, in den Künsten der Bestechung längst erfahren, hatte einen schnellen und zuverlässigen Boten abgesendet, um sich die käufliche Freundschaft des Kanzlers Remigius zu sichern. Die Weisheit des kaiserlichen Rates wurde durch List getäuscht und dessen ehrenhafte Entrüstung durch

Verzögerung abgekühlt. Als endlich die Wiederholung der Beschwerden gerechtfertigt wurde durch die Wiederholung des öffentlichen Unglückes, erhielt der Notar Palladius vom Hofe von Trier die Sendung, den Zustand von Afrika und das Benehmen des Romanus zu untersuchen. Die strenge Unparteilichkeit des Palladius war schnell entwaffnet, er ließ sich verleiten einen Teil der öffentlichen Gelder für sich zu behalten, die er zur Bezahlung der Truppen mitgebracht hatte, und von dem Augenblick an, als er sich eigener Schuld bewußt war, konnte er sich nicht länger weigern die Unschuld und die Verdienste des Grafen zu bestätigen. Die Anklage der Tripolitaner wurde für falsch und verräterisch erklärt, und Palladius selbst von Trier nach Afrika mit dem besonderen Auftrag zurückgesendet, die Urheber dieser ruchlosen Verschwörung gegen den Stellvertreter ihres Souveränes ausfindig zu machen und zu verfolgen. Er leitete die Untersuchung mit solcher Gewandtheit und so großem Erfolg, daß er die Bürger von Leptis, welche erst kürzlich eine achttägige Belagerung ausgehalten hatten, vermochte die Wahrheit ihrer eigenen Beschlüsse zu verleugnen und das Benehmen ihrer eigenen Abgeordneten zu tadeln. Ein Bluturteil erging ohne Verzug von der vorschnellen und eigensinnigen Grausamkeit Valentinians. Der Präsident von Tripolis, der es gewagt hatte, die Drangsale der Provinz zu bemitleiden, wurde zu Utika öffentlich hingerichtet, desgleichen verloren vier ausgezeichnete Bürger als Mitschuldige des angeblichen Betrugs ihr Leben, und zwei anderen wurde auf ausdrücklichen Befehl des Kaisers die Zunge ausgeschnitten. Romanus, durch Straflosigkeit übermütig gemacht und durch Widerstand erbittert, blieb fortwährend im Oberbefehl, bis die Afrikaner zuletzt durch seine Habsucht gereizt wurden sich unter die rebellische Fahne des Mohren Firmus zu reihen.

Sein Vater Nabal war einer der reichsten und mächtigsten maurischen Fürsten, welche die Oberhoheit der Römer anerkannten. Da er jedoch sowohl von seinen Frauen als von seinen Beischläferinnen eine zahlreiche Nachkommenschaft hinterließ, stritt man sich gierig um die reiche Erbschaft, und Zamma, einer seiner Söhne, wurde auf Veranlassung eines

Hausstreites von seinem Bruder Firmus erschlagen. Der unversöhnliche Eifer, womit Romanus die gesetzliche Rache dieser Mordtat betrieb, konnte nur einem Beweggrund der Habsucht oder des persönlichen Hasses zugeschrieben werden: in diesem Falle jedoch stand ihm Gerechtigkeit zur Seite, sein Einfluß war mächtig, und Firmus sah klar ein, daß er entweder seinen Nacken dem Scharfrichter darbieten, oder von dem Urteil des kaiserlichen Konsistoriums auf sein Schwert und auf das Volk sich berufen mußte. Er wurde als Befreier seines Vaterlandes aufgenommen, und sobald sich auswies, daß Romanus nur einer unterwürfigen Provinz furchtbar wäre, sank der Tyrann von Afrika zum Gegenstand allgemeiner Verachtung herab. Die Zerstörung von Cäsarea, das von den zügellosen Barbaren geplündert und verbrannt wurde, überzeugte die widerspenstigen Städte von den Gefahren des Widerstandes; die Macht des Firmus faßte, wenigstens in den Provinzen Mauritanien und Numidien, festen Fuß, und er schien über nichts im Zweifel zu sein als darüber, ob er das Diadem eines maurischen Königs oder den Purpur eines römischen Kaisers annehmen solle.

Aber die unklugen und unglücklichen Afrikaner machten bald die Entdeckung, daß sie bei diesem unbesonnenen Aufruhr weder ihre eigene Stärke noch die Fähigkeiten ihres Anführers gehörig zu Rate gezogen hatten. Bevor er auch nur sichere Nachricht einziehen konnte, daß der Kaiser des Westens die Wahl eines Feldherren getroffen oder daß sich an den Mündungen der Rhone eine Flotte von Transportschiffen gesammelt habe, erhielt er plötzlich Kunde, daß der große Theodosius mit einer kleinen Schar Veteranen bei Igilgilis oder Gigeri an der afrikanischen Küste gelandet sei, und der furchtsame Ursupator sank unter dem Übergewicht der Tugend und des kriegerischen Genies. Obschon Firmus Waffen und Schätze besaß, brachte ihn sein Verzweifeln am Sieg unverzüglich zur Anwendung jener Künste, welche einst in demselben Land und unter ähnlichen Umständen von dem schlauen Jugurtha geübt worden waren. Er versuchte durch anscheinende Unterwerfung die Wachsamkeit des römischen Feldherrn zu täuschen, die Treue seiner Truppen zu verführen und die Dauer des Krieges zu verlängern, indem er nach und nach die unabhängigen Stämme Afrikas vermochte, für ihn zu kämpfen oder seine Flucht zu beschützen.

Theodosius ahmte das Beispiel seines Vorgängers Metellus mit gleich günstigem Erfolg nach. Als Firmus in der Eigenschaft eines Bittenden seine eigene Unbesonnenheit anklagte und demütig die Milde des Kaisers anflehte, empfing und entließ ihn der Stellvertreter Valentinians mit einer freundlichen Umarmung: aber er forderte mit Bestimmtheit nützliche und wesentliche Pfänder aufrichtiger Reue und ließ sich durch keine Friedensversicherungen bewegen, die Unternehmungen eines tätigen Krieges auch nur einen Augenblick einzustellen. Eine schwarze Verschwörung wurde durch Theodosius' Scharfblick entdeckt und er stellte ohne vieles Widerstreben die öffentliche Entrüstung zufrieden, die er insgeheim erregt hatte. Viele der Schuldgenossen des Firmus wurden nach altem Gebrauch dem Tumulte einer militärischen Hinrichtung überantwortet und noch mehrere, denen man beide Hände abgehauen hatte, dienten als warnendes Schauspiel des Entsetzens: der Haß der Rebellen war von Furcht begleitet und die Furcht vor den römischen Soldaten mit achtungsvoller Bewunderung vermengt.

Es war unmöglich in den grenzenlosen Ebenen von Getulien und in den zahllosen Tälern des Atlasgebirges die Flucht des Firmus zu verhindern; und wenn der Usurpator vermocht hätte die Geduld seines Gegners zu ermüden, würde er seine Person in den Tiefen einer fernen Einsamkeit in Sicherheit gebracht und die Hoffnungen einer künftigen Umwälzung abgewartet haben. Er wurde durch die Beharrlichkeit des Theodosius besiegt, der den unbeugsamen Entschluß gefaßt hatte, daß der Krieg nur mit dem Tod des Tyrannen enden und daß jedes afrikanische Volk, welches wagen würde seine Sache zu unterstützen, in seinen Untergang mit verwickelt werden solle. An der Spitze einer kleinen Truppenabteilung, die sich selten auf mehr als 3500 Mann belief, drang der römische Feldherr mit stätiger, von Verwegenheit wie von Furcht gleich weit entfernter Klugheit in das Herz des Landes vor, wo er zuweilen von Scharen von 20 000 Mauren angegriffen wurde. Die Kühnheit seines Angriffes schreckte diese regellosen Barbaren, seine zeitgemäßen und ordnungsvollen Rückzüge brachten sie in Verwirrung, alle ihre Anstrengungen wurden durch die unbekannten Hilfsmittel seiner Kriegskunst vereitelt, und sie fühlten und gestanden die gerechte Überlegenheit ein, die der Anführer einer zivilisierten Nation annahm.

Als Theodosius in das ausgedehnte Gebiet des Igmazen, Königs der Isaflensen, einrückte, frug der hochmütige Wilde mit trotzigen Worten um seinen Namen und um den Zweck seines Zuges. »Ich bin«, erwiderte der Graf mit einem verachtungsvollen Ton der Strenge, »Feldherr Valentinians, des Herrn der Welt, welcher mich hierher gesendet hat, um einen verzweifelten Räuber zu verfolgen und zu bestrafen. Überliefere ihn augenblicklich meinen Händen und sei versichert, daß, wenn Du den Befehlen meines unbesieglichen Gebieters nicht gehorchest, Du und das Volk, über welches Du herrschest, gänzlich ausgerottet werden sollen.« Sobald sich Igmazen überzeugte, daß sein Feind Macht und Entschlossenheit besitze, um die furchtbare Drohung in Vollzug zu setzen, willigte er ein, einen notwendigen Frieden durch Aufopferung eines schuldigen Flüchtlings zu erkaufen. Die Wachen, welche aufgestellt worden waren, um sich der Person des Firmus zu versichern, beraubten ihn aller Hoffnung auf Flucht, und nachdem der maurische Tyrann durch Wein seine Furcht betäubt hatte, vereitelte er den beschimpfenden Triumph der Römer, indem er sich in der Nacht erwürgte. Seine Leiche, das einzige Geschenk, welches Igmazen dem Sieger darbieten konnte, wurde achtlos auf ein Kamel geworfen; Theodosius führte seine siegreichen Truppen nach Sitifi zurück und wurde mit dem wärmsten Zuruf der Freude und Anhänglichkeit begrüßt.

Afrika war durch die Laster des Romanus verlorengegangen, es wurde durch die Tugenden des Theodosius wiedererobert, und unsere Neugierde mag mit Nutzen auf Vergleichung der Behandlung geleitet werden, welche den beiden Feldherren von dem kaiserlichen Hofe zuteil wurde. Die Macht des Grafen Romanus war durch den Oberbefehlshaber der Reiterei eingestellt und er in sichern und ehrenvollen Gewahrsam bis zu Beendigung des Krieges gebracht. Seine Verbrechen waren durch die unverwerflichsten Zeugnisse bewiesen, und das Volk erwartete mit einiger Ungeduld das Urteil einer strengen Gerechtigkeit. Aber die parteiische und mächtige Gunst des Mellobaudes ermutigte ihn, seine gesetzlichen Richter zu verwerfen, wiederholte Fristen zur Beibringung befreundeter Entlastungszeugen zu erhalten, und seine verbrecherische Amtsführung schließlich durch die hinzukommende Schuld des Betrugs und der Fälschung zu bemänteln. Um dieselbe Zeit wurde der Wiedereroberer von Britannien und Afrika auf den unbestimmten Verdacht hin, daß sein Name und seine Verdienste größer wären als es sich für einen Untertan gezieme, zu Karthago schimpflich enthauptet. Valentinian regierte nicht mehr, und der Tod des Theodosius so wie die Straflosigkeit des Romanus mögen mit Recht den Künsten jener Minister zugeschrieben werden, welche das Vertrauen seiner Söhne mißbrauchten und ihre unerfahrene Jugend täuschten.

IV. Der Osten. Der schimpfliche Vertrag, welcher Jovians Heer rettete, war von Seiten der Römer treu erfüllt worden, und da sie feierlich auf Souveränität und Bündnis über und mit Armenien und Iberien verzichtet hatten, waren diese zinsbaren Provinzen den Waffen des persischen Königs schutzlos bloßgestellt. Sapor rückte in das armenische Gebiet an der Spitze eines furchtbaren Heeres Harnischreiter, Bogenschützen und Fußsoldaten ein; es war jedoch die unwandelbare Gewohnheit dieses Monarchen, Krieg und Unterhandlung miteinander zu mengen und Falschheit und Meineid als die mächtigsten Werkzeuge der Politik der Könige zu betrachten. Er stellte sich das kluge und gemäßigte Benehmen des Königs von Armenien zu preisen und der arglose Tiranus ließ sich durch die wiederholten Versicherungen hinterlistiger Freundschaft überreden, seine Person den Händen eines treulosen und grausamen Feindes anzuvertrauen. Inmitten eines glänzenden Gelages wurde er in Ketten von Silber, als Ehre, die dem Abkömmlinge der Arsaciden gebührte, gelegt und nach kurzer Einkerkerung in den Turm der Vergessenheit zu Ekbatana von dem Elend des Lebens durch seinen eigenen Dolch oder durch den eines Meuchelmörders befreit. Das Königreich Armenien sank zu einer persischen Provinz herunter, ein ausgezeichneter Satrap und ein Lieblingseunuch teilten die Verwaltung unter sich, und Sapor zog ohne Aufschub aus, um den kriegerischen Geist der Iberier zu unterjochen. Sauromaces, welcher über dieses Land mit Gestattung der Kaiser herrschte, wurde durch die Übermacht vertrieben, und um die Majestät Roms zu beschimpfen, setzte der König der Könige seinem verächtlichen Vasallen Aspakuras ein Diadem auf das Haupt.

Die Stadt Artogerassa war der einzige Platz in Armenien, der es wagte der Gewalt seiner Waffen zu widerstehen. Der in dieser starken Festung niedergelegte Schatz versuchte die Habsucht des Königs: aber die Gefahr der Olympias, der Gattin oder Witwe des armenischen Königs, regte das öffentliche Mitleid an und befeuerte die verzweifelte Tapferkeit ihrer Untertanen und Soldaten. Die Perser wurden unter den Mauern von Artogerassa durch einen kühnen und wohlgeleiteten Ausfall der Belagerten überrumpelt und zurückgeschlagen. Aber die Streitkräfte Sapors wurden beständig erneuert und vermehrt, der hoffnungslose Mut der Besatzung war erschöpft, die Stärke der Mauern wich den Angriffen, und der stolze Sieger führte, nachdem er die rebellische Stadt mit Feuer und Schwert verwüstet hatte, die unglückliche Königin, die in einer glücklicheren Zeit die bestimmte Braut des Sohnes Konstantins gewesen, als Gefangene hinweg.

Wenn aber Sapor auch über die leichte Eroberung zweier abhängigen Königreiche triumphierte, fühlte er bald, daß ein Land ununterjocht bleibt, solange die Gemüter des Volkes unter dem Einfluß eines feindseligen und widerspenstigen Geistes stehen. Die Satrapen, denen er zu trauen genötigt war, benutzten die erste Gelegenheit, die Liebe ihrer Landsleute wiederzugewinnen und ihren unsterblichen Haß gegen den Namen der Perser an den Tag zu legen. Seit der Bekehrung der Armenier und Iberier betrachteten diese Völker die Christen als die Lieblinge und die Magier als die Feinde des höchsten Wesens; der Einfluß der Geistlichkeit auf ein abergläubisches Volk wurde unwandelbar für die Sache Roms geübt, und solange die Nachfolger Konstantins mit dem Nachfolger des Artaxerxes um die Souveränität der zwischenliegenden Provinzen kämpften, warf die Religionsverbindung stets einen entscheidenden Vorteil in die Wagschale des Reiches. Eine zahlreiche und tätige Partei erkannte Para, den Sohn des Tiranus, als rechtmäßigen Souverän von Armenien an und sein Anspruch auf den Thron wurzelte tief in fünfhundertjähriger Erbfolge. Durch einstimmige Einwilligung der Iberier wurde ihr Land zwischen den nebenbuhlenden Fürsten gleich geteilt und Aspakuras, der sein Diadem der Wahl Sapors verdankte, sah sich zu der Erklärung genötigt, daß die Liebe zu seinen Kindern, die von dem Tyrannen als Geißeln festgehalten wurden, die einzige Rücksicht wäre, welche ihn hindere offen auf das Bündnis mit Persien Verzicht zu leisten.

Der Kaiser Valens, der die Vertragsverpflichtungen achtete und sich scheute, den Osten in einen gefährlichen Krieg zu verwickeln, wagte nur langsame und vorsichtige Maßregeln, um die römische Partei in den Königreichen Iberien und Armenien zu unterstützen. Zwölf Legionen stellten die Herrschaft des Sauromaces an den Ufern des Cyrus wieder her. Der Euphrat wurde durch die Tapferkeit des Arinthaus beschützt. Ein mächtiges Heer schlug unter dem Grafen Trajan und dem Könige Vadomair der Alemannen sein Lager an den Grenzen von Armenien auf. Sie hatten jedoch gemessenen Befehl nicht zuerst Feindseligkeiten zu beginnen, welche als Bruch des Vertrages ausgelegt werden möchten; und so unbedingt war der Gehorsam der römischen Feldherren, daß sie sich mit außerordentlichster Geduld unter einem Hagel persischer Pfeile zurückzogen, bis sie klar einen gerechten Anspruch auf einen ehrenvollen und erlaubten Sieg erworben hatten.

Diese kriegerischen Aussichten machten jedoch allmählich vergeblichen und langwierigen Unterhandlungen Platz. Die streitenden Parteien unterstützten ihre Ansprüche durch gegenseitige Vorwürfe der Treulosigkeit und des Ehrgeizes; und man sollte glauben, daß der ursprüngliche Vertrag in sehr dunklen Ausdrücken abgefaßt gewesen sein muß, weil sie sich zur Notwendigkeit gebracht sahen, eine nicht schlüssige Berufung auf das parteiische Zeugnis der Feldherren der beiden Nationen einzulegen, welche den Unterhandlungen beigewohnt hatten. Der Einbruch der Goten und Hunnen, welcher bald nachher die Grundfesten des römischen Reiches erschütterte, stellte die asiatischen Provinzen den Waffen Sapors bloß. Aber das hohe Alter und vielleicht die Schwäche des Monarchen gaben ihm neue Maximen und zwar die der Ruhe und Mäßigung ein. Sein Tod, der nach vollem Verlauf einer siebzigjährigen Regierung erfolgte, verwandelte in einem Augenblick den Hof und die Ratschlüsse Persiens, deren Aufmerksamkeit höchst wahrscheinlich durch innere Unruhen und die fernen Anstrengungen eines karmanianischen Krieges in Anspruch genommen wurde. Das Andenken alter Unbilden ging im Genuß des Friedens verloren. Den Königreichen Armenien und Iberien war durch die gegenseitige obschon stillschweigende Einwilligung beider Reiche gestattet, ihre zweifelhafte Neutralität wieder anzunehmen. In den ersten Regierungsjahren des Theodosius langte eine persische Gesandtschaft zu Konstantinopel an, um die vorige Regierung zu entschuldigen und als Tribut der Freundschaft, wohl gar der Ehrfurcht ein glänzendes Geschenk von Edelsteinen, Seide und indischen Elephanten zu überreichen.

V. Die Donau. Während einem friedlichen Zwischenraum von 30 Jahren befestigten die Römer ihre Grenzen, und dehnten die Goten ihre Besitzungen aus. Die Siege des großen Hermanrichs, Königs der Ostgoten, des Herrlichsten aus dem Geschlecht der Amaler, sind von dem Enthusiasmus seiner Landsleute mit den Taten Alexanders verglichen worden, jedoch mit dem merkwürdigen und fast unglaublichen Unterschied, daß der kriegerische Geist des gotischen Heros, statt von der Kraft der Jugend unterstützt zu werden, sich mit Ruhm und Erfolg in der äußersten Periode des menschlichen Lebens, zwischen dem Alter von achtzig und 110 Jahren entfaltete. Die unabhängigen Stämme wurden überredet oder gezwungen, den König der Ostgoten als den Souverän der

gotischen Nation anzuerkennen: die Häuptlinge der Westgoten oder Thervinger verzichteten auf den königlichen Titel
und nahmen die bescheidenere Benennung *Richter* an, und
unter diesen Richtern waren Athanarich, Fritigern und Alavivus sowohl wegen ihres persönlichen Verdienstes als wegen
ihrer Nähe an den römischen Provinzen die berühmtesten.
Diese heimischen Eroberungen, welche die Kriegsmacht des
Hermanrich vermehrten, erweiterten seine ehrgeizigen Absichten. Er bekriegte die benachbarten Länder des Nordens,
und zwölf beträchtliche Völker, deren Namen und Grenzen
nicht genau bestimmt werden können, wichen nacheinander
der Überlegenheit der gotischen Waffen.

Die Heruler, welche die sumpfigen Länder in der Nähe des
Mäotis bewohnten, waren wegen ihrer Stärke und Behendigkeit berühmt, und der Beistand ihres leichten Fußvolkes
wurde in allen Kriegen der Barbaren gierig gesucht und äußerst geschätzt. Aber der tätige Geist der Heruler wurde
durch die langsame und stätige Beharrlichkeit der Goten unterjocht, und nach einer blutigen Schlacht, in welcher ihr
König den Tod fand, bildeten die Überreste dieses kriegerischen Stammes eine nützliche Verstärkung des Lagers Hermanrichs. Er zog hierauf gegen die Veneder, die im Gebrauch
der Waffen ungeübt, nur durch ihre Anzahl furchtbar waren
und die weiten Strecken der Ebenen des heutigen Polens bewohnten. Die siegreichen Goten, an Zahl nicht geringer, behielten im Kampf durch die entscheidenden Vorteile der
Übung und Kriegszucht die Oberhand.

Nach der Unterwerfung der Veneder rückte der Sieger
ohne Widerstand bis zu den Grenzen der Ästier vor, eines
alten Volkes, dessen Name sich fortwährend in der Provinz
Estland erhalten hat. Diese fernen Bewohner der Küsten der
Ostsee nährten sich durch die Arbeiten des Ackerbaues, bereicherten sich durch den Handel mit Bernstein und waren
durch die besondere Verehrung der Mutter der Götter geheiligt. Mangel an Eisen zwang jedoch die ästhischen Krieger,
sich mit hölzernen Keulen zu begnügen, und die Unterwerfung dieses reichen Landes wird mehr der Klugheit als den
Waffen Hermanrichs zugeschrieben. Sein Gebiet, das sich

von der Donau bis an das baltische Meer erstreckte, schloß die alten Wohnsitze und die neuen Erwerbungen der Goten in sich, und er herrschte über den größten Teil von Deutschland und Szythien mit der Macht eines Eroberers und zuweilen mit der Grausamkeit eines Tyrannen. Aber er herrschte über einen Teil der Erde, welcher unfähig war, den Ruhm seiner Helden zu verewigen und zu schmücken. Der Name Hermanrichs ist fast in Vergessenheit begraben, seine Taten sind unvollständig bekannt, und die Römer selbst scheinen um die Fortschritte einer emporstrebenden Macht nicht gewußt zu haben, welche die Freiheit des Nordens und den Frieden des Reiches bedrohte.

Die Goten hegten eine erbliche Anhänglichkeit an das kaiserliche Haus Konstantins, von dessen Macht und Freigebigkeit sie so viele entscheidende Beweise empfangen hatten. Sie achteten den öffentlichen Frieden, und wenn ein feindlicher Haufen sich zuweilen herausnahm die römische Grenze zu überschreiten, wurde ihr regelwidriges Benehmen offenherzig dem unlenksamen Geist der barbarischen Jugend zugeschrieben. Verachtung gegen zwei neue und unbekannte Fürsten, die durch Volkswahl auf den Thron gehoben worden waren, flößte den Goten kühnere Hoffnungen ein; und während sie mit dem Plan umgingen, mit vereinter Heeresmacht unter der Nationalfahne in das Feld zu rücken, ließen sie sich leicht verleiten die Partei des Prokopius zu ergreifen, um durch ihre gefährliche Hilfe die bürgerliche Zwietracht der Römer zu nähren. Der öffentliche Vertrag mochte nicht mehr als 10 000 Mann bedingen, aber so eifrig wurde jener Plan von den Häuptlingen der Westgoten ergriffen, daß das Heer, welches über die Donau ging, 30 000 Krieger zählte.

Sie rückten in dem stolzen Vertrauen vor, daß ihre unbesiegliche Tapferkeit das Schicksal des Reiches entscheiden werde, und die thrakischen Provinzen stöhnten unter der Wucht der Barbaren, welche sich mit dem Hochmut von Gebietern und der Zügellosigkeit von Feinden benahmen. Aber die Unmäßigkeit, womit sie ihren Lüsten frönten, verzögerte ihren Marsch, und bevor noch die Goten sichere Kunde von der Niederlage und dem Tod des Prokopius erhalten hatten, ersahen sie aus der feindlichen Verfassung des Landes, daß die Zivil- und Militärgewalt von seinem siegreichen Nebenbuhler wiederübernommen worden sei. Eine von Valens oder den Feldherren des Valens geschickt aufgestellte Kette von Posten und Verschanzungen widerstand ihrem Vordringen, hemmte ihren Rückzug und ließ ihnen keine Lebensmittel zukommen. Die Wildheit der Barbaren wurde durch Hunger gezähmt und unterjocht; voll Entrüstung legten sie ihre Waffen zu den Füßen des Siegers nieder, der ihnen Nahrung und Ketten anbot; die zahlreichen Gefangenen wurden in alle Städte des Ostens verteilt, und die Provinzbewohner, mit ihrem wilden Aussehen bald vertraut, wagten es nach und nach, ihre eigene Stärke mit diesen furchtbaren Gegnern zu messen, deren Name für sie so lange ein Gegenstand des Schreckens gewesen.

Der König von Szythien (und nur Hermanrich hatte auf einen so erhabenen Titel Anspruch) empfand wegen dieses Nationalunglückes Kränkung und Erbitterung. Seine Gesandten beklagten sich am Hofe des Valens laut über den Bruch des alten und feierlichen Bündnisses, welches so lange zwischen den Römern und Goten bestanden hatte. Sie führten an, daß sie ihre Pflicht getreu erfüllt hätten, indem sie dem Verwandten und Nachfolger des Kaisers Julian Beistand leisteten; forderten unverzüglich Auslieferung der edlen Gefangenen und erhoben den höchst seltsamen Anspruch, daß die gotischen Feldherren, ob sie gleich bewaffnet und in feindlicher Rüstung einher zögen, Anrecht auf den geheiligten Charakter und die Privilegien von Gesandten hätten. Die bescheidene aber gemessene Weigerung, solchen außerordentlichen Forderungen Genüge zu leisten, wurde den Barbaren durch den Oberbefehlshaber der Reiterei, Viktor, welcher mit Kraft und Würde die gerechten Beschwerden des Kaisers des Ostens auseinandersetzte, kund gegeben. Die Unterhandlungen wurden abgebrochen, und die männlichen Ermahnungen Valentinians vermochten seinen furchtsamen Bruder, die beleidigte Majestät des Reiches zu rächen.

Glanz und Größe des gotischen Krieges werden von einem gleichzeitigen Geschichtsschreiber gefeiert: aber die Ereignisse verdienen die Aufmerksamkeit der Nachwelt nur, insofern sie vorläufige Schritte zum herandrohenden Sinken und Untergang des Reiches sind. Statt die Nationen von Szythien und Deutschland an die Ufer der Donau und vor bis Konstantinopel zu führen, überließ der greise Monarch der Goten dem tapferen Athanarich Gefahr und Ruhm eines Verteidigungskrieges gegen einen Feind, der die Kräfte eines mächtigen Reiches mit schwacher Hand lenkte. Eine Schiffbrücke wurde über die Donau geschlagen, die Anwesenheit Valens' befeuerte seine Truppen und seine Unkunde der Kriegskunst fand Ersatz in seiner persönlichen Bravour und weisen Befolgung des Rates Viktors und Arinthäus', seiner Oberbefehlshaber der Reiterei und des Fußvolkes. Die Operationen des Feldzugs wurden durch ihre Geschicklichkeit und Erfahrung geleitet: aber es gelang ihnen nicht, die Westgoten aus ihren festen Stellungen im Gebirge zu vertreiben, und die Verwüstung des flachen Landes zwang die Römer selbst, bei Herannäherung des Winters wieder über die Donau zurückzugehen. Die unaufhörlichen Regen, welche die Fluten dieses Stromes anschwellten, brachten eine stillschweigende Waffenruhe hervor und beschränkten den Kaiser Valens während des ganzen Laufes des folgenden Sommers auf sein Lager bei Marcianopolis.

Das dritte Kriegsjahr war günstiger den Römern, verderblicher den Goten. Die Unterbrechung des Handels stellte die Versorgung der Barbaren mit den Gegenständen des Luxus ein, welche sie bereits mit den notwendigen Bedürfnissen des Lebens verwechselten, und die Verheerung eines sehr ausgedehnten Landstriches bedrohte sie mit Hungersnot. Athanarich fühlte sich gereizt oder vielmehr gezwungen, eine Schlacht in der Ebene zu wagen, welche er verlor, und die Verfolgung wurde umso blutiger, da die Feldherren des Kaisers die grausame Maßregel ergriffen hatten, eine beträchtliche Belohnung für das Haupt jedes Goten zu versprechen, das in das kaiserliche Lager gebracht wurde. Die Unterwerfung der Barbaren besänftigte den Grimm des Valens und seines Rates; der Kaiser hörte mit Wohlgefallen die schmeichelhaften und beredten Vorstellungen des Senates von Konstantinopel an, der zum ersten Male an den öffentlichen Angelegenheiten Teil nahm; und Viktor und Arinthäus, dieselben Feldherren, welche die Führung des Krieges so erfolgreich geleitet hatten, erhielten auch Vollmacht die Friedensbedingungen festzusetzen. Die Freiheit des Handels, welche die Goten bisher genossen hatten, wurde auf zwei Städte an der Donau beschränkt, die Verwegenheit ihrer Anführer durch die Einziehung ihrer Jahresgelder und Subsidien streng bestraft, und die nur zugunsten Athanarichs bedungene Ausnahme brachte dem Richter der Westgoten mehr Vorteil als Ehre.

Athanarich, der bei dieser Veranlassung sein persönliches Interesse zu Rate gezogen zu haben scheint, ohne die Befehle seines Souveränes abzuwarten, behauptete in der persönlichen Zusammenkunft, die von den Ministern des Valens vorgeschlagen worden war, seine eigene und seines Stammes Würde. Er beharrte dabei, daß es ihm, ohne die Schuld des Eidbruches auf sich zu laden, unmöglich wäre, je seinen Fuß auf das Gebiet des Reiches zu setzen, und es ist mehr als wahrscheinlich, daß seine Ehrfurcht vor der Heiligkeit eines Eides durch die frischen und abschreckenden Beispiele römischen Verrates erhöht wurde. Die Donau, welche die Gebiete der beiden unabhängigen Nationen trennte, wurde zum Schauplatz der Unterredung gewählt. Der Kaiser des Ostens und der Richter der Westgoten, von einer gleichen Anzahl bewaffneten Gefolges begleitet, fuhren jeder in ihren Barken bis in die Mitte des Stromes. Nach Auswechselung des Vertrages und Auslieferung der Geißeln kehrte Valens im Triumph nach Konstantinopel zurück, und die Goten verharrten durch sechs Jahre in ruhigem Zustand, bis sie durch zahllose Scharen von Skythen, welche den eisigen Gegenden des Nordens zu entströmen schienen, mit Heftigkeit gegen das römische Reich getrieben wurden.

Vierzehntes Kapitel

*Sitten der Hirtenvölker • Fortschritte der Hunnen von
China bis Europa • Flucht der Goten • Sie gehen
über die Donau • Der gotische Krieg • Niederlage und
Tod Valens' • Gratian verleiht das östliche Reich
dem Theodosius • Sein Charakter und Sieg •
Friede und Ansiedlung der Goten • Triumph der
Orthodoxie und endliche Zerstörung des Heidentums •
Bürgerkrieg und Tod des Theodosius • Endliche Teilung
des Reiches zwischen seinen Söhnen*

Im zweiten Jahre der Regierung des Valentinian und Valens
am Morgen des 21. Juli wurde der größte Teil der römischen
Welt durch ein heftiges und zerstörendes Erdbeben erschüttert. Die Wirkung teilte sich den Gewässern mit: die Gestade
des mittelländischen Meeres wurden durch den plötzlichen
Rücktritt des Meeres trocken gelassen, eine außerordentliche
Menge Fische mit der Hand gefangen, große Schiffe standen
im Schlamm, und das Auge oder vielmehr die Phantasie eines
neugierigen Zuschauers konnte sich an der Betrachtung des
verschiedenartigen Aussehens von Tälern und Bergen vergnügen, welche seit Erschaffung der Erde der Sonne nicht
bloßgelegt waren. Aber die See kehrte mit der Wucht einer
unermeßlichen und unwiderstehlichen Flut zurück, deren
Folgen man an den Küsten von Sizilien, Dalmatien, Griechenland und Ägypten schwer fühlte: große Boote wurden
über die Dächer der Häuser oder bis zwei Meilen in das Land
hinein fortgeführt, die Einwohner mit ihren Häusern von den
Gewässern hinweggespült, und Alexandria beging jährlich
den unheilvollen Tag, an welchem 50 000 Menschen durch
die Überschwemmung ihr Leben verloren.

Dieses Gerücht, welches vergrößert von Provinz zu Provinz rollte, setzte die Untertanen Roms in Staunen und
Furcht, und ihre geängstigte Phantasie erweiterte den Umfang eines augenblicklichen Übels. Sie erinnerten sich der früheren Erdbeben, welche die Städte von Palästina und Bithy-

nien eingestürzt hatten, betrachteten diese furchtbaren Stöße nur als das Vorspiel noch schrecklicheren Unglückes, und ihre furchtsame Eitelkeit fühlte sich geneigt die Zeichen eines untergehenden Reiches und einer untergehenden Welt zu vermengen.

Es war Sitte der Zeit, jedes merkwürdige Ereignis dem besonderen Willen der Gottheit zuzuschreiben; die Veränderungen der Natur wurden durch eine unsichtbare Kette mit den moralischen und metaphysischen Meinungen des menschlichen Geistes in Zusammenhang gebracht, und die scharfsinnigsten Theologen vermochten je nach der bezüglichen Farbe ihrer Vorurteile zu unterscheiden, daß die Befestigung der Ketzerei ein Erdbeben hervorzubringen ziele oder daß eine Überschwemmung die unvermeidliche Folge des Überhandnehmens der Sünde und des Irrtums sei. Ohne sich herauszunehmen die Richtigkeit oder Angemessenheit dieser erhabenen Ansichten zu erörtern, mag sich der Geschichtsschreiber mit der durch die Erfahrung gerechtfertigten Bemerkung begnügen, daß der Mensch weit mehr von den Leidenschaften seiner Mitmenschen als von den Zerrüttungen der Elemente zu fürchten habe. Die unheilvollen Wirkungen eines Erdbebens, einer Überschwemmung, eines Orkans oder des Ausbruchs eines Vulkans stehen in einem sehr geringen Verhältnis zu den gewöhnlichen Drangsalen des Krieges, wie sie selbst jetzt durch die Klugheit oder Menschlichkeit der Fürsten von Europa gemäßigt sind, die durch Ausübung der Kriegskunst ihre eigene Muße beschäftigen und den Mut ihrer Untertanen üben.

Aber die Gesetze und Sitten der neueren Nationen beschützen das Leben und die Freiheit des besiegten Soldaten, und der friedliche Bürger hat sich selten zu beklagen, daß seine persönliche Sicherheit oder auch nur sein Eigentum der Wut des Krieges bloßgestellt ist. In der unglücklichen Periode des Falles des römischen Reiches, die man mit Recht von der Regierung des Valens datieren kann, war das Glück und die Sicherheit jedes einzelnen angegriffen und die Künste und Arbeiten von Jahrhunderten wurden durch die Barbaren Szythiens und Deutschlands roh verwüstet. Der Einbruch der

Hunnen stürzte auf die Provinzen des westlichen Reiches das Volk der Goten, welche in weniger als 40 Jahren von der Donau an das atlantische Meer vorrückten und durch den Erfolg ihrer Waffen den Einfällen so vieler feindlichen Stämme, roher als sie selbst, den Weg bahnten.

Nachdem Valens den gotischen Krieg mit einigem Schein von Ruhm und Erfolg beendigt hatte, durchreiste er seine asiatischen Gebiete und schlug endlich seine Residenz in der Hauptstadt von Syrien auf. Die fünf Jahre, welche er zu Antiochia zubrachte, verwendete er, um aus sicherer Entfernung die feindlichen Pläne des persischen Monarchen zu bewachen, die räuberischen Sarazenen und Isaurier in Zaum zu halten, durch triftigere Gründe als die der Vernunft und Beredsamkeit den Glauben der arianischen Theologie zu erzwingen, und seinen ängstlichen Argwohn durch gleichmäßige Hinrichtung der Unschuldigen wie der Schuldigen zu befriedigen. Aber die Aufmerksamkeit des Kaisers wurde durch die wichtige Nachricht, die er von den Zivil- und Militärbeamten, denen die Verteidigung der Donau anvertraut war, erhielt, auf das Ernsteste in Anspruch genommen. Er erfuhr, daß der Norden von einem wütenden Sturm durchrast werde; daß der Einbruch der Hunnen, einer unbekannten und scheußlichen Rasse Wilder, die Macht der Goten gestürzt habe, und daß die fliehenden Scharen dieser kriegerischen Nation, deren Stolz jetzt in den Staub gedemütigt sei, einen Raum von mehreren Meilen längs den Ufern der Donau bedeckten. Mit ausgestreckten Armen und pathetischem Wehklagen beweinten sie laut ihre vergangenen Unglücksfälle und ihre gegenwärtige Gefahr, erkannten an, daß ihre einzige Hoffnung des Heiles auf dem Erbarmen der römischen Regierung beruhe, und beteuerten feierlichst, daß sie, wenn die huldreiche Freigebigkeit des Kaisers ihnen gestatten sollte die öde liegenden Ländereien von Thrazien zu bebauen, sich durch die stärksten Verbindlichkeiten der Pflicht und Dankbarkeit verbunden erachten würden, den Gesetzen der Republik zu gehorchen und ihre Grenzen zu verteidigen. Diese Versicherungen wurden durch die Gesandten der Goten bestätigt, welche mit Ungeduld vom

Mund des Valens eine Antwort erwarteten, welche das Schicksal ihrer unglücklichen Landsleute für immer entscheiden mußte. Der Kaiser des Ostens wurde nicht mehr durch die Weisheit und das Ansehen seines älteren Bruders geleitet, dessen Tod gegen das Ende des verflossenen Jahres erfolgt war: und da der Notstand der Goten eine augenblickliche und unbedingte Entscheidung forderte, war er auch des beliebten Ausweges schwacher und furchtsamer Gemüter beraubt, welche die Anwendung verschiebender und zweideutiger Maßregeln als die bewunderungswürdigsten Anstrengungen der vollendetsten Klugheit ansehen.

Aber auch der erfahrenste Staatsmann von Europa ist nie in dem Falle gewesen die Angemessenheit oder die Gefahren zu erwägen, eine zahllose Schar von Barbaren, die durch Hunger und Verzweiflung getrieben wurden eine Ansiedlung auf dem Gebiet einer zivilisierten Nation zu erflehen, zuzulassen oder abzuweisen. Als dieser wichtige, mit der Sicherheit des Reiches in so wesentlichem Zusammenhange stehende Punkt der Beratung der Minister des Valens vorgelegt wurde, gerieten sie in Verlegenheit und waren geteilter Meinung, beruhigten sich jedoch bald bei jener schmeichelnden Ansicht, die dem Stolz, der Trägheit und dem Geize ihres Souveränes am meisten zusagte. Die Sklaven, welche mit dem Titel Präfekten und Feldherren geschmückt waren, verheimlichten oder übersahen die Schrecknisse einer Nationalauswanderung, die sich so außerordentlich von den partiellen und zufälligen Kolonien unterschied, welche an den äußersten Grenzen des Reiches aufgenommen worden waren. Im Gegenteile freuten sie sich der Freigebigkeit des Glückes, welches von den fernsten Ländern des Erdballes her eine zahlreiche und unbezwingliche Schar von Fremdlingen geführt habe, um den Thron des Valens zu verteidigen, der nun zu dem kaiserlichen Schatz die unermeßlichen Summen Goldes fügen könne, welche die Provinzbewohner zahlten, um ihr jährliches Verhältnis an Rekruten zu ersetzen.

Die Bitten der Goten wurden bewilligt, ihre Dienste von dem kaiserlichen Hofe angenommen und sogleich Befehle an die Zivil- und Militäastatthalter der thrakischen Diözese erlassen, um die nötigen Vorbereitungen für den Übergang und den Unterhalt eines großen Volkes zu treffen, bis ihnen ein geeignetes und hinreichendes Gebiet zu ihrer künftigen Wohnstätte angewiesen werden würde. Die Freigebigkeit des Kaisers war jedoch von zwei harten und strengen Bedingungen begleitet, welche die Klugheit von Seiten der Römer rechtfertigen mochte, zu deren Annahme aber die entrüsteten Goten nur durch die Not gezwungen werden konnten. Bevor sie über die Donau gingen, mußten sie die Waffen abliefern, auch bestand man darauf, daß ihnen ihre Kinder genommen und in den Provinzen Asiens zerstreut werden sollten, um da durch die Künste der Erziehung Gesittung zu empfangen und als Geißel zur Sicherung der Treue ihrer Eltern zu dienen.

Während der zögernden Dauer einer zweifelhaften und fernen Unterhandlung machten die ungeduldigen Goten einige verwegene Versuche über die Donau ohne Erlaubnis der Regierung zu gehen, welche sie um Schutz angefleht hatten. Ihre Bewegungen wurden von der Wachsamkeit der Truppen, welche längs dem Fluß aufgestellt waren, genau bewacht und die vordersten Abteilungen mit beträchtlichem Gemetzel geschlagen: so beschaffen waren jedoch die furchtsamen Ratschlüsse der Regierung des Valens, daß die tapferen Offiziere, welche ihrem Vaterland in Ausübung ihrer Pflicht gedient hatten, mit dem Verlust ihrer Ämter bestraft wurden und mit genauer Not dem Verlust ihrer Häupter entgingen.

Endlich langte der kaiserliche Befehl an, die ganze Schar des gotischen Volkes über die Donau zu schaffen; aber die Vollziehung dieses Geheißes war eine Aufgabe voll Mühe und Schwierigkeit. Der Donaustrom, der in dieser Gegend über eine Meile breit ist, war infolge unaufhörlicher Regengüsse angeschwollen und bei dem tumultuarischen Übergang wurden durch den Ungestüm des reißenden Flusses viele fortgetrieben, welche in den Fluten umkamen. Man sorgte für eine große Flotte von Schiffen, Böten und Kähnen; viele Tage und Nächte fuhr man hin und wieder mit unermüdlicher Arbeit, und die Beamteten des Valens boten die emsigste Mühe auf, daß auch kein einziger der Barbaren, denen es

vorbehalten war, die Grundlagen des römischen Reiches ein-
zustürzen, am entgegengesetzten Ufer bleibe. Man hielt es für
geraten eine genaue Liste ihrer Zahl anzufertigen; aber die
damit beauftragten Personen standen mit Verwunderung und
Schreck bald von der Fortsetzung einer endlosen und unausführbaren Arbeit ab: der Hauptgeschichtsschreiber des Zeitalters versichert mit heiligem Ernst, daß die ungeheuren Heere
des Darius und Xerxes, die so lange als die Fabeln des eitlen
und leichtgläubigen Altertums betrachtet worden, nun in den
Augen des Menschengeschlechtes durch den Beweis von Tatsachen und eigener Erfahrung gerechtfertigt wären. Ein
wahrscheinliches Zeugnis hat die Zahl der gotischen Krieger
auf zweihunderttausend Mann festgesetzt, und wenn wir dazu
das angemessene Verhältnis von Frauen, Kindern und Sklaven
fügen dürfen, muß die Gesamtmasse dieser furchtbaren Auswanderung nahe an eine Million Menschen beiderlei Geschlechtes und jedes Alters betragen haben.

Die Kinder der Goten, wenigstens derjenigen vom Rang,
wurden von der Menge getrennt. Sie wurden ohne Verzug
nach den fernen Plätzen geführt, die zu ihrem Aufenthalt und
ihrer Erziehung bestimmt worden waren; und als der zahlreiche Zug von Geißeln und Gefangenen durch die Städte kam,
erregte ihre schmucke und glänzende Tracht, ihre kräftige
und kriegerische Gestalt das Erstaunen und den Neid der Provinzbewohner.

Aber die Bedingung, die für die Goten die anstößigste, für
die Römer die wichtigste war, wurde schmählich umgangen.
Die Barbaren, welche ihre Waffen als Ehrenzeichen und als
Bürgschaft ihrer Sicherheit betrachteten, fanden sich geneigt
einen Preis zu bieten, zu dessen Annahme sich die Lust oder
Habsucht der kaiserlichen Beamteten nur zu willig finden
ließ. Um ihre Waffen zu bewahren, willigten die stolzen
Krieger mit einigem Widerstreben ein ihre Frauen oder ihre
Töchter preiszugeben; die Reize einer schönen Jungfrau oder
eines lieblichen Knaben sicherten die Nachsicht der Inspek-
toren, welche zuweilen gierige Blicke auf die befransten Teppiche oder leinenen Gewänder ihrer neuen Bundesgenossen
warfen oder ihre Pflicht der niedrigen Rücksicht zum Opfer

brachten, ihre Meiereien mit Vieh, ihre Häuser mit Sklaven zu füllen. Die Goten durften mit Waffen in ihren Händen in die Boote steigen, und als ihre Macht am andern Ufer des Flusses gesammelt war, nahm das unermeßliche Lager, welches sich über die Ebenen und Berge von Niedermösien verbreitete, ein drohendes, sogar feindseliges Aussehen an. Die Anführer der Ostgoten, Alatheus und Saphrax, die Hüter des unmündigen Königs, erschienen bald nachher am nördlichen Ufer der Donau und schickten unverzüglich ihre Gesandten an den Hof von Antiochia, um durch dieselben Beteuerungen der Treue und Dankbarkeit dieselbe Gunst zu erhalten, welche den bittenden Westgoten gewährt worden war. Die unbedingte Weigerung des Valens hemmte ihren Weiterzug und offenbarte die Reue, den Argwohn und die Besorgnisse des kaiserlichen Rates.

Eine undisziplinierte und unangesessene Nation von Barbaren machte die unwandelbarste Festigkeit und das geschickteste Benehmen notwendig. Der tägliche Lebensunterhalt von fast einer Million außerordentlicher Untertanen konnte nur durch eine stätige und einsichtsvolle Tätigkeit beigeschafft und mochte jeden Augenblick durch Fehlgriffe oder Zufälle unterbrochen werden. Der Übermut oder die Entrüstung der Goten, dafern sie sich als Gegenstände der Furcht oder Verachtung behandelt glaubten, konnte sie zu den allerverzweifeltsten Entschlüssen treiben, und das Schicksal des Staates hing offenbar ebensosehr von der Klugheit als von der Redlichkeit der Feldherren des Valens ab.

In dieser verhängnisvollen Krisis ruhte der militärische Oberbefehl von Thrazien in den Händen des Lupicinus und Maximus, in deren käuflichen Gemütern die geringste Aussicht auf Befriedigung persönlichen Eigennutzes jede Rücksicht auf das öffentliche Wohl aufwog und deren Schuld durch nichts gemildert wurde als durch ihre Unfähigkeit, die verderblichen Wirkungen ihrer vorschnellen und verbrecherischen Verwaltung einzusehen. Statt den Befehlen ihres Souveräns zu gehorsamen und durch eine verständige Freigebigkeit die Forderungen der Goten zufrieden zu stellen, erhoben sie eine ungroßmütige und bedrückende Steuer von dem

Notstand der hungernden Barbaren. Die schlechteste Nahrung wurde zu einem ausschweifenden Preis verkauft und statt gesunder und guter Nahrungsmittel waren die Märkte mit dem Fleische von Hunden und unreinen Tieren, die durch Krankheit gefallen waren, gefüllt. Um sich die wertvolle Erwerbung eines Pfundes Brod zu verschaffen, verzichteten die Goten auf den Besitz eines kostspieligen obschon nützlichen Sklaven, und ein kleines Gewicht Fleisch wurde gierig mit zehn Pfund eines kostbaren aber unnützen Metalls erkauft. Nachdem ihr Eigentum erschöpft war, setzten sie diesen notwendigen Handel durch den Verkauf ihrer Söhne und Töchter fort, und trotz der Freiheitsliebe, welche die Brust jedes Goten beseelte, unterwarfen sie sich der demütigenden Maxime, daß es für ihre Kinder besser wäre in einer Lage der Knechtschaft erhalten zu werden, als in einem Zustand elender und hilfloser Unabhängigkeit umzukommen.

Der bitterste Groll wird durch die Tyrannei angeblicher Wohltäter erregt, welche mit Strenge die Schuld der Dankbarkeit fordern, die sie durch nachfolgende Unbilden selbst zerrissen haben: ein Geist der Unzufriedenheit erhob sich allmählich im Lager der Barbaren, welche sich ohne Erfolg auf das Verdienst ihres geduldigen und pflichtmäßigen Benehmens beriefen und laut über die ungastfreundschaftliche Behandlung klagten, die ihnen von ihren neuen Bundesgenossen zuteil würde. Rings um sich sahen sie den Reichtum und Überfluß einer fruchtbaren Provinz, in dessen Mitte sie die unerträglichen Drangsale einer künstlichen Hungersnot litten. Aber die Mittel der Abhilfe sogar der Rache befanden sich in ihren Händen, da die Raubsucht ihrer Tyrannen einem unterdrückten Volk den Besitz und Gebrauch von Waffen gelassen hatte.

Das Geschrei der Menge, welche nicht gelernt hatte ihre Gesinnungen zu verheimlichen, verriet die ersten Zeichen des Widerstandes und setzte die furchtsamen und schuldbeladenen Herzen des Lupicinus und Maximus in Bestürzung. Diese schlauen Minister, welche die List temporärer Auskunftsmittel den weisen und heilsamen Ratschlüssen einer allgemeinen Politik vorzogen, versuchten es, die Goten von ihrer gefährlichen Stellung an den Grenzen des Reiches zu entfernen und sie durch die inneren Provinzen in getrennten Kantonnierungen zu verteilen. Da sie sich bewußt waren, wie wenig sie die Achtung oder das Vertrauen der Barbaren verdienten, sammelten sie emsig von allen Seiten militärische Streitkräfte, um den zögernden und unwilligen Marsch eines Volkes zu beschleunigen, das bis jetzt weder dem Namen noch den Pflichten römischer Untertanen entsagt hatte. Aber während die Aufmerksamkeit der Feldherren des Valens einzig und allein auf die unzufriedenen Westgoten gerichtet war, entwaffneten sie unvorsichtiger Weise die Schiffe und Befestigungen, welche die Verteidigung der Donau bildeten. Dieser unheilschwangere Mißgriff wurde von Alatheus und Saphrax bemerkt und benutzt, die mit ängstlicher Spannung auf den günstigen Augenblick lauerten, der Verfolgung der Hunnen zu entgehen. Die Anführer der Ostgoten verpflanzten mit Hilfe solcher Flöße und Fahrzeuge, wie sie dieselben in aller Schnelligkeit auftreiben konnten, ihren König und ihr Heer ohne Widerstand auf das andere Ufer und schlugen kühn ein feindliches und unabhängiges Lager auf dem Boden des Reiches auf.

Unter dem Namen »Richter« waren Alavivus und Fritigern die Anführer der Westgoten im Frieden und Krieg, und das Ansehen, welches sie von ihrer Geburt herleiteten, wurde durch die freie Zustimmung des Volkes genehm gehalten. In einem Zeitraum der Ruhe wäre vielleicht ihre Macht wie ihr Rang gleich geblieben, aber so wie ihre Landsleute durch Hunger und Unterdrückung erbittert wurden, übernahm das höhere Talent Fritigerns den kriegerischen Oberbefehl, den er zum öffentlichen Wohle zu führen befähigt war. Er zügelte den ungeduldigen Mut der Westgoten, bis die Unbilden und Beleidigungen von seiten ihrer Tyrannen in der öffentlichen Meinung ihren Widerstand rechtfertigen würden: aber keineswegs war er geneigt dem leeren Ruhm der Gerechtigkeit und Mäßigung irgendeinen wohlbegründeten Vorteil zum Opfer zu bringen. Da er den Nutzen einsah, der sich aus einer Vereinigung der gotischen Streitkräfte unter derselben Fahne ergeben mußte, pflegte er insgeheim die Freundschaft der

Ostgoten; und während er unbedingten Gehorsam gegen die Befehle der römischen Feldherren bekannte, rückte er in langsamen Märschen bis Marcianopolis, der Hauptstadt von Niedermösien, ungefähr siebzig Meilen von den Ufern der Donau.

An diesem unheilvollen Ort loderten die Flammen der Zwietracht und des gegenseitigen Hasses zu einem schrecklichen Brande empor. Lupicinus hatte die gotischen Häuptlinge zu einem glänzenden Gelage eingeladen und ihr kriegerisches Gefolge blieb unter Waffen am Eingang des Palastes. Aber die Tore der Stadt wurden strenge bewacht und die Barbaren mit Härte von der Benutzung eines überflüssig gefüllten Marktes ausgeschlossen, auf welchen sie ein gleiches Recht als Untertanen und Bundesgenossen in Anspruch nahmen. Ihre demütigen Bitten wurden mit Hochmut und Hohn zurückgewiesen, und da ihre Geduld endlich erschöpft war, sahen sich Städter, Soldaten und Goten bald in einen Kampf leidenschaftlichen Wortgezänkes und zorniger Vorwürfe verwickelt. Ein Schlag wurde unklug gegeben, ein Schwert vorschnell gezogen, und das erste Blut, welches in diesem zufälligen Streite floß, gab das Zeichen zu einem langen und zerstörenden Krieg.

Inmitten des Gelärmes und roher Unmäßigkeit erfuhr Lupicinus, daß mehrere seiner Soldaten erschlagen und ihrer Waffen beraubt worden wären, und da er bereits vom Wein erhitzt und von Schlaf befallen war, gab er den unüberlegten Befehl, daß ihr Tod durch die Niedermetzelung der Leibwache des Fritigern und Alavirus gerächt werden solle. Tobendes Geschrei und das Stöhnen Sterbender setzten Fritigern von der äußersten Gefahr, in welcher er schwebte, in Kenntnis: da er jedoch den ruhigen und unerschrockenen Mut eines Helden besaß, sah er ein, daß er verloren sein würde, wenn er dem Manne, der ihn so tödlich beleidigt hatte, auch nur einen Augenblick Zeit zur Überlegung ließe. »Ein unbedeutender Zank«, sagte der gotische Anführer mit fester aber sanfter Stimme, »scheint zwischen den beiden Völkern entstanden zu sein; er könnte jedoch die gefährlichsten Folgen haben, wenn der Tumult nicht sogleich durch die Überzeu-

473

gung von unserer Unversehrtheit und das Gewicht unserer Gegenwart gestillt würde.« Mit diesen Worten zogen Fritigern und seine Gefährten ihre Schwerter, öffneten sich Bahn durch die keinen Widerstand leistende Menge, welche den Pallast, die Straßen und die Tore von Marcianopolis füllte, stiegen zu Pferde und verschwanden eiligst den Blicken der erstaunten Römer.

Wildes Freudengeschrei bewillkommte die Feldherren der Goten in ihrem Lager, Krieg wurde unverzüglich beschlossen und der Beschluß ohne Aufschub ausgeführt: die Fahnen der Nation wurden nach dem Gebrauch ihrer Altvordern aufgerollt und die Luft widerhallte von den rauhen Klagetönen der Barbarenhörner. Der schwache und schuldbelastete Lupicinus, welcher seinen furchtbaren Feind herauszufordern gewagt, ihn vernachlässigt hatte und sich fortwährend vermaß ihn zu verachten, zog gegen die Goten an der Spitze solcher Streitkräfte, wie er sie bei dieser plötzlichen Dringlichkeit hatte zusammenbringen können. Die Barbaren harrten seiner Ankunft ungefähr neun Meilen von Marcianopolis, und bei dieser Veranlassung erwiesen sich die Talente des Feldherrn weit wirksamer als die Waffen und Disziplin der Truppen. Die Tapferkeit der Goten wurde von Fritigern so geschickt geleitet, daß sie in einem gedrängten und kräftigen Angriff die Reihen der römischen Legionen durchbrachen. Lupicinus ließ seine Waffen und Fahnen, seine Tribunen und tapfersten Krieger auf dem Schlachtfeld und ihr vergeblicher Mut diente nur zur Beschützung der schmählichen Flucht ihres Anführers.

»Dieser glückliche Tag machte der Not der Barbaren und der Sicherheit der Römer ein Ende: von diesem Tage an übernahmen die Goten, indem sie die unsichere Lage von Fremden und Auswanderern abschüttelten, die Rolle von Bürgern und Gebietern, machten ein unbedingtes Recht über die Grundeigentümer geltend und besaßen kraft eigenen Anspruches die nördlichen Provinzen des Reiches, welche von der Donau begrenzt werden.« Das sind die Worte des gotischen Geschichtsschreibers, der mit barscher Beredsamkeit den Ruhm seiner Landsleute feiert. Aber die

Herrschaft der Barbaren wurde nur zu Zwecken des Raubes und der Verheerung ausgeübt. Da sie durch die Minister des Kaisers der allgemeinen Wohltaten der Natur und des redlichen Verkehrs des geselligen Lebens beraubt worden waren, vergalten sie diese Ungerechtigkeit den Untertanen des Reiches, und die Verbrechen des Lupicinus wurden durch den Ruin der friedlichen Landwirte von Thrazien, den Brand ihrer Städte und die Niedermetzelung oder Gefangenschaft ihrer schuldlosen Familien gebüßt. Das Gerücht von dem gotischen Sieg verbreitete sich schnell über das umliegende Land und während es die Herzen der Römer mit Schrecken und Entsetzen füllte, trug ihre eigene vorschnelle Unklugheit zur Vermehrung der Streitkräfte Fritigerns und der Drangsale der Provinz bei.

Einige Zeit vor dieser großen Auswanderung war eine zahlreiche Abteilung Goten unter dem Befehle Suerids und Kolias' unter den Schutz und in den Dienst des Reiches genommen worden. Sie hatten ein Lager unter den Mauern von Hadrianopel bezogen: aber die Minister des Valens beschlossen, sie über den Hellespont fern von der gefährlichen Lockung zu versetzen, welche ihnen so leicht durch die Nähe und den Erfolg ihrer Landsleute mitgeteilt werden konnte. Die ehrfurchtsvolle Unterwerfung, womit sie den Befehl zum Aufbruch empfingen, hätte als Beweis ihrer Treue betrachtet werden können, auch war ihre gemäßigte Bitte um eine hinreichende Lieferung von Lebensmitteln und um einen Aufschub von nur zwei Tagen in den pflichtmäßigsten Ausdrücken abgefaßt. Aber der erste obrigkeitliche Vorstand von Hadrianopel war über einige Unordnungen, die auf seinem Landsitz vorgefallen waren, erbittert und verweigerte ihnen diese Nachsicht; er bewaffnete die Einwohner und Arbeiter einer volkreichen Stadt und drang unter feindseligen Drohungen auf ihren augenblicklichen Abzug.

Die Barbaren standen in schweigendem Staunen, bis das beschimpfende Geschrei und die Wurfwaffen des Volkes sie erbitterten: als aber endlich ihre Geduld oder Verachtung erschöpft war, zermalmten sie die undisziplinierte Menge, brachten manche schimpfliche Wunde dem Rücken ihrer fliehenden Feinde bei und beraubten sie der glänzenden Rüstungen, welche dieselben zu tragen unwürdig waren. Die Ähnlichkeit der Leiden und Taten vereinigte diese siegreiche Abteilung mit der Nation der Westgoten; die Truppen des Kolias und Suerid warteten die Ankunft des großen Fritigern ab, reihten sich unter seiner Fahne und zeichneten sich durch ihre Tapferkeit bei der Belagerung von Hadrianopel aus. Aber der Widerstand der Besatzung belehrte die Barbaren, daß im Angriff regelmäßiger Festungen die Anstrengungen unkundigen Mutes selten ausgiebig sind. Ihr Feldherr erkannte seinen Irrtum, hob die Belagerung auf, erklärte, »daß er mit steinernen Mauern in Frieden lebe« und rächte an dem umliegenden Land das Fehlschlagen seines Versuches. Er nahm mit Freude die nützliche Verstärkung abgehärteter Arbeiter an, welche sich in den Goldbergwerken von Thrazien zum Nutzen und unter der Geißel eines gefühllosen Gebieters abmühten; und diese neuen Verbündeten führten die Barbaren auf geheimen Pfaden nach den abgelegensten Plätzen, welche die Einwohner gewählt hatten, um ihr Vieh und ihre Kornvorräte in Sicherheit zu bringen.

Mit dem Beistand solcher Führer konnte nichts undurchdringlich und unzugänglich bleiben: Widerstand brachte Verderben, Flucht war unmöglich und die geduldige Unterwerfung der hilflosen Unschuld fand selten Gnade vor den Augen eines barbarischen Siegers. Im Laufe dieser Raubzüge wurde eine große Anzahl der Kinder der Goten, welche in die Sklaverei verkauft worden waren, den Umarmungen ihrer bekümmerten Eltern wiedergegeben; aber diese glücklichen Begegnisse, die in ihren Herzen einige Gefühle der Menschlichkeit hätten beleben und pflegen sollen, dienten nur zur Entflammung ihrer angeborenen Wildheit durch Durst nach Rache. Sie hörten mit gieriger Aufmerksamkeit den Klagen ihrer gefangenen Kinder zu, welche die grausamsten Unwürdigkeiten von den lüsternen oder grimmigen Leidenschaften ihrer Gebieter erduldet hatten, und dieselben Grausamkeiten, dieselben Unwürdigkeiten wurden an den Söhnen und Töchtern der Römer mit Menge wieder vergolten.

Die Unklugheit des Valens und seiner Minister hatte eine feindliche Nation in das Herz des Reiches eingeführt: aber noch jetzt hätten die Westgoten durch ein männliches Bekenntnis begangener Fehler und eine aufrichtige Erfüllung früherer Versprechungen versöhnt werden können. Diese heilenden und lindernden Maßregeln schienen mit dem schüchternen Charakter des Souveränes des Ostens im Einklang zu stehen: aber bei dieser einzigen Veranlassung war Valens kühn und seine unzeitige Kühnheit brachte ihm selbst und seinen Untertanen Verderben. Er erklärte seine Absicht, von Antiochia nach Konstantinopel zu marschieren, um diesen gefährlichen Aufruhr zu unterdrücken; da er jedoch mit den Schwierigkeiten der Unternehmung wohlvertraut war, bat er um den Beistand seines Neffen, des Kaisers Gratian, der über die gesamten Streitkräfte des Westens gebot. Die altgedienten Truppen wurden eiligst von der Verteidigung von Armenien abberufen, diese wichtige Grenze der Willkür Sapors überlassen, und die unmittelbare Leitung des gotischen Krieges während der Abwesenheit des Valens seinen Stellvertretern Trajan und Profuturus übertragen, zwei Feldherren, welche eine günstige aber sehr ungegründete Meinung von ihren eigenen Fähigkeiten hegten. Bei ihrer Ankunft in Thrazien stieß Richomer, der Graf der Haustruppen, zu ihnen und die Hilfsvölker des Westens, die unter seiner Fahne marschierten, bestanden aus den gallischen Legionen, die durch den eingerissenen Geist der Heeresflucht auf den eitlen Schein der Kraft und Anzahl herabgebracht waren.

In einem Kriegsrat, in dem vielmehr Stolz als Einsicht den Vorsitz führte, wurde beschlossen die Barbaren, welche auf den geräumigen und fruchtbaren Fluren in der Nähe der südlichsten der sechs Donaumündungen ein Lager bezogen hatten, aufzusuchen und zu bekämpfen. Ihr Lager war von der gewöhnlichen Befestigung einer Wagenburg umgeben, und die Barbaren, sicher innerhalb dieser ausgedehnten Einfriedigung, genossen die Frucht ihrer Tapferkeit und den Raub der Provinz. Inmitten der geräuschvollen Unmäßigkeit beobachtete der wachsame Fritigern die Bewegungen und erriet die Pläne der Römer. Er gewahrte, daß die Zahl der Feinde in beständigem Zunehmen begriffen wäre, und da er ihre Absicht einsah, seine Nachhut anzugreifen, sobald Mangel an Lebensmitteln ihn zwingen würde sein Lager abzubrechen, rief er die auf Raub ausgezogenen Scharen, die das umliegende Land bedeckten, unter seine Fahnen zurück.

Sobald sie die flammenden Leuchtfeuer erblickten, gehorchten sie mit unglaublicher Schnelligkeit dem Zeichen ihres Anführers; das Lager füllte sich mit den kriegerischen Scharen der Barbaren, ihr ungeduldiges Geschrei forderte Schlacht und ihr tumultuarischer Eifer wurde durch den Mut ihrer Häuptlinge gebilligt und befeuert. Der Abend war bereits weit vorgerückt und die beiden Heere rüsteten sich zu dem herannahenden Kampf, der bis zum Grauen des nächsten Tages verschoben wurde. Während die Trompeten zu den Waffen bliesen, wurde der unerschrockene Mut der Goten durch die gegenseitige Verpflichtung eines feierlichen Schwures noch erhöht, und als sie dem Feinde entgegen rückten, mengten sich die rauhen Gesänge, worin sie den Ruhm ihrer Altvordern priesen, in das wilde und mißstimmige Geschrei, das sie der künstlichen Harmonie des römischen Schlachtrufes entgegen setzten. Fritigern entwickelte einige Kriegserfahrenheit, um den Vorteil einer herrschenden Anhöhe zu gewinnen; aber der blutige Kampf, der mit dem Licht des Tages begann und endete, wurde auf beiden Seiten durch die persönlichen und hartnäckigen Anstrengungen der Stärke, Tapferkeit und Behendigkeit behauptet. Die Legionen von Armenien bewährten ihren Waffenruhm, aber sie wurden durch die unwiderstehliche Wucht der feindlichen Scharen erdrückt, der linke Flügel der Römer geriet in Unordnung und das Feld war mit ihren verstümmelten Leichnamen bedeckt. Die teilweise Niederlage wurde jedoch durch teilweisen Erfolg aufgewogen, und als die beiden Heere in später Abendstunde nach ihren bezüglichen Lagern zurückkehrten, konnte sich keines die Ehren oder die Vorteile eines entscheidenden Sieges zuschreiben.

Schwerer fühlten allerdings die Römer den erlittenen Verlust wegen ihrer verhältnismäßig geringen Anzahl: aber die Goten waren durch diesen kräftigen und unerwarteten Widerstand so überrascht und betreten, daß sie sieben Tage innerhalb des Umkreises ihrer Befestigungen blieben. Leichenbegräbnisse, wie sie die Umstände der Zeit und des Ortes gestatteten, wurden pflichtmäßig einigen Anführern von ausgezeichnetem Rang erwiesen; aber die gemeinen Krieger blieben durcheinander unbegraben auf der Ebene. Ihr Fleisch wurde gierig von Raubvögeln verzehrt, welche sich in jenem Zeitalter sehr häufiger und wonnevoller Schmäuse erfreuten, und noch mehrere Jahre nachher boten die gebleichten und nackten Gebeine, welche den weiten Umfang dieser Gefilde bedeckten, den Blicken des Ammianus ein schreckliches Denkmal der Schlacht von Salices dar.

Die Fortschritte der Goten wurden durch den zweifelhaften Ausgang dieses blutigen Tages gehemmt; die kaiserlichen Feldherren dagegen, deren Heer durch die Wiederholung eines solchen Kampfes aufgerieben worden wäre, huldigten dem vernünftigen Plan, die Barbaren durch den Mangel und den Druck ihrer eigenen Scharen zu vernichten. Sie rüsteten sich, die Westgoten in den engen Landstrichen zwischen der Donau, der szythischen Wüste und dem Hämusgebirge einzuschließen, bis ihre Stärke und ihr Mut nach und nach durch die unausbleiblichen Wirkungen der Hungersnot erschöpft werden würden. Dieser Plan wurde nicht ohne Geschicklichkeit und Erfolg in das Werk gesetzt; die Barbaren hatten ihre eigenen Vorräte und die Ernten des Landes fast verzehrt, und die Tätigkeit des Saturninus, des Oberbefehlshabers der Reiterei, bestrebte sich die Stärke der römischen Verschanzungen zu vermehren und ihre Ausdehnung zu vermindern. Seine Anstrengungen wurden durch die beunruhigende Nachricht unterbrochen, daß neue Schwärme Barbaren über die unbewachte Donau gegangen wären, entweder um die Sache Fritigerns zu unterstützen oder sein Beispiel nachzuahmen. Die gerechte Besorgnis, von den Streitkräften feindlicher und unbekannter Völker umzingelt und überwältigt zu werden, zwang Saturninus die Blockade des gotischen Lagers aufzuheben; und die entrüsteten Westgoten, aus ihrem Kerker hervorbrechend, sättigten ihren Hunger und ihre Rache durch wiederholte Verheerung des fruchtbaren Landes, welches sich über 300 Meilen weit von den Ufern der Donau bis zur Meerenge des Hellespont ausdehnt.

Der scharfblickende Fritigern hatte sich mit Erfolg an die Leidenschaften wie an die Interessen seiner barbarischen Bundesgenossen gewendet; Raubsucht und Haß gegen Rom unterstützten die Beredsamkeit seiner Gesandten, ja kamen ihr sogar zuvor. Er schloß ein enges und nützliches Bündnis mit der großen Schar seiner Landsleute, welche dem Alatheus und Saphrax als Vormünder ihres jungen Königs gehorchten: die lange Feindseligkeit eifersüchtiger Stämme wurde durch den Sinn für ihr gemeinsames Interesse eingestellt, der unabhängige Teil der Nation unter einer Fahne vereint, und die Häuptlinge der Ostgoten scheinen den überlegenen Talenten des Feldherrn der Westgoten gewichen zu sein. Er gewann die furchtbare Hilfe der Taifalen, deren kriegerischer Ruhm durch die öffentliche Schändlichkeit ihrer heimischen Sitten entehrt und befleckt wurde. Jeder Jüngling wurde schon von seiner Geburt an zu ehrenvoller Freundschaft und viehischer Liebe mit einem Krieger seines Stammes vereint, und es winkte ihm keine Hoffnung sich einer so unnatürlichen Verbindung zu entziehen, bis er seine Mannheit durch eigenhändige Erlegung eines ungeheuren Bären oder wilden Ebers des Forstes bewährt hatte.

Aber die mächtigsten Bundesgenossen der Goten waren dem Lager jener Feinde entnommen, welche sie aus ihren heimischen Sitzen vertrieben hatten. Die lockere Unterordnung und die ausgedehnten Besitzungen der Hunnen und Alanen verzögerten die Eroberungen und entzweiten die Ratschlüsse dieses siegreichen Volkes. Mehrere Horden wurden durch die freigebigen Versprechungen Fritigerns angelockt, und die schnelle Reiterei Szythiens verlieh den stätigen und mannhaften Anstrengungen des gotischen Fußvolkes Kraft und Nachdruck. Die Sarmaten, welche dem Nachfolger Valentinians nie zu verzeihen vermochten, benutzten die allgemeine Verwirrung und vermehrten sie, und ein Einbruch der Alemannen in die gallischen Provinzen fesselte zur rechten Zeit die Aufmerksamkeit und teilte die Streitkräfte des Kaisers des Westens.

Valens, der endlich mit seinem Hof und Heer von Antiochia aufbrach, wurde von den Bewohnern von Konstantinopel als der Urheber der öffentlichen Drangsale empfangen. Bevor er noch zehn Tage in der Hauptstadt ausgeruht hatte, wurde er durch das ausgelassene Geschrei im Hippodrom gezwungen gegen die Barbaren zu ziehen, welche er selbst in seine Gebiete eingeladen hatte, und die Bürger, in sicherer Entfernung von wirklicher Gefahr stets tapfer, erklärten mit Zuversicht, *sie* allein würden, wenn man sie anders mit Waffen versähe, es übernehmen, die Provinzen von den Verwüstungen eines übermütigen Feindes zu befreien.

Die nichtigen Vorwürfe der unwissenden Menge beschleunigten den Sturz des Reiches, indem sie in Valens, der weder in seinem Ruf noch in seinem Geist Mittel fand mit Festigkeit die öffentliche Verachtung zu ertragen, den tollen Mut der Verzweiflung rege machten. Die glücklichen Unternehmungen seiner Unterfeldherren überredeten ihn bald die Macht der Goten zu verachten, welche sich nun infolge der Anstrengungen Fritigerns in der Nähe von Hadrianopel gesammelt hatten. Der Marsch der Taifalen wurde durch den tapferen Frigerid abgeschnitten, der König dieser ausgelassenen Barbaren in der Schlacht getötet und die flehenden Gefangenen in ferne Verbannung gesendet, um die Ländereien Italiens zu bebauen, welche ihnen in den menschenleeren Gebieten von Modena und Parma zu Niederlassungen angewiesen worden waren. Die Taten Sebastians, welcher kürzlich in den Dienst Valens' getreten und zum Rang eines Oberbefehlshabers des Fußvolkes befördert worden war, brachten noch mehr Ehre ihm selbst, noch größeren Nutzen der Republik. Er erhielt die Erlaubnis dreihundert Soldaten aus jeder Legion zu wählen, und diese abgesonderte Heeresabteilung erwarb bald den Geist der Kriegszucht und die Waffengewandtheit, welche unter der Regierung Valens' fast vergessen worden war. Durch die Tapferkeit und Feldherrngeschicklichkeit Sebastians wurde eine große Schar Goten in ihrem Lager überrumpelt und die unermeßliche Beute, die man von ihnen wiedereroberte, füllte die Stadt Hadrianopel und die anstoßende Ebene.

Die glänzende Schilderung, welche der Feldherr von seinen eigenen Taten übersandte, beunruhigte den kaiserlichen Hof als Wahrzeichen überlegenen Verdienstes; obschon er voll Vorsicht auf die Schwierigkeiten des gotischen Krieges dringend aufmerksam machte, pries man seine Tapferkeit, verwarf seinen Rat, und Valens, der mit Stolz und Freude die schmeichelhaften Reden der Eunuchen des Palastes vernahm, brannte vor Ungeduld die Lorbeeren eines leichten und gewissen Sieges zu brechen. Sein Heer wurde durch eine zahlreiche Schar von Veteranen verstärkt und sein Marsch von Konstantinopel nach Hadrianopel mit so ausgezeichneter militärischer Geschicklichkeit vollbracht, daß er der Tätigkeit der Barbaren zuvorkam, welche den Plan gefaßt hatten die zwischenliegenden Engpässe zu besetzen und entweder die Truppen selbst oder die Zufuhr der Lebensmittel abzuschneiden. Das Lager des Valens war unter den Mauern von Hadrianopel aufgeschlagen, nach Gewohnheit der Römer durch Wall und Graben befestigt, und ein höchst wichtiger Kriegsrat trat zusammen, um über das Schicksal des Kaisers und des Reiches zu ratschlagen.

Die Partei der Vernunft und Zögerung wurde kräftig von Viktor unterstützt, in welchem die Lehren der Erfahrung den angeborenen Ungestüm des sarmatischen Charakters gezügelt hatten, während Sebastian mit der geschmeidigen und unterwürfigen Beredsamkeit eines Höflings jede Vorsicht, jede Maßregel, die auf Zweifel an unverzüglichem Siege deutete, als des Mutes und der Majestät ihres unbesieglichen Herrschers unwürdig darstellte. Das Verderben des Valens wurde durch die trügerischen Künste Fritigerns und klugen Ratschläge des Kaisers des Westens beschleunigt. Der Feldherr der Barbaren verstand sich vollkommen auf die Vorteile mitten im Krieg zu unterhandeln, und ein christlicher Geistlicher wurde als heiliger Bote des Friedens abgesendet, um die Ratschlüsse des Feindes zu erforschen und zu verwirren. Die Drangsale, so wie die erlittenen Unbilden der gotischen Nation wurden von ihrem Gesandten mit Kraft und Wahrheit geschildert; er beteuerte in Fritigerns Namen, daß derselbe noch immer bereit wäre die Waffen nieder zu legen oder sie lediglich in der Verteidigung des Reiches zu gebrauchen, wenn er für seine wandernden Landsleute eine ruhige Niederlassung auf den verödeten Gebieten Thrakiens und eine ausreichende Lieferung an Korn und Nutzvieh sichern könnte. Aber er fügte in vertraulichem Geflüster der Freundschaft hinzu, daß die erbitterten Barbaren so vernünftigen Bedingungen abgeneigt wären und daß Fritigern nicht wüßte, ob er den Abschluß des Vertrages bewirken könne, außer er fände sich durch die Anwesenheit und die Schrecken eines kaiserlichen Heeres unterstützt.

Um dieselbe Zeit kam Graf Richomer aus dem Westen zurück, um die Niederlage und Unterwerfung der Alemannen zu melden; um Valens in Kenntnis zu setzen, daß sein Neffe in Eilmärschen an der Spitze der alten und siegreichen Legionen Galliens heranrücke, und um ihn im Namen Gratians und der Republik zu bitten, jede gefahrvolle und entscheidende Maßregel aufzuschieben, bis die Vereinigung der beiden Kaiser den günstigen Ausgang des gotischen Krieges gesichert haben würde. Aber der schwache Kaiser des Ostens stand lediglich unter dem Einfluß der verderblichen Täuschungen des Stolzes, und die Eifersucht Valens' wies den ungelegenen Rat zurück, verwarf den demütigenden Beistand, verglich insgeheim die schimpfliche oder wenigstens unrühmliche Periode seiner eigenen Regierung mit dem Ruhm eines unbärtigen Jünglings und stürzte in die Schlacht, um seine erträumte Trophäe zu errichten, bevor die Geschwindigkeit seines Throngenossen sich irgendeinen Anteil am Triumph des Tages zueignen könnte.

Am 9. August, einem Tag, der es verdiente unter die unglücklichsten des römischen Kalenders versetzt zu werden, rückte der Kaiser Valens, sein Gepäcke und seinen Kriegsschatz unter starker Bedeckung zurücklassend, von Hadrianopel aus, um die Goten anzugreifen, welche ungefähr zwölf Meilen von der Stadt gelagert waren. Durch irgendeinen Mißgriff in den Befehlen oder aus Unkenntnis des Bodens langte der rechte Flügel oder die Heeressäule der Reiterei im Angesicht des Feindes an, während der linke Flügel noch in beträchtlicher Entfernung zurück war; die Soldaten mußten in schwüler Sommerhitze ihren Schritt beschleunigen und die Schlachtlinie wurde mit langwieriger Unordnung und unregelmäßiger Zögerung gebildet. Die gotische Reiterei war entsendet worden, um in der umliegenden Gegend zu furagieren, und Fritigern fuhr fort seine gewohnten Künste zu üben. Er sandte Friedensboten, tat Vorschläge, forderte Geißeln und zögerte so die Stunden hin, bis die ohne Schutz den brennenden Sonnenstrahlen ausgesetzten Römer von Durst, Hunger und unerträglichen Strapazen erschöpft waren. Der Kaiser ließ sich bereden einen Gesandten in das gotische Lager zu schicken; der Eifer Richomers, der allein Mut genug hatte die gefährliche Sendung zu übernehmen, wurde beifällig aufgenommen, und der Graf der Haustruppen, mit dem glänzenden Abzeichen seiner Würde geschmückt, hatte bereits eine Strecke des Raumes, der beide Heere trennte, zurückgelegt, als er plötzlich durch den Schlachtlärm zurückgerufen wurde.

Der voreilige und unkluge Angriff geschah durch Bakurius den Iberier, welcher eine Abteilung der Bogenschützen und Tartschenträger befehligte, und so wie sie vor mit Unbesonnenheit gezogen waren, mußten sie zurück mit Schimpf weichen. In demselben Augenblicke sausten die fliegenden Geschwader des Alatheus und Saphrax, deren Rückkehr der Feldherr der Goten sehnsüchtig erwartete, wie ein Wirbelwind von den Höhen nieder, stürmten über die Ebene und fügten neue Schrecken zu dem tumultuarischen aber unwiderstehlichen Angriff der Barbarenhaufen. Der Ausgang der Schlacht von Hadrianopel, so verderblich für Valens und das Reich, läßt sich mit wenigen Worten beschreiben: die römische Reiterei floh, das Fußvolk wurde im Stich gelassen, umzingelt, niedergemetzelt. Die geschicktesten Bewegungen und der festeste Mut reichen kaum hin, um eine Abteilung von Fußvolk zu retten, das auf offener Ebene von einer überlegenen Anzahl Reiterei umringt wird: aber die Truppen des Valens, durch die Wucht des Feindes und ihre eigene Angst erdrückt, waren auf einen engen Raum zusammengedrängt, wo es ihnen unmöglich war ihre Linie auszudehnen oder auch nur ihre Schwerter und Wurfspieße mit Erfolg zu gebrauchen. Inmitten der Verwirrung des Gemetzels und des Schreckens suchte der Kaiser, verlassen von seinen Leibwachen und, wie man glaubt, durch einen Pfeilschuß verwundet, Schutz unter den Lancearii und Mattiarii, welche ihren Posten noch mit einigem Anschein von Ordnung und Festigkeit behaupteten. Seine treuen Feldherren Trajan und Viktor, die seine Gefahr gewahrten, riefen laut aus, daß alles verloren wäre, wenn die Person des Kaisers nicht gerettet würde. Einige Truppen, durch ihre Ermahnung ermuntert, rückten zur Hilfe vor: sie fanden nur einen blutigen, mit zerbrochenen Waffen und verstümmelten Leichen bedeckten Fleck, ohne imstande zu sein ihren unglücklichen Fürsten unter den Lebenden oder den Toten zu entdecken. Ihre Nachsuchung konnte in der Tat keinen Erfolg haben, wenn anders die Umstände wahr sind, mit welchen einige Geschichtsschreiber den Tod des Kaisers erzählen. Durch die Obsorge seines Gefolges, sagen sie, wurde Valens von dem Schlachtfeld in eine nahe Hütte gebracht, um hier seine Wunde zu verbinden und seine künftige Rettung zu bewerkstelligen. Aber dieser armselige Schirmplatz wurde unverzüglich von den Barbaren umzingelt: sie suchten die Tür zu sprengen; ein Pfeilregen vom Dach setzte sie in Wut, bis sie zuletzt, weiterer Zögerung müde, einen Haufen trockener Reisbündel anzündeten und die Hütte samt dem römischen Kaiser und seinem Gefolge verbrannten. Valens kam in den Flammen um; ein Jüngling allein, der aus dem Fenster sprang, entkam, um die traurige Kunde zu bestätigen und die Goten von dem unschätzbaren Preise in Kenntnis zu setzen, dessen sie durch ihre eigene Voreiligkeit verlustig gegangen waren.

Eine große Anzahl tapferer und ausgezeichneter Anführer kam in der Schlacht von Hadrianopel um, welche dem Unglück, das die Römer einst auf den Gefilden von Kannä erlitten haben, an wirklichem Verlust gleichkam, es aber an verderblichen Folgen weit übertraf. Zwei Oberbefehlshaber der Reiterei und des Fußvolkes, zwei Großbeamtete des Palastes und fünfunddreißig Tribunen wurden unter den Erschlagenen gefunden, und der Tod Sebastians mochte die Welt insoweit zufrieden stellen, als er ebensowohl das Opfer als der Urheber des öffentlichen Unglückes gewesen ist. Über zwei Dritteile des römischen Heeres wurden vernichtet: die Dunkelheit der Nacht war noch ein äußerst günstiger Umstand, weil sie die Flucht der Menge und den ordentlichen Rückzug Viktors und Richomers schützte, welche unter der allgemeinen Bestürzung allein den Vorzug ruhigen Mutes und regelmäßiger Heereszucht bewahrt hatten.

Der Kaiser Gratian war auf seinem Marsch nach den Ebenen von Hadrianopel bereits weit vorgerückt, als er, zuerst durch die verworrene Stimme des Gerüchtes und dann durch die umständlicheren Berichte Viktors und Richomers erfuhr, daß sein ungeduldiger Throngenosse in der Schlacht erschlagen und zwei Dritteile des römischen Heeres von den Schwertern der siegreichen Goten vernichtet worden wären. Welchen Groll auch die vorschnelle und eifersüchtige Eitelkeit seines Oheimes verdienen mochte, wird der Ingrimm eines edlen Gemütes doch schnell durch die sanfteren Empfindungen des Schmerzes und des Mitleides unterjocht; aber selbst das Gefühl des Mitleides verlor sich bald in der ernsten und bestürzenden Betrachtung der Lage der Republik. Gratian kam zu spät, um seinem unglücklichen Reichsgenossen zu helfen; er war zu schwach ihn zu rächen, und der tapfere, bescheidene Jüngling fühlte sich nicht gewachsen eine sinkende Welt zu stützen. Ein furchtbarer Sturm der Barbaren Deutschlands schien bereit zu sein über die Provinzen Galliens loszubrechen, und der Geist Gratians ward durch die Verwaltung des westlichen Reiches erdrückt und zerrüttet. In dieser wichtigen Krisis forderte die Regierung des Ostens und die Führung des gotischen Krieges die ungeteilte Aufmerksamkeit eines Helden und Staatsmannes. Ein Untertan, dem man einen so umfassenden Oberbefehl übertragen hätte, würde die Treue gegen einen fernen Wohltäter nicht lange bewahrt haben; der kaiserliche Rat griff daher zu dem weisen und männlichen Entschluß, lieber eine Verpflichtung aufzulegen als einem Schimpfe zu weichen. Gratian wünschte den Purpur als Belohnung des Verdienstes zu vergeben; aber in einem Alter von 19 Jahren ist es für einen Fürsten, der im Besitz des höchsten Ranges erzogen worden, nicht leicht die wahren Charaktere seiner Minister und Feldherren zu erkennen. Er versuchte mit unparteiischer Hand ihre verschiedenen Verdienste und Mängel abzuwägen, und während er die vorschnelle Zuversicht des Ehrgeizes zügelte, mißtraute er jener allzuvorsichtigen Weisheit, die an der Republik verzweifelte. Da jeder Augenblick des Aufschubs die Macht und die Hilfsquellen des künftigen Herrschers des Ostens minderte, gestattete die Lage der Zeiten keine langwierigen Erörterungen.

Die Wahl Gratians erklärte sich endlich zugunsten eines Verbannten, dessen Vater nur drei Jahre früher mit Billigung *seiner* Obmacht einen ungerechten und schimpflichen Tod erlitten hatte. Theodosius der Große, ein in der Geschichte berühmter und der katholischen Kirche teurer Name, wurde an den kaiserlichen Hof gefordert, der sich allmählich von der Grenze von Thrazien nach der gesicherten Station Sirmium zurückgezogen hatte. Fünf Monate nach dem Tod des Valens stellte der Kaiser Gratian den versammelten Truppen *seinen* Throngenossen, *ihren* Gebieter vor, welcher nach einem bescheidenen und vielleicht aufrichtigen Widerstände genötigt wurde unter allgemeinem Freudenzurufe das Diadem, den Purpur und den gleichen Titel Augustus anzunehmen. Die Provinzen Thrazien, Asien und Ägypten, über welche Kaiser Valens geherrscht hatte, wurden dem neuen Kaiser überlassen; da er jedoch mit der Führung des gotischen Krieges insbesondere beauftragt war, teilte man die illyrische Präfektur und fügte die zwei großen Diözesen Dakien und Mazedonien zu dem Gebiete des östlichen Reiches.

Es geschieht nicht ohne das aufrichtigste Bedauern, daß ich jetzt von einem genauen und getreuen Führer scheiden muß, welcher die Geschichte seiner eigenen Zeiten schrieb, ohne jenen Vorurteilen und Leidenschaften zu frönen, die gewöhnlich auf das Gemüt eines Zeitgenossen ihren Einfluß ausüben. Ammianus Marcellinus, der sein brauchbares Werk mit der Niederlage und dem Tod des Valens endet, empfiehlt den ruhmreichen Gegenstand der folgenden Regierung der jugendlichen Kraft und Beredsamkeit des nachwachsenden Geschlechtes. Dieses nachwachsende Geschlecht war aber nicht geneigt seinen Rat zu befolgen oder sein Beispiel nachzuahmen, und bei dem Studium der Regierung des Theodosius sind wir darauf beschränkt die parteiische Erzählung des Zosimus durch dunkle Winke aus Bruchstücken und Chroniken, durch den bilderreichen Stil der Poesie oder Panegyrik und durch den unsicheren Beistand der kirchlichen Schriftsteller zu erläutern, welche in der Hitze religiöser Parteiung sich hinreißen ließen die profanen Tugenden der Wahrhaftigkeit und Mäßigung zu verachten. Im Bewußtsein dieser Nachteile, welche fortfahren werden einen beträchtlichen Teil des Sinkens und Sturzes des römischen Reiches einzuhüllen, vermag ich nur mit zweifelhaften und schüchternen Schritten vorzugehen. Dennoch darf ich kühn behaupten, daß die Schlacht von Hadrianopel niemals durch einen großen oder entscheidenden Sieg des Theodosius über die Barbaren gerächt worden ist, und das ausdrucksvolle Stillschweigen seiner käuflichen Lobredner läßt sich durch einen Blick auf Lage und Umstände der Zeiten bestätigen.

Das Gebäude eines mächtigen Staates, errichtet durch die Anstrengungen mehrerer Jahrhunderte, konnte nicht durch das Mißgeschick eines einzigen Tages vernichtet werden, wenn nicht die verderbliche Macht der Einbildung das wirkliche Maß des Unglückes übertrieb. Der Verlust von 40 000 Römern, die in der Schlacht von Hadrianopel fielen, ließ sich bald durch Aushebungen in den volkreichen Provinzen des Ostens ergänzen, die so viele Millionen Einwohner enthielten. Soldatenmut ist die wohlfeilste und gewöhnlichste Eigenschaft der menschlichen Natur, und hinreichende Geschicklichkeit, um einem undisziplinierten Feinde entgegen zu treten, konnte bald durch die Obsorge überlebender Zenturionen gelehrt werden. Wenngleich die Barbaren mit den Pferden ihrer besiegten Feinde beritten und mit ihren Rüstungen gewappnet waren, vermochten doch die zahlreichen Stutereien von Kappadozien und Spanien neue Reitergeschwader zu versehen; in den vierunddreißig Arsenalen des Reiches waren Vorräte von Vertheidigungs- und Angriffswaffen im Überfluß vorhanden, und der Reichtum Asiens konnte fortwährend hinreichende Gelder zur Bestreitung der Kriegsausgaben liefern. Aber die Wirkungen, welche durch die Schlacht von Hadrianopel auf die Gemüter der Barbaren wie der Römer hervorgebracht wurden, dehnten den Sieg jener und die Niederlage dieser weit über die Grenzen eines einzigen Tages aus. Man hörte einen gotischen Anführer mit hochmutsvoller Mäßigung erklären, daß er für seinen Teil des Gemetzels müde sei, daß er aber staune, wie ein Volk, das vor ihm wie eine Herde Schafe geflohen wäre, es fortwährend wagen könnte den Besitz seiner Schätze und Provinzen streitig zu machen. Derselbe Schrecken, den der Name der Hunnen unter den gotischen Stämmen verbreitet hatte, wurde von dem furchtbaren Namen der Goten den Untertanen und Soldaten des römischen Reiches eingeflößt. Wenn Theodosius seine zerstreuten Streitkräfte eiligst gesammelt und in das Feld geführt hatte, um einen siegreichen Feind zu bekämpfen, würde sein Heer durch dessen eigene Furcht geschlagen worden sein und seine Tollkühnheit nicht durch Hoffnung auf Erfolg haben entschuldigt werden können. Aber Theodosius der *Große,* ein Beiname, den er bei diesem verhängnisvollen Stand der Dinge ehrenvoll verdiente, benahm sich als fester und treuer Hüter der Republik. Er schlug sein Hauptquartier zu Thessalonika, der Hauptstadt der mazedonischen Diözese auf, von wo er die regellosen Bewegungen der Barbaren bewachen und die Unternehmungen seiner Unterfeldherren von den Toren von Konstantinopel bis zu dem Gestade des adriatischen Meeres leiten konnte. Die Befestigungen und Besatzungen der Städte wurden vermehrt, und die Truppen, unter welchen Sinn für Ordnung und Heereszucht wiederbelebt ward, unmerklich durch das Vertrauen in ihre eigene Sicherheit ermutigt. Aus diesen festen Stellungen fühlten sie sich ermuntert häufige Ausfälle auf die Barbaren zu wagen, die das umliegende Land verheerten, und da man ihnen ohne entschiedene Überlegenheit entweder des Bodens oder der Anzahl niemals gestattete sich in ein Gefecht einzulassen, begleitete ihre Unternehmungen größtenteils das Glück, und sie überzeugten sich bald durch eigene Erfahrung von der Möglichkeit ihre *unbezwinglichen* Feinde zu besiegen. Die Truppen dieser gesonderten Besatzungen wurden allmählich zu kleinen Heeren vereinigt und dieselben vorsichtigen Maßregeln in Übereinstimmung mit einem ausgedehnten und wohldurchdachten Operationsplane befolgt, so daß die Ereignisse jedes Tages die Kraft und Kühnheit der römischen Truppen vermehrten, während die schlaue Emsigkeit des Kaisers, der die günstigsten Gerüchte über den Erfolg des Krieges verbreiten ließ, beitrug den Stolz der Barbaren zu beugen und die Hoffnungen und den Mut seiner Untertanen wiederzubeleben. Wenn wir statt dieses schwachen und unvollständigen Umrisses die Ratschlüsse und Taten des Theodosius in vier aufeinanderfolgenden Feldzügen genau darzustellen vermöchten, ist Grund zu dem Glauben vorhanden, daß seine vollendete Geschicklichkeit den Beifall jedes kriegsverständigen Lesers erwerben würde. Die Republik war einst durch die Zögerungen des Fabius gerettet worden, und während die glänzenden Trophäen des Scipio auf dem Schlachtfeld von Zama die Augen der Nachwelt auf sich ziehen, haben die Lager und Märsche des Diktators in den Gebirgen von Kampanien einen gerechteren Anspruch auf jenen festbegründeten und unabhängigen Ruhm, welchen ein Feldherr weder mit dem Glück noch mit seinen Truppen zu teilen genötigt ist. Dieses Verdienst gebührt auch dem Theodosius, und die Schwäche seines Körpers, da er höchst zur Unzeit unter einer langwierigen und gefährlichen Krankheit hinsiechte, vermochte weder die Kraft seines Geistes zu erdrükken noch seine Aufmerksamkeit von dem öffentlichen Dienst abzulenken.

Die Befreiung und der Friede der römischen Provinzen war mehr das Werk der Klugheit als der Tapferkeit: die Klugheit des Theodosius wurde aber von dem Glück unterstützt, und der Kaiser ermangelte nie jeden günstigen Umstand zu ergreifen und zu benutzen. Solange Fritigerns überlegener Geist die Einheit der Barbaren bewahrte und ihre Bewegungen leitete, war ihre Macht der Eroberung eines großen Reiches nicht unangemessen. Der Tod dieses Helden, des Vorgängers und Lehrers des berühmten Alarich, erlöste eine ungeduldige Menge von dem unerträglichen Joch der Zucht und Einsicht. Die Barbaren, die durch sein Ansehen im Zaume gehalten worden waren, überließen sich den Eingebungen ihrer Leidenschaften, welche selten gleichförmig und stätig waren. Ein Heer von Eroberern löste sich in viele ordnungslose Banden wilder Räuber auf, und ihre blinde, regellose Wut war ihnen selbst nicht weniger verderblich als ihren Feinden. Ihr boshafter Gemütshang betätigte sich durch die Zerstörung aller Gegenstände, die sie fortzuschleppen nicht Kraft oder zu genießen nicht Geschmack genug besaßen, und sie verbrannten mit unvorsichtiger Wut oft die Ernten oder Kornmagazine, die demnächst zu ihrem eigenen Unterhalte notwendig gewesen wären. Der Geist der Zwietracht erhob sich unter den unabhängigen Stämmen und Nationen, welche nur das Band eines lockeren und freiwilligen Bündnisses vereinigt hatte. Die Scharen der Hunnen und Alanen warfen natürlich den Goten ihre Flucht vor, welche hienwieder nicht geneigt waren die Vorteile ihres Glückes mit Mäßigung zu genießen: die alte Eifersucht zwischen den Ost- und Westgoten konnte nicht lange eingestellt bleiben und die hochmütigen Häuptlinge gedachten der Beschimpfungen und Unbilden, welche sie sich gegenseitig zugefügt und erlitten hatten, als sie in ihren Ländern jenseits der Donau saßen. Die Fortschritte innerer Parteiung milderten das mehr oberflächlich verbreitete Gefühl des Nationalhasses, und die Unterbefehlshaber des Theodosius erhielten Auftrag durch freigebige Geschenke und Versprechungen entweder den Rückzug oder die Dienste der mißvergnügten Partei zu erkaufen. Die Erwerbung Modars, eines Fürsten aus dem königlichen Geblüt der Amalen, gab der Sache Roms einen kühnen und getreuen Kämpfer. Der erlauchte Übergänger erhielt bald Feldherrnrang und ein wichtiges Kommando, überrumpelte eine Abteilung seiner Landsleute, die in Wein und Schlaf begraben lagen, und kehrte nach einer grausamen Schlächterei unter den bestürzten Goten mit einer unermeßlichen Beute und viertausend Wagen in das kaiserliche Lager zurück.

In den Händen eines geschickten Politikers können die verschiedenartigsten Mittel mit Erfolg zur Erreichung desselben Zweckes verwendet werden, und der Friede des Reiches, der durch die Teilungen der gotischen Nation befördert worden war, wurde durch ihre Wiedervereinigung vollendet.

Athanarich, der einen geduldigen Zuschauer dieser außerordentlichen Ereignisse abgegeben hatte, wurde endlich durch den Wechselfall der Waffen aus der dunklen Tiefe der Wälder von Kaukaland vertrieben. Er trug nun kein längeres Bedenken über die Donau zu gehen, und ein sehr beträchtlicher Teil der Untertanen Fritigerns, welche bereits die mißlichen Folgen der Anarchie fühlten, ließ sich bereden als ihren König einen gotischen Richter anzuerkennen, dessen Geburt sie ehrten und dessen Talente sie oft erfahren hatten. Aber das Alter hatte den kühnen Geist des Athanarich gedämpft, und statt sein Volk zu Kampf und Sieg zu führen, lieh er weislich dem annehmbaren Vorschlag eines ehrenvollen und vorteilhaften Vertrages Gehör. Theodosius, mit den hohen Eigenschaften und der Macht seines neuen Bundesgenossen wohl vertraut, ließ sich herab ihm bis auf eine Entfernung von mehreren Meilen von Konstantinopel entgegen zu gehen und bewirtete ihn in der kaiserlichen Stadt mit dem Vertrauen eines Freundes und der Großartigkeit eines Monarchen. Der Barbarenfürst betrachtete mit neugieriger Aufmerksamkeit die verschiedenartigen Gegenstände, welche seine Blicke auf sich zogen, und brach endlich in einen aufrichtigen und leidenschaftlichen Ruf des Staunens aus. »Ich sehe nun«, sagte er, »was ich nie glauben konnte, die Wunder dieser erstaunlichen Hauptstadt!« und als er die Augen um sich warf, erblickte und bewunderte er die herrschende Lage der Stadt, die Stärke und Schönheit ihrer Mauern und öffentlichen Gebäude, die Geräumigkeit des mit zahllosen Schiffen bedeckten Hafens, den beständigen Verkehr ferner Völker und die Waffen und Heereszucht der Truppen. »Fürwahr«, fuhr Athanarich fort, »der Kaiser der Römer ist ein Gott auf Erden, und der verwegene Sterbliche, der es wagt seine Hand gegen ihn zu erheben, wird seines eigenen Blutes schuldig.«

Der gotische König genoß diese glänzende und ehrenvolle Aufnahme nicht lange, und da Mäßigkeit die Tugend seines Volkes nicht war, kann man mit Grund vermuten, daß er sich seine Todeskrankheit unter den Freuden der kaiserlichen Bankette zuzog. Aber die Politik des Theodosius gewann aus dem Tod seines Verbündeten gründlicheren Vorteil als er je von dessen treuesten Diensten hätte hoffen können. Das Leichenbegängnis Athanarichs fand mit feierlichem Gepränge in der Hauptstadt des Ostens statt; ein stattliches Denkmal wurde zu seinem Gedächtnis errichtet, und sein ganzes Heer, durch Theodosius' freigebige Freundlichkeit und anständigen Schmerz gewonnen, trat unter die Fahne des römischen Reiches. Die Unterwerfung einer so großen Schar Westgoten brachte die heilsamsten Wirkungen hervor, und der vereinte Einfluß der Gewalt, Vernunft und Bestechung wurde jeden Tag mächtiger und ausgedehnter. Jeder unabhängige Häuptling beeilte sich einen abgesonderten Vertrag zu erhalten, aus Furcht, hartnäckiges Zaudern möchte *ihn* allein und unbeschützt der Rache oder Gerechtigkeit des Siegers bloßstellen. Die allgemeine oder vielmehr schließliche Kapitulation der Goten kann vier Jahre einen Monat und 25 Tage nach der Niederlage und dem Tod des Kaisers Valens datiert werden.

Der ursprüngliche Vertrag, welcher die Niederlassung der Goten bezeichnete, ihre Vorrechte bestimmte und ihre Verpflichtungen festsetzte, würde sehr zur Erläuterung der Geschichte des Theodosius und seiner Nachfolger dienen. Die Annalen derselben haben jedoch nur unvollkommen den Geist und die Wesenheit dieses sonderbaren Vergleiches bewahrt. Die Verheerungen des Krieges und der Tyrannei hatten für große Strecken fruchtbaren aber unangebauten Landes zur Benutzung von jenen Barbaren gesorgt, welche den Akkerbau nicht verschmähen wollten. Eine zahlreiche Kolonie Westgoten siedelte sich in Thrazien an, die Überreste der Ostgoten wurden nach Phrygien und Lydien verpflanzt; für ihre unmittelbaren Bedürfnisse sorgte eine Verteilung von Korn und Nutzvieh, und ihren künftigen Fleiß ermutigte Steuerbefreiung für eine gewisse Anzahl von Jahren.

Die Barbaren würden verdient haben die grausame und treulose Politik des kaiserlichen Hofes zu fühlen, wenn sie sich durch die Provinzen hätten zerstreuen lassen. Sie verlangten und erhielten den alleinigen Besitz der ihnen zu Wohnplätzen angewiesenen Städte und Landstriche, sie pflegten und bewahrten fortwährend ihre angeborenen Sitten und ihre Muttersprache, behaupteten im Schoße des Despotismus die Freiheit ihrer inneren Regierung und erkannten die Souveränität des Kaisers an, ohne sich der untergeordneten Gerichtsbarkeit der römischen Gesetze und Obrigkeiten zu unterwerfen. Die Erbfürsten der Stämme und Geschlechter durften fortwährend die Herrschaft über ihre Untergebenen im Frieden und im Krieg führen, aber die königliche Würde wurde abgeschafft und die Feldherren der Goten nach Belieben der Kaiser ein- und abgesetzt. Ein Heer von 40 000 Goten wurde zum beständigen Dienst des östlichen Reiches unterhalten und diese stolzen Truppen, welche den Titel *Foederati* oder Bundesgenossen führten, waren durch goldenen Halsschmuck, hohen Sold und ausschweifende Vorrechte ausgezeichnet. Ihr angeborener Mut wurde durch den Gebrauch der Waffen und Erlernung der Disziplin veredelt, und während das zweifelhafte Schwert der Barbaren die Republik beschützte oder bedrohte, erloschen in den Herzen der Römer auch die letzten Funken des kriegerischen Feuers.

Theodosius hatte die Gewandtheit seine Bundesgenossen zu überreden, daß die Friedensbedingungen, die ihm durch Klugheit und Notwendigkeit abgedrungen worden waren, das freiwillige Ergebnis seiner aufrichtigen Freundschaft für das gotische Volk wären.*

Eine verschiedenere Art von Rechtfertigung oder Entschuldigung mußte den Klagen des Volkes entgegen gesetzt werden, welches diese schimpflichen und gefährlichen Zugeständnisse laut tadelte. Die Drangsale des Krieges wurden in den lebendigsten Farben geschildert und die ersten Zeichen der Wiederkehr der Ordnung, des Überflusses und der Sicherheit sorgfältig übertrieben. Die Verteidiger des Theodosius konnten mit einigem Schein von Wahrheit und Vernunft behaupten, daß es unmöglich war so viele durch den Verlust ihres Vaterlandes in Verzweiflung gebrachte, kriegerische Volksstämme auszurotten, und daß die erschöpften Provinzen durch einen frischen Zufluß an Kriegern und

---

* Jornandes, der gotische Geschichtsschreiber beschreibt die Angehörigen seines Volkes als unschuldige, friedliche, langmütige und geduldige Menschen. Nach Livius eroberten die Römer die Welt zu ihrer eigenen Verteidigung.

Landwirten neu belebt werden würden. Die Barbaren zeigten fortwährend ein grollendes und feindliches Antlitz, aber die Erfahrung voriger Zeiten mochte die Hoffnung ermuntern: daß sie die Gewohnheiten des Fleißes und Gehorsames erlangen, ihre Sitten sich durch Zeit, Erziehung und Einfluß des Christentums glätten, und ihre Nachkommen allmählich mit der großen Schar des römischen Volkes in eins zusammenschmelzen würden.

Trotz dieser gleißenden Gründe und sanguinischen Hoffnungen war doch jedem hellsehenden Auge offenbar, daß die Goten lange die Feinde des römischen Reiches bleiben würden und bald dessen Eroberer werden dürften. Ihr rohes und unverschämtes Benehmen bewies, wie sehr sie die Bürger und Provinzen verachteten, an denen sie sich mit Ungestraftheit vergingen. Dem Eifer und der Tapferkeit der Barbaren verdankte Theodosius den Erfolg seiner Waffen: aber ihr Beistand war unzuverlässig und sie ließen sich zuweilen durch ihren verräterischen und unsteten Hang verleiten seine Fahne in dem Augenblick zu verlassen, wo er ihrer Dienste am Nötigsten bedurfte. Zur Zeit des Bürgerkrieges gegen Maximus zog sich eine große Anzahl gotischer Heeresflüchtigen in die sumpfigen Gegenden von Mazedonien zurück, verwüstete die benachbarten Provinzen und zwang den unerschrockenen Monarchen seine Person auszusetzen und seine Macht aufzubieten, um die aufkeimende Flamme der Empörung zu ersticken.

Die öffentlichen Besorgnisse wurden durch den starken Argwohn vergrößert, daß diese Tumulte nicht das Ergebnis zufälliger Leidenschaft, sondern Folge eines tiefdurchdachten Plans wären. Man glaubte allgemein, die Goten hätten den Friedensvertrag in einem feindseligen und hinterlistigen Geist unterzeichnet, und daß sich ihre Anführer zuvor durch einen feierlichen und geheimen Eid verbunden hätten den Römern niemals Treue und Glauben zu halten, den gleißendsten Schein der Ergebenheit und Freundschaft zu beobachten und die günstige Gelegenheit des Raubes, der Eroberung und Rache zu erlauern. Da jedoch die Gemüter der Barbaren dem Einfluß der Dankbarkeit nicht unzugänglich waren, weihten sich einige gotische Führer aufrichtig dem Dienst des Reiches oder wenigstens des Kaisers: die ganze Nation teilte sich allmählich in zwei feindliche Parteien und viele Sophisterei wurde im Gespräch und Zank aufgewandt, um die Verbindlichkeit ihrer ersten und ihrer nachfolgenden Verträge zu vergleichen. Die Goten, welche sich als die Freunde des Friedens, der Gerechtigkeit und Roms betrachteten, wurden durch das Ansehen Fravittas geleitet, eines tapferen und ehrenhaften jungen Mannes, der sich durch Geglättetheit der Sitten, Adel der Gesinnungen und die milden Tugenden des geselligen Lebens vor allen seinen übrigen Landsleuten auszeichnete. Die zahlreichere Partei hing dem grimmigen und treulosen Priulf an, welcher die Leidenschaften seiner kriegerischen Anhänger entflammte und ihre Unabhängigkeit verteidigte.

Bei einem jener feierlichen Feste, wo die Häupter beider Parteien zur kaiserlichen Tafel gezogen worden waren, erhitzte der Wein sie allgemach, bis sie die gewöhnlichen Schranken der Klugheit und Ehrfurcht vergaßen und in Theodosius' Gegenwart das verderbliche Geheimnis ihrer inneren Zwistigkeiten verrieten. Der Kaiser, welcher der unwillige Zeuge dieses außerordentlichen Streites gewesen, verheimlichte Besorgnis und Entrüstung und entließ bald die lärmende Versammlung. Fravitta, voll Bestürzung und Erbitterung über die Unverschämtheit seines Nebenbuhlers, dessen Weggang aus dem kaiserlichen Palast die Losung zum Bürgerkriege hätte sein können, folgte ihm kühn, zog das Schwert und streckte Priulf tot zu Boden. Die Begleiter flogen zu den Waffen und der treue Kämpe Roms wäre durch die Übermacht gefallen, wenn ihn nicht noch zur rechten Zeit die Dazwischenkunft der kaiserlichen Leibwache gerettet hätte. Das waren die Schauspiele barbarischer Wut, welche Palast und Tafel des römischen Kaisers entehrten, und da die ungestümen Goten nur durch den festen und gemäßigten Charakter des Theodosius im Zaume gehalten werden konnten, erschien das öffentliche Wohl abhängig von dem Leben und Talenten eines einzigen Mannes.

Fünfzehntes Kapitel

Empörung der Goten • Sie plündern Griechenland •
Zwei große Einfälle in Italien durch Alarich und
Radagaisus • Sie werden von Stilicho zurückgetrieben •
Usurpation Konstantins im Westen • Ungnade und
Tod Stilichos

Wenn die Untertanen Roms ihre Verpflichtungen gegen
Theodosius den Großen hätten verkennen können, erhielten
sie nur zu bald die Überzeugung, wie mühsam der Mut und
die Fähigkeiten ihres verblichenen Kaisers das schwache und
morsche Gebäude der Republik aufrecht erhalten hatte. Er
starb im Monate Januar und noch vor Wintersende desselben
Jahres stand das Volk der Goten unter den Waffen. Die barbarischen Bundesgenossen pflanzten die unabhängige Fahne
auf und bekannten dreist die feindseligen Pläne, die sie seit
langer Zeit in ihren grimmigen Herzen genährt hatten. Ihre
Landsleute, welche durch die Bedingungen des letzten Vertrages zu einem Leben der Ruhe und Arbeit verurteilt waren,
verließen ihre Meiereien beim ersten Trompetenstoße und
griffen gierig zu den Schwertern wieder, die sie mit Widerstreben abgelegt hatten. Die Schranken der Donau wurden
aufgetan, Szythiens wilde Krieger brachen aus ihren Wäldern
hervor und die ungewöhnliche Strenge des Winters gab dem
Dichter Veranlassung zu sagen: »daß sie ihre schweren Wagen
über den breiten und eisigen Rücken des entrüsteten Stromes
rollten.« Die unglücklichen Bewohner der Provinzen im
Süden der Donau ergaben sich in die Drangsale, welche im
Laufe von 20 Jahren fast ihrer Phantasie vertraut geworden
waren; und die mannigfaltigen Scharen der Barbaren, die sich
des gotischen Namens rühmten, verbreiteten sich regellos
von dem bewaldeten Gestade Dalmatiens bis an die Mauern
von Konstantinopel.

Die Unterbrechung oder wenigstens die Verminderung
der Hilfsgelder, welche die Goten von Theodosius' kluger
Freigebigkeit empfangen hatten, lieh einen trefflichen Vorwand zur Empörung; die Beleidigung ward durch ihre Ver-

achtung gegen die unkriegerischen Söhne des Theodosuis verbittert und ihre Rache durch die Schwäche oder Verräterei des Ministers des Arkadius entflammt. Die häufigen Besuche des Rufinus im Lager der Barbaren, deren Tracht und Waffen er sich nachzuahmen stellte, wurde als hinreichender Beweis seines schuldvollen Einverständnisses angesehen, und die Feinde des Staates schonten aus einem Beweggrunde entweder der Dankbarkeit oder der Politik mitten unter der allgemeinen Verwüstung sorgfältigst der Privatbesitzungen des vom Volke gehaßten Präfekten.

Statt daß die Goten von den blinden und halsstarrigen Leidenschaften ihrer Häuptlinge angetrieben wurden, leitete sie jetzt Alarichs kühner und listenreicher Geist. Dieser berühmte Anführer stammte aus dem edlen Geschlechte der Balten, welches nur der königlichen Würde der Amalen nachstand: er hatte sich um den Oberbefehl der römischen Heere beworben und der kaiserliche Hof reizte ihn demselben die Torheit seiner Weigerung und die Wichtigkeit seines Verlustes zu beweisen. Welche Hoffnungen auf Eroberung Konstantinopels die Goten auch hegen mochten, gab der einsichtsvolle Feldherr doch bald ein unausführbares Unternehmen auf. In Mitte eines geteilten Hofes und eines unzufriedenen Volkes schreckte den Kaiser Arkadius der Anblick der gotischen Waffen: der Mangel an Weisheit und Tapferkeit wurde jedoch durch die Stärke der Stadt ersetzt und die Befestigungen sowohl auf der Land- als Meeresseite konnten getrost den ohnmächtigen auf das Geratewohl abgeschossenen Pfeilen der Barbaren trotzen. Alarich verschmähte es, länger die unterworfenen und ruinierten Länder Thrazien und Dakien zu zerstampfen und beschloß eine im Überfluß ergiebige Ernte von Ruhm und Reichtümer in einer Provinz zu suchen, die bisher den Verheerungen des Krieges entgangen war.

Der Charakter der Zivil- und Militärbeamten, denen Rufinus die Regierung von Griechenland anvertraut hatte, bestärkte den allgemeinen Argwohn, daß er den alten Sitz der Freiheit und Geistesbildung an den gotischen Dränger verraten habe. Der Prokonsul Antiochus war der unwürdige

Sohn eines achtbaren Vaters, und Gerontius, welcher die Truppen der Provinz befehligte, war viel geeigneter die Unterdrückungsgebote eines Tyrannen zu vollziehen als mit Mut und Geschicklichkeit ein Land zu verteidigen das schon die Hand der Natur höchst merkwürdig befestigt hatte. Alarich hatte ohne Widerstand die Ebenen von Mazedonien und Thessalien durchzogen bis zum Berg Oeta, einer steilen und bewaldeten, für seine Reiterei fast unwegsamen Gebirgskette. Sie erstreckte sich von Osten nach Westen bis an den Rand des Meeresufers und ließ zwischen dem steilen Absturz und dem malianischen Golf nur einen Raum von dreihundert Fuß, der an einigen Plätzen zu einem Weg verengt war, wo nur ein einziger Wagen durchkommen konnte. In diesem Engpaß der Thermopylen, wo Leonidas und die dreihundert Spartaner ihr Leben ruhmvoll geopfert, hätten die Goten von einem geschickten Feldherrn aufgehalten oder vernichtet werden können, ja vielleicht würde der Anblick dieses geheiligten Platzes einige Funken kriegerischen Feuers in der Brust der entarteten Griechen entflammt haben. Die Truppen jedoch, welche aufgestellt waren, um die Engen der Thermopylen zu verteidigen, zogen sich, wie ihnen befohlen, war, zurück, ohne es zu versuchen den sicheren und raschen Durchzug Alarichs aufzuhalten; und die fruchtbaren Gefilde von Phokis und Böotien wurden augenblicks von einer Sintflut von Barbaren überschwemmt, welche die waffenfähige, männliche Bevölkerung niedermetzelten und die schönen Frauen samt der Beute und dem Vieh der brennenden Dörfer hinwegtrieben. Reisende, die Griechenland Jahre nachher besuchten, konnten leicht die tiefen und blutigen Spuren des Zuges der Goten entdecken; Theben verdankte seine Rettung weniger der Stärke seiner sieben Tore als der ungestümen Eile Alarichs, womit er vorrückte, um sich der Stadt Athen und des wichtigen Hafens Piräus zu bemächtigen.

Dieselbe Ungeduld trieb ihn an, der Zögerung und Gefahr einer Belagerung durch das Anerbieten einer Kapitulation zu entgehen, und so wie die Atheniener den Ruf des gotischen Herolds vernahmen, ließen sie sich leicht bereden den größten Teil ihrer Reichtümer als Lösegeld der Stadt der Minerva und ihrer Bewohner auszuliefern. Der Vertrag wurde durch feierliche Schwüre geheiligt und mit gegenseitiger Treue beobachtet. Der gotische Fürst ward mit einem kleinen und auserlesenen Gefolge in die Stadt eingelassen, gönnte sich die Erfrischung eines Bades, nahm ein glänzendes Bankett an, welches ihm die Machthaber gaben, und gefiel sich darin zu zeigen, daß er mit den Sitten zivilisierter Nationen nicht unvertraut wäre. Aber das ganze Gebiet von Attika, von dem Vorgebirge von Sunium bis zur Stadt Megara, wurde durch seine verderbliche Anwesenheit verheert, und wenn wir den Ausdruck eines gleichzeitigen Philosophen gebrauchen dürfen, glich Athen selbst dem blutigen und leeren Fell eines geschlachteten Opfertieres. Die Entfernung von Megara nach Korinth übersteigt dreißig Meilen nicht um Vieles; aber die *schlimme Straße,* ein ausdrucksvoller Name, den sie noch jetzt bei den Griechen führt, war für den Marsch eines Feindes unwegsam oder konnte leicht dazu gemacht werden. Die dichten und düsteren Wälder des Berges Cithäron bedeckten das innere Land; die scironischen Felsen drangen bis an den Rand des Wassers vor und überhingen den engen und gewundenen Weg, der auf eine Strecke von sechs Meilen längs dem Meeresgestade eingeengt war. Dieser in jedem Jahrhundert so verrufene Felsenweg endete am Isthmus von Korinth, und eine kleine Schar entschlossener und unerschrockener Soldaten hätte eine in Eile aufgeworfene Verschanzung von fünf bis sechs Meilen vom jonischen bis zum ägäischen Meer mit Erfolg verteidigen können.

Das Vertrauen der Städte des Peloponneses in ihr natürliches Bollwerk hatte sie verleitet die Ausbesserung ihrer alten Mauern zu vernachlässigen, und die Habsucht der römischen Statthalter hatte die unglückliche Provinz erschöpft und verraten. Korinth, Argos, Sparta ergaben sich ohne Widerstand den Waffen der Goten, und *die* Einwohner waren noch die Glücklichsten, welche durch den Tod davor bewahrt wurden die Sklaverei ihrer Familie und den Brand ihrer Städte zu schauen. Die Vasen und Statuen wurden unter den Barbaren mehr mit Rücksicht auf den Wert des Stoffes als auf die Meisterschaft der Arbeit verteilt; die weiblichen Gefangenen verfielen dem Kriegsrecht, der Genuß der Schönheit war der Lohn der Tapferkeit, und die Griechen konnten sich vernünftiger Weise nicht über einen Gebrauch beklagen, der durch das Beispiel der heroischen Zeiten gerechtfertigt wurde. Die Nachkommen jenes außerordentlichen Volkes, welches Tapferkeit und Kriegszucht als die Mauern von Sparta betrachtet hatte, erinnerten sich nicht mehr der hochherzigen Antwort ihrer Ahnen an einen furchtbareren Feind als Alarich: »Wenn Du ein Gott bist, so wirst Du Denen kein Leid zufügen, die Dich niemals beleidigt haben; bist Du aber ein Mensch, so rücke vor und Du wirst Menschen finden, die Dir gleich sind.«

Von den Thermopylen bis Sparta verfolgte der Anführer der Goten seinen siegreichen Zug ohne auf sterbliche Gegner zu treffen: einer der Verteidiger des verscheidenden Heidentums jedoch hat zuversichtlich behauptet, daß die Mauern von Athen von der Göttin Minerva mit ihrem furchtbaren Schild und von dem zürnenden Schatten des Achilles beschützt und der Eroberer durch die Anwesenheit der feindlichen Gottheiten Griechenlands zurückgeschreckt worden wäre. Es dürfte vielleicht ungerecht sein in einem Jahrhunderte der Wunder den Anspruch des Geschichtsschreibers Zosimus auf die allgemeine Wohltat zu bestreiten; indessen darf man auch nicht verheimlichen, daß das Gemüt Alarichs sehr schlecht vorbereitet war in wachenden oder Traumgesichten die Eindrücke des griechischen Aberglaubens zu empfangen. Die Gesänge des Homer und der Ruhm des Achilles hatten das Ohr des ungebildeten *Barbaren* wohl niemals erreicht, und der *christliche* Glaube, den er mit Inbrunst angenommen, lehrte ihn die eingebildeten Götter Roms und Athens zu verachten. Der Einbruch der Goten, weit entfernt die Ehre des Heidentums zu retten, trug vielmehr, wenigstens zufällig, zur Ausrottung der letzten Spuren desselben bei, und die Mysterien der Ceres, die seit 18 Jahrhunderten bestanden hatten, überlebten die Zerstörung von Eleusis und die Drangsale Griechenlands nicht. Die letzte Hoffnung eines Volkes, das sich auf seine Waffen, seine Götter, seinen Fürsten nicht mehr verlassen konnte, beruhte auf dem mächtigen Beistand des Oberfeldherrn des Westens: Stilicho, dem man nicht gestattet hatte die in Griechenland einbrechenden Feinde zurückzudrängen, rückte nun heran, um sie zu züchtigen. Eine zahlreiche Flotte wurde in den Häfen von Italien ausgerüstet und setzte die Truppen nach einer kurzen und glücklichen Überfahrt über das jonische Meer in Sicherheit auf der Landenge in der Nähe der Ruinen von Korinth an das Land. Das waldreiche und bergige Land Arkadien, die gefabelte Wohnung Pans und der Dryaden ward der Schauplatz eines langen und zweifelhaften Kampfes zwischen zwei einander nicht unwürdigen Feldherren. Die Geschicklichkeit und Beharrlichkeit des Römers gewann endlich die Oberhand, und die Goten zogen sich, nachdem sie durch Krankheit und Heeresflucht eine beträchtliche Einbuße erlitten hatten, allmählich nach dem hohen Gebirge Pholoe in der Nähe der Quellen des Peneus und an die Grenzen von Elia zurück, ein geheiligter Landstrich, der früher von den Drangsalen des Krieges verschont geblieben war.

Das Lager der Barbaren wurde unverzüglich eingeschlossen, die Gewässer des Flusses in ein anderes Bett abgeleitet, und während die Goten den unerträglichen Druck des Durstes und Hungers litten, eine starke Umschanzungslinie gezogen, um ihr Entkommen zu hindern. Nach diesen Vorsichtsmaßregeln entfernte sich Stilicho, der sich des Sieges für allzu sicher hielt, um seinen Triumph in den theatralischen Spielen und üppigen Tänzen der Griechen zu genießen; seine Soldaten verließen ihre Fahnen, verbreiteten sich über das Land ihrer Bundesgenossen und nahmen ihnen alles, was vor den räuberischen Händen des Feindes gerettet worden war. Alarich scheint den günstigen Augenblick ergriffen zu haben, um eine jener kühnen Taten auszuführen, in denen sich die Talente eines Feldherrn mit echterem Glanz entfalten als in dem Lärm eines Schlachttages. Um sich aus dem Gefängnisse des Peloponneses zu befreien war es notwendig, daß er die Verschanzungslinien durchbrach, welche sein Lager umgaben; daß er einen schwierigen und gefährlichen Marsch von 30 Meilen bis zum Golf von Korinth bewerkstelligte; daß er endlich seine Truppen, seine Gefangenen und seine Beute über einen Meeresarm setzte, der in dem engen Raum zwischen Rhium und dem entgegengesetzten Ufer doch wenigstens eine halbe Meile breit war.

Die Bewegungen des Alarich müssen geheim, wohlberechnet und schnell gewesen sein, weil den römischen Feldherrn die Kunde bestürzte, daß die Goten, welche seine Bestrebungen vereitelt hatten, im vollen Besitz der wichtigen Provinz Epirus wären. Dieser unglückliche Verzug gestattete Alarich hinreichende Zeit einen Vertrag abzuschließen, über welchen er insgeheim mit den Ministern zu Konstantinopel unterhandelte. Furcht vor einem Bürgerkrieg zwang Stilicho, auf das stolze Gebot seiner Nebenbuhler, sich aus den Gebieten des Arkadius zurückzuziehen, und er achtete in dem Feind Roms den ehrenvollen Charakter eines Bundesgenossen und Dieners des Kaisers des Ostens.

Während der Sturz der Barbaren allgemeiner Gesprächsgegenstand war, erschien zu Konstantinopel ein Edikt, das die Beförderung Alarichs zum Oberbefehlshaber des östlichen Illyriens ernannte. Die römischen Provinzbewohner und die Bundesgenossen, welche die Heiligkeit der Verträge geachtet hatten, waren mit Recht entrüstet, daß man den Ruin von Griechenland und Epirus so freigebig belohnte. Der gotische Eroberer wurde in den Städten, die er erst kürzlich noch belagert hatte, als gesetzmäßige Obrigkeit empfangen. Die Väter, deren Söhne er niedergemetzelt, die Männer, deren Gattinnen er geschändet hatte, waren seiner Amtsgewalt unterworfen, und der Erfolg seiner Empörung ermutigte den Ehrgeiz jedes Anführers fremder Soldtruppen. Der Gebrauch, den Alarich von seinem neuen Oberbefehl machte, beweist den festen und einsichtsvollen Charakter seiner Politik. Er erließ an die vier Arsenale und Fabriken von Angriffs- und Verteidigungswaffen, Margus, Ratiaria, Raissus und Thessalonika, Befehle, seine Truppen mit einer außerordentlichen Lieferung von Schildern, Helmen, Schwertern und Speeren zu versehen; die unglücklichen Provinzbewohner waren gezwungen die Werkzeuge ihrer eigenen Vernichtung zu schmieden, und die Barbaren entfernten den einzigen Mangel, welcher zuweilen die Anstrengungen ihrer Tapferkeit vereitelt hatte.

Alarichs Geburt, der Ruhm seiner vergangenen Taten und das Vertrauen in seine zukünftigen Pläne vereinigten die Masse der Nation allmählich unter seine siegreiche Fahne, und der Oberbefehlshaber von Illyrien wurde mit einhelliger Zustimmung der barbarischen Häuptlinge nach altem Gebrauch auf einem Schild erhoben und feierlich zum König der Westgoten ausgerufen. Mir dieser doppelten Gewalt bewaffnet und an der Grenze der beiden Reiche sitzend, verkaufte er abwechselnd seine trügerischen Versprechungen den Höfen des Arkadius und Honorius, bis er endlich seinen Entschluß, in die Gebiete des Westens einzufallen, erklärte und ausführte. Die dem Kaiser des Ostens untertänigen europäischen Provinzen waren bereits erschöpft, die asiatischen unzugänglich, und die Stärke von Konstantinopel würde seinem Angriff widerstanden haben. Aber der Ruhm, die Schönheit und der Reichtum Italiens, das er zweimal besucht hatte, lockten ihn, und er geizte insgeheim darnach die gotische Fahne auf den Mauern Roms aufzupflanzen und sein Heer durch die aufgehäufte Beute von 300 Triumphen zu bereichern.

Der Mangel an Tatsachen und die Ungewißheit der Zeitangaben stemmen sich gegen unsere Versuche die Umstände der ersten Überziehung Italiens durch Alarichs Waffen zu beschreiben. Sein Zug, etwa von Thessalonika aus, durch das kriegerische und feindliche Land Pannonien bis zum Fuß der julischen Alpen; sein Übergang über diese Gebirge, die durch Truppen und Verhaue stark geschützt waren; die Belagerung von Aquileja und die Eroberung der Provinzen Istrien und Venetien scheinen eine beträchtliche Zeit weggenommen zu haben. Außer daß seine Operationen außerordentlich langsam und vorsichtig gewesen sind, muß die Länge der Zwischenzeit auf die wahrscheinliche Vermutung führen, daß der gotische König gegen die Ufer der Donau zurückzog und sein Heer mit frischen Barbarenschwärmen verstärkte, bevor er abermals versuchte in das Herz von Italien einzudringen.

Der Kaiser Honorius zeichnete sich vor seinen Untertanen ebenso wohl durch allüberragende Furcht als durch allüberragenden Rang aus. Der Stolz und Glanz, worin er erzogen worden, hatte auch nicht die entfernteste Ahnung in ihm aufkommen lassen, daß es auf Erden eine Macht gebe, verwegen genug das Faulbett eines Nachfolgers des Augustus zu stören. Die Künste der Schmeichelei verbargen die drohende Gefahr, bis Alarich sich dem Palast von Mailand näherte. Als jedoch der Kriegslärm den jungen Kaiser weckte, gab er, statt mit dem Mut oder auch nur mit der Übereilung der Jugend zu den Waffen zu fliegen, jenen furchtsamen Räten Gehör, welche vorschlugen seine geheiligte Person und seine treuen Diener an irgendeinen fernen und sicheren Platz der Provinzen von Gallien zu versetzen. Stilicho allein besaß Mut und Ansehen genug, um sich dieser schimpflichen Maßregel, welche Rom und Italien den Barbaren preisgegeben hätte, zu widersetzen: da aber die Palasttruppen kürzlich nach der rätischen Grenze entsendet worden waren und man sich auf die neue Aushebung ihrer Langsamkeit und Unsicherheit wegen nicht verlassen konnte, vermochte der Feldherr des Westens nur zu versprechen, daß er, wenn der Hof von Mailand während seiner Abwesenheit seinen Platz behaupten sollte, bald mit einem Heere zurückkehren würde, groß genug, um dem König der Goten die Spitze zu bieten.

Ohne einen Augenblick zu verlieren (während jeder Augenblick so wichtig für das öffentliche Wohl war), schiffte sich Stilicho hastig auf dem larischen See ein, ging inmitten der Strenge eines Alpenwinters über die Eis- und Schneegebirge und drängte durch seine unerwartete Gegenwart plötzlich den Feind zurück, der die Ruhe von Rätien gestört hatte. Die Barbaren, vielleicht einige Alemannenstämme, ehrten die Festigkeit eines Anführers, der fortwährend eine gebieterische Sprache führte, und die Auswahl einer erlesenen Anzahl ihrer tapfersten Jünglinge, die er traf, wurde als ein Merkmal der Achtung und Gunst betrachtet. Die von dem nahen Feind befreiten Kohorten stellten sich unverzüglich unter die kaiserliche Fahne, und Stilicho erließ an die entferntesten Truppen des Westens gemessene Befehle, in Eilmärschen zur Verteidigung Honorius' und Italiens herbeizurücken. Aus den Festungswerken am Rhein wurden die Besatzungen gezogen und die Sicherheit Galliens lediglich dem Schutz der Worttreue der Deutschen und des alten Schreckens des römischen Namens anvertraut. Selbst die Legion, welche den britischen Wall gegen die Kaledonier des Nordens bewachte, wurde eiligst zurückgerufen und eine zahlreiche Reiterschar der Alanen vermochte in den Dienst des Kaisers zu treten, welcher ängstlich der Rückkehr seines Feldherrn harrte. Die Klugheit und Tatkraft Stilichos leuchtete im hellsten Glanz bei dieser Gelegenheit, welche zugleich die Schwäche des sinkenden Reiches offenbarte. Die römischen Legionen, welche seit langer Zeit in dem allmählichen Verfall der Heereszucht und des Mutes ein sieches Dasein hingeschleppt hatten, waren durch die gotischen und die Bürgerkriege ausgerottet worden, und es erwies sich als unmöglich ein Heer zur Verteidigung Italiens aufzubringen, ohne die Provinzen zu erschöpfen und bloßzustellen.

Als Stilicho seinen Souverän in dem unbeschützten Palast von Mailand preiszugeben schien, hatte er wahrscheinlich die Dauer seiner Abwesenheit, die Entfernung des Feindes und die Hindernisse berechnet, welche seinen Heranzug verzögern könnten. Er verließ sich hauptsächlich auf die Flüsse Italiens, die Etsch, die Mincio, den Oglio und die Addua, welche im Winter und Frühling infolge der Regengüsse und des Schneeschmelzens zu breiten und reißenden Strömen anzuschwellen pflegen. Aber die Jahreszeit war so ungewöhnlich trocken, daß die Goten ohne Hindernis über die breiten und steinigen Bette, deren Mittelpunkt bloß durch den Lauf eines seichten Stromes bezeichnet war, zu setzen vermochten. Der Brücke und des Übergangs über die Addua versicherte sich eine starke Abteilung des gotischen Heeres, und als sich Alarich den Mauern oder vielmehr Vorstädten von Mailand näherte, hatte er die stolze Genugtuung den Kaiser der Römer vor sich fliehen zu sehen.

Honorius floh mit einem schwachen Gefolge von Staatsmännern und Eunuchen eilig den Alpen in der Absicht zu, seine Person in der Stadt Arles, welche oft die Residenz seiner kaiserlichen Vorfahren gewesen, in Sicherheit zu bringen. Kaum war aber Honorius über den Po gegangen, so wurde er durch die Schnelligkeit der gotischen Reiterei eingeholt, weil ihn die Dringlichkeit der Gefahr zwang in der Festung Asta, einer kleinen an den Ufern des Tanaro gelegenen Stadt Liguriens oder Piemonts, vorübergehenden Schutz zu suchen. Die Belagerung eines unbedeutenden Platzes, welcher eine so reiche Beute enthielt und jedes längeren Widerstandes unfähig schien, wurde von dem König der Goten sogleich unternommen und unermüdlich betrieben; die kühne Erklärung, die der Kaiser später verlautbaren ließ, daß seine Brust stets unzugänglich für die Furcht gewesen wäre, erhielt wahrscheinlich selbst an seinem eigenen Hofe wenig Glauben.

In der äußersten fast hoffnungslosen Not, nachdem die Barbaren bereits die Unwürdigkeit einer Kapitulation vorgeschlagen hatten, wurde der kaiserliche Gefangene plötzlich durch den Ruf, die Herannäherung und endlich die Gegenwart eines Helden erlöst, den er so lange erwartet hatte. An der Spitze einer auserlesenen und unerschrockenen Vorhut schwamm Stilicho über die Addua, um die Zeit zu gewinnen, die bei dem Angriff auf die Brücke hätte verloren gehen müssen; mit weit weniger Gefahr und Schwierigkeit war der Übergang über den Po verbunden, und das glückliche Gefecht, mit welchem er sich unter den Wällen von Asta einen Weg durch das gotische Lager bahnte, belebte wieder die Hoffnungen und rettete die Ehre Roms. Statt die Frucht seines Sieges zu brechen, wurde der Barbar allmählich durch die Truppen des Westens, die glücklich aus allen Alpenpässen hervorbrachen, von allen Seiten umzingelt, sein Lager immer mehr eingeengt, seine Zufuhren abgeschnitten, und die Wachsamkeit der Römer schickte sich an eine Kette von Verschanzungen zu bilden und die Linien der Belagerer zu belagern. Ein Kriegsrat der langhaarigen Häuptlinge der gotischen Nation wurde versammelt, jener greisen Krieger, deren Leiber in Felle gehüllt, deren strenges Antlitz mit ehrenvollen Wunden gezeichnet war. Sie wogen den Ruhm, auf ihrem Unternehmen zu beharren, gegen den Vorteil ihre Beute zu sichern ab und empfahlen die Klugheitsmaßregeln eines Rückzugs zur rechten Zeit. Bei dieser wichtigen Beratung entwickelte Alarich den Mut des Eroberers von Rom und, nachdem er seine Vaterlandsgenossen an ihre Taten und Pläne

erinnert hatte, schloß er seine feurige Rede durch die feierliche und gemessene Beteuerung, daß er entschlossen sei in
Italien entweder ein Königreich oder ein Grab zu finden.

Die lockere Heereszucht der Barbaren setzte sie stets der
Gefahr einer Überrumpelung aus; statt daß aber Stilicho die
zügellosen Stunden der Schwelgerei und Unmäßigkeit
wählte, beschloß er die *christlichen* Goten anzugreifen, während sie frommer Weise mit der Feier des Osterfestes beschäftigt waren. Die Ausführung der Kriegslist oder, wie die Geistlichkeit es nannte, des Frevels, wurde dem Saul, einem
Barbaren und Heiden anvertraut, der jedoch unter den alten
Feldherren des Theodosius mit ausgezeichnetem Ruf gedient
hatte. Das Lager der Goten, welches Alarich in der Nähe von
Pollentia aufgeschlagen hatte, wurde durch den plötzlichen
und ungestümen Angriff der kaiserlichen Reiterei in Verwirrung gebracht; in wenigen Augenblicken jedoch gab ihnen
das unerschrockene Genie ihres Anführers die Ordnung wieder und ein Schlachtfeld, und so wie sie sich von ihrem Erstaunen erholt hatte, mehrte das fromme Vertrauen, daß der
Gott der Christen ihre Sache führen werde, ihre angeborene
Tapferkeit mit frischer Stärke. In diesem Kampf, welcher
lange mit gleichem Mut und Erfolg fortdauerte, bewies der
Häuptling der Alanen, dessen winzige Wildengestalt eine
hochherzige Seele barg, seine in Verdacht gezogene Treue
durch den Eifer, womit er im Dienst der Republik focht und
fiel, und der Ruhm des ritterlichen Barbaren ist in den Ver-
sen Klaudians nur unvollständig bewahrt worden, weil der
Dichter, der seine Tapferkeit und Ergebenheit feiert, den
Namen zu nennen vernachlässigt hat. Sein Tod hatte die Bestürzung und Flucht des Geschwaders, dessen Befehlshaber er
gewesen, zur Folge, und die Niederlage des Flügels der Reiterei würde den Sieg zugunsten Alarichs entschieden haben,
wenn Stilicho nicht unverzüglich das römische und barbarische Fußvolk zum Angriff geführt hätte.

Die Geschicklichkeit des Feldherrn und die Tapferkeit der
Soldaten überstanden jedes Hindernis. Am Abend des bluti-
gen Tages zogen sich die Goten vom Schlachtfeld zurück; die
Verschanzungen ihres Lagers wurden erstürmt, und die nun

folgende Szene der Plünderung und des Gemetzels sühnte einigermaßen die Drangsale, welche sie den Untertanen des Reiches zugefügt hatten. Die großartige Beute von Korinth und Argos bereicherte die Veteranen des Westens; die gefangene Gattin Alarichs, welche mit Ungeduld die Erfüllung seines Versprechens römischer Juwelen und Kammerfrauen begehrte, sah sich gezwungen die Gnade des stolzen Feindes anzuflehen, und mehrere tausend von den gotischen Ketten erlöste Gefangene verbreiteten durch die Provinzen Italiens den Ruhm ihres heldenmütigen Befreiers. Der Triumph des Stilicho wurde von dem Dichter und vielleicht dem Volk mit jenem des Marius verglichen, der in derselben Gegend von Italien ein anderes Heer nordischer Barbaren bekämpft und vernichtet hatte. Die riesigen Gebeine und leeren Helme der Cimbern und Goten mochten von den nachfolgenden Geschlechtern leicht vermengt werden und die Nachwelt dem Andenken der zwei berühmtesten Feldherren, welche auf demselben denkwürdigen Boden die zwei furchtbarsten Feinde Roms besiegt hatten, eine gemeinsame Trophäe errichten.

Die Beredsamkeit Klaudians hat mit verschwenderischem Beifall den Sieg von Pollentia, einen der glorreichsten Tage im Leben seines Beschützers, gefeiert: aber seine sich sträubende und parteiische Muse zollt echteres Lob dem Charakter des gotischen Königs. Sein Name wird allerdings mit dem schimpflichen Namen eines Räubers und Mordbrenners, worauf die Eroberer jedes Jahrhunderts mit so vielem Recht Anspruch haben, gefeiert; aber der Dichter des Stilicho ist gezwungen anzuerkennen, daß Alarich jene unbesiegliche Willensstärke besaß, welche aus jedem Unglück überlegen auftaucht und neue Hilfsmittel aus widrigem Geschick schöpft. Nach der gänzlichen Niederlage seines Fußvolkes entwich er oder zog sich vielmehr mit dem größten Teil seiner Reiterei, ganz und undurchbrochen, vom Schlachtfeld zurück. Ohne einen Augenblick mit Wehklagen über den Verlust so vieler tapferen Gefährten zu vergeuden, ließ er seinen siegreichen Feind die gefangenen Bilder eines gotischen Königs in Fesseln legen und beschloß kühn, durch die unbewachten Pässe der

Apenninen zu brechen, das fruchtbare Toskana zu verheeren und vor den Toren Roms zu siegen oder zu sterben.

Die Hauptstadt wurde durch die tätige und unablässige Wachsamkeit Stilichos gerettet; aber er berücksichtigte die Verzweiflung seines Feindes, und statt das Schicksal der Republik dem Wechselfall einer zweiten Schlacht anzuvertrauen, machte er den Vorschlag den Abzug der Barbaren zu erkaufen. Alarichs Mut würde solche Bedingungen, die Erlaubnis des Rückzugs und das Anerbieten eines Jahrgehalts, mit Verachtung und Entrüstung verworfen haben: aber er übte nur eine beschränkte und unsichere Macht über die unabhängigen Häuptlinge, welche ihn zu *ihrem* Besten über seinesgleichen erhoben hatten; noch viel weniger waren sie geneigt einem unglücklichen Feldherrn zu gehorchen, und mehrere von ihnen ließen sich verleiten für ihr Interesse durch geheime Unterhandlungen mit dem Minister des Honorius zu sorgen. Der König unterwarf sich dem Willen seines Volkes, genehmigte den Vertrag mit dem Reich des Westens und ging mit den Überresten des schönen Heeres, das er nach Italien geführt hatte, über den Po zurück. Ein beträchtlicher Teil der römischen Streitkräfte fuhr fort seine Bewegungen zu bewachen, und Stilicho, der ein geheimes Einverständnis mit einigen der barbarischen Häuptlinge unterhielt, bekam pünktlich von den Plänen Kunde, welche man im Lager und Kriegsrat Alarichs entwarf. Der König der Goten, begierig seinen Rückzug durch eine glänzende Tat auszuzeichnen, hatte beschlossen sich der wichtigen Stadt Verona, des Schlüssels zu dem Hauptpaß der räthischen Alpen zu bemächtigen, um durch die Gebiete jener deutschen Stämme, deren Bündnis seine erschöpfte Macht ergänzen konnte, zu ziehen und von der Seite des Rheins her in die reichen und arglosen Provinzen Galliens einzubrechen.

Den Verrat nicht ahnend, der bereits dem Feind Kunde von seinem kühnen und einsichtsvollen Unternehmen gegeben, rückte er gegen die schon von den kaiserlichen Truppen besetzten Gebirgspässe vor, wo er fast zu gleicher Zeit einem allgemeinen Angriff vorne, auf den Flanken und im Rücken preisgegeben war. In diesem blutigen Gefecht, das in geringer

Entfernung von den Mauern von Verona stattfand, war der Verlust der Goten nicht minder groß als jener, den sie in der Schlacht von Pollentia erlitten hatten, und ihr tapferer König, den nur die Schnelligkeit seines Rosses rettete, würde entweder erschlagen oder zum Gefangenen gemacht worden sein, wenn der übereilte Ungestüm der Alanen nicht die Maßregeln des römischen Feldherrn vereitelt hätte. Alarich sicherte die Überreste seines Heeres auf den naheliegenden Felsen und schickte sich mit unerschrockener Entschlossenheit an, eine Belagerung von der überlegenen Anzahl des Feindes, der ihn von allen Seiten einschloß, auszuhalten. Aber er konnte weder dem verderblichen Fortschritt des Hungers noch der Krankheit Einhalt tun, noch war es ihm möglich die beständige Heeresflucht seiner ungeduldigen und eigensinnigen Barbaren zu verhindern. Dennoch fand er in dieser äußersten Not Hilfsmittel in seinem eigenen Mut oder in der Mäßigung seines Gegners, und der Rückzug des gotischen Königs wurde als die Befreiung von Italien betrachtet. Indessen erdreistete sich das Volk, ja selbst die Geistlichkeit, unfähig ein vernünftiges Urteil über die Angelegenheiten des Friedens und Krieges zu fällen, die Politik Stilichos anzuklagen, welcher den unversöhnlichen Feind der Republik so oft besiegt, so oft eingeschlossen und so oft hatte entkommen lassen. Der erste Augenblick der Rettung des Staates ist der Dankbarkeit und Freude geweiht, emsig aber füllen Neid und Verleumdung den zweiten.

Die Bürger Roms waren über den Heranzug Alarichs in Bestürzung versetzt und die Emsigkeit, womit sie an der Wiederherstellung der Mauern der Hauptstadt arbeiteten, legte Zeugnis für ihre eigenen Besorgnisse und für den Verfall des Reiches ab. Nach dem Abzug der Barbaren wurde dem Honorius geraten die pflichtgetreue Einladung des Senats anzunehmen und in der kaiserlichen Stadt die glückliche Ära des Sieges über die Goten und seines sechsten Konsulates zu feiern. Die Vorstädte und die Straßen von der milvischen Brücke bis zum palatinischen Berg waren von dem römischen Volk gefüllt, das im Zeitraum von 100 Jahren nur dreimal mit der Anwesenheit seiner Souveräne beehrt worden war. Während die Blicke der Menschen auf Stilicho hafteten, der verdientermaßen an der Seite seines kaiserlichen Zöglings saß, riefen sie dem Gepränge eines Triumphes Beifall zu, der nicht wie jener Konstantins oder des Theodosius mit Bürgerblut befleckt war. Der Zug ging durch einen hohen zu diesem Zweck eigens errichteten Bogen: aber in weniger als sieben Jahren konnten die gotischen Eroberer Roms die herrliche Inschrift auf diesem Denkmal lesen, wenn sie anders lesen konnten, welche die gänzliche Niederlage und Zerstörung ihrer Nation verkündete.

Während Italien über seine Befreiung von den Goten jubelte, hatte sich ein furchtbarer Sturm unter den Völkern Deutschlands erhoben, welche dem unwiderstehlichen Antrieb gehorchten, der allmählich von dem östlichen Ende des asiatischen Festlandes mitgeteilt worden zu sein scheint. Die Kette der Ereignisse wird unterbrochen oder vielmehr verhüllt, wie sie von der Wolga zur Weichsel durch den dunklen Raum geht, welcher die äußersten Grenzen des chinesischen und römischen Reiches trennt. Indessen deuten der Charakter der Barbaren und die Erfahrung der aufeinanderfolgenden Auswanderungen hinreichend darauf hin, daß die Hunnen, die durch die Waffen der Geougen unterdrückt wurden, sich bald aus der Nähe des hochmütigen Siegers fortmachten. Die Länder gegen das schwarze Meer zu waren bereits von Stammverwandten besetzt und ihre eilige Flucht, die sich jedoch bald in einen kühnen Angriff verwandelte, mochte sich daher ganz natürlich nach den reichen und ebenen Flächen richten, durch welche die Weichsel sachte dem baltischen Meere zufließt. Der Norden mußte abermals durch den Einbruch der Hunnen beunruhigt und erschüttert worden sein, und die Nationen, welche sich vor ihnen zurückzogen, müssen mit aufstoßender Wut gegen die Grenzen Deutschlands gedrückt haben. Die Bewohner jener Gegenden, welche die Alten den Sueven, Vandalen und Burgunden angewiesen haben, mochten den Entschluß ergreifen den Flüchtlingen aus Sarmatien ihre Wälder und Moräste zu überlassen oder wenigstens ihre überflüssige Bevölkerung gegen die Provinzen des römischen Reiches zu entladen.

Ungefähr vier Jahre nach des siegreichen Tulun Annahme des Titels Khan der Geougen rückte ein anderer Barbar, der hochmütige Rhodogast oder Radagaisus, von dem nördlichen Deutschland bis fast an die Tore Roms und hinterließ den Resten seines Heeres die Vollendung des Verderbens des Westens. Die Vandalen, Sueven und Burgunden bildeten den Kern dieser gewaltigen Schar; aber die Alanen, welche gastfreie Aufnahme in ihren neuen Sitzen gefunden hatten, fügten ihre behende Reiterei zu dem schweren Fußvolk der Deutschen, und die gotischen Abenteurer strömten mit solcher Gier unter die Fahne des Radagaisus, daß er von einigen Geschichtsschreibern König der Goten genannt worden ist. 12000 Krieger, die über den gemeinen Haufen durch edle Geburt oder tapfere Taten emporragten, schimmerten in der Vorhut, und die ganze Heeresmenge, die nicht weniger als 200000 wirkliche Streiter betrug, mochte sich mit Hinzufügung der Weiber, Kinder und Sklaven auf 400000 Personen belaufen. Diese furchtbare Auswanderung strömte von derselben Küste der Ostsee her, welche die Myriaden Cimbern und Teutonen ausgegossen hatte, um Rom und Italien in der Kraft der Republik anzugreifen. Nach dem Abzug der Barbaren blieb ihr Vaterland, das als Spuren ihrer Größe lange Wälle und riesige Dämme zeigte, mehrere Jahrhunderte hindurch eine weite, traurige Einöde, bis das Menschengeschlecht sich durch die Macht der Zeugung erneuerte und die Leere durch Zufluß frischer Einwohner gefüllt wurde. Den Völkern, die jetzt eine Landausdehnung besitzen, welche sie zu bebauen unfähig sind, würde die fleißige Armut ihrer Nachbarn bald beistehen, wenn das Staatenrecht Europas die Herrschafts- und Eigentumsrechte nicht beschützte.

Der Verkehr zwischen den Völkern war in jenem Zeitalter so unvollkommen und unsicher, daß die Umwälzungen des Nordens der Kunde des Hofes von Ravenna entgehen mochten, bis die finstere Wolke, die sich an der Küste der Ostsee gesammelt hatte, an den Ufern der oberen Donau als Ungewitter losbrach. Der Kaiser des Westens, wenn seine Minister ja seine Unterhaltungen mit der Nachricht von der drohenden Gefahr störten, begnügte sich damit, die Veranlassung und der Zuschauer des Krieges zu sein. Die Sicherheit Roms wurde den Ratschlüssen und dem Schwert Stilichos anvertraut; aber so beschaffen war der schwache und erschöpfte Zustand des Reiches, daß es eine Unmöglichkeit blieb die Befestigungen an der Donau herzustellen oder durch eine kräftige Anstrengung den Einbruch der Deutschen abzuwehren. Die Hoffnungen des wachsamen Ministers des Honorius waren auf die Verteidigung von Italien beschränkt. Er gab die Provinzen abermals Preis, rief die Truppen zurück, beeilte die neuen Aushebungen, welche scharf betrieben und feigherzig umgangen wurden, ergriff die wirksamsten Mittel die Heeresflüchtlinge zu fangen oder zurückzulocken und bot allen Sklaven, die sich anwerben lassen würden, das Geschenk der Freiheit und zwei Goldstücke. Durch diese Anstrengungen brachte er von den Untertanen eines großen Reiches mit Mühe ein Heer von 30 000 oder 40 000 Mann zusammen, welches in den Tagen des Scipio oder Kamillus von den freien Bürgern des Stadtgebietes von Rom augenblicklich gestellt worden sein würde. Die 30 Legionen des Stilicho wurden durch eine große Schar barbarischer Hilfsvölker verstärkt: die treuen Alanen waren durch persönliche Bande an seinen Dienst gefesselt, und die Truppen der Hunnen und Goten, die unter den Fahnen ihrer angestammten Fürsten Huldin und Sarus marschierten, wurden durch Eigennutz und Rache befeuert sich dem Ehrgeiz des Radagaisus zu widersetzen.

Der König der verbündeten Deutschen ging, ohne auf Widerstand zu stoßen, über die Alpen, den Po und die Apenninen, ließ auf der einen Seite den unzugänglichen Palast des Honorius, sicher vergraben in den Sümpfen von Ravenna, auf der anderen das Lager des Stilicho liegen, welcher sein Hauptquartier zu Ticinum oder Pavia aufgeschlagen hatte, aber eine entscheidende Schlacht, bevor er seine fernen Streitkräfte an sich gezogen, vermieden zu haben scheint. Viele Städte Italiens wurden geplündert oder zerstört, und Radagaisus' Belagerung von Florenz, dessen Festigkeit die ungeschickte Wut der Barbaren brach und aufhielt, bildet eines der frühesten Ereignisse in der Geschichte dieser berühmten Republik.

Senat und Volk zitterten bei Herannahung jener bis auf
180 Meilen von Rom und verglichen die Gefahr, der sie entgangen waren, angstvoll mit der neuen, welche sie bedrohte.
Alarich war ein Christ und Soldat, war der Anführer eines
disziplinierten Heeres, welches die Kriegsgesetze kannte, die
Heiligkeit der Verträge achtete und mit den Untertanen des
Reiches in denselben Lagern und denselben Kirchen vertrauten Umgang gepflogen hatte. Der wilde Radagaisus war eher
ein Fremdling in den Sitten, der Religion, ja selbst der Sprache der zivilisierten Völker des Südens. Grausamer Aberglaube steigerte die Wildheit seines Charakters, und es
herrschte allgemein die Meinung, er habe sich durch einen
feierlichen Eid verpflichtet die Stadt in einen Haufen von
Schutt und Asche zu verwandeln und die erlauchtesten Senatoren auf den Altären jener Götter, die durch Menschenblut
gesühnt werden, zum Opfer zu bringen. Die öffentliche Gefahr, welche alle heimischen Zwistigkeiten hätte versöhnen
sollen, brachte den unheilbaren Wahnsinn religiöser Parteiung an das Licht. Die unterdrückten Anbeter Jupiters und
Merkurs ehrten in dem unversöhnlichen Feind Roms den
Charakter eines frommen Heiden, erklärten laut, daß sie sich
vor den Opfern des Radagaisus mehr fürchteten als vor seinen Waffen, und freuten sich insgeheim der Drangsale ihres
Vaterlandes, welche den Glauben ihrer christlichen Gegner
verdammten.

Florenz war bereits auf das Äußerste gebracht und der sinkende Mut der Bürger wurde nur noch durch das Ansehen
des heiligen Ambrosius, welcher in einem Traumgesicht
schleunigen Entsatz verheißen hatte, aufrechterhalten. Plötzlich erblickten sie von ihren Wällen die Banner des Stilicho,
der mit seiner ganzen vereinten Macht zur Rettung der
treuen Stadt heranrückte und bald diesen gefeierten Ort zum
Grab der Barbarenschaar bezeichnete.

Die scheinbaren Widersprüche der Schriftsteller, welche
die Niederlage des Radagaisus auf verschiedene Weise erzählen, lassen sich vereinigen, ohne ihren bezüglichen Zeugnissen viel Gewalt anzutun. Orosius und Augustin, die durch
Freundschaft und Religion eng verbunden waren, schreiben

diesen wunderbaren Sieg mehr Gottes Vorsicht als menschlicher Tapferkeit zu. Sie schließen streng jeden Gedanken an einen Zufall, ja auch nur an Blutvergießen aus und versichern mit Bestimmtheit, daß die Römer, deren Lager der Schauplatz des Müßiggangs und Überflusses war, sich an der Hungersnot der Barbaren weideten, welche auf der kahlen und unfruchtbaren Bergkette von Fäsulä, die sich über die Stadt Florenz erhebt, langsam verschmachteten. Ihre ausschweifende Behauptung, daß nicht ein einziger Soldat des christlichen Heeres getötet oder auch nur verwundet wurde, mag mit schweigender Verachtung übergangen werden; die übrige Darstellung Augustins und Orosius' aber verträgt sich vollkommen mit der Lage des Krieges und dem Charakter des Stilicho. Wohl wissend, daß er das *letzte* Heer der Republik befehlige, vermied seine Klugheit es, dasselbe im offenen Feld der ungestümen Wut der Barbaren bloßzustellen. Die Methode den Feind mit starken Umschanzungslinien zu umgeben, welche er zweimal gegen den gotischen König angewendet hatte, wurde in einem größeren Maßstab und mit wirksamerem Erfolg wiederholt. Die Beispiele Cäsars mußten auch dem Schriftungelehrtesten der römischen Krieger bekannt sein, und die Schanzlinien von Dyrrhachium, welche 24 Kastelle durch einen fortlaufenden, 15 Meilen langen Graben und Wall verbanden, gaben das Muster zu einer Umschanzung, die das zahlreichste Barbarenheer einschließen und aushungern konnte. Die römischen Truppen waren von dem Fleiß weniger als von der Tapferkeit ihrer Altvordern entartet, und wenn die knechtische und beschwerliche Arbeit den Stolz der Soldaten beleidigte, konnte Toskana mehrere tausend Bauern stellen, die vielleicht für die Rettung ihres Vaterlandes schanzgraben mochten, wenn sie auch nicht für dasselbe zu kämpfen wagten.

Die eingeschlossene Menge von Pferden und Menschen wurde allmählich und zwar mehr durch Hunger als durch das Schwert aufgerieben, wiewohl die Römer während den Fortschritten eines so ausgedehnten Werkes den häufigen Angriffen eines ungeduldigen Feindes ausgesetzt waren. Verzweiflung mochte die hungernden Barbaren gegen die Schanzen

Stilichos peitschen, der Feldherr mochte zuweilen dem Eifer seiner tapferen Hilfstruppen nachgeben, die das Lager der Deutschen zu stürmen begehrten, und diese verschiedenen Ereignisse mochten jene scharfen und blutigen Kämpfe erzeugen, welche der Erzählung des Zosimus und den Chroniken des Prosper und Marcellinus Würde verleihen. Noch zur rechten Zeit waren Verstärkungen und Lebensmittel in die Mauern von Florenz gebracht worden, und die hungernden Heereshaufen des Radagaisus wurden nun ihrerseits belagert. Der stolze Monarch so vieler kriegerischen Nationen sah sich nach dem Verlust seiner tapfersten Mannen gezwungen entweder auf Treue und Glauben einer Kapitulation oder auf die Gnade Stilichos sich zu verlassen. Aber der Tod des königlichen Gefangenen, welcher schimpflich enthauptet wurde, schändete den Triumph Roms und der Christenheit, und der kurze Aufschub seiner Hinrichtung reichte hin, um den Sieger mit der Schuld kalter und überlegter Grausamkeit zu brandmarken. Die verhungerten Deutschen, die der Wut der Hilfstruppen entronnen waren, wurden zu dem verächtlichen Preise von je einem Goldstück für den Kopf als Sklaven verkauft; das ungewohnte Klima aber und die veränderte Nahrung rafften große Scharen dieser unglücklichen Fremdlinge hinweg, und man machte die Bemerkung, daß die unmenschlichen Käufer, statt die Früchte ihrer Arbeit zu ernten, bald gezwungen waren die Kosten ihres Begräbnisses zu bestreiten. Stilicho erstattete dem Kaiser und dem Senat Bericht von seinem Erfolg und verdiente zum zweiten Mal den glorreichen Titel eines Befreiers von Italien.

Der Ruf des Sieges und insbesondere des Wunders hatte den eitlen Glauben verbreitet, daß das ganze Heer oder vielmehr die Nation der Deutschen, welche von den Gestaden der Ostsee ausgewandert war, unter den Mauern von Florenz elendiglich umgekommen wäre. Das war in der Tat das Schicksal des Radagaisus selbst, seiner tapferen und treuen Gefährten und eines Dritteiles der bunten Menge von Sueven und Vandalen, Alanen und Burgunden, welche unter der Fahne ihres Feldherrn gefochten hatten. Die Vereinigung eines solchen Heeres mag unser Staunen erregen, aber die

Ursachen der Trennung sind augenfällig und mächtig: Stolz der Geburt, Hochmut der Tapferkeit, Herrscheifersucht, Unfähigkeit sich unterzuordnen und der hartnäckige Kampf der Meinungen, Interessen und Leidenschaften unter so vielen Königen und Kriegern, welche nicht gelernt hatten nachzugeben oder zu gehorchen. Nach der Niederlage des Radagaisus blieben zwei Teile der deutschen Heeresscharen, welche die Zahl von 100 000 Mann überstiegen haben müssen, fortwährend zwischen den Apenninen und den Alpen oder zwischen den Alpen und der Donau unter Waffen. Es ist ungewiß, ob sie es versuchten ihren Feldherrn zu rächen; ihre regellose Wut aber wurde bald durch die Klugheit und Festigkeit des Stilicho abgeleitet, der sich ihrem Vordringen widersetzte, ihren Rückzug erleichterte, die Rettung Roms und Italiens als den großen Zweck aller seiner Anstrengungen betrachtete und mit zu großer Gleichgültigkeit den Reichtum und die Ruhe der fernen Provinzen opferte. Die Barbaren erlangten durch einige pannonische Heeresflüchtlinge, welche zu ihnen stießen, Kunde des Landes und der Straßen, und der Einbruch in Gallien, den Alarich beabsichtigt hatte, wurde von den Überresten des großen Heeres des Radagaisus bewerkstelligt.

Wenn sie jedoch auf Beistand von den deutschen Stämmen hofften, welche die Rheinufer bewohnten, täuschten sie sich in ihren Erwartungen. Die Alemannen beobachteten eine Haltung tatenloser Neutralität und die Franken zeichneten ihren Eifer und Mut durch Verteidigung des Reiches aus. In dem schnellen Zug den Rhein abwärts, welcher die erste Handlung der Verwaltung Stilichos gewesen, hatte er sich mit besonderer Aufmerksamkeit bemüht die Freundschaft der kriegerischen Franken zu sichern und die unversöhnlichen Feinde des Friedens und der Republik zu entfernen. Markomir, einer ihrer Könige, wurde öffentlich und vor dem Tribunale des römischen Richters überführt die Vertragstreue verletzt zu haben. Seine Strafe war eine milde aber ferne Verbannung in die Provinz Toskana, und weit entfernt, daß seine Entsetzung von der königlichen Würde den Groll seiner Untertanen erregte, bestraften sie vielmehr den unruhigen

Sunno, der seinen Bruder zu rächen versuchte, mit dem Tode und bewahrten ihre pflichtgemäße Treue den Fürsten, die durch Stilichos Wahl auf den Thron gesetzt worden waren. Als die Grenzen Galliens und Deutschlands durch die Auswanderung aus dem Norden erschüttert wurden, widerstanden die Franken tapfer der vereinzelten Macht der Vandalen, welche mit Verachtung der Lehren der Erfahrung ihre Streitkräfte abermals von der Fahne ihrer barbarischen Bundesgenossen getrennt hatten. Sie büßten ihre Unbesonnenheit: 20 000 Vandalen und ihr König Godigisklus wurden auf dem Schlachtfeld erschlagen. Das ganze Volk würde ausgerottet worden sein, wenn die Geschwader der Alanen nicht zu ihrer Hilfe herbeigeeilt wären und das Fußvolk der Franken überritten hätten, die nach einem ehrenvollen Widerstand gezwungen waren den ungleichen Kampf aufzugeben. Die siegreichen Verbündeten setzten ihren Zug fort, und am letzten Tag des Jahres, zu einer Zeit, wo die Gewässer des Rheins höchst wahrscheinlich gefroren waren, betraten sie, ohne auf Widerstand zu treffen, die wehrlosen Provinzen Galliens. Dieser denkwürdige Übergang der Sueven, Vandalen, Alanen und Burgunden, die sich nachher nie wieder zurückzogen, kann als der Sturz des römischen Reiches in den Ländern jenseits der Alpen betrachtet werden: die Schranken, welche so lange die wilden und zivilisierten Nationen des Erdbodens getrennt hatten, waren von diesem unheilvollen Augenblick an eingerissen.

Während der Friede mit Deutschland durch die Anhänglichkeit der Franken und die Neutralität der Alemannen gesichert war, genossen die Untertanen Roms, die herdrohenden Drangsale nicht ahnend, einen Frieden und ein Glück, dessen Segnungen die gallischen Grenzen nur selten erfahren hatten. Ihre Rinder- und Lämmerherden durften auf den Weiden der Barbaren grasen und ihre Jäger drangen ohne Furcht oder Gefahr in die dunkelsten Gründe des herzynischen Waldes. Die Ufer des Rheins waren gleich jenen der Tiber mit eleganten Landhäusern und wohl unterhaltenen Meiereien geschmückt, und wenn ein Dichter den Fluß hinunter gefahren wäre, würde er in Zweifel geschwebt haben, auf welcher

Seite sich das römische Gebiet befinde. Dieser Schauplatz des Friedens und des Wohlstandes wurde plötzlich in eine Wüste verwandelt, und der Anblick rauchender Trümmer war es allein, woran man die Einöde der Natur von der Verheerung des Menschen unterscheiden konnte. Die blühende Stadt Mainz wurde überrumpelt und zerstört und viele tausend Christen in den Kirchen unmenschlich niedergemetzelt. Worms wurde nach einer langen und hartnäckigen Belagerung in einen Schutthaufen verwandelt; Straßburg, Speier, Rheims, Tournay, Arras, Amiens erfuhren den grausamen Druck des deutschen Jochs, und die verheerenden Flammen des Krieges breiteten sich von den Ufern des Rheins über den größten Teil der 17 Provinzen von Gallien aus. Dieses reiche und große Land bis zum Ozean, den Alpen und den Pyrenäen wurde den Barbaren preisgegeben, welche in vermischten Scharen Bischöfe, Senatoren und Jungfrauen, mit der wertvollen Habe ihrer Häuser und Altäre beladen, vor sich hertrieben.

Der Dichter, dessen Schmeichelei dem römischen Adler die Siege von Pollentia und Verona zugeschrieben hat, verfolgt den eiligen Rückzug Alarichs von den Grenzen Italiens mit einem schrecklichen Nachgerausche luftiger Gespenster, wie sie über einem Barbarenheere schweben mochten, das durch Krieg, Hunger und Seuchen beinahe vernichtet war. Im Laufe dieses unglücklichen Feldzugs mußte der König der Goten in der Tat einen beträchtlichen Verlust erlitten haben und seine hart mitgenommenen Streitkräfte bedurften eines Zeitraumes der Ruhe, um ihre Anzahl zu ergänzen und ihr Selbstvertrauen wiederherzustellen. Das Unglück hatte das Genie Alarichs sowohl geübt als im Glanz gezeigt, und der Ruf seiner Tapferkeit lockte unter der Fahne der Goten die heldenmütigsten der barbarischen Krieger, welche vom schwarzen Meer bis zum Rhein von dem Drang nach Raub und Eroberung in Bewegung gesetzt wurden. Er hatte die Achtung Stilichos erworben und nahm bald dessen Freundschaft an. Indem Alarich dem Dienst des östlichen Kaisers entsagte, schloß er mit dem Hofe von Ravenna einen Friedens- und Allianzvertrag, wodurch er zum Oberbefehlshaber der Präfektur von Illyrien erklärt wurde, die der Minister des Honorius nach ihren wahrhaften und alten Grenzen in Anspruch nahm.

Die Ausführung dieses herrschsüchtigen Plans, der in den Artikeln des Vertrages entweder bedungen oder stillschweigend verstanden worden war, scheint durch den furchtbaren Einbruch des Radagaisus aufgeschoben worden zu sein, und die Neutralität des Gotenkönigs kann mit der Gleichgültigkeit Cäsars verglichen werden, welcher sich in der Verschwörung des Katalina weigerte sowohl den Feinden der Republik beizustehen als sich ihnen zu widersetzen. Nach der Niederlage der Vandalen erhob Stilicho wieder seine Ansprüche auf die Provinzen des Ostens, ernannte Zivilobrigkeiten zur Verwaltung der Gerechtigkeit und der Finanzen und erklärte seinen ungeduldigen Wunsch die vereinten Heere der Römer und Goten vor die Tore von Konstantinopel zu führen. Allein Stilichos Klugheit, sein Abscheu gegen den Bürgerkrieg und die vollständige Kenntnis der Schwäche des Staates, die er besaß, unterstützten die Vermutung, daß der Zweck seiner Politik vielmehr innerer Friede als auswärtige Eroberung war, und daß seine Hauptsorge dahin zielte den Streitkräften Alarichs fern von Italien Beschäftigung zu geben.

Diese Absicht konnte aber nicht lange dem Scharfblick des gotischen Königs entgehen, welcher ein zweideutiges und vielleicht verräterisches Einverständnis mit den eifersüchtigen Höfen zu unterhalten fortfuhr, gleich einem mißvergnügten Söldling die Lauheit seiner Bewegungen in Thessalien und Epirus verlängerte und dann schnell zurückkehrte, um ausschweifenden Lohn für unerhebliche Dienste zu fordern. Aus seinem Lager bei Aemona an der Grenze von Italien übersandte er dem Kaiser des Westens eine lange Liste von Versprechungen, Unkosten und Forderungen, verlangte unverzügliche Befriedigung und deutete die Folgen einer Weigerung klar an. War aber gleich sein Benehmen feindselig, so war doch seine Sprache anständig und pflichtgetreu. Er nannte sich demütig den Freund des Stilicho und den Soldaten des Honorius, erbot sich in Person mit seinen Truppen unverzüglich gegen den Usurpator von Gallien zu ziehen und verlangte als bleibende Ansiedelungsstätte des Volkes der Goten irgendeine der entvölkerten Provinzen des westlichen Reiches.

Die politischen und geheimen Verhandlungen zwischen zwei Staatsmännern, welche sich einander und die Welt zu täuschen suchten, würden für ewig in dem undurchdringlichen Dunkel des Kabinetts begraben geblieben sein, wenn die Debatten einer öffentlichen Versammlung nicht einige Lichtstrahlen auf den Verkehr zwischen Alarich und Stilicho geworfen hätten. Die Notwendigkeit irgendeine künstliche Stütze für eine Regierung zu finden, welche aus einem Prinzip nicht der Mäßigung, sondern der Schwäche dahin gebracht war mit ihren eigenen Untertanen zu unterhandeln, hatte unmerklich das Ansehen des römischen Senats wiederaufgefrischt, und der Minister des Honorius zog ehrerbietig die gesetzgebende Versammlung der Republik zu Rate. Stilicho versammelte den Senat in dem Palast der Cäsaren, schilderte in studierter Rede den gegenwärtigen Stand der Angelegenheiten, trug die Forderungen des Königs der Goten vor und überließ der Entscheidung der Versammlung die Wahl zwischen Krieg und Frieden. Die Senatoren, gleich als erwachten sie plötzlich aus einem Traum von 400 Jahren, schienen bei dieser wichtigen Veranlassung mehr von dem Mut als von der Weisheit ihrer Vorfahren beseelt zu sein. Sie erklärten laut in regelmäßiger Rede oder tumultuarischem Durcheinanderruf, daß es der Majestät des römischen Namens unwürdig sei von einem Barbarenkönig einen unsicheren und schimpflichen Waffenstillstand zu erkaufen und daß nach dem Urteil eines hochherzigen Volkes der mögliche Fall des Untergangs stets der Gewißheit der Schande vorzuziehen wäre. Der Minister, dessen Friedensabsichten nur durch die Stimmen weniger knechtischer und käuflicher Anhänger unterstützt wurden, versuchte es die allgemeine Gärung durch eine Verteidigung seines eigenen Benehmens, ja selbst der Forderungen des gotischen Fürsten zu stillen. »Die Bezahlung von Hilfsgeldern, welche die Entrüstung der Römer errege«, war Stilichos Sprache, »dürfe nicht in dem gehässigen Licht eines durch die Drohungen eines barbarischen Feindes erpreßten Tributes oder Lösegeldes betrachtet werden. Alarich habe die gerechten Ansprüche der Republik auf die Provinzen, die von dem Hofe von Konstantinopel usurpiert würden, treu behauptet; er bitte bescheidentlich um die billige und bedungene Belohnung seiner Dienste, und wenn er von Verfolgung seines Unternehmens abgestanden sei, habe er durch seinen Rückzug dem gemessenen obschon geheimen Schreiben des Kaisers selbst gehorcht. Diese widersprechenden Befehle (er wolle die Mißgriffe seiner Familie nicht verheimlichen) wären durch die Fürbitte der Serena ausgewirkt worden. Die zärtliche Liebe seiner Gattin wäre durch den Zwist zwischen den kaiserlichen Brüdern, den Söhnen ihres Adoptivvaters, zu tief ergriffen worden, und die Gefühle der Natur hätten nur zu leicht die Oberhand über die ernsten Gebote der öffentlichen Wohlfahrt gewonnen.«

Diese Scheingründe, welche die dunklen Intrigen des Palastes von Ravenna nur schwach verschleiern, wurden durch Stilichos Ansehen unterstützt und erhielten nach heißen Debatten die widerstrebende Billigung des Senats. Der Tumult der Tugend und Freiheit legte sich und die Summe von 4000 Pfund Goldes wurde bewilligt, um unter dem Namen eines Hilfsgeldes den Frieden von Italien zu sichern und die Freundschaft des Königs der Goten zu erkaufen. Nur Lampadius, eines der erlauchtesten Mitglieder des Senats, beharrte fortwährend auf seiner Weigerung, rief mit lauter Stimme aus: »Das ist kein Friedensvertrag, sondern ein Knechtschaftsvertrag!« und entging der Gefahr wegen so kühnen Widerstandes, indem er sich unverzüglich in das Heiligtum einer christlichen Kirche flüchtete.

Aber die Herrschaft des Stilicho ging ihrem Ende entgegen und der stolze Minister mochte die Zeichen seiner heranbrechenden Ungnade gewahren. Der hochherzigen Kühnheit des Lampadius war Beifall gezollt worden, und der Senat, der mit solcher Ergebung eine so lange Knechtschaft erduldet hatte, verwarf mit Verachtung das Anerbieten einer gehässigen und eingebildeten Freiheit. Die Truppen, die sich fortwährend Namen und Vorrechte römischer Legionen anmaßten, wurden durch die parteiische Vorliebe des Stilicho für die Barbaren erbittert und das Volk schrieb der verderblichen Politik des Ministers die öffentlichen Unglücksfälle zu, welche doch die natürliche Folge ihrer eigenen Entartung waren.

Indessen hätte Stilicho dem Geschrei des Volkes, ja sogar der Soldaten fortwährend Trotz bieten können, wenn er die Herrschaft über das schwache Gemüt seines Zöglings zu behaupten vermocht hätte. Aber die ehrfurchtsvolle Anhänglichkeit des Honorius war in Furcht, Argwohn und Haß verwandelt. Der listige Olympius, welcher seine Laster unter der Maske christlicher Frömmigkeit verbarg, hatte den Wohltäter, durch dessen Gunst er zu den Ehrenämtern des Palastes befördert worden war, insgeheim untergraben. Olympius offenbarte dem arglosen Kaiser, der das 25. Jahr seines Alters erreicht hatte, daß er in seinem eigenen Staate ohne Einfluß und Ansehen sei, und setzte durch eine lebendige Schilderung der Absichten Stilichos, der bereits auf den Tod seines Souveräns in der ehrgeizigen Absicht sinne, das Diadem auf die Stirn seines Sohnes Eucherius zu setzen, seine furchtsame und zur Trägheit geneigte Seele in unruhige Aufregung. Der Kaiser wurde durch seinen neuen Günstling gereizt den Ton unabhängiger Herrscherwürde anzunehmen, und der Minister war erstaunt zu finden, daß am Hofe und im Rat geheime Beschlüsse gefaßt wurden, die im Widerspruch mit seinen Interessen und Absichten standen. Statt im Palast von Rom zu residieren, erklärte Honorius, daß es sein Wille sei nach der sicheren Festung Ravenna zurückzukehren. Auf die erste Kunde von dem Tod seines Bruders Arkadius schickte er sich an Konstantinopel zu besuchen, um mit der Obmacht eines Vormundes die Regierung der Provinzen des Kindes Theodosius zu ordnen. Die Vorstellung der Schwierigkeit und Kostspieligkeit einer so fernen Reise zügelte diesen seltsamen und plötzlichen Ausbruch rühriger Tätigkeit: aber der gefährliche Beschluß den Kaiser dem Lager von Pavia zu zeigen, welches aus den römischen Truppen, den Feinden Stilichos, und aus seinen barbarischen Hilfsvölkern bestand, blieb fest und unverändert. Der Minister wurde durch den Rat seines Vertrauten Justinian, eines römischen Anwaltes von aufgewecktem und scharfsichtigem Geiste, vermocht sich einer seinem Ruf und seiner Sicherheit so nachteiligen Reise zu widersetzen. Seine eifrigen aber unwirksamen Bestrebungen befestigten den Triumph des Olympius, und der kluge Advokat zog sich von dem bevorstehenden Sturz seines Gönners zurück.

Beim Zug des Kaisers durch Bologna war eine Meuterei der Leibwachen durch die geheime Politik Stilichos erregt und gestillt worden, welcher den erhaltenen Befehl, die Schuldigen zu dezimieren, verkündete und seiner eigenen Fürbitte das Verdienst ihrer Begnadigung zuschrieb. Nach diesem Tumult umarmte Honorius zum letzten Mal den Minister, welchen er jetzt als einen Tyrannen betrachtete, und setzte seinen Zug nach dem Lager von Pavia fort, wo er von den Truppen, die zum Dienst des gallischen Krieges zusammengezogen worden waren, mit pflichtgetreuem Jubel empfangen wurde. Am Morgen des vierten Tages hielt er, wie ihm einstudiert worden war, eine militärische Rede an die Soldaten, welche durch die christmilden Besuche und schlauen Worte des Olympius zur Ausführung einer schwarzen und blutigen Verschwörung vorbereitet worden waren. Auf das erste Zeichen metzelten sie die Freunde Stilichos, des Reiches erlauchteste Beamtete nieder: zwei prätorianische Präfekte, einen von Italien und einen von Gallien; zwei Oberbefehlshaber, einen der Reiterei und einen des Fußvolkes; den Kanzler, den Quästor, den Schatzmeister und den Grafen der Haustruppen. Viele Leben gingen verloren, viele Häuser wurden geplündert, der wütende Aufruhr raste fort bis zum Schluß des Abends, und der lebende Kaiser, den man ohne Purpur und Diadem in den Straßen von Pavia gesehen hatte, gab dem Zureden seines Günstlings nach, verdammte das Andenken der Gemordeten und genehmigte feierlich die Unschuld und Treue ihrer Mörder.

Die Kunde des Gemetzels von Pavia füllte Stilichos Seele mit gerechten und düsteren Besorgnissen, und er berief unverzüglich in das Lager von Bologna einen Rat der Anführer der Bundesgenossen, welche seinem Dienst ergeben waren und in seinen Sturz mit verwickelt werden mußten. Die Versammlung rief laut und ungestüm nach Waffen und Rache, verlangte ohne einen Augenblick Verzugs unter der Fahne eines Helden, dem sie so oft zum Sieg gefolgt war, auszuziehen, um den schuldigen Olympius und seine entarteten Römer zu überrumpeln, zu schlagen, auszurotten und vielleicht das Diadem auf das Haupt ihres schwergekränkten Anführers zu setzen. Statt einen Entschluß auszuführen, den der Erfolg gerechtfertigt haben möchte, zögerte Stilicho bis er unrettbar verloren war. Noch kannte er das Schicksal des Kaisers nicht, mißtraute der Treue seiner eigenen Partei und erschrak vor den verderblichen Folgen, eine Schar zügelloser Barbaren gegen die Soldaten und das Volk von Italien zu waffnen.

Die Bundesgenossen, seines schüchternen und zweifelvollen Zauderns müde, entfernten sich eilig voll Furcht und Entrüstung. Um die Stunde der Mitternacht überfiel Sarus, ein gotischer, selbst unter den Barbaren wegen seiner Stärke und Tapferkeit berühmter Krieger, plötzlich das Lager seines Wohltäters, plünderte das Gepäck, hieb die treuen Hunnen, die seine Person bewachten, in Stücke und drang in das Zelt, wo der Minister, nachdenkend und schlaflos, über die Gefahren seiner Lage brütete. Stilicho entkam mit Schwierigkeit dem Schwerte der Goten, und nachdem er noch eine letzte und hochherzige Mahnung, die Tore gegen die Barbaren zu schließen, an die Städte von Italien hatte ergehen lassen, trieb ihn Zutrauen oder Verzweiflung sich nach Ravenna zu werfen, das sich bereits in unbedingtem Besitz seiner Feinde befand. Olympius, der nun den Honorius beherrschte, wurde schleunigst benachrichtigt, daß sein Nebenbuhler als Flehender den Altar einer christlichen Kirche umfangen habe. Der niedrige und grausame Charakter des Heuchlers war ebenso unzugänglich für Mitleid als für Reue; aber er suchte scheinheilig das Vorrecht des Heiligtums mehr zu umgehen als zu verletzen. Graf Heraklian erschien mit Anbruch des Tages an der Spitze einer Abteilung Soldaten vor dem Tor der Kirche von Ravenna. Der Bischof wurde durch einen feierlichen Eid überzeugt, daß das Gebot des Kaisers sie nur anweise sich der Person Stilichos zu versichern: kaum war aber der unglückliche Minister über die heilige Schwelle hinausgelockt worden, wies Heraklian den Befehl zu seiner augenblicklichen Hinrichtung vor. Stilicho ertrug mit ruhiger Fassung die beleidigenden Namen Verräter und Vaterlandsmörder, zügelte den unzeitigen Eifer seiner Anhänger, welche auf dem Punkt standen eine augenblickliche Befreiung zu versuchen, und bot mit einer Festigkeit, nicht unwürdig des letzten römischen Feldherrn, seinen Nacken dem Schwerte Heraklians.

Die knechtische Schar des Palastes, die so lange das Glück Stilichos angebetet hatte, wetteiferte nun seinen Sturz zu beschimpfen, und die entfernteste Verbindung mit dem Oberbefehlshaber des Westens, die noch vor so kurzer Zeit Anspruch auf Reichtum und Ehrenstellen gegeben hatte, wurde nun emsig geleugnet und streng bestraft. Seine Familie, die durch dreifache Verschwägerung mit dem Haus des Theodosius verwandt war, mochte die Lage des ärmsten Bauers beneiden. Sein Sohn Eucherius, der die Flucht ergriffen hatte, wurde festgenommen, und der Tod des unschuldigen Jünglings folgte bald der Ehescheidung der Thermantia, welche den Platz ihrer Schwester Maria eingenommen und wie Maria eine Jungfrau in dem kaiserlichen Bett geblieben war. Die Freunde des Stilicho, die dem Gemetzel von Pavia entgangen waren, wurden von der unversöhnlichen Rache des Olympius verfolgt, und man wendete gegen sie die ausgesuchteste Grausamkeit an, um das Geständnis einer hochverräterischen und majestätsverbrecherischen Verschwörung zu erpressen. Sie starben aber schwiegen; ihre Festigkeit rechtfertigte die Wahl und erhärtete vielleicht die Unschuld ihres Gönners; denn die despotische Macht, welche ihm das Leben ohne Urteil rauben und sein Andenken ohne Beweis brandmarken konnte, hat keine Richtergewalt über die unparteiische Stimme der Nachwelt.

Die Dienste Stilichos sind groß und offenkundig, seine Verbrechen, wie sie unbestimmt in der Sprache der Schmeichelei und des Hasses angeführt werden, wenigstens unklar und unwahrscheinlich. Ungefähr vier Monate nach seinem Tod wurde im Namen des Honorius ein Edikt kund gemacht, um den freien Verkehr zwischen den beiden Reichen wiederherzustellen, der durch den *öffentlichen Feind* so lange unterbrochen worden wäre. Der Minister, dessen Ruhm und Glück von dem Heil des Staates abhing, wurde beschuldigt Italien den Barbaren verraten zu haben, die er wiederholt bei Pollentia, bei Verona, unter den Mauern von Florenz besiegte hatte. Sein vorgeblicher Plan, das Diadem auf das Haupt seines Sohnes Eucherius zu setzen, hätte ohne Vorbereitungen und Mitschuldige nicht ausgeführt werden können, und der ehrgeizige Vater würde den künftigen Kaiser gewiß nicht bis in das 20. Jahr seines Alters in der geringen Stellung eines Tribuns der Notare gelassen haben. Sogar die Religion Stilichos wurde durch seine boshaften Gegner angeschuldigt. Die rechtzeitige, fast wunderbare Befreiung von ihm wurde durch den Beifall der Geistlichkeit, welche behauptete, daß die Wiederherstellung der Götzenbilder und die Verfolgung der Kirche die erste Maßregel der Regierung des Eucherius gewesen sein würde, mit großer Frömmigkeit gefeiert. Der Sohn des Stilicho war indessen im Schoß des Christentums, welches sein Vater stets gleichförmig bekannt und eifrigst unterstützt hatte, erzogen worden. Serena hatte ihr prachtvolles Halsgeschmeide von der Statue der Vesta entlehnt, und die Heiden verwünschten das Andenken des tempelräuberischen Ministers, auf dessen Befehl die sybillinischen Bücher, die Orakel Roms, den Flammen übergeben worden waren. Der Stolz und die Macht Stilichos bildeten seine eigentliche Schuld. Ein ehrenhaftes Widerstreben, das Blut seiner Vaterlandsgenossen zu vergießen, scheint zu dem Erfolg seines unwürdigen Nebenbuhlers beigetragen zu haben, und es ist die äußerste Erniedrigung für das Andenken des Honorius, daß die Nachwelt sich nicht einmal herabgelassen hat ihm seine schändliche Undankbarkeit gegen den Beschützer seiner Jugend und die Stütze des Reiches zum Vorwurf zu machen.

Sechzehntes Kapitel

Einbruch Alarichs in Italien • Sitten des römischen
Senats und Volkes • Rom wird dreimal belagert
und endlich von den Goten geplündert •
Allgemeine Bemerkungen über den
Fall des römischen Reiches im Westen

Die Unfähigkeit einer schwachen und zerrütteten Regierung
kann oft den Schein annehmen, ja selbst die Wirkungen eines
hochverräterischen Einverständnisses mit dem öffentlichen
Feind hervorbringen. Wenn Alarich in dem Rat von Ravenna zugegen gewesen wäre, würde er wahrscheinlich zu
denselben Maßregeln geraten haben, welche die Minister des
Honorius in der Tat ergriffen. Der König der Goten würde
sich, vielleicht mit einigem Widerstreben, verschworen
haben den furchtbaren Gegner zu verderben, durch dessen
Waffen er zweimal, sowohl in Italien als Griechenland, zu
Paaren getrieben worden war. Ihr tätiger und eigenmächtiger
Haß hatte mühsam die Ungnade und den Sturz des großen
Stilicho herbeigeführt. Die Tapferkeit des Sarus, sein Waffenruhm und sein persönlicher oder erblicher Einfluß über die
barbarischen Bundesgenossen konnte ihn nur den Freunden
ihres Vaterlandes empfehlen, welche die wertlosen Charaktere eines Turpilio, eines Varanes, eines Vigilantius verachteten oder verabscheuten. Auf die dringenden Bitten der neuen
Günstlinge wurden diese Generale, ob sie sich schon des Namens Soldaten unwürdig gezeigt hatten, zum Oberbefehle
über die Reiterei, über das Fußvolk und über die Haustruppen befördert. Der gotische Fürst würde mit Freuden das
Edikt unterschrieben haben, welches der Fanatismus des
Olympius dem einfältigen und andächtigen Kaiser diktierte.
Honorius schloß alle Personen, die der katholischen Religion
zuwider waren, von der Bekleidung jedes Staatsamtes aus,
verwarf hartnäckig den Dienst aller derjenigen, die sich zu
einer andern Religion als der seinigen bekannten, und erklärte unbesonnen viele seiner tapfersten und geschicktesten
Offiziere, die dem heidnischen Gottesdienste anhingen oder

die Meinungen des Arianismus eingesogen hatten, für dienstuntauglich.

Diese einem Feinde so vorteilhaften Maßregeln würde Alarich gebilligt, vielleicht angeraten haben; zu bezweifeln aber steht, ob der Barbar sein Interesse mit dem Aufwand jener unmenschlichen und albernen Grausamkeit befördert haben würde, welche auf den Befehl oder wenigstens mit Zulassung der kaiserlichen Minister verübt worden ist. Die fremden Hilfsvölker, welche an Stilichos Person gehangen hatten, beklagten seinen Tod; aber ihr Drang nach Rache wurde durch die natürliche Besorgnis um die Sicherheit ihrer Gattinnen und Kinder gezügelt, die in den stärksten Städten Italiens, wo sie auch den größten Teil ihrer wertvollen Habe niedergelegt, als Geisel festgehalten wurden. Zur selben Stunde und auf ein gemeinsames Zeichen wurden die Städte Italiens mit denselben Szenen allgemeiner Niedermetzelung und Plünderung befleckt, welche die Familien und die Habe der Barbaren in einerlei Vernichtung verwickelten. Durch eine solche Untat, die auch den zahmsten und knechtischesten Geist gereizt haben würde, erbittert, warfen sie einen Blick der Entrüstung und Hoffnung gegen das Lager Alarichs und schworen einmütig mit gerechtem und unversöhnlichem Krieg die treulose Nation zu verfolgen, welche die Gesetze der Gastfreundschaft auf eine so niederträchtige Weise verletzt hatte. Durch das unkluge Benehmen der Minister des Honorius verlor die Republik den Beistand und verdiente die Feindschaft von 30 000 ihrer tapfersten Soldaten, und das Gewicht dieses furchtbaren Heeres, das allein dem Krieg den Ausschlag geben konnte, wurde aus der Wagschale der Römer in jene der Goten übertragen.

In den Künsten der Unterhandlung wie des Krieges behauptete der gotische König seine Überlegenheit über einen Feind, dessen veränderliche Maßregeln das Ergebnis der vollkommensten Rat- und Planlosigkeit waren. Alarich beobachtete aus seinem Lager an den Grenzen von Italien aufmerksam die Palastumwälzungen, bewachte die Fortschritte der Parteiung und Unzufriedenheit, verschleierte das feindliche Aussehen eines barbarischen Eindringlings und nahm den volksbeliebteren Schein eines Freundes und Bundesgenossen des großen Stilicho an, dessen Tugenden er, da sie nicht länger furchtbar waren, den gerechten Zoll aufrichtigen Lobes und Bedauerns darzubringen vermochte. Die dringende Einladung der Unzufriedenen, die den König der Goten anlagen in Italien einzubrechen, fand ein Echo in dem lebendigen Gefühl der ihm selbst zugefügten Unbilden; er konnte sich mit vollgültigem Schein beklagen, daß die Minister die Bezahlung der 4000 Pfund Goldes, die ihm von dem römischen Senat als Lohn seiner Dienste oder als Besänftigungsmittel seiner Wut bewilligt worden waren, noch immer verzögerten und umgingen. Seine anstandsvolle Festigkeit wurde durch schlaue Mäßigung unterstützt, die zum Erfolg seiner Pläne beitrug. Er forderte billige und vernünftige Befriedigung, gab aber die stärksten Versicherungen, daß er, sobald er sie erhalte, sich sogleich zurückziehen werde. Er weigerte sich der Worttreue der Römer zu vertrauen, wenn nicht Aetius und Jason, die Söhne von zwei Großstaatsbeamten, als Geisel in sein Lager gesendet würden: aber er erbot sich zum Tausch mehrere der edelsten Jünglinge der gotischen Nation auszuliefern.

Die Bescheidenheit Alarichs wurde von den Ministern zu Ravenna als ein zuverlässiger Beweis seiner Schwäche und Furcht ausgelegt. Sie verschmähten sowohl Unterhandlung eines Vertrages als Zusammenziehung eines Heeres und verabsäumten mit einem unbesonnenen Vertrauen, das nur aus ihrer Unkunde der äußersten Gefahr folgen konnte, die entscheidenden Augenblicke des Krieges und Friedens. Während sie in halsstarrigem Schweigen erwarteten, daß die Barbaren die Grenzen von Italien räumen würden, ging Alarich in kühnen Eilmärschen über die Alpen und den Po; plünderte hastig die Städte Aquileja, Altinum, Konkordia und Kremona, die sich seinen Waffen ergaben, vermehrte seine Streitkräfte durch den Beitritt von 30000 Mann Hilfstruppen und rückte ohne auch nur einen einzigen Feind im Feld zu treffen, bis zum Rand des Morastes vor, der die uneinnehmbare Residenz des Kaisers des Westens schirmte. Statt die hoffnungslose Belagerung von Ravenna zu versuchen, marschierte der kluge

Anführer der Goten auf Rimini, dehnte seine Verwüstungen längs der Küste des adriatischen Meeres aus und sann auf die Eroberung der alten Beherrscherin der Welt.

Ein italienischer Einsiedler, dessen Eifer und Heiligkeit selbst von den Barbaren geachtet wurde, trat vor den siegreichen Monarchen und verkündete kühn die Rache des Himmels gegen die Unterdrücker der Erde: aber den Heiligen brachte die feierliche Beteuerung Alarichs zum Schweigen, daß er einen geheimen und übernatürlichen Antrieb empfinde, der ihn dränge, ja zwänge gegen Rom zu marschieren. Er fühlte, daß sein Genie und Glück den schwierigsten Unternehmungen gewachsen sei, und der Enthusiasmus, den er den Goten mitteilte, vernichtete allmählich die allgemeine, fast abergläubische Verehrung der Nationen für die Majestät des römischen Namens. Seine Truppen, durch Hoffnung auf Beute befeuert, folgten dem Lauf der flaminischen Straße, besetzten die unbewachten Pässe der Apenninen, stiegen in die reichen Ebenen von Umbrien nieder und als sie an den Ufern des Klitumnus lagerten, mochten sie mutwillig die milchweißen Ochsen schlachten und verzehren, die seit so langer Zeit zum Gebrauche der römischen Triumphe aufbewahrt worden waren. Die hohe Lage und ein zu rechter Zeit eintretendes furchtbares Gewitter bewahrten die kleine Stadt Narni; aber der König der Goten rückte, unedle Beute verachtend, mit unvermindertem Eifer vor und schlug, nachdem er durch die herrlichen, mit den Spolien barbarischer Siege geschmückten Bogen gezogen war, sein Lager unter den Mauern von Rom auf.

Während eines Zeitraumes von 619 Jahren war der Sitz des Reiches niemals durch die Anwesenheit eines Feindes verletzt worden. Der erfolglose Zug Hannibals diente nur dazu den Charakter des Senats und Volkes zu entfalten: eines Senats, der durch die Vergleichung mit einer Versammlung von Königen eher herabgesetzt als erhoben wird, und eines Volkes, dem der Gesandte des Pyrrhus die unerschöpflichen Hilfsquellen der Hydra zugeschrieben hat. Zur Zeit des punischen Krieges hatte jeder der Senatoren entweder in unterer oder höherer Stellung ein Maß von Kriegsdiensten geleistet und der Beschluß, der alle diejenigen, die Konsuln, Zensoren oder Diktatoren gewesen waren, mit einem vorübergehenden Kommando bekleidete, gab der Republik den unverzüglichen Beistand vieler tapferer und erfahrener Feldherren. Im Anfang des Krieges zählte das römische Volk 250000 Bürger in waffenfähigem Alter. 50000 waren bereits in Verteidigung ihres Vaterlandes gefallen, und die 23 Legionen, welche in den verschiedenen Lagern von Italien, Griechenland, Sardinien, Sizilien und Spanien verwendet wurden, erforderten ungefähr 100000 Mann. Aber noch immer blieb eine gleiche Anzahl in Rom und dem naheliegenden Gebiete zurück, alle von demselben unerschrockenen Mut beseelt und jeder Bürger von frühester Jugend an in der Manneszucht und den Übungen eines Kriegers gebildet. Hannibal staunte über die Standhaftigkeit des Senats, welcher seinen Heranzug erwartete, ohne die Belagerung von Kapua aufzuheben oder seine zerstreuten Streitkräfte zurückzurufen. Er lagerte an den Ufern des Anio in einer Entfernung von drei Meilen von der Stadt und bald kam ihm Kunde zu, daß der Boden auf welchem sein Zelt stand, in einer öffentlichen Versteigerung um einen angemessenen Preis verkauft und eine Truppenabteilung auf einer entgegengesetzten Straße entsendet worden sei, um die Legionen von Spanien zu verstärken. Er führte seine Afrikaner gegen die Tore Roms, wo er drei Heere in Schlachtordnung, bereit ihn zu empfangen, fand: Hannibal scheute aber den Ausgang des Kampfes, aus dem er nicht zu entkommen hoffen durfte, außer er vernichtete den letzten seiner Feinde, und sein schleuniger Rückzug legte Zeugnis für den unbezwinglichen Mut der Römer ab.

Die genaue, im Zeitalter des Theodosius verfaßte Beschreibung Roms zählte 1780 *Häuser* als Residenz der reichen und ehrenwerten Bürger auf. Viele dieser Prachtgebäude rechtfertigten fast die Übertreibung des Dichters, »daß Rom zahllose Paläste enthalte und jeder Palast einer Stadt gleichkäme«, weil er in ihrem Umfang alles einschloß, was zum Gebrauch oder Luxus dienen konnte: Märkte, Hippodrome, Tempel, Fontainen, Bäder, Säulengänge, schattige Haine und künstliche Vogelbehälter. Der Geschichtsschreiber Olympiodorus, welcher den Zustand Roms um die Zeit der gotischen Belagerung schilderte, fährt fort zu bemerken, daß mehrere der reichsten Senatoren von ihren Grundbesitzungen jährlich ein Einkommen von 4000 Pfund Goldes, über 160 000 Pfund Sterling bezögen, ohne die festgesetzten Lieferungen von Korn und Wein zu rechnen, welche, wenn sie verkauft worden wären, am Wert einem Dritteile dieser Summe gleichgekommen wären. Mit diesem übermäßigen Reichtum verglichen, mochte ein jährliches Einkommen von 1000 oder 1500 Pfund Goldes nur als ein der Würde des senatorischen Ranges, welche viele Ausgaben öffentlicher und prunkender Art erforderte, angemessenes Einkommen betrachtet werden. Es werden aus dem Zeitalter des Honorius mehrere Beispiele eitler und volksbeliebter Großen erzählt, die das Jahr ihrer Prätur durch ein Fest feierten, das sieben Tage dauerte und über 100 000 Pfund Sterling kostete.

Die Landgüter der römischen Senatoren, welche das Maß neueren Reichtums so weit überstiegen, waren nicht auf die Grenzen von Italien beschränkt. Ihre Besitzungen dehnten sich weit jenseits des jonischen und ägäischen Meeres bis in die fernsten Provinzen aus: die Stadt Nikopolis, welche Augustus als ewiges Denkmal des Sieges bei Aktium gegründet hatte, war das Eigentum der frommen Paula, und es wird von Seneka bemerkt, daß die Ströme, die einst feindliche Völker trennten, später durch die Ländereien von Privatbürgern flossen. Je nach Ansichten und Umständen wurden die Besitzungen der Römer entweder durch die Arbeit von Sklaven bebaut oder für eine gewisse, feste Rente fleißigen Pächtern verliehen. Die landwirtschaftlichen Schriftsteller des Altertums empfehlen dringend die erstere Methode, wo sie irgend anwendbar: dafern aber die Besitzung durch ihre Entfernung oder Größe der unmittelbaren Aufsicht des Gebieters entrückt wäre, ziehen sie die tätige Pflege eines alten Erbpächters, der Anhänglichkeit an den Boden und Interesse an dessen Ertrag hat, der Lohnverwaltung eines nachlässigen, vielleicht ungetreuen Pflegers vor.

Die reichen Großen einer unermeßlichen Hauptstadt, niemals entflammt durch den Wetteifer kriegerischen Ruhmes und sich selten nur mit den Angelegenheiten der Zivilregierung befassend, widmeten ihre Muße ganz natürlich den Beschäftigungen und der Unterhaltung des Privatlebens. Zu Rom wurde der Handel stets in Verachtung gehalten: aber seit den ersten Zeiten der Republik vergrößerten die Senatoren ihr Erbvermögen und vermehrten die Zahl ihrer Klienten durch die gewinnreiche Ausübung des Wuchers, wobei die veralteten Gesetze durch die gegenseitigen Neigungen und das Interesse beider Parteien umgangen oder verletzt wurden. Eine große Masse Reichtümer mußte in Rom entweder in der gangbaren Münze des Reiches oder in Gold- und Silbergefäßen stets vorhanden sein, ja es gab zur Zeit des Plinius manche Kredenztische, welche mehr gediegenes Silber enthielten als durch Scipio von dem besiegten Karthago überbracht worden war. Die Mehrzahl der Großen, die ihr Vermögen in verschwenderischer Üppigkeit vergeudeten, fand sich arm in Mitte des Reichtums und müßig in einem beständigen Wirbel von Zerstreuungen. Ihre Wünsche wurden beständig durch die Arbeit von tausend Händen befriedigt, dem zahlreichen Gedränge häuslicher Sklaven, welche Furcht vor Strafe trieb, und den verschiedenen Gewerben der Künstler und Kaufleute, die unter dem mächtigen Einfluß der Hoffnung des Gewinnstes standen.

Es fehlte indessen den Alten an so manchen Lebensbequemlichkeiten, die durch die Fortschritte der Industrie erfunden oder verbessert worden sind, und der Überfluß an Glas und Leinwand hat unter den neueren Nationen von Europa mehr wirkliches Wohlbefinden verbreitet als die römischen Senatoren aus allen Verfeinerungen pomphafter und sinnlicher Üppigkeit schöpfen konnten. Ihr Luxus und ihre Sitten sind Gegenstand der genauesten und mühsamsten Forschungen gewesen; da mich jedoch solche Untersuchungen zu weit von dem Zweck des gegenwärtigen Werkes abführen würden, werde ich eine authentische Beschreibung Roms und seiner Einwohner geben, welche insbesondere auch auf die Zeit des gotischen Krieges paßt. Ammianus Marcellinus, der klüglich die Hauptstadt des Reiches als den für einen Geschichtsschreiber seiner eigenen Zeiten geeigneten

Aufenthalt wählte, hat unter die Erzählung der öffentlichen Ereignisse eine lebendige Darstellung der Szenen gemischt, mit deren Anblick er vertraut war. Der einsichtsvolle Leser wird nicht immer die Bitterkeit des Tadels, die Wahl der Umstände oder die Weise des Ausdruckes billigen, er wird vielleicht die lauernden Vorurteile und den persönlichen Groll, der das Gemüt des Ammianus verstimmte, gewahren, aber doch gewiß mit philosophischer Wißbegierde das interessante Originalgemälde der Sitten Roms betrachten.

»Die Größe Roms«, so spricht der Geschichtsschreiber, »war auf der seltenen und fast unglaublichen Vereinigung der Tugend und des Glücks gegründet. Die lange Dauer seiner Kindheit verging in schwerem Kampf gegen die italienischen Stämme, die Nachbarn und Feinde der aufstrebenden Stadt. In der Kraft und Glut der Jugend hielt sie die Kriegsstürme aus, trug ihre siegreichen Waffen über die Meere und Gebirge und brachte Triumphlorbeeren aus jedem Land der Erde heim. Endlich als sie sich dem Alter näherte und zuweilen durch den Schrecken ihres bloßen Namens siegte, suchte sie die Segnungen des Friedens und der Ruhe. Die *ehrwürdige Stadt,* welche ihren Fuß auf den Nacken der grimmigsten Völker gestellt und ein System von Gesetzen, der Freiheit und des Rechtes beständige Wächter, eingeführt hatte, begnügte sich zuletzt wie eine reiche und weise Mutter die Sorge für die Verwaltung ihres weiten Besitztums ihren Lieblingssöhnen, den Cäsaren, zu übertragen. Ein sicherer und tiefer Friede, wie er einst unter Numas Regierung gewaltet, folgte auf die Tumulte der Republik, während Rom fortwährend als die Königin der Erde angebetet wurde und die unterworfenen Nationen noch immer den Namen des Volkes und die Majestät des Senats verehrten.

Aber dieser angeborene Glanz (fährt Ammianus fort) wird durch das Benehmen einiger Großen entehrt und geschändet, die uneingedenk ihrer eigenen und der Würde ihres Vaterlandes, unbegrenzter Zügellosigkeit des Lasters und der Torheit frönen. Sie wetteifern in der nichtigen Eitelkeit der Titel und Zunamen und wählen geflissentlich oder erfinden die stolzesten und hochklingendsten Namen, Reburrus oder

Fabunius, Pagonius oder Tarrasius, welche den Ohren des Pöbels Erstaunen und Ehrfurcht einflößen mögen. Aus eitlem Ehrgeiz ihr Andenken zu verewigen, lassen sie ihr Bild in ehernen und marmornen Standbildern vervielfältigen, auch fühlen sie sich nicht befriedigt, außer diese Standbilder werden mit Goldplatten bedeckt: eine ehrenvolle Auszeichnung, welche zuerst dem Konsul Acilius bewilligt wurde, nachdem er durch seine Waffen und seine Klugheit die Macht des Königs Antiochus gebrochen hatte. Die prunkende Entfaltung, vielleicht Vergrößerung des Erträgnisbuches der Ländereien, die sie in allen Provinzen vom Aufgang bis zum Niedergang der Sonne besitzen, erregt den gerechten Groll eines jeden, der sich erinnert, daß ihre armen und unbesieglichen Ahnen sich durch die Leckerhaftigkeit ihrer Nahrung und den Glanz ihrer Tracht von dem geringsten Krieger nicht unterschieden. Die jetzigen Edlen dagegen messen ihren Rang und ihre Wichtigkeit nach der Höhe ihrer Wagen und der schweren Pracht ihres Anzuges. Ihre langen Gewänder von Seide und Purpur flattern im Wind, und wie dieselben durch Kunst oder Zufall bewegt werden, zeigen sie gelegentlich die Unterkleider, die reichen Tuniken, in welche die Gestalten verschiedener Tiere eingestickt sind. Ein Gefolge von 50 Dienern hinter sich und das Pflaster aufreißend rasseln sie durch die Straße mit derselben ungestümen Eile, als ob sie mit Postpferden reisten, und das Beispiel der Senatoren wird kühn von den Matronen und Frauen nachgeahmt, deren bedeckte Wagen beständig den ungeheueren Raum der Stadt und Vorstädte durchfahren. So oft diese hohen Standespersonen sich herablassen die öffentlichen Bäder zu besuchen, nehmen sie bei ihrem Eintritte einen lauten, unverschämt befehlshaberischen Ton an und eignen sich für ihren Gebrauch die Bequemlichkeiten zu, die für das römische Volk bestimmt wurden. Wenn sie an diesen öffentlichen und allgemeinen Versammlungsplätzen einen der schändlichen Diener ihrer Lüste treffen, drücken sie ihre Zuneigung durch eine zärtliche Umarmung aus, während sie voll Stolz die Begrüßungen ihrer Mitbürger ablehnen, denen nicht gestattet ist nach einer höheren Ehre zu streben als ihre Hände und Knie zu küssen. Sobald sie die Erfrischung des Bades in Fülle genossen, nehmen sie wieder ihre Ringe und die übrigen Zeichen ihrer Würde, wählen aus ihrem Kleidervorrat von den feinsten Stoffen, reich genug, um ein Dutzend Personen zu versehen, die ihrer Laune gerade zusagenden Gewänder und beobachten bei ihrem Weggang dasselbe stolze Benehmen, das vielleicht dem großen Marcellus nach der Eroberung von Syrakus hätte nachgesehen werden mögen.

Zuweilen wagen sich diese Heroen allerdings an schwierige Unternehmungen; sie besuchen ihre Landgüter in Italien und verschaffen sich durch die Mühe ihrer Sklaven die Vergnügungen der Jagd. Wenn sie ja jemals, insbesondere an einem heißen Tag Mut haben in ihren bemalten Galeeren aus dem lukrinischen See nach ihren schönen Villen an der Meeresküste von Puteoli und Kayeta zu segeln, vergleichen sie ihre Wagnis mit den Zügen Cäsars und Alexanders. Sollte sich jedoch eine Fliege unterstehen sich auf den seidenen Falten ihrer vergoldeten Sonnenschirme niederzulassen, sollte ein Sonnenstrahl durch irgendeine unbewachte und unwahrnehmbare Ritze dringen, so beschweren sie sich über ihre unerträglichen Strapazen und klagen in affektierter Sprache, daß sie nicht im Land des Cimmerier, dem Sitz ewiger Finsternis geboren wären. Bei solchen Reisen auf das Land zieht die ganze Schar des Haushaltes mit ihren Herren. Gerade wie die Reiterei und das Fußvolk, die schwer- und leichtbewaffneten Truppen, die Vorhut und die Nachhut von ihrem militärischen Befehlshaber geführt werden, so verteilen und ordnen die Hausbeamten, welche einen Stab als Zeichen ihrer Macht tragen, den zahlreichen Zug von Sklaven und Dienern. Das Gespräch und die Garderobe ziehen voran; unmittelbar danach folgt eine Schar von Köchen und unteren Dienern, die im Dienst der Küche oder der Tafel verwendet werden. Das Hauptkorps besteht aus einem durchmengten Haufen von Sklaven, vergrößert durch zufälliges Hinzuströmen müßiger oder unabhängiger Plebejer. Die Nachhut wird von der Lieblingsschar der Eunuchen geschlossen, die vom Alter bis zur Jugend nach Ordnung ihrer Seniorität gereiht sind. Ihre Zahl und Häßlichkeit erregen in den entrüsteten Zuschauern

Schauder, welche das Andenken der Semiramis ob der von ihr erfundenen Kunst verwünschen, die Zwecke der Natur zu vereiteln und im Keim die Hoffnung künftiger Geschlechter zu vernichten.

In der Ausübung ihrer häuslichen Gerichtsbarkeit zeigen die römischen Großen eine außerordentliche Empfindlichkeit gegen jede ihre Person treffende Unbilde, aber die verachtungsvollste Gleichgültigkeit gegen das übrige Menschengeschlecht. Wenn sie warmes Wasser verlangt haben und der Sklave ist im Gehorchen säumig gewesen, wird er sogleich mit 300 Geißelhieben gezüchtigt: sollte jedoch derselbe Sklave einen vorsätzlichen Mord vollbringen, so wird sein Gebieter milde bemerken, daß es ein nichtsnutziger Bursche wäre, daß er aber, wenn er ein solches Vergehen wieder beginge, der Strafe nicht entgehen würde. Gastfreiheit war einst die Tugend der Römer und jeder Fremde, der sich auf Verdienst oder Unglück berufen konnte, erhielt durch ihren Edelmut Hilfe oder Belohnung. Wird dagegen jetzt ein Ausländer von vielleicht keineswegs verächtlichem Rang einem der stolzen und reichen Senatoren vorgestellt, so empfängt man ihn allerdings bei der ersten Audienz mit so warmen Beteuerungen und so gütigen Nachfragen, daß er sich, von der Leutseligkeit seines erlauchten Freundes bezaubert, voll Bedauern entfernt, seine Reise nach Rom, dem geborenen Sitz der guten Sitten wie des Reiches, so lange verschoben zu haben. Einer günstigen Aufnahme versichert, wiederholt er seinen Besuch am folgenden Tag, macht aber zu seiner Kränkung die Entdeckung, daß seine Person, sein Name und sein Vaterland bereits wieder vergessen sind. Beharrt er bei seinem Entschluß, so wird er allmählich zur Schar der obigen Abhänglinge gerechnet und erhält Erlaubnis einem stolzen Patron, welcher der Dankbarkeit wie der Freundschaft unfähig ist und sich kaum würdigt sein Dasein, sein Weggehen oder sein Wiederkommen zu bemerken, fleißig und zwecklos den Hof zu machen.

So oft die Reichen eine feierliche Volksbewirtung ausrichten, so oft sie mit verderblicher Üppigkeit ihre Privatbankette feiern, ist die Wahl der Gäste Gegenstand der ängstlichen Beratschlagung. Bescheidene, Mäßige und Gelehrte werden selten vorgezogen, dagegen schalten die fast immer von eigennützigen Beweggründen beherrschten Namennenner in die Einladungsliste gewandt die dunklen Namen der Wertlosesten aller Menschen ein. Die gewöhnlichsten und vertrautesten Gefährten der Großen sind aber jene Parasiten, welche die einträglichste aller Künste, die Schmeichelei, treiben, gierig jedes Wort, jede Handlung ihres unsterblichen Gönners bewundern, mit Entzücken seine marmornen Bildwerke und Mosaikböden betrachten und den Prunk und die Eleganz, die man ihn gelehrt hat als einen Teil seines persönlichen Verdienstes anzusehen, aus allen Kräften preisen. Auf den römischen Tafeln werden Vögel, *Eichhörnchen* und Fische von ungewöhnlicher Größe mit der gierigsten Aufmerksamkeit betrachtet; ihr Gewicht wird mittelst einer Wage auf das Genaueste ermittelt, und während die vernünftigen Gäste sich bei der nichtigen und ekelhaften Wiederholung einer und derselben Sache langweilen, werden Notare herbeigezogen, um in einer authentischen Urkunde die Wahrheit eines so wunderbaren Ereignisses zu beglaubigen. Eine andere Art sich Zutritt in die Häuser und zur Gesellschaft der Großen zu verschaffen beruht auf dem Gewerbe oder, wie es artiger genannt wird, auf der Kunst des Spiels. Die Verbündeten sind durch ein enges und unauflösliches Band der Freundschaft oder vielmehr Verschwörung verkettet und ein höherer Grad von Geschicklichkeit in der *ars tesseraria* (welche als Brett- und Würfelspiel übersetzt werden mag) ist ein sicherer Weg zu Reichtum und Ruf. Ein Meister in dieser erhabenen Kunst, der bei einem Mahl oder in einer Gesellschaft seinen Platz unterhalb einer obrigkeitlichen Person angewiesen erhält, zeigt in seinem Antlitz dieselbe Überraschung und Entrüstung wie sie nur immer Kato gefühlt haben mochte, als ihm durch die Abstimmung des launenhaften Volkes die Prätur verweigert worden war.

Erwerbung von Kenntnissen beschäftigt selten die Neugierde der Großen, welche die Mühen des Studiums verabscheuen und dessen Vorteile verachten: die einzigen Bücher, die sie lesen, sind die Satyren Juvenals und die wortreichen und fabelhaften Geschichten des Marius Maximus. Die Büchersammlungen, die sie von ihren Vätern geerbt haben, werden gleich schrecklichen Grüften vor dem Licht des Tages verschlossen. Aber kostbare Theaterinstrumente, Flöten, riesenhafte Lyren und Wasserorgeln werden zu ihrem Gebrauch gebaut, und Harmonie der Vokal- und Instrumentalmusik erschallt unaufhörlich in den Palästen Roms. In diesen Prunksitzen wird Schall dem Sinn und Sorge des Leibes jener des Geistes vorgezogen. Es gilt als heilsame Maxime, daß der geringe und kleinliche Argwohn einer ansteckenden Krankheit hinreiche von dem Besuch der vertrautesten Freunde zu entbinden; sogar die Diener, welche zu höflicher Nachfrage entsendet werden, dürfen nicht heimkehren ohne vorher die Zeremonie der Abwaschung vollbracht zu haben. Nichts desto weniger weicht diese selbstische und unmännliche Verzärtelung gelegentlich der gewaltigeren Leidenschaft der Habsucht. Aussicht auf Gewinn jagt einen reichen und mit der Gicht behafteten Senator bis Spoleto; jedes Gefühl des Stolzes und der Würde wird durch die Hoffnung auf eine Erbschaft, ja auch nur auf ein Vermächtnis unterjocht, und ein wohlbegüterter kinderloser Bürger ist der Mächtigste aller Römer. Man versteht sich vollkommen auf die Kunst die Unterzeichnung eines günstigen Testaments zu erhalten und auch zuweilen den Zeitpunkt der Vollstreckung desselben zu beschleunigen; ja es hat sich zugetragen, daß in einem und demselben Hause, obschon in verschiedenen Gemächern, Gatte und Gattin in der löblichen Absicht einander zu übervorteilen ihre bezüglichen Anwälte versammelt haben, um zu gleicher Zeit ihre gegenseitigen oder einander widersprechenden Erklärungen aufzuzeichnen.

Not, diese natürliche Folge und Zuchtrute ausschweifender Verschwendung, zwingt die Großen oft zu den allerdemütigsten Mitteln ihre Zuflucht zu nehmen. Wenn sie borgen wollen, wenden sie den niedrigen und flehenden Stil des Sklaven im Lustspiele an; wenn sie dagegen zur Bezahlung aufgefordert werden, nehmen sie den hohen tragischen Deklamationston der Enkel des Herkules an. Wird die Forderung wiederholt, verschaffen sie sich ohne Mühe irgendeinen zuverlässigen Sykophanten, den sie beauftragen eine Klage wegen Vergiftung oder Magie gegen den unverschämten Gläubiger anzustellen, der selten wieder aus dem Gefängnis befreit wird, außer er unterzeichnet eine Quittung über die ganze Schuld. Diese Laster, die den moralischen Charakter der Römer schänden, sind mit einem knabenhaften Aberglauben gemengt, der ihren Verstand verunehrt. Sie schenken den Weissagungen der Haruspices Vertrauen, welche in den Eingeweiden der Opfer die Zeichen künftiger Größe und Glückseligkeit zu lesen vorgeben; ja es gibt viele, welche weder zu baden noch zu speisen noch öffentlich zu erscheinen wagen, bevor sie nicht nach den Regeln der Astrologie emsig die Stellung des Merkurs und die Aspekten des Mondes zu Rate gezogen haben. Und es ist in der Tat merkwürdig, daß sich diese eitle Leichtgläubigkeit häufig bei jenen profanen Skeptikern findet, welche frevelhaft an dem Dasein einer himmlischen Macht zweifeln oder sie leugnen.«

In volkreichen Städten, die der Sitz des Handels und Gewerbes sind, bilden die mittleren Klassen der Einwohner, welche der Geschicklichkeit oder Arbeit ihren Unterhalt verdanken, gewöhnlich den fruchtbarsten, nützlichsten und in dieser Beziehung achtungswertesten Teil der Gemeinde. Aber die Plebejer von Rom, die solche stille und knechtische Beschäftigungen verachteten, waren von den frühesten Zeiten an durch das Gewicht der Schulden und des Wuchers unterdrückt worden, und der Landwirt mußte während der Dauer seiner Kriegsdienste den Anbau seiner Felder im Stich lassen. Die Ländereien von Italien, die ursprünglich unter die Familien freier und dürftiger Bürger verteilt worden waren, wurden allmählich von der Habsucht der Reichen angekauft oder an sich gerissen, und in dem Zeitalter, das dem Sturz der Republik voranging, berechnete man, daß nur 2000 Bürger ein unabhängiges Vermögen besaßen. Solange indessen das Volk durch seine Abstimmung die Ehrenstellen des Staates, den Befehl der Legionen und die Verwaltung reicher Provinzen vergab, erleichterte selbstbewußter Stolz in einem gewissen Grad die Drangsale der Armut, und dem Mangel half zur rechten Zeit die ehrgeizige Freigebigkeit der Kandidaten ab, welche sich in den 35 Tribus oder 193 Centurien Roms eine käufliche Mehrheit zu sichern strebten.

Als aber die verschwenderischen Gemeinen unbesonnener Weise nicht nur die *Ausübung,* sondern auch das *Erbgut* der Macht veräußert hatten, sanken sie unter der Herrschaft der Cäsaren zu einem niedrigen und elenden Pöbel herab, welcher in wenigen Generationen gänzlich hätte erlöschen müssen, wenn er nicht beständig durch Freilassung von Sklaven und Zuströmung von Fremden ergänzt worden wäre. Schon zur Zeit Hadrians klagten die echten Eingeborenen mit Recht, daß die Hauptstadt die Laster der ganzen Erde und die Sitten der entgegengesetztesten Völker angezogen habe. Die Unmäßigkeit der Gallier, die Verschmitztheit und der Leichtsinn der Griechen, die wilde Hartnäckigkeit der Ägypter und Juden, der knechtische Charakter der Asiaten und die zügellose weibische Schändlichkeit der Syrier waren in der bunten Menge durcheinandergemischt, welche sich unter dem stolzen und falschen Namen Römer herausnahm ihre Mituntertanen, sogar ihre Souveräne zu verachten, die außer dem Bereich der *ewigen Stadt* wohnten.

Dennoch wurde der Name dieser Stadt fortwährend mit Ehrfurcht ausgesprochen; man sah die häufigen und eigensinnigen Tumulte ihrer Einwohner mit Straflosigkeit nach, und statt daß die Nachfolger Konstantins die letzten Überreste der Demokratie mit dem starken Arm der bewaffneten Macht zermalmten, huldigten sie der milden Politik des Augustus und strebten der Armut eines zahllosen Volkes zu Hilfe zu kommen und seinem Müßiggang Unterhaltung zu verschaffen. Zur Bequemlichkeit der trägen Plebejer wurden die monatlichen Verteilungen von Korn in eine tägliche Verteilung von Brot verwandelt; eine große Anzahl Öfen ward eingerichtet und auf öffentliche Kosten unterhalten; zur festgesetzten Stunde empfing jeder Bürger, der mit einem Anweisungszettel versehen war und die Flucht der Stufen emporstieg, die seinem besonderen Viertel oder seiner Abteilung zugewiesen war, entweder als Geschenk oder zu einem sehr geringen Preis ein dreipfündiges Brot zum Gebrauch seiner Familie. Die Wälder von Lukanien, deren

Eicheln große Herden wilder Schweine mästeten, lieferten als eine Art Tribut einen reichen Überfluß an wohlfeilem und gesundem Fleisch. Während fünf Monaten des Jahres wurde eine regelmäßige Ration von Speck unter die ärmeren Bürger verteilt, und der jährliche Verbrauch der Hauptstadt zu einer Zeit, wo sie von ihrem früheren Glänze schon sehr gesunken war, wird durch ein Edikt Valentinians III. auf 3 628 000 Pfund ermittelt.

Der Lebensweise des Altertums zufolge war der Gebrauch des Öls sowohl für die Lampe als zum Bade unerläßlich; der jährliche Tribut, der Afrika zugunsten Roms aufgelegt wurde, betrug an Gewicht drei Millionen Pfund, etwa 300 000 Gallonen englischen Maßes. Die Sorgfalt des Augustus, die Hauptstadt mit einer hinreichenden Menge von Korn zu versehen, dehnte sich nicht über diesen notwendigen Artikel des menschlichen Unterhaltes hinaus; und als das Volksgeschrei sich über Teuerung und Mangel des Weines beschwerte, erließ der ernste Reformator eine Kundmachung, worin er seinen Untertanen zu Gemüte führte, daß sich vernünftigerweise niemand über Durst beklagen könne, da die Aquädukte des Agrippa der Stadt so viele reichhaltige Ströme reinen und gesunden Wassers zuführten. Diese strenge Mäßigkeit erschlaffte allmählich, und obschon der edle Plan Aurelians nicht in seinem vollen Umfang ausgeführt worden zu sein scheint, wurde doch der Genuß des Weines zu sehr leichten und billigen Bedingungen gestattet. Die Verwaltung der öffentlichen Keller war einem Beamten von ehrenwertem Rang anvertraut und ein beträchtlicher Teil der Weinlese von Kampanien blieb für die glücklichen Bewohner Roms vorbehalten.

Die staunenswerten Aquädukte, die so mit Recht durch das Lob des Augustus selbst gepriesen wurden, füllten die *Thermae* oder Bäder, die in jedem Teil der Stadt mit kaiserlicher Pracht erbaut worden waren. Die Bäder des Antonius Caracalla, welche zu bestimmten Stunden ohne Unterschied zum Gebrauch der Senatoren wie des Volkes geöffnet waren, enthielten über 1600 Marmorsitze, und mehr als 3000 wurden in den Bädern Diokletians gerechnet. Die Wände der hohen Säle waren mit kunstreicher Mosaikarbeit bedeckt, welche die Kunst der Malerei in dem Adel der Zeichnung und in dem Reichtum der Farben nachahmte. Der ägyptische Granit war mit dem kostbaren grünen Marmor aus Numidien überzogen; ein immerwährender Strom heißen Wassers ergoß sich in geräumige Becken durch ebensoviele Mündungen von strahlendem und massivem Silber, und der geringste Römer konnte sich um eine kleine Kupfermünze den täglichen Genuß einer Szene der Pracht und der Üppigkeit verschaffen, welche den Neid der Könige Asiens erregen konnte. Aus diesen großartigen Palästen ergoß sich ein Schwarm schmutziger und zerlumpter Plebejer ohne Schuhe und ohne Mantel, welche ganze Tage auf der Straße oder in dem Forum vertändelten, um Neuigkeiten zu hören oder zu zanken, in ausschweifendem Spiele die geringe Habe ihrer Gattinnen und Kinder verschleuderten und die Stunden der Nacht in schlechten Schenken und liederlichen Häusern zubrachten, frönend der gröbsten und gemeinsten Sinnlichkeit.

Aber die lebhafteste und glänzendste Unterhaltung der müßigen Menge hing von der häufigen Aufführung öffentlicher Spiele und theatralischer Vorstellungen ab. Die Frömmigkeit christlicher Kaiser hatte die unmenschlichen Kämpfe der Gladiatoren unterdrückt, aber das römische Volk betrachtete fortwährend den Zirkus als seine Heimat, seinen Tempel und als den Sitz der Republik. Die ungeduldige Menge drängte sich bei Tagesanbruch herbei, um sich Plätze zu sichern, ja es gab viele, welche eine schlaflose und ängstliche Nacht in den naheliegenden Säulengängen zubrachten. Vom Morgen bis zum Abend, unbekümmert um Sonne oder Regen, verharrten die Zuschauer, deren Zahl zuweilen bis auf 400 000 stieg, in gespannter Aufmerksamkeit; ihre Blicke hafteten auf den Pferden und Wagenlenkern, ihre Seelen waren von Furcht und Hoffnung ob des Erfolges der *Farben* bewegt, für die sie Partei ergriffen hatten, und das Heil Roms schien von dem Ausgang eines Wettrennens abzuhängen.

Derselbe unmäßige Eifer begeisterte sie zu Geschrei oder Beifall, so oft sie durch die Hetze wilder Tiere und die verschiedenen Arten theatralischer Vorstellungen unterhalten

wurden. Diese Vorstellungen dürfen in den neueren Hauptstädten als die schöne und elegante Schule des Geschmacks,
vielleicht der Tugend betrachtet werden. Aber die tragische
und komische Muse der Römer, die sich nur selten über die
Nachahmung des attischen Genius erhob, hatte seit dem Sturz
der Republik fast ganz geschwiegen und ihre Stelle ward un-
würdiger Weise durch ausgelassene Possen, weibische Musik
und glänzenden Prunk eingenommen. Die Mimiker, die
ihren Ruhm von den Zeiten des Augustus bis zum sechsten
Jahrhundert bewahrten, stellten ohne Gebrauch von Worten
die verschiedenen Fabeln der Götter und Helden des Altertums dar, und die Vollkommenheit ihrer Kunst, die zuweilen
selbst den Ernst des Philosophen entwaffnete, erregte stets
den Beifall und das Staunen des Volkes. Die ungeheueren und
prachtvollen Bühnen Roms waren mit 3000 Tänzerinnen
und 3000 Sängerinnen gefüllt, ungerechnet die Anführer der
bezüglichen Chöre. So groß war die Volksgunst, deren sich
dieselben erfreuten, daß zu einer Zeit des Mangels, wo alle
Fremden aus Rom verbannt wurden, das Verdienst zu den
öffentlichen Vergnügungen beizutragen *sie* von einem Gesetze ausnahm, das mit Strenge gegen alle Ausüber freier
Künste in Vollzug gesetzt wurde.

Die törichte Neugierde des Heliogabal soll versucht haben
aus der Menge der Spinnengewebe die Zahl der Bewohner
Roms zu ermitteln. Eine vernünftigere Erforschungsmethode
dürfte der Aufmerksamkeit der weisesten Fürsten nicht unwürdig gewesen sein, welche eine für die römische Regierung so wichtige und für die Nachwelt so interessante Frage
gar leicht zu lösen vermocht hätten. Die Geburts- und Ster-
befälle der Bürger wurden gehörig eingetragen, und wenn ein
Schriftsteller des Altertums für gut befunden hätte den jährlichen Betrag oder die gewöhnliche Durchschnittszahl aufzuzeichnen, wären wir jetzt im Stande eine genügende
Berechnung zu liefern, welche die ausschweifenden Behauptungen der Kritiker über den Haufen werfen und die bescheidenen und wahrscheinlichen Vermutungen der Philosophen
vielleicht bestätigen würde. Die emsigsten Forschungen
haben nur folgende Umstände erzielt, welche, so oberfläch-

lich und unvollständig sie auch sein mögen, doch in einem gewissen Grad dazu dienen, die Frage wegen der Bevölkerung des alten Rom zu beleuchten.

I. Als die Hauptstadt des Reiches von den Goten belagert wurde, maß der Mathematiker Ammonius genau den Umfang der Mauern und fand denselben 21 Meilen gleich. Man darf nicht übersehen, daß die Gestalt der Stadt fast einen Zirkel bildete, mithin jene geometrische Figur, von der man weiß, daß sie den größten Raum innerhalb was immer für einer gegebenen Peripherie einschließt.

II. Der Architekt Vitruvius, welcher im Zeitalter des Augustus blühte und dessen Zeugnis in diesem Fall besonderes Gewicht und Ansehen hat, bemerkt, daß die unzählbaren Wohnungen des römischen Volkes sich weit über die engen Grenzen der Stadt ausgebreitet haben würden, und daß der Mangel an Grund und Boden, welcher wahrscheinlich auf allen Seiten durch Gärten und Villen verengt wurde, zu dem gewöhnlichen wenn auch unbequemen Gebrauch geführt habe die Häuser bis zu einer beträchtlichen Höhe in die Luft zu bauen. Aber die Höhe dieser Häuser, welche oft aus sehr übereilter Arbeit und schlechten Materialien bestanden, gab zu häufigen und verderblichen Unfällen Veranlassung, und es wurde wiederholt sowohl von Augustus als von Nero das Verbot eingeschärft die Privatgebäude innerhalb der Ringmauern Roms höher als 70 Fuß vom Erdboden an gerechnet zu bauen.

III. Juvenal beklagt und zwar wie es scheint aus eigener Erfahrung die Drangsale der ärmeren Bürger, denen er den heilsamen Rat erteilt ohne Verzug aus dem Rauch Roms auszuwandern, weil sie in den kleinen Städten Italiens heitere und bequemere Häuser zu demselben Preis kaufen könnten, den sie jährlich für eine finstere und elende Wohnung bezahlen müßten. Hausmiete war daher unmäßig teuer; die Reichen kauften für ungeheure Summen den Boden, den sie mit ihren Palästen und Gärten bedeckten; aber die Masse des römischen Volkes war in einen engen Raum zusammengedrängt, und die verschiedenen Geschosse und Gemächer desselben Hauses waren, wie es noch in Paris und anderen Städten Brauch ist, zwischen mehrere Plebejerfamilien geteilt.

IV. Die Gesamtzahl der Häuser in den 14 Vierteln der Stadt ist in der unter der Regierung des Theodosius verfaßten Beschreibung von Rom genau angegeben und zwar zu 48 382. Die zwei Klassen der *domus* und *insulae,* in welche sie geteilt sind, schließen alle Wohnungen der Hauptstadt, jedes Ranges und jeder Beschaffenheit ein, von dem Marmorpaläste der Anicier mit einem zahlreichen Haushalt von Freigelassenen und Sklaven bis zu dem hohen und engen Miethaus, wo der Dichter Kodrus und seine Gattin eine elende Bodenstube unmittelbar unter den Ziegeln mieten durften. Wenn wir dieselbe Durchschnittszahl annehmen, die unter ähnlichen Umständen auf Paris anwendbar gefunden worden ist, und ohne Unterschied für jedes Haus jeder Art 25 Personen annehmen, dürfen wir dreist die Einwohner von Rom auf 1 200 000 anschlagen: eine Zahl, welche für die Hauptstadt eines gewaltigen Reiches nicht für übertrieben angesehen werden kann, obschon sie die Bevölkerung der größten Städte des neueren Europa übersteigt.

Das war der Zustand Roms unter der Regierung des Honorius, zur Zeit, als das gotische Heer die Stadt belagerte oder vielmehr blockierte. Durch geschickte Verteilung seiner zahlreichen Streitkräfte, welche ungeduldig auf den Augenblick des Sturmes harrten, umgab Alarich die Mauern, beherrschte die zwölf Haupttore, schnitt alle Verbindung mit dem benachbarten Land ab und bewachte emsig die Schifffahrt auf der Tiber, der die Römer ihre sicherste und reichste Zufuhr von Lebensmitteln verdankten. Die ersten Regungen der Großen und des Volkes waren die des Staunens und der Entrüstung, daß ein elender Barbar es wagte der Hauptstadt der Welt Schimpf anzutun: aber ihr Stolz wurde bald durch Unglück gedemütigt und ihre unmännliche Wut, statt sich gegen einen bewaffneten Feind zu kehren, abscheulicher Weise an einem wehrlosen und unschuldigen Opfer ausgelassen. Man hätte denken sollen, daß die Römer in der Person der Serena die Nichte des Theodosius, die Tante, sogar die Adoptivmutter des regierenden Kaisers ehren würden: aber sie verabscheuten die Witwe des Stilicho und liehen mit leichtgläubigem Grimm dem verleumderischen Gerücht Gehör, welches dieselbe beschuldigte ein geheimes und verbrecherisches Einverständnis mit dem gotischen Belagerer zu unterhalten. Von dem Wahnsinn des Volkes angesteckt oder in Schrecken gesetzt, sprach der Senat, ohne irgendeinen Beweis ihrer Schuld zu fordern, ihr Todesurteil aus. Serena wurde schimpflich erdrosselt, und die verblendete Menge staunte, als sie fand, daß diese grausame Handlung der Ungerechtigkeit nicht sogleich den Rückzug der Barbaren und die Befreiung von Rom zur Folge hatte.

Diese unglückliche Stadt erfuhr allmählich die Drangsale des Mangels und endlich das entsetzliche Unglück einer Hungersnot. Die tägliche Ration von drei Pfund Brot wurde allmählich auf die Hälfte, auf ein Drittel, auf nichts herabgesetzt; der Preis des Korns dagegen stieg in schnellem und furchtbarem Höherschritt. Die ärmeren Bürger, welche nicht imstande waren die unentbehrlichsten Lebensbedürfnisse zu kaufen, flehten die wandelbare Milde der Reichen an, und eine Zeit hindurch wurde das öffentliche Elend durch die Menschenfreundlichkeit der Läta, der Witwe des Kaisers Gratian erleichtert, welche ihre Residenz zu Rom aufgeschlagen hatte und das fürstliche Einkommen, das sie jährlich von den dankbaren Nachfolgern ihres Gemahls bezog, zur Unterstützung der Dürftigen verwendete. Aber diese nicht andauernden Privatgeschenke reichten nicht hin, um den Hunger eines zahllosen Volkes zu stillen, der endlich auch in die marmornen Paläste der Senatoren selbst eindrang. Jene Personen beiderlei Geschlechts, die im Schoß der Fülle und Üppigkeit erzogen waren, machten nun die Entdeckung, wie wenig man bedarf, um die Forderungen der Natur zu befriedigen, und verschwendeten ihre nutzlosen Schätze von Gold und Silber, um sich jene grobe und dürftige Nahrung zu verschaffen, die sie vordem mit Verachtung zurückgewiesen haben würden. Die für Sinne und Phantasie widerwärtigste Nahrung, die dem Körper schädlichsten und verderblichsten Stoffe wurden von der Wut des Hungers gierig verschlungen und mit Wildheit streitig gemacht. Man hegte die schreckliche Vermutung, daß einige verzweifelte Elende die Leichen ihrer Mitmenschen verzehrten, die sie insgeheim ermordet hatten; sogar Mütter (so entsetzlich war der Kampf zwischen den zwei mächtigsten Trieben, welche die Natur in die Brust des Menschen gelegt hat) sollen von dem Fleisch ihrer geschlachteten Kinder genossen haben! Viele Tausende der Einwohner Roms starben aus Mangel an Nahrung in ihren Häusern oder auf den Straßen; und da die öffentlichen Begräbnisplätze außerhalb der Mauern sich in der Gewalt des Feindes befanden, verpestete der Gestank, der sich aus so vielen faulenden und unbegrabenen Leichnamen erhob, die Luft, und die Drangsale der Hungersnot wurden durch das Umsichgreifen der durch sie beigeführten pestilentialischen Seuche erschwert.

Die Zusicherungen schleuniger und ausgiebiger Hilfe, die von dem Hofe von Ravenna wiederholt eintrafen, stützten eine Zeit lang die ermattende Standhaftigkeit der Römer, bis endlich die Verzweiflung an menschlicher Hilfe sie versuchte das Anerbieten einer übernatürlichen Befreiung anzunehmen. Pompejanus, der Präfekt der Stadt, hatte sich durch die List oder den Fanatismus einiger toskanischen Wahrsager überreden lassen, sie könnten durch die geheimnisvolle Kraft von Zaubersprüchen und Opfern den Wolken den Blitz entlocken und das Feuer des Himmels gegen das Lager der Barbaren lenken. Das wichtige Geheimnis wurde dem Bischof von Rom, Innocenz, mitgeteilt, und der Nachfolger des heiligen Petrus wird, vielleicht ohne Grund, beschuldigt, er habe die Rettung der Republik der unnachsichtigen Strenge des Christentums vorgezogen. Als aber die Frage im Senat erwogen und als wesentliche Bedingung gefordert wurde, daß diese Opfer auf dem Kapitol mit Ermächtigung und in Gegenwart der Obrigkeiten vollzogen werden sollten, weigerte sich die Mehrheit dieser achtbaren Versammlung, aus Scheu entweder vor dem göttlichen oder dem kaiserlichen Mißfallen, an einer Handlung teilzunehmen, die unbezweifelbar der öffentlichen Wiederherstellung des Heidentums fast gleichkam.

Die letzte Rettung der Römer beruhte auf der Milde oder wenigstens Mäßigung des Königs der Goten. Der Senat, der in dieser äußersten Not die oberste Regierungsgewalt übernahm, ernannte zwei Gesandte, um mit dem Feind zu unterhandeln. Dieses wichtige Geschäft wurde dem Basilius, einem Senator von spanischer Abkunft, der sich bereits in der Verwaltung der Provinzen ausgezeichnet, und Johann, dem ersten Tribun der Notare, anvertraut, der hierzu sowohl durch seine Geschäftsgewandtheit als seine frühere genaue Bekanntschaft mit dem gotischen Fürsten dazu ganz besonders geeignet war. Als sie zur Audienz gelassen wurden, erklärten sie vielleicht in einem stolzeren Ton als sich für ihre erbärmliche Lage ziemte, daß die Römer entschlossen wären ihre Würde sowohl im Krieg als im Frieden zu behaupten, und daß Alarich, wenn er ihnen eine billige und ehrenvolle Kapitulation versagen sollte, nur die Drommeten ertönen lassen und sich anschicken möge mit einem zahllosen in den Waffen geübten und durch Verzweiflung befeuerten Volke zu kämpfen. »Je dichter das Heu, desto leichter ist es gemäht«, war die kurze Antwort des Barbaren, und diese von der Beschäftigung des Landmannes hergeholte Metapher wurde von einem lauten und beschimpfenden Gelächter begleitet, das seine Verachtung der Drohungen einer unkriegerischen Volksmenge verkündete, längst durch Üppigkeit entnervt, bevor sie durch Hunger ausgemergelt worden. Hierauf ließ er sich herab das Lösegeld zu bestimmen, das er als Preis seines Rückzugs von den Mauern Roms annehmen wolle: *alles* Gold und Silber in der Stadt, gleichviel ob Eigentum des Staates oder der Privatpersonen; *alle* reichen und kostbaren beweglichen Gegenstände; *alle* Sklaven, die ihr Recht auf den Namen *Barbaren* beweisen könnten. Die Bevollmächtigten des Senats wagten es in dem bescheidenen Ton Flehender zu fragen: »Wenn das, o König, Deine Forderungen sind, was beabsichtigst Du uns zu lassen?« »*Euer Leben*«, erwiderte der stolze Eroberer. Sie zitterten und zogen sich zurück. Bevor sie sich jedoch entfernten, wurde ein kurzer Waffenstillstand bewilligt, der hinreichende Zeit für eine gemäßigtere Unterhandlung ließ. Das finstere Antlitz Alarichs glättete sich allmählich, er ließ von der Strenge seiner Bedingungen um vieles nach und willigte endlich ein, gegen unverzüglichen Empfang von 5000 Pfund

Goldes, 30 000 Pfund Silbers, 4000 seidener Gewänder, 3000 Stück seidenes Scharlachtuch und 3000 Pfund Pfeffer die Belagerung aufzuheben. Aber der öffentliche Schatz war erschöpft, die Jahreseinkünfte von den großen Ländereien in Italien und den Provinzen waren infolge der Drangsale des Krieges ausgeblieben, Gold und Edelsteine während der Hungersnot für die abscheulichste Nahrung hingegeben worden, und die Schätze geheimen Reichtums wurden vom halsstarrigen Geiz fortwährend verborgen gehalten, so daß einige Überreste geheiligter Spolien die einzigen Hilfsmittel boten, um das drohende Verderben von der Stadt abzuwenden. So wie die Römer die Raubsucht Alarichs befriedigt hatten, erlangten sie wieder in gewissem Grad den Genuß des Friedens und der Sicherheit. Einige Tore wurden vorsichtig geöffnet, die Goten hinderten die Zufuhr von Mundvorräten auf dem Fluß und der Umgegend nicht länger; die Bürger strömten in Scharen zu dem offenen Markt, der drei Tage hindurch in den Vorstädten gehalten wurde, und während die Kaufleute, die diesen einträglichen Handel betrieben, einen ansehnlichen Gewinn machten, ward für den künftigen Unterhalt der Stadt durch große Vorräte gesorgt, die in den Kornböden des Staates und der Privatpersonen aufgespeichert wurden.

Alarich handhabe in seinem Lager eine regelmäßigere Mannszucht als man hätte erwarten sollen, und der einsichtsvolle Barbar bewährte seine Achtung der Vertragstreue durch die gerechte Strenge, womit er eine Abteilung zügelloser Goten bestrafte, welche einige römische Bürger auf der Straße nach Ostia gröblich angefallen hatten. Sein durch die Brandsteuer der Hauptstadt bereichertes Heer zog langsam in die schöne und fruchtbare Provinz Toskana ab, wo er seine Winterquartiere aufzuschlagen gedachte, und das gotische Banner wurde die Zufluchtsstätte von 40 000 Sklaven barbarischer Herkunft, die ihre Ketten zerbrochen hatten und sich inbrünstig sehnten unter der Anführung ihres großen Befreiers die Unbilden und die Schmach ihrer grausamen Sklaverei zu rächen. Um dieselbe Zeit empfing er eine ehrenvollere Verstärkung von Goten und Hunnen, welche Adolph, der Bruder seiner Gattin, auf seine dringende Einladung von den Gestaden der Donau an die Ufer der Tiber geführt, und die sich mit einiger Schwierigkeit und Einbuße durch die an Zahl überlegeneren kaiserlichen Truppen durchgeschlagen hatten. Ein siegreicher Anführer, welcher den verwegenen Mut eines Barbaren mit der Kriegskunst und Heereszucht eines römischen Feldherrn vereinte, stand an der Spitze von 100 000 Streitern, und Italien sprach mit Schrecken und achtungsvoller Scheu den gefürchteten Namen Alarich aus.

Nachdem 14 Jahrhunderte verflossen sind, mögen wir uns begnügen die Kriegstaten der Überwinder Roms zu erzählen, ohne uns herauszunehmen, die Beweggründe ihrer Politik zu erforschen. Vielleicht war sich Alarich inmitten seines glänzenden Glücks irgendeiner geheimen Schwäche, eines inneren Mangels bewußt; vielleicht auch war mit der Mäßigung, die er zeigte, nur die Absicht verbunden die Leichtgläubigkeit der Minister des Honorius zu täuschen und sie zu entwaffnen. Der König der Goten erklärte wiederholt, wie er wünsche als Freund des Friedens und der Römer betrachtet zu werden. Auf sein dringendes Begehren wurden drei Senatoren an den Hof von Ravenna gesendet, um gegenseitige Geiselstellung und Abschluß eines Friedens zu verlangen, und die Bedingungen, die er im Laufe der Unterhandlungen noch klarer ausdrückte, konnten nur Zweifel an seiner Aufrichtigkeit erregen, weil sie seinem Glücksstand unangemessen schienen. Der Barbar strebte fortwährend nach dem Rang eines Oberbefehlshabers der Heere des Westens, bedung jährliche Subsidien an Korn und Geld und wählte die Provinzen Dalmatien, Noricum und Venetia als den Sitz seines neuen Königreiches, welches die wichtige Verbindung Italiens mit der Donau beherrscht haben würde.

Sollten diese bescheidenen Bedingungen verworfen werden, zeigte Alarich Geneigtheit seine Geldforderungen fallen zu lassen, ja sich sogar nur mit dem Besitz von Noricum zu begnügen, einem erschöpften und verarmten, beständig den Einfällen der Barbaren Deutschlands ausgesetzten Land. Aber die Friedenshoffnungen wurden durch die alberne Hartnäckigkeit oder die eigennützigen Absichten des Ministers Olympius vereitelt. Ohne den vernünftigen Vorstellungen des Senats Gehör zu geben, entließ er dessen Abgesandte unter dem Geleit einer militärischen Bedeckung, zu zahlreich für ein Ehrengefolge und zu schwach für ein Verteidigungsheer. 6000 Dalmatier, der Kern der kaiserlichen Truppen, erhielten Befehl von Ravenna nach Rom durch ein offenes, von den Myriaden der Barbaren besetztes Land zu ziehen. Diese tapferen Legionäre fielen, umzingelt und verraten, als ein Opfer ministerieller Torheit; ihr Anführer Valens entkam mit 100 Soldaten vom Schlachtfeld, und einer der Gesandten, der nun den Schutz des Völkerrechtes nicht länger in Anspruch nehmen konnte, sah sich genötigt seine Freiheit mit einem Lösegeld von 30 000 Goldstücken zu erkaufen. Alarich jedoch, statt jene Handlung ohnmächtiger Feindseligkeit zu ahnden, erneuerte unverzüglich wieder seine Friedensanträge, und die zweite Gesandtschaft des Senats, die durch persönliche Teilnahme des Bischofs Innocenz von Rom Gewicht und Würde erhielt, wurde gegen die Gefahren des Weges durch eine Abteilung gotischer Soldaten geschützt.

Während der Kaiser und sein Hof im finsteren Stolz auf die Sümpfe und Festungswerke von Ravenna trotzten, überließen sie Rom fast ohne Verteidigung dem Grimm Alarichs. So groß war jedoch die Mäßigung, die er fortwährend bewahrte oder heuchelte, daß er, während er mit seinem Heer den flaminischen Weg entlang zog, nacheinander die Bischöfe der Städte Italiens entsendete, um seine Friedensanträge zu erneuern und den Kaiser zu beschwören, er möchte die Stadt und ihre Bewohner vor feindlichem Feuer und dem Schwert der Barbaren retten. Dieses drohende Unglück wurde jedoch von der Stadt abgewendet, keineswegs durch die Weisheit des Honorius, sondern durch die Klugheit oder Menschlichkeit des gotischen Königs, der zu einem milderen aber darum nicht minder wirksamen Mittel der Eroberung griff. Statt die Hauptstadt zu stürmen, richtete er seine Anstrengungen mit Erfolg gegen den Hafen von Ostia, eines der kühnsten und staunenswertesten Werke römischer Großartigkeit. Die Zufälle, denen die ungesicherte Versorgung der Stadt mit Lebensmitteln während der Winterschiffahrt und auf einer offenen Rhede beständig ausgesetzt war, hatte dem

Genie des ersten Cäsar den nützlichen Plan eingegeben, welcher unter der Regierung des Klaudius ausgeführt wurde. Die künstlichen Dämme, die eine enge Einfahrt gewährten, erstreckten sich weit in das Meer hinaus und brachen unerschüttert die Wut der Wogen, während in drei tiefen und geräumigen Becken, welche den nördlichen Arm der Tiber ungefähr zwei Meilen von der alten Kolonie Ostia aufnahmen, die größten Schiffe sicher vor Anker lagen. Der römische *Hafen* wuchs allmählich zur Größe einer bischöflichen Stadt an, wo das zum Gebrauch der Hauptstadt bestimmte Korn Afrikas in geräumigen Speichern hinterlegt wurde. Sobald Alarich sich in den Besitz dieses wichtigen Platzes gesetzt hatte, forderte er die Stadt auf, sich auf Gnade und Ungnade zu ergeben, und sein Verlangen erhielt durch die vermessene Erklärung Nachdruck, daß eine Weigerung, ja auch nur eine Verzögerung zur Stelle die Zerstörung der Magazine, wovon das Leben des römischen Volkes abhing, zur Folge haben würde. Das Geschrei des Volkes und die schreckliche Aussicht einer Hungersnot brachen den Stolz des Senats; er lieh dem Vorschlag, einen neuen Kaiser auf den Thron des unwürdigen Honorius zu setzen, ohne Widerstreben Gehör, und die Stimme des gotischen Erziehers begabte Attalus, den Präfekten der Stadt, mit dem Purpur. Der dankbare Monarch erkannte unverzüglich seinen Beschützer als Oberfeldherrn der Heere des Westens an; Adolph erhielt mit dem Rang eines Grafen der Haustruppen die Bewachung der Person des Attalus, und die beiden feindlichen Nationen schienen durch die engen Bande der Freundschaft und des Bündnisses vereinigt zu sein. Die Tore der Stadt wurden geöffnet und der neue Kaiser der Römer, auf allen Seiten von den gotischen Waffen umgeben, in tumultuarischem Zuge nach dem Palast des Augustus und Trajan geführt. Nachdem Attalus die Zivil- und Militärwürden unter seine Günstlinge und Anhänger verteilt hatte, berief er eine Versammlung des Senats, vor welchem er in einer förmlichen und wortreichen Rede seinen Entschluß verkündete die Majestät der Republik wiederherzustellen und mit dem Reich die Provinzen von Ägypten und des Ostens zu vereinigen, welche einst die Herrschaft Roms anerkannt hätten. Solche ausschweifende Verheißungen flößten jedem verständigen Römer eine gerechte Verachtung gegen den Charakter des unkriegerischen Usurpators ein, dessen Erhebung die tiefste und schimpflichste Wunde war, welche die Republik noch von dem Übermut der Barbaren empfangen hatte. Aber der große Haufe klatschte der Veränderung der Gebieter mit seinem gewöhnlichen Leichtsinn Beifall. Die öffentliche Unzufriedenheit war dem Nebenbuhler des Honorius günstig, und die durch die Verfolgungsedikte des letzteren unterdrückten Sektierer versprachen sich von einem Fürsten, der in seinem Vaterland Jonien im heidnischen Aberglauben erzogen worden war und seitdem das Sakrament der Taufe von den Händen eines arianischen Bischofs empfangen hatte, einen Grad von Schutz oder wenigstens Duldung.

Die ersten Tage der Regierung des Attalus waren schön und glücklich. Ein zuverlässiger Befehlshaber wurde mit einer geringen Anzahl Truppen entsendet, um den Gehorsam von Afrika zu sichern; der größte Teil von Italien unterwarf sich dem Schrecken der gotischen Macht, und wenn auch Bologna einen kräftigen und wirksamen Widerstand leistete, empfing doch das Volk von Mailand, unzufrieden wahrscheinlich über Honorius' Entfernung, mit lautem Jubel die Wahl des römischen Senats. An der Spitze eines furchtbaren Heeres führte Alarich seinen kaiserlichen Gefangenen bis fast vor die Tore von Ravenna, wo eine feierliche Gesandtschaft, die aus den ersten Ministern, dem prätorianischen Präfekten Jovius, dem Oberbefehlshaber der Reiterei und des Fußvolkes Valens, dem Quästor Potamius und dem ersten der Notare, Julian, bestand, mit kriegerischem Pompe in das Lager der Goten eingeführt wurde. Sie willigten im Namen ihres Souveräns ein die Wahl seines Mitbewerbers anzuerkennen und die Provinzen von Italien und des Westens zwischen den beiden Kaisern zu teilen. Ihre Vorschläge wurden mit Verachtung verworfen und die abschlägige Antwort durch die beschimpfende Milde des Attalus verbittert, welcher sich herabließ zu versprechen, daß Honorius, wenn er unverzüglich den Purpur niederlegen würde, Erlaubnis erhalten solle den Überrest seines Lebens in friedlicher Verbannung auf irgendeiner fernen Insel zuzubringen.

So verzweifelt, fürwahr, erschien die Lage des Sohnes des Theodosius denjenigen, die mit seiner Macht und seinen Hilfsquellen am besten vertraut waren, daß Jovius und Valens, jener sein Minister, dieser sein Feldherr, das in sie gesetzte Vertrauen verrieten, die sinkende Sache ihres Wohltäters niedrigerweise verließen und ihre trügerische Treue dem Dienst seines glücklicheren Nebenbuhlers widmeten. Durch solche Beispiele häuslichen Verrats in staunende Bestürzung versetzt, bebte Honorius bei dem Nahen jedes Dieners, bei der Ankunft jedes Boten. Er fürchtete die geheimen Feinde, die in seiner Hauptstadt, seinem Palast, seinem Schlafgemach lauern möchten, und einige Schiffe lagen im Hafen von Ravenna bereit, um den abgedankten Monarchen nach dem Gebiet seines unmündigen Neffen, des Kaisers des Ostens, zu überbringen.

Aber es *gibt* eine Vorsehung (wenigstens war das die Meinung des Geschichtsschreibers Prokopius), welche über Unschuld und Einfalt wacht, wie denn auch die Ansprüche des Honorius auf ihre besondere Fürsorge nicht in Zweifel gezogen werden können. In dem Augenblick, wo seine Verzweiflung, unfähig jedes weisen oder männlichen Entschlusses, auf schmachvolle Flucht sann, landete zur rechten Zeit eine Verstärkung von 4000 Veteranen unvermutet im Hafen von Ravenna. Diesen tapferen Fremden, deren Treue durch die Parteien des Hofes nicht untergraben worden war, vertraute der Kaiser die Mauern und Tore der Stadt an, und sein Schlummer wurde nicht mehr durch die Furcht unmittelbarer und innerer Gefahr gestört. Die günstige Nachricht, die aus Afrika eintraf, wandelte plötzlich die Meinungen der Menschen und den Stand der öffentlichen Angelegenheiten um: die Truppen und Offiziere, welche Attalus nach dieser Provinz gesendet hatte, waren geschlagen und getötet worden, und die eifrige Tätigkeit des Heraklian bewährte seine eigene Treue und die seines Volkes. Der pflichtfeste Graf von Afrika übersandte eine große Geldsumme, welche die Anhänglichkeit der kaiserlichen Leibwachen sicherte, und die Wachsamkeit, womit er die Ausfuhren von Korn und Öl verhinderte, veranlaßte innerhalb der Mauern von Rom Hungersnot, Tumulte und Unzufriedenheit.

Das Scheitern der Unternehmung auf Afrika war die Quelle gegenseitiger Beschwerden und Beschuldigungen in der Partei des Attalus, und das Gemüt seines Beschützers wurde allmählich dem Interesse eines Fürsten entfremdet, dem es an Mut zu befehlen oder an Gelehrigkeit zu gehorchen mangelte. Die unklugsten Maßregeln wurden ohne Vorwissen und gegen den Rat Alarichs ergriffen, und die hartnäckige Weigerung des Senats, auf dem Geschwader auch nur 500 Goten mit einschiffen zu lassen, verriet eine Geneigtheit zu Argwohn und Mißtrauen, welche in dessen Lage weder hochherzig noch weise war. Der Groll des gotischen Königs wurde durch die boshaften Künste des Jovius gesteigert, der zu dem Rang eines Patriziers erhoben worden war und nachher seine doppelte Treulosigkeit entschuldigte, indem er ohne Erröten erklärte, er habe den Dienst des Honorius nur *scheinbar* verlassen, um die Sache des Usurpators umso gewisser zu verderben. In einer großen Ebene bei Rimini und im Angesicht einer unzähligen Menge Römer und Barbaren wurde der elende Attalus öffentlich des Diadems und des Purpurs beraubt, und Alarich sandte diese Abzeichen der kaiserlichen Würde dem Sohn des Theodosius als Pfand des Friedens und der Freundschaft. Die Beamten, welche zu ihrer Pflicht zurückkehrten, wurden in ihre Ämter wieder eingesetzt, ja sogar das Verdienst einer säumigen Reue huldvoll genehm gehalten: der entsetzte Kaiser der Römer aber, lebensgierig und unempfindlich gegen Schmach, erflehte die Erlaubnis dem gotischen Lager im Gefolge eines stolzen und launenhaften Barbaren nachziehen zu dürfen.

Die Entsetzung des Attalus entfernte das einzige wirkliche Hindernis des Abschlusses eines Friedens, und Alarich rückte bis auf drei Meilen von Ravenna vor, um die Unentschlossenheit der kaiserlichen Minister, deren Hochmut mit der Wiederkehr des Glücks gleichfalls wiederkehrte, zum Handeln zu bringen. Sein Grimm wurde durch die Nachricht entflammt, daß ein nebenbuhlender Häuptling, daß Sarus, der persönliche Gegner Adolphs und Erbfeind des Hauses der Balten, in den Palast aufgenommen worden sei. An der Spitze von 300 Getreuen machte dieser furchtlose Barbar unverzüglich aus den Toren von Ravenna einen Ausfall, überrumpelte eine beträchtliche Abteilung Goten, hieb sie nieder, zog wieder in die Stadt im Triumph ein, ja man gestattete ihm seinen Gegner durch den Ausruf eines Herolds zu beschimpfen, welcher öffentlich erklärte, daß Alarichs Verbrechen ihn für immer von der Freundschaft und dem Bündnis des Kaisers ausgeschlossen hätten.

Die Schuld und Torheit des Hofes von Ravenna wurde zum dritten Mal durch die Drangsale Roms gebüßt. Der König der Goten, seinen Durst nach Beute und Rache nun nicht länger verheimlichend, erschien mit Heeresmacht unter den Mauern der Hauptstadt, und der bebende Senat, ohne Aussicht auf Entsatz, rüstete sich durch eine verzweifelte Verteidigung das Verderben des Vaterlandes zu verzögern. Aber er war nicht imstande sich gegen die geheime Verschwörung seiner Sklaven und Diener zu schützen, die entweder wegen ihrer Herkunft oder aus Eigennutz der Sache des Feindes ergeben waren. Um die Stunde der Mitternacht wurde das salarische Tor in der Stille geöffnet und der schreckliche Klang der gotischen Drommeten weckte die Bewohner. 1163 Jahre nach Gründung Roms wurde die kaiserliche Stadt, welche einen so beträchtlichen Teil des menschlichen Geschlechts unterjocht und zivilisiert hatte, der zügellosen Wut der Völker Deutschlands und Skythiens überliefert.

Allgemeine Bemerkungen über den Fall des römischen Reiches im Westen

Die Griechen schrieben, nachdem ihr Land in eine Provinz verwandelt worden war, die Triumphe Roms nicht dem Verdienst, sondern dem Glück der Republik zu. Die unbeständige Göttin, welche ihre Gunst so launenhaft verleiht und zurücknimmt, hatte nun eingewilligt (so drückte sich die Sprache neidvoller Schmeichler aus) ihre Fittiche zu schließen, von ihrer Kugel herunter zu steigen und ihren festen und unwandelbaren Thron an den Ufern der Tiber aufzuschlagen. Ein einsichtsvoller Grieche (Polybius), der mit philosophischem Geist die merkwürdige Geschichte seiner eigenen Zeit schrieb, nahm seinen Vaterlandsgenossen diesen eitlen und trügerischen Trost, indem er vor ihren Blicken die tiefen Grundlagen der Größe Roms enthüllte. Die Treue der Bürger gegeneinander und gegen den Staat wurde durch die Gewohnheiten der Erziehung und durch die Vorurteile der Religion befestigt. Ehre bildete ebenso wohl als Tugend das Prinzip der Republik: die ehrgeizigen Bürger strebten nach Erwerbung des feierlichen Glanzes eines Triumphes, und das Feuer der römischen Jugend wurde zu tätigem Wetteifer entflammt, sooft sie in ihren Häusern die Standbilder ihrer Ahnen betrachtete. Die besonnenen Kämpfe der Patrizier und Plebejer hatten die endliche Feststellung des Gleichgewichts der Verfassung herbeigeführt, welche die Freiheit der Volksversammlungen mit dem Ansehen und der Weisheit eines Senats und mit der vollziehenden Gewalt einer königlichen Obrigkeit vereinigte. Wenn der Konsul die Fahne der Republik entfaltete, verband sich jeder Bürger durch eidliche Verpflichtung das Schwert in der Sache seines Vaterlandes zu ziehen, bis er diese heilige Obliegenheit durch zehnjährigen Kriegsdienst abgetragen haben würde. Diese weise Einrichtung führte dem Feld ununterbrochen nachwachsende Geschlechter von Freien und Soldaten zu, und ihre Anzahl wurde durch die kriegerischen und volkreichen Staaten von Italien vermehrt, die nach kräftigem Widerstand der Tapferkeit der Römer gewichen waren und sich mit ihnen zu einem Bund vereinigt hatten.

Der weise Geschichtsschreiber, welcher die Tugend des jüngeren Scipio anregte und der Zeuge von Karthagos Untergang war, hat ihr Kriegssystem, ihre Aushebungen, Waffen, Übungen, Subordination, Märsche, Lager und ihre unbesiegliche, an wirklicher Stärke der macedonischen Phalanx Philipps und Alexanders überlegene Legion genau beschrieben. Aus diesen Einrichtungen des Krieges und Friedens hat Polybius den Geist und Erfolg eines Volkes abgeleitet, das der

Furcht unfähig und der Ruhe abhold war. Der ehrsüchtige Eroberungsplan, der zur rechten Zeit durch den Bund des Menschengeschlechts hätte vereitelt werden können, wurde versucht, ausgeführt, und die beständige Verletzung der Gerechtigkeit durch die politischen Tugenden der Klugheit und des Mutes verteidigt. Die Waffen der Republik, zuweilen besiegt in den Schlachten, aber stets siegreich am Ende, rückten mit schnellen Schritten bis an den Euphrat, die Donau, den Rhein und den Ozean vor, und die Standbilder von Gold, Silber oder Erz, welche dazu dienen mochten die Nationen und ihre Könige vorzustellen, wurden nach einander durch die *eiserne* Alleinherrschaft von Rom zerbrochen.

Die Erhebung einer Stadt, die zu einem Reich anwuchs, muß als ein außerordentliches Ereignis das Nachdenken eines philosophischen Geistes in Anspruch nehmen. Aber das Sinken Roms war die natürliche und unvermeidliche Wirkung übermäßiger Größe. Das Glück brachte den Keim des Verfalles zur Reife, die Ursachen der Zerstörung vervielfältigten sich mit der Ausdehnung der Eroberungen, und sobald Zeit oder Zufall die künstlichen Stützen entfernt hatten, gab der riesenhafte Bau dem Druck seines eigenen Gewichtes nach. Die Geschichte seines Sturzes ist einfach und einleuchtend, und statt zu fragen *warum* das römische Reich zerstört wurde, sollten wir vielmehr staunen, daß es so lange bestand. Die siegreichen Legionen, die in fernen Kriegen die Laster von Fremden und Söldnern einsogen, unterdrückten zuerst die Freiheit der Republik und verletzten dann die Majestät des Purpurs. Die um ihre persönliche Sicherheit und um den öffentlichen Frieden besorgten Kaiser waren zu dem niedrigen Ausweg herabgebracht die Disziplin zu verderben, welche jene ihrem Souverän gleich furchtbar machte wie dem Feind; die Kraft der militärischen Regierung wurde durch die parteiischen Einrichtungen Konstantins erschlafft, zuletzt vernichtet, und die römische Welt von einer Sintflut Barbaren überschwemmt.

Der Verfall Roms ist häufig der Verlegung des Sitzes des Reiches zugeschrieben worden; diese Geschichte hat aber bereits dargetan, daß die Macht der Regierung *geteilt* vielmehr als *entfernt* wurde. Der Thron von Konstantinopel wurde im Osten errichtet, während der Westen noch immer eine Reihe von Kaisern besaß, die in Italien residierten und auf gleiche Erbschaft der Legionen und Provinzen Anspruch machten. Diese gefährliche Neuerung schwächte die Kraft und nährte die Laster einer doppelten Regierung: die Werkzeuge eines unterdrückenden und willkürlichen Systems wurden vervielfältigt und zwischen den entarteten Nachfolgern des Theodosius ein eitler Wetteifer des Aufwandes nicht des Verdienstes eingeführt und fortgesetzt. Äußerste Not einigt die Tugend eines freien Volkes und erbittert die Parteien einer sinkenden Monarchie. Die in Haß entbrannten Günstlinge des Arkadius und Honorius verrieten die Republik ihren gemeinsamen Feinden, und der byzantinische Hof sah der Schmach Roms, den Drangsalen Italiens und dem Verlust des Westens mit Gleichgültigkeit, vielleicht mit Freude zu. Unter den nachfolgenden Regierungen wurde das Bündnis zwischen beiden Reichen wiederhergestellt, aber die Hilfe der morgenländischen Römer war langsam, zweifelhaft, unausgiebig, und die Nationalspaltung der Griechen und Lateiner ward durch die bleibende Verschiedenheit der Sprache und Sitten, der Interessen ja selbst der Religion erweitert. Günstiger Erfolg rechtfertigte jedoch die Einsicht Konstantins. Während einer langen Periode des Verfalls wies seine uneinnehmbare Stadt die siegreichen Heere der Barbaren zurück, beschützte den Reichtum Asiens und beherrschte sowohl im Frieden wie im Krieg die wichtigen Engen, welche das Schwarze mit dem Mittelmeere verbinden. Die Gründung von Konstantinopel trug wesentlicher zur Bewahrung des Ostens als zum Sturz des Westens bei.

Da das Glück eines *künftigen* Lebens das große Ziel der Religion ist, mögen wir ohne Überraschung oder Ärgernis vernehmen, daß die Einführung oder wenigstens der Mißbrauch des Christentums nicht ohne einigen Einfluß auf das Sinken und den Sturz des römischen Reiches gewesen ist. Die Geistlichkeit predigte mit Erfolg die Lehren der Geduld und Feigheit; die tätigen Tugenden der bürgerlichen Gesellschaft wurden entmutigt, und die letzten Überreste des kriegerischen Geistes im Kloster begraben: ein großer Teil des öffentlichen und Privatreichtums ward den gleißenden Forderungen der Mildtätigkeit und Andacht gewidmet, und der Sold der Soldaten an jene unnützen Scharen beiderlei Geschlechts vergeudet, die höchstens nur das Verdienst der Enthaltsamkeit und Keuschheit für sich in Anspruch nehmen konnten. Glaube, Eifer, Forschgier und die irdischeren Leidenschaften der Bosheit und des Ehrgeizes entzündeten die Flamme religiöser Zwietracht; die Kirche ja selbst der Staat wurden durch religiöse Parteien zerrüttet, deren Kämpfe zuweilen blutig, stets unversöhnlich waren; die Aufmerksamkeit der Kaiser ward von den Lagern auf die Synoden abgelenkt, die römische Welt durch eine neue Art von Tyrannei unterdrückt, und die verfolgten Sekten wurden die geheimen Feinde ihres Vaterlandes.

Wie verderblich aber und widersinnig auch der Parteigeist sein mag, ist er doch ebensowohl ein Prinzip der Einigkeit als der Uneinigkeit. Die Bischöfe schärften von 1800 Kanzeln die Pflicht leidenden Gehorsams gegen einen rechtmäßigen und rechtgläubigen Kaiser ein; ihre häufigen Versammlungen und ihr ununterbrochener Verkehr bewahrten den Zusammenhang der fernsten Kirchen, und der wohlwollende Charakter des Evangeliums wurde durch den geistigen Bund der Katholiken verstärkt obschon beschränkt. Ein knechtisches und verweichlichtes Zeitalter umfaßte mit Frömmigkeit das geheiligte Nichtstun der Mönche; aber wenn auch der Aberglaube keine anständige Freistätte eröffnet hätte, würden doch dieselben Laster die unwürdigen Römer verleitet haben die Fahne der Republik aus niedrigeren Beweggründen zu verlassen. Religiöse Vorschriften, welche den natürlichen Neigungen ihrer Verehrer frönen und sie heiligen, finden leicht Gehorsam; den reinen und echten Einfluß des Christentums aber kann man in seinem heilsamen wiewohl unvollständigen Einfluß auf die neubekehrten Barbaren des Nordens nachweisen. Wenn das Sinken des römischen Reiches durch die Bekehrung Konstantins beschleunigt wurde, brach doch seine siegreiche Religion die Gewalt des Sturzes und sänftigte den wilden Charakter der Sieger.

Diese furchtbare Umwälzung läßt sich mit Nutzen zur Belehrung des gegenwärtigen Jahrhunderts anwenden. Es ist die Pflicht eines Patrioten das ausschließliche Interesse und den Ruhm seines Vaterlandes vorzuziehen und zu befördern; ein Philosoph aber darf seine Blicke erweitern und Europa als eine große Republik betrachten, deren verschiedene Bewohner fast dieselbe Höhe der Gesittung und Kultur erreicht haben. Das Gleichgewicht wird fortfahren zu schwanken, und der Wohlstand unseres eigenen wie der benachbarten Königreiche mag abwechselnd gehoben oder herabgedrückt werden; aber diese vereinzelten Ereignisse können unserem allgemeinen Glückszustand, dem System der Künste, Gesetze und Sitten, welches die Europäer und ihre Kolonien so vorteilhaft von dem übrigen Menschengeschlecht unterscheidet, keinen wesentlichen Abbruch tun. Die wilden Nationen des Erdballs sind die gemeinsamen Feinde der zivilisierten Gesellschaft, und wir mögen mit besorglicher Neugierde fragen, ob Europa von einer Wiederholung jener Drangsale, die einst die Waffen und die Einrichtungen Roms vernichtet haben, fortwährend bedroht ist. Einige Betrachtungen werden den Sturz dieses mächtigen Reiches erläutern und die wahrscheinlichen Ursachen unserer gegenwärtigen Sicherheit erklären.

Die Römer kannten den Umfang ihrer Gefahr und die Zahl ihrer Feinde nicht. Jenseits des Rheins und der Donau waren die nördlichen Länder von Europa und Asien mit unzähligen Stämmen von Jägern und Hirten angefüllt, arm, hungrig, unruhig, waffenkühn und voll Gier die Früchte des Fleißes zu rauben. Die barbarische Welt war von einem ungestümen Kriegsantrieb bewegt, und der Friede von Gallien oder Italien wurde durch die fernen Umwälzungen von China erschüttert. Die Hunnen, vor einem siegreichen Feind fliehend, richteten ihren Zug nach Westen, und der Strom schwoll durch allmählichen Zufluß von Gefangenen und Bundesgenossen an. Die fliehenden Stämme, die den Hunnen wichen, nahmen *ihrerseits* den Eroberungsgeist an; die endlose Säule der Barbaren drückte gegen das römische Reich mit immer zunehmender Schwere, und wenn die vordersten vernichtet wurden, füllte sich der leere Raum augenblicklich mit neuen Feinden. Solche furchtbare Auswanderungen können dem Norden nicht mehr entströmen, und die lange Ruhe, die man der Abnahme der Volksmenge zugeschrieben hat, ist die glückliche Folge der Fortschritte der Künste und des Ackerbaus. Statt einigen elenden Dörfern, die zwischen den Wäldern und Sümpfen Deutschlands zerstreut lagen, zählt es jetzt 2300 mit Mauern umgebene Städte: die christlichen Königreiche Dänemark, Schweden und Polen sind nach und nach errichtet worden, und die Hansa und der deutsche Orden haben ihre Kolonien längs der Küste der Ostsee bis zum finnischen Meerbusen ausgedehnt. Von dem finnischen Meerbusen bis zum östlichen Ozean nimmt jetzt Rußland die Gestalt eines mächtigen und zivilisierten Reiches an. Der Pflug, der Webstuhl und die Schmiede sind an den Ufern der Wolga, des Obi und der Lena eingeführt worden, und man hat die wildesten Tartarenhorden gelehrt zu zittern und zu gehorchen. Die Herrschaft unabhängiger Barbarei ist auf eine enge Spanne beschränkt, und der Überrest der Kalmücken oder Uzbecken, deren Streitkräfte fast gezählt werden können, vermag der großen Republik von Europa keine ernstlichen Besorgnisse einzuflößen. Diese scheinbare Sicherheit darf uns jedoch nicht verleiten zu vergessen, daß neue Feinde und unbekannte Gefahren *möglicherweise* aus einem dunklen Volk, das auf der Weltkarte kaum sichtbar ist, erstehen können. Die Araber oder Sarazenen, die ihre Eroberungen von Indien bis Spanien ausdehnten, haben in Armut und Verachtung geschmachtet, bis Mohamed diesen wilden Körpern die Seele des Enthusiasmus einhauchte.

Das römische Reich war durch die merkwürdige und vollständige Verschmelzung seiner Glieder fest begründet. Die unterworfenen Völker, welche die Hoffnung ja sogar den Wunsch der Unabhängigkeit aufgaben, nahmen den Charakter römischer Bürger an, und die Provinzen des Westens wurden durch die Barbaren dem Schoße ihres Mutterlandes gegen ihren Willen entrissen. Aber diese Vereinigung war mit dem Verlust der Nationalfreiheit und des kriegerischen Geistes erkauft, und die knechtischen Provinzen, des Lebens und der Bewegung bar, erwarteten ihr Heil von den Lohntruppen und Statthaltern, die unter den Befehlen eines fernen Hofes standen. Das Glück von 100 Millionen hing von den persönlichen Eigenschaften eines oder zweier Menschen ab, vielleicht Kindern, deren Seelen durch Erziehung, Üppigkeit und despotische Gewalt verderbt wurden. Während der Minderjährigkeit der Söhne und Enkel des Theodosius wurden dem Reich die tiefsten Wunden geschlagen, und nachdem diese unfähigen Fürsten das männliche Alter erreicht zu haben schienen, überließen sie die Kirche den Bischöfen, den Staat den Eunuchen, die Provinzen den Barbaren. Europa teilt sich jetzt in zwölf mächtige obschon ungleiche Königreiche, drei achtbare Republiken und eine Menge kleinerer obgleich unabhängiger Staaten; mit der Anzahl der Herrscher sind wenigstens die Möglichkeiten der königlichen und ministeriellen Talente vervielfacht, und ein Julian oder eine Semiramis mag im Norden regieren, während wieder Arkadius und Honorius auf den Thronen des Südens schlummern. Der Mißbrauch der Tyrannei wird durch den gegenseitigen Einfluß der Furcht und Scham in Schranken gehalten; die Republiken haben Ordnung und Stetigkeit erlangt, die Monarchien die Grundsätze der Freiheit oder wenigstens Mäßigung eingesogen, und selbst in die fehlerhaftesten Verfassungen ist durch die allgemeinen Sitten der Zeit einiges Gefühl für Ehre und Gerechtigkeit eingeführt worden. Im Frieden werden die Fortschritte der Aufklärung und des Fleißes durch den Wetteifer so vieler tätiger Nebenbuhler beschleunigt: der Krieg übt die europäischen Streitkräfte durch besonnene und unentscheidende Kämpfe. Wenn ein wilder Eroberer aus den Steppen der Tartarei hervorbrechen sollte, müßte er wiederholt die kräftigen Bauern Rußlands, die zahlreichen Heere Deutschlands, die tapferen Edlen Frankreichs und die unerschrockenen Freien Britanniens besiegen, die sich wahrscheinlich alle zu gemeinsamer Verteidigung verbinden würden. Sollten die siegreichen Barbaren Sklaverei und Verheerung bis zum atlantischen Ozean verbreiten, würden zehntausend Schiffe die Überreste der zivilisierten Gesellschaft außer den Bereich ihrer Verfolgung tragen, und Europa in der amerikanischen Welt, die bereits mit seinen

Kolonien und Einrichtungen angefüllt ist, zu neuem Leben erblühen.

Kälte, Armut und ein Leben voll Gefahr und Beschwerden stählen Kraft und Mut der Barbaren. In jedem Jahrhundert haben sie die geglätteten und friedlichen Nationen von China, Indien und Persien unterdrückt, welche es vernachlässigten und noch jetzt vernachlässigen diesen Naturkräften durch Kriegskunst das Gleichgewicht zu halten. Die kriegerischen Staaten des Altertums, Griechenland, Mazedonien und Rom, erzogen ein Geschlecht von Kriegern, übten ihre Körper, disziplinierten ihren Mut, vervielfältigten ihre Streitkräfte durch regelmäßige Aufstellungen und verwandelten das Eisen, welches sie besaßen, in starke und nützliche Waffen. Diese Überlegenheit sank aber allmählich mit ihren Gesetzen und Sitten, und die schwache Politik Konstantins und seiner Nachfolger bewaffnete und belehrte zum Verderben des Reiches die rohe Tapferkeit der barbarischen Söldner. Die Kriegskunst hat durch die Erfindung des Schießpulvers, welches die Menschen in den Stand setzt den zwei mächtigsten Kräften der Natur, der Luft und dem Feuer zu gebieten, eine Umwandlung erlitten. Mathematik, Chemie, Mechanik, Baukunst stehen jetzt im Dienst des Krieges, und die feindlichen Mächte setzen einander die durchdachtesten Arten des Angriffes und der Verteidigung entgegen. Historiker mögen mit Entrüstung anführen, daß man mit den Unkosten einer Belagerung eine blühende Kolonie gründen und erhalten könne: uns kann es jedoch nicht mißfallen, daß die Zerstörung einer Stadt eine schwierige und kostspielige Arbeit sei oder daß ein gewerbfleißiges Volk durch jene Künste beschützt werde, die den Verfall kriegerischer Tugend überleben und sie ersetzen. Kanonen und Befestigungen bilden jetzt eine unübersteigliche Schranke gegen die Reiterei der Tartaren, und Europa ist gegen jeden künftigen Einbruch der Barbaren gesichert, weil sie, bevor sie zu siegen vermöchten, aufhören müßten Barbaren zu sein. Ihre allmählichen Fortschritte in den Kriegswissenschaften würden, wie wir dies aus dem Beispiel Rußlands ersehen, mit einer verhältnismäßigen Ausbildung in den Künsten des Friedens und der Zivilpolitik verbunden sein, und sie müßten selbst einen Platz unter den verfeinerten Nationen erwerben, die sie unterjochen.

Sollten aber auch diese Betrachtungen zweifelhaft oder trügerisch sein, bleibt uns doch fortwährend eine demütigere Quelle des Trostes und der Hoffnung. Die Entdeckungen der alten und neueren Schiffahrer, so wie die heimische Geschichte oder Überlieferung der aufgeklärtesten Nationen stellen den *wilden Menschen* nackt an Leib und Seele, ohne Gesetze, Künste, Begriffe, ja fast ohne Sprache dar. Aus dieser verächtlichen Lage, vielleicht dem ursprünglich allgemeinen Zustand des Menschen, hat er sich allmählich zur Herrschaft über die Tiere, Befruchtung der Erde, Durchschiffung des Meeres und Ausmessung des Himmels erhoben. Seine Fortschritte in Ausbildung und Übung seiner geistigen und körperlichen Kräfte sind unregelmäßig und verschiedenartig gewesen, unendlich langsam im Anfang und stufenweise mit beschleunigter Geschwindigkeit vorwärts strebend: auf Jahrhunderte mühsamen Aufsteigens folgte ein Augenblick reißenden Niedersturzes, und die verschiedensten Klimate der Erde haben den Wechsel des Lichtes und der Finsternis erfahren. Die Erfahrung von 4000 Jahren sollte jedoch unsere Hoffnungen mehren und unsere Besorgnisse mindern; wir können nicht bestimmen, zu welcher Höhe das Menschengeschlecht in seinen Fortschritten zur Vollkommenheit gelangen möge, dürfen aber mit Zuversicht annehmen, daß kein Volk, außer das Antlitz der Natur erhielte eine Umgestaltung, wieder in seine ursprüngliche Barbarei zurückfallen werde.

Die Vervollkommnung der Gesellschaft läßt sich unter einem dreifachen Gesichtspunkt betrachten. 1) Der Dichter oder Philosoph erleuchtet sein Jahrhundert oder Vaterland durch die Anstrengung eines *einzelnen* Geistes: diese überlegenen Kräfte des Verstandes oder der Phantasie sind seltene und unerzwingbare Schöpfungen, und das Genie eines Homer, eines Cicero oder eines Newton würde geringere Bewunderung erregen, wenn es durch den Willen eines Fürsten oder durch den Unterricht eines Lehrers hervorgebracht werden könnte. 2) Die Wohltaten der Gesetze und Politik, des Handels und der Fabriken, der Künste und Wissenschaften sind fester und andauernder, und viele Individuen können durch Erziehung und Unterricht befähigt werden in ihrem Beruf das Wohl des Ganzen zu befördern. Aber diese allgemeine Ordnung ist die Folge der Geschicklichkeit und Arbeit, und die zusammengesetzte Maschinerie kann mit der Zeit verfallen oder durch Gewalt zerstört werden. 3) Zum Glück für das Menschengeschlecht vermögen die nützlicheren oder wenigstens notwendigeren Künste ohne höhere Talente oder Nationalunterordnung, ohne die Macht *eines* und die Vereinigung *vieler* ausgeübt zu werden. Jedes Dorf, jede Familie, ja jeder einzelne wird stets sowohl Fähigkeit als Neigung besitzen den Gebrauch des Feuers und der Metalle, die Fortpflanzung und den Dienst der Haustiere, die Methoden der Jagd und des Fischfangs, die Anfangsgründe der Schifffahrt, die unvollkommene Kultur des Getreides und anderer nährender Cerealien, und die einfache Ausübung der mechanischen Gewerbe zu verewigen. Das Genie einzelner und öffentlicher Fleiß mögen ausgerottet werden, diese abgehärteten Pflanzen aber überdauern den Sturm und schlagen auch in dem ungünstigsten Boden unsterbliche Wurzel. Die glänzenden Tage des Augustus und Trajan wurden durch eine Wolke von Unwissenheit verdunkelt, und die Barbaren zerstörten die Gesetze wie die Paläste Roms. Aber die Sichel, die Erfindung oder das Abzeichen Saturns fuhr fort alljährlich die Ernten von Italien zu mähen, und die Menschenschmausereien der Lestrigonen sind an den Küsten von Kampanien nic wieder erneuert worden.

Seitdem die erste Erfindung der Künste, Krieg, Handel und Religionseifer unter den Wilden der alten und neuen Welt diese unschätzbaren Gaben verbreitet haben, sind sie ununterbrochen fortgepflanzt worden und können nie wieder verloren gehen. Wir mögen uns daher mit der freudigen Gewißheit beruhigen, daß jedes Zeitalter der Welt den wirklichen Reichtum, das Glück, die Kenntnisse und vielleicht auch die Tugend des menschlichen Geschlechts vermehrt habe und noch fortwährend vermehre.

Siebzehntes Kapitel

Auszüge aus der zweiten Hälfte des Originals

1. Der Fall Konstantinopels und der endgültige Sturz des oströmischen Reiches

Von dem Dreieck, welches die Gestalt von Konstantinopel bildet, waren die zwei Seiten längs dem Meer dem Feind unzugänglich, der Propontis durch die Natur, der Hafen durch Kunst. Zwischen den beiden Gewässern war die Grundlinie des Dreiecks oder die Landseite durch eine doppelte Mauer und einen tiefen 100 Fuß breiten Graben geschützt. Gegen diese Befestigungslinie, welcher Phranza, ein Augenzeuge, die Länge von sechs Meilen gibt, richteten die Osmanen ihren Hauptangriff; und der Kaiser übernahm, nachdem er den Dienst und Befehl der gefährlichsten Posten verteilt hatte, die Verteidigung der äußeren Mauer. In den ersten Tagen der Belagerung stiegen die griechischen Soldaten in den Graben hinunter oder machten Ausfälle auf das Feld: sie gewahrten aber bald, daß im Verhältnis zu ihrer Anzahl ein Christ mehr wert sei als 20 Türken, und nach diesem kühnen Vorspiel begnügten sie sich klüglich den Wall mit ihren Geschossen zu behaupten. Diese Klugheit darf keineswegs mit Feigherzigkeit verwechselt werden. Die Nation war allerdings feigherzig und niedrig; aber der letzte Konstantin verdient den Namen eines Helden, seine edle Schar Freiwilliger war von Römertugend beseelt, und die fremden Hilfsvölker bewahrten die Ehre des abendländischen Rittertums. Der unaufhörliche Regen von Speeren und Pfeilen war von dem Rauch, dem Donner, dem Feuer der Musketen und Geschütze begleitet. Ihre Kleingewehre schossen mit einem Mal fünf, ja sogar zehn Bleikugeln von der Größe einer Walnuß, und ein und derselbe Schuß durchbohrte je nach der Dichtigkeit der Scharen oder der Kraft des Schießpulvers mehrere Brustharnische und Menschen.

Aber die Annäherungslinien der Türken wurden bald zu Gräben vertieft oder mit Ruinen gedeckt. Jeder Tag mehrte die Geschicklichkeit der Christen, jeder Tag verminderte aber auch ihren unzureichenden Vorrat an Schießpulver. Ihr Geschütz war weder groß noch zahlreich, und wenn sie einige schwere Kanonen besaßen, fürchteten sie dieselben auf den Mauern aufzupflanzen, damit der alte Bau nicht durch den Donner erschüttert werde und einstürze. Dasselbe verderbliche Geheimnis war aber auch den Muselmännern geoffenbart worden, welche es mit der überlegenen Kraft des Eifers, Reichtums und Despotismus benutzten. Die große Kanone Mahomets ist insbesondere erwähnt worden, ein wichtiger und sichtbarer Gegenstand in der Geschichte jener Zeiten: aber dieser ungeheuren Maschine standen zwei Gesellen von fast gleicher Größe zur Seite; die lange Reihe der türkischen Artillerie war nach den Mauern gerichtet, 14 Batterien donnerten zu gleicher Zeit gegen die zugänglichsten Plätze, und von einer derselben ist zweideutig ausgedrückt, daß sie mit 130 Kanonen besetzt war oder daß sie 130 Kugeln abschoß. Indessen vermögen wir in der Macht und Tätigkeit des Sultans die Kindheit der neuen Wissenschaft zu gewahren. Unter einem Gebieter, der die Augenblicke zählte, konnte die große Kanone an einem Tag nicht öfter als siebenmal geladen und abgefeuert werden. Das erhitzte Metall sprang unglücklicher Weise; mehrere Werkleute wurden getötet, und die Geschicklichkeit eines Künstlers wurde bewundert, welcher Gefahr und Unfall zu verhüten glaubte, wenn er nach jedem Schuß Öl in die Mündung der Kanone goß.

Die ersten Schüsse aufs Geradewohl brachten mehr Knall als Wirkung hervor, und es war der Rat eines Christen, welcher die Kanoniere belehrte, gegen die zwei entgegengesetzten Seiten der vorspringenden Winkel eines Bollwerkes zu zielen. Wie unvollkommen das Feuer auch war, machte doch das Gewicht und die Wiederholung einigen Eindruck auf die Mauern, und nachdem die Türken ihre Annäherungslinie bis an den Graben vorgeschoben hatten, suchten sie den ungeheueren Spalt auszufüllen, um einen Weg zum Sturm zu bahnen. Unzählige Faschinen, Fässer und Baumstämme wurden aufeinandergehäuft, und so groß war der Ungestüm des Gedränges, daß die Vordersten und Schwächsten kopfüber in den Abgrund gestürzt und augenblicklich unter der aufgehäuften Masse begraben wurden. Den Graben ausfüllen war die Aufgabe der Belagerer, den Schutt wegräumen die Rettung der Belagerten, und nach einem langen und blutigen Kampf wurde das Gewebe, das am Tag gewoben worden, in der Nacht immer wieder aufgefaset. Hienächst nahm Mahomet zu Anlegung von Minen seine Zuflucht; aber der Boden war felsig, bei jedem Versuch wurde er von den christlichen Gegenarbeitern gehemmt und unterminiert; und die Kunst diese unterirdischen Gänge mit Schießpulver zu füllen und ganze Türme und Städte in die Luft zu sprengen, war noch nicht erfunden.

Ein Umstand, welcher die Belagerung von Konstantinopel auszeichnet, ist die Vereinigung der alten mit der neuen Artillerie. Neben den Kanonen gab es mechanische Maschinen, um Steine und Spieße zu schleudern; Kugeln und Sturmwidder wurden gegen dieselben Mauern gerichtet, und die Erfindung des Schießpulvers hatte den Gebrauch des flüssigen und unauslöschlichen Feuers nicht eingestellt. Ein hölzerner Turm von außerordentlicher Höhe wurde auf Walzen vorwärts gerollt; dieses bewegliche Vorratshaus von Schießbedarf und Faschinen wurde von einer dreifachen Bedeckung von Ochsenhäuten geschützt; aus den Schießscharten wurde mit voller Sicherheit ein unauslöschliches Feuer unterhalten, und an der Vorderseite waren drei Türen zu abwechselndem Ausfall und Rückzug der Soldaten und Arbeiter angebracht. Sie stiegen auf einer Treppe bis zur obersten Plattform, und bis zur Ebene dieser Plattform konnte mittelst Flaschenzügen eine Sturmleiter erhoben werden, um eine Brücke zu bilden und den feindlichen Wall zu entern.

Durch diese verschiedenen Plagekünste, von denen einige ebenso neu als für die Griechen verderblich waren, wurde der Turm des heiligen Romanus endlich gestürzt; nach einem harten Kampf wurden die Türken von der Bresche vertrieben und durch die Nacht gehemmt; sie rechneten aber zuversichtlich mit Anbruch des Tages den Kampf mit frischer Kraft und entscheidendem Erfolg zu erneuern. Jeder Augenblick dieser Pause des Gefechtes, dieses Zwischenraumes der Hoffnung wurde von der Tätigkeit des Kaisers und Justinianis benutzt, welche sich in der Nacht an Ort und Stelle begaben und die Arbeiten betrieben, von denen die Rettung der Kirche und des Staates abhing. Mit grauendem Morgen gewahrte der ungeduldige Sultan mit Erstaunen und Schmerz, daß sein hölzerner Turm ein Aschenhaufen sei; der Graben war geräumt und hergestellt, der Turm des heiligen Romanus wieder stark und ganz. Er beklagte das Mißlingen seines Plans und rief in gereizter Stimmung aus, daß ihn das Wort der 37 000 Propheten nicht zu glauben vermocht hätte, daß ein solches Werk in einer so kurzen Zeit von den Ungläubigen vollbracht werden könne.

Die Großmut der christlichen Fürsten war kalt und langsam; aber Konstantin hatte in der ersten Besorgnis einer Belagerung auf den Inseln des Archipelagus, auf Morea und Sizilien die unerläßlichste Zuführe behandelt. Schon im Anfang des April würden fünf große, zu Handel und Krieg gerüstete Schiffe aus dem Hafen von Chios ausgelaufen sein, wenn der Wind nicht hartnäckig aus dem Norden geweht hätte. Eines dieser führte die kaiserliche Flagge, die übrigen vier gehörten den Genuesen; sie waren mit Weizen, Gerste, Wein, Öl, Gemüse und vor allem mit Soldaten und Matrosen zum Dienst der Hauptstadt befrachtet. Nach langer Zögerung erhob sich eine sanfte Luft, endlich ein starker Wind aus dem Süden und trieb sie durch den Hellespont und Propontis; aber die Stadt war bereits zu Land und zu Wasser eingeschlossen, und die türkische Flotte dehnte sich von der Einfahrt des Bosporus in Form eines Halbmondes von Ufer zu Ufer, um diese kühnen Bundesgenossen aufzufangen oder wenigstens zurückzutreiben.

Der Leser, dessen Seele das geographische Gemälde von Konstantinopel gegenwärtig ist, wird die Größe des Schauspiels fassen und bewundern. Die fünf christlichen Schiffe fuhren unter freudigem Geschrei und mit dem vollen Druck der Segel und Ruder gegen eine feindliche Flotte von 300 Schiffen heran; der Wall, das Lager, die Küsten von Europa und Asien waren mit unzähligen Zuschauern besetzt, welche ängstlich den Erfolg dieser wichtigen Hilfe abwarteten. Beim ersten Anblick konnte dieser Erfolg nicht zweifelhaft scheinen, die Überlegenheit der Muselmänner war außer allem Maß und Verhältnis, und bei einer Windstille würde ihre Anzahl und Tapferkeit ohne allen Zweifel den Sieg davon getragen haben. Aber ihre übereilte und unvollkommene Seemacht war nicht durch den Genius des Volkes, sondern durch den Willen des Sultans geschaffen worden; auf dem Gipfel ihres Glücks haben die Türken anerkannt, daß Gott, wenn er ihnen das Land gegeben, den Ungläubigen das Meer gelassen habe; und eine Reihe von Niederlagen und die schnellen Fortschritte des Verfalls haben die Wahrheit ihres bescheidenen Geständnisses bestätigt. Mit Ausnahme von 18 einigermaßen bedeutenden Galeeren bestand der Überrest ihrer Flotte aus offenen, roh gebauten und ungeschickt geführten, mit Truppen vollgepfropften Booten ohne Kanonen; und da der Mut zu einem großen Teil seinen Grund in dem Bewußtsein der Stärke hat, mochten die Tapfersten der Janitscharen auf einem neuen Element zittern.

Die fünf starken und hohen Schiffe des christlichen Geschwaders wurden von geschickten Lotsen gesteuert und waren mit den Veteranen von Griechenland und Italien bemannt, die eine lange Erfahrung in den Künsten und Gefahren der See hatten. Ihre Wucht wurde so gerichtet, daß sie die schwachen Hindernisse, welche ihrer Fahrt entgegenstanden, versenkten oder zerstreuten; ihre Artillerie säuberte die Gewässer; ihr flüssiges Feuer wurde auf die Häupter ihrer Feinde gegossen, welche, um zu entern, gewagt hatten sich ihnen zu nähern, und Winde und Wellen sind stets auf seiten der geschicktesten Seefahrer. In diesem Kampf wurde das kaiserliche Schiff, das fast überwältigt war, von den Genuesen befreit, und die Türken im fernen wie im näheren Angriff zweimal mit beträchtlichem Verlust zurückgeschlagen. Mahomet selbst saß am Gestade zu Pferde, um ihre Tapferkeit durch seine Stimme und Gegenwart, durch Verheißung von Belohnungen und durch Schrecken, mächtiger als die Furcht vor dem Feind, zu befeuern. Die Leidenschaften seiner Seele, ja selbst die Gebärden seines Körpers schienen die Handlungen der Kämpfenden nachzuahmen, und er spornte, gleich als wäre er der Herr der Natur, sein Pferd mit furchtlosem und ohnmächtigem Grimm in das Meer. Seine lauten Vorwürfe und das Geschrei des Lagers nötigten die Osmanen zu einem dritten Angriff, der noch verderblicher und blutiger war als die beiden früheren; und ich muß das Zeugnis des Phranza, welcher aus ihren eigenen Aussagen bekräftigt, daß sie in dem Gemetzel dieses Tages 12 000 Mann verloren, wiederholen, obschon ich es nicht glauben kann. Sie flohen in Unordnung nach den Gestaden von Europa und Asien, während das christliche Geschwader triumphierend und unverletzt durch den Bosporus steuerte und innerhalb der Kette des Hafens sicher vor Anker ging.

In der Zuversicht des Sieges rühmten sie, daß die ganze türkische Flotte ihren Waffen hätte weichen müssen; aber der Admiral oder Kapudan Pascha fand einigen Trost für eine schmerzliche Wunde in seinem Auge, indem er diesen Unfall als die Ursache seiner Niederlage darstellte. Baltha Ogli war ein Renegat aus bulgarischem Fürstenstamme, sein militärischer Ruf war mit dem verhaßten Laster des Geizes befleckt, und unter dem Despotismus des Fürsten oder Volkes ist Unglück ein hinreichender Beweis der Schuld. Sein Rang und seine Dienste wurden durch das Mißfallen Mahomets vernichtet. In Gegenwart des Sultans wurde der Kapudan Pascha von vier Sklaven auf den Boden ausgestreckt und erhielt 100 Streiche mit einem goldenen Stab; sein Tod war ausgesprochen worden, und er betete die Milde des Herrschers an, der sich mit der gelinderen Strafe der Vermögenseinziehung und Verbannung begnügte.

Das Eintreffen dieser Hilfe belebte die Hoffnung der Griechen wieder und klagte die Untätigkeit ihrer abendländischen Bundesgenossen an. In den Wüsten von Anatolien und zwischen den Felsen von Palästina hatten sich Millionen Kreuzfahrer in ein freiwilliges und unvermeidliches Grab gestürzt; die Lage der kaiserlichen Stadt dagegen war stark gegen ihre Feinde, zugänglich für ihre Freunde, und eine vernünftige und mäßige Armada der Seestaaten würde die Überreste des römischen Namens gerettet und eine christliche Festung im Herzen des osmanischen Reiches bewahrt haben. Dennoch war dies der einzige und schwache Versuch zur Befreiung von Konstantinopel; die ferneren Mächte blieben gegen dessen Gefahr unempfindlich, und der Gesandte von Ungarn oder wenigstens des Hunyadi befand sich im türkischen Lager, um die Besorgnisse des Sultans zu zerstreuen und seine Unternehmungen zu leiten.

Es war für die Griechen schwer die Geheimnisse des Divans zu durchdringen; dennoch sind sie überzeugt, daß ein so hartnäckiger und überraschender Widerstand die Beharrlichkeit Mahomets ermüdet habe. Er begann auf den Rückzug zu denken, und die Belagerung würde schleunig aufgehoben worden sein, wenn der Ehrgeiz und die Eifersucht des zweiten Wesirs sich nicht dem treulosen Rat Kalil Paschas, welcher fortwährend ein geheimes Einverständnis mit dem byzantinischen Hofe unterhielt, widersetzt hätte. Die Bezwingung der Stadt erschien hoffnungslos, wenn nicht ein doppelter Angriff ebenso wohl vom Hafen als vom Land gemacht werden konnte; aber der Hafen war unzugänglich; eine undurchdringliche Kette wurde nun von acht großen Schiffen, mehr als 20 von kleinerem Umfang und mehreren Galeeren und Schaluppen verteidigt, und statt diese Schranken zu durchbrechen, mußten die Türken vielmehr einen Ausfall aus dem Hafen und eine zweite Schlacht auf dem offenen Meer fürchten.

In dieser Verlegenheit faßte und führte der Genius Mahomets einen Plan von kühnem und wunderbarem Gepräge aus, nämlich seine leichteren Schiffe und Kriegsvorräte zu Land aus dem Bosporus nach dem oberen Teil des Hafens zu schaffen. Die Entfernung beträgt ungefähr zehn Meilen, der Boden ist uneben und war mit Dickicht bewachsen, und da die Straße hinter der Vorstadt Galata gebahnt werden mußte, hing ihr freier Vorbeizug oder gänzliche Vernichtung von der Wahl der Genuesen ab. Aber diese selbstsüchtigen Kaufleute geizten nach der Gunst zuletzt verschlungen zu werden, und der Mangel an Kunst wurde durch die Stärke gehorchender Myriaden ersetzt. Ein ebener Weg wurde mit einer breiten Plattform von starken und festen Planken bedeckt, welche man, um sie schlüpfriger und glatter zu machen, mit dem Fett von Schafen und Rindern bestrich. 80 leichte Galeeren und Brigantinen von 50 und 30 Rudern wurden auf das Gestade des Bosporus gelegt, nacheinander auf Walzen gehoben und durch Menschenkraft und Flaschenzüge vorwärts gezogen. Zwei Führer oder Lotsen waren am Steuerruder und Vorderteil jedes Schiffes aufgestellt, die Segel wurden dem Wind entfaltet, und die Arbeit durch Gesang und Zuruf ermuntert. Im Laufe einer einzigen Nacht stieg diese türkische Flotte mühsam den Hügel hinan, steuerte über die Ebene und wurde von dem Abhang in die seichten Gewässer des Hafens, wo die tiefer gehenden Schiffe der Griechen sie nicht belästigen konnten, hinuntergelassen.

Die wirkliche Wichtigkeit dieses Unternehmens wurde durch die Bestürzung und die Zuversicht, welche es einflößte, vergrößert; aber die offenkundige, unbezweifelbare Tatsache lag vor Augen und ist von den Schriftstellern der beiden Nationen aufgezeichnet. Eine ähnliche Kriegslist ist von den Alten wiederholt ausgeführt worden; die osmanischen Galeeren (ich muß es wiederholen) können nur als große Boote betrachtet werden, und wenn wir die Größe und die Entfernung, die Hindernisse und die Mittel vergleichen, ist das gerühmte Wunder vielleicht von der Tatkraft unserer eigenen Zeiten übertroffen worden. Sobald Mahomet den oberen Hafen mit einer Flotte und einem Heer besetzt hatte, baute er in dem engsten Teil eine Brücke oder vielmehr einen Damm, 50 Ellen breit und hundert lang; es wurden Tonnen und Fässer zum Grund gelegt, mittelst Sparren vereinigt, mit Eisen verkettet und mit einer festen Oberlage bedeckt. Auf dieser schwimmenden Batterie fuhr er eine seiner größten Kanonen auf, während die 80 Galeeren mit Truppen und Sturmleitern sich der zugänglichsten Seite näherten, jener, die vordem von den lateinischen Eroberern erstürmt worden war.

Man hat die Trägheit der Christen angeklagt, weil sie die unvollendeten Werk nicht zerstört haben; aber ihr Feuer wurde durch ein überlegeneres Feuer beherrscht und zum Schweigen gebracht, auch ließen sie es nicht an einem nächtlichen Versuch fehlen, sowohl die Schiffe als die Brücke des

Sultans zu verbrennen. Seine Wachsamkeit verhinderte ihre Annäherung; ihre vordersten Galeoten wurden in den Grund gebohrt oder genommen, 40 Jünglinge, Italiens und Griechenlands tapferste, gefangen, und auf seinen Befehl unmenschlich niedergemetzelt, und die gerechte ob schon grausame Vergeltung, auf dem Wall die Häupter von 260 muselmännischen Gefangenen auszustellen, konnte den Schmerz des Kaisers nicht lindern.

Nach vierzigtägiger Belagerung war das Schicksal von Konstantinopel nicht mehr abzuwenden. Die verminderte Besatzung war durch einen doppelten Angriff erschöpft; die Festungswerke, welche Jahrhunderte lang jeder feindlichen Gewalt widerstanden hatten, wurden auf allen Seiten von dem osmanischen Geschütze zerschossen; mehrere Breschen waren geöffnet, und in der Nähe des St. Romanustores vier Türme dem Erdboden gleich gemacht. Um seine schwachen und meuterischen Truppen zu bezahlen, sah sich Konstantin gezwungen die Kirchen mit dem Versprechen vierfacher Wiedererstattung zu berauben, und sein Frevel gab den Feinden der Vereinigung neuen Grund zu Vorwürfen. Ein Geist der Zwietracht schwächte den Überrest der christlichen Streitkräfte; die genuesischen und venetianischen Hilfstruppen nahmen den Vorrang ihres bezüglichen Dienstes in Anspruch, und Justiniani und der Großadmiral, dessen Ehrgeiz durch die gemeinsame Gefahr nicht gelöscht worden war, klagten sich gegenseitig des Verrates und der Feigheit an.

Während der Belagerung von Konstantinopel waren die Worte Frieden und Übergabe zuweilen ausgesprochen und mehrere Gesandte zwischen dem Lager und der Stadt gewechselt worden. Der griechische Kaiser war durch Unglück gedemütigt, und würde jede mit der Religion und der kaiserlichen Würde nur einigermaßen verträgliche Bedingung eingegangen sein. Der türkische Sultan wünschte das Blut seiner Krieger zu schonen, sehnte sich noch mehr die byzantinischen Schätze zu seinem eigenen Gebrauch zu sichern und erfüllte eine heilige Pflicht, indem er den *Gaburen* die Wahl zwischen Beschneidung, Tribut oder Tod anbot. Die Habsucht Mahomets möchte mit einer jährlichen Summe von

100 000 Dukaten zufriedengestellt worden sein, aber sein Ehrgeiz gierte nach der Hauptstadt des Ostens; dem Fürsten bot er reichen Ersatz, dem Volk freie Duldung oder sicheren Abzug: allein nach einigen fruchtlosen Unterhandlungen erklärte er seinen Entschluß in den Mauern von Konstantinopel entweder einen Thron oder ein Grab zu finden. Ehrgefühl und Furcht vor allgemeinem Tadel wehrten dem Paläologus die Stadt den Osmanen zu übergeben, und er beschloß die äußersten Drangsale des Krieges auszuhalten.

Mehrere Tage wurden von dem Sultan zu den Vorbereitungen zum Sturm verwendet und eine Frist durch seine Lieblingswissenschaft, die Astrologie, gewährt, welche die glückliche und verhängnisvolle Stunde auf den 29. Mai festgesetzt hatte. Am Abend des 27. erteilte er seine letzten Befehle, versammelte die Häupter des Heeres um seine Person und sendete seine Herolde durch das Lager, um die Pflicht und die Beweggründe des gefahrvollen Unternehmens zu verkündigen. Furcht ist das erste Prinzip einer despotischen Regierung, und seine Drohungen waren im orientalischen Stil ausgedrückt: die Flüchtlinge und Ausreißer würden, und wenn sie die Schwingen eines Vogels besäßen, seiner unerbittlichen Gerechtigkeit nicht entrinnen! Der größte Teil seiner Paschen und Janitscharen war zwar Nachkommenschaft christlicher Älteren, aber der Ruhm des türkischen Namens durch ununterbrochene Adoption verewigt worden, und bei dem allmählichen Wechsel der Individuen wird der Geist einer Legion, eines Regimentes oder einer *Oda* durch Nachahmung und Zucht aufrecht erhalten. Die Muselmänner wurden ermahnt ihre Seele durch Gebet, ihren Leib durch sieben Abwaschungen zu dem heiligen Kampf vorzubereiten und sich bis zum Schluß des folgenden Tages der Nahrung zu enthalten. Eine Schar von Derwischen besuchte die Gezelte, um den Wunsch nach dem Märtyrertum und die Zuversicht einzuflößen, unter den Strömen und Gärten des Paradieses in den Umarmungen der schwarzäugigen Jungfrauen eine ewige Jugend zu verbringen. Mahomet verließ sich aber hauptsächlich auf die Wirksamkeit zeitlicher und sichtbarer Belohnungen. Doppelter Sold wurde den siegreichen Truppen versprochen; »die Stadt und die Gebäude«, verkündete Mahomet, »sind mein; aber ich überlasse Eurer Tapferkeit die Gefangenen und die Beute, die Schätze an Gold und Schönheit: werdet reich und glücklich! Viele sind der Provinzen meines Reiches; der unerschrockene Krieger, der zuerst die Mauern von Konstantinopel ersteigt, soll mit der Statthalterschaft der schönsten und reichsten belohnt werden, und meine Dankbarkeit wird seine Ehren und Glücksgüter über das Maß seiner eigenen Hoffnungen erhöhen.« Diese vielfältigen und mächtigen Beweggründe verbreiteten unter den Türken einen allgemeinen Feuereifer voll Todesverachtung und Kampfesgier; das Lager widerhallte von dem Ruf der Muselmänner: »Gott ist Gott, es gibt nur einen Gott, und Mohamed ist der Apostel Gottes!« und Meer und Land von Galata bis zu den sieben Türmen wurden von dem Glanz ihrer nächtlichen Feuer erleuchtet.

Weit verschieden war die Lage der Christen, die mit lauten und ohnmächtigen Klagen die Schuld oder die Strafe ihrer Sünden betrauerten. Das himmlische Bild der heiligen Jungfrau wurde in einer feierlichen Prozession umhergetragen, aber ihre göttliche Beschützerin war taub gegen ihr Flehen; sie klagten die Hartnäckigkeit des Kaisers an, mit der er eine zeitige Übergabe verweigert habe, empfanden die Schrecknisse ihres Schicksals voraus und seufzten nach der Ruhe und Sicherheit der türkischen Knechtschaft. Die Edelsten der Griechen und die Tapfersten der Bundesgenossen wurden in den Palast beschieden, um sich am Abend des 28. auf die Pflichten und Gefahren des allgemeinen Sturmes vorzubereiten. Die letzten Worte des Paläologus waren die Leichenrede des römischen Reiches; er bat, beschwor und suchte vergebens die Hoffnung einzuflößen, die in seiner eigenen Brust erloschen war. In dieser Welt war alles trostlos und düster, und weder das Evangelium noch die Kirche hat den Helden, die im Dienste ihres Vaterlandes fallen, eine leuchtende Belohnung versprochen. Aber das Beispiel ihres Fürsten und die Einengung einer Belagerung hatten diese Krieger mit dem Mut der Verzweiflung bewaffnet, und die ergreifende Szene wird von dem Geschichtsschreiber

Phranza, der selbst bei der trauernden Versammlung anwesend war, mit dem Gefühl eines Patrioten beschrieben. Sie weinten, umarmten sich und weihten, unbekümmert um ihre Familie und Glücksgüter, ihr Leben; jeder Befehlshaber verfügte sich nach seinem Posten und hielt die Nacht über emsige und sorgenvolle Wache auf dem Wall. Der Kaiser und einige treue Gefährten begaben sich in den St. Sophiendom, der in wenigen Stunden in eine Moschee verwandelt werden sollte, und empfingen andachtsvoll, unter Tränen und Gebeten das heilige Sakrament des Abendmahls. Er ruhte kurze Zeit im Palast, der von Geschrei und Weheklagen widerhallte, aus, bat alle um Verzeihung, die er etwa beleidigt haben möchte, und stieg zu Pferde, um die Wachposten zu besuchen und die Bewegungen des Feindes zu erforschen. Die Bedrängnis und der Sturz des letzten Konstantin sind ruhmvoller als das lange Glück der byzantinischen Kaiser.

In der Verwirrung der Dunkelheit kann der Angreifende zuweilen siegen; aber bei diesem großen und allgemeinen Angriff ließ sich Mahomet durch seine militärische Einsicht und astrologische Kunde bestimmen, den Morgen des denkwürdigen 29. Mai des 1453. Jahres der christlichen Zeitrechnung abzuwarten. Die vorhergehende Nacht war kräftig benutzt worden; die Truppen, Kanonen und Faschinen waren bis an den Rand des Grabens gerückt, der an vielen Stellen eine ebene und glatte Fläche bis zur Bresche darbot, und seine 80 Galeeren berührten mit ihren Schnäbeln und Sturmleitern fast die minder verteidigungsfähigen Mauern des Hafens. Unter Todesstrafe war Stillschweigen befohlen; aber die physischen Gesetze der Bewegung und des Schalls gehorchen der Disziplin oder Furcht nicht; jeder Einzelne mochte seine Stimme unterdrücken und seine Tritte mäßigen; aber der Marsch und die Arbeit von Tausenden mußten unvermeidlich eine seltsame Verwirrung mißstimmiger Töne erzeugen, welche die Ohren der Wächter auf den Türmen erreichten.

Mit Tagesanbruch griffen die Türken ohne das gewöhnliche Signal des Morgenschusses die Stadt von der Land- und Wasserseite an, und man verglich die Dichtigkeit und Ununterbrochenheit ihrer Angriffslinie einem verschlungenen aber zusammengedrehten Knäuel. Die vordersten Reihen bestanden aus dem Auswurf des Heeres, einer freiwilligen Schar, welche ohne Ordnung und Kommando kämpfte, aus schwachen Greisen und Kindern, Bauern und Landstreichern, welche alle in der blinden Hoffnung auf Beute oder Märtyrertum dem Lager zugeströmt waren. Der allgemeine Antrieb drängte sie gegen die Mauern; die Verwegensten im Hinanklettern wurden augenblicklich wieder heruntergestürzt, und kein Pfeil, keine Kugel der Christen ohne Wirkung gegen die dichten Scharen verschwendet. Aber ihre Kraft und ihr Schießbedarf wurden durch diese mühsame Verteidigung erschöpft und der Graben mit den Leichen der Erschlagenen gefüllt, welche die Fußstapfen ihrer Gefährten trugen, so daß der Tod dieser geopferten Vorhut nützlicher war als ihr Leben. Die Truppen von Anatolien und Romanien wurden unter ihren bezüglichen Paschen und Sandschaken zum Angriff geführt; ihr Erfolg war wechselnd und zweifelhaft, aber nach zweistündigem Kampf behaupteten und benutzten die Griechen ihren Vorteil, und man hörte die Stimme des Kaisers seine Soldaten ermutigen, durch eine letzte Anstrengung die Befreiung ihres Vaterlandes zu vollenden.

In diesem verhängnisvollen Augenblick erhoben sich die Janitscharen, frisch, kräftig, unbesiegbar. Der Sultan selbst, zu Pferde und einen eisernen Streitkolben in der Hand, war Zeuge und Richter ihrer Tapferkeit; 10 000 seiner Haustruppen, die er für entscheidende Gelegenheiten vorbehielt, umgaben ihn, und sein Auge und seine Stimme leitete und trieb den Strom der Schlacht. Seine zahlreichen Diener der Gerechtigkeit waren hinter der Linie aufgestellt, um zu befeuern, zu zügeln, zu bestrafen, und wenn die Gefahr vorne dräute, erwartete im Rücken die Flüchtlinge Schmach und unvermeidlicher Tod. Das Geschrei der Furcht und des Schmerzes wurde von der kriegerischen Musik der Trommeln, Trompeten und Becken übertäubt, und die Erfahrung hat bewiesen, daß die mechanische Wirkung der Töne, indem sie den Umlauf des Blutes und der Lebensgeister beschleunigt, auf die menschliche Maschine kräftiger wirkt als die Beredsamkeit der Vernunft und Ehre. Von den Linien, den Galeeren und der Brücke donnerte die osmanische Artillerie von allen Seiten, und das Lager und die Stadt, die Griechen und die Türken waren in eine Rauchwolke eingehüllt, welche nur durch die endliche Befreiung oder Vernichtung des römischen Reiches zerstreut werden konnte. Die Zweikämpfe der Helden der Geschichte oder Fabel unterhalten unsere Phantasie und regen unser Gefühl an; die geschickten Bewegungen des Krieges können unseren Geist unterrichten und eine notwendige wenngleich verderbliche Wissenschaft vervollkommnen. Aber in den gleichförmigen und häßlichen Schilderungen eines allgemeinen Sturmes ist alles Blut, Greuel und Verwirrung, und ich werde mich nicht bestreben in einer Entfernung von drei Jahrhunderten und 1000 Meilen ein Schauspiel zu schildern, das keine Zuschauer haben konnte, und dessen Teilnehmer selbst nicht imstande waren sich eine richtige oder angemessene Vorstellung davon zu bilden.

Der unmittelbare Verlust von Konstantinopel kann der Kugel oder dem Pfeil zugeschrieben werden, welcher den Panzerhandschuh Johann Justinianis durchbohrte. Der Anblick seines Blutes und der außerordentliche Schmerz brachen den Mut des Anführers, dessen Waffen und Maßregeln das festeste Bollwerk der Stadt waren. Als er sich von seinem Posten entfernte, um einen Wundarzt zu suchen, bemerkte der unermüdliche Kaiser seine Flucht und hielt ihn an. »Deine Wunde ist leicht«, rief Paläologus, »die Gefahr dringend, deine Gegenwart notwendig, und wohin willst Du fliehen?« »Auf demselben Wege«, erwiderte der zitternde Genuese, »welchen Gott den Türken geöffnet hat«, und mit diesen Worten entfernte er sich eilig durch eine der Breschen der inneren Mauer. Durch diese feige Handlung befleckte er die Ehre eines kriegerischen Lebens, und die wenigen Tage, die er noch zu Galata oder auf der Insel Chios lebte, wurden durch seine eigenen und die öffentlichen Vorwürfe verbittert. Der größte Teil der lateinischen Hilfstruppen ahmte sein Beispiel nach, und die Verteidigung erschlaffte in einem Augenblicke, wo der Angriff mit verdoppelter Kraft betrieben wurde. Die Zahl der Osmanen war jener der Christen

50- vielleicht 100mal überlegen, die doppelten Mauern waren durch die Kanonen in einen Trümmerhaufen verwandelt worden; in einem Umkreis von mehreren Meilen mußten einige Plätze gefunden werden, welche leichter zugänglich oder schwächer bewacht waren, und wenn die Belagerer auf einem einzigen Punkt eindringen konnten, war die ganze Stadt unwiederbringlich verloren.

Der erste, welcher die Belohnung des Sultans verdiente, war der Janitschar Hassan, von riesenhafter Größe und Stärke. Mit dem Säbel in der einen, dem Schild in der anderen Hand erstieg er die äußere Befestigung; aber von den 30 Janitscharen, welche mit seiner Tapferkeit wetteiferten, kamen 18 bei dem kühnen Unternehmen um. Hassan und seine zwölf Gefährten hatten den Gipfel erreicht; der Riese ward vom Wall hinabgestürzt, er hob sich auf ein Knie empor, wurde jedoch abermals durch einen Regen von Pfeilen und Steinen gestürzt. Aber seine Kühnheit hatte bewiesen, daß die Tat möglich war; Mauern und Türme bedeckten sich augenblicklich mit einem Schwarm Türken, und die Griechen, nun von ihrem vorteilhaften Posten vertrieben, wurden durch die immer zunehmenden Scharen überwältigt. Unter diesen Scharen sah man den Kaiser, welcher alle Pflichten eines Feldherrn und Soldaten erfüllte, lange und verlor ihn endlich aus den Augen. Die Edlen, die um seine Person kämpften, bewahrten bis zu ihrem letzten Atemzug die ehrenvollen Namen Paläologus und Kantakuzenus: man hörte ihn traurig ausrufen: »Ist kein Christ da, der mir das Haupt abschlüge?« und seine letzte Besorgnis war, lebendig in die Hände der Ungläubigen zu fallen. Mit kluger Verzweiflung warf Konstantin den Purpur von sich; er fiel in dem Tumult von unbekannter Hand, und seine Leiche wurde unter einem Berg von Erschlagenen begraben.

Nach seinem Tod hörte Widerstand und Ordnung auf; die Griechen flohen nach der Stadt, und viele wurden in dem engen Wege des St. Romanustores erdrückt und erstickt. Die siegreichen Türken stürmten durch die Bresche der inneren Mauer; als sie aber in den Straßen vordrangen, stießen bald ihre Brüder zu ihnen, die das Fanartor auf der Hafenseite eingenommen hatten. In der ersten Hitze der Verfolgung wurden gegen 2000 Christen niedergemacht; aber Habsucht bewältigte bald die Grausamkeit, und die Sieger gestanden ein, daß sie sogleich würden Gnade haben walten lassen, wenn nicht die Tapferkeit des Kaisers und seiner auserlesenen Scharen sie auf einen ähnlichen Widerstand in jedem Teil der Hauptstadt vorbereitet hätte. So geschah es, daß nach einer Belagerung von 53 Tagen Konstantinopel, welches der Macht des Chosroes, des Chagans und der Kalifen getrotzt hatte, von den Waffen Mahomets des Zweiten unwiederbringlich unterjocht wurde. Nur das Reich war von den Lateinern gestürzt worden, von den muselmännischen Eroberern wurde auch die Religion in den Staub getreten.

Die Botschaft des Unglücks fliegt auf schnellem Fittiche; so groß war jedoch der Umfang von Konstantinopel, daß die ferneren Viertel einige Augenblicke länger in der glücklichen Unwissenheit ihres Verderbens verharren konnten. Aber in der allgemeinen Bestürzung, in der Spannung selbstischer oder patriotischer Gefühle, im Lärmen oder Gedonner des Sturmes mußten *schlaflos* die Nacht und der Morgen vergangen sein, und ich kann nicht glauben, daß mehrere griechische Damen von den Janitscharen aus einem gesunden und ruhigen Schlummer geweckt wurden. Nach der Gewißheit des öffentlichen Unglücks wurden die Häuser und Klöster augenblicklich verlassen, und die lebenden Einwohner drängten sich auf die Straßen wie eine Herde schüchterner Tiere zusammen, gleich als ob gehäufte Schwäche Stärke erzeugen könne, oder in der eitlen Hoffnung, daß jeder einzelne unter der Menge sicher und unsichtbar sein würde.

Aus jedem Teil der Hauptstadt strömten sie in die St. Sophienkirche: im Zeitraum einer Stunde waren Heiligtümer, Chor, Schiff, die oberen und die unteren Gallerien mit einer Menge von Vätern und Gatten, Weibern und Kindern, Priestern, Mönchen und Nonnen gefüllt; die Tore wurden von innen verrammelt, und sie suchten Schutz in dem heiligen Dome, den sie noch vor so kurzer Zeit als ein ungöttliches und entweihtes Gebäude verabscheut hatten. Ihre Zuversicht stützte sich auf die Prophezeihung eines Schwärmers oder Betrügers, daß eines Tages die Türken in Konstantinopel eindringen und die Römer bis zur Konstantinssäule auf dem Platz vor der St. Sophienkirche verfolgen würden; daß aber dies das Ende ihrer Drangsal sein, ein Engel mit einem Schwert in der Hand vom Himmel niederschweben und das Reich samt der himmlischen Waffe einem armen Mann, der am Fuße der Säule säße, geben würde. »Nimm dieses Schwert«, werde er sagen, »und räche das Volk des Herrn.« Bei diesen belebenden Worten würden die Türken augenblicklich fliehen und die siegreichen Römer sie aus dem Westen, aus ganz Anatolien und bis an die Grenzen von Persien treiben. Bei dieser Veranlassung ist es, daß Dukas, etwas phantastisch aber mit vieler Wahrheit die Zwietracht und Hartnäckigkeit der Griechen schilt. »Wenn der Engel erschienen wäre«, ruft der Geschichtsschreiber aus, »wenn er sich erboten hätte Eure Feinde zu vernichten, im Falle Ihr in eine Vereinigung der Kirche willigtet, selbst dann, in diesem verhängnisvollen Augenblick, würdet Ihr Eure Sicherheit verworfen oder Euren Gott betrogen haben.«

Während sie das Niederschweben des säumigen Engels erwarteten, wurden die Tore mit Äxten zertrümmert, und da die Türken auf keinen Widerstand stießen, waren ihre unblutigen Hände damit beschäftigt die Menge ihrer Gefangenen auszusuchen und zu sichern. Jugend, Schönheit und der Schein des Reichtums bestimmten ihre Wahl, und das Recht des Eigentums wurde unter ihnen selbst durch frühere Besitzergreifung, persönliche Stärke und die Obmacht des Befehls entschieden. Binnen einer Stunde waren die männlichen Gefangenen mit Stricken, die weiblichen mit ihren Schleiern und Gürteln gebunden. Die Senatoren wurden mit ihren Sklaven, die Prälaten mit den Türstehern der Kirche, junge Männer aus dem gemeinen Volk mit edlen Jungfrauen, deren Antlitz der Sonne und ihren nächsten Verwandten unsichtbar geblieben war, zusammen gekettet. In dieser allgemeinen Gefangenschaft wurden alle Stände der Gesellschaft vermengt, wurden die Bande der Natur zerrissen, und der unerbittliche Soldat kehrte sich weder an das Stöhnen des Vaters noch an die Tränen der Mutter, noch an das Geschrei der

Kinder. Die lautesten in ihrem Weherufe waren die Nonnen, welche mit nacktem Busen, ausgestreckten Händen und aufgelöstem Haare vom Altar gerissen wurden, und aus Frömmigkeit möchten wir glauben, daß wenige versucht werden konnten die Wachen des Harems denen des Klosters vorzuziehen. Von diesen unglücklichen Griechen, diesen Haustieren, wurden ganze Koppeln roh durch die Straßen getrieben, und da die Sieger von Begierde brannten nach mehr Beute zurückzukehren, wurde ihr zitternder Schritt durch Drohungen und Schläge beschleunigt.

Zu einer und derselben Stunde wurde ein ähnlicher Raub in allen Kirchen und Klöstern, allen Palästen und Häusern der Hauptstadt begangen, und kein noch so heiliges, kein noch so abgelegenes Haus vermochte die Personen oder das Eigentum der Griechen zu schützen. Über 60 000 dieses seinem Schicksal verfallenen Volkes wurden von der Stadt nach dem Lager oder der Flotte gebracht, je nach der Laune oder dem Interesse ihrer Gebieter vertauscht oder verkauft und in ferne Knechtschaft durch die Provinzen des osmanischen Reiches zerstreut. Unter ihnen müssen wir einige merkwürdige Charaktere erwähnen. Der Geschichtsschreiber Phranza, erster Kämmerer und erster Geheimschreiber, wurde mit seiner Familie in das allgemeine Unglück verwickelt. Nachdem er vier Monate die Drangsale der Sklaverei erduldet hatte, erlangte er seine Freiheit wieder; im folgenden Winter wagte er sich nach Adrianopel und löste seine Gattin von dem *Mir Baschi,* oder Stallmeister, aus; aber seine beiden Kinder, in der Blüte der Jugend und Schönheit, waren zum Gebrauch Mahomets selbst ergriffen worden. Die Tochter Phranzas starb im Serail, vielleicht als Jungfrau; sein 15jähriger Sohn zog Tod der Schande vor und wurde von den Händen seines kaiserlichen Liebhabers erstochen. Eine so unmenschliche Tat kann ganz gewiß durch den Geschmack und die Freigebigkeit nicht gesühnt werden, womit er eine griechische Matrone und ihre beiden Töchter auf Empfang einer lateinischen Ode von Philelphus entließ, welcher seine Gattin aus dieser edlen Familie gewählt hatte. Mahomets Stolz oder Grausamkeit würde durch die Gefangennehmung eines römischen Legaten auf das

Ausgesuchteste befriedigt worden sein; aber Kardinal Isidor wich mit Schlauheit der Nachforschung aus und entkam als Plebejer verkleidet aus Galata.

Die Kette und der Eingang des äußeren Hafens waren noch von den italienischen Handels- und Kriegsschiffen besetzt. Sie hatten bei der Belagerung ihre Tapferkeit bewiesen und benutzten den Augenblick des Rückzugs, während die türkischen Seeleute in der Stadt, um zu plündern, zerstreut waren. Als sie die Segel aufzogen, war der Strand mit flehenden und wehklagenden Scharen besetzt: aber die Fortschaffungsmittel waren spärlich; die Venetianer und Genuesen gaben ihren Landsleuten den Vorzug, und die Bewohner von Galata verließen trotz der bündigsten Verheißungen des Sultans ihre Häuser und schifften sich mit ihrer kostbarsten Habe ein.

Bei dem Fall und der Plünderung großer Städte ist ein Geschichtsschreiber verurteilt eine einförmige Unglücksgeschichte zu wiederholen; gleiche Wirkungen müssen durch gleiche Leidenschaften hervorgebracht werden, und wenn diesen Leidenschaften ohne Zügel gefrönt werden darf, so ist leider! der Unterschied zwischen den zivilisierten und wilden Menschen gering. Die Türken werden mitten unter den unbestimmten Anklagen der Bigotterie und des Hasses weder einer mutwilligen noch unmäßigen Vergießung christlichen Blutes beschuldigt: aber nach ihren Grundsätzen (den Grundsätzen des Altertums) war das Leben der Besiegten verwirkt, und der gesetzmäßige Lohn des Siegers bestand in dem Dienst, dem Verkauf oder dem Lösegeld seiner Gefangenen beiderlei Geschlechts. Der Reichtum von Konstantinopel war von dem Sultan seinen siegreichen Truppen preisgegeben worden, und die Plünderung einer Stunde ist einträglicher als der Fleiß von Jahren. Da aber keine regelmäßige Verteilung der Beute stattfand, wurden die bezüglichen Anteile nicht durch das Verdienst bestimmt, und der Lohn der Tapferkeit wurde von dem Lagertroß gestohlen, welcher den Mühen und Gefahren des Kampfes ausgewichen war. Die Darstellung der Plünderung würde weder Unterhaltung noch Belehrung gewähren; die Gesamtsumme in der äußersten Armut des

Reiches ist auf vier Millionen Dukaten geschätzt worden, und von dieser Summe war nur ein kleiner Teil Eigentum der Venetianer, Genuesen, Florentiner und der Kaufleute von Ankona. Das Kapital dieser Fremden war im schnellen und beständigen Umlaufe; aber die Reichtümer der Griechen wurden entweder in eitlem Prunk der Paläste und Trachten zur Schau gestellt oder in Schätzen von Gold- und Silberbarren und älteren Münzen tief vergraben, damit sie ihnen nicht etwa zur Verteidigung des Vaterlandes abverlangt würden.

Die Entweihung und Plünderung des Klöster und Kirchen erzeugte die tragischsten Klagen. Der Dom der St. Sophienkirche selbst, des irdischen Himmels, des zweiten Firmaments, der Wohnung der Cherubim, des Thrones der Glorie Gottes, wurde der Gaben von Jahrhunderten beraubt, und das Gold und Silber, die Perlen und Juwelen, die Gefäße und der Priesterschmuck höchst ruchloser Weise zum Dienst des Menschengeschlechts verwendet. Nachdem die heiligen Bilder alles dessen, was sie für ein unfrommes Auge wert machen konnte, beraubt worden waren, wurde die Leinwand oder das Holz zerrissen oder zerbrochen, oder verbrannt oder mit Füßen getreten, oder in Stall und Küche zu den niedrigsten Zwecken verwendet. Das Beispiel des Frevels war indessen schon von den lateinischen Eroberern von Konstantinopel gegeben worden, und die Behandlung, welche Christus, die heilige Jungfrau und die Heiligen von den sündigenden Katholiken erduldet hatten, mochten von dem glaubenseifrigen Muselmanne den Denkmälern des Götzendienstes zugefügt werden.

Ein Philosoph wird vielleicht, statt in das allgemeine Geschrei einzustimmen, sagen, daß im Verfall der Künste die Arbeit nicht wertvoller sein konnte als das Werk, und daß eine frische Reihe von Erscheinungen und Wunden bald durch die Schlauheit der Priester und die Leichtgläubigkeit des Volkes in das Leben gerufen werden mochte. Ernster wird er den Verlust der byzantinischen Bibliotheken beklagen, welche in der allgemeinen Verwirrung zerstört oder verstreut wurden: 120 000 Handschriften sollen verschwunden sein; zehn Bände konnten für einen einzigen Dukaten gekauft werden, und derselbe schimpfliche Preis, zu hoch vielleicht für ein ganzes Bret Theologie, schloß die sämtlichen Werke des Aristoteles und Homer, die edelsten Erzeugnisse des Wissens und der Literatur des alten Griechenlandes in sich. Mit Freuden mögen wir uns erinnern, daß ein unschätzbarer Teil dieser klassischen Reichtümer sicher in Italien niedergelegt war, und daß die Handwerker einer deutschen Stadt eine Kunst erfunden hatten, welche der Verheerung der Zeit und Barbarei trotzt.

Von der ersten Stunde des denkwürdigen 29. Mai herrschte zu Konstantinopel Verwirrung und Raub bis zur achten Stunde desselben Tages, zu welcher der Sultan selbst im Triumph durch das St. Romanustor zog. Ihn begleiteten seine Wesire, Paschen und Leibwachen, von denen jeder (wie ein byzantinischer Geschichtsschreiber sagt) stark wie Herkules, gewandt wie Apollo und im Kampf zehn vom Geschlecht gewöhnlicher Sterblichen war. Der Sieger betrachtete mit Freuden und Staunen die seltsame aber glänzende Erscheinung der Dome und Paläste, so unähnlich dem Stile der orientalischen Architektur. Im Hippodrom oder *Atmeidan* wurden seine Blicke durch die gewundene Säule der drei Schlangen angezogen, und er zerschmetterte als Probe seiner Stärke mit seinem eisernen Streitkolben die Unterkiefer eines dieser Ungeheuer, welche in den Augen der Türken für die Götzen oder Talismane der Stadt galten. Am Haupttor der Sophienkirche stieg er vom Pferd, und so groß war die eifersüchtige Achtung des Sultans von diesem Denkmal seines Ruhms, daß er, als er einen fanatischen Muselmann mit Zerbrechen des marmornen Pflasters beschäftigt sah, ihn mit seinem Säbel ermahnte, daß Beute und die Gefangenen den Soldaten gewährt, die öffentlichen und Privatgebäude aber dem Fürsten vorbehalten worden wären. Auf seinen Befehl wurde die Metropole der orientalischen Kirche in eine Moschee verwandelt; die reichen und beweglichen Werkzeuge des Aberglaubens waren weggeschafft worden; die Kreuze wurden heruntergenommen, und die Mauern, welche mit Gemälden und Mosaiken bedeckt waren, gewaschen, gereinigt und ihr Zustand nackter Einfachheit wiederhergestellt. An

demselben Tag oder am folgenden Feiertage bestieg der
Muezzin oder Rufer den höchsten Turm und verkündete
das *Ezan* oder die öffentliche Einladung im Namen Gottes
und seines Propheten; der Imam predigte und Mahomet
der Zweite verrichtete das *Namaz* des Gebetes und Dankes
auf dem Hauptaltare, wo noch so neuerlich die christlichen
Geheimnisse von dem letzten der Cäsaren gefeiert worden
waren. Von St. Sophia ritt er nach der erhabenen aber verödeten Wohnung von 100 Nachfolgern Konstantins des
Großen, die aber in wenigen Stunden ihrer ganzen kaiserlichen Pracht beraubt worden war. Eine traurige Betrachtung
über den Wechsel menschlicher Größe drang sich seiner
Seele auf und er sagte das schöne persische Distichon her:
»Die Spinne hat ihr Gewebe in dem kaiserlichen Palast gewoben, und die Eule ihr Wachlied auf den Türmen von Afrasiab
gesungen.«

2. Die Ruinen Roms im 15. Jahrhundert
und Schluß des gesamten Werkes

Als Petrarka zum ersten Mal seine Augen an dem Anblick
jener Denkmäler, deren zerstreute Trümmer die beredtesten
Schilderungen so weit übertreffen, letzte, staunte er über die
träge Gleichgültigkeit der Römer selbst und wurde durch die
Entdeckung, daß mit Ausnahme seines Freundes Rienzi und
eines Kolouna ein Fremdling an der Rhone mit diesen Alter-
tümern vertrauter war als die Edlen und Eingeborenen der
Hauptstadt, mehr gedemütigt als erhoben. Die Unwissenheit
und Leichtgläubigkeit der Römer ist in einer alten Übersicht
der Stadt, welche um den Anfang des 13. Jahrhunderts verfaßt
wurde, weitläufig, sorgfältig aufgenommen, und ohne bei den
vielfachen Irrtümern der Namen und Örtlichkeiten zu verweilen, mag die Legende vom Kapitol ein Lächeln der Verachtung und Entrüstung erregen. »Das Kapitol«, sagt der un-
genannte Schriftsteller, »heißt so, weil es das Haupt der Welt
ist, wo die Konsuln und Senatoren einst zur Regierung der
Stadt und des Erdballs residierten. Die starken und hohen

Mauern waren mit Glas und Gold bedeckt, und mit einem Dach von dem reichsten und kunstvollsten Schnitzwerk gekrönt. Unter der Citadelle stand ein Palast, größtenteils von Gold, mit kostbaren Steinen geschmückt, dessen Wert einem Dritteil der Welt selbst gleichgeachtet werden kann. Die Standbilder aller Provinzen waren der Reihe nach aufgestellt, und jedem hing eine kleine Glocke um den Hals, und so beschaffen war das Werk der Kunst oder Zauberei, daß, wenn sich die Provinz gegen Rom empörte, die Statue sich nach jener Himmelsgegend kehrte, die Glocke klang, der Prophet des Kapitols das Wunder berichtete, und der Senat von der drohenden Gefahr in Kenntnis gesetzt wurde.«

Ein zweites Beispiel von geringerer Wichtigkeit aber gleicher Albernheit sind die beiden marmornen Pferde, welche zwei nackte Jünglinge am Zügel halten, und die seitdem von den Bädern Konstantins nach dem quirinalischen Berge geschafft worden sind. Die grundlose Anwendung der Namen Phidias und Praxiteles läßt sich vielleicht entschuldigen; aber diese griechischen Bildhauer hätten nicht um 400 Jahre aus dem Zeitalter des Perikles in jenes des Tiberius versetzt werden sollen; man hätte sie nicht in zwei Philosophen oder Zauberer verwandeln sollen, deren Nacktheit das Symbol der Wahrheit oder des Wissens war, die dem Kaiser seine geheimsten Handlungen offenbaren und, nachdem sie jede Belohnung an Geld ausgeschlagen hatten, um die Ehre baten dieses ewige Denkmal von sich selbst zu hinterlassen.

Dergestalt für die Macht der Zauberei wach, waren die Römer für die Schönheiten der Kunst unempfänglich; Poggius bekam nicht mehr als fünf Statuen zu Gesicht, und die Auferstehung jener vielen, welche Zufall oder Absicht unter den Ruinen begraben hatte, wurde zum Glück bis auf ein sicheres und aufgeklärteres Jahrhundert verzögert. Der Nil, welcher jetzt den Vatikan schmückt, war von einigen Arbeitern gefunden worden, welche in der Nähe des Tempels oder Klosters der Minerva einen Weinberg gruben; aber der ungeduldige Besitzer, von einigen neugierigen Besuchern gequält, verbarg den unnützen Marmor wieder in sein voriges Grab. Der Fund der Statue des Pompejus, welche zehn Fuß lang ist, gab Veranlassung zu einem Prozeß. Sie war unter einer Scheidemauer gefunden worden, und der gerechte Richter hatte das Urteil gefällt, daß der Kopf vom Rumpf getrennt werden solle, um die Ansprüche des angrenzenden Eigentümers zu befriedigen, und der Ausspruch wäre vollstreckt worden, wenn nicht die Fürbitte eines Kardinals und die Freigebigkeit des Papstes den römischen Helden aus den Händen seiner barbarischen Landsleute gerettet hätte.

Aber die Wolken der Barbarei zerstreuten sich allmählich, und die friedliche Obmacht Martins des Fünften und seiner Nachfolger stellte die Zierden der Stadt so wie die Ordnung des Kirchenstaates wieder her. Die Verschönerungen Roms seit dem 15. Jahrhundert sind nicht das selbsttätige Ergebnis der Freiheit und des Fleißes gewesen. Die erste und natürlichste Wurzel einer großen Stadt ist die Arbeit und Bevölkerung der Umgegend, welche die Materialien zum Unterhalt, zu den Fabrikaten und zu dem auswärtigen Handel liefert. Aber der größere Teil der Kampagna von Rom ist in eine traurige und öde Wildnis verwandelt; die übergroßen Besitzungen der Fürsten und der Geistlichkeit werden von den trägen Händen armer und hoffnungsloser Knechte bebaut, und die kärglichen Ernten werden zum Nutzen eines Monopols versperrt oder ausgeführt. Eine zweite und künstlichere Ursache des Wachstums einer Hauptstadt ist die Residenz eines Monarchen, der Aufwand eines üppigen Hofes und die Steuern abhängiger Provinzen. Diese Provinzen und Steuern waren aber im Sturz des Reiches verloren gegangen; und wenn einige Ströme des Silbers von Peru und des Goldes von Brasilien vom Vatikan angezogen worden sind, liefern die Einkünfte der Kardinale, die Amtsporteln, die Gaben der Wallfahrer und Schützlinge und der Rest der kirchlichen Steuern einen armseligen und wandelbaren Zufluß, der jedoch den Müßiggang des Hofes und der Stadt erhält. Die Bevölkerung von Rom, weit unter dem Maß der großen Hauptstädte von Europa, übersteigt nicht 170 000 Einwohner, und innerhalb der geräumigen Einfriedung der Mauern ist der größte Teil der sieben Hügel mit Weinbergen und Ruinen bedeckt.

Die Schönheit und der Glanz der neueren Stadt muß den Mißbräuchen der Regierung, dem Einfluß des Aberglaubens zugeschrieben werden. Jede Regierung (die Ausnahmen sind selten) ist durch die schnelle Erhebung einer neuen Familie, welche von dem kinderlosen Papst auf Unkosten der Kirche und des Landes bereichert wurde, bezeichnet worden. Die Paläste dieser glücklichen Neffen sind die kostbarsten Denkmäler der Eleganz und Knechtschaft: die Künste der Architektur, Malerei und Bildhauerei in ihrer Vollkommenheit sind zu ihrem Dienst entwürdigt, und ihre Galerien und Gärten mit den edelsten Werken des Altertums, die sie aus Geschmack oder Eitelkeit gesammelt haben, geschmückt worden. Die Kircheneinkünfte wurden von den Päpsten selbst mit mehr Anstand auf die Pracht des katholischen Gottesdienstes verwendet; aber es ist überflüssig ihre frommen Stiftungen von Altären, Kapellen und Kirchen aufzuzählen, da die kleineren Sterne von der Sonne des Vatikans, dem Dome des heiligen Petrus, dem glorreichsten Bauwerke, welches je dem Dienst der Religion gewidmet worden ist, verdunkelt werden; der Ruhm Julius' des Zweiten, Leos des Zehnten und Sixtus' des Fünften geht Hand-in-Hand mit dem höheren Verdienst eines Bramante und Fontana, eines Raphael und Michelangelo; und dieselbe Freigebigkeit, welche in Palästen und Tempeln entfaltet worden war, wurde mit gleicher Kraft auf Wiederbelebung und Nachahmung der Werke des Altertums gerichtet. Versunkene Obelisken wurden vom Boden gehoben und an den angemessensten Punkten aufgestellt; von den elf Aquädukten der Kaiser und Konsuln wurden drei wiederhergestellt, die künstlichen Flüsse über eine Reihe alter und neuer Bogen geleitet, um einen Strom gesunden und frischen Wassers in marmorne Becken zu gießen, und der Beschauer, welcher vor Ungeduld brennt die Stufen zur St. Peterskirche emporzusteigen, wird von einer Säule aus ägyptischem Granit gefesselt, welche zwischen zwei hohen und immerwährenden Springbrunnen 220 Fuß in die Luft emporragt. Die Karte, Beschreibung und Denkmäler des alten Rom sind von dem Fleiß des Altertumsforschers und des Gelehrten erläutert worden, und die Fußstapfen der Helden, die

Überreste, nicht des Aberglaubens, sondern der Herrschaft, werden jetzt andachtsvoll von einem neuen Geschlecht von Wallfahrern aus den fernen, einst wilden Ländern des Nordens besucht.

Die Aufmerksamkeit dieser Wallfahrer und jedes Lesers wird durch eine Geschichte des allmählichen Sinkens und endlichen Sturzes des römischen Reiches, des größten und vielleicht furchtbarsten Schauspiels in der Geschichte des Menschengeschlechts, stets erweckt werden. Die verschiedenen Ursachen und die fortschreitenden Wirkungen sind mit vielen der interessantesten Ereignisse der menschlichen Annalen verknüpft: die schlaue Politik der Cäsaren, welche lange den Namen und das Scheinbild einer freien Republik bewahrten; die Unordnung des Despotismus der Soldaten; das Entstehen, die Einführung und die Sekten des Christentums; die Gründung von Konstantinopel; die Teilung der Monarchie; der Einbruch und die Niederlassungen der Barbaren von Deutschland und Skythien; die Satzungen des Zivilrechts; der Charakter und die Religion Mohameds; die weltliche Herrschaft der Päpste; die Wiederherstellung und der Verfall des abendländischen Kaisertums Karls des Großen; die Kreuzzüge der Lateiner im Osten; die Eroberungen der Sarazenen und Türken; der Sturz des griechischen Reiches; der Zustand und die Umwälzungen von Rom im Mittelalter. Der Geschichtsschreiber mag sich zu der Wichtigkeit und Verschiedenartigkeit seines Gegenstandes Glück wünschen; aber während er sich seiner eigenen Mängel bewußt ist, muß er häufig den Mangel an Materialien beklagen. Es war unter den Ruinen des Kapitols, wo ich den ersten Gedanken zu einem Werk faßte, welches beinahe 20 Jahre meines Lebens erfreut und beschäftigt hat, und welches ich, wie unangemessen es auch meinen eigenen Wünschen sei, schließlich der Wißbegierde und Unparteilichkeit des Publikums übergebe.

Die römischen Kaiser und Gegenkaiser

Namensregister

Aaron 257, 287.
Abraham 246, 248 f.
Acesius 353 f.
Acilius 537
Achilles 501
Adam 251, 269
Adolph 552, 555, 559
Aelius Verus 81
Aemilianus 144
Aeneas 47
Aetius 370, 531
Agricola 12
Agrippa 64, 544
Alarich 490, 498 f., 501–511,
    515, 518, 520–523,
    529–532, 548, 551–556,
    558 f.
Alatheus 470, 472, 480, 484
Alavivus 459, 472
Alexander Severus 134, 149,
    283, 294, 327, 425
Alexander (der Große) 14,
    25 f., 30, 73, 246, 309, 453,
    538, 560
Alexander 359, 365
Amala 134
Amandus 241
Ambrosius 360, 441, 515
Amelius 201
Ammianus 369, 394, 433,
    441, 479
Ammianus Marcellinus 487,
    535 f.
Ammonius 201, 547
Anastasia 233
Antinous 81

Antiochus 246, 537
Antiochus (Prokonsul) 498
Antonin 22, 29, 80, 83, 321
Antonius 65, 447
Antonius (Kirchenlehrer) 390
Antonine, *siehe auch* Mark
    Aurel *sowie* Antoninus Pius
    9, 20 f., 30, 33, 39, 42,
    46 f., 51, 55, 60, 74, 81,
    84 f., 94, 97, 133 f., 186
Antoninus Pius 13, 16 f., 82
Anulinus 172, 213
Apharban 185–187
Arinthäus 457, 462 f.
Aristides 297, 418
Aristoteles 60, 202, 297 f.,
    422, 590
Arius 358 f., 364 f., 367 f., 375
Arkadius 498, 503 f., 524, 562,
    566
Arrius Antoninus 97
Arsenius 375 f.
Artavasdes 180
Artaxerxes 160, 295, 457
Artemon 297
Askenaz 108
Aspakuras 456 f.
Athanarich 459, 462 f., 492 f.
Athanasius 358, 361 f., 368,
    370, 372–393, 395
Attalus 555–558
Augustin 515 f.
Augustus (Gajus Octavius)
    9–11, 13, 15, 20 f., 27, 36,
    44, 46, 63–68, 70–80, 85 f.,
    152, 173 f., 186, 191,

Theodosius 196, 290, 337,
448 f., 452–455, 458,
487–497, 508, 512, 524,
527, 533, 548, 557 f., 562,
566
Theodosius d. Jüngere 307
Theodotus 419
Theophilus (Bischof von
Antiochia) 262
Theophrastus 298
Thermantia 527
Theseus 47
Thrasea 86
Tiberius 34, 52, 56, 77 f., 85,
87, 301, 343, 592
Tiranus 455, 457
Tiridates 160, 178–183, 187
Titus 50, 78 f., 82
Trajan 9, 13–15, 20, 24 f., 30,
40, 46, 50, 72, 79 f., 84,
136 f., 196, 237, 290, 425,
555, 569
Trajan (Graf) 457, 477, 485
Trebellianus 167
Tulun 513

Ursacius 364, 372, 443
Ursinus 441 f.

Vadomair 410, 446, 457
Valens 167 f., 196, 235, 364,
369, 372, 431–435, 437,
443, 457, 461–468, 470,
472, 475, 477, 481–485,
487, 493, 554
Valens (Oberbefehlshaber)
556 f.

Valentinian 426–432,
434–441, 443–445,
447–451, 453–455, 461,
464, 480
Valentinian III. 544
Valerian 139 f., 144 f., 147, 149,
151, 153, 161 f., 164–170,
178, 186, 298
Valerius Messala 322
Varus 10, 123
Velleda 119
Vespasian 46, 52, 78 f., 85,
258 f., 319
Vetranio 392
Viktor 102, 461–463, 482,
485 f.
Viktoria 166
Viktorinus 166
Vindex 317
Virgil 36, 39 f., 60, 255
Vitellius 79, 85
Vitruvius 547
Voltaire 28
Volusianus 143

Withikab 446

Xerxes 310, 469

Zamma 451
Zeno 60, 83, 297
Zenobia 166, 169
Zeuxippus 310
Zosimus 240, 349, 488, 501,
517
Zyprian von Karthago 278,
280, 283, 287 f., 293, 297